KB092088

KOR 학술 총서 03

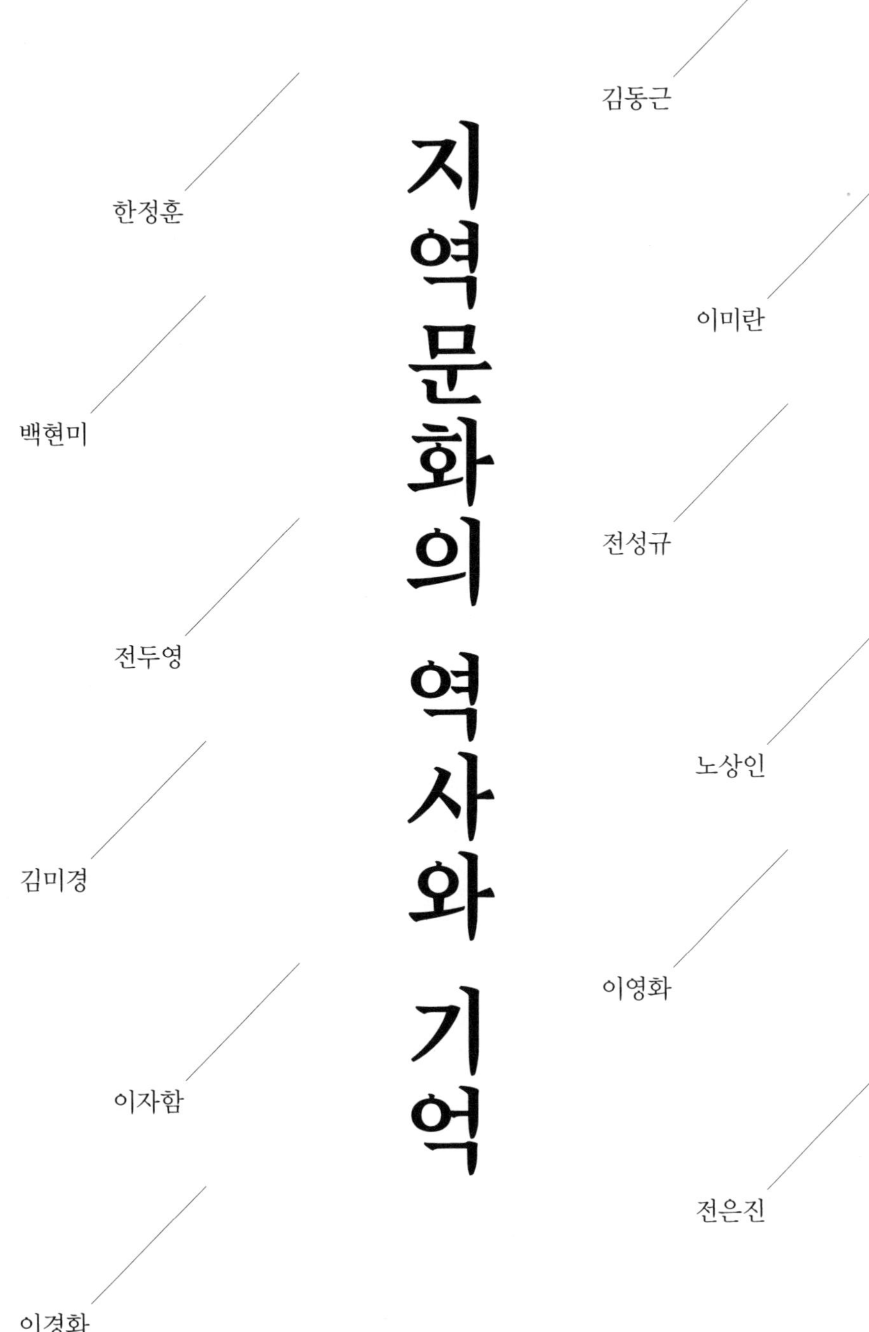

지역문화의 역사와 기억

김동근
한정훈
이미란
백현미
전성규
전두영
노상인
김미경
이영화
이자함
전은진
이경화

(주)박이정

지역문화의 역사와 기억

KOR 학술 총서 03

지역문화의 역사와 기억

초판 인쇄 2023년 2월 21일
초판 발행 2023년 2월 28일
지은이 김동근, 이미란, 백현미, 한정훈, 전성규, 이경화,
전두영, 노상인, 김미경, 이영화, 이자함, 전은진
펴낸이 박찬익
펴낸곳 ㈜박이정출판사
주소 경기도 하남시 조정대로 45 미사센텀비즈 8층 F827호
전화 031-792-1195
팩스 02-928-4683
홈페이지 www.pjbook.com
이메일 pijbook@naver.com
등록 2014년 8월 22일 제2020-000029호
ISBN 979-11-5848-861-1 93710
정가 35,000원

본서는 2020년 교육부 및 한국연구재단 BK21 FOUR 사업(미래기반창의 인재양성형)의 지원을 받아 발간되었음.
This work was supported by the BK21 Four Program funded by the Ministry of Education(MOE, Korea) and National Research Foundation of Korea(NRF)

| 서문 |

2020년 9월에 출범한 '전남대학교 BK21 FOUR 지역어문학 기반 창의융합 미래인재 양성 교육연구단'의 세 번째 〈KOR 학술 총서〉를 펴낸다. 우리 전남대학교 국어국문학과는 1952년 창설된 이래 지역 거점 대학으로서 지역어문학 연구를 선도해 왔으며 디지털 시대를 이끌어 갈 인재 양성과 미래의 인문 가치 구현에 힘써 왔다. 이번에 출간하는 『지역 문화의 역사와 기억』은 광주를 넘어 지역과 국가, 경계를 초월하는 '기억 공동체'의 역할과 책임에 대해 질문하며 미래의 인문 가치를 모색한 고민과 성과가 담겨 있다. 이 총서는 교수진 및 대학원생이 연구 주제를 심화하여 연구하고 발표한 학술 논문뿐만 아니라 전남대 KOR 컨소시엄이 주최한 두 번의 좌담회와 전남대 국문과 대학원생들이 C-LAB활동으로 써낸 다양한 형식의 학술적 글쓰기 성과를 포함하고 있어 이전보다 더욱 다채롭게 구성되었다.

우리 교육연구단은 인재들의 역량 강화와 성과 확산을 위해 지난 2년 반 동안 네 차례의 국제 학술 대회를 개최하였고 해외 한국학 클래스, 공공 실천 클래스, 전문 심화 클래스를 운영하여 첨단의 지식을 학습하고 연구자들이 서로 교류하는 경험을 확대할 수 있도록 힘써 왔다. 이 과정에서 중국, 일본, 태국, 베트남, 몽골 등의 아시아 권역을 비롯해 미국, 호주, 튀르키예 등 세계를 아우르는 국가의 석학들과 다양한 형태의 학술적 만남을 가졌다. 우리가 발 딛고 있는 장소를 알고 이해하는 것은 새로운 지식 교류의 장에서 지식을 수렴하고 재구성하여 발산하는 가장 기본적인 토대가 된다. 『지역 문화의 역사와 기억』은 넓은 안목을 갖추기 위해 나와 나의 공동체를 이해하고자 부단히 노력한 작업의 소산이라고 말할 수 있다.

이 책은 네 장으로 구성되어 있다.

1장 '역사의 장소, 기억의 공간'에서는 전남대 KOR 컨소시엄과 국립 아시아 문화 전당이 함께 주최한 좌담회 〈경계를 넘는 언어와 의식, '재일(在日)의 삶'을 넘는 김시종의 시세계〉와, 전남대학교 BK21 FOUR 지역어문학 기반 창의융합 미래인재 양성 교육연구단이 개최한 좌담회 〈역사와 기억〉을 채록한 성과를 담았다. 〈경계를 넘는 언어와 의식〉은 재일조선인 작가 김시종의 시의식을 중점적으로 논의하고 있으며 〈역사와 기억〉에서는 5·18 문학에 나타난 재현의 문제를 다루고 있다.

2장 '시간과 언어, 말과 문학의 교차점들'에서는 한국 문학 연구에서 오랜 시간 고민해 온 주제라고 할 수 있는 문학의 시간 의식, 문학의 정치성, 문학이라는 외연과 경계에 대해 논의한다. 말과 언어는 시간과 사건을 다루어 왔는데 이를 어떻게 다뤄야 할지에 대해서는 여전히 논의의 여지가 많다. 말해진 것과 말하지 못한 것들, 그 사이의 간극은 결코 메워지지 않는 간극이며 그 간극 속에서야말로 새로운 역사의 장이 열린다.

3장 '재현의 층위들, 기억의 역학'에서는 소설과 희곡, 영화 시나리오 등 다양한 예술적 재현의 형식과 역사의 관계를 논의한다. 흐르는 시간 속에서 기억은 다른 기억과 충돌하고 교섭하며 끊임없이 그 모습을 바꾼다. 기술과 미디어, 정치적 역학, 인식 구조의 변화는 기억을 끊임없이 새롭게 볼 수 있는 지평을 마련하고 있다. 보이는 것이 있으면 보이지 않는 것도 있듯이 기억은 이중성을 불가피하게 내포하고 있으므로 기억의 주체는 매개된 기억을 경유하여 대상을 끊임없이 들여다 볼 필요가 있다. 다시 보고, 다시 읽고, 다시 쓰는 것만이 역사가 끊임없이 질문하는 것에 대해 응답하는 유일한 방법이다.

4장 '기억의 공동체와 글쓰기'에서는 광주의 역사에 대해 다룬 문학과 영화, 광주의 역사를 직접 살아 낸 사람들의 구술을 바탕으로 기억의 공동체를 구성하는 글쓰기의 다양한 면모를 확인할 수 있다. 1980년 5·18과 1970년대 방직 공장 여성 노동자를 다룬 작품과 채록된 구술 자료가 주된 분석 대상이 될 것이다. 글쓰기는 글을 쓰는 이가 대상을 기억하는 하나의 방식이다. 5·18의 2세대, 3세대로서 젊은 연구자들이 5·18을 지나간 역사가 아닌 진행태로 인식하기 위해서는 다양한 접점이 필요하다. 광주의 사람들의 목소리, 경험 서사와 같은 오토-픽션뿐만 아니라 국가폭력이라는 공통점으로 연대할 수 있는 탈지역, 탈국경의 서사와도 적극적으로 만날 필요가 있다. 거기로 가닿을 수 있는 다양한 미디어를 적극적으로 접하고 여기의 나를 끊임없이 재구성하면서 기억의 공동체는 물리적 시간적 한계를 넘어 확대되어 갈 수 있을 것이다.

이번 총서는 지난 1년 반 동안 쉴 새 없이 달려온 우리 교육연구단 구성원의 노력으로 만들어진 것이다. 이 자리를 빌려 참여 교수들의 관심과 격려, 헌신에 감사 말씀 드린다. 실무를 담당하는 신진 연구 인력과 행정 조교, 교육연구단의 주체인 대학원생들의 노고에도 깊이 고마움을 표한다.

끝으로 우리 교육연구단의 성과를 양서로 만들어 주시고 앞으로의 총서 여정을 함께해 주실 박이정의 박찬익 대표님, 심재진 본부장님, 편집부 성원 여러분께도 깊은 감사의 말씀을 드린다.

2023년 2월

전남대학교 BK21 FOUR 지역어문학 기반 창의융합 미래인재 양성 교육연구단

〈KOR 학술 총서〉 간행 위원회

| 차례 |

제1장 역사의 장소, 기억의 공간

제2장 시간과 언어, 말과 문학의 교차점들

제3장 재현의 층위들, 기억의 역학

제4장 기억의 공동체와 글쓰기

제1장

역사의 장소, 기억의 공간

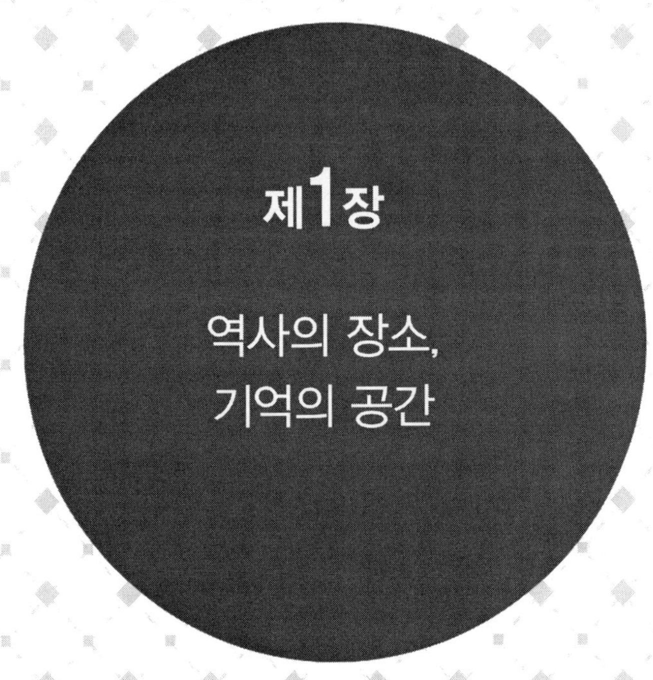

• **좌담회1**

〈경계를 넘는 언어와 의식, '재일(在日)의 삶'을 넘는 김시종의 시세계〉

• **좌담회2**

〈역사와 기억, 5·18의 문학적 재현의 문제와 관련하여〉

좌담회 1

경계를 넘는 언어와 의식, '재일(在日)의 삶'을 넘는 김시종의 시세계*

좌담회 날짜: 2022년 9월 15일 목요일
좌담회 장소: 전남대학교 인문대 1호관 김남주 홀
대담자: 고명철(광운대 국문학과 교수, 문학평론가), 고재종(시인)
청년패널: 전두영(전남대 국문과), 런멍지에(전남대 국문과), 임우남(전남대 국문과)
기록: 전두영(전남대 국문과 박사과정), 노상인(전남대 국문과 박사과정), 김미경(전남대 국문과 박사과정), 이영화(전남대 국문과 석사과정), 전성규(전남대학교 국문과 BK21 학술연구교수)

고명철(광운대 교수, 문학평론가)

지금 현재 한국 사회에 디아스포라 문학이 붐을 일으키고 있습니다. 코리안 디아스포라(Korean Diaspora)라는 게 갑자기 생긴 게 아니고 한 10여 년 전부터 연구가 활발히 진행되고 있었습니다. 그런데 최근에 재미 한인 작가 이민진 씨의『파친코』가 OTT의 애플 TV에 아주 성황리에 방영이 되었고, 전 세계적으로 많은 관심을 갖고 있고, 그게 출간이 진행이 되면서 코리안 디아스포라가 덩달아서 뒤늦게 한국 대중사회에는 알려진 셈이죠. 그래서 오늘 저는 그 연장선상에서 가장 가까우면서도

* 이 대담은 2022년 제 4회 아시아문학페스티벌의 사전행사 '미리 만나는 아시아 문학'의 7번째 강의 〈"경계를 넘는 언어와 의식"〉에서 이루어졌다. 주요 대담자는 고재종(시인)과 고명철(광운대 국문학과 교수, 문학평론가)였으며, 전남대 국문학과 대학원생들이 청년패널로 참가하였다.

먼 나라라고 우리한테 일컬어지는 일본에서 지금까지 살고 계시는 재일조선인의 얘기를 하고자 합니다. 한국 연구자들 사이에서는 여러 명칭이 있습니다마는 그들은 가장 적합한 명칭으로 재일조선인이라고 불러달라고 하기 때문에, 오늘 저는 재일조선인으로 명칭을 하겠습니다.

지금 현재 여러 선생님들이 갖고 있는 자료집에는 제 발제문이 있는데 주로 첫 시집 『지평선』[1] 그리고 『광주시편』[2]을 중심으로 발제가 돼 있습니다. 사실 오늘 발표는 『니이가타』[3]라는 시집을 중심으로 준비되었고 이를 대상으로 김시종[4] 시인의 전반적인 시세계에 가장 핵심적인 사항들을 몇 가지로 간추려서 말씀을 한번 나눠보겠습니다.

지금 화면에 보시고 계시는 것은 『니이가타』라는 시집의 한국 번역본

---

1) 김시종, 곽형덕 옮김, 『지평선』, 글누림, 2018.

2) 김시종, 김정례 옮김, 『광주시편』, 푸른역사, 2014.

3) 김시종, 곽형덕 옮김, 『니이가타』, 글누림, 2014.

4) 김시종은 1929년 부산에서 출생한 이후 제주도에서 유소년시절을 보내다가 1949년 제주 4·3의 화마(火魔)를 벗어나 일본에서 현재까지 재일조선인으로서의 삶을 살고 있다. 재일 시인으로서 혹은 재일조선인으로서 그는 일본사회에서 핵심적 역할을 맡았는데, 1949년 8월 일본공산당에 입당하여 재일조선인운동의 조직활동을 시작하면서, 일본정부에 의해 강제 폐쇄조치된 '나카니시(中西) 조선소학교'를 개교시켰고, 1951년 10월 오사카에서 결성된 '재일조선문화인협회'에서 발간된 종합지 『조선평론』에 참가하였으며, 1953년 2월 시 동인지 『진달래』 창간을 주도하였다. 이후 1957년 7월에 발표한 「장님과 뱀의 입씨름」 및 시 「오사카총련」이 '재일본 조선인총연합회'(약칭 조총련)로부터 정치적 비판을 받은 후 조총련을 탈퇴하였다. 그는 1986년 수필집 『'재일'의 틈새에서』를 출판하여 '마이니치 출판문화상'을 수상하였으며, 시집으로는 『지평선』, 『일본풍토기』, 『니이가타』, 『이카이노 시집』, 『광주시편』, 『화석의 여름』 등을 펴냈다. 1991년 집성시집 『원야의 시』로 '오구마 히데오상 특별상'을 수상했으며, 일역으로 윤동주 시집 『하늘과 바람과 별과 시』, 『재역 조선 시집』을 펴내면서, 일본문단과 일본사회에 한국시를 번역하여 소개하는 중요한 일을 하고 있다. 뿐만 아니라 '코리아 국제학원'의 설립 준비위원장을 맡아, 일본 사회 내부에 존재하는 민단과 조총련의 대결 구도를 넘어 재일조선인 운동의 새로운 이정표를 세우는 데 중심적인 역할을 다 하였다. 김남일 외, 『2022 제4회 아시아문학페스티벌 사전행사 미리 만나는 아시아 문학』, 2022, 57쪽.

입니다. 옆에는 추가로 김석범[5] 재일조선인 작가의 대하소설 『화산도』[6] 한국 번역본을 소개해 드렸는데요. 제가 왜 이렇게 김석범까지 들고 나왔냐면. 재일조선인 문학 양대 산맥이라고 하면 소설의 김석범, 시의 김시종일 수 있겠습니다. 이 두 분은 현재 생존하고 계십니다. 그리고 모두 90세가 넘으셨습니다. 김석범 선생님 같은 경우는 1922년생인가 3년생쯤 되시고요. 오늘 소개해드릴 김시종 시인은 1929년생이니까, 어림잡아서 지금 현재 한국 나이로 93, 4세.

이 사진은 최근 사진은 아닙니다. 이 사진은 제가 알기로는 한 7, 8년 전 팬데믹 전에 제주에 오셨을 때 찍은 사진입니다. 김시종 시인의 삶에 대해서 여러 가지 얘기를 할 수 있겠지만 지금 화면에 보시고 있는 그대로입니다. 아주 압축적으로 말씀드리면, 태어난 곳은 부산에서 태어납니다. 아버지 고향은 원산이고요. 일제 시대 때 남쪽으로 오게 됩니다. 그러면서 부산에서 제주 출신 여성을 만나서 결혼을 하고, 유소년 시절을 제주도에서 보내게 됩니다.

그러다가 제주 4·3 항쟁. 국가가 공식적으로 4·3 사건으로 지금 호명을 하고 있습니다만, 그 4·3 항쟁 기간 동안에 남로당원의 연락책이었습니다. 근데 이것은 김시종 시인이 80세가 좀 넘으셔가지고 제주도에 왔을 때 처음으로 당신께서 커밍아웃을 하셨습니다. 남로당원 연락책이었다. 그래서 당시에 이게 독자(獨子)이기 때문에 죽음의 위기를 가족들이 느껴가지고 혼자 일본으로 밀항선을 태워서 도피시킵니다. 그렇게 해서 지금까지 일본 사회에서 계속 살고 있는 것이죠. 그래서 재일조선인으로서 그 당시에 일본 공산당에 입당을 하고 그 이후에 청년기에 주요 활동

---

5) 김석범은 1925년 오사카에서 출생하였다. 2차대전 당시 제주도에 살면서 독립운동가들과 교류를 했다. 1945년 오사카에서 종전을 맞이하였고, 직후에 서울로 갔다가 1946년에 일본에 돌아와 현재까지 재일조선인으로서의 삶을 살고 있다. 주요 저서로는 1957년에 발표된 소설집 『까마귀의 죽음(鴉の死)』과 1997년에 완성한 대하소설 『화산도(火山島)』가 있다.

6) 김석범, 김환기, 김학동 옮김, 『화산도』, 보고사, 2015.

을 했습니다. 근데 1952년, 53년 무렵에 『진달래』[7]라는 잡지를 창간했는데, 그 『진달래』를 창간하고 나서 김시종 시인이 자신이 이데올로기적으로 믿었던, 이른바 북조선이죠. 북조선에 김일성 주석이 자신이 알고 있었던 김일성 주석과 전혀 다른 모습을 1950년 한국전쟁 이후에 이렇게 보이기 시작하면서 『진달래』에 이를 비판하는 산문을 쓰기 시작합니다.

그런데 그 산문이 당시 총련으로부터 비판을 받으면서 이렇게 경직된 문학이나 경직된 역사관은 자신이 믿었던 사회주의 신념과 전혀 다르다, 그래서 과감하게 총련에서 탈퇴를 합니다. 그 이후에 여러 가지 시를 쓰는 활동을 하면서, 일본어로 시를 쓸 수밖에 없었던 이유도 있었고요. 양석일[8]이라는 후배 작가가 김시종 시인을 이렇게 한마디로 얘기를 합니다. "남북조선, 남조선과 북조선을 등거리에 두고 자기 검증을 시도하고 있는 시인이다." 양석일 작가의 짤막한 평이 김시종 시인의 성격을 보여준다 해도 과언이 아닐 정도입니다. 참고로 양석일 작가도 역시 재일조선인 작가입니다.

혹시 영화 좋아하시는 분 보면 〈피와 뼈(血と骨)〉를 보셨을 수도 있을 텐데. 김준평이라는 아주 괴물 같은 인물이 나오죠. 〈피와 뼈(血と骨)〉의 원작자가 양석일입니다. 한국에도 몇 편 양석일의 글이 번역돼 있습니다. 재일조선인의 명칭은 제가 빨간 글자[9]만 좀 보시면. 계급적 약자, 공간적 약자, 문화적 약자, 민족적 약자. 말하자면 약한 사람들. 이게 김시

---

7) 1953년 2월 김시종의 주도로 〈오사카조선시인집단〉을 조직하여 출간한 동인지.

8) 양석일은 1936년 오사카시 이카이노(猪飼野)에서 출생한 재일 한인 2세 작가이다. 재일한국인 해방운동에 참가했으며, 일본 각지를 전전하면서 택시운전수 등 여러 직업을 거친다. 주요 작품은 1987년에 출판한 『택시광조곡(タクシー狂躁曲)』과 1993년에 이를 영화화한 〈달은 어디에 떠 있는가[月はどっちに出ている〉이 있으며, 1998년 자신의 아버지의 삶을 모델로 하여 출간한 『피와 뼈(血と骨)』와 이를 2004년에 영화화한 동명의 작품이 있다.

9) 원문은 "역사 서술의 주체 세력 입장에서 볼 때, 대부분 무학에 빈곤했던 이들은 **계급적 약자**였으며, 영토 밖으로 거주하는 이들은 **공간적 약자**였고, 일본 문화에 어설픈 형태로 동화된 이들은 **문화적 약자**였다. 무엇보다도 민족적 범주의 변방에 위치한 그들은 **민족적 약자**였다." 이붕언, 윤상인 옮김, 『재일동포 1세, 기억의 저편』, 동아시아, 2009, 9쪽. 강조는 원인용자.

종 시인에게만 해당되는 게 아니라 사실상 재일조선인 전반의 삶들 그리고 재일조선의 문학을 관통하고 있는 주제의식이라고 볼 수도 있습니다. 네 가지 약자. 이것은 제가 빨간 글씨로 강조한 만큼 한번 눈여겨두시면 재일조선인을 다룬 영화, 드라마, 시, 소설. 이런 부분들을 감상하실 때 상당히 도움이 될 것 같습니다.

그러면 몇 편의 시를 잠깐 보겠습니다. 이 시는 『니이가타』라는 시집에 수록돼 있는 시입니다마는 우리가 알고 있는 여느 시인의 시 작품과 상당히 다릅니다. 좀 심하게 얘기하면. '이게 뭐 시인가?', '이게 시적 언어의 형상화가 잘 돼 있는가?' 할 정도의 의구심을 불러일으킬 정도이기도 한데요. 이 시집의 「간기(雁木)의 노래 1」의 일부를 좀 보고 가겠습니다.

「제1부 간기(雁木)의 노래 1」 부분

"오오 고향이여! / 잠을 취하지 못하는 / 나라여! / 밤은 / 동면으로부터 / 서서히 / 밝아오는 것이 좋다. / 천만촉광(千萬燭光) / 아크등(ark light)을 비추고 / 백일몽은 / 서면으로부터 / 바다를 건너 / 군함이 찾아왔다. / 긴 밤의 / 불안 가운데 / 빛에 익숙하지 않은 / 우리들의 / 시계(視界)에 / 눈부시기만 한 / 달러 문명을 / 비추기 시작했다. / 내 불면은 / 그로부터 시작됐다."

이 시는 한국의 시인들도 마찬가지로 개화기 전후부터 시작해서, 특히 일제강점기 그다음에 6.25 전쟁 이후에 한국 역사의 아주 고난의 역사를 시로써 아주 훌륭하게 형상화를 해냈죠. 그런데 안타깝게도 재일조선인 시문학에서 말입니다. 혹시 일본 시 좋아하시는 분 계실지 모르겠습니다만, 일본 시에서는 어느 순간부터 사회학적 상상력, 정치적 상상력이 거세돼 버렸습니다. 이것은 일본의 소설도 비슷한 흐름을 타고 있는데요.

그래서 김시종 시인이 『니이가타』에서 이런 시를 썼을 때 들리는 말에 의하면 일본 시단은 충격이었다라는 것이었습니다. 한국 시는 그래도 설왕설래합니다마는 리얼리즘(realism)류의 시가 그래도 많은 사람들에게 사랑을 받고 있죠. 그게 서정적이든 아니면 진보적이든. 그런데 일본 시단에서는 이런 흐름들이 사실상 상당히 희귀하다는 거죠. 역사를 반추하고, 그 속에 사는 사람들의 실제 얘기를 듣는 것들이요. 이게 우리하고는 시에 대한 결이 상당히 다른 것이죠. 그런데 이 시를 보면 그렇게 어렵지 않습니다.

밤이라고 공유되고 있는 이 어둠의 세계가 밝아 와야 되는데, 어찌된 게 군함의 엄청난 밝은 등. 천만 촉광 아크등. 군함에서 쏘아지는. 그 전투함, 군함에 쏘아지는 말하자면 군사력. 군사적 물리력에 의해서 밤이 없어지는 것이죠. 서서히 사라집니다. 그러니까 이것은 한국이 근대 전환기 이후부터 지금까지의, 곡절 많은 역사의 심장부를 시인 자신이 건드리고 있는 것이거든요. 그래서 서구 제국의 군사력이 이제 한반도에 들어오면서 밤이라는 어둠의 세계를 인위적으로 몰아내는 강제성. 이런 것을 시의 언어로 아주 압축시키고 있습니다.

그러다가 마지막 부분은 달러 문명, 결국은 어느 쪽으로 시인이 보고 있냐면. 달러 문명이라는 것들이 보여 주는, 미국으로 상징화되는 신제국. 신제국의 달러 문명들이 결국은 한반도 지금까지 역사의 어두운 면들을 강제적으로, 인위적으로 열어젖히는 이 굴곡의 현실들을 이렇게 짚어내고 있습니다. 그다음은 시를 볼 것인데, 중략 이후만 보겠습니다.

「제2부 해명 속을 2」 부분

"날이 저물고 / 날이 / 가고 / 추(錘)가 끊어진 / 익사자가 / 몸뚱이를 / 묶인 채로 / 무리를 이루고 / 모래사장에 / 밀어 올려진다. / 남단(南端)의 / 들여다보일 듯한 / 햇살 / 속에서 / 여름은 / 분별할 수 없는 / 죽은 자의 / 얼굴을 / 비지처럼 / 빚어댄다. / (중략) / 조수는 / 차고 / 물러나 / 모래가 아닌 / 바다 / 자갈이 / 밤을 가로질러 / 꽈르릉 / 울린다. / 밤의 / 장막에 에워싸여 / 세상은 / 이미 / 하나의 바다다. / 잠을 자지 않는 / 소년의 / 눈에 / 새까만 / 셔먼호가 / 무수히 / 죽은 자를 / 질질 끌며 / 덮쳐누른다."

이 셔먼호라는 것은 제너럴셔먼호(General Sherman號)를 얘기하는 거죠. 재일조선인의 입장에서 신미양요(辛未洋擾)를 시로 호출해내는 것은 상당히 어려운 일입니다. 재일조선의 역사를 좀 살펴보시면 알겠습니다만 일본 사회에서 사실상 적응하고 순응하면서 살도록 강요받아온 이 사람들한테, 바로 옆에 있는 조국의 근대 전환기의 역사를 다시 시로 호명해내는 작업은 엄청난 싸움이 필요한 것이죠. 그래서 이 부분들이 앞에 제가 말씀드린 달러 문명이라는 기원을 조금 더 거슬러 올라가서. 불평등 조약. 당시에 조선이 강제로 문호 개방이 되는 이 부분까지 『니이가타』라는 시집에서는 올라가고 있다. 이런 부분들을 좀 눈여겨보시면 좋을 것 같습니다.

다음으로 제주 4·3사건에 대한 시인의 문학적 인식에 대해 언급하겠습니다. 제주 4·3사건은 간단하게 볼 문제는 물론 아닙니다. 김시종 시인을 살펴볼 때 제가 앞서서 4·3 항쟁 때 김시종 시인은 남로당원의 연락책이었고, 일본으로 도피를 합니다. 밀항선을 타고. 김시종 시인의 이 시 세계를 전남대학의 김남주 홀에서, 전남대학이라는 국립대학에서, 김시종 시인의 이런 얘기를 할 수 있는 때가 과연 올 것인가에 대해서 많은 사람들이 회의적이었습니다. 2000년도에 제정된 4·3특별법부터 진행되고 있는 역사의 물결들. 감히 제주 4·3사건을 비롯한 여러 이야기들을 국립대학에서는 얘기할 수 없으리라고 봤습니다. 그렇지만 이제는 당당히 이 문제들을 개봉해서 옳고 그름뿐만 아니라 여러 가지 역사의 문학적인 그런 상상력들을 이제는 좀 더 투명하게 얘기할 때가 됐다. 앞으로 계속 얘기가 될 것 같습니다. 이 부분들은.

김시종 시인에게 있어 또 하나 얘기할 것은 자이니치거든요. 아까 제가 재일 디아스포라 말씀드렸잖아요. 관련해서 김시종 시인의 언급이 있는데요. "재일이라는 것은 일본에서 태어나고 자란 것만이 재일이 아니라 과거 일본과의 관계에서 일본으로 어쩔 수 없이 되돌아온 사람도 그 바탕을 이루고 있는 '재일(在日)'의 인자(因子)" 그러니까 우리가 피상적으로 알고 있는 자이니치, 재일(在日). 이런 것은 흔히들 일본 태어나고 자란 것으로 2세, 3세, 4세, 이런 것을 인식하기 쉬운데, 일본하고 조선하고의 관계 속에서 어쩔 수 없이 일본에 갔다가 다시 되돌아온 사람들. 뭔가 잘 살아보려고 했지만 당시 여러 가지 경제적, 정치적인 상황 속에서 다시 조선에서 일본으로 돌아갈 수밖에 없어서 일본에서 지금까지 살고 있는 사람들의 삶 전체. 이것을 우리가 총체적으로 이해를 해야만 자이니치의 삶에 대해서 균형감 있는 시선을 가질 수가 있다. 어느 특정한 부분을 핀셋처럼 뽑아가지고 자이니치를 판단하는 것은 대단한 오해와 곡해를 낳기 쉽다. 이런 얘기를 김시종 시인의 이 짤막한 발언에서 우리가 알 수 있겠습니다.

그 외 이런 사건. 대표적인 사건이 45년 8월 23일 날 우키시마마루(浮島丸) 침몰 사건[10]인데 이건 아직도 미제의 사건이죠. 이게 해방 때 여러 곳에서 강제 부역과 노역을 당했던 사람들이 돌아오다가 마이즈루항(舞鶴港) 근처에서 침몰이 됩니다. 근데 누가 침몰 시켰을까. 이 부분에 대해서 일본 사회는 아직도 역사의 조명을 하고 있지 않습니다. 우키시마마루(浮島丸) 침몰 사건은 미제의 사건인데, 여러 가지 설이 있지만 가장 유력한 설이. 이 강제 부역자들이 조선에 돌아갔을 때 개봉된, 봉인 해제된 당시 일제의 여러 가지 만행들이 드러날 경우에 미치는 역사의 파행들이 두려워서 강제 침몰을 위장하지 않았을까라는 주장이 좀 설득력이 있긴 있습니다.

이 북송선을 또 얘기 안 할 수가 없는데요. 일본의 민간단체인 적십자사와 북조선이 상당히 이해관계가 들어맞았던 사업 중에 하나가 이 북송선 사업입니다. 1959년부터 84년까지 이루어지는데, 이때 사실 많은

10) 강제 징용되었던 7,000여 명의 한국인을 태운 4,740t급 일본 해군 군함 우키시마(浮島)호는 8월 21일, 일본 북동쪽에 있는 아모모리현(靑森縣)의 오미나토항(大湊港)을 떠나 부산항으로 향하다가 24일, 방향을 돌려 일본 중부 동해 연안에 있는 마이즈루항(舞鶴港)으로 들어갔다. 마이즈루항에 들어갈 때 갑자기 폭음과 함께 배가 폭발, 두 동강이 나면서 침몰한 사건.

재일조선인들이 상당수의 재일조선인들이 자기의 조국이라고 얘기하는 북조선으로 갑니다. 갔다가 어땠습니까. 돌아오지 못했죠. 돌아온 사람이 거의 없습니다. 북송사업에서 만경봉호가 오갔던 주요 항구인 니이가타(新潟)항에서 원산항까지가 한 북위 38도 근처입니다. 지금은 만경봉호 뜨지도 않죠. 만경봉호가 왕성하게 일본과 북한을 오가며 교류했을 때 김시종 시인의 눈에서는, 역시 시인이 예지력이 있었는지. 아까 1952년, 3년『진달래』지(誌)사건 말씀드렸죠. 이미 북조선에 대해서 김시종 시인은 자신이 믿고 있었던 사회주의적 근대가 아닌 사회로 판단을 했기 때문에 이 북송선 사업의 정치적 저의(底意). 이것이 순수하지 않다고 생각했습니다. 그리고 일본 정부가 나서지 않았지만, 일본 정부 입장에서는 어떻습니까. 당시에 재일조선인들이 눈엣가시거든요. 자신들이 했었던 제국의 여러 가지 폭력적 근대를 증언할 수 있는 역사의 당사자들이기 때문에 이 당사자들이 일본 사회에 많이 남아 있으면 그걸 그렇게 좋아하지가 않겠죠. 그래서 그들에게 여러 가지 지문(指紋)법이라든가 이런 등등에서 관리를 용이하게 하려고 했는데, 인도적 차원에서 일본적십자사가 조국으로 가고 싶어 하는 거 보내자. 그래서 이게 정치적 이해관계가 맞아떨어지면서 당시에 59년도부터 70년 초반까지는 북조선이 훨씬 우리나라보다는 경제적인 수준이 높았죠. 그래서 그런 것들 때문에 많은 사람들이 이 귀국 사업에 동참하면서 비극이 또 일어납니다. 이런 것들을 또 시[11]에 썼습니다.

이 사진은 60년 일본 니이가타(新潟)항에서 사람들이 떠나는 사진입니다. 엄청난 환호를 받으면서 니이가타(新潟)항을 출발합니다. 지금은 상상할 수 없을 정도의 엄청난 환호였죠. 이 사진은 당시 평양에 도착했을 때, 평양 인파들입니다. 지금 보이는 이게 북위 37도 31분 24초 정확합

11) "북위 38도의 / 능선(稜線)을 따라 / 뱀밥과 같은 / 동포 일단이 / 홍건히 / 바다를 향해 눈뜬 / 니이가타 출입구에 / 싹트고 있다. / 배와 만나기 위해 / 산을 넘어서까지 온 / 사랑이다."「제3부 위도가 보인다 1」 부분.

니다. 이 지역이 여기 보면, 이게 지금 바로 니이가타(新潟)현의 니이가타(新潟)항이 있는 곳이거든요. 여기가 이제 원산인데, 이렇게 이제 니이가타(新潟)에서부터 원산까지 가는 것이죠. 북송선 사업의 만경봉호가요. 근데 공교롭게도 이 곳 북위 37도선에 위치한 니이가타(新潟)항에서 출발해서 같은 위도에 위치한 원산에 도착하는 것이 상당히 공교롭게 우연의 일치가 아닙니까. 이게 상당히 역사의 간지(奸智)라고 그럴까요. 다른 데서 떠나지 않습니다. 여기 니이가타(新潟)항에서 떠납니다. 이것을 김시종 시인 『니이가타』의 마지막 시행 구절에 아주 절묘하게 시를 씁니다. 이렇게 썼습니다. 이 시는 『니이가타』 시집의 맨 마지막에 있는 시구입니다. 그 시집의 맨 마지막 위치에 있는데요.

「제3부 위도가 보인다 4」 부분

"해구(海溝)에서 기어 올라온 / 균열이 / 궁벽한 / 니이가타 / 시에 / 나를 멈춰 세운다. / 불길한 위도는 / 금강산 벼랑 끝에서 끊어져 있기에 / 이것은 / 아무도 모른다. / 나를 빠져나간 / 모든 것이 떠났다. / 망망히 번지는 바다를 / 한 사내가 / 걷고 있다."

이게 이 『니이가타』 시집의 마지막 있는 거거든요. 사실 저는 시인이 아닙니다. 창작하는 사람이 아닌데, 이 비평가의 눈에는 유독 그 많은 시 구절들이 있었지만 이 시구만이 들어옵니다. 한 사내가 "망망히 번지는 바다를 한 사내가 걷고 있다." 아마 김시종 시인은 이 마지막 시 구절 때문에 이 시집 한 권 을 쓰지 않았을까. "망망히 번지는 바다를 한 사내가 걷고 있다." 여기에서 만경봉호는 떠나지만 시인은 만경봉호가 떠나는, 북송선 사업이 떠나는 정치적 정략적 이해관계에 의해서 조국으로 귀환하는 것과 다른 방식으로 망망히 던지는 바다를 걷고 있습니다. 어디로 걸어야 될까요. 최인훈의 『광장』처럼. 가다가 제3세계로 가다가. 자살을 선택할지.

또한 시에서 "해구(海溝)에서 기어 올라온 균열이 궁벽한 니이가타 시에 나를 멈춰 세운다."고 그랬죠. 저는 지질학자가 아닙니다마는 이 시인들은, 상당히 과학적 상상력 이상의 상상력을 가지시죠. 그러니까 팩트(fact)를 위반하고서 시를 쓴다는 거는 상상할 수 없습니다. 그래서 시인들이 상당히 존경스러운 이유인데요. "해구(海溝)에서 기어 올라온 균열" 지금 여기는 니이가타(新潟)인데요. 니이가타(新潟)는 동북 일본 화산대하고 서남 일본 화산대를 나누는 곳입니다. "해구(海溝)에서 올라온 균열"이. 다시 말해서 일본에 살고 있는 재일조선의 입장에서 니이가타(新潟)현이라는 곳은 공간적으로 지질학적으로도 두 군데로 나뉘는 곳이고. 이 위쪽과 아래쪽으로 나누는 곳이고. 그 다음에 하필이면 북위 37도 31분 24초. 우리가 흔히 38도 선이라고 얘기되는. 조국의 분단선이라고 얘기되는. 정치적 이념의 분극으로 나누어지는 그런 상징인 세계이고. 시인은 일본의 니이가타(新潟)현에서 시적 상상력으로 이중의 경계와 틈새를 만나고 있는 것이죠.

그래서 저는 이런 시인의 상상력이 재일조선인으로서 이중의 틈새와 경계에 놓여 있는데, 그 이중의 틈새라는 것은. 재일 조선인은 일본의 국민인가 일본 국민이 아닌가. 지금 이거는 현재 재일조선인 디아스포라 사는 사람들에게서도 과제입니다. 내가 일본 국민인가 국민이 아닌가. 그 다음. 대한민국이냐 아니면 조선민주주의인민공화국 그 사이에 끼어 있는. 그래서 오늘 경계의 언어와 존재 이런 타이틀을 걸었습니다마는. 이런 부분들을 우리가 이해를 하면 김시종 시인, 시 뿐만 아니라 아마 이런 문제의식을 공유하고 있는 재일조선인들 그런 디아스포라의 삶도 이해하기가 쉽지 않을까 그런 생각입니다.

일본에서 반응인데요. 일본의 저명한 아주 평론가들이 여러 명이 있는데 그중에서 한 분만 좀 언급을 하겠습니다. 다카하시[12]라는 평론가인데

12) 다카하시 토시오(高僑敏夫)는 1952년 일본 카가와현(香川縣) 출생한 문예평론가이자 와세다대학(早稻田大學) 문학연구과 명예교수이다. 2002년에 『藤沢周平—負を生きる物語』로

요. 일본 와세다 대학의 우리 식으로 얘기하면 국어국문과. 일본 문학은 동경대와 와세다 중에서 동경대는 쳐주지도 않는다고 그러죠. 일본 문학의 자부심인 와세다에서 다카하시 교수가 이런 얘기를 합니다. “재일 조선인 문학이 노벨 문학상 수상 가치가 있”는데, 그 중에서 두 명만 고르라고 그러면 김석범과 김시종이다. 일본 소설과 시는 건드리지 않는단 말이죠. 일본인이. 일본 국어 문학을 공부하고 있는 현대 문학의 아주 최고급의 비평가가. 그런데 과연, 그동안에 한국 문학의 영토 안에서 재일 조선인 문학가에 대해서 우리가 얼마나 알고 있었을까요. 반성하게 됩니다.

그래서 김시종 시인의 시 언어는 복수(復讐)의 언어라고 했는데 시인은 일본어로 창작을 했습니다. 한국어로 글을 쓰지 않았어요. 그렇지만 “일본어가 일본 제국에 균열을 내고 있는 언어이다.”라고 시인은 얘기합니다.

지금 이 모습은 작년에 당시 국립아시아문화전당에서 사전 행사 페스티발에서 기조 발제자로 모셨을 때인데 일본 자택에서 시 낭송 하나를 동영상으로 보내오셨습니다. 작년의 모습 그대로입니다. 마지막으로 시인의 목소리를 들으면서 제 간략한 발제는 이것으로 마치겠습니다. 한 번 들어보겠습니다.

김시종(시인)

시집 『광주시편』에서 한 편 낭송 하겠습니다.

‘제15회 오자키 히데키 기념·대중문학연구상’ 수상하였고, 한국에는 『아무도 들려주지 않았던 일본현대문학』(곽형덕 옮김), 『호러국가 일본』(김재원, 정수윤, 최혜수 옮김)이 번역되어있다.

「아직도 있다면」
아직도 살아가고 있는 것이 있다면
견디어낸 시대보다도
더욱 참혹한, 부서진 기억
그것을 돌이켜 보는
눈동자인지도 모른다.

이 스산한 날에
아직도 죽지 않고
살아있는 것이 있다면
박탈당한 복종보다도
더욱 원통한 창백한 민족
탄피가 녹슬어있는 산딸기의
붉은 복수인지도 모른다.

아직도 있다면
그것은 피로 물든
돌의 침묵.
아니 돌보다 진한
의식의 응고물.
양지바른 곳에서 녹기 시작한
이 빈모의 미끄덩한 점액인지도 모른다.

그래서 더욱
목이 탄다.
형태가 없어지고 나서야 알게 되는
첫 사랑의 형상이다.

아직도 썩지 않은 머리카락이
흩날리고 있어
그러므로 봄은 나의 깊은
잠 속에서도 양염을 피어 올린다.

그럼에도 여태껏
풀리지 않은 회한이 있다면
해는 변함없이 총구 끝에서 빛나고 있고
바다는 일렁이고
구름은 흐른다.
그날, 솟구쳐 오른 채
새파란 하늘에 파묻힌
나의 빨간
겨자

고재종

대담이라고 해서 나왔는데, 오늘 저는 김시종 시인에 대해서 잘 알지도 못하지만, 그래서 김시종 시인의 번역시집을 읽고 여기 나왔어요. 그렇기 때문에 김시종을 전문적으로 연구했던 고명철 교수님의 얘기를 듣는 것이 옳을 것 같아요. 그래서 저는 김시종 문학을 이해하고 김시종의 삶을 이해하는데 있어, 핵심적인 질문을 몇 가지만 하고 그것을 교수님이 대답하는 것으로 진행을 하겠습니다.

저는 김시종 시인이 자신의 신념을 시로 구현한 시인이라고 생각하는데요. 김시종 시인에게는 사상과 자기 신념과 이념 이런 것들이 더 우위에 있고, 시는 어떻게 보면 그 이념과 신념을 구현하기 위해서 쓰여진 것 아닌가 하는 생각을 합니다. 그래서 김시종 시인에 대해서 제가 시적 입장에서는 좀 비판적이다 할 수 있는데 그것에 대해서 먼저 질문을 드릴게요.

김시종 시인의 시집이 여러 개가 있어요. 『지평선(1955)』 첫 시집, 그다음에 이야기 해주셨던 『이카이노(1978)』[13], '이카이노'는 재일 조선인 거주지이고 '이카이노'를 제목으로 한 시집 『이카이노』, 그다음이 『광주시편(1983)』 그리고 이번에 우리 아시아문학상을 수상한 『잃어버린 계절(2010)』 이렇게 시집들이 있어요. 그래서 한 가지씩 질문을 드리겠습니다.

김시종 선생님은 늘 경계선상에 서 있습니다. 원산에서 태어나 제주도로 와서 광주 사범도 좀 다니셨더라고요. 제주도 와서 살고 얘기하신 대로 남로당 조직원이었어요. 남로당 조직원인데 4·3항쟁이 일어나자 어떻게 보면 살려고 일본으로 도일했잖아요. 살려고. 그래서 이제 북조선과 남조선의 경계에 있고 또 한국과 일본 사이의 경계에 있고 일본 사회에서도 재일 조선인으로 살았어요. 재일 조선인은 그야말로 공간적 차별, 계급적 차별, 문화적 차별 이런 각종 차별 속에서 사셨기 때문에 일본인도 아니고 또 한국인도 아니고 그런 자이니치로 경계에 살았고 그다음에 또 일본에서 공산당을 가입하셨어요.

1961년 탈퇴를 했고, 조총련[14] 활동을 하셨는데 그러고보면 김시종 시인은 사실 한국에 들어올 수가 없었어요. 1998년 김대중 대통령의 특별한 초청으로 해서 한국에 오셨는데, 가만히 보면 공산주의자라고 할 수 있죠. 그런데 1961년에 결국은 교조주의 이념에 환멸을 느끼고 이제 한국과 교류하려고 애를 쓰셨기 때문에, 제 생각에는 늘 경계선상에 서 계신 것 같습니다. 이걸 '디아스포라'라고 하는데 과연 이런 삶을 살아낸 김시종 시인에 대한 전반적인 소감을 여기 오신 분들, 잘 모르신 분들을

---

13) 『이카이노(1978)』 – 김시종 시집으로, '이카이노'는 옛적 '돼지를 기르는 들판'으로 불렸는데 지금은 '이쿠노(生野)'구로 제주 출신 재일동포 밀집지다.

14) 조총련– '재일 조선인 총연합회'를 줄여 이르는 말.

위해서 이야기해 주시면 좋겠네요.

고명철

네. 좀전에 제가 프리젠테이션 했을 때 후배 작가 양석일[15] 얘기도 좀 올렸습니다만, 제 기억이 맞다면, 지금부터 한 17년, 18년 전입니다. 아까 그 동영상에 번역자가 유숙자라고 번역이 되어 있잖아요. 김시종 시인에 대한 정말 간략한 정보를 갖고서 한국에서 2008년에 최초로 김시종 시인의 여러 시집에서 좋은 작품들을 추려서 『경계의 시』라는 시선집이 나왔습니다. 소화출판사에서요. 네, 근데 저는 그것을 읽고 좀 상당히 충격을 받았어요. '이게 너무 늦게 왔다. 이게 한국문학에 너무 늦게 왔다.' 그래서 심지어 일본 문학 연구자들한테도 김시종 시인을 아냐고 물어봤더니 잘 몰라요. 그것도 좀 이상했습니다. 일본 문학 연구자들이 어떻게 모를 수가 있는지 이분을, 그것은 그럴만한 이유가 있더라고요. 아까 남로당원 이런 부분들, 정치적 궤적들도 있고 일본 문학의 정수가 아니라서 그랬는지. 제가 4가지 차원[16]에서 이야기를 드리겠습니다.

제가 일본에 건너갔을 때 손편지를 보냈습니다. 손편지를 보냈더니 연락이 왔고 어느 선술집에서 만나게 되어 이야기를 듣기 시작했습니다. 첫마디가 "고선생님, 나는 경계의 시인이야!" 딱 첫마디가 그랬습니다. 극도로 한국 사람들을 경계하는 눈빛이었습니다. 문학비평하는 사람 한

---

15) 양석일(1936~)은 일본 오사카시 이카이노에서 태어나 재일 한국인 2세 출신의 소설가이다.

16) **4가지 차원**에서 이야기하는 김시종 시인의 경계는 다음과 같다. **첫째, 공간적 차원**으로 일본에서 자이니치로 살면서 일본인도 아니고 한국인도 아니었다.(한국국적이 없었다), **두 번째, 정치적 차원**으로 김시종 시인은 남한과 북한 사이에서 조국의 정체성을 겪으면서 특별 한국 국적을 취득하게 된다. **세 번째, 자기 삶의 민주주의 차원**으로 일본의 민주주의와 한국의 민주주의 경계에서 김시종 시인은 자신이 부딪히는 사회의 상당히 복잡한 결의 또다른 경계선상에 놓이게 된다. **네 번째, 언어적 차원**으로 완전한 일본어인 제국의 언어와 김시종 시인이 자기만의 방식으로 쓰는 일본어의 경계를 말한다.

5명 정도가 이상한 거예요. 17~18년전이니까 그 당시 연배로는 70세 조금 넘으실텐데요. 아까 봤잖아요. 『지평선』부터 시작해서 한 50여 년 동안 시집도 내고 사상 활동도 하고 여러 가지를 했는데, 아무도 언급을 안 하다가 갑자기 한국의 젊은 비평하는 친구들 다섯명이 오니까 '이게 무슨 꿍꿍이가 있는가 아니면 나의 정치적 삶의 어떤 부분들을 잘못 이용하려고 하는 게 아닌가'하는 그런 생각을 많이 갖고 계신 것 같더라고요.

그러면서 첫마디가 "나는 경계의 시인이다." '경계'라는 말을 저희가 그때 처음 들었어요. 사실 좀 미안하고 송구스러운 말인데요. '경계, 이것이 무슨말이지?' 생각하다가 서서히 얘기를 나누게 됩니다. "4·3때부터 4·3의 해방공간에서 자신이 했던 남로당원의 활동도 정치적 경계였었다. 이건 상당히 조심스러운 얘기다." 그러면서 "당신들이 공부하고 있던 한국에서 공부하는 남로당과 내가 활동했던 남로당과는 상당히 결이 다르다. 이것을 지금 내가 얘기할 수는 없다." 그런 말씀을 하셨어요. 그것도 충격이었어요. 저희들은 '어떻게 다를까?' 그 부분을 듣고 싶었지만 그것은 끝내 그 자리에서는 얘기를 하지 않으셨습니다.

두 번째로 말씀하신 것이 자이니치로 산다는 것이었습니다. 본인이 그 당시까지 한국 국적이 없었어요. 국적을 갖지 않으셨어요. 그러다가 아까 김대중 정부 시절에 드디어 제주도에 있는 아버지와 어머니 묘소를 가고 싶으니까 국적을 얻습니다. 김대중 정부가 승인해준 특별 국적을 얻습니다. 자이니치로서 조국이 북조선이냐 남조선이냐 이것도 헷갈렸는데 조국에 대해서 또 생각을 안할 수가 없었다는 얘기죠. 한국 국적을 취득하게 되면서 짤막한 에피소드입니다만 당시 형님으로 모시고 있었던 김석범 작가한테 전화를 했답니다. "형님 죄송합니다." 김석범 작가가 왜 그러냐고 물었더니 "제가 형님하고 계속 간직하고 있었던, 한반도가 통일이 되기 전까지는 어느 국적도 갖고 있지 않기로 결심했는데 제가 국적을 이번에 가졌습니다." 그래서 김석범 작가가 "이제 당신이 판단할 때가 됐다. 당신은 시인이 아니냐, 가서 얘기를 할 때가 됐다." 조국에 대한 자신의 정체성과의 경계를 또 말씀하셨어요.

세 번째, 일본인들은 아시아에서 일본이 가장 민주적인 사회로 자인하고 있지만, 김시종 시인이 일본에서 살면서 경험한 바에 의하면 '일본이 과연 민주주의인가'라는 의문을 가지게 된 것이죠. 북한 또한 고도로 경직된 교조주의 사회니까 김시종 시인의 마음에서 떠나갔죠. 그나마 마음에 간직하고 있던 남한 사회가 민주화되는 과정이 너무 힘들고 또, 광주를 경험하고 나서 민주 정부가 들어서는 과정 속에서 다시 한번, 일본에서의 민주주의와 한국에서의 민주주의가 자신이 부딪히는 사회의 또 다른 경계선 상에 놓이게 되는 상당히 복잡한 결들이 한 시인의 몸에 쌓여 있더라고요.

그리고 마지막 경계입니다. 김시종 시인의 시에서 아마도 비평가와 연구자들이 계속해서 봐야 할 부분인데 아까 '다카하시'라는 일본 평론가 한 분만 제가 언급했습니다만 '호소미 가즈유키'라는 오사카에 있는 법문학부 철학과 교수가 있어요. 이분은 김시종 시인을 유대인 '파울 첼란'[17]과 동급으로 놓습니다. 그러면서 "일본 시가 넘지 못할 부분을 김시종 시인이 이미 넘어섰다."라고 평가하였습니다. 그런데 시집이 한국어로 번역됐잖아요. 김시종 시인이 완전한 일본어도 아니고 자기 방식의 일본어로 쓴다고 하시는데, 그 아슬아슬한 경계가 뭘까, 이것도 사실 궁금한데 한국어로 번역되는 과정에서는 이 부분들이 세밀하게 참조가 안 되는 것이죠.

그래서 언어적 차원과 정치적 차원, 일본에서의 공간적 차원, 자기 삶의 민주주의, 이런 네 가지가 김시종 시인만의 경계를 살펴볼 때 어려운 지점이기도 합니다. 그러나 반드시 눈여겨봐야 되겠다는 말씀을 좀 드리고 싶습니다.

17) 파울 첼란(Paul Celan,1920~1970)– 독일의 시인, 루마니아 북부 부코비나의 체르노비츠에서 유대인 부모의 아들로 태어났다.

고재종

네 가지를 말씀했는데 그럼에도 불구하고 여러분들도 굉장히 궁금할 것입니다. 김시종 시인의 정체성은 과연 무엇이었을까, 끝까지 그것은 의문으로 남는데 질문을 또 할게요.

요새 재미작가 이민진이 쓴 '파친코'라는 소설 있죠. 거기 보면 1910년에 부산항에서 일본으로 간 '순자'든가요. 그 4대 얘기가 재미있게 나옵니다. 너무 파란만장한 일과 우리 사람들의 얘기가 쭉 나오는데 그렇게 힘들고 고통스럽고 어려우면서도 이민진은 그렇게 얘기를 합니다.

"소설의 주인공들이 모두 인간의 위대한 존엄성과 도덕성을 갖고 있다. 부패하거나 수치심에 불타거나 혐오스러워지는 것을 단호하게 거부한다. 이들은 인간의 인간성과 인간의 잠재력에 대한 무한한 진실을 믿는다."라고 했거든요. 그런데 이것이 김시종 시인과 대비가 돼요. 김시종 시인의 언어들은 김시종 시인도 말했지만 '폭력, 복수의 언어', '원한의 언어' 이런 말을 하거든요. 한 분(이민진)은 "인간의 잠재력, 인간성, 인간의 존엄성을 무한히 신뢰하고 믿는다." 그런 입장에서 소설을 써나간다고 생각하는데 교수님께서 대답해 줄 것이 바로 이겁니다. '복수의 언어', '원한의 언어'가 무엇인지.

가령 80년대 황지우 선생의 『새들도 세상을 뜨는구나(1983)』를 보면 우리 한국어를 비틀어놓고 또 문법도 파괴시키고 그랬거든요. 왜 그랬는가 나중에 알기로는 그 양반을 어느 날, 검은 옷을 입고 검은 장갑을 낀 사람 둘이 와서 잡아가지고 '남영동'[18]으로 끌고 가서 때리더라 이거예요. 그러면서 "너 이름이 ○○○가 맞지?" 자기는 ○○○이 아닌데 아무리 자기는 아니라고 해도 그 사람이 맞다 잡아 와서 우겼다고 합니다. 나중에 일주일 뒤에 이 사람이 아니라고 판명하고 내보냈다는데 그래서

18) 남영동– 군부독재 시절 경찰 공안수사당국이 '빨갱이'를 축출해낸다는 명목으로 고문을 하던 남영동 치안본부 대공분실이라고 했다.

그때 황지우가 이렇게 딱 생각한 거예요. 문법이있는 말을 사용하는데 아무리 아니라고 해도 그게 안 통하니까, 이 한국 문법이 무슨 소용이냐 그래서 해체를 시켰잖아요. 김시종 시인은 제가 알기로는 언어를 비틀고 일본어를 비틀고 자기가 새로운 조어를 만들어서 일본어를 균열을 시키고 했던 모양이에요. 그래서 이것에 대해서 교수님 얘기를 듣고 싶은데 얘기해 주십시오.

고명철

아주 중요한 말씀입니다. 사실 김시종 시인의 시가 여느 재일조선인 시와 비교를 잠깐 해보면요. 지금도 총련계열의 시인들은 한글로 시를 쓰고 있습니다. 한글로 작품 활동을 하고 있고요. 그럼에도 불구하고 김시종 시인은 그렇다고 한글로 전혀 활동을 안 한건 아니고요. 한 적은 있는데 총련계로부터 탈퇴를 하면서 고백을 합니다. 아마 시인 자신으로서는 좀 가슴에 상처 입은 고백을 한 겁니다.

일본 제국이 2차 대전에 패전을 했잖아요. 김시종은 어린이로서 일본어를 열심히 배웠고 그 속에서 활동을 하려고 했을 정도이고, 그러다가 해방이 딱 되면서 아마 당시에 해방을 맞았던 김시종 세대의 지식인들은 상당히 자기 정체성의 분열 같은 것들이 온 것이죠. 이것을 두고 우리가 힐난하거나 비난을 할 수는 없습니다. 당시의 그 시대의 삶을 살아가는 가운데 느꼈던 대단한 혼란이고 혼돈이고 분열적인 면들이 있죠. 이것에 대해서 김시종 시인이 한때까지는 숨겨왔다고 합니다. 그 부분들에 대해서요. 그런데 이것을 공개를 하면서 그렇다면 자기한테 가장 익숙한 일본어를 갖고 총련계를 탈퇴하면서 상당히 많은 고민을 했다는 것이죠. 그러면 어떠한 일본어로 작품 활동을 해야 되느냐가 이제 중요한 관건이 된 겁니다.

그런데 아까 '원한의 언어', '복수의 언어'라는 게 바로 이 부분인데요. 이것을 김시종 시인은 이렇게 얘기를 했다고 합니다. 그동안에 자신에게서 가장 익숙한, 자기의 생각과 감정을 표현하기에 적합한 일본어를 가지고 일본어 안에서 일본어를 교란시키는 시적 전략을 구사할 것이냐 하는 것은 어려운 문제죠. 매우 어려운 문제입니다.

그래서 김시종 시인의 일본어 시집의 일본어와 다른 일본 주류 시인들이 쓰는 일본어를 한번 비교해보면, 솔직히 한국의 연구자들이 비교를 엄밀하게 할 필요가 있는데 죄송합니다만 저는 제 깜냥에는 그 수준이 안됩니다. 그렇지만 그 말을 빌려서 지금 전달해 드리자면 일본 문학을 공부한 정통 일본 문학 연구자들도 김시종 시인의 시집을 보면 이것을 어떻게 문학적으로 판단해야 될까하는 부분이 대단히 곤혹스럽다는 것이죠.

그래서 아까 '호소미'라는 일본 비평가는 이런 식의 얘기를 했습니다. 김시종 시집을 읽었는데 '못으로 철판을 긁는 느낌이다.' 그러니까 일본 사람들이 문명의 언어라고 가장 추켜세우는 일본어가 한 자이니치 시인에 의해서 훼손당하는 것도 모자라서 그 부분들을 시로 표현을 해내는데 부인할 수가 없을 정도의 어떤 형상화 단계를 거치고 있다는 것이죠. 그래서 김시종 시인이 이런 말을 하는데요.

"나의 언어는 일본어로 쓴다. 제국의 언어로 쓰지만 제국의 언어를 고스란히 더 정교하게 세밀히 가다듬는 그러한 언어가 아니라, 제국의 언어가 갖고 있는 압박의 어떤 언어들, '회유의 언어' 그리고 '억압의 감각들을 그 안에서 부르는 언어' 그래서 우리 연구자들은 이렇게 표현합니다. '내파한다','안에서 파괴한다' 이것을 이제 '임플로드'라고 해서 밖에서 부수는 것이 아니라 안에서 부수는 것이라고 하거든요. 그래서 김시종 시인은 이것을 '원한의 언어', '복수의 언어'라고 표현을 합니다.

선생님이 말씀하신 것처럼 어떤 대상에 대해서 날을 세워 가지고 그것들의 생명성이라든가 존재성을 폄하하고 업신여기고 그런 방식이 아니라, 일본 사회 안에서 그동안의 공간적, 민족적, 계급적 이런 차별을 받는 재일 조선인들의 삶과 생명과 존재로 표현해내기 위한 아주 곤혹스러운 자기만의 방식이었습니다. 아마 김시종 시인의 복수와 원한은 우리가 생각하는 표면상의 어떤 다른 존재들을 완전히 탈취하고 없애버리는 의미가 아니라, 그러한 차원을 이미 넘어선 언어라는 생각이 듭니다.

고재종

예. 어쨌든 우리가 시를 직접 보지 못해서 이해가 잘 안 가지만 이렇게 생각하면 되겠습니다. 일본 말을 그대로 사용하는 것이 아니라 비틀거나 새로운 표현을 썼기 때문에 일본 비평가가 당황스러웠을 수도 있는데 그건 전문적인 부분이기 때문에 전문가한테 맡겨두고 오늘 우리는가장 일반적인 이야기들을 주로 해야 되겠습니다.

제가 이야기하고 싶은 사람이, 한 40년 미국에서 의사 생활을 한 동시작가 마해송 있죠. 그 아들이 마정기인데 그 양반은 40년 미국에 있어도 한국어로 시를 쓰거든요. 그렇지만 김시종 선생님은 자이니치로 살면서 고통스럽고 또 더구나 한국어로 시를 쓰니까 차별이 더 강화되고 감시가 더 강화되고 그러잖아요. 이러한 재일조선인으로서의 삶을 살았는데 재일조선인의 역사 그리고 문화, 이런 것에 좀 대답해 주실 수 있어요?

고명철

오늘을 계기로 어떤 시집이든 좋습니다. 한국에서 번역된 시집을 한 권 보시면 지금 질문에 대한 훨씬 구체적인 답이 오는데요. 김시종 시인의 삶 자체가 재일조선인의 삶을 대변한다고도 말할 수 있습니다. 해방

공간에서, 대다수의 사람들이 일본에 강제로 징용됐었고 또 그밖에 여러 가지 이유로 일본에 있던 사람들이 한국으로 돌아옵니다. 귀환하는 거죠. 귀환했는데 아까 시에도 나왔습니다마는 여러 가지 개인적인 이유, 정치적인 이유, 경제적 이유 등으로 또 다시 일본으로 넘어갑니다. 사적인 얘기입니다만, 저희 외할아버지도 그런 경우입니다. 한국에서는 이제 해방 이후 전쟁이 나잖아요. 자이니치 중에서 김시종처럼 어떤 정치와 역사에 대한 인식, 자각을 갖고 있던 분들인 경우는 한국전쟁 때, 미군이 오키나와 군사기지에서 한국으로 군수 물자들을 나르고 병력을 나를 때 그 물자를 하루라도 지연시키는 그런 움직임을 일본 사회에서 했습니다. 그것 때문에 일본 정부와 미국으로부터 많은 탄압을 받았죠.

그러니까 어떻게 보면 식민지와 한국전쟁의 연속선상에서 자이니치가 구축됐었다는 겁니다. 그 이후에 일본이 경제 부흥을 하는데 가장 결정적인 인자가 오사카 근처 한신공업지대[19]에 많은 조선인들, 조선으로 귀환을 못하는 사람들, 귀환했지만 다시 돌아온 사람들. 요즘 얘기하면 거의 하위주체라고 그렇죠. 서발턴. 계급 이하의 사람들. 그런 사람들이 일본 전후 경제를 부흥시키는 데에 가장 핵심적이었다고 그러잖아요. 그러니까 그 밑바닥의 삶을 이루고 있는, 일본 경제 부흥을 하는데 상당한 역할을 했었던 자이니치들의 삶의 어느 부분들이 『이카이노』라든가 다른 시집들에 생생하게 녹아들어 있습니다.

그리고 그 이후에 북송선 사업. 또 그 이후에 한국의 광주의 민주화운동. 그다음 한국 사회의 민주화, 그리고 자이니치 1세, 2세와 자이니치의 3세, 4세들이 한국에 갖는 인식의 어떤 커다란 격차. 그건 북조선에 대한 격차도 마찬가지죠. 이렇게 2차 대전 이후 한국 사회에서 미처 주목하지 못했던 3중, 4중의 경제정치적인 질서들이 사실 자이니치의 몸

19) 일본의 4대 공업지대(게이힌, 한신, 주케이, 기타큐슈) 중 하나이다. 오사카와 고베를 연결하여 발전하였으며, 생산재 부문에서 소비재 부문에 이르기까지 종합적 공업구성을 나타내고 있다. 일본 제2의 공업 지대이다.

에, 피상적인 차원이 아니고요. 자이니치의 몸에 그대로 녹아들어 있다는 겁니다. 그래서 오늘 짧은 시간에 선생님이 질문을 하셨기 때문에 이런 것들을 한 번 주목을 해보시면 재일 조선인 디아스포라가 그냥 고생하고 일본 사회에서 민족적 차별을 받는 정도가 아니라 2차 대전 이후에 아직 일본 사회에서 끝나지 않은 전후(戰後). 일본은 지금도 전후(戰後)를 살고 있다고 얘기하거든요. 그 전후(戰後)의 한복판에 누가 있느냐. 자이니치들이 있다는 겁니다.

고재종

일본 국가가 취직을 비롯한 세세한 차별책을 조선인들에게, 재일조선인에게 적용했기 때문에 그들은 안정적인 생활, 더 나은 미래에 대한 꿈, 이런 것이 아주 박탈돼버린 사람들이에요. 그런 자이니치 삶에 대해 이야기를 듣고자 물어봤습니다. 그렇다면 재일조선인의 문학과 거기에 대비되는 문학들이 또 있잖아요. 고려인 문화, 중국 조선족 문화 그 다음에 재미(在美) 문화. 이런 거에 대해서 간단하게 좀 이야기 해주시겠어요.

고명철

예, 조금 주변적인 얘기기도 합니다만 요즘에 디아스포라 문학이 대중들한테 한꺼번에 확 달려들었거든요. 까레이스키라고 하죠. 중앙아시아에 분포되어 있는 고려인. 그 고려인들의 문학이 지금도 계속해서 발표되고 있는데 거기도 안타깝지만 한글문학을 떠나버렸습니다. 그러니까 37년 스탈린의 강제 이주부터 스탈린이 언어 정책을 통해 소수 민족들의 언어를 전부 다 러시아 언어로 바꿔버렸기 때문에요. 그 이후로 고려인들 안에서 한글로 된 문학은 종적을 감출 수밖에 없었죠. 정치적 탄압 때문에요. 그다음에 중국 조선족 문학은 여전히 한글로 왕성하게, 중국의 소수민족 정책도 있고. 물론 중국어로 쓰는 사람도 있습니다마는 한글이 중심인 문학을 계속해서 쓰고 있습니다.

그리고 아까 말씀드렸던 이민진의 경우와 같이, 미국과 유럽의 문학적 질서 안에서 활동하고 있는 작가들이 갖고 있는 독특한 지점이 있고요. 그리고 최근에 와서는, 남미에도 보면 애니깽이라고, 사실 멕시코를 해가지고 쿠바에도 가고 쿠바에 가서 쿠바 카스트로 혁명에 가장 열심히 했던 사람이 우리 한인이라는 거 알고 계시죠. 카스트로하고 체 게바라만 알고 있는데 그 옆에 아주 중요한 사람이 또 한인이었습니다. 상당수가 남미에 가 있어서 라틴아메리카 디아스포라도 들 수 있습니다. 아주 묵직하게는 이렇게 네 군데로 디아스포라연구가 진행되고 있습니다.

고재종

곁가지로 잠깐 물어봤는데 대답을 해주셨습니다. 다시 김시종으로 돌아가서 김시종 시집에 대해서, 시집 다섯 권 중에서 한 가지씩만 물어보려고 합니다. 첫 시집이 『지평선』입니다. 첫 시집이기 때문에 매우 소중할 건데, 1955년에 냈어요. 그 시집이 중점적으로 추구하는 주제, 의미 혹시 그중에서 또 좋은 시가 한 편이라도 있던가요?

고명철

『지평선』 같은 경우가 1955년이니까 한국전쟁 끝나고 나서 냈죠. 민족성 문제는 이 시집에서 제일 중요한 핵심이고요. 「유민애가–혹은 "학대당한 자들의 노래"-」[20]라는 시 같은 경우는 본인이 아주 좋아하는 시 중에 하나고요. 그다음에 민족 문제뿐만 아니라 『지평선』에 보면 또 놓칠 수 없는 주제가 있어요. 인류애적 시선인데요. 이미 『지평선』에서 반핵 문제가 나옵니다. 상당히 좀 앞서 있는 시선이거든요. 당시 2차 대전 이후에 미국이 남태평양에서 핵실험을 하는데 그거에 대해 김시종 시인이 놓치지 않고 문제제기를 하는 시들이 수록되어 있고요. 그리고 생태 문제. 일본이 2차 대전을 끝냈지만 한국전쟁 때 엄청난 경제적인 반사 이익을 얻었기 때문에 일본이 추진하고 있는 공업화, 여기에서 생겨난 생태 파괴 이런 양상들. 그러니까 민족 문제를 가장 근간에 깔되 이런 부분들이 얹혀집니다. 『지평선』이 그래서 중요한 건데. 일본에서 이미 김시종 시인은 운명적으로 다시 돌아갈 수 없다는 것을 알고 있었습니다. 한국 남한과 북한으로 돌아갈 수 없다는 것을요. 그렇다면은 일본 열도 안에서 자이니치의 숙명을 갖고 살아야 되는데 2차 대전 이후에 가장 중요한 문제로서 핵 문제와 생태 문제에 대해서 자이니치도 눈 감을 수가 없었던 것이죠. 이게 시인이 상당히 빨리 본 거죠. 시인의 예지력으로. 1955년도에 나온 시집으로서 『지평선』이 이러한 문제의식을 담고 있다는 것을 살펴볼 필요가 있다고 생각합니다.

---

20) 1951년 11월 발표한 시로, 시집 『지평선』에 수록되어 있다. 아래는 시 일부이다.

오사카 한구석에서
추방되기 전의 가난한 내가
노래해 본다 고함을 쳐본다
아빠를 죽게 한 건 누구냐?
엄마를 살해한 건 누구냐?

그 누구도 아닌, 바로 전쟁이다
이 전쟁의 한복판으로 우리를 보내겠다니
가난한 사람을 실업자를
평화를 외친 눈 뜬 사람을
40년 동안 써먹어서 낡아빠진 우리를

고재종

당시에 돌아갈 수 없다고 인식할 수밖에 없었던 것은 당시 공산당을 하고 있었기 때문이기도 했죠. 그다음에 장편 시집, 아까 『니이가타』를 자세히 설명을 해주셨는데 니이가타 항구가 어쨌든 북송선 사업에서 중요한 장소였는데 당시 니이가타에서 원산으로 갈 때 재일조선인도 갔겠고 또 일본인들도 갔습니다. 갈 때 전부 다 파라다이스, 천국, 지상의 천국에 간다고 다 그랬거든요. 그랬었는데 어쨌든 제가 교수님한테 물어보고 싶은 것은 가장 일반적인 질문이에요. 지금 북송선 사업에 대해서는 어떻게 생각하십니까

고명철

북송선 사업, 저는 역사학자는 아니기 때문에 제 생각을 말씀드리자면 김시종 선생님 시집을 쭉 보다 보니까 당시에 일본은 적십자의 인도적 사업을 목적으로 이 북송선 사업이라는 것들을 추진하게 되는데, 이제 당시 여러 정치적 이해관계가 일본 정부와 북쪽이 또 교묘하게 맞아떨어지기도 했구요. 또 자이니치들은 전쟁 이후의 조국 재건에 대해서 상당히 그 기대와 희망을 가졌던 거는 사실이었습니다. 문제는 이후 북송선 사업을 참여했었던, 갔었던 사람들이 일본 사회에 돌아와 가지고 이 문제들에 대해서 허심탄회하게 이야기하기 못했다는 겁니다. 그런 부분들에 대해서 역사라는 또 다른 억압이 자이니치에게 돌아왔기 때문에 저는 그래서 김시종 시인도 그 부분에 대해서는 눈을 감지 않았다. 그 부분에 대해서는 어느 시집에서 아주 냉정하고 분명한 언어로 비판적 시선을 보이거든요.

고재종

예. 알겠습니다. 그리고 나서 1983년에 『광주시편』을 냅니다. 「바래지는 시간 속」이라는 시는 "거기에는 언제나 내가 없다."라는 구절로 시작됩니다. 그래서 이제 거기에 없었기 때문에 그 공간으로부터의 거리, 시간과 사건, 장소로부터의 어긋남을 확인하면서 광주 항쟁에 대한 시인의 분노 또 죄책감 등 여러 가지 다양한 감정을 표현했는데 "나는 잊지 않겠다. 세계가 잊는다 해도 나는 나로부터는 결코 잊혀지지 않게 하겠다"하고 광주를 기억해냅니다. 이 『광주시편』에 대해서 좀 이야기해 주세요.

고명철

제 발제문 63쪽에서 「바래지는 시간 속」 시를 한번 보시면요.

> 기억도 못 할 만큼 계절을 먹어치우고
> 터져 나왔던 여름의 내가 없다.
> 반드시 그곳에 언제나 없다.
> 광주는 진달래로 타오르는 우렁찬 피의 절규이다.
> 눈꺼풀 안쪽도 멍해질 때는 하얗다.
> 36년을 거듭하고서도
> 아직도 나의 시간은 나를 두고 간다.
> 저 멀리 내가 스쳐 지났던 거리에서만
> 시간은 활활 불꽃을 돋우며 흘러내리고 있다
>
> —『광주시편』, 「바래지는 시간 속」 부분

이 시가 흥미로웠던 거는요, 나는 항상 없었다는 겁니다. 어떤 그 자리에. 반드시 그곳에 없었다는 겁니다. 그게 36년을 거듭하고서도 없었단 얘기입니다. 해방되는 그 순간에 김시종 시인은 없었습니다. 그 해방되는 현장의 기쁨을 못 누린 거예요. 그로부터 45년부터 36년이 흐른 1980년, 한국 광주에도 없었습니다. 이게 너무 기묘한 역사의 이 우연, 저는 역사의 간교라고 썼는데요. 『광주시편』에서 시적으로는 덜 형상화된 부분이 분명히 있습니다. 있지만 항상 그곳에. 역사의 현장 그곳에 자신은 없었다. 광주에도 없었고, 해방공간 그 땅에도 없었고, 뒤늦었지만 83년도에 이 시집을 묶어내면서 이제 시로써나마 그 부분들을 이야기하고 싶었던 것이죠. 그래서 저는 『광주시편』, 여러분 얇지만 한번 읽어보시면 이러한 시인의 심정이 고스란히 있는 그걸 좀 알아주셨으면 하는 개인적인 소망입니다.

고재종

해방 공간에도 없었고 그다음에 또 광주 항쟁 때도 없었다. 없다고 자꾸 강조하는데 그건 자기를 꿰맞추려는 것이고. 없는 것은 없는 것이죠. 내가 생각하는 김시종 시인은 모든 것을, 삶을 역사적으로, 자기 신념적으로 구성하려고 하는 뭐가 있는 것 같아요. 그래서 어떤 경우에는 불편하기도 합니다. 『이카이노』라는 시집이 있어요. 거기 시 중에 「나날의 깊이에서」[21]라는 시가 있는데 이 나날은 자이니치 삶의 현장입니다. 내일도 없고 어제도 없는 원으로 환원된 직선처럼 팽이와 같은 나날이라고.

21) 『이카이노 시집』에 「나날의 깊이에서 1」, 「나날의 깊이에서 2」, 「나날의 깊이에서 3」이 수록되어 있다. 『이카이노 시집』은 김시종 시인의 네 번째 시집으로, 1975년 2월 재일의 역사학자와 문학자들에 의해 창간된 계간지 『삼천리』에 연재 형식으로 발표한 시들을 묶어 1978년 간행한 시집이다.

아까도 얘기했지만 국가가 취직을 비롯해서 모든 세세한 차별책을 자이니치들에게 적용함으로써 안정적인 생활의 현실이나 더 나은 미래를 꿈꿀 수도 없었던 그런 사람들의 얘기가 『이카이노』 시집에 잘 표현돼 있어요. 없어도 있는 동네에서의 직접적인 삶, 구체적인 삶의 현장이 아주 잘 표현됐어요. 그런데 이번에 아시아 문학상을 수상하게 된 『잃어버린 계절』[22]에 보면요. 구체적인 생활의 구체성을 다룰 때조차 한 발 거리를 두고 반추하고 곱씹고 그럽니다. 그러면서 아득하게 멀리 있는 것, 이제는 오지 않게 된 것들, 사라지는 것들. 이런 것들에 대해서 얘기를 하고 있어요. 삶의 구체성에서 많이 떨어져서 회한 어린 목소리를 내고 그러는데 이것도 인간적으로 볼 때는 아주 당연한 것이죠. 선생님?

고명철

예, 맞습니다. 선생님이 역시 시를 쓰시니까 김시종 시인의 한계들을 짚어주셨는데요. 삶의 어떤 구체성들이 우리의 입장에서는 좀 아쉬운 대목입니다. 그래서 김시종 시인한테 직접 몇 번 여쭌 적도 있어요. 그럴 때마다 항상 겸손하게 진짜 내 능력이 안돼서 미안하다고 말씀하셨습니다. 근데 그 안에는 여러 가지 얘기가 좀 숨겨져 있습니다. 이분이 이제 자연적인 수명을 다 하신 이후에 어떤 이분 삶에 대한 평가라든가 여러 가지 것을 하게 될 때 역사의 무게가 이렇게 과중하게 한 시인을 계속 짓누르고 있다는 것을 생각해봐야할 것 같습니다. 그런데 시인이라고 왜 자기 일상의 삶이 없겠습니까. 그 부분들에 대해서 정말 인색하게 시집 『이카이노』를 말씀하셨지만 그것도 자신의 일상이기보다는 오사카 주변에 분포되어서 살고 있는 사람들의 삶에 대해서 쓰신 거예요. 그

---

22) 김시종 시인의 일곱번째 시집으로, 2010년 출간되어 2011년 제41회 다카미 준상을 받았다.

러니까 김시종 당신의 삶의 구체성들에 대해서는 거리를 뒀다. 아니면 일부러 미뤘다라는 표현도 혹시 적합할지 모르겠습니다마는 왜 그럴까. 저는 이 부분도 조금 물음표로 남겨두면서 오늘 선생님 질문 속에서 한 번 같이 생각을 했으면 좋겠습니다. 이토록 개인의 삶의 구체성이 없을 수 있는가. 이게 과연 가능한가 시인에게. 그런 겁니다.

고재종

마지막으로 교수님한테 하는 질문이기도 하지만 또 저한테 하는 질문이기도 합니다. 김시종 시인은 평소에 '시를 살다'라는 말을 잘 썼다고 철학자 이진경이 얘기를 하거든요. 시를 살다. 우리가 80년대 시와 삶의 일치라는 얘기를 많이 들었어요. 농민들이 직접 시를 쓰고 저도 그중에 하나였고, 노동자가 직접 시를 쓰고 해서 삶의 구체성을 맛보고 그랬는데 이 양반은 역사적 무게, 그 무게를 혼자 다 짊어지신 거예요. 그래가지고 자기 사상, 자기 이념, 신념을 시적으로 구현해낸 거예요. 그래서 저에게는 시가 굉장히 읽기가 불편합니다. 어떻게 보면 불불편하기를 바랐는지 몰라요. 시는 우주를 품기 때문에 소소하지만 작은 생활의 행복을 표현할 수도 있고, 어떤 존재의 빛에 대해서 표현할 수도 있고, 여러 가지를 다양하게 표현할 수가 있는데 일관되게 자기 삶 그대로 문학을 쭉 해 오셨습니다. 그래서 우리가 좀 더 다양성을 요구할 수도 있지만 그러나 또 이분한테는 절대 그것을 요구할 수가 없었을 것 같아요, 그런데 아까 이제 노벨문학상 탈 분이다, 이렇게까지 얘기했는데 저는 이렇게 생각합니다. 김남주하고 비교해야 됩니다. 김남주 선생 시는 역사적 무게를 짊어지면서도 생활의 구체성이 너무나 좋거든요. 민중들의 삶의 방식, 생각, 꿈, 이런 것들이 여러 시집을 통해서 다양하게 표현되고 있어요. 경향적인 시들만 김남주한테 있는 것이 아니거든요. 거기에 대비해보면요. 김시종 선생은 너무 추상적이고, 제가 아까 비판적으로 얘기한다고 했어요. 좀 추상적이고 그리고 또 삶의 경계선상에 있기 때문에 너무나 고통스럽기 때문에 그 선상에서 표현하다 보니까 부드러움과 풍성함 이런 것을 다 놓친 것 같다는 생각이 들어요. 그것은 시인으로서 저의 생각인데. 그러나 이 시인을 평가할 때 아주 올곧은 자기 신념을 시로 구현하는 그런 시인으로 평가를 받아야 된다. 하지만 문학적으로 나는 김남주에 따르지 못한다고 생각하거든요.

고명철

김남주 시인보다 못하다?

고재종

못하다고는 안 했고. 김남주 선생은 풍성한데 이분은 자기 신념대로 올곧게 한 생각만 가지고 활동해갔다는 뜻입니다.

고명철

저는 충분히 어떤 한 시인의 세계를 공이 있으면 과도 있고 비판에는 얼마든지 열려 있고요. 그래서 아까 제가 말씀드렸는데 이 시인이 정말 이후에 어떤 평가를 받을지. 지금도 작업을 안 하고 있으면 평가를 하기 쉬운데요. 작업을 또 하고 계시다는 얘기예요. 참 곤혹스럽습니다.

제가 일본 문학을 따로 연구를 깊이 있게는 해보지는 않았습니다만.

일본 문학에서 특히 시라는 게 한때는 근대문학에서 어떤 자부심을 가져도 됐었죠.

지금도 그걸 포기하지 않는다라고들 합니다마는 그런데 김시종 시인에게 시의 영향을 준 시인이자 이론가가 있어요. 오노 도사부로[23]라고 있는데. 김시종 시인이 아직 시인이 아니었을 때 자이니치로서 서점에 가서 툭 고른 책이 오노 도사부로의 책이었는데 그 책을 보고서 시를 써 봐야 되겠다 해서 시를 쓰기 시작하고 자신의 첫 시집의 발문을 오노 도사부로가 썼거든요. 그래서 당시에 일본 시단에서 김시종 시인이 그런 정도의 평가를 받을 만하냐 했더라는 거예요.

지금 김남주 선생님 시 얘기가 나오는데 한국 시는 상당히 세계문학의 어떤 부분을 얘기했을 때 당당한 부분들이 있어요. 그건 정말 한국시의 서정이 결코 어떤 세계문학의 경지에서 전혀 뒤떨어지지 않습니다. 그런데 일본 같은 경우는 2차 대전 이후에 심각하게 정치 사회적 상상력이 괄호 안에 쳐버린 정도가 아니라 이게 송두리째 증발돼 버렸단 말입니다.

고재종

저도 예전에 신경림 선생 얘기를 들었는데 일본에서는 절규 문학이 사라졌다. 절규라는 건 결국 역사적, 사회적 의식을 가졌다는 의미인데 한국에 있는 민중시 같은 그런 시들이 사라졌다. 그 얘기를 들었어요.

---

23) 오노 도사부로(小野十三郎, 1903~1996): 무정부주의를 사상적 기반으로 한 시인. 김시종은 오노 도사부로가 쓴 『시론』에 감화돼 시작(詩作) 활동을 시작했다고 한다.

고명철

일본에서 역사의 어떤 여러 가지 과정하고 민중성이 분리될 수가 없는 부분이 문제인데 그런 것들을 시로 잘 소화 시킬 수 없게 된 거죠. 그런 상황에서 김시종 시인 같은 경우가 일상의 구체성은 없지만 전체적으로 자이니치가 갖고 있는, 결국은 자이니치는 일본 사회에서 보면 민중 이하의 민중이거든요. 일본의 민중도 아닌 그런 계급 이하의 계급들. 김시종 시인이 그런 것들에 대한 시적 형상화를 시도했을 때 관념화와 추상화라는 방식으로 드러납니다. 김시종 시인의 경우는 일본 사회가 버려버린 이들을 시적 차원에서 일본 사회의 주체로서 어떻게 올려놔야 될까 이런 부분들에 대한 고민들을 많이 하신 것 같아요. 이건 우리가 좀 다른 차원에서 얘기를 해야 되겠습니다만. 맞습니다. 김시종 시인의 시를 우리한테 익숙한 삶의 리얼리즘의 구체성으로 평가를 했을 때는 여러 가지 허점도 있습니다. 당대 역사와 시공간 속에서의 구체성이 우리와는 다른 구체성 속에서 살고 있는 부분이기 때문에 그래서 그 부분들을 이제는 허심탄회하게 얘기를 좀 해볼 때가 되지 않았나 이렇게 정리를 하겠습니다.

고재종

내가 아까 얘기드린 것은 김남주 선생님 같은 경우는 감옥에서 나오셔서 「추석 무렵」[24] 같은 시를 썼거든요. 아주 기가 막힌 시인데 서정성

24) 김남주의 1993년 발표작이다. 시인의 서정성과 해학이 잘 드러나는 작품으로 평가받는다. 아래는 전문이다.

반짝반짝 하늘이 눈을 뜨기 시작하는 초저녁
나는 자식놈을 데불고 고향의 들길을 걷고 있었다.

이 농후하고 김시종 선생님 시집을 찾아보니까 그런 시들은 거의 없어요. 그리고 『광주 시편』에 보면 아까 "거기에는 언제나 내가 없다" 이렇게 시작하거든요. 거기에 없었기 때문에 전부 다 시들이 추상적이고 관념적이고 그래요. 근데 이건 좀 과욕을 부린 것 아니냐? 거기 자이니치들을 그냥 좀 더 치열하게 쓰시면 될 건데 광범위하게 한국 문제들을 관여를 합니다. 『광주 시편』에도 그렇고 4·3 얘기도 직접적으로 쓰지는 않지만 발언도 하시고 그래도 고향에 대한 고국에 대한 생각 때문에 한편으로 고맙기도 합니다만 어쨌든 우리 시에서 김남주가 갖고 있는 삶의 여러 풍성함들은 좀 놓치고 있다는 그 얘기를 마지막으로 하고 싶었던 겁니다. 제 말을 비판적으로 받아도 좋고 여기까지 대담을 마치고요

이수진(사회자, 전남대 국문과BK 학술연구교수)

미리 소개를 드렸던 것처럼 저희 대학에서 연구를 하고 있는 연구자들이 청년 패널이라는 이름으로 이 행사를 기대하면서 질문을 몇 가지 준비를 했습니다. 준비된 청년 패널분들은 자유롭게 질문을 던져주시고 강연자분들의 답변도 청해 들어보도록 하겠습니다.

아빠 아빠 우리는 고추로 쉬하는데 여자들은 엉덩이로 하지?

이제 갓 네 살 먹은 아이가 하는 말을 어이없이 듣고나서
나는 야릇한 예감이 들어 주위를 한번 쓰윽 훑어보았다. 저만큼 고추밭에서
아낙 셋이 하얗게 엉덩이를 까놓고 천연덕스럽게 뒤를 보고 있었다.

무슨 생각이 들어서 그랬는지
산마루에 걸린 초승달이 입이 귀밑까지 째지도록 웃고 있었다.

전두영(청년 패널1, 전남대 국문과 박사과정)

먼저 질문을 드리겠습니다. 강연과 대담 잘 들었습니다. 저는 전남대 국문과 박사과정에서 현대문학을 전공하고 있는 전두영입니다. 김시종 시인의 삶과 시 세계를 들으면서 일찍이 망명자의 삶에 주목했던 에드워드 사이드(Edward Said)의 망명자에 대한 언급이 생각이 났습니다. 그는 『문화와 제국주의』에서 망명자의 삶에 대해서 이야기를 하고 있는데요. 제가 잠깐 읽어드리면 "망명자의 중심에서 벗어난 생존 방식에는 망명에 따르는 부정적 측면만이 있는 것이 아니라 긍정적인 이점도 있다. 그 긍정적인 이점이란 체제에 의문을 던지고, 체제에 이미 복종한 사람들에게는 들리지 않는 말로 체제를 설명할 수 있다고 하는 점이다."[25)]

김시종 시인의 경계적 삶을 보면서 김시종 시인의 삶을 사이드가 말한 망명자의 삶에 대입을 하면 체제에 이미 복종한 사람들한테는 들리지 않지만 김시종 시인만이 설명할 수 있는 체제가 무엇일까 하는 생각을 해봤습니다. 그래서 우선은 백낙청 교수가 이야기했던 '분단체제'[26)]를 김시종 시인이 오랜 기간 삶을 살면서 또 시작(詩作)을 하면서 본인이 분단체제를 잘 설명할 수 있는 그런 이점을 갖는 삶이 아닐까 또 그의 시 세계가 아닐까 생각을 해봤고요. 또 자본주의 체제 또 사회주의 체제 어디에도 속하지 않고 또 국민국가인 남한과 북한 또 일본 그 사이에서 살아갔던 삶이 또 어떤 시작 활동이 이미 특정한 단일 체제에 복종한 사람들한테는 들리지 않겠지만 그만이 설명할 수 있는 어떤 체제가 있지 않

---

25) 에드워드 사이드, 박홍규 역, 『문화와 제국주의』, 문예출판사, 2005, 623쪽.

26) 백낙청이 1990년대 초반부터 주장한 분단체제론은 한반도의 분단을 일국의 관점이 아닌 한반도적 관점에서 바라보는 이론이다. 분단 현실이 '체제'로서의 어떤 성격을 갖는지, 어떤 의미나 어떤 내용의 체제인지를 궁구하는 시각이다. 백낙청이 말하는 체제는 일정한 지속성이 있어야 하는데 이를 위해서는 지배층뿐 민중의 동력도 주목을 요구한다. 백낙청에 따르면 분단체제는 세계체제의 한 하위체제인데 분단체제의 극복은 세계체제 극복의 중요한 계기가 될 수 있다. 이때 한반도 민중의 노력이 필요함은 물론이다. 김영희, 「혼란의 시대, 희망의 전언」, 『백낙청 회화록4』, 창비, 2007, 557쪽 참조.

을까 그런 생각을 해봤습니다. 그래서 두 분 선생님께서도 김시종 시인의 삶을 보게 되면 이분만이 설명할 수 있는 어떤 체제가 또 혹시 있지 않나 이야기를 한번 해 주시면 감사하겠습니다.

고명철

이 말씀은 김시종 선생님의 문학을 관통하고 있고 해명해야 할 정치적 상상력이자 거의 아킬레스건이거든요. 아까 백낙청 선생님 분단체제론을 말씀하셨는데 조심스럽게 말씀 제가 올리겠습니다. 김시종 선생님이 생각하는 체제라는 것이 일종의 정치적인 어떤 상상력 안에서 작동되는 부분인데 백낙청 선생님이 말씀한 분단체제와 좀 결이 상당히 다릅니다.

김시종 선생님이 4·3 사건을 바라보는 눈이 좀 달라요. 지금 4·3은 정치적으로 복권이 됐습니다. 그런데 정치적으로 복권이 된 상태의 남로당을 보고 있는 시선이 제주도의 남로당, 그러니까 도당과 그 도당 위에 있는 육지의 남로도당하고는 결이 너무 달라요. 그것은 무슨 얘기냐 하면 해방공간에 대한 해석 자체가 다른 부분이 있다는 얘기입니다. 그래서 김시종 선생님 같은 경우는 당시에 신탁, 반탁 이 문제가 불거졌을 때 뭍에서 처음에는 왜 서로 신탁에 대해서 찬성했다가 반탁으로도 돌리고 이런 부분들에 대해서 김시종 선생님은 제주에서 이걸 어떻게 해석을 해야 되느냐라고 했을 때 그때 김시종 선생님을 포함한 일군의 제주도에 있던 4·3 항쟁에 참석했던 사람들의 정치적 상상력, 이들은 물론 정치가는 아니었습니다만. 정치적 상상력 안에서는 어떤 나라를 만들 것이냐라는 부분하고 연결이 되는 부분이 있어요. 어떤 나라 건설이라는 것이 미군정 중심의 나라도 아니고 북조선이 갖고 있던 소련 중심의 소비에트 식의 근대도 아닌, 제주가 오랫동안 자생적으로 만들어 왔던 어떤 공동체의 부분들이 근대의 나라 만들기와 합류하면서 새로운 세상을 꿈

꿨단 말이죠. 이게 실패할 걸 뻔히 알면서도 사람들은 산으로 산으로 올라갔다고 합니다. 이거는 지금 현재 창비 중심으로 얘기하는 분단체제의 성격과는 다른 차원에서 얘기가 되는 부분들이죠.

그래서 김시종 선생님의 시적 상상력에 대해 저와 젊은 연구자들이 앞으로 해명해야 할 부분들이 많은데요. 김시종 시인이 그의 문학 언어를 통해 어떤 세상에 대한 꿈을 꾸기를 시도하는데 그게 왜 일본어를 통해서냐는 것이 문제적이라는 것입니다. 그래서 좋은 질문에 대해서 제가 오히려 더 공부거리를 얹어드리는 격으로 답변을 갈음하겠습니다. 필요한 질문인데 이 부분은 아킬레스건이면서 김시종 시인에 대한 중요한 연구 테마일 겁니다.

고재종

방금 김시종 시인이 해명해야 할 부분이 있다고 하셨는데 바로 그 얘기입니다. 왜냐하면 아무리 좋은 체제를 꿈꿨다 할지라도 그 체제가 지상에서 제대로 이루어진 체제가 없거든요. 그런데 김시종 선생은 그런 체제를 꿈꿨지만 내부에는 또 자기 정체성이 있을 거다. 현장에서 이러지도 못하고 저러지도 못하고 결국 최인훈의 소설에서는 이명준이가 자살하게 되는데[27] 그처럼 정체성이 없이 늘 흔들리면서 시를 썼을까 나는 이게 지금 굉장히 궁금하거든요. 공산당을 쭉 하다가 나중에 또 그만두고. 이런 부분에 대한 방금 교수님 얘기한 대로 해명할 부분이 있어요. 해명해야 해요. 그래야 그 시가 더 신뢰성 있고 신념에 맞게 우리가 그 시인을 신념의 시인이라고 할 수가 있거든요.

---

27) 최인훈의 소설 『광장』(1960)의 주인공 이명준은 중립국을 향하는 공해상에서 스스로 생을 마친다.

이수진

여기에 문학 전공이 아니지만 언어학을 공부하는 입장에서 또 유학생으로서 한국에 와서 경험을 하고 있는 연구자가 있습니다. 박사과정의 런멍지에 선생님이 두 번째 질문을 준비했는데요.

런멍지에(청년 패널2, 전남대 국문과 박사과정)

안녕하세요. 강연 잘 들었습니다. 저는 전남대에서 국어학을 전공하는 런멍지에라고 합니다. 제가 문학 전공자가 아니라서 너무 기본적인 질문을 하는데 양해를 부탁드리겠습니다. 김시종 시인은 제2의 언어로서 일본어에 주목했는데 이분이 일본인이 아닌 재일조선인으로서 일본어로 쓰는 시가 일본에서도 그리고 남북한에서도 벗어난 독특한 시적 언어로 재일조선어를 형성한 것 같습니다. 그래서 재일조선어로서의 김시종의 시적 언어는 어떤 독특한 심층적인 가치가 있는지 또한 일본 문단에서는 김시종 시인을 어떻게 평가하고 있는지 궁금합니다.

고명철

좀 전에 대담과 얘기 속에 사실 답변은 어느 정도 이루어졌는데요. 재차 말씀드리면 아까 재일조선어라고 얘기했잖아요? 저도 그걸 어떤 명칭으로 할지는 조금 생각을 해봐야 되는데 혹시 일본에 여행 가시면 오사카의 코리아타운[28]이라고 얘기하는 데 한번 가시면 여러 한국어가 들

28) 정식 명칭은 '오사카 이쿠노 코리아타운'이다. 식민지 조선, 특히 제주도에서 건너온 이들이 모여 산 곳이다. 일본인들에게는 위험한 동네로 인식되어 차별의 역사가 남아 있으며

려옵니다. 제주어, 경상도, 전라도 대부분 3개 남도어가 들려옵니다. 근데 그 남도어가 고스란히 무슨 경상, 전라, 제주도 언어가 아니라 그 속에서 다시 어떻게 됐겠습니까? 일본어와 또 이제 이렇게 겨루다 보고 또 공존하다 보니까 또 뒤섞인 언어들이에요.

말하자면 여러분 〈우리들의 블루스〉라는 드라마에서 제주 방언을 쓰는데 대부분 표준어에 익숙한 서울 배우들이 제주 방언을 쓸 때 만들어지는 언어와 비슷한 거예요.

그런데 김시종 시인이 일본어를 써야 하는데 어떻게 했습니까? 유소년 시절부터 썼었던 제주어와 그다음에 일본 오사카에서 썼던 오사카 지역의 오사카의 일본어 그다음에 일본 표준어 이런 것들이 이렇게 한 덩어리가 돼버린 상태죠. 덩어리가 된 상태에서 본인 얘기로는 일본 표준어로부터 거리를 두었다고 하는데. 그래서 그 언어로 쓰인 일본시를 일본 문단에서는 평가가 아예 제외된 상태 그러다가 계속 시 작업이 이루어지면서 일본 문단에서 이런 것들이 과소평가할 수 없는 상황이 되면서 소설뿐만 아니라 이미 소설은 아쿠타가와상 받은 유미리라든가 현월 그전에 이회성 쭉 있었잖아요?[29]

그런데 시는 상당히 없었단 말이에요. 그들 영역 속에서 시라는 것은 고재종 시인이 옆에 있습니다만. 그 나라 모국의 정수거든요. 시의 언어는요. 결코 양보할 수 없는 영역이거든요. 소설의 언어와 다르단 말입니다. 그렇기 때문에 김시종 시인의 시가 인정받지 않다가 이제 역사의 여러 과정 속에서 드디어 그분의 언어가 일본 시문단에서 평가를 안 할 수 없는 상당히 높은 평가를 받고 있다는 말씀입니다.

자이니치의 삶을 다룬 자이니치 작가 양석일의 소설을 원작으로 한 영화 〈피와 뼈〉의 배경이 된 곳이기도 하다.

29) 일본의 권위 있는 문학상인 아쿠타가와상을 자이니치 작가인 이회성(1972년), 유미리(1997년), 현월(2000년)이 수상한다.

고재종

괴테가 표준 독일어를 놔두고 방언으로 글을 썼달지[30) 아마 제가 알기로는 김시종 시인도 그런 것 같아요.

일본 안에서 일본어를 비틀고 조롱하는데 일본의 제국 언어를 제대로 습득한 사람들은 불편하죠. 그런데 그런 문장이나 시들이 지금은 인정을 받기 시작했다. 그 얘기 같아요.

고명철

그분이 내가 일본어로 얘기한 것을 한국어로 옮기기가 상당히 어려울 것이다라고 말씀하셨는데요. 저는 한국에 날고뛰는 일본어 번역가들이 많은데 무슨 말인가 했는데 정말 번역이 안 됐습니다. 번역가들이 도대체 무슨 말인지 잘 모르겠다고 하더라고요. 제가 오히려 제가 김시종 시인을 좀 아니까 군데군데 좀 손을 봤거든요. 분명히 맥락상에 이런 용어일 것이다. 무슨 말인지 알겠죠?

이수진(전남대 국문과BK 학술연구교수)

네, 감사합니다. 저희 이제 마지막 청년 패널의 질문이 준비되어 있는데요. 임우남 선생님 질문 부탁드리겠습니다.

---

30) 괴테는 자신의 고향인 프랑크푸르트 방언으로 시작 활동을 했으며 중세 방언을 사용하기도 했다.

임우남(청년 패널3, 전남대 국문과 박사과정)

안녕하세요? 저는 국어국문학과에서 고전문학 공부하고 있는 외국인 유학생 임우남이라고 합니다.

교수님 강의를 잘 들었습니다. 김시종 시인이 문화적 복수의 한 방법으로 일본어를 사용하였습니다.

그런데 이러한 문학은 정확하게 말하자면 일본문학이라기 보다는 일본어문학이라고 불러야 한다고 생각하고 있습니다. 우리가 지금 볼 때 김시종 시인은 문단에서 상당한 수준에 올랐다는 평가를 받고 있는데 지금 김시종 시인을 일본 문학의 한 부분이라고 말해도 될까요?

고명철

일본 문학의 한 부류로 연구도 합니다. 얼마 안 됐습니다만 그 단적인 예가 최근에 김시종 선생의 시집 전체가 '김시종 시 컬렉션'으로 해서 이와나미[31]에 들어와 있어요. 연구 대상으로서 정전이 돼가고 있다는 거죠. 실제로 일본 문학에서도 연구가 활발히 돼서 니이가타에 있는 어느 일본 문학 연구자가 말하길 박사 논문도 한 3편인가 나왔고요. 류큐대학에 있는 오세종이라는 재일조선인 3세쯤 되는 그분도 김시종 시인에 대해서 단행본을 썼습니다. 연구가 상당히 지금 탄력을 받고 있는 거죠.

31) 이와나미 출판사는 일본을 대표하는 인문학 전문 출판사이며 이와나미문고와 이와나미신서 등 인문고전 시리즈 등을 출간했다.

고재종

그 증거로 일본의 유명한 문학상이 있잖아요? 다카미 준상[32)]을 받았잖아요? 일본 문학에서 41회째 주는 문학상 그걸 받을 정도면 이제 일본 문학에서 인정을 시작했다는 얘기죠.

고명철

그 문학상은 함부로 주는 문학상이 아니죠. 일본 안에서도.

이수진

네, 감사합니다. 이렇게 대학에서 연구하고 있는 연구자들의 궁금한 점들 그리고 본인의 전공 영역과 또 관련 지어서 보고 싶은 시선들에 대한 질문들을 드렸습니다. 여기에 또 문학에 조예가 깊으신 선생님들께서 많이 자리를 해 주셨는데요. 혹시 두 분께 질문을 드리고 싶은 청중분이 계시다면 한 분 정도 질문을 받아볼 수 있는 시간이 있을 것 같습니다.

시민 패널

저는 오늘 아침 『광주일보』 신문을 보고 김시종 시인을 알게 됐어요.

---

32) 일본의 시인인 다카미 준(1907~1965)을 기리는 기념해서 만든 상으로 일본 시단을 대표하는 시인에게 수여되는 권위있는 상이다. 김시종 시인은 2011년 재일조선인으로는 처음으로 이 상을 받았다.

재일화가들은 많이 봤거든요. 송영옥, 곽인식[33] 등 아주 진정성이 돋보이는 자이니치 화가들을 많이 봤는데 시인은 처음입니다. 김석범 소설가는 이미 알고 있었지만 오늘 이 강의를 들으면서 김시종 시인이 자기 스스로를 나는 경계의 시인이라고 말할 수밖에 없던 시인의 삶에 굉장히 측은지심의 마음이 좀 있고요.

그런 디아스포라적인 삶을 사는 시인은 우리하고 전혀 다른 삶이잖아요? 그리고 특히 재일교포로 산다는 것은 더구나 조총련계로 산다는 것은 쉽지 않은 삶이죠. 그래서 시인의 시세계가 굉장히 진정성 있고 수준이 높을 것 같아요. 연구자들이 아까 파울 첼란도 말씀하셨는데 앞으로 제가 일반 시민의 한 사람으로서 이 시인이 이렇게 연구가 되는구나 지켜보고 응원하고 싶은 그런 마음이에요.

이수진

네, 질문은 아니었지만 우리들이 바라는 마음이 아니었을까 생각을 합니다. 그럼 더 청해 듣고 싶기도 하고 다양한 이야기를 나누고 싶지만 시간이 한정되어 있는 관계로 오늘 행사는 여기에서 마무리를 하도록 하겠습니다. 감사합니다.

---

33) 송영옥(1917~1999)은 1929년 일본으로 건너가 활동한 자이니치 1세대 화가이다. 곽인식(1919~1988)은 1937년 일본으로 건너가 전위예술가로 활동한 자이니치 화가이다.

좌담회 2

역사와 기억, 5·18의 문학적 재현의 문제와 관련하여*

좌담회 날짜: 2022년 12월 21일 수요일
좌담회 장소: 전남대학교 인문대 1호관 김남주 홀
대담자: 김형중(조선대 국문학과 교수, 문학평론가), 한정훈(전남대 국문학과 교수)
청년패널: 전두영(전남대 국문과), 이영화(전남대 국문과), 김미경(전남대 국문과), 노상인(전남대 국문과)
기록: 전두영(전남대 국문과 박사과정), 노상인(전남대 국문과 박사과정), 김미경(전남대 국문과 박사과정), 이영화(전남대 국문과 석사과정), 전성규(전남대학교 국문과 BK21 학술연구교수)

정민구(사회자, 전남대 국문과BK 학술연구교수)

핵심역량 페스티벌 첫째 날 마지막 프로그램 시간입니다. 오늘 마지막 프로그램은 〈역사와 기억〉이라는 주제로 조선대학교 김형중 교수님을 모시고 좌담회 겸 특강의 형식으로 진행하도록 하겠습니다. 강연에 앞서서 간단하게 오늘 발표와 좌담을 맡아주실 김형중 교수님을 소개해 드리도록 하겠습니다. 선생님께서는 현재 조선대학교 국어국문학부의 교수로 재직 중이시고요. 문학 평론가로 왕성한 활동을 하고 계십니다.

---

* 이 대담은 BK21 FOUR 지역어문학 기반 창의융합 미래인재 양성 교육연구단 주관하에 이루어진 2022년 2학기 핵심역량 페스티벌의 첫째 날 마지막 프로그램인 좌담회 〈역사와 기억〉을 기록한 것이다. 주요 대담자는 김형중(조선대 국문학과 교수, 문학평론가)과 한정훈(전남대 교수)였으며, 전남대 국문학과 대학원생들이 청년패널로 참가하였다.

현재까지 출간한 비평집으로는 『소설과 정신분석』, 『켄타우로스의 비평』, 『변장한 유토피아』, 『단 한 권의 책』, 『살아있는 시체들의 밤』, 『후르비네크의 혀』 등등이 있습니다. 아무래도 5·18에 대한 관점, 바라보는 시선이 다른 평론가나 다른 연구자들과는 또 다른 지점이 있을 것 같다는 생각이 듭니다.

김형중(문학평론가, 조선대 국문학부 교수)

방금 소개받은 조선대 국문학부 김형중이라고 하고요. 제 전력(前歷)을 말씀드리면 실은 제가 이 공간에서 강의를 여러 번 받은 적이 있습니다. 제가 전남대학교 영어영문학과 86학번이거든요. 혹시 저보다 학번이 높으신 분이 계신가요? 그럴 리가 없겠죠. 이 강의실에서 이렇게 수업하던 때가 86년도부터였으니까, 이른바 제가 586 세대에 속하지 않습니까? 오늘 제가 얘기하게 될 5·18이라고 하는 게 80년에 일어났던 한국의 가장 큰 국가폭력이었었잖아요. 시민들을 특수부대 요원들이 와서 사살하거나 대검으로 찌르고 몽둥이로 패고 이렇게 해서 많은 사상자가 났었던 사건이고.

한국에서 대체로 현대사를 전공하는 분들은 한국의 민주화가 언제부터 시작되었느냐 그러면 그 이전에 4·19가 있었겠지만 80년 5·18부터 시작되었다고 합니다. 그래서 80년대 내내 학내 분위기나 사회 분위기는 변혁기였습니다. 제가 이 강의실에서 아까 수업을 많이 받았다고 했는데, 이 강의실에 수업이 있었죠. 제가 받지는 않았죠. 왜냐하면 자체 휴강하고 나가서 화염병 던지고 돌 던지고 하느라고 정신이 없어서 어떤 경우에는 1년에 수업을 두 번밖에 못 들어오기도 했었어요. 그래도 교수님들이 점수를 주더라고요. F를 안 주고.

이 얘기를 하는 것은 뭐냐면 1980년대 내내 대학 다니던 사람들 혹은 지식인이라고 하는 사람들은 80년 5·18에 대한 부채의식과 죄의식, 사실은 이런 게 어마어마했고 그런 것들 때문에 학생운동에 나섰죠. 당시로서는 학생운동을 하는 것이 어느 정도 목숨을 거는 일이었었어요. 아시다시피 이한열 열사가 최루탄을 맞아 죽고 박종철 고문치사 등의 일이 비일비재했었고 경찰들이 이 건물과 이 교실에 난입하기도 합니다. 그런 세상이었었는데 그때 제가 이 학교에 다녔었거든요. 그리고 군대 갔다 와서는 대학원에 다녔었어요.

한국에는 등단이라고 하는 제도가 있잖아요. 문예지나 신춘문예를 통해서 등단하는, 그래서 '문학동네'를 통해서 문학 평론으로 등단을 했었습니다. 등단을 하게 된 글이 뭐였냐면 5·18 문학에 관한 글이었어요. 오월 소설 중에 여러분들한테 꼭 추천하고 싶은 소설이 있는데 제목이 좀 길어요. 『저기 소리 없이 한 점 꽃잎이 지고』라고 하는 최윤 작가의 작품이 있습니다. 그 작품을 가지고 등단을 했고 등단했던 때도 5월이었어요. 2000년 5월에 등단을 했고, 그때 제가 결심했던 것이, 어딘가 나중에 책에도 썼었지만 "1년에 한 편 정도씩은 내가 5·18 혹은 오월 문학에 대한 글을 꼭 쓰겠다."라고 하는 생각을 했었습니다.

제가 5·18을 겪었을 때는 나이가 13살, 중학생이었을 때였거든요. 제가 광주 주변 송정리라고 하는 지금은 광주 송정역이 있는 그 근처에 살았었는데 거기 미군 부대가 있었어요. 거기를 통해서 탱크가 나가는 걸 봤고 제 동생은 장난감 총을 들고 탱크를 겨누다가 총에 맞아 죽을 뻔했고. 그런 경험들을 했었는데 대학 들어왔더니 선배들이 1980년 5월에 대해 가르쳐주더라고요. 그리고 관련된 사진첩을 아마 보신 분이 있을까요? 거의 없으실 텐데, 보기 힘듭니다. 가령 얼굴이 형체가 없는, 가슴이 도려내어진 이런 사진들을 본 뒤에 참을 수가 없었어요. 국가가 자기 나라의 시민들을 향해서 공수부대를 보내서 그런 무자비한 학살을 저질렀다는 것을 참을 수가 없었고, 그 사람(전두환)이 대통령을 하고 있다는 사실도 견딜 수가 없었어요. 그래서 학교 다닐 때는 돌 던지느라고 바빴고 그래도 문학 공부는 혼자 하는 걸 좋아해서, 문학 공부를 해서 글을 쓰게 됐어요. 대학원에 가서 공부를 하면서도 저는 그런 생각이었어요. 문학을 통해서 내가 이 나라에 민주주의, 이 나라를 좀 바꿔 놓는 데 일익이라도 담당했으면 좋겠다. 이런 말을 하니까 좀 쑥스럽네요.

그리고는 덜컥 등단을 하고 나서 처음 썼던 글이 5·18에 대한 글이었고 아까 말씀드렸던 것처럼 "오월 문학 그다음에 5·18에 대한 글을 1년에 한 편씩은 꼭 써야 되겠다."라고 생각을 했고요. 그래왔던 것 같습니다. 어떤 경우는 못 쓰기도 했지만 어떤 해에는 두 번 정도 쓰기로 했으니까. 쓰다 보면서 이게 5·18 문학 작품으로 쓰는 일, 혹은 오월 문학에 대해 비평을 하는 일이 쉬운 일은 아니라는 생각을 하게 됐어요. 일단 고통스럽습니다. 고통스럽죠. 그 일들을 사료를 찾아서 뒤지고 해서 5·18에 대해 쓰는 작업 자체가 고통스러울 뿐만 아니라 사실은 약간 이론적인 생각들을 하게 되기도 하더라고요.

문학이라고 하는 게 요즘 우리가 생각하는 것처럼 힘이 그렇게 세다고 생각하지 않습니다. 여기 현대 문학하시는 분들한테는 정말 죄송하지만 한국의 독자가 어느 정도인지는 이미 알고 계실 거고. 한국에서 인세만 받아서 작품을 쓰는 사람들이, 인세로 먹고 사는 작가들이 몇 되지 않아요. 실은 몇 되지 않고 다른 분들은 부업하면서 소설 쓰고 그러는데. 어쨌든 간에 그런 어려움, 5·18이 장사가 될 리는 없잖아요. 되게 고통스러운 문제죠. 그런데 그런 분들이 그래도 종종 5·18에 대한 문학 작품을 쓰셨어요.

쓰실 때 부딪히게 되는 두 가지 문제가 있는 데 첫 번째 문제는 이런 거죠. 제가 '재현 불가능성'이라고 하는 제목을 달았지 않습니까. 지금 혹은 예전에도 5·18에 대한 소설을 썼던 분들은 어떤 문제가 있느냐면 이 작품을 써서 5·18을 알려야 되겠는데 이 작품의 영향력이라고 하는 게 얼마나 있을지에 대한 문제. 두 번째로는 '재현 불가능성'의 문제가 제일 큰 문제인 것 같아요. 아우슈비츠(Auschwitz)는 다들 아실 텐데 그런 거대한 국가 폭력이 지구상 곳곳에서 일어났잖아요. 그런데 아우슈비츠와 관련해서 테오도르 아도르노라고 하는 독일의 미학자 겸 철+학자가 어떤 질문을 던지느냐면 다 아실 거예요. 워낙에 유명한 의문문의 명제니까. "아우슈비츠 이후에도 시를 쓴다는 게 가능한가"[1]라는 질문을 던져요. 이 말은 무슨 말이냐면 우리가 서정시라고 하면 대개 아름다운 언어와 은유를 가진 어떤 것이라고 상상하기 쉬운데, 아우슈비츠는 지구상에 인간이 어느 정도까지 악(惡)할 수 있는지를 보여줬잖아요. 아우슈비츠에서 수용되었던 사람들의 대부분이 죽었고, 살아 돌아온 사람은 그다지 많지 않습니다. 죽은 사람들의 흔적도 없어요. 다 태워버려서. 그럴 때 아우슈비츠에 대해 시를 쓰거나 소설을 쓴다고 하는 것은 살아남은 자들만 할 수 있는 거잖아요.

그런데 정작 그것을 모두 겪었고, 그것을 모두 발언할 자격이 있는 사람들은 누구겠습니까? 이미 죽었거나 죽은 자들이에요. 죽은 자인데다가 그들이 겪었던 일들은 지금껏 인류가 겪었던 어떤 일보다도 참혹했기 때문에 말을 할 수가 없죠. 우리가 너무 고통스러우면 이런 말을 하잖아요. 말할 수 없이 고통스럽다. 이런 말을 하지 않습니까. 여러분들 저는 평생 가장 아팠던 것은 제가 담석이 있어서 이걸 파쇄할 땐데, 말이 안 나와요. 말이 나오지 않습니다. 배를 축구화로 한 40번은 맞는 듯한 느낌 그리고 피 소변을 보게 되고, 그럴 때 제가 지를 수 있는 비명이 없더라고요. 이 고통은 소리가 나오지 않더라고요. 이것은 저에게는 고칠 수 있는 병에 불과했지만 아우슈비츠에서 이러저러한 일을 겪었던 사람들은 실제로 말을 못합니다. 생존자들이 자기가 그 말을 하려고 하면 말을 할 수가 없어요. 말을 하지 못하고 흐느낀다거나 말을 시작하다가 입을

---

1) 테오도르 아도르노(Theodor Wiesengrund Adorno, 1903~1969)는 독일의 1세대 프랑크푸르트 학파의 비판 이론을 대표하는 철학자이자 미학자이다. 그는 『프리즘』에서 "아우슈비츠 이후에 서정시를 쓰는 것은 야만적이다."라고 언급하며 이성에 대해서 의심했다. 대표작으로 『계몽의 변증법』, 『부정변증법』 등이 있다.

다물어버린다거나 발언을 거부한다거나 합니다. 왜냐하면 누구에게도 자신이 겪었던 고통을 말로 전할 수 없기 때문에.

그런데 그게 이제 문제라는 거죠. 아우슈비츠는 재현 불가능하다는 말을 그래서 하는 거죠. 어떻게 재현합니까. 살아남은 자가 그걸 어떻게 재현을 하죠? 우리가 5·18을 재현한다고 할 때도 재현의 자격은 누구한테 있느냐면 도청에서 돌아가셨던 윤상원 열사 이하 몇 분들에게 가장 큰 자격이 있는 것인데, 정작 발언할 자격을 가진 자들은 이미 죽고 없다는 것이 문제죠. 한국의 평균 인구보다 5·18 생존자는 자살률이 500배가 높아요. 5·18 이후에 정신분열 트라우마 때문에요. 우리가 흔히 PTSD라고 하지 않습니까? 트라우마 이후 증후군이라고 하는 거, 그런 것들 때문에 5·18 생존자들 중에 평생을 알코올 중독을 겪고 그 다음에 이혼하고 폐인이 되고 죽고 혹은 자살했던 분들이 어마어마하게 많거든요. 이러한 사실들을 소설가들이 재현한다고 하는 것, 이게 가능한지의 문제가 5·18 문학과 관련해서는 제일 중요한 문제라는 생각을 하게 되더라고요. 공부를 하면서.

5·18 문학의 약사(略史)를 잠깐 말씀드리면, 처음에 등장했던 오월 문학들은 어떤 식이었냐면 가급적 5·18이라고 하는 것을 자세히 전달해야 되겠다. 내가 겪었던 것들을 자세히 알려야 되겠다는 식이었습니다. 이 욕망의 이유는 저는 잘 알겠습니다. 왜냐하면 5·18 당시에 광주는 완전히 고립되었고 외부로 전화 통화도 할 수 없었고 입출이 완전히 제한되어 있었죠. 그런데다가 언론이나 국가에서는 "5·18이 북에서 내려온 특수 요원들에 의한 폭동이다."라고 규정을 했기 때문에 그렇지 않다라고 하는 사실과 민주화를 위해 시위하는 시민들에게 무조건 발포했었다는 사실을 외부에 알려야 하잖아요. 그래서 처음에는 작가들도 '재현 불가능성'의 문제, '재현의 윤리'의 문제에 대해서는 신경을 쓸 겨를이 없었던 것 같아요.

그래서 처음에 등장하는 5·18 소설들은 대체로 다큐멘터리와 유사합니다. 다큐멘터리와 유사하다는 얘기는 가급적 사실을 정확하게 전달하려고 하는 것이죠. 가령 초창기 5·18 소설 관련해서 가장 기념비적인 작품은 임철우 작가의 『봄날』이라고 하는 다섯 권짜리 역작일 겁니다. 임철우 작가도 여기서 수업을 받은 분이에요. 전남대학교 영문과 제 선배시고, 틀림없이 이 강의실에서 강의를 받았을 겁니다. 사실 이분은 5·18 때 도망갔던 분이거든요. 초창기에 서울로 도망갔다가 나중에 그 죄책감을 이기지 못하고 돌아왔죠, 그런데 자기 친구들은 죽었어요. 그래서 5·18에 대해 알리고 싶어서 필생의 업적을 남긴 거죠. 다섯 권짜리 대하소설을 만들었는데 이 소설을 읽어보면 소설적인 요소가 없지는 않지만 거의 다큐멘터리 수준이에요. 몇 월 몇 시 어디서 누가 총상을 당했고 이 사람이 누구였는지 이런 것들을 소설적 얼개가 있지만 계속해서 그렇게 쓰거든요. 5·18에 대해 알리고 싶어서 쓴 소설이잖아요. 홍희담의 「깃발」이라든지 송기숙의 『오월의 미소』 같은 작품도 사실을 알리려고 노력하는 작품입니다.

일단 첫 번째 문제 '재현 불가능성'이라고 하는 것에 대해 생각해 봅시다. 그런 식의 일어났던 사실들을 기록하는 작업은 분명히 필요한 작업이고, 5·18을 알리는 작업임에는 틀림없는데 그게 문학의 일일까요? 그게 여러분. 문학에 속하는 일인 것 같습니까, 역사에 속하는 일인 것 같습니까? 저는 사실을 알리고 진상을 규명하는 작업은 당연히 필요하다고 생각합니다. 하지만 우리가 생각하는 재현이라고 하는 것은 문학적이거나 예술적이거나, 회화가 되었건 영화가 되었건, 이런 것들을 우리가 재현이라고 하는데, 다큐멘터리식의 소설이 일종의 기록은 기록이되, 문학적 재현이라고 할 수 있는지에 대한 의문들이 그런 소설들을 읽다보니 생기더라고요.

조금 어려운 얘기를 해볼까요. 어떤 문학 작품을 문학 작품이게 하는 것은 그것이 기록하고 있는 소재(素材) 혹은 내용일까요. 아니면 그것을 다루는 언어일까요. 문학성이라고 하는 것, 만약에 소재가 문학성을 결정한다면 5·18을 다룬 모든 소설은 다 훌륭한 소설이어야 합니다. 그런데 만약에 문학성이라고 하는 것이 소재에 있는 것이 아니라 언어를 어떻게 다루느냐의 문제, 즉 언어를 다루는 방식에 있지 않을까요. 납득을 못하시는군요. 제가 쉬운 예를 들어보겠습니다. "그래 나 간다고. 너나 떠난다고? 그래 가. 가. 나도 너 잊을게" 이 말은 문학적입니까? 아니잖아요. 그런데 "나보기가 역겨워 가실 때에는 말없이 고이 보내 드리오리다"라는 시구는 앞의 말과 같은 이야기거든요. 이별 이야기고 같은 소재, 같은 주제인데 왜 김소월의 「진달래꽃」은 문학일까요? 이야기에, 언어에 어떤 방법의 변형을 가했지 않습니까? 도치법, 반어법 이런 방법들을 가했죠. 그 다음에 7·5조에 민요조를 가져왔다든지 했어요.

그래서 저는 내가 5·18을 다루되, 문학적으로 5·18을 다루는 방식은 뭐가 있을까에 대한 고민을 하지 않는 한 이것은 문학적으로 5·18을 다루는 것은 아니라는 생각을 하게 됐습니다. 진상규명을 하거나 5·18 때 어떤 일이 있었는지를 계속해서 기록하는 분들은 주로 역사학자이거나 현대사 전공하는 분들이거나 지금 진상규명위원회에 있는 조사위원들이에요. 그분들이 많은 사실들을 찾아냈고 발굴했고 우리에게 알려주었죠. 그런데 그것을 우리가 예술적 재현이라고 하지는 않지 않습니까? 우리에게 5·18에 대한 많은 사실을, 많은 정보를 알려준다는 것이죠. 그런데 초창기 오월 소설들은 그랬었어요. 가급적 우리에게 많은 정보를 알려주죠. 가령 홍희담의 『깃발』 같은 작품은 읽어보고 있으면 소설에서 도표까지 제시를 해요. 당시에 죽은 사람 중에 어떤 계급에 속하는 사람이 몇 명 죽었는지에 대해서 제시를 하죠. 이런 사회학적 사실들을 알려주기 위해서 되게 노력하는데 최근에 홍희담의 소설을 훌륭한 문학 작품이라고 말하는 사람은 없어요. 문학사적으로 5·18을 정면으로 기록한 작품이라고 말하지 문학적으로 탁월한 작품이라고 말하지는 않습니다.

제가 문학주의자이기도 해서이지만, 우리가 문학이 하나의 학문으로서 자기만의 고유한 영역이 있다고 믿기 때문에 문학을 하지 않나요? 그렇다면 사회과학자들, 역사학자들 혹은 기록관들이 5·18에 대한 자료라든지 증언들을 수집하는 것과 문학하는 사람이, 창작하는 사람이 작품을 예술적으로 재현하는 것은 달라야 하지 않겠는가라는 생각을 하게 됐죠. 그러던 중에 최근은 아니고 몇 년 전에 제가 읽었던 책 소개를 하나 해드릴까 해요. 문학적으로 오월을 재현하는 방법은 뭐가 있겠는지에 대한 고민 이런 걸 하게 됐는데 하게 됐는데 그때 알라이다 아스만[2]의 기억에 관한 아주 많은 저술을 담은 『기억의 공간』이라는 책을 봤습니다. 그 책에서 기억을 둘로 나누는 부분이 나옵니다. 하나는 '저장 기억'이라고 얘기하고 하나는 '기능 기억'이라는 표현을 씁니다. 저장 기억은 주로 기록물 보관소와 관련돼 있는 사료들의 모음 같은 것이지만, 저장 기억은 불필요한 기억은 아닙니다. 5·18에 대해서 알려지지 않은 게 지금도 너무나도 많거든요. 어디에 시체들이 매장되어 있었는지도 발굴이 이제 시작됐고, 최근에야 김군의 행방도 밝혀졌잖아요. 헬기 기총소사는 누가 했는지, 최종 명령권자는 누구였는지에 대한 이야기들이 아직도 정확하게 밝혀진 바가 없고요. 진상규명위원회에서 최근 밝혀내고 있는 사실과 제가 여기서 말씀드릴 수 없는 발굴 사실도 있습니다. 그런 기억들은 어디로 가겠습니까? 아까 제가 말했던 기록물 보관소라든지, 금남로에 민주화운동 기록물 보관소가 있잖아요. 그렇게 차곡차곡 쌓아오는 작업은 기억들을 모아서 저장해 놓는 일을 작업을 하는 사람들이지 문학하는 사람들은 아닌 것 같아요.

그런 기억을 저는 저장 기억이라고 생각합니다. 저장 기억은 계속해서 우리에게 누적되어 있는 기록이에요. 5·18이 올해로 몇 주년입니까? 42주년이 지났잖아요. 42주년이면 여기 있는 분들의 상당수가 태어나기

2) 알라이다 아스만(Aleida Assmann, 1947~)은 독일의 영문학 교수이다. 그녀는 영문학과 이집트학을 공부했으며, 1990년 이후로 문화인류학과 문화적 기억, 기억과 망각에 대해 관심을 가지고 연구를 진행하고 있다. 대표 저서로는 『과거의 긴 그림자』, 『문화학 입문』, 『기억의 공간』 등이 있다.

도 전에 있었던 일이고, 제가 4·19에 대해 무감했던 것처럼 여기 있는 분들 상당수도 5·18이 역사 속에 있었던 사건으로써 기억하죠. 그리고 학교에서도 무엇으로써 배우느냐면 역사 시간에 이런 일이 있었다라고 하는 기록물로서 배우게 되잖아요. 저장 기억을 배우는 거잖아요. 저장 기억 중에 일부를 교과서로 여러분들에게 전수하는 거잖아요. 감동을 받습니까? 대체로 놀라기는 하더라고요. 이런 일이 세상에 있었어? 한국에서, 이 나라에서? 놀라긴 하지만 그 놀라움은 받아들인 정보에 대한 놀라움이지 내가 그 사건에 대해서 진심으로 마음 아파한 것이 아니죠. 요즘 말로 하면 감흥이라는 표현, 또 제가 좋아하는 말은 아니지만 정동 이론이라고 하는 게 있어서 정동이라는 표현도 쓰지 않습니까? 교과서로 전해지는 저장 기억들을 통해서는 우리가 사실상 그 사건에 대해 감흥할 수 없어요. 감흥할 수 없고, 정동이 움직이지 않고, 수능 풀 때나 시험 볼 때에 어떤 지식으로서 우리에게 전수되는 기억을 저는 저장 기억이라고 생각해요. 죽은 기억이죠. 그러나 불필요한 기억은 아닙니다. 왜 불필요하지 않을까요. 진상은 알려져야 하는 거니까요.

이제 문학 얘기를 하자면 이 저장 기억이 없었다면 문학하는 사람들, 가령 한강이 『소년이 온다』를 쓸 수 있었을까요. 『광주항쟁 사료집』이라고 하는 방대하고 두꺼운 책이 있어요. 거기 증언록들이 있는데, 이것들이 없었다면 임철우가 『봄날』을 쓰지는 못했을 거예요. 저는 지금 문학과 관련해서도 문학이 더 훌륭해, 저장 기억은 죽은 기억이야. 이렇게 말하는 것은 아닙니다. 저장 기억들은 이후에 5·18과 관련된 자료들이 사용될 수 있는 일종의 데이터베이스를 구축하는 작업을 해주는 것 같아요. 그건 꾸준히 계속되어야 할 작업이고, 완전한 진상 규명이 있을 수 없을 테니까 해야 될 작업이에요. 아까 말씀드렸던 초창기 5·18 소설들은 사실은 이 저장 기억들과 유사한 일들을 했었거든요. 어떤 일이 있었는지를 너무 알리고 싶어서 다큐멘터리처럼 사실을 기록하는 소설, 엄밀하게 얘기하면 그런 작품들을 문학성이 있다고 말하기는 힘듭니다. 저는 문학성이 뭔지 규정할 수는 없지만 그러나 어쨌든 문학성이란 문학만이 가지고 있는 고유한 어떤 성질이잖아요. 사료와 같은 저장 기억들은 문학의 것이 아니죠. 그것들을 어떻게 미학적으로 형상화하느냐. 정확하게는 문학은 언어를 사용하니까 언어를 가지고 그것을 우리에게 감흥을 줄 수 있는 방법으로, 우리의 정동을 움직일 수 있는 방법으로 형상화하느냐 이게 문학의 일은 아닐까요.

저는 그게 뭐라고 생각하느냐면 알라이다 아스만이 얘기했었던 두 개의 기억 중에서 기능 기억이랑 연결이 된다고 생각해요. '기능 기억'이라고 하는 것은 정의하자면 '활성화된 기억'입니다. 무슨 말이냐면 저장 기억은 자료로서 존재하지만 아직 우리에게 감동을 주거나 충격을 줄 만큼, 감응하고 반응할 만큼 재현되어 있지 않아요. 문학을 하거나 예술을 하는 사람들은 가공되어 있지 않은 상태의 저장 기억들을 가져다가 활성화합니다. 비활성화 되어있던 기록물 보관소의 문자들을 가져다가 자신의 상상력으로 서사를 만듭니다. 그리고 언어적으로 감응할 수 있는 방식으로 가공하는 게 문학이 하는 일이죠. 그렇지 않을까요? 저는 그렇게 생각합니다.

아까 제가 문학을 문학이게 하는 것은 언어의 형식이지 그것이 무엇을 다루고 있는 건가는 아니라는 말씀을 드렸지 않습니까? 그러면 이렇게 얘기해도 되겠네요. 소재들은 충분히 있어요. 기록물 보관소에 찾아보면 정말 어마어마한 자료들이 있습니다. 저도 이번에 5·18과 관련된 문학적인 글은 아니었지만 무엇을 하나 쓰면서 항쟁사 자료집 등을 찾아보았습니다. 그러한 자료들은 5·18 기념재단이나 기록물 보관소에 가면 엄청나게 많은 증언들이 있어요. 책상 하나를 가득 채워도 될 만큼 거기 사연 하나하나씩을 읽어보면 놀라운 사연들이 많이 있어요. 재밌는 사연들도 많이 있고, 문학적으로 형상화할 수 있는 기억들도 있어요.

내친 김에 좀 돌아가더라도 예를 하나 들어볼까요. 여러분 5·18 때, 5월 22일. 정확하게 시민들이 총을 들기 시작했을 때, 계엄군이 먼저 발포를 했고 시민들이 광주 외곽에 있는 예비군 훈련소 무기고에 가서 칼빈총을 탈취하기 시작하죠. 그 시기에 외국인 선교사 한 명이 남평을 지나가다가 남평 무기 창고에서 어떤 희한한 장면을 목격해요. 남평 무기 창고에서 총을 꺼내서 나눠 가지려고 하는데 시민군들 중에 한 명이 "그 총을 우리가 들면 적들에게 우리를 죽일 빌미를 마련하게 되니 그 총을 반납합시다."라고 이야기하거든요. 그러니까 이번에는 반납을 하자고 해요. 그랬더니 또 어떤 나이 든 노인이 나타나서 "그 총을 여기 그대로 두면 또 계엄군들이 그 총으로 우리를 죽일 터이니 그 총을 못 쓰게 만들어버립시다."라고 얘기를 해요. 그러면서 총을 분해하고 부숴버리고 총구를 구부러뜨리고 그래요. 그 때 이 사람들이 보여줬던 태도가 이상해요. 막 축제가 일어난 것처럼 춤을 추면서 덩달아 만세를 부리고 할머니들은 한복을 입고 나와서 덩실덩실 춤을 추고 이런단 말이에요. 일종의 축제 같은 게 벌어져요. 그러니까 이건 일종의 무기 해제, 무장 해제죠. 잠깐 동안이었지만 거기서 평화를 원하는 인류라면 누구나 생각하는 무장 해제의 축제 같은 게 일어났던 것이 아닐까요. 이런 장면들이 부지기수로 널려 있어요. 그것들이 지금 저장 상태로 활성화되어 있지 않은 채로 있습니다. 문학하는 사람들은 그 저장 기억을 활성화시켜서 기능 기억화 하죠. 여전히 기능하는 기억. 그게 여러분들에게 뻔한 얘기일 수도 있지만 그렇지 않거든요.

프로이트는 기억에 대해서 이런 말을 합니다. 우리는 불쾌한 기억은 망각하려고 무의식중에 노력해요. 여러분 정말 불쾌한 기억은 떠오르지 않거든요. 망각해버려요. 혹은 그 기억으로부터 감정을 탈락시켜버립니다. 왜냐면 괴로우니까요. 그래서 나이 든 노인들이 자기 자식 죽은 얘기도 나중에 편하게 하잖아요. "그때 그놈이 갔지"란 말은 그 고통을 잊기 위해서 무의식중에 그 기억은 남겨놓되 기억에 달라붙어 있었던 감정들을 없애버리는 거예요. 42년이 지나는 동안 5·18에 대해서도 그와 같은 일들이 줄곧 일어났을 겁니다. 우리는 불쾌하니까 5·18에 대해 많이 망각했죠. 이때 불쾌하다는 말은 기분 나쁘다는 의미가 아니라 우리에게 쾌감을 주는 기억은 아니라는 말이에요. 게다가 세월이 너무 많이 흘러서 기억의 왜곡도 생기게 되고, 기억하고 있던 분들은 다 돌아가시기 시작했고, 여러분처럼 체험하지 못한 세대들은 그걸 지식으로만 알고 있고 할 때 5·18에 대해 정말 중요한 건 뭐가 될까요. 그것을 다시 어떠한 방법을 통해 활성화 기억으로 만드느냐의 문제 아닐까요. 그걸 저는 뭐가 해야 된다고 생각하느냐면 문학만이라고 말할 수는 없어요. 저는 그게 예술이 하는 일이라고 생각합니다. 예술들은 그 자료들을 가져다가 우리가 감흥할 수 있는 방법으로 가공을 해야 되잖아요. 문학도 마찬가지라고 생각해요.

저는 5·18에 대해 자세히 쓴 문학 작품보다 5·18에 대해 우리가 감흥할 수 있게끔, 그걸 읽고 나면 우리가 5·18에 대해 진정으로 가슴 아파하거나 진정으로 공감할 수 있게끔 쓰는 소설들이 훌륭한 소설들이라고 생각해요. 그래서 저는 초창기의 5·18에 대한 소설들이나 훌륭한 오월 작품들이라고 평가되는 홍희담의 소설이 각광받는 데에 대해 그다지 관심이 없고요. 아까 제가 말했던 이후의 작품들에 관심 있습니다. 이후의 작품들이 저는 훌륭한 작품이라고 생각하는데, 그럴 때 다시 '재현 불가능성'의 문제로 돌아오게 되는 것 같아요. 재현 불가능해 보이는 어마어마한 참사를 문학적으로 형상화할 때 내게 그 자격이 있는가? 그 다음에 제가 아까 이런 말 했었잖아요. 말할 수 없다는 말을 했지 않았습니까. 진짜 겪은 사람들의 고통은 자신도 말할 수 없어요. 심지어 그 사람을 대신해서 타인이 그것을 말한다? 타인이 그것을 재현한다? 이게 가능할까요.

제가 좋아하는 일본의 대학자 중에 도미야마 이치로(冨山一郎)라는 사람이 있어요. 오키나와에서도 한국에서보다 더 한 일이 일어났습니다. 오키나와에서는 옥쇄(玉砕, ぎょくさい)라고 하는 게 있었어요. 옥쇄(玉砕)라는 것을 설명하기 위해 오키나와에 대해 먼저 말씀드릴게요. 오키나

와는 대평양 전쟁 때 유일하게 미국 군이 발을 들여 넣었던 일본 본토예요. 오키나와인들은 자신들을 일본인이라고 생각하지 않았었거든요. 류큐국(琉球國)이라고 하는 독립된 국가였었어요. 그런데 일본이 19세기 식민지로 합병해 버렸죠. 오키나와인들은 자기들 스스로를 일본인이라고 생각하지 않았고, 일본인들은 오키나와인들을 조선인보다 더 천박하게 여겼습니다. 일본인들은 오키나와인들에게 "너희들 미군이 상륙하면 너희들 다 죽일 거고 겁탈할 거고 그럴 테니까 차라리 옥쇄(玉碎)를 해라"라고 했어요. 옥쇄(玉碎)는 자폭하는 거고, 자결하는 거예요. 그래서 오키나와인들에게 수류탄 들려주고 칼 들려주고 해서 수만 명이 오키나와에서 옥쇄(玉碎)로 죽습니다. 죽을 때 어떤 일이 일어나느냐면, 겁먹어서 죽기도 하고 협박 때문에 죽기도 하는데 아버지가 아들을 먼저 죽여요. 그리고는 자기 아내도 죽이려고 합니다. 그런데 못 죽였어요. 그러고는 해방을 맞았어요. 그 가족은 어떻게 됐을까요. 내 남편이 내 자식을 죽이는 걸 보고 나도 죽이려고 했는데 이 사람들의 상처와 서로 간의 고통이라는 걸 우리가 상상이라도 할 수 있을까요. 이 사람들한테 도미야마 이치로 선생님이 증언을 하러 가서 증언을 하게 되면 이분들 말 속에는 재현 불가능한 요소가 반드시 끼어듭니다. 말을 하지 못하는 어떤 부분들을 이분은 공백이라고 부르거든요. 그래서 도미야마 이치로 선생은 진정한 증언에는 반드시 재현 불가능한 지점, 공백이라고 하는 게 있어야 한다고 얘기해요. 저는 5·18도 마찬가지라고 생각합니다.

그런데 문학이라고 하는 것은 언어를 다루는 예술이잖아요. 이때 문학에 닥치는 위기가 하나 생기는 거죠. 눈치 채셨겠지만 언어를 다루는 문학 작품이 말로 할 수 없는 어떤 지점을 다뤄야 된다는 게 문제가 생기지 않습니까? 언어는 말이잖아요. 문학은 말을 다루는데, 문학이라고 하는 것이 말로 할 수 없는 걸 말로 다뤄야 되는 거잖아요. 말로 할 수 없는 것을 말로 다룬다는 것, 여기서 일종의 패러독스가 발생합니다. 제대로 된 증언은 이미 사람들이 다 죽어버렸거나 잊어버렸기 때문에 혹은 기억 상실증, 공백을 갖고 있고 잊혀져 간단 말이에요. 말로 할 수 없는 지점을 어떻게 말로 해야 되는지의 문제가 문학 작품에 던져진 과제가 되는 거죠.

그런데 종종 어떤 작가들은, 가령 〈택시운전사〉라든지 이런 작품들을 보면 어디를 봐도 그 재현 불가능한 지점에 대한 고려가 전혀 없습니다. 그렇게 되면 대체로 5·18이 통속적인 복수극이 된다거나 하는 경우가 태반입니다. 저로서는 5·18 문학의 훌륭한 형태는 아까 도미야마 이치로 선생이 얘기했던 것처럼 그 재현 불가능한 지점에 대해 접근하려고 계속해서 시도하거나, 새로운 언어의 형식을 만들어서 그 지점을 건드는 것이 좋은 5·18 문학이라고 생각하거든요. 그런데 최근에 5·18을 다룬 남성 작가들, 예를 들어서 김경욱의 『야구란 무엇인가』나 이해경의 『사슴사냥꾼의 당겨지지 않은 방아쇠』 등의 이렇게 긴 작품들을 보고 있으면 이건 복수하고 복수에 실패하고 용서하고 이런 남성 서사 작품이거든요. 이런 작품들을 보고 있으면 이게 좋은 5·18 소설일까? 5·18은 그 말로 할 수 없는 처참한 고통스러운 공백 같은 것을 어떻게 하면 언어화할까 노력하는 작품이야 하는데?

제가 최근에 읽은 소설들 중에 그런 작품을 몇 개 봤고 여러분께 소개해 드리겠습니다. 혹시 한강의 『소년이 온다』는 다 읽으셨나요? 한강의 『소년이 온다』를 보면 주인공 동호라는 중학생은 이미 죽고 없습니다. 그런데 7개의 장으로 이루어져 있는 책에서 7명의 화자가 돌아가면서 등장해요. 그 화자들이 죽어버린 동호와의 기억이자 자기가 겪었던 것들에 대해 이야기를 하는데, 그것을 이야기할 수 없음에 대해 이야기를 해요. 그러니까 작품 중에서 누군가 와서는 "그때 겪은 일들을 좀 이야기해 주세요"라고 하는 인터뷰어가 등장하거든요. 근데 혼자서 이런 말을 해요. 화자가 당했던 그것을 쭉 이야기하면서 "그것들을 내가 당신에게 어떻게 말을 해? 본인이 받았던 성고문 이런 것들을 내가 너에게 어떻게 이야기를 할 수 있겠냐"라고 혼잣말 장면이 나오거든요.

한강의 『소년이 온다』에서 제일 명장면은 연극 장면입니다. 5·18과 관련된 것을 연극으로 올리려고 했더니 당국에서 불필요한 단어들을 빨간 줄로 다 긋는 거예요. 당시에는 검열제도가 있었거든요. 그랬더니 연극 대본의 대부분이 삭제가 되는 겁니다. 공연할 수 있겠어요? 그런데 공연을 합니다. 그 공연에서 어떤 장면이 나오냐면 빨간 글 부분을 대사로 쓰지 않으면서 공연을 하거든요. 검열된 부분은 말소리를 내지 않아요. '그때 니가 나를 죽이려고 어떻게 했는지' 이 말은 발음을 하지 않고 입 모양만 움직여요. 침묵으로 얘기해요. 근데 관객들이 그 말을 더 집중해서 듣게 됩니다. 사실은 이게 공백이죠. 말로 할 수 없게 되어 버린 것을 입모양으로만 어떻게든 재현을 시도하는 작업이잖아요. 재현 불가능한 것이 존재한다는 사실 하에서 그 공백을 재현하려는 시도 자체가 한강의 소설이죠.

한강 이전에 아까 최윤의 『저기 소리 없이 한 점 꽃잎이 지고』 얘기를 했지 않습니까? 최윤의 소설도 실어증에 걸린 소녀의 이야기예요. 소녀의 실어증이나 5·18 때 기억이 어찌나 고통스러운지 그 소설을 읽고 나면 감염된다는 느낌이 들어요. 그래서 제가 그 소설을 두고 캐논(Canon)이라고, 돌림 노래라고 얘기를 했어요. 이게 왜 돌림 노래냐면, 화자가 4명이 등장해요. 한쪽에서 그 소녀에 대해서 이야기를 하면 한 사람이 소녀에 대해서 다른 이야기를 하고, 또 다른 이야기를 누군가가 하고 소녀가 독백을 해요. 여러분 초등학교 때 돌림 노래 불러보셨어요? "다 같이 돌자 동네 한바퀴"하고 부르면 여기서 시작하고 저기서 다시 또 시작하잖아요. 원리상 돌림 노래라고 하는 것은 끝이 없습니다. 저는 초등학교 때 돌림노래가 너무 무서웠어요. 아까 우리가 부르던 노래가 끝까지 계속되고 있을까 봐.

최윤은 스스로 소설을 돌림 노래 형식으로 만들었다고 얘기했습니다. 그리고 소녀는 끝까지 발견되지 않아요. 겁탈당하고, 병들고, 국토를 돌아다니는 그 소녀를 만나는 사람들마다 고통에 빠지게 돼요. 소녀는 사실은 5·18이라고 하는 병이죠. 전염병이죠. 그걸 앓게 만드는 바이러스죠. 소녀를 만나면 누구나 다 5·18의 고통에 빠져버리니까. 이 때 이 작품을 훌륭한 작품이게 하는 것은 5·18을 소재로 다뤘기 때문일까요? 아니면 그 돌림 노래라고 하는 이 고통스러운 형식을 만들어내서 소녀가 말하지 못하는 것, 재현 불가능한 것이 존재함을 우리에게 전염시켰기 때문일까요? 저는 후자라고 생각합니다.

다시 요점을 말씀드리면, 우리는 5·18을 죽었다 깨어나도 문학적으로 완벽하게 재현할 수 없습니다. 왜냐하면 5·18이라고 하는 기억에는 구멍이 있기 때문이에요. 우리가 잊어버렸고 말할 수 없고. 저는 말할 수 없는 것의 정의가 트라우마라고 생각해요. 트라우마의 정의는 말할 수 없는 것입니다. 너무 고통스럽기 때문에 그게 병으로서 발현되는 것인데, 말하자면 5·18이 가지고 있는 그 공백은 트라우마이고, 그 말할 수 없는 트라우마를 어떻게 하면 말로 옮길 수 있겠는가를 고민하는 문학이 5·18 문학에서는 최고의 문학이라고 생각하죠. 그것은 그러니까 "재현 불가능성을 재현하라"는 말을 누군가 한 적이 있어요. 랑시에르[3]라는 유명한 문학 이론가가 그런 말을 한 적이 있는데, 그 재현 불가능성 자체를 재현하는 것이에요.

마지막으로 드릴 말씀은 저는 페미니스트가 되려고 되게 노력합니다. '노력한다'라는 말은 "제가 페미니스트이다"라고 말할 자신이 없기 때문에, 저는 한국의 남성은 죽었다 깨어나도 페미니스트일 수 없다고 생각하는 사람이거든요. 그가 아무리 페미니스트이고 싶어 한다고 하더라도, 뼛속까지 어렸을 때부터 남성 중심주의 사회에서 가부장적으로 살았기 때문에요. 그런데도 『저기 소리 없이 한 점 꽃잎이 지고』를 보면서

3) 자크 랑시에르(Jacques Lancière 1940~)는 알제리에서 태어난 프랑스의 철학자이다. 랑시에르는 루이 알튀세의 수제자로서 1965년 『자본론 독해』 작업에 참여해서 명성을 얻었으나, 1968년 프랑스 학생운동을 기점으로 루이 알튀세와 결별하였으며 파리 8대학에서 1969~2000년까지 철학교수로 재직했고 현재 파리 8대학의 명예교수로 재직 중이다.

어떤 생각을 하게 되었느냐면 아까 제가 말했던 재현 불가능성을 재현하려는 시도, 정말 고통스러운 시도죠. 최윤 선생은 그걸 써놓고 제가 시상식에서 그분을 만났을 때, 그분이 뭐라고 했냐면 "그 지옥 같은 작품을 썼다"라는 얘기를 해요. 그게 얼마나 지옥 같았는지 나중에 이분이 『마네킹』이라고 하는 장편에서 그 찾지 못한 소녀를 2003년에 해방시켜줘요. 자기 캐릭터가 너무 불쌍해서 그런지, 그 안에서 어떤 여성 신을 만나서 그 소녀가 구원받는 장면을 넣어줘요. 그때가 노무현 정권 때죠. 그러니까 이분은 이제 이때쯤이면 그 소녀를 해방시켜도 되겠다고, 가슴속에 자기 주인공이 얼마나 남아 있었으면 그랬을까요.

제가 아까 얘기했던 한강의 『소년이 온다』, 그다음에 제가 최근에 읽었던 최고의 5·18 소설은 잠깐 중간에 등장하지만 『은주의 영화』라고 하는 작품이 있습니다. 공선옥 작가예요. 그분도 이 강의실에서 공부했었을 거예요. 공선옥이라는 작가가 있어요. 그분은 실제로 5·18을 겪었던 분이기도 하고 이분이 5·18에 대해 많은 작품을 썼죠. 「씨앗불」이라고 하는 작품도 쓰고, 그분이 썼던 『은주의 영화』라고 하는 작품과 다른 장편이 또 하나 있어요. 거기서도 두 여성이 등장해서 둘이 노래 부르는 장면이 나와요. 이 부분이 저는 신기합니다. 남성 작가들은 아까 말했던 것처럼 자기가 총을 막 갖고 다니면서 죽여버리겠다고 하다가 나중에는 결국 후회하거나 실패하고, '그래 내가 아버지지, 그리고 복수는 복수를 낳지' 이런 뻔한 서사의 작품들을 쓰는데, 제가 방금 말한 세 작가의 특징은 뭘까요? 공통점이 뭐죠? 공통점은 여성이라는 겁니다.

제가 거론하지 않았지만 한정현이라고 하는 광주 출신 작가의 최근에 「쿄코와 쿄지」라고 하는 5·18 관련된 소설을 쓴 분이 있습니다. 이분 얘기는 나중에 기회가 되면 또 할 텐데, 5·18과 아카이빙과 퀴어를 섞어요. 퀴어를 섞는 새로운 실험을 해요. 모두 여성들이라고 하는 점이 공통점이거든요. 이 점은 저로서도 약간의 과제이자 수수께끼로 남겨둡니다. 왜냐하면, 여기에 어떤 평이한 해석을 가해서는 곤란하다는 생각을 해요. 아무래도 여성은 노래와 친하고 포용적이라는 생각 자체가 반(反)페미니스트적이거든요. 여성의 젠더라고 하는 것을 정해놓고 그런 결론을 내리고 싶지는 않습니다.

근데 하여튼 그 사실은 지적하고 싶습니다. 현재 한국에서 5·18 소설을 쓰면서 이 재현 불가능성의 재현 문제를 언어적 형식을 통해 고민하고 있는 사람들은 여성 작가들이고, 그 여성 작가들이 사용하고 있는 공통적인 형식이 일종의 전염성 강한 돌림 노래 형식이라고 하는 것입니다. 이 말을 다른 말로 하면, 이분들은 저장 기억을 기능 기억, '활성화된 기억'으로 만들기 위해 언어적 형식을 고민하고 있는 작가들이라는 뜻이잖아요. 그래서 그분들을 눈여겨봐야 된다고 생각을 하고 있고, 안타까운 것은 최근 갈수록 오월 문학이라고 부를 만한 5·18 소설들이 많이 나오지 않습니다. 2013년이 피크였던 것 같고, 한강과 김경욱과 이해경과 공선옥이 책을 같이 낼 때. 그때가 언제였냐면 박근혜, 이명박, 지만원이 등장하면서 어떤 위기의식을 느꼈을 때 작가들이 그때 많이 썼던 것 같은데요. 최근에는 많이 잊혀지고 있는 것 같아서요. 그런데 문학하는 사람들이라면, 문학이 어떻게 42년이 된 저장 기억들을 다시 활성화해서 다음 세대까지 5·18에 대해 감흥하거나 충격을 받거나 그들의 정동이 5·18과 접속할 수 있을 것인가에 대해 고민하는 작업이 필요하다고 생각합니다. 오늘 말은 여기서 마치겠습니다.

정민구

강연 감사합니다. 그러면 강연에 이어서 바로 토론을 진행하도록 하겠습니다. 강연 자료에 있는 마지막 멘트를 하고 끝내시지 않을까라는 기대를 했었거든요. '더 많은 형식들이 복수하게 하라' 그 말씀을 끝으로 아마 강연이 끝나지 않을까 했었는데, 아마 선생님께서 마지막 그 멘트를 굳이 말씀하시지 않은 것은 더 많은 토론자와 질문자가 말하게 하라는 그런 메시지를 주신 것이 아닌가 생각합니다. 오늘 토론은 전남대학교 국문과의 한정훈 교수님께서 해 주시겠습니다.

한정훈(전남대 국문학과 교수)

김형중 선생님이 보내주신 글을 읽고 사실은 고민을 엄청 했었어요. 저는 이 좌담회를 준비하면서 사실 어렵고 진짜 힘들었습니다. 5·18은, 김형중 선생님도 광주에서 나고 자라고 공부를 하셨기 때문에 아시겠지만, 광주에서 나고 자라고 공부했던 입장에서는 광주 5·18이라는 문제는 쉬운 문제가 절대 아니기 때문입니다. 어렸을 때부터 그냥 태생적으로 이야기를 듣고 자랐던 그런 경험들이요.

김형중 선생님은 사실 저 대학 다닐 때 국교과 조교 선생님이셨고, 김형중 선생님께서 전대 정문에서 '청년글방'이라는 사회과학사적 유명한 사회과학 서점을 운영하고 계셨거든요. 선생님은 기억하실지 모르겠지만 제가 그때 서점에 찾아가서 선생님께 철학을 배웠습니다.

김형중 선생님은 상당히 문학을 정말 사랑하세요. 문학에 최고지상주의 이런 식의 사고를 갖고 계신 분 같아요. 저는 그게 불만이었던 거예요. 저는 전공이 구비문학이고, 선생님은 잘 아시는지 모르시는지 모르겠지만 일상의 문학이라는 것에 대해 랑시에르 이야기도 하셨어요. 랑시에르는 『문학의 정치』라는 책에서 말할 수 없는 자들의 목소리를 배분하는 것이 문학이 하는 정치의 목적이고 역할이라고 말합니다. 그런데 문학이나 소설이라는 형식들은 일명 언어를 말하는 자들이 아니라 언어를 지배하는 자들에게도 재현의 장치로 활용이 되는 경우들이 많더라고요. 그러면 이제 언어의 분배, 말의 분배, 그리고 재현 가능성의 문제, 재현의 불가능성의 문제들은 결국 경험한 사람들, 문학을 하는 사람들의 한계에서 나타난 목소리이지 않는가 생각합니다. 아까 실어증에 대한 얘기도 나왔지만 상처에 대해서 말할 수 없는 것 자체가 문제예요. 그런데 모든 사람들은 결국 그걸 극복해내기 위해서 끊임없이 말하려 하고, 그 언어를 통해서 내가 체험했던 것들을 경험화시키면서 상징적인 질서들을 구축하려고 많은 노력을 합니다. 저는 현장에 나가 사람들의 이야기를 끊임없이 들으면서, 그러니까 단순히 증언이 아니라 그들의 문법이랄지, 이야기의 형상화 방식, 구성 방식 등을 찾으려고 합니다. 과연 그런 것은 문학이 아닐까. 이 질문을 항상 여쭤보고 싶었습니다.

선생님께서 손홍규 소설[4]을 언급하시면서 남성주의(男性主義) 이야기를 하셨잖아요. 그리고 그 핵심은 사적 복수였고, 전제는 전두환이 살아 있다는 것이었습니다. 그런데 이제 전두환이 죽었잖아요. 문학의 역할, 특히 오월 소설의 역할들은 상당히 중요합니다. 아까 선생님도 말씀하셨지만 소설은 기본적으로 역사가 말하지 못하는 지점에 대해 이야기합니다. 사실 역사는 이데올로기나 권력에 포획되는 과정 속에서 자기가 말할 수 없는 공백들이나 공란들을 만들어내거든요. 문학은 그 공백, 공란에서부터 시작하여, 소위 말할 수 없는 것들의 의미들을 구성해내면서 또다른 담론들을 만들어 낼 기반들을 마련합니다. 그게 오월 소설, 오월 문학들이 했던 것들이었습니다.

선생님께서 2008년 그즈음 나왔던 사적 복수, 남성주의에 대한 이야기를 해주셨습니다. 그런데 이제 전두환이 죽었지 않습니까. 그럼 이후의 소설들은 어떤 방식으로 전개가 될 것 같습니까? 선생님께서 처음에 어떤 오월 소설이 좋다라는 이야기는 해주셨었습니다. 다만 제가 이 질문을 드리는 이유는 어떤 소설이 나올 거라는 등의 의견이나 예시를 해주시라는 말은 아닙니다. 소설이 했던 선도적인 역할들에 대해 사회학 등 그 주변에서 5·18이나 역사적 사건을 연구하는 사람들이 방향타로

4) 2007년부터 발표된 손홍규의 〈테러리스트〉 연작들을 가리킨다. 해당 단편들은 2008년 출간된 『봉섭이 가라사대』에 수록되어 있다.

보는 경우가 많았습니다. 그래서 앞으로 우리는 오월을 어떤 방식으로 봐야 되고, 무엇을 봐야하며, 어떻게 읽어야 하는가. 또 어떤 방식으로 의미화해야하는가. 이런 부분을 여쭤보고 싶어서 앞으로의 소설, 앞으로의 담론이 어떤 방향으로 나아갈 것인가에 대한 질문을 드려보고 싶었던 것이었습니다.

김형중

그러면 일단 두 개 질문에 대한 답변을 먼저 드리겠습니다. 그러니까 재현 불가능성을 문학화하는 것도 중요하지만, 그런 분들은 이야기를 함으로써 자기 삶을 정리하기도 하고 그 자체가 문학일 수도 있지 않겠느냐라는 말씀을 하신 거죠. 네, 틀린 말은 아니라고 생각합니다. 사람은 지구상에 있는 생명체 중에 유일하게 이야기를 만들잖아요. 이야기를 만든다라고 하는 것은 자기가 살아온 삶의 연대기에 인과관계를 부여하는 것이지 않습니까. 그러니까 내가 나 자신을 한 명의 단일한 주체라고 상상할 수 있는 것은 그동안 살아왔던 이야기들을 내 방식대로 정리하여 연대기적인 서사를 만들어낼 수 있기 때문이잖아요. 그래서 이야기는 분명 인간이 자기 삶을 의미 있게 만드는 방법입니다.

트라우마를 겪은 사람들에게도 중요합니다. 사실 트라우마는 그거거든요. 왜 그 일이 일어났는지를 모르겠어요. 그럼 이제 상징계에 난 구멍이네, 실재와의 조우네, 이런 식의 라캉식의 표현을 쓸 수도 있겠지만 그럴 때 사람들은 이야기를 만들어냅니다. 이것을 내가 알 수 있는 어떤 것으로 만들어내야 만이 사실은 어느 정도 트라우마에서 벗어날 수도 있고 치유될 수 있기도 하거든요. 그런 측면에서 보면 이야기가 가진 효과가 있습니다.

그런데 문제는 이야기를 말끔하게 만들어내기 시작하면 그 이야기가 어떻게 되느냐면 가령 아까 오키나와 같은 경우 일본인들은 그것을 황국신민화 서사, 그들이 충성했던 서사 이렇게 미화하거든요. 그러니까 저는 말끔한 이야기를 잘 믿지 않습니다. 설사 그게 증언하는 분이 하는 이야기라 하더라도 그것이 말끔하다면 그 안에 뭔가 공백이나 이런 것들을 나중에 땜질한 거죠. 인과관계를 스스로 부여하고. 그러나 그렇다고 해서 그분들이 만들어내는 이야기가 정당하지 않다거나 거짓이라고 말하지 않습니다. 그 안에 그래도 말하지 못하는 공백들이 있다는 겁니다.

기왕 얘기가 나온 김에 김숨이라는 작가를 한 명 소개하고 싶은데, 김숨 작가는 최근에 일본군 위안부 피해자 할머니들 증언 소설을 네다섯 편씩 썼어요. 메타 소설까지 하면 한 다섯 편 되는데, 예컨대 『군인이 천사가 되기를 바란 적 있는가』[5]라고 하는 소설이 있습니다. 이게 바로 그런 거거든요. 작가는 그 할머니의 고통을 이해할 수 있을까 인터뷰를 해요. 인터뷰를 하러 가서 할머니가 하시는 이야기에 소설적 가공을 거의 하지 않습니다. 이 화자는 1인칭 관찰자 시점인데 거의 개입하지 않습니다. 할머니는 치매가 와서 많은 것들을 기억하지 못하는 데다가 얼마간 선망 상태이기도 하지만 돌아가시기 전에 그 이야기를 받아 적겠다고 해요. 그리고 그 이야기를 그대로 녹음한 다음 살짝씩만 바꾼다거나 하게 되거든요. 그랬더니 뭐가 되느냐면 시가 돼요. 시처럼 아름다워집니다. 왜냐하면 그분의 기억이나 이런 것들이, 그 사이의 공백들, 말의 끊어짐 이런 게 산문이 되지 못하는 상태로 존재하거든요. 저는 증언자의 이야기는 반드시 개입하지 않은 채 들어야 할 가치가 있는 텍스트라고 생각을 합니다. 그러니까 저는 이 모든 이야기가 다 재현 불가능성과 대립된다고 생각하지는 않습니다.

두 번째는 향후에 오월 문학이 어떻게 되겠느냐는 질문이었습니다. 아까 제가 한정현 얘기를 했었는데 저는 5·18이라고 하는 게 당사자들 것

---

5) 2018년 출간된 김숨 작가의 세 번째 '위안부' 소설로, 길원옥 할머니의 증언을 토대로 증언 소설이다.

만은 아니어야 된다고 생각하거든요. 그러니까 이미 그렇게 되어 있는데도 말입니다. 여러분 혹시 들어보셨는지 모르겠는데 당사자주의라고 하는 게 있잖아요. 니들이 오월을 알아? 니들이 시민군으로 싸워 봤어? 이 분들이 지금도 존재해요. 물론 그분들이 그때 아주 열심히 싸우셨던 것도 인정하고 그렇습니다. 근데 그분들은 여전히 오월은 우리 것이어야 하는데 너희들이 오월에 대해 뭘 알아, 왜 떠들어 이런 얘기를 하거든요. 가령 5·18을 가지고 다른 얘기를 해볼 수도 있는 거잖아요. 5·18과 페미니즘, 5·18과 여성. 이런 얘기를 하면 와서 엉뚱한 얘기를 하시거나 화를 내는 분들도 있어요. 그게 이제 당사자주의입니다. 그래서 제가 엮은 책이 하나 있어요. 『무한텍스트로서의 5·18』이라고 하는 책을 엮었고, 여러분들이 오늘 받아보신 글도 그 책에 실려 있는 글입니다.

저는 '무한텍스트'라는 말을 좋아합니다. 텍스트 중에서 해석이 언제까지나 가능한 텍스트가 무한텍스트잖아요. 5·18을 무엇이라고 하나로 규정해버리는 순간 5·18은 그거 밖에 아니게 되지 않습니까. 그래서 5·18을 무한텍스트라고 생각하는데, 이는 5·18이 향후에 정치만이 아니라 페미니즘, 퀴어 등과 만나는 가능성들을 생각해보게 합니다. 한번 상상해 보시죠. 구 도청 앞 광장에서 5·18 행사 때 퀴어 축제 같은 걸 한다면. 저는 그런 걸 상상하는데 지금 한정현이라는 작가가 퀴어 문제, 아카이빙 문제로 5·18에 접속하는 경우가 있고, 또 박솔뫼 같은 작가는 「그런 무얼 부르지」에서 세대 문제, 우리는 임을 위한 행진곡 말고 뭘 부르지 이런 의미의 작품을 씁니다.

5·18이 가지고 있는 잠재력, 우리가 포텐샤라고 부르는 거, 역량이라고 하는 것을 최대한 증폭시켜주려면 타 분야의 진보적인 주제들과 5·18이 계속 만나야 되고 마주쳐야 된다고, 갈등하더라고 만나야 된다고 생각하는데 그걸 저는 무한텍스트라고 부릅니다. 그래서 저는 5·18 뒤에다가 다른 말을 안 붙입니다. 어떤 사람들은 5·18 민주화 운동이다, 5·18 민중항쟁이다, 뭐 이렇게 얘기하는데 저는 그런 규정을 붙이고 싶지 않

아서 숫자로만 5·18이라고 얘기를 합니다. 5·18은 뭐든 될 수 있어야 된다고. 다만 그게 급진적이라도 말입니다.

한정훈

네, 선생님께서 또 세대 구분을 하셨습니다. 글을 보면 5·18 1세대 2세대 이렇게 나누는데 저는 잘 이해가 되질 않습니다. 어떤 주체를 왜 1세대라 하고, 왜 2세대라고 하는지. 그리고 저는 이런 지점도 또 그렇습니다. 소설의 현실적 제기 현상이라고 해야 하나. 그러니까 5·18 때 무자비한 폭력 그다음에 피해자의 아픔, 이처럼 말로 표현할 수 없는 처절한 현상들이 있었던 건 분명한 사실이에요. 그리고 거기에서 살아남은 많은 사람들이 아까 선생님께서 말했듯이 트라우마를 가지고 살아갑니다. 저도 오월을 문학과 영화를 통해 접하면서 궁금했죠. 이제 공부하는 입장에서 나가보기도 했어요. 나가가지고 광주 사람들을 만나보고 5·18을 경험했던 사람들의 이야기를 들어보면, 이 1세대들의 어떤 나약함이나 피해자의 어떤 상황들이 분명히 존재해요. 근데 이때 다소 과잉된 초점화 현상들이 나타나고 있다고 봅니다.

선생님께서는 법의 테두리 같은, 소설 속에 형상화된 형태들을 비판하시는데 저는 입장이 조금 다릅니다. 분명히 그런 부분도 있습니다. 그러나 사실 5·18 1세대들은 총이라는 걸 들었던 세대입니다. 1950년대 이후에 한국전쟁 이후 소위 말하면 기층이라고 표명되는 사람들이 처음으로 총을 들면서 정규군에 맞서 싸워 승리를 잠시나마 이끌어냈던 세대가 또 5·18 1세대거든요. 그래서 5·18 광주항쟁의 무장 투쟁이 그만큼 의미가 있었던 겁니다. 그런데 이제 5·18의 실체적 진실을 밝히기 위해서 80년대 오월 문학들이, 임철우 선생님도 마찬가지고 공선옥 선생님도 마찬가지지만 피해자들의 아픔을 보여주는 형태로 오월을 형성화했습니다.

그런데 제 느낌에는 실제로 5·18 이후 살아남은 자들은 끊임없이 자기들의 이야기를, 자기들이 살아갈 수 있는 방안들을 찾아가려고 하는 그런 처절한 움직임들을 가지고 있었습니다. 처절하다는 표현은 트라우마적인 양상이 아니라 그걸 극복해내면서 삶의 모습들을 찾아가던 모습을 가리킵니다. 그런데 소설이나 문학으로 대표되는 어떤 언어적 재현들이 현실의 그 모습들을 가둬버리고 있는 것은 아닌가 합니다. 선생님도 방금 이야기하셨듯이 90년대를 넘으면서 5·18 담론이 민주화 운동 담론으로 넘어가기 시작했고, 그게 국가 담론으로 포획되는 과정 속에서 광주의 항쟁적 분위기가 피해자적 모드로 전환되는 과정들을 보이게 됩니다. 이 전환이 뭔가 생동하는 모습들에 대한 가림막이 되지 않았을까 생각합니다.

이 문제와 연결시켜 드리고 싶었던 세 번째 질문입니다. 선생님께서는 오월 소설들을 다루면서 최정운 선생님의 『오월의 사회과학』의 절대 공동체[6] 개념을 이야기합니다. 근데 사실 저는 『오월의 사회과학』을 읽으면서 절대 공동체의 출현과 국가의 어떤 전환 과정, 그 부분이 과연 이랬을까라는 생각을 했습니다. 저는 사람들이 빵을 나누고 협동하고 협력하는 과정들이 광주에서만 보여질 수 있는 모습은 절대 아니었다고 봅니다. 어떤 집단이든 간에 자기 인정이나 생명의 위협이 있었을 때 이는 광주뿐만 아니라 세계 어느 지역에서도 일어날 수 있는 어떤 가능성의 영역입니다.

광주에서는 사람들이 항쟁의 의미를 상징적 체계로 질서화시키는 과정 속에서 내가 누구고 광주가 무엇이고 내가 왜 싸워야 하는지 등을 찾는 의지들이 있었다고 봅니다. 그런데 오히려 최종원 선생님의 절대 공동체의 담론들이 이러한 광주의 어떤 형상들을 신화화시키고 닫힌 형태

---

6) 사회학자 최정운은 5·18의 공동체를 '절대공동체'라 일컫는다. 그는 『오월의 사회과학』을 비롯한 저서에서 5·18 공간에서 광주 시민들의 개인은 완전히 용해되었고 모두가 인간으로 하나 되어 위대한 인간들의 공동체의 일부가 되었다고 주장한다.

들로 만들어버린 것은 아닌가 생각됩니다. 사적 복수라는 이야기들도 결국에 내 눈 앞에 분명히 존재하지만 그걸 취득할 수 없었던 인간 주체의 나약함과 희망의 져버림들이 복수의 형태나 이루어질 수 없는 형태들로 나타난 것이 아닌가. 오히려 이런 부분들을 좀 거둬내고 광주를 선생님께서 말씀하신 퀴어 등을 통해 다양하게 의미규정을 했을 때 5·18이 조금 더 열린 형태로 나아갈 수 있지 않을까라는 생각이 들어서 이 두 개를 엮어 질문을 드립니다.

김형중

아까 세대 구분 이야기를 하셨습니다. 그러니까 1세대가 그렇게 나약하지는 않았다, 그런 얘기시죠. 총을 들기도 했었고 법 이런 문제를 얘기했었는데 저는 5·18이 단순히 그 열흘에 있었던 일만은 아니라고 생각하거든요. 우리가 이제 기억 투쟁이라는 표현을 쓰는데, 5·18은 그때부터 지금까지예요. 그러니까 진상을 규명하기 위한 투쟁이 있었고, 유가족협회라든지 부상자 동지회 등이 만들어지면서 그들이 계속해서 오월과 관련된 기념재단을 만들어냈고 기념일화했고 하는 거잖아요. 그런데 이런 와중에 보상법이 통과되지 않습니까. 이게 법이죠. 5·18이 인정받기 위해서는 보상받아야 된다라고 하는 보상 패러다임으로 가게 됩니다.

보상은 누가 받게 되느냐면 피해자가 받게 되는 거잖아요. 그러면 보상 패러다임에서 시민군은 총을 들고 용감히 싸웠던 사람들이 아니라 이제 피해당한 사람들이 되더라고요. 그러니까 사실은 1세대들이 법에 매달렸던 것은 법 제정이라도 해서 5·18이 원래 그런 폭동이 아니었음을 법적으로 인정받고 싶었기 때문이고 두 번째로는 이제 국가에서 머리를 잘 쓴 거죠. 개인 보상 패러다임을 사용한 거예요. 사실은 어떻게 했어야 되느냐면 그게 집합적인 보상이라고 해야 되나 이랬어야 되는데 개별적으로 신고를 하게하고 내가 어떤 피해를 입었는지를 설명하게 만드는 와중에서 1세대들이 이제 법이라고 하는 패러다임을 못 벗어납니다.

실은 절대 공동체에서는 법이 통용되지 않은 상태였는데 법이라고 하는, 보상이라고 하는 패러다임에 빠지게 되는 그런 이유가 분명히 있었고요. 제가 읽은 소설들에서 아까 그 남성 소설들에서 보면 다 법이잖아요. 그러니까 저는 약간 더 급진적인 법 바깥에, 그러니까 최소한 5일, 5·18 기간 동안 5월 21일과 5월 22일 동안 시민군들이 보여줬던 그때 해방공동체라고 하는, 거기에서는 국가의 법 바깥에 있는 어떤 공동체가 만들어졌었어요. 그러니까 국민국가 바깥을 상상할 수 있었던 가능성이 있었는데 자꾸 보상 패러다임 때문에 법 피해자 이런 데에 이제 속박당하게 되는 과정이 있었죠. 그런 점을 지적하고 싶었던 것입니다.

제가 이 세대 이야기를 하는 것은 문학 작품 속에서 어떤 단절이 생기더라고요. 초기에 그렇게 다큐멘터리적인 작품을 썼는데 2008년이 지나면서부터 새로운 작가들이 복수에 대한 이야기를 해요. 근데 이 작가들의 특징은 뭐냐면 미체험 세대, 5·18을 멀리서 들었거나 체험하지 않았거나 나이가 어려서 나중에 들었거나 영향만 받았던 작가들이에요. 그러니까 이제 이 작가들은 그때가 2007-8년이었으니까, 한 세대, 즉 30년이 지난 거잖아요. 30년이 지나면서 다른 패러다임, 복수라고 하는 게 등장해서 그들을 2세대라고 부르는 것입니다.

경상대의 김명희 선생님이 미체험 트라우마라는 말을 써요. 체험하지 않았어도 그 부모들을 봤을 거 아니에요? 그리고 목격자 트라우마라는 말도 써요. 설사 시민군이 아니었다 하더라도 그럴 수 있잖아요? 그리고 트라우마의 개인사라는 표현도 쓰는데, 그렇게 해서 트라우마를 겪은 사람이 자기 자식들을 길러가는 와중에 어떻게 변해가는지, 그럴 때 저는 체험 세대가 있고 미체험 트라우마 혹은 목격자 트라우마 세대가 있다고 생각하는데 그분들은 시간이 지나면서 감수성이 바뀌었던 것 같아요.

사적인 복수라고 하는 게 더이상 법에 복수를 맡겨두지 않겠다는 걸으로는 더 급진적인 것처럼 보이지만 그게 사실은 가능할 리가 없죠. 전두환을 죽일 리가 없죠. 전두환, 자연사했잖아요? 그런 생각 때문에 세대라는 표현을 썼고요. '절대공동체'라는 표현은 저는 사실은 좋아하는 편입니다. 절대공동체라고 하는 게 있었을까 묻게 되면, 있었습니다. 근데 문제는 최정운 선생이 하루만 있었다고 얘기하거든요. 딱 하루가 언제냐면 총을 가지고 계엄군을 물리쳤던 바로 그 하루. 그런데 그다음 날부터 어떤 일이 생기느냐면 다시 총이 문제예요.

총이 아시겠지만 어떤 거냐면 총을 가진 자와 안 가진 자로 나누게 합니다. 한쪽에서는 '총을 버려야 한다', '법을 따라야 한다' 다른 한쪽은 '총을 들겠다', '우리만의 법을 만들어야 한다'라는 거잖아요. 그런 와중에 계속 갈등을 하게 되는데 갈등이 있다는 얘기는 절대공동체가 아니라는 뜻이잖아요?

그런 갈등을 만들었던 것이 총이고 그래서 그 총이 시민군들에게 용기를 주었는지 분열을 주었는지에 대해서는 더 생각을 해봐야 하는 문제인 것 같더라고요. 사실 시민군들은 제가 읽은 기록에 따르면 총을 탈취했잖아요? 쏠 줄도 몰랐어요. 탄창 없는 총을 갖고 다니는 사람들도 있었고 심지어는 그냥 슬쩍 버려버리기도 해요. 총이라고 하는 무기는 사실은 국가에 우리가 위임한 폭력인데 그 총을 내가 들고 있다라는 얘기는 국가에 반(反)하겠다는 뜻이기 때문에 그건 사실 심리적으로 엄청난 공포와 부담을 주는 거잖아요?

마지막까지 남았던 5·18 도청의 100여 분의 시민 그분들만이 제가 보기에는 끝까지 법 바깥을 상상했던 사람들이고 그들이 죽음으로써 사실 5·18은 사건이 된 거죠. 전부 다 투항해버렸다면 안 그럴 텐데 그들은 자기들이 죽을 줄 알았거든요. 그 여러 자료를 보면 이미 죽을 줄 알고 있었는데 이 죽음이 우리한테 스캔들을 만들어준 거고 그 스캔들이 우리로 하여금 여전히 '어떻게 그들은 거기서 그렇게 죽을 수 있었나?'라고 묻게 하는데요. 저는 그 부분에서 절대공동체가 있었다고는 생각하는데 오래가지는 않았다고 생각하고요. 그런 공동체는 대체로 재난 이후에 보인다고 생각합니다.

세월호 터지고 나서 팽목항에 공동체 하나 만들어지지 않았습니까? 거기는 제가 보기에는 대한민국 법 밖의 공동체였다고 생각하거든요. 모든 사람들이 와서 치유하려고 하고 달려들어서 같이 천막차 만들어서 이런 재난 이후에 그런 것들이 하나씩 만들어지는 것 같아요.

그래서 저는 벌들한테 배울 게 많다고 생각합니다. 벌들은 말벌 한 마리가 침입하면 200마리의 꿀벌이 달려들어서 200마리가 죽어요. 그런데 우리가 봉기라는 표현을 쓰지 않습니까? 봉기가 벌 봉(蜂) 자에 일어설 기(起)자 맞죠? 그러니까 벌떼처럼 일어서는 게 봉기인데 한때 5·18을 무장봉기라고 불렀거든요. 무장은 잘 모르겠고 저는 봉기라는 말에 어느 정도 동의하는데 그렇다면 인간이 벌하고 똑같다는 얘기냐 그게 아니라 벌이 그럴 때 보면 벌한테도 개체 보존 본능이 있을 거고 한편으로는 종족 보존 본능이 있을 거예요.

우리는 항상 나를 생각하면서 삽니다. 이게 개체 보존 본능인데 어떤 순간 거대한 참사나 폭력을 보게 되면 이 개체 보존 본능을 앞서는 종족 보존 본능이 생길 때가 있는 것 같아요. 나 죽어도 좋아 이대로 두면 종이 멸망할 것 같은 폭력 앞에서는 자기 목숨을 버리게 되는 것 흔히 이걸 우리가 인류애라고 부르는 것 같은데 그것은 되게 순간적이고 사회과학으로 설명 안 되고. 우리가 '욱한다'라고 하잖아요? 저는 그때 하루 정도 광주 시민 모두가 욱했다고 생각해요. 그러니까 죽어도 상관없다는 거죠.

그리고 어떤 사람은, 그분은 넝마주이였거든요, 왜 총을 버리지 않았느냐라는 질문에 이렇게 대답 해요. 지켜볼 만한 그러니까 한번 지킬 만한 세상 같았다. 이 지킬 만한 세상을 민주주의네 무슨 자유민주주의 이런 말로 표현할 필요가 없다고 생각하고, 그 사람이 생각했던 지킬 만한 세상은 절대공동체죠. 그건 말로 표현할 수 없지만 어떤 불평등도 없고 상부상조하고 누구를 위해 내가 대신 죽을 수도 있는 상태가 하루 정도 있었죠. 근데 저는 그게 짧게 있었지만 5·18에 대해서 다른 국민국가와 다른 공동체를 상상해 볼 수 있게 하는 어떤 측면이 거기에 있다고 생각해요.

한정훈

최정운 선생님이 절대공동체라는 개념을 말씀하셨지만 김상봉 선생님은 서로주체성[7]이라는 개념을 가지고 5·18을 이야기 하시더라고요. 선생님께서는 총에 대한 이야기를 하셨어요. 사실은 총이라는 무기가 사람의 등골을 싸늘하게 하고 사실은 그 주체들이 무산계급이었고 그들의 총구가 어디를 향하는가에 따라서 유산계급에 대한 어떤 인식들이 도출되면서 절대공동체에 균열이 가해졌다고 생각을 하는데요. 저는 이 절대공동체가 균열되거나 해방 광주에서 분열을 발생시켰던 게 사실은 총은 아니었다고 보거든요.

5월 27일에 마지막까지 남았던 대부분의 사람들은 10대 후반에서 20대 초반이었어요. 그런데 이 사람들은 역사적 경험이 없어요. 제가 느끼기에는 광주 사람들이 22일이나 23일 엄청나게 도청으로 많이 모여서 시위를 하지만 이 사람들은 그 항쟁이 이길 거라고 생각한 사람은 단 한 명도 없었을 겁니다. 왜냐면 40대나 50대들은요 역사적 경험이 있거든요. 한국전쟁에 대한 경험이 있었고 4·19에 대한 경험이 있었고 국가가 자기에게 반항했을 때 어떤 방식으로 반응하는지에 대한 역사적 경험이 있었기 때문에 분명 그 자리에서 실체적 진실들을 보고는 있었지만 이 사람들은 이 공간이 오래가지 않을 거라고는 알고 있었고 결국에는 총

7) 철학자 김상봉은 『철학의 헌정–5·18을 생각함』에서 함석헌의 '너도 나'라는 사상에 기대어 5·18의 공동체에 대한 새로운 이해를 시도한다.

을 두고 아니면 시위 자리에서 다 벗어나서 26일에 집으로 돌아가게 됩니다. 결국에 50명에서 100여 명 정도가 도청에 남았고 그들의 대다수는 그런 역사적 경험이 없었던 사람들이에요.

임철우 선생님이 한국전쟁에 대한 경험들이 어떤 방식으로 5·18과 이어지는가에 대한 소설을 쓰시지 않으셨습니까?[8] 한국학중앙연구원에 김원 선생님이라는 분이 있는데 이분도 완도에서 벌어졌던 한국전쟁 경험과 5·18을 연결하거든요.[9]

5·18 당시에 살인 사건이 없었다고 하는데 사실은 총기 사건이 몇 번 있었거든요. 그래서 사실은 그런 일들이 오히려 광주의 일반 시민들이나 대중들의 어떤 인식들에 균열을 가했던 결정적인 어떤 계기이지 않았을까라는 생각이 들었고요. 사실 총은 저는 그렇게 큰 문제는 아니었다고 보고 있는데 그 부분은 제가 잘 모르니까 그것에 대해서 중점적으로 여쭤보고 싶었던 문제였습니다.

김형중

5·18에 대해서 잘 모른다고 그러면서 저렇게 많은 자료들을 나열하면서 물어보면(웃음). 5·18과 역사, 역사의 경험, 저는 절대공동체는 아까 재난 얘기했었지만 오래가지 못하는 공동체였습니다.

유식한 사람들이 요즘 '도래하는 공동체'네 '무위의 공동체'네 '마주한 공동체'네 이런 말을 쓰잖아요? 되게 추상적으로 들리고. 저는 그런 말들은 철학자들이 하는 말들이 보기 좋고 읽기 좋고 아름답지만 아까 제

8) 임철우의 소설 『붉은 산, 흰 새』(1990)는 낙일도라는 섬을 배경으로 하여 한국전쟁 중 경찰 부대가 국민보도연맹원을 대상으로 자행한 학살 사건('나주부대사건')을 그려낸다.

9) 정치학자 김원은 논문 「1950년 완도와 1980년 광주: 죽음과 기억을 둘러싼 현지조사」(2012)에서 한국전쟁 중 완도에서 일어난 '나주부대사건'과 5·18을 연결한다.

가 벌 얘기를 했던 것은 인간한테 그럴 수 있는 능력이 이미 본능 수준에 장착되어 있다는 것이에요. 그래서 또 그런 일이 일어나면 누군가는 반드시 그때 벌떼처럼 일어났던 사람들처럼 내 목숨을 버릴 수 있다는 말씀입니다. 저는 아까 그래서 종족 보존 본능하고 개체 보존 본능이라고 하는 것을 구별했잖아요. 그러니까 대체로 인간은 어떻게 사느냐면 지금은 자기를 위해 살게 됩니다. 근데 저는 내가 누구를 위해 죽을 수 있느냐면 내 아들, 딸을 위해서 죽을 수는 있을 것 같거든요. 어머니, 아버지는 아니에요

이게 무슨 말이냐면 인간도 생명체인지라 두 종류의 본능밖에는 없습니다. 인간한테는 나를 유지하기 위해서 나는 먹고 자고 해야 되는 거고요. 그다음에 인류를 유지하기 위해서 사랑하고 번식해야 되는 거잖아요? 이 두 개는 상당히 대립적이에요. 대립적이라기보다는 어떤 순간 대척적이죠.

그런데 어떤 순간이 있느냐면 결정적인 순간에 '이건 인류 전체를 위협할 만한 폭력이다.'라는 어떤 본능적인 감각이 생기게 되면 그때 나는 인류애가 생긴다고 생각합니다. 아까 제가 참사나 재난 이후에 그런 식의 국민국가하고 달라 보이는 공동체들이 만들어진다고 얘기했는데, 그때 우리가 벌이 되는 것 같아요. 그러니까 내 목숨은 상관없이 인류 전체가 중요한 것이라고 할 때인데 저는 광주 시민들이 그때 민주주의를 위해 죽었다거나 정의를 위해 죽었다거나 이렇게 생각하지 않습니다. 그들은 어느 순간 개체 보존 본능을 넘어서는 그러니까 이 인류라는 종 전체의 위협이라고 할 만한 거대한 폭력을 겪었고 이럴 때는 나 하나의 죽음이 별 게 아닐 거라고 하는 판단이 섰던 것이죠. 다만 그게 위대한 것은요. 벌들은 겁이 없잖아요? 근데 인간은 자기를 보존해야 되기 때문에 그때 실존적인 결단 '내가 죽으면 어떻게 되는 것인지', '내 죽음이 역사에 남을 것인지' 여러 가지 공포와 번민과 이런 데 사로잡혔을 거예요. 그러니까 그때 수습파와 항쟁파의 이런 갈등도 있었을 거고 그다음에

총을 쥐긴 쥐었지만 무서워서 버린 사람도 있었고 그중에 이제 마지막 남은 사람들은 내가 오늘 죽어야 이 문제가 영원히 사람들 입에 역사 속에서 하나의 사건으로 남게 될 거라는 걸 결심한 사람들이 죽었던 거고 그분들이 있었기 때문에 지금도 우리가 5·18을 얘기하는 거잖아요.

그리고 문학이 더 많은 형식으로 하여금 복수 하기 위해서 문학적 방식이라고 하는 것은 바로 그런 것들 그 법이나 사회과학이나 사료를 가지고 해결될 수 없는 부분들. 임철우의 『봄날』을 읽어보면 의문문들이 엄청나게 많아요. '어떻게 저럴 수 있지?' '왜 저러지?' '도대체 무슨 일이 일어난 거지?' 이런 이야기들. 이거는 이미 평소 우리가 살고 있었던 어떤 자기애적인 방식으로부터 벗어난 공동체가 거기 있었기 때문에 도저히 믿을 수가 없는 거죠. 그런 거를 알랭 바디우 같은 사람이 '사건'이라고 얘기하고 그 사건에 충실한 사람들을 '주체'라고 말합니다. 그러니까 우리가 주체가 된다는 것은 그런 식의 인류애를 불러일으키며 한계를 초과한 어떤 폭력 앞에 혹은 그것들에 항거하기 위해 우리에게 사건을 전해주고 간 사람들에게 충실하는 것 이게 이제 윤리라고 하는데. 충실성이라고 하는 게 윤리죠. 저는 하여튼 문학적으로 충실하려고 조금 노력하는 편이라고 생각하고요.

정민구

네, 이제 한정훈 선생님은 무거운 짐에서 벗어나시게 될 것 같고요. 김형중 선생님은 아직 작은 과제가 남아 있는데요. 청중석의 질문 받겠습니다.

전두영(청년패널1, 전남대 국문과 박사과정)

마침 저희 연구단에서 '지역문화의 역사와 기억'이라는 이름으로 현대 문학 전공자 중심으로 C-LAB 활동을 하고 있는데요. 이번 학기에는 5·18 텍스트를 읽고 있습니다. 『죽음을 넘어 시대의 어둠을 넘어』같은 기록자료도 읽고 교수님이 말씀하셨지만 정찬, 송기숙, 문순태의 소설도 함께 읽었습니다. 그러던 차에 교수님의 5·18 문학에 대한 강연을 듣게 돼서 뜻깊은 시간을 가졌습니다.

강연 원고에서 공선옥의 소설에 대해 말씀하시면서 그 소설의 결말과 내용이 마술적인 데가 있지만 '마술적 리얼리즘'이라는 틀로 이 소설을 이해하는 것은 경계하셨습니다. 저는 이 부분에 대해서 공감을 했고요. 저는 개인적으로 5·18 문학이 세계인과 만날 수 있는 접점이 여러 가지가 있겠지만 우리와 같이 군부독재 저항을 경험하고 이를 문학을 통해 형상화한 사회의 문학작품 들이 아닐까 합니다. 예컨대 피노체트 군부 쿠데타에 저항해 망명한 칠레의 소설가 아리엘 도르프만[10]의 소설이 5·18 문학과 만날 수 있는 지점이 많다고 생각하는데요. 그런데 도르프만이 자신을 포함한 일군의 남미 소설가들의 소설을 일컫는 마술적 리얼리즘을 두고 비판적 의견을 보여주는데요. 그는 마술적 리얼리즘이 라틴아메리카 민중이 자신의 삶에 대처하는 방식에서 생겨난 문화적 경험이라기보다는 단순히 어떤 문학적 전략으로만 본다고 말하고 있습니다. 프랑코 모레티가 마술적 리얼리즘을 두고 희생자로부터 서구에 주어진 사면권이라고 말했다는 언급을 하셨습니다. 5·18 문학이 세계인과 만나는 접점을 찾을 때 아무래도 탈식민성을 경유할 경우가 있을 법한데 그

10) 아리엘 도르프만(Ariel Dorfman, 1942~)은 아르헨티나에서 태어나 미국에서 성장했고 칠레에서 소년기와 청년기를 보내다 1973년 칠레의 독재자 피노체트의 쿠데타를 피해 미국으로 망명한다. 칠레의 민주화 운동에 참여했고 군부독재에 저항한 경험을 소재로 시, 소설, 희곡 등 다양한 작품활동을 하고 있다. 대표작으로는 『죽음과 소녀』, 『우리집에 불났어』, 『체 게바라의 빙산』 등이 있다.

때 좀 더 섬세하고 조심스럽게 접근해야 한다는 생각을 했습니다.

김형중

감사합니다. 마술적 리얼리즘 관련해서는 저는 썩 좋은 감정을 가지고 있지 않고요. 첫 번째는 5·18과 관련해서 임철우의 『백년여관』같은 작품이 예가 될 텐데요. 원한을 가진 많은 사람들이 제주도의 백년여관에 모이잖아요? 그 원한들은 모두 역사적인 것이고요. 그중에 하나가 5·18이죠. 거기서 신화적인 해결을 해 버리잖아요? 이게 '해원(解冤)의 서사'잖아요? 원풀이해버리는 것. 이것은 제가 생각하는 좋은 문학은 아니에요. 문학은 해원해주는 게 아니라 자꾸 잊혀져 가는 것에 원한의 힘을 더 부여해줘야 한다고 생각해요. 아까 제가 저장 기억과 활성화된 기억을 나눴듯이. 이제 그만하고 원풀이하고 돌아가자는 황석영의 『손님』과 같은 작품들이 있는데 한국의 토속적인 신화와 해원 서사를 결합해서 정치적인 것들을 해결해 버리려고 하는. 저는 그런 게 이른바 상상적 해결이라고 생각합니다. 마술적 리얼리즘을 통해 쓰여진 5·18이나 4·3 문학을 좋아하지 않고요. 좋은 문학은 상처를 건드려야 한다고 생각합니다. 게다가 모레티가 지적하듯이 남미에서 마술적 리얼리즘이 등장할 때 100년 동안이나 지속된 식민지 경험에 마술을 넣어서 서구인들도 죄책감 없이 읽을만한 문학작품을 만들어주니까 마르케스에게 노벨문학상을 줬겠죠? 우리가 흔히 이런 말을 하죠. '민족적인 것이 세계적인 것이다.'라고. 그 후로 황석영이 『손님』, 『심청, 연꽃의 길』, 최근에 『철도원 삼대』도 쓰더라고요. 노벨상을 받기 위한 도구가 되어버린 마술적 리얼리즘. 근데 남미에서 마술적 리얼리즘이 성공할 수 있었던 이유는 모레티가 설명한 것처럼 애초에 소설이 금지되었었거든요. 전통적인 신화나 설화가 살아남아 있다가 나중에 소설이 부활하면서 그 힘이 아직 남아 있었던 거예요. 저는 한국 소설이 그랬다는 걸 들어본 적이 없어요.

여러 가지 이유로 한국에서 마술적 리얼리즘을 거론하는 것은 생각해 볼 지점이 있는데요. 임철우 선생한테 제가 말했어요. "저는 이런 결말 안 좋아해요."라고요. 임철우 선생은 5·18에 대해서는 사제 같은 분이에요. 『봄날』 쓰다가 실제로 피 토하고 죽을 뻔도 했었고, 밤에 이 소설 안 써지면 서울에서 택시 타고 그 새벽에 광주 망월동 갔던 분이에요. 저는 그분의 진정성을 믿는데. 그분한테 "그래도 이런 결말은 저는 마음에 안 들어요." 그랬더니, "형중아 내가 살려고 그랬다 그렇게 안 하면 내가 죽을 것 같더라."고 하시더라고요. 그래서 그분한테 대놓고 그런 말 안 합니다. 그러나 저는 어쨌든 마술적 리얼리즘이 한계가 있다고 생각합니다. 좋은 질문 감사합니다.

이영화(청년패널2, 전남대 국문과 석사과정)

안녕하십니까? 저는 현대문학 전공하는 석사과정의 이영화라고 합니다. 제가 질문드리기 전에 먼저 교수님께서 '말할 수 없는 것을 말해야 한다'라고 말씀하셨는데요. 제가 모리스 블랑쇼의 『문학의 공간』이라는 책을 읽었는데 그 책에서 말할 수 없는 것에 대해서 부재의 언어로 말을 하게 해야 된다 그것이 곧 문학이다는 말을 했는데 이러한 지점이 교수님께서 설명하신 공백의 언어와 맞닿아 있는 부분이 있어서 제가 좀 이해하기에 조금 수월했습니다.

제가 질문을 드리고 싶은 것은 지금이 물리적으로 전두환이 죽은 이후, 달리 표현하면 포스트 전두환 시대라고 볼 수 있는데요. 5·18에 대해서 '지겹다' 아니면 '보상했으니 이제 그만하자' 등의 말이 상당히 많이 나오고 있습니다. 세월호 같은 사건들에 대해서도 똑같이 '지겹다'라는 말이 반복되고 있는 상황인데 그래서 어떻게 보면 강조하신 문학적 형식도 중요하지만 이에 못지 않게 문학적 실천도 중요한 부분이라고 생각을 하고 있습니다. 현실이 아직도 권력에 대해서 제한을 두지 않고 있는 지점이 있는데 그런 지점을 5·18과 관련해서 어떻게 우리가 좀 변형하고 변곡점을 통해서 적용할 수 있는지, 5·18에 대해서 이것이 어떻게 권력의 제한점을 마련할 수 있는지 그 점에 대해서 질문드리고 싶습니다.

김형중

어렵습니다. 이기호 작가가 최근에 전두환 죽은 뒤에 소설을 하나 썼는데요. 이기호 작가가 연희 창작촌에 있으면서 쓴 글인데 거기서 보면 어떤 장면이 나오느냐면 어떤 작가가 새벽에 글이 안 써져서 밖에 나갔는데 연희동에서 산책하는 어떤 노인을 만나요. 근데 그 노인이 전두환이에요. 그 당시에 알츠하이머라고 전두환이 재판에도 안 나갈 땐데. 이 작가가 너무 화도 나고 해서 친구 시인한테 그렇게 말했대요. 그런데 그 친구 시인이 이렇게 얘기하는 장면이 나와요. "그게 뭐가 중요한데?" 이렇게 얘기를 하더래요. "정말 중요한 게 아닌 게 맞나?"를 계속 생각하다가 어느 날 어떤 걸 보느냐면 다시 거기를 산책하는데 아침에 신문 배달하는 분이 신문을 어떻게 주느냐면 이렇게 던지는 게 아니라 이렇게 공손하게 바치는 장면을 보게 됩니다. 이 장면을 설명을 하더라고요. 그 장면하고 겹쳐지는 장면 중에 하나는 혹시 그 유명한 사진 보셨어요. 『서울신문』이든가? 어딘가 기억이 안 나는데 전두환 영정이 있고 어떤 사내가 경례를 하고 있는데 머리에는 해병 모자를 썼고 검은 외투를 입었는데 양말에 구멍이 나 있어요. 저는 이 사진이 그 소설하고 상당히 유사하다고 생각하든요.

"전두환이 죽은 게 뭐가 중요하지?" 그런데 지금도 '전두환 이데올로그'가 있잖아요? 지만원을 포함해서 전두환을 그렇게 하게 하는 이데올로그들이 있는 거고. 저는 그 경례를 한 사람이 자기 양말 하나 제대로 간수 못 하는 이 사람이 여전히 자기가 무슨 혜택을 받았다고 전두환에게 예의를 다 하잖아요. 저는 이게 이데올로기의 정확한 정의라고 생각합니다.

자기 자신이 세계와 맺고 있는 실질적이지 않은 가상적인 관계가 이데올로기잖아요? 실제로는 양말 하나 못 챙기는 사람이 국가가 뭐며 하는. 사실은 국가 개념이 뭔지도 모를 것 같아요. 그러니까 저는 전두환이 죽었다고 해서 달라지는 게 있을 거라고 생각하지 않고. 예상했다고 생각합니다. 여전히 지만원 같은 역사 수정론자들이 있는 거고 "5·18 지겹다 이제 그만해라" 세월호도 그렇고요. 핼로윈 참사를 두고도 그렇게 얘기하잖아요? 저는 그럴수록 문학이 자꾸 아까 말씀드렸던 것처럼 그런 애매한 지점들과 5·18을 결합시키려는 시도들을 계속해서 5·18이 살아남을 수 있는 방법도 그것이라고 생각합니다. 제가 발견한 것은 현재까지는 노래라는 형식인데 더 찾아봐야 할 것 같습니다.

김미경(청년패널3, 전남대 국문과 박사과정)

안녕하세요? 저는 현대문학을 전공하고 있는 김미경인데요. 선생님의 강연과 토론 잘 들었습니다.

2000년대 들어서 오월 2세대들의 새로운 오월 문학의 등장이 두드러지고 있습니다. 강연에서 말씀하신 것처럼 오월 2세대들의 문학은 야스다의 울부짖음과 공백[11]처럼 말로 표현할 수 없는 그 부분을 이렇게 공백으로 보존하면서 문학성을 드러내고 있는 것 같습니다.

11) 도미야마 이치로는 『전장의 기억』에서 제2차 세계대전 중 전우의 죽음을 바로 옆에서 경험한 야스다 다케시의 전장 체험을 언급한다. 야스다는 자신으로부터 10센티미터 옆에서 소련군의 저격으로 죽은 전우를 기억하며 생과 사가 갈린 이 '10센티미터'에 대한 질문은 답변이 불가능한 공백이라고 주장한다.

선생님이 아까 저장 기억과 기능 기억을 말씀해 주셨잖아요? 역사적인 기록물 같은 저장 기억을 정서와 문학적 감흥을 주는 기능 기억으로 활성화하는 역할 또한 오월 문학의 기능이고 힘인 것 같습니다. 5·18의 재현 불가능성의 문제에도 불구하고, 기억을 언어화해서 새로운 형식을 고안하기 위한 문학적 장치에는 어떤 것들이 있을까요?

김형중

제가 아까 말씀드린 것처럼 저는 여성 작가들의 노래에서 그런 걸 찾은 건데요. 그리고 지금 그런 가능성이 보이는 작가 중에 한 명이 한정현이라는 작가가 있고 이 작가는 원래 공부하는 사람이거든요. 그래서 문화사 공부하면서 아카이빙 작업에 되게 관심이 많은 작가예요. 아카이빙 하는데 광주 사람이니까 광주를 퀴어(queer)하고 연결시키는 이런 걸 본 적이 있고.

저는 김숨이라는 작가를 눈여겨볼 필요가 있다고 생각합니다. 김숨은 5·18을 직접 다룬 적은 없거든요. 근데 일본군 위안부 할머니 문제들을 다루면서 연작을 다섯 편을 썼어요.[12] 그런데 그 시도를 해보는 게 여러 가지 방식인데 1인칭 주인공, 1인칭 관찰자 시점 혹은 각주의 글쓰기, 그러니까 주인공이 증언집에 남아 있는 대사를 각주를 가져와서 쓴다거나 하는 여러 시도들을 해보고 있더라고요. 그래서 그 시도들에 대해 저는 관심이 지금도 많고 많은 도움을 준다고 생각하고요. 근데 평론가들이 그렇지 않습니까? 쓰여진 작품들을 가지고 뭘 찾아내기는 하는데 이렇게 쓰는 게 도움이 될 거야라고 말하지 못하는 인간이니까 창작을 못하고 평론이라는 짓을 하고 있겠죠.

---

12) 소설가 김숨은 일본군 위안부 증언을 바탕으로 증언 소설 『숭고함은 나를 들여다보는 거야』, 『군인이 천사가 되기를 바란 적 있는가』, 『한 명』, 『흐르는 편지』 등을 창작한다.

그래서 저도 어떤 것이라고 딱히 말할 수는 없을 것 같아요. 그러나 그런 시도들이 계속돼야 한다는 건 알겠고 그걸 발견해내려는 노력을 비평가들이나 연구자들이 해야 한다고 생각하고요. 저는 제가 읽지 않은 오월 소설도 많다고 생각하거든요. 제가 주로 유명 작가들만 거론해서 그렇지 광주에는 5·18에 대해서만 쓰는 손병현 작가도 있습니다. 그러니까 그런 많은 작품들을 더 뒤져보면 다른 서사 방법들에 대한 아이디어도 나올 거라고 생각해요. 지금도 5·18 문학에서 나오는 논문들은 정해져 있어요. 임철우, 한강, 공선옥 거의 정해져 있습니다. 근데 그 외에 다른 작가들, 가령 아주 거친 작가고 모던한 작가이고 거의 펑키한 작가인데 백민석의 『헤이, 우리 소풍 간다』라는 작품을 제가 최근에 해설을 써야 해서 다시 읽어봤거든요. 20년 전 작품을 이제 읽어봤더니 오월 소설이더라고요. 거기에 계속 어떤 문장이 나오느냐면 "80년 5월의 일이었다." 그런데 80년 5월에 어떤 일이 있었는지는 나오지 않지만 왜 자기 같은 삐딱하고 괴물 같은 주인공들이 등장하는가에 대해 이야기할 때 "80년 5월의 일이었다."를 말해요.

그러니까 어둠 속에 묻혀 있지만 분명히 멀리에서 5·18의 영향을 받은 세대의 이야기고 김연수 작품에도 그런 게 있습니다. 그러니까 많이 찾아서 읽으시면 좋고 싶은 현대문학 연구자들에게 드리고 싶은 충고는 민주화운동기록관 옛 가톨릭센터 그리고 5·18기념재단 홈페이지에 접속해 보시면요. 얻을 수 있는 자료들이 상당히 많아요. 연구 논문들도 많이 아카이빙해서 데이터베이스화 하고 있고. 그래서 그런 걸 참조하시면 좋은 연구 주제들이 많이 나올 거라고 생각합니다.

노상인(청년패널4, 전남대 국문과 박사과정)

교수님, 안녕하세요? 저는 현대 소설을 전공하고 있는 박사과정의 노상인이라고 합니다. 책으로 항상 만나 뵙다가 실제로 만나 뵀는데 강연 너무 재미있게 잘 들었습니다. 강연 들으면서 저는 복수의 대상과 복수의 주체 문제에 대해서 질문을 드리고 싶었습니다. 선생님이 말씀하신 공선옥 작가나 한강 작가나 그런 작가분들의 글에서 복수의 대상들 그런 대상들이 교수님께서 말씀하신 남성 작가들의 서사와는 다른 지점들이 있는 것 같아요. 그리고 문학적 형식의 복수라고 하면 주체의 문제도 또 달라지는지 그런 것도 좀 궁금하고요. 만약에 이런 대상과 주체가 달라진다면 그 형식으로서의 복수라고 할 때 그 복수의 의미도 좀 다르게 이해를 할 필요가 있는데 교수님께서는 이런 부분들에 대해서 어떻게 생각하시는지 의견을 좀 여쭙고 싶었습니다.

김형중

한강, 공선옥, 최윤 같은 분들은 남성 작가들과 다르게 작품 속에서 실제로 이루어지는 복수를 다루지 않더라고요. 전두환을 죽이겠다고 총을 연마한다거나 손홍규처럼 젓가락 던지기를 연습을 한다거나. 희화화되기도 하고 이건 사실 실제적인 복수잖아요?

실제적인 복수는 저는 문학적 복수하고는 다르다고 생각했고 문학적 복수라고 하는 것은 언어를 통해 새로운 형식을 가지고 5·18이 아까 말했던 저장 기억화되지 않도록 만들어내려는 노력을 저는 이제 언어적 복수 형식의 복수라고 이야기한 거거든요. 근데 재미있는 것은 그렇다고 해서 한강, 최윤, 공선옥의 작품에서 복수가 일어나지 않느냐는 건데 일어나긴 일어납니다. 일어나는데 어떻게 일어나느냐면 그게 물리적인 복수가 아니라 복수에서 이기죠, 사실은 이기는데 그들을 공포에 떨게 만드는 노래를 만들거든요.

그러니까 공선옥 소설에 보면 “석균이 오목가슴에 피는 누가 알아줄까"[13] 구절이 있는데 이게 살인했던 자 앞에서 부르는 거예요. 이 살인자를 죽이는 게 아니라 살인했던 자 앞에서 자기식의 노래를 만들 불러요. 때려도 불러요. 그러니까 나중에는 살인했던 박샌이라는 사람이 덜덜덜 떨 떨면서 도망을 가죠.

노래의 형식으로 그를 공포에 빠지게 만드는 형식도 분명히 복수이지만 이건 양상이 다르죠. 작중 내 주인공이 실제로 전두환이나 예전에 계엄군이었던 사람에게 복수를 시도하느냐? 그게 아니라 새로운 언어의 형식 노래라고 하는 새로의 언어의 형식을 만듦으로써 5·18을 감응해서 전염시키는 방식으로 복수를 하느냐는 저는 다른 문제고 문학하는 사람은 실제 복수에 대해 다룰 게 아니라 바로 그 언어적인 형식을 만들어내면서 복수해야 하고 이때 복수의 주체는 작가겠죠. 제가 '형식을 통해 복수하라!'고 했는데 그 말은 그러니까 문학적으로 복수하라는 뜻입니다. 물리적으로 혹은 정치적으로 복수할 분들이 많겠죠? 그러나 문학하는 사람들이 언어를 다루겠다고 할 경우에는 언어를 가지고 복수할 수 있는 방법을 찾아야 되는 거죠. 주인공을 등장시켜서 나쁜 놈을 죽이게 만드는 것은 할리우드 영화에서 주로 일어나는 일이고요. 문학은 언어를 통해 복수해야 한다는 말은 그런 말입니다.

정민구

네, 감사합니다. 오늘 좌담회는 여기에서 마무리하도록 하겠습니다.

13) 공선옥의 소설 『그 노래는 어디서 왔을까』의 정애와 그녀의 친구 묘자는 돌림노래로 다음과 같이 노래한다. "석균이 오목가슴에 가슴에 피는 누가 알아를 주까 박샌 바짓 가랑이에 핏자국은 누가 시쳐를 주까."

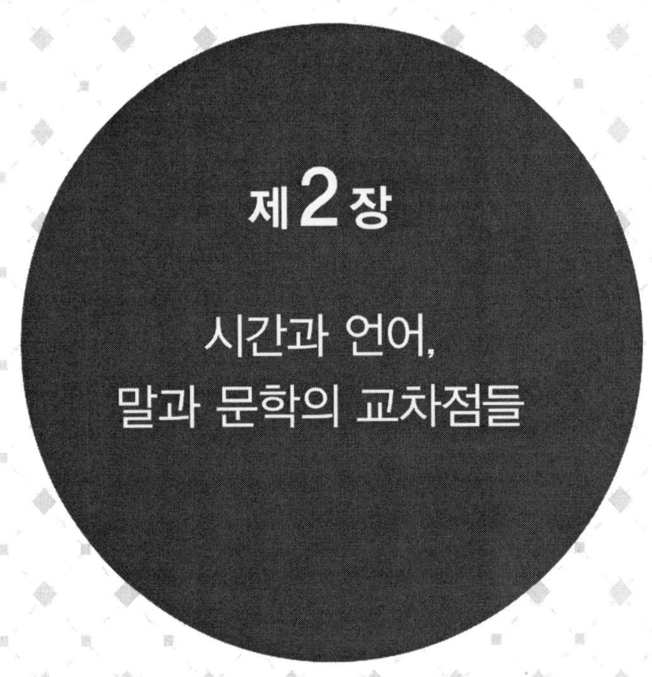

제 2 장

시간과 언어, 말과 문학의 교차점들

한국 현대시의 '시간' 양상
–역사·기억·변형의 시간의식을 중심으로

김동근

I. 문학적 표지와 시간적 표지

문학과 시간에 관한 논의들은 대체로 '시간의식(temporal consciousness)'이나 '시간성(temporality)'의 문제에 관심을 갖는다. 그리고 그 시간, 시간의식, 시간성은 역사, 기억, 변형의 문학적 표지들과 대응한다. 일반적으로 시간은 과거, 현재, 미래라는 삼분법으로 구분된다. 문학의 소재 또한 마찬가지로 역사에 해당하는 것, 기억에 해당하는 것, 변형에 해당하는 것으로 구분해볼 수 있다. 그리고 시간과 문학의 범주 안에서 전자를 시간적 표지, 후자를 문학적 표지로 분류할 수 있다. 그러한 분류에서 시간적 표지와 문학적 표지 간의 상호 연관성이 드러나게 되는 것은 결코 우연으로 간주할 일만은 아닐 것이다. 왜냐하면 문학적 이해 혹은 철학적 이해의 수준에서 우리는 자연스럽게 역사, 기억, 변형의 관계가 서로 포함의 관계이거나 어떤 중간자에 의한 매개의 관계로 받아들이기 때문이다. 오래전의 아우구스티누스 또한 그러한 방식을 통해 시간에 대한 이해를 도모한 바 있다.

> 나는 이제 내가 알고 있는 어떤 노래를 낭송해 보려 한다. 내가 낭송하기 전에 내 기대는 그 전체에 걸쳐 있지만, 내가 낭송하기 시작할 때, 그 기대 속에서 떨어져 나와 과거로 옮아가며 기억의 영역으로 들어가게 된다. 내가 행

한 낭송에 대한 과거 기억과 내가 낭송하려 하는 미래의 기대 등, 양쪽으로 분산하게 된다. 그러나 내 기억은 현존하여 그 기억을 거쳐 미래이던 일이 과거의 일이 되게끔 인도된다. 이러한 일이 여러 차례 되풀이되면서 더욱더 기대는 짧아지고 기억은 길어진다. 그리고 마침내 기대의 전체가 없어지고 동시에 그 작용도 모조리 없어져 기억 속으로 옮겨져 버린다.[1]

그에 따르면, 현재라는 시간적 표지와 대응하는 문학적 표지인 '기억'의 낭송, 즉 기억의 발화는 과거와 미래를 매개하는 현재의 발화가 된다. 즉, 현재의 발화, 현재의 기억작용은 모든 시간적인 표지들을 포함한다. 그러한 현재적 발화를 통해 문학은 과거나 미래의 무엇인가를 창조할 수 있게 된다. 그러나 시간적 표지가 문학적 표지로 직접적으로 이행하는 것은 아니며, 거기에는 로트만(Y. Lotman)이 제시했던 바[2], 자연언어에서 예술언어로의 이행에서 발생하는 것과 같은 모종의 메커니즘이 작동한다. 이 메커니즘이 바로 텍스트가 형성되는 변형 또는 변용(deformation)의 과정이라 할 것이다.

앞서 언급했던 것처럼 과거, 현재, 미래라는 시간적 표지는 역사, 기억, 변형이라는 문학적 표지와 알레고리적이고 유추적인 측면에서 대응하기에 상호 연관성을 갖는다. 사실상 모든 시간적 표지나 문학적 표지가 언어로 표상된다는 점에서, 그 이론적 틀 또한 어느 정도 언어이론을 참조하지 않을 수 없다. 라이언스(J. Lyons)는 시제에 대한 범주화를 논하면서, "시간의 방향성은 과거→현재→미래로 자연스럽게 주어지는 것 같지만, 특수한 언어에서는 그렇지 않다. 이론적 영점, 곧 '발화적 순간'은 과거나 미래 가운데 한 범주를 내포하며, 그것은 한편에서는 미래와 非미래를, 다른 편에서는 과거와 非과거라는 2분법을 전달한다. 이와는 다른 2분법은 현재와 非현재일 수 있다. 또 다른 범주화는 근접성의 개

1) 아우구스티누스, 김희보·강경애 옮김, 『고백록』, 동서문화사, 2008, 333쪽.
2) 유리 로트만, 유재천 옮김, 『예술텍스트의 구조』, 고려원, 1991.

념에 의하여 가능하다. 곧 '근접적인 것'과 '非근접적인 것'의 2분법, 혹은 '순간'과 '근접적인 것'과 '멀어진 것'이라는 3분법이 가능하다"[3]고 말했다. 요컨대, 발화적 순간이 과거와 미래 가운데 한 범주를 내포하며, 순간과 근접하거나 멀어진 것이라는 방식으로 시제를 범주화할 수 있다는 진술은 시간에 대한 구분이 '개념'의 문제가 아니라 '정도'의 문제라는 것을 시사해준다. 그래서 과거, 현재, 미래는 명확하게 경계 지어진 것이 아니라 현재라는 '이론적 영점'에 근접하거나 멀어진 정도에 따라서 상대적으로 구분될 수 있다는 말이다.

한편 이러한 문학적 표지와 시간적 표지의 문제를 한국 현대시라는 구체적 실재에 대입할 때, 한국 현대시의 지향성을 유형화하는 논리로도 활용이 가능할 수 있다. 김준오의 경우, 실재했던 사건이나 이야기를 다루고 있는 시에서는 시간성(시제성)을, 과거에 대한 부정의식으로 인해 끊임없는 변화를 추구하는 시에서는 무시간성을, 시간의 흐름 가운데 어떤 행위나 감정의 생생함을 드러내려는 시에서는 역사적 현재성을 포착해 낼 수 있다고 언급한 바 있다.[4] 물론 그러한 구분의 가능성은 그가 제시하고 있는 사례를 통해서 추정할 수 있듯, 리얼리즘 시는 이야기의 재현이, 모더니즘 시는 무생명적인 묘사가, 전통적인 서정시는 현재적인 정서의 표출이 중심이 된다는 판단에서 비롯된 것이다. 사실상 장르론이나 문예사조론의 입장에서 그러한 판단에 대한 비판이 적지 않을 것으로 사료되며, 실제로 문학과 시간의 관계를 논의할 때, 장르의 문제는 매우 까다로운 장애물이기도하다.[5] 다만, 이 글에서는 그러한 진술을 다시 읽어내면서 한국 현대시와 시간에 대한 논의에 있어서의 모종의 새로운 가능성에 주목해 보고자 한다.

---

3) J. Lyons, Introduction to theoretical Linguistics, London: Cambridge U.P., 1968, pp.304~315.

4) 김준오, 『시론』, 삼지원, 2004, 118~131쪽.

5) 이승훈, 『문학과 시간』, 이우출판사, 1983, 177쪽.

김준오가 시도한 분류는 그것의 지향점에 입각할 때, 각각 '리얼리티 지향의 시', '서정성 지향의 시', '모더니티 지향의 시'로 대체하여 명명하는 것이 가능하다. 물론, 각각을 지향하고 있는 시들은 하나의 범주 안에 수렴되면서 동시에 다른 범주에도 포함될 수 있다. 예컨대, 한 편의 서정성 지향의 시는 동시에 모더니티 지향의 시가 될 수 있으며, 리얼리티 지향의 시도 될 수 있다. 이것은 우리가 앞서 시간적 표지의 현재, 그리고 문학적 표지로서의 기억이 과거, 미래와 서로 겹침의 관계에 있다고 언급한 것과 맥을 같이 한다. 즉, 개별적 시를 리얼리티, 서정성, 모더니티의 지향성으로 분류하는 기준은 우선적으로 그 안에 시간의 문제를 안고 있으며, 어디까지나 그 시들이 지향하는 정도를 바탕으로 하는 것이다. 이상의 방법론적 전제에 기대어 다음 장에서는 한국 현대시에서 나타나는 각각의 사례들을 살펴보고자 한다.

II. 과거 지향과 역사적 현재

우리는 흔히 역사는 소환해야 하는 것이고, 기억은 재해석되는 것이라고 말한다. 그런데, 이러한 관습적인 진술 속에는 역사에 대해서는 사실성을 확보하려하고, 기억에 대해서는 진실성을 확보하려하는 '현재적' 욕망이 담겨있는 것으로 보인다. 바로 이러한 현재적 욕망들이 '지금-여기'에서 시간적 차원의 사물(thing)을 문학적 차원의 대상(object)으로 변형시키는 기제가 된다. 따라서 문학텍스트, 특히 여기에서 말하고자 하는 한국 현대시라는 텍스트를 그러한 메커니즘을 갖는 것으로 규정할 때, 우리의 목표는 '지금-거기'에서 작용하고 있는 (흔히 작가의식 혹은 텍스트적 무의식이라고 불리는) 욕망의 실체와 문학적 표지, 시간적 표지를 포착해 내는 데에 있으며, 이것은 '현재적인 의미'에서의 텍스트의 다중적인 겹을 밝혀내려는 작업이기도 하다.

과거는 모두 역사가 되는가? 분명한 것은 모든 과거는 역사가 될 수 없지만, 어떤 과거는 역사가 된다. 일반적인 의미에서 역사는 공적인 것에 가깝고, 과거는 사적인 것에 가깝다. 그렇다면 역사가 되는 과거란 사적인 것에서 공적인 것으로 이행된 과거를 말한다. 그런 연유에서, 논자들은 과거를 다룬 시들에서 역사적 이야기나 사건을 추출하고 그것의 전형성을 강조하여 그러한 시들을 서사시나 이야기시로 분류하는 경향을 보여주기도 한다. 그러나 서사시나 이야기시라는 장르적 분류가 아니더라도 어떤 과거에는 이미 역사가 담겨있기도 하다. 그러한 시들은 독자로 하여금 시적 화자의 시간의식에 따른 특정한 과거의 시간 속으로 이행하도록 만듦으로써 역사를 추체험하게 한다. 벤야민(W. Benjamin)에 따르면, "과거를 역사적으로 표현한다는 것은…위험의 순간에 섬광처럼 스치는 어떤 기억을 붙잡는다는 것을 뜻한다. 그래서 역사적 유물론의 중요한 과제는 위험의 순간에 역사적 주체에게 예기치 않게 나타나는 과거의 이미지를 붙드는 일이다. 그런데, 그 위험은 전통의 존속에 뿐만 아니라 그 전통의 수용자들에게도 닥친다."[6] 말하자면, 과거라는 시간적 표지는 위험의 순간에 포착되는 어떤 기억 또는 이미지를 통해 역사적으로 표현될 수 있다는 것이다. 다음에 제시한 이용악의 시편들을 통해 과거 지향의 시간의식 속에서 포착되는 역사적 기억의 이미지를 살펴보자.

太陽이 돌아온 記念으로
집집마다
카렌다아를 한 장씩 뜯는 시간이면
검누른 소리 港口의 하늘을 빈틈없이 흘렀다

6) 발터 벤야민, 최성만 옮김, 「역사의 개념에 대하여」, 『발터 벤야민 선집』5, 2008, 334쪽.

머언 海路를 이겨낸 汽船이
港口와의 因緣을 死守하려는 검은 汽船이
뒤를 이어 入港했었고
上陸하는 얼골들은
바늘 끝으로 쏙 찔렀자
솟아나올 한 방울 붉은 피도 없을 것 같은
얼골 얼골 희머얼진 얼골뿐

埠頭의 인부꾼들은
흙은 씹고 자라난 듯 꺼머틱틱했고
시금트레한 눈초리는
푸른 하늘을 쳐다본 적이 없는 것 같앴다
그 가운데서 나는 너무나 어린
어린 노동자였고ㅡ

물위를 도롬도롬 헤여다니던 마음
흩어졌다도 다시 작대기처럼 꼿꼿해지던 마음
나는 날마다 바다의 꿈을 꾸었다
나를 믿고저 했었다
여러 해 지난 오늘 마음은 港口로 돌아간다
埠頭로 돌아간다 그날의 羅津이여

– 이용악, 「港口」 전문

뜯어낸 '카렌다아' 장수만큼 기나긴 시간이 흐른 뒤 '太陽'은 '港口'로 회귀한다. 태양, 곧 '汽船'의 귀항과 함께 펼쳐지는 부두의 인부들에 대한 묘사를 거쳐 시적 화자는 과거의 어느 때에 해당하는 자신의 모습과 꿈을 회상한다. 전반적으로 두드러진 과거시제의 사용은 이 시의 시간적 배경이 과거라는 것을 보여준다. 동시에 이 시는 '오늘'이라는 부사어를 사용함으로써 시적 발화의 시간이 과거가 아니라 현재라는 것을 분명히 한다. 즉, 이 시에서 그려지는 과거의 장면들은 현재의 시적 발화를 통해 재구된 것이다. "港口로 돌아간다", "埠頭로 돌아간다"에서 보듯, 술어의 반복적 사용은 회상의 이행 과정이 점증적으로 일어난다는 것을 암시해준다. 이러한 자연스러움에도 불구하고 문제는 과거와 현재의 공존이 일어나는 마지막 연에서 발생한다.

시적 화자의 시간의식은 과거를 지향하여 비극적인 노동현장에서의 체험을 떠올린다. 배에서 내린 "꺼머틱틱"하고 "시금트레한" 외양을 가진 인부들 사이로 어느새 시적 화자 자신의 모습이 삽입된다. 그는 "바늘 끝으로 쏙 찔렀자/ 솟아나올 한 방울 붉은 피도 없을 것 같은" 인부들과는 달리 "너무나 어린" 노동자였다. 즉, 시적 화자는 과거의 어떤 단편적인 풍경 속에서 '어른 인부들' 속의 '어린이 인부'라는 파편화된 모습으로 자아를 구축하기 시작하는 것이다. 그러한 시적 화자의 자아는, "물위를 도롬도롬 헤여다니"다가, "흩어졌다"가, "다시 작대기처럼 꼿꼿해"지기를 반복하고, "날마다 바다의 꿈을" 꾸면서, 자신에 대한 믿음을 키워나간다("나를 믿고저 했었다"). 바슐라르는 물과 관련하여 나타나는 나르시스적 자아의 "승화작용(sublimation)이 언제나 욕망의 부정은 아니며, 또한 그 부정은 본능에 '반(反)하는' 승화작용으로서 언제나 나타나는 것도 아니다. 아마 그것은 이상(ideal)을 '위한' 승화작용이 될 수 있으리라"[7]고 말한 바 있다. 그처럼, 이 시에서 나타나는 자아의 동일성은 수면 위에서 형성되고, 그 과정에서 태동된 나르시시즘은 시간의식에 따른 이미지와 결부되면서 그것의 극복 형태인 이상적 자아를 향해 전개된다. 즉, '오늘'이라는 현재 시점에서의 반복적인 회상('돌아간다~돌아간다')을 통해 그것의 극복 가능성이 심화되는 것이다.

---

7) 가스통 바슐라르, 이가림 옮김, 『물과 꿈』, 문예출판사, 1980, 51쪽.

한편 "그날의 羅津이여"라는 언술에서 알 수 있듯, 시적 화자는 과거를 비극적인 체험의 일화로 남겨두지 않고 그것을 '적극적으로=주관적으로' 호명한다. 이러한 호명을 통해, 오늘의 마음은 과거의 마음을 마치 '지금-여기'의 것처럼 믿고 보듬어 안게 된다. 요컨대, 이 시에서는 과거에 대한 능동적인 회상을 위해, 과거 지향의 시간의식에 결부되는 용서(forgiveness)와 화해(reconciliation)의 자아가 구축되고 있는 것이다. 그래서 그것이 희망적 전언에 해당하는 것이든, 주관적 감상에 해당하는 것이든 간에, 시간적 측면에서 더욱 가치를 지니는 것은, 이 시의 시적 화자가 과거 혹은 역사의 단순한 재현에 그치지 않고 그 속에 적극적으로 개입하면서 자신의 현실에 대응할 수 있는 이상적 자아를 구축해낸다는 점이다.

우리집도 아니고
일가집도 아닌 집
고향은 더욱 아닌 곳에서
아버지의 寢牀 없는 최후 最後의 밤은
풀버렛소리 가득차 있었다

露領을 다니면서까지
애써 자래운 아들과 딸에게
한 마디 남겨두는 말고 없었고
아무을灣의 파선도
설룽한 니코리스크의 밤도 완전히 잊으셨다
목침을 반듯이 벤 채

다시 뜨시잖는 두 눈에
피지 못한 꿈의 꽃봉오리가 깔앉고

얼음장에 누우신 듯 손발은 식어갈 뿐
입술은 심장의 영원한 停止를 가르쳤다
때늦은 醫員이 아모 말 없이 돌아간 뒤
이웃 늙은이 손으로
눈빛 미명은 고요히
낯을 덮었다

우리는 머리맡에 엎디어
있는 대로의 울음을 다아 울었고
아버지의 寢牀 없는 최후 最後의 밤은
풀버렛소리 가득차 있었다

– 이용악, 「풀버렛소리 가득차 있었다」 전문

이 시에서는 "풀버렛소리 가득차 있었다"라는 언술이 첫 번째 연과 마지막 연에서 반복된다. 즉, 과거시제의 사용이 수미를 일관한다. 여기에서는 앞의 시와는 달리 현재 시제를 알리는 언어적 표지가 나타나지 않는다. 말하자면 독자가 시를 읽기 전에 시적 화자의 회상은 이미 시작된 것이다. 시적 화자의 회상에 따라 '우리집', '일가집', '고향'이라는 점차적으로 확장되는 공간적 표지가 제시되지만, 그것들은 모두 회상의 과정에서 "아니고", "아닌 집", "아닌 곳"으로 부정된다. 반면, 이 시에서 오롯하게 긍정되고 있는 것은 "최후 最後의 밤"이라는 시간적 표지뿐이다. '최후'라는 시어의 반복적 사용은 감정적인 고통을 극복하려는 시적 화자의 회상 작용의 강렬함을 보여주는 동시에, 독자를 그 회상의 과정에, 그 '최후의 밤'을 지켜보는 시적 화자의 감정에 적극적으로 동일화시키려는 욕망을 표출하고 있다. 그러나 '최후의 밤'은 찰나일 뿐이어서, 시적 화자가 보여준 동일화의 욕망은 마지막 연에 이르러 시적 화자와 독자 모두를 이미 종언된 '최후의 밤'으로 이끌어 간다. 첫째 연과 마지막

연에서 알 수 있듯, 이 시는 과거 회상에 의한 시이다. 그런데 시적 화자는 그 과거 회상이라는 시간의식 속에서 다시금 시작하는 과거, 아버지가 숨을 거두기 전의 '최후의 밤'과 끝나는 과거, 아버지가 숨을 거둔 후의 '최후의 밤'을 보여준다. 요컨대, 시적 화자의 시간의식은 두 겹의 과거로 표출된다.

두 겹의 시간 속에서 공간적 표지들은 "露領"에서 "아무을灣의 파선", "니코리스크"로 이어지면서 '최후의 밤'이라는 궁극적인 시간이 도래하는 순간을 느슨하게 만드는 역할을 하는 것으로 보인다. 그러나 그 모든 것은 이내 "풀버렛소리" 가득 찬 순간적인 기억 이미지로 수렴하고 만다. 이러한 기억 이미지는 '최후의 밤'에서 '최후의 밤'까지라는 반복적 언술이 강조하는 찰나, 즉 위험의 순간에 포착된 것이다. 또한, 자식들을 키워낸 아버지의 죽음이라는 그 위험의 순간은, 그러한 양육을 경험한 '전통의 수용자들'에게도 닥치는 것이다. 즉, 여기서 말하는 위험의 순간은 개인적인 것이 아니라 집단적인 것에 가깝다. 그런 의미에서, 이것은 '인류 사회의 변천과 흥망의 과정 또는 그 기록'이라는 역사의 사전적인 개념과도 결부된다.

시에서 드러나는 과거에서 역사로의 이행은 집단적 기억 이미지의 포착 및 그것의 시적 형상화와 관련된 것이다. 그렇다면 그러한 기억 이미지의 포착과 변용은 어떠한 방식으로 가능한가를 묻지 않을 수 없다. 이에 대해 벤야민은, 그것은 감정이입(einfühlung)의 방식으로, 그 원천은 순간적으로 스쳐 지나가는 진정한 역사적 이미지를 붙잡을 자신이 없는 마음의 나태함, 태만(acedia)이며, 그 태만은 중세의 신학자들에게는 슬픔의 근원으로 여겨졌다고 언급한다.[8] 다시 말해, 위험의 순간에 처한 주체(전통의 수용자)들은 감정이입의 방식으로 과거에서 역사적 이미지를 포착해내는데, 중세의 타자(신학자)들은 그러한 기억 이미지 혹은 그러한

8) 발터 벤야민, 앞의 책, 335쪽.

태도를 부정적이고 수동적인 의미 안에서 슬픔의 근원이라고 판단했다는 것이다.

상식적으로 보았을 때, 위험에 대한 대처의 방식으로 택한 것이 감정이입이라는 사실은 다분히 아이러니적이다. 그러나 동일한 슬픔이라고 하더라도 신학자들이 말하는 의미와 문학자, 곧 시인이 말하는 감정의 의미는 다를 것이다. 요컨대, 시인에게는 "근원이 목표다."[9] 그래서 슬픔과 같은 어떤 감정을 지향하는 것은 역으로 그 위험을 이겨내려는 행위가 된다. 그것은 사실상 정념에 해당하는 것이므로 능동적인 행동, 실천이 아닌 나태함, 태만에 가까운 것으로 여겨질 수 있다. 그러나 그러한 시인의 나태함, 태만은 신학자들의 방식 혹은 非-시인들의 방식과는 다른 방식으로 이해될 여지가 다분하다. 예컨대, 니체가 고백적인 어조로 말했던 것처럼, "우리는 역사를 필요로 한다. 그러나 우리는 그것을 지식의 정원에서 소일하는 나태한 자가 필요로 하는 방식과는 다른 방식으로 필요로 한다."[10] 즉, 역사는 지식의 방식이 아니라 다른 방식으로 포착될 필요가 있으며, 그 다른 방식의 하나가 예의 경우에서 과거 지향의 시간의식을 통한 정념의 시적 형상화인 것이다.

한편, 논자들은 이용악의 시에서 역사적 서사의 징후들을 포착해내는데, 이것은 사건의 제시를 통한 정서의 조절이라는 그의 시작 태도를 보여 준 것으로 간주된다. 그러나 과거 지향의 시에서 중요한 것은 사건의 제시보다는 사건과 결부된 정서의 표상을 통해 과거에서 역사로의, 시간에서 문학으로의 이행을 가능하게 한다는 점에 있다. 서정시의 시간 특성 중 하나인 '역사적 현재'는 바로 그러한 이행을 가리키는 말로 이해할 수 있다. 이런 점에서 우리는 서정시에 대한 일반적인 진술—"서정시의

---

9) Karl Klaus, Worte in Versen I, 2. Aufl., Leipzig, 1919, p.69.(발터 벤야민, 앞의 책, 345쪽, 재인용).

10) Friedrich Nietzsche, Werke in drei Bänden, hg. von Karl Schlechta, Bd. 1, München, 1954, p.209.(발터 벤야민, 앞의 책, 343쪽, 재인용).

가장 두드러진 특징은 현재시제의 사용이며, 시인은 자기 자신의 순간적인 감정과 생각을 현재시제를 사용해서 전달한다."[11]—을 이용악의 경우에 있어서는 다른 방식으로 이해할 수 있는 여지가 생긴다. 서정시, 즉 서정성을 지향하는 이용악의 시에 있어서 과거시제의 사용은 과거의 순간적인 정서를 표현하는 동시에, 과거의 기억 이미지를 포착하여 역사적 현재를 창조하는 기능을 한다. 요컨대, 그의 서정시에는 과거와 정서가 응축되고 절합된 역사로서의 이야기가 잠재되어 있는 것이다.

III. 기억 작용과 시적 현재

흔히 "서정시는 인칭, 현재의 장르이며 순간의 문학이며 그 세계관은 현재에 있다."[12]고 말한다. 이것을 시간의식과의 결부지어 이해하자면, 서정시는 시간적 현재 혹은 현재적 순간을 표현하는 특수한 장르가 된다. 물론, 이러한 이해에서 놓쳐서는 안 되는 것, 다시 말해 강조해서 이해해야 하는 것이 하나 있는데, 그것은 바로 서정시의 "세계관이 현재에 있다"는 점이다. 이것은 "서정시가 현재시제로 표현된다"는 진술과는 다르다. 세계관이라는 용어는 표면적으로 포착할 수 있는 시인의 시작 방식뿐만 아니라 이면에 놓여 있을 것으로 추정되는 시작 태도까지를 가리키는 것이다. 따라서 시작 태도로서의 현재적 세계관은 시적 형상화를 통해 비로소 사후적으로 구축되는 것이다. 또한, 현재적 세계관은 그 자체의 형상화에 머물지 않고 그것의 작용으로 인하여 언술내용을 현재적인 것으로 전환시킨다.

현재적 세계관이 시적 형상화를 통해 사후적으로 구축된다는 점에서,

11) Susanne K. Langer, Feeling and Form, London & Henley: Routledge & Kegan Paul Limited, 1953, p.260.

12) 김준오, 앞의 책, 119쪽.

그러한 세계관에 입각해 있는 시는 우선 주관적 시간으로서의 기억에서 출발하지만, 종국에는 객관적 시간의 표지인 현재로 귀결된다는 것을 추정할 수 있다. 그런 의미에서 이러한 시간의식이란 '현재의 중심을 이루는 근원인상'에 다름 아니다. 이 근원인상에 '상상의 현전화'는 물론 '상기의 재현작용'이 더해져 지평을 넓히는 것이 바로 '시적 현재'다. 다시 말하면 '의미 없이 지나온 시간까지 특별한 의의'를 지닌 의미 있는 시간으로 되돌릴 수 있는 가역성의 시간이 바로 '서정성의 시간'이라고 말할 수 있는 것이다.[13] 요컨대, 시적 현재를 지향하고 있는 시는 기억 작용을 통해 기왕의 시적 대상이나 정서를 '지금-여기'에서 '의미 있는' 것으로 현재화한다.

돌담에 소색이는 햇발같이
풀아래 웃음짓는 샘물같이
내마음 고요히 고흔봄 길우에
오늘하로 하날을 우러르고싶다

새악시 볼에 떠오는 부끄럼같이
詩의가슴을 살포시 젓는 물결같이
보드레한 애메랄드 얄게 흐르는
실비단 하날을 바라보고싶다

– 김영랑, 「돌담에 소색이는 햇발」 전문

내마음의 어딘듯 한편에 끝없는
강물이 흐르네
도처오르는 아침날빛이 뻔질한

13) 전동진, 『서정시의 시간성, 시간의 서정성』, 문학들, 2008, 103쪽.

은결을 도도네
가슴엔듯 눈엔듯 또 피ㅅ줄엔 듯
마음이 도른도른 숨어있는곳
내마음의 어딘듯 한편에 끝없는
강물이 흐르네

– 김영랑, 「끝없는 강물이 흐르네」 전문

첫 번째 시에서 시적 화자의 시선은 '햇발', '샘물', '봄 길', '새악시 볼', '물결'을 거쳐 마지막으로는 '하날'을 향한다. 이때, 시선의 대상들은 자신들만의 멜로디를 가지는데, 그것은 각각 "소색이는", "웃음짓는", "고요히", "떠오는", "살포시 젖는", "얄게 흐르는"이라는 언술을 통해 형상화된다. 이러한 시적 형상화는 '지금–여기'에서 일어나고 있는 시적 화자의 시선의 이동과 함께 감정의 지향을 드러내준다. 사실상 "–(하고)싶다"라는 기대를 나타내는 술어의 사용은 기대의 기능을 수행하기 보다는, 멜로디로 형상화되고 있는 현재의 감정을 더욱 실감나도록 만드는 '기억 작용'을 수행하는 것으로 보인다. 또한, 두 번째 시에서 시적 화자의 시선은 "마음의", "한편"에서 출발하여, '아침날빛', '은결', '가슴', '눈', '피ㅅ줄'을 거쳐, 다시금 "마음의", "한편"으로 회귀하면서 '강물'의 흐름을 대체할 수 있는 하나의 시적 순환을 완성한다. 그러한 시적 순환의 완성을 통해 외부의 현상으로서의 강물의 흐름은 내부의 현상으로 전화한다. 이것은 자연에서 강물의 흐름에 부여되어 있던 시간적 속성이 시적 화자의 마음속으로 내화하게 된다는 것을 의미한다. 내화된 시간은 흔히 말하는 '정서적 시간', 혹은 '무시간'으로 귀속되지 않고, "흐르네", "도처오르는", "도도네", "도른도른 숨어있는", "흐르네"와 같은 멜로디적인 움직임의 속성을 갖는 언술들을 통해 현재적 시간성을 획득한다. 요컨대, 순간적으로 '기억된' 과거의 인상이 움직임의 속성을 부여받아 현재의 인상으로 변모하는 것이다.

베르그송은 과거가 단지 관념에 불과하고, 현재는 관념-운동적(idéo-moteur)이라고 보았다. 즉, 현재라는 시간은 '감각-운동' 체계와 거기에 삽입된 기억들의 작용으로 구성된다.[14] 이처럼 현재가 구성되는 것이라면, 그것을 가능하게 하는 기제는 '기억-행위'가 된다. 또한 '관념-운동'적으로 구성된다는 진술로부터 거기에는 모종의 동역학이 작용한다는 사실을 염두에 두지 않을 수 없다. 요컨대, 현재는 움직임을 갖는 시간이다. 시선의 대상인 '햇발', '샘물', '봄 길', '새악시 볼', '물결', '하날', '아침 날빛', '은결', '가슴', '눈', '피ㅅ줄'은 구체적인 공간의 이동이 명시되지 않고 있다는 측면에서 이미 관념 속에 자리하고 있는 것이지만, 그것들이 지금 여기에서 멜로디의 형태로 움직이고, 급기야는 '하날'과 "마음의", "한편"을 향해 지향됨으로써 관념-운동적인 현재를 구성한다. 이러한 멜로디의 움직임과 현재의 구성에 대해서 후설은 다음과 같이 언급한다.

> 멜로디 전체는 그것이 여전히 울려퍼지고 있는 한, 그 멜로디에 속한 음들, 즉 하나의 파악연관 속에서 사념된 음들이 여전히 울려퍼지고 있는 한, 현재적인 것으로서 나타난다. 멜로디 전체는 최후의 음이 지나가버린 다음에야 비로소 과거의 것이 된다.[15]

그에 따르면, 멜로디의 움직임은 그 멜로디가 끝난 다음, 즉 시의 마지막 행을 읽고 난 순간에는 과거의 것이 되어버린다. 그러나 시를 읽는 도중에 있어서는 현재적인 것으로 나타난다. 따라서 시적 현재는 시 속에 형상화되는 기억의 순간들에 집중하고 그것에 동일화하는 시적 순간에만 경험될 수 있으며, 이것은 "시인의 의식상에 있어서 현재의 순간에 많은 과거들, 체험들이 동시적으로 공존해 있는 순간이거나, 이 순간 속의 사항들이 무엇이든 이것들이 결합되어 하나의 의의 있는 패턴을 가지

14) 앙리 베르그송, 박종원 옮김, 『물질과 기억』, 아카넷, 2005, 120~121쪽.
15) 에드문트 후설, 이종훈 옮김, 『시간의식』, 한길사, 1996, 107쪽.

게 되는 연속적 순간이다."[16] 시적 현재가 현재라는 시제를 명시적으로 드러내는 객관적 표지나 언술이 아니라, '기억의 현전화'라는 방식을 통해서 구현되는 것이라고 할 때, 중요한 것은 기억을 구성하는 시인의 시간의식은 세계관 그 자체라는 점이다. 우리는 이러한 시간의식을 보여주는 시인의 한 사람으로 김영랑을 살펴보았다. 그의 시에서는 사물이나 감정에 대한 순간의 기억이 과거의 것으로 형상화되지 않고, 살아 움직이는 것으로 '현재화'한다. 요컨대, 서정시가 보여줄 수 있는 충만하고 영원한 현재는 그러한 과정의 필연적 소산인 것이다.

「오—매 단풍들것네」

장ㅅ광에 골불은 감닙 날러오아
누이는 놀란듯이 치어다보며

「오—매 단풍들것네」

추석이 내일모레 기둘리니
바람이 자지어서 걱정이리
누이의 마음아 나를보아라

「오—매 단풍들것네」

– 김영랑, 「오—매 단풍들것네」 전문

한편, 김영랑의 시에서 나타나는 언술들의 끊임없는 반복은 그것 자체로 주목을 요하는 시적 특성이다. 특히, "오—매 단풍들것네"라는 언

16) 김준오, 앞의 책, 44쪽.

술은 그 발화의 주체를 확정하는 측면에서 논란의 여지를 남긴다. 즉, 그 언술의 발화자가 한편으로는 시적 화자인 '나'일 수도 있고, 다른 한편으로는 '누이'일 수도 있는 것이다. 이러한 혼란은 이 언술이 시의 첫 번째 연과 마지막 연에서 반복적으로 사용됨으로써 더욱 가중된다. 왜냐하면, 그 두 연은 "누이는 놀란듯이 치어다보며"라는 언술이 한정적으로 짐작하게 해주는 주체의 범위를 넘어서 있기 때문이다. 라캉이 보기에, 담화라는 것은 끊임없이 반복적으로 원을 그리며 공허하게 회전하며, 이러한 순환을 통해 말하는 존재는 말 방앗간이라는 공허한 말의 차원 속에서 자신을 소진시키기 위해 최선의 노력을 한다.[17] 그런 의미에서, 이 시의 시적 화자는 공허한 언술의 반복적인 순환을 통해, 시 속에 표출되는 자기 자신을 지우는 것과 동시에, "추석이 내일모레 기둘리니/ 바람이 자지어서 걱정"인 "누이의 마음"을 전면에 부각시킨다. 요컨대, 시적 현재는 시적 화자의 언술행위가 언술내용의 뒤로 후경화하고 언술내용 자체가 전경화하면서 구축되어지는 것이다.

Ⅳ. 기대직관과 미래의 변형

미래를 지향하는 시간의식에 대한 논의에서, 우리가 봉착하게 되는 근본적인 문제는 '아직 오지 않은 것'으로서의 미래를 어떻게 이야기할 수 있는가이다. 데리다에 따르면, "미래는 앞으로 다가올 현재가 아니요, 어제는 지나간 현재가 아니다."[18] 언뜻 보기에는, '미래는 현재의 미래가 아니요, 과거는 현재의 과거가 아니다'라는 방식의 동어반복으로 이해되는 그 진술은 후설의 다음과 같은 견해를 염두에 둔 것으로 보인다.

17) 조엘 도르, 홍준기·강응섭 옮김, 『라깡 세미나·에크리 독해 I』, 아난케, 2009, 248쪽.
18) 자크 데리다, 남수인 옮김, 『글쓰기와 차이』, 동문선, 2001, 471쪽.

미래에 일어날 일을 직관적으로 표상함에 있어서 나는 재생산적으로 경과하는 어떤 과정의 재생산적 심상을 지금 직관적으로 갖고 있다. 그리고 이러한 심상에는 규정되지 않은 미래지향들과 과거지향들, 즉 생생한 '지금' 속에 한정하는 시간주변에 그 과정의 처음부터 관계하는 지향들이 결합되어 있다. 이러한 한에 있어서 기대직관은 거꾸로 된 기억직관이다.[19]

후설은 '지금'을 이야기하는 경우에 있어서는 기대직관이 기억직관의 역(逆)이라고 말한다. 이것은 '지금'의 주체에게 있어서 미래는 과거의 거꾸로 된 심상이라는 말이다. 앞서 언급했던 것처럼, 시는 우선적으로 주관적 발화의 담화 방식을 갖는다. 또한 시적 발화는 언제나 현재적인 것이다. 그런 의미에서, 현재를 축으로 하여 과거 지향에 근접하면 기억직관을 갖게 되고, 미래 지향에 근접하면 기대직관을 갖게 된다. 마찬가지로 시에서의 미래 표상이라는 것은 시에서의 과거 표상에 대한 반작용이 된다. 그런데 이러한 과거에 대한 반작용은 기실 모더니티의 속성 가운데 하나이다. 그래서 우리는 보들레르가 말하는 모더니티의 시학을 과거에 대한 현재적 반란의, 기억의 안정성에 대한 끊임없는 도피의, 반복에 대한 차이의 초기적 사례로 간주할 수 있었던 것이다.[20]

인용문에서는 또한 미래 표상에 있어서의 '재생산적 심상'을 언급한다. 여기서 재생산이라는 말은, '지금'을 직관적으로 표상하기 위해서는 '재현적으로 변양된' 심상 속에서 지각을 수행해야 한다는 진술에서 알 수 있듯,[21] '변화'와 '반복'의 과정이 수반된다는 것을 의미한다. 러시아 형식주의자들은 기존의 문학적 관습을 끊임없이 변화시키는 방식을 가리켜 '낯설게 하기'라고 부른 바 있다. 사실상 서론에서 언급했던 시간적 표지에서 문학텍스트로의 이행을 가리키는 '변형'이라는 용어는 그런 의

19) 에드문트 후설, 앞의 책, 130쪽.

20) 마테이 칼리니스쿠, 『모더니티의 다섯 얼굴』, 시각과 언어, 1994, 64쪽.

21) 에드문트 후설, 앞의 책, 134쪽.

미망으로부터 도출되는 것이다. 이런 의미에서, 모더니티의 속성으로 간주되는 변화와 반복이 바로 변형의 요체가 되는 셈이다. 그렇다면 변화와 반복이라는 모더니티적 기획은 무엇을 미래(not-yet)한 것으로 만드는 것인가?

> 미래는, 유토피아주의자의 눈으로는 현재를 근본적으로 부패시키고 견딜 수 없게 만드는 것으로 여겨지는 "역사의 악몽"으로부터 벗어나는 유일한 길이다. 다른 한편, 미래는—변화와 차이의 산출자인—바로 그 완전성의 획득 속에 숨겨져 있다. 그리고 이때 이 완전성은 정의상 서구문화 전체의 토대인 불가역적 시간이라는 개념을 부정하면서 영원히(ad infinitum) 반복될 수밖에 없다.[22]

이렇듯 모더니티의 측면에 있어서, 미래란 역사적 악몽의 연장선상에 있는 부패된 현재로부터 완전성을 획득하기 위한 무한 반복에 다른 것이 아니다. 즉, 고통스러운 현재의 삶 속에서의 주체는 해방이라는 미래의 삶을 반복적으로 기획·투사해 나가는 것이다. 특히 근대사회가 도래한 이후로, 정치·경제, 교육·과학 등과 같이 근대 생활의 일상성에 보다 밀착한 분야에 있어서 이러한 '현재에 대한 사랑의 부재'는 보다 빈번히 미래를 지향한다. 그래서 미래의 근거는 실천과 결부됨으로써 세계 변혁의 근거가 되기도 하는 것이다.[23] 이러한 진술들에 따르면, 예의 모더니티적 속성을 담지하고 있는 시에서는 표면적으로 드러나 있어서 포착이 용이한 무시간적인 유토피아주의 뿐만 아니라 현실에 대한 실천과 변혁이라는 미래지향적인 현실주의 또한 내재되어 있다는 것을 말해준다.

지금부터 살펴볼 정지용의 시편들에서는 그러한 미래지향적 시간의식과 더불어 모더니티적 속성이 동시에 드러난다. 주지하다시피 한국현대

22) 마테이 칼리니스쿠, 앞의 책, 79쪽.

23) 마키 유스케, 최정옥 외 옮김, 『시간의 비교사회학』, 소명출판, 2004, 191쪽.

시사에서 정지용을 모더니스트로 분류하는 것은 일반적인 사실이다. 그런데 시간의식을 다루는 저간의 논의들은 그의 시간의식이 자연 지향적이라는 데에 대부분 동의하면서도, 그러한 시적 태도가 현실에 대한 실천과 변혁이라는 현실주의, 그리고 미래지향적 시간의식에 따른 작용/반작용이라는 모더니티적 속성의 산물이기도 하다는 점에는 관심을 기울이지 않는다.

한밤에 壁時計는 不吉한 啄木鳥!
나의 腦髓를 미신바늘처럼 쫏다.

일어나 쫑알거리는 「時間」을 비틀어 죽이다.
殘忍한 손아귀에 감기는 간열핀 모가지여!

오늘은 열시간 일하였노라.
疲勞한 理智는 그대로 齒車를 돌리다.

나의 生活은 일절 憤怒를 잊었노라.
琉璃안에 설레는 검은 곰 인양 하품하다.

꿈과 같은 이야기는 꿈에도 아니 하랸다.
必要하다면 눈물도 製造할뿐!

어쨋던 定刻에 꼭 睡眠하는 것이
高尙한 無表情이오 한趣味로 하노라!

明日!(日字가 아니어도 좋은 永遠한 婚禮!)
소리없이 옴겨가는 나의 白金체펠린의 悠悠한 夜間航路여!

— 정지용, 「時計를죽임」 전문

이 시의 시적 화자는 열 시간의 노동으로 인하여 피로한 몸으로 잠이 들었다. 그런데 "壁時計"와 "啄木鳥"로 표상되는 '時計' 혹은 '時間'이 그러한 수면을 방해하기에, 그것을 비틀어 죽인다. 그렇게 '時間'이 죽고 난 이후에는 그 이전과 무엇이 변화되었는가? 만약 시의 구절들을 계기적인 것으로 받아들인다면, 시간이 죽고 난 이후에 시적 화자는 잠을 자는 것이 아니라 "理智"의 "齒車"를 돌린다. 즉, 잠들기 전까지의 '오늘'이라고 하는 과거에 있었던 기억들을 떠올린다. 시적 화자는 열 시간의 노동으로 생활하지만 분노를 알지 못하며, 그저 피로에 겨운 하품을 할 뿐이다. 그러한 생활에서 벗어나는 "꿈과 같은 이야기"는 꿈에서도 하지 않을 생각이며, 자신의 삶이 비참하다고 여기고 싶을 때는 필요에 의해서 "눈물도 製造"할 수 있다. 그러나 그런 것들을 일체 뒤로 하고 오로지 "定刻"에 잠자리에 듦으로써 자신의 "高尙한 無表情"과 "趣味"를 즐기려 한다.

몰취미적이고 무감각한 시적 화자의 태도는 "明日"에 대한, "永遠한 婚禮"에 대한 인식에서 비롯된 것으로 보인다. 여기서 해(日)와 달(月)의 혼례라는 언술은 맥락상 그것의 순환을 의미한다. 낮이 밤이 되고, 다시 밤이 낮이 되는 영원한 순환이 지속된다는 것을 인식했기 때문에, 시적 화자는 '時間'을 죽이면서도 '時間'의 죽음에 대해 무표정해지는 것이다. 마이어호프에 따르면, "시간은 끊임없는 도전으로서 혹은 좌절의 원천으로서 새로움과 창조라는 열린 미래를 향해, 혹은 망각과 죽음이라는 닫힌 미래를 향해 오직 한 방향으로만 전개되었다."[24] 그렇기에, 미래지향을 보이는 시적 화자의 시간의식은 "明日"을 향해 "소리없이 옮겨가는" "白金체펠린"의 "夜間航路"를 자신의 것으로("나의") 순전히 받아들이려 하는 것이다. 그러한 순환하는 시간, 즉 반복되는 기억의 받아들임 속에서 시적 화자의 자기만족은 도래하게 된다. 요컨대, "기억 이미지는

---

24) 한스 마이어호프, 앞의 책, 130쪽.

심리 장치 속에서 장래의 만족을 위한 표상으로 기능”[25]하는 것이다. 기억 이미지의 이러한 기능은 「아츰」이라는 시에서도 확연히 드러난다.

프로펠러 소리………
鮮姸한 커－　를 돌아나갔다.

快晴! 짙푸른 六月都市는 한層階 더자랐다.

나는 어깨를 골르다.
하품……목을 뽑다.
붉은 송닭모양 하고
피여 오르는 噴水를 물었다……뿜었다……
해ㅅ살이 함빡 白孔雀의 꼬리를 폈다.

睡蓮이 花瓣을 폈다.

옴으라쳤던 잎새. 잎새. 잎새.
방울 방울 水銀을 바쳤다.
아아 乳房처럼 솟아오른 水面!
바람이 굴고 게우가 미끄러지고 하늘이 돈다.

좋은 아츰－
나는 탐하듯이 호흡하다.
때는 구김살 없는 흰돛을 달다.

－ 정지용, 「아츰」 전문

25) 조엘 도르, 앞의 책, 227쪽.

사실상, 이 시에서는 시제의 구분이 석연치 않다. 표면적으로 짙푸른 6월의 도시에서 맞이하는 아침에 대한 정경을 묘사하면서, 과거시제와 현재시제가 병행하여 사용되고 있기 때문이다. 그런데, 여기서 제시되고 있는 과거에 해당하는 언술들은 모두 순간적인 기억 이미지에서 빚어진 것이다. 아침이라는 짧은 순간에 시적 화자에게 포착된 이미지들이 시적 형상화를 거치면서 '과거의 현재'와 '현재의 현재'라는 표상의 형태로 변형된 것이기 때문이다. 이러한 두 겹의 현재는 "돌아나갔다", "더자랐다"라는 과거형 술어에 이어서 "골르다", "뽑다"라는 현재형 술어가 이어지고, 거기에 다시 "물었다", "뿜었다", "폈다", "바쳤다"라는 과거형 술어가 이어지며, 마지막에는 "굴고", "미끄러지고", "돈다", "호흡하다", "달다"라는 현재형 술어로 종결되면서 표출된다. 즉, 아침이라는 순간적인 근원적 인상이 '과거의 현재' '현재의 현재'라는 시간의식에 따라 변화하면서 '앞으로' 나아가는 것이다. 변화의 연속체가 어떻게 시간적 국면들을 구성하는지에 대해서 후설은 다음처럼 언급한다.

> 모든 변양은 끊임없는 변양이다.…이러한 모든 시간적 변양들은 하나의 연속체 속에서 비독립적 한계이다. 그리고 이 연속체는 한 측면[근원적 인상의 측면]에서 한정된 곧바른 다양체의 성격을 갖는다. 이 다양체는 자신의 출발을 근원적 인상 속에 갖고, 어떤 방향에서 변양으로서 진행한다. 이러한 연속체 속에서 동등한 거리들을 갖는 시점들의 쌍들은 객관적으로 동등하게 멀리 떨어져 있는 객체들의 시간국면들을 구성한다[26]

그런 의미에서, 인용한 시에서 나타나는 '과거의 현재'와 '현재의 현재'라는 시간적 짝패 또한 변화를 반복적으로 거듭하면서, "좋은 아츰"이라는 한 가지의 방향으로 나아가는 바, 아직 도달하거나 도래하지 않은 시

---

26) 에드문트 후설, 앞의 책, 191쪽.

간을 향한 시적 화자의 그러한 태도는 바로 미래 지향적인 시간의식에 근거한 것으로 볼 수 있다.

V. 맺는 말

문학에서의 시간에 대한 논의는 일반적으로 시간, 시간의식, 시간성이라는 세 가지의 주요 용어에 대한 개념을 먼저 검토하고 과거, 현재, 미래라는 시간적 표지들을 구분하는 데에서부터 출발한다. 그런데 이러한 논의는 필연적으로 '시간이란 무엇인가?'라는 대상에 대한 근원적인 물음과 더불어, 그것으로부터 이행하게 되는 '우리는 시간을 어떻게 인식하는가?'라는 주체에 대한 근본적인 물음에 직면하게 된다. 이것은 대상으로서의 시간에 대해 말할 수 없기 때문에, 그 대신 주체에게 인식되는 시간에 대해 말하는 방식을 택한 것이다. 그러나 그것 역시도 궁극적인 대안이 되지 못하는 것으로 보인다. 그리하여 그러한 이중의 난점은 여전히 '시간'에 대한 탐구를 곤궁함의 미궁 속으로 몰아넣는 원인으로 작용하고 있다. 그런데, 만약 문학과 관련하여 시간에 대한 문제를 풀고자 할 때, 문학적 해석의 상대성을 존중하는 것과 마찬가지로 시간적 해석의 상대성을 존중한다면 어떻게 될 것인가? 기실 이 글의 문제의식은 그러한 소소한 물음에서 비롯된 것이었다. 문학적 논의의 한 가지 측면이 시간의 범주 안에서 이루어질 수 있는 것과 마찬가지로, 시간에 대한 논의도 문학의 범주 안에서 이루어질 수 있다는 판단이 이 글의 요체였던 셈이다.

그러한 전제로부터 한국 현대시와 시간에 대한 본격적인 논의를 전개하지는 못하였지만, 나름의 기준을 설정하여 이용악, 김영랑, 정지용의 시편들을 살펴보았다. 이때의 기준은 첫째, 과거 지향적, 현재 지향적, 미래 지향적인 시간의식을 보여줄 수 있는 시편들이어야 한다는 것, 둘째 그러한 시간의식들이 분명하게 경계지어 있지 않으면서 상호 중첩될 수 있어야한다는 것, 셋째 리얼리티 지향, 서정성 지향, 모더니티 지향이라는 시적 특성에 부합하는 시편들이어야 한다는 것이다. 이 가운데, 세 번째의 기준은 이 글 안에서 미처 논의하지 못하고 기획으로만 남아 있다. 애초의 계획대로라면 한국현대시에서 나타나는 시간의식의 양상들을 일별하고 그것을 다시 한국현대시사에서 나타나는 문예사조적인 측면과 결부시켜 논의를 펼쳤어야 했다. 그러나 지면과 시간, 능력의 한계로 인하여 그러한 문제의식을 가능성으로만 남겨두게 된 것이 안타까울 뿐이다.

다만, 이 글에서는 첫 번째와 두 번째의 문제의식으로부터 한국현대시에서 나타나는 시간의식이 '객관적인 시간'이나 '주관적인 시간'으로 명징하게 판명되기 보다는, '여러 겹의 시간'에 가깝기에 그것을 시의 의미와 연결시키기 위해서는 '정도'의 측면에서 다루어야 한다는 점을 확인할 수 있었다는 데에 의의를 두고자 한다.

이 글은 2012년 현대문학이론학회가 발간한『현대문학이론연구』제48집에 게재된 것이다.

참고문헌

〈논저〉

김준오, 『시론』, 삼지원, 2004.

이승훈, 『문학과 시간』, 이우출판사, 1983.

임수경, 「이용악 시 연구」, 성균관대 석사학위논문, 2006.

전동진, 『서정시의 시간성, 시간의 서정성』, 문학들, 2008.

한주희, 「이용악 시의 리얼리즘 연구」, 『문예시학』 제22집, 2010.

데리다, 자크, 『글쓰기와 차이』, 남수인 옮김, 동문선, 2001.

도르, 조엘, 『라깡 세미나·에크리 독해 I』, 홍준기·강응섭 옮김, 아난케, 2009.

로트만, 유리, 『예술텍스트의 구조』, 유재천 옮김, 고려원, 1991.

마이어호프, 한스, 『문학 속의 시간』, 이종철 옮김, 문예출판사, 2003.

바슐라르, 가스통, 『물과 꿈』, 이가림 옮김, 문예출판사, 1980.

베르그송, 앙리, 『물질과 기억』, 박종원 옮김, 아카넷, 2005.

벤야민, 발터, 「역사의 개념에 대하여」, 『발터 벤야민 선집 5』, 최성만 옮김, 길, 2008.

아우구스티누스, 『고백록』, 김희보·강경애 옮김, 동서문화사, 2008.

유스케, 마키, 『시간의 비교사회학』, 최정옥 외 옮김, 소명출판, 2004.

칼리니스쿠, 마테이, 『모더니티의 다섯 얼굴』, 시각과 언어, 1994.

프로이트, 프로이트, 「쾌락 원칙을 넘어서」, 『정신분석학의 근본 개념』, 윤희기·박찬부 옮김, 열린책들, 2003.

후설, 에드문트, 『시간의식』, 이종훈 옮김, 한길사, 1996.

Lyons, John, Introduction to theoretical Linguistics, London: Cambridge U.P., 1968.

Langer, Susanne K., Feeling and Form, London & Henley: Routledge & Kegan Paul Limited, 1

문학의 정치성, 그 시적 재현과 문화 소통
–4·19와 5·18, 세월호 사건을 중심으로

김동근

I. 들어가며

문학과 정치, 그리고 정치와 문학은 한국근현대사를 관통하고 있는 문화담론으로서의 대표적인 주제이다. 이 주제는 두 가지 방향의 고민과 함께 전개되는데, 그 하나는 '무엇을' 소통할 것인가에 대한 것이고, 다른 하나는 '어떻게' 소통할 것인가이다. 일제강점기로부터 지금에 이르기까지 우리 문학사는 이러한 고민과 함께 전개되어왔고, 시대에 따라 문학의 소통 양상도 변해 왔다. 문학과 정치의 문화담론이라는 관점에서 최근의 '세월호 사건'은 그 진실 규명과 더불어 문학적 재현과 소통 방식에 대해 많은 질문을 던지고 있다. 아직 재현(representation)의 단계에도 이르지 못한 세월호 사건은 문학과 정치의 문제에 보다 절실하게 다가갈 것을 요구하게 되었다. 본고는 이러한 요구에 답하기 위한 문학적 모색이라 할 수 있으며, 이를 위해 세월호 관련 시편들이 시 고유의 서정성에 어떻게 정치성을 함의하는지, 또 어떻게 문화담론을 생산하고 소통하는지 살피고자 한다.

문화는 본질적으로 소통을 전제한다. 따라서 굳이 '문화 소통'이라고 할 필요가 없는 셈이다. 그럼에도 불구하고 문화 소통을 화두로 삼는다는 것은 문화의 소통과정에 대한 문제 제기라 할 것이고, 이는 곧 이 시대의 담론들이 문화에 기대어 끊임없이 재생산된다는 점에서 그 원인을 찾을 수 있다. 특히 문화산업의 잡식성은 우리의 관심사를 언어 즉 문학으로부터 문화로 옮아가게 하는 데 극적으로 기여했다. 그러나 그러한 관심사의 이동은 결코 '순수한' 동기에 의한 것이 아니었다. 문화에의 관심은, 그것이 모든 교환 불가능한 가치를 교환가치로 바꾸어 자본을 창출하기 위한 수단이라는 점에서 또한 정치적인 것이다.

문학의 언어는 두 가지 방식으로 정치에 관여한다. 하나는 정치현실에 대한 적극적 개입을 전제로 하는 '참여'적 방식이며, 다른 하나는 주류 언어와의 대립, 혹은 "자신의 언어 안에서 스스로 이방인"[1]이 되는 것을 지향함으로써 소수문학의 정치성을 강조하는 방식이다. 그리고 이 두 선택지는 지배적이고 관례적인 언어와의 불일치를 통해 세계의 보이지 않는 실재를 개시하려는 의지와 함께 다양한 문학적 쟁점을 낳았다. 랑시에르는 문학을 비롯한 예술 전반의 문제는 '감각적인 것을 분배하는 문제'이며, 그런 점에서 예술은 필연적으로 정치와 관계한다고 주장한다.[2] 그는 정치 영역에서 결정과 지배력의 행사를 가능하게 하는 감각적인 세계 일반의 분배 양식을 문제 삼는다. 랑시에르에 의하면 '정치적인 것(politics)'은 '치안 활동(police)'을 반성하고 비판하는 작업이며, 나아가 치안의 영역에서 자신의 몫을 분배받지 못하고 비가시화된 채로 존재하는 자들을 가시화하는 방식을 고안하는 활동인 것이다. 그는 또 정치적인 것은 언제나 미학적인 차원을 통해 출몰한다고 말한다. 왜냐하면 미학적 차원만이 이해관계를 초월한 무관심의 공간을 만들어낼 수 있기 때문이다. 여기에서 미학적 차원이라는 것은 모든 계급이나 위계관계를 무화시키고 중화시키는 '공통감각'을 전제한다.

---

1) 질 들뢰즈·펠릭스 가따리, 이진경 옮김, 『카프카:소수적인 문학을 위하여』, 동문선, 2004, 67쪽.

2) 자크 랑시에르, 오윤성 옮김, 『감성의 분할–미학과 정치』, 도서출판b, 2008, 9쪽.

세월호 사건의 정치성에 관한 논의는 가깝게는 1980년 광주민중항쟁을, 멀게는 1960년의 4·19혁명과 한국전쟁까지도 불러온다. 세월호 사건을 이해하기 위해 과거 사건들을 호명하는 것은 이 사건들 모두 왜곡된 프레임을 가진 '국가'가 만들어낸 파국적 상황이었기 때문이다. 또 세부적으로 그 층위가 다르다 할지라도 서로 유사한 문제적 장면들을 다수 포함하고 있다는 데 주목했기 때문이다. 4·19혁명과 5·18광주민중항쟁, 그리고 세월호 사건은 세부적으로 보았을 때 결코 동일한 맥락에 있지 않다. 그러나 본고는 이 서로 다른 맥락들이 시적 재현의 과정을 통해 문화 소통의 층위로 나아갈 가능성에 주목한다. 따라서 먼저 한국의 문화현장이 처한 정치적 맥락과 소통의 획일화 현상을 검토한 후, 4·19와 5·18, 그리고 세월호 사건의 시적 재현과 소통 방식에 대해 논하게 될 것이다.

II. 문학의 정치성과 문화 소통의 획일화

문학의 정치성은 문화 현장에서 독자와 시대, 그리고 수많은 문화 양식들과 소통한다. 즉 문학의 미적 자율성은 문화 현장의 정치적이고 산업적인 기획에 대한 대응 방식으로 자신의 정치성을 드러내는 것이다. 이러한 문화 현장의 기획 속에서 우리가 접하는 모든 기록과 기억은 권력관계를 보여주기보다 스스로 권력이 된 이후의 것이라는 우울한 진단을 내릴 수밖에 없게 되었다. 편향적 말하기 방식으로 점철된 언론의 보도는 물론이고, 그것에 환멸을 느낀 사람들을 위한 '그때 그 시절'의 복고 열풍조차 문화산업의 그늘 아래 있는 것이 우리의 현실이다. 자본주의의 문화산업은 갈등을 기반으로 삼아 비대해지기 때문에 근본적인 개선에는 무관심하다. 이를 타개하기 위해 제시된 '소통과 연대'의 문화담론 역시 최근의 영화 「국제시장」과 「암살」, 그리고 드라마 「응답하라

1988」에서 보이듯이 만족스럽지 못한 것이 사실이다. 그것은 분명 과거의 이미지들을 성공적으로 상기시켰을 뿐만 아니라 과거에 대한 나름의 미학적 접근 방법까지도 제안했다. 하지만 이 작품들은 그 시대가 지니고 있었던 역동성과 혁명적 다양성을 보여주지 못하고, 의도하지 않은 경우라 하더라도 오히려 판타지를 통해 그것을 끝내 거세하고 만다.

물론, 단지 오락일 뿐인 영화나 드라마가 왜 역동성과 혁명적 다양성으로서의 문화적 정치성을 담보해야 하는가에 대해 역으로 질문할 수 있다. 그러나 이러한 질문은 문화산업의 결과물들이, 한국전쟁 이후 지금까지도 계속되고 있는 '예외상태'(권리가 전반적으로 정지되고 법 위에 군림하는 권력이 출현하는 상태)[3]의 원인과 영향력, 그리고 '경제발전'만을 지상명령으로 기입하는 데서 공동체의 판타지를 만들어내고 있다는 사실을 망각한다.[4]

네그리와 하트(A. Negri & M. Hardt)가 지적하듯이, 애초에 그러한 예외상태의 권력 출현은 "일련의 극단적인 사건과 사례들"이 불시적으로 일어나 "많은 이로 하여금 일상적이고 지속적인 권력구조를 보지 못하게

---

3) '예외상태'는 독일의 법학자인 칼 슈미트(C. Schmitt)의 용어로, 그는 바이마르공화국의 의회민주주의가 보여주는 무능력을 비판하기 위해 이것을 사용한다. 그는 '결단'이 문제가 되는 상황에서 이와 같은 답보 상태는 '예외적인' 것이 된다고 말한다. 따라서 '결단'이 정치공동체의 이상을 실현하는 방법인 상황에서 의회민주주의나 법치주의가 그러한 방법을 제대로 실행하고 있지 않다면, 그 외에 다른 형태의 권력이 등장하게 마련이라는 언급을 한다.(칼 슈미트, 김항 역, 『정치신학』, 그린비, 2010, 16쪽 참조.)
하지만 이후 많은 논자들이 지적했듯이 이러한 논리는 독재를 정당화하는 것으로 사용될 여지가 충분하다. 실제로 박정희는 자신의 군사정변을 '혁명'이라 칭하며 자신의 행위를 정당화하는 데 이와 같은 논리를 사용한다. "민주주의 자체가 위협을 받고 국가가 파멸하려는 순간에 처해있을 때, 공산주의분자들이 국가를 삼키려 하고 인륜이 땅에 떨어져 부패와 부정이 나라를 휩쓸고 있을 때, 그 국가와 민족의 고난을 피하기 위하여 취해진 행위는 정당한 것"이라고 말하기 때문이다.(박정희, 「혁명과업완수를 위한 지도자의 길」, 『한국 국민에게 고함』, 동서문화사, 2006, 915쪽.)

4) 박정희 정권이 만들어낸 담론에서 경제발전은 반공이데올로기와 결코 별개의 것이 아니다. 그것은 남북한 사이에서 오갔던 실제 대북, 대남 선전에서 쉽게 찾아볼 수 있듯이 정권에 대한 일종의 보호 수단으로 자리매김하였다. 이것은 지금도 기억공동체인 한국 사람들 사이에서 절대명령으로 작용하고 있다.

한다."[5] 반면에 소통은 "일상적이고 지속적인 권력구조", 즉 "이례적이거나 예외적인 측면이 하나도 없"[6]는 공화제의 억압 구조를 드러내는 데서 진정으로 가능하게 된다. 한국에서의 예외상태는 휴전과 반공이데올로기로부터 비롯된다. 실제로 '북풍'을 포함한 일련의 사건들이 담론의 판도를 일방적으로 이끌어나가는 상황을 확인하기란 그리 어렵지 않다. 한국의 상황은 예외상태와 일상적 상태가 극단적으로 혼재된 상태라고 할 수 있다. 따라서 문제는 소통과 반응의 획일화다. 이러한 획일화 문제를 타개하기 위해서는 예외상태가 만들어내는 부조리함에 대한 환기뿐만 아니라, 일상화된 권력의 부조리함에 대한 환기 모두가 필요하다. '소통'은 고전적인 의사소통 모델에 따르면 화자와 청자, 그리고 그 사이를 오가는 메시지로 구성되어 있는 것으로 이해된다. 하지만 이것은 바흐친이 지적한대로 순전히 과학적 허구, 다시 말해 요청된 구도에 불과하다.

> 모든 이해는 응답을 내포하며, 어떤 형식으로든 반드시 대답을 낳는다. 즉 청자는 화자가 되는 것이다. 듣는 말의 의미에 대한 수동적인 이해는, 뒤따르는 우렁찬 실제적인 대답 속에서 현실화되는 실제적이고 완전한 이해, 능동적으로 응답하는 이해의 추상적인 계기일 뿐이다. (중략) 복잡한 문화적 소통 장르들은 대부분의 경우 주로 이와 같은, 행위가 지연되는 능동적인 응답적 이해를 겨냥한다. 여기서 우리가 말하는 모든 것은 씌어지고 읽히는 말에도 해당된다. 물론 적당한 변화와 보충을 거쳐서이다.[7]

모든 이해는 응답을 내포한다는 것, 그리고 청자가 화자가 된다는 것 등은 문학이론의 과학화를 천명한 바흐친의 명제답게 매우 명료하다.

---

5) 안토니오 네그리·마이클 하트, 정남영·윤영광 옮김, 『공통체』, 사월의책, 2014, 30쪽.

6) 위의 책, 32쪽.

7) 미하일 바흐친, 김희숙·박종소 옮김, 「담화 장르의 문제」, 『말의 미학』, 길, 2006, 361쪽.

"능동적인 응답적 이해", "적당한 변화와 보충" 등에는 반응과 소통의 의미가 내포되어 있다. 문화현상이 어떤 과정을 거쳐 소통되는지가 주된 관심사라면, 그 반응이 무엇이든 상관없을 것이다. 그러나 그 경우에 굳이 '소통'을 논할 필요가 있을까는 의문이다. 단지 일상적인 장면에서 일어나는 소통만으로 논의를 끝내는 것이 아니라 '문화-정치'의 영역까지 논하려면 '어떤' 반응인지도 충분히 중요하다.[8] "듣는 말의 의미에 대한 수동적인 이해"가 그의 말대로 "능동적으로 응답하는 이해"로 나아가지 못한다면 어떨 것인가.

소통의 이상적 상황은 이론이 사후적으로 구성해 낸 결과물에 불과할지도 모른다. 그것은 이론의 개진을 위해 설정한 지향점이라고 할 수 있다. 그러나 그 반대, 즉 소통의 문제적 상황은 비교적 쉽게 만들어진다. 특히 한국의 '예외상태'는 그러한 소통의 문제 상황으로 쉽게 이끌어간다. 문화는 거의 '전부'에 관한 영역이라서, 그것이 특정 집단에 의해 편협한 영역으로 경계 지어지지 않았다면 결국 삶이 그 주변을 이루고 있는 모든 것과 적극적인 대면을 하는 행위 그 자체라고 할 수 있을 것이다. 그러나 한국에서 그러한 행위가 되고 있는지에 대해 질문할 때는 부정적으로 대답할 수밖에 없다. 이와 같은 맥락에서 제기된 '문화 소통'인 바, 따라서 그것을 논하는 데 있어서 '무엇을', 그리고 '어떻게' 소통하는지가 매우 중요해진다. 적어도 한국의 근현대사를 이루는 장면들에서 소위 '산업화 세대', '민주화 세대' 등으로 불리는 세대들이 그 짝패(pair)에 대해 서로 충분히 대화하지 못했음을 전제해야 할 것이다.

하지만 아직 온전한 소통에의 희망은 남아있다. '대중', '민중', '인민(people)'[9] 등 여러 가지 명칭으로 불리는 주체들은, 그들을 그처럼 규정

---

8) 여기서 말하는 '정치'는 민주주의와 같은 현실의 제도적 정치만을 가리키는 것이 아니다. 이것은 보다 넓은 범주를 가리키는 것으로, '삶을 위한 기술(art)'이라는 의미에 더 가깝다.

9) 일반적으로 '인민'이라는 용어는 공산주의자를 연상시킨다. 그러나 이 용어는 정치철학자들 사이에서 '중립적인' 의미를 지닌 용어로 사용되고 있다.

하는 것이 현실적으로 어려운 만큼 아직은 다양한 표정들을 가지고 있다. 물론 그 진폭이 줄어드는 것이 사실이지만, 여전히 이 공간에는 상황을 자각하는 힘이 남아있다. 아도르노와 호르크하이머가 『계몽의 변증법』에서 "소비자들은 문화 상품을 꿰뚫어보면서도 어쩔 수 없이 거기에 동화되지 않을 수 없다"[10]고 말한 맥락을 기억할 필요가 있다. 그들은 "꿰뚫어보"고 있다. 다만 그러한 다양성의 힘들을 응집하고 표출함으로써 대화의 국면을 조성하게 만드는, 달리 말하자면 그것을 가로막는 '주저함'의 임계점을 돌파하게끔 그들을 동요시키는 콘텐츠가 없을 뿐이다.[11] 단지 자의식만을 가지고서 이러한 상황을 타개하고 소통을 복원할 마음이 생기는 것은 아니기 때문이다.

> 개인은 경제적 세력 앞에서 완전히 무력화된다. 이 세력은 자연에 대한 사회의 폭력을 일찍이 예견하지 못한 정도까지 밀고 나간다. 개인은 그가 사용하는 기술 장치 앞에서 사라질 수밖에 없지만, 그 대가로 이 장치에 의해 과거 어느 때보다도 많은 것을 제공 받는다. 정의롭지 못한 상황에서 대중에게 분배되는 재화의 양이 증가할수록 대중의 무기력과 조종 가능성은 커진다.[12]

'주저함'은 또 하나의 근원을 갖는다. 바로 재화의 분배, 즉 경제인 것이다. '성장과 분배'의 프레임을 용인하는 순간 그 안에서는 모든 것이

---

10) 테오도르 아도르노·막스 호르크하이머, 김유동 옮김, 『계몽의 변증법』, 문학과지성사, 2001, 251쪽.

11) 실제로 '막장 드라마'라 불리는 서사의 포스트모던적 극치를 보여주는 드라마를 보는 사람들의 일부는 그것에 대해 곱지 않은 시선을 가지고 있다. 그러나 소유와 소비가 공화제의 근간이 되어있는 마당에 금욕주의로의 회귀는 쉽게 선택할 수 없는 길이다. '막장 드라마'가 보여주는 것은 서사가 아니다. 그것이 보여주는 것은 모든 것이 가능하다는, 세상에 안 될 것은 없으며 따라서 하고 싶은 대로 하라는 신자유주의 시대의 복음(이전 시대의 '~해서는 안 된다'를 철저하게 전복시키는)을 그 형식 자체로 보여준다. 따라서 금욕주의가 대안이 될 수 없는 상황에서, 신자유주의와 금욕주의의 사이를 관통하는 콘텐츠가 없을 때 그와 같은 소비적 콘텐츠에 사람들은 동의할 수밖에 없는 상황이 된다.

12) 테오도르 아도르노·막스 호르크하이머, 앞의 책, 2001, 16~17쪽.

자원과 소비, 그리고 축적이라는 항들로 해체된다. 그 외의 것은 존재하지 않는다. 하지만 일단 그 프레임으로부터 벗어나게 되면, 세계는 다르게 개념화되고 아울러 그 '주저함'의 임계점이 돌파될 가능성이 생기게 될 것이다. 아도르노와 호르크하이머는 그에 대한 일말의 희망을 예술에서 본다.

콘텐츠의 부재를 말했지만, 실제로 콘텐츠 자체가 없다는 것은 아니다. 자본에 비교적 영향을 적게 받는 데다 문자 문화의 특성상 독자의 개입과 재구성의 여지가 많은 문학은 소통의 회복이 요구되는 이와 같은 상황에 대안이 될 수 있다. 물론 최근의 '문학권력' 사건이 보여주듯이 문학 역시 거대 자본의 흐름 아래 획일화되어 가고 있지만, 문화 산업이라 불리는 타 분야들에 비해 그 정도가 그리 크지 않다. 아울러 문학은 새로운 흐름을 만들어내지 못하고 '복고'라는 이름으로 생기 없는 재생산을 반복할 뿐인 매너리즘 상태의 문화 소통 장을 재편할 수 있는 콘텐츠가 될 수도 있을 것이다.

III. '문학정치'의 시적 재현과 소통 방식

1. 불모성의 재현과 비시적 언어

적극적인 차원에서 문학과 정치 논의는 4·19혁명이 5·16군사정변으로 좌절된 시기 이후의 것이라고 할 수 있다. 이 사건들로 인해 한국의 '예외상태'와 관련된 권력 구조의 민낯이 가시화되었다. 이러한 상황에서 문학은 앞서 말한 고민들을 하지 않을 수 없게 되었는데, 이 시기에 전개된 문학이 지닌 딜레마에 대해 김윤식은 다음과 같이 언급한다.

문학은 언어상징을 띤다는 것에 의해 필연적으로 이데올로기를 형성한다는 것, 그 태도형성력은 훨씬 명확하여, 강한 교육작용(프로파간다)을 머금는다. 이것이야말로 문학의 독특한 힘이라면 힘이고, 문학의 사회적 문제성의 근거가 된다. 이 사실에서 우리가 깨닫고 싶은 것은 다음 두 가지이다. 그 하나는 四·一九의 문학적 不毛性은 四·一九라는 歷史가 언어로 인한 교육작용을 작가 및 독자에게 지나치게 강요했다는 데서 찾을 수 있다는 점이다. 지식을 요청할 때 四·一九는 예술적 不毛로 드러나고, 예술을 요청할 때 四·一九는 이데올로기의 消滅에 直面하게 되리라.[13]

그는 '4·19문학의 불모성'을 말하면서, 이전부터 문학과 정치를 논할 때면 으레 제기되어 온 딜레마를 강조한다. 지식을 앞세우면 예술성이 약해지고, 예술성을 앞세우면 지식이 사라진다는 것이다. 하지만 적어도 시에서는 그와 같은 딜레마를 어떻게 극복할 수 있을지에 대해 비교적 선명하게, 그리고 성공적으로 제시한 사례가 있다. 김수영은 '혁명'을 문학적으로 사유하는 데 있어서 결코 전범을 따르지 않았다. 그는 일찌감치 '몸'에 주목함으로써 김윤식이 말한 딜레마로부터 벗어날 수 있었던 것이다.

시작(詩作)은 〈머리〉로 하는 것이 아니고 〈심장〉으로 하는 것도 아니고 〈몸〉으로 하는 것이다. 〈온몸〉으로 밀고 나가는 것이다. 정확하게 말하자면, 온몸으로 동시에 밀고 나가는 것이다.[14]

"사유는 어떤 특수한 내용에 앞서 자체로 이미 부정이며 자신에게 닥쳐온 것에 맞선 저항이다."[15] '사유 없음'에 대해 경계하기 위해 김수영이

---

13) 김윤식, 「4·19와 한국문학-무엇이 말해지지 않았는가?」, 『사상계』 통권204호, 1970.4, 291쪽.

14) 김수영, 「시여, 침을 뱉어라」, 『김수영 전집2-산문』, 민음사, 2000, 250쪽.

15) 아도르노, 홍승용 옮김, 『부정변증법』, 한길사, 1999, 75쪽.

택한 소통의 방식(자기 자신과의 소통, 사람과 사람 간의 소통, 시대와 시대 간의 소통 등)은 '온몸'이라는 말로 대변된다. "온갖 비속어·악담·야유·요설·선언·비시적 일상언어 등을 자유롭게 구사한 그의 해사체"[16]는 몸이 원초적으로 지닌 '미학적 힘'을 끌어내어 글로 표현한 것이라고 할 수 있다. 그의 시가 시대의 공감을 얻고 소위 '문제적 시'가 된 이유는 바로 여기에 있다. 그리고 또 한편으로 그의 시는 '어두운 힘'으로서의 몸–언어를 전면화함으로써 '공통의 언어'를 확보하면서도 동시에 비평적 언어나 자본의 언어에 포섭되지 않는다. 설령 그러한 상황이 되더라도, 포획을 넘어 새롭게 의미화되길 기다리는 시로서의 해석적 여지를 남겨 놓는 것이 그의 시다.

1980년 5·18광주민중항쟁 이후에 제기된 방법론 역시 여기서 크게 벗어나지 않는다. 황지우는 김수영 시의 연장선에서 다양한 언어의 풍경(몸의 언어)을 만들어냄으로써 소통의 문제를 다룬다. 그는 그가 보여주는 다양한 언어들이 "① 우리 삶의 물적 기초인 파편화된 모던 컨디션과 짝지어진 '훼손된 삶'에 대한 거울이며, ② 파시즘에 강타당한 개인의 '내부 파열'에 대한 창이며, ③ 의미를 박탈당한 언어의 넌센스, 즉 지배 이데올로기에 대한 교란이었으며, ④ 검열의 장벽 너머로 메시지를 넘기는 수화의 수법"[17]이라고 말한다. 그리하여 그는 예외상태에서 군림하며 경제라는 프레임에 사람들을 묶어 놓는 권력을 폭로하고, 끝내 소진되지 않는 문제적 시가 되려 한 것이다. 특히 아래 인용한 시 「심인」은 언론의 방식을 빌려 상징적으로 기득권의 대변자가 되어 버린 언어를 공공의 문제를 말하는 언어로, 다시 말해 '소수를 위한 언어'를 '다수를 위한 언어'로 바꾸어 놓고 있다.

---

16) 김준오, 「순수·참여와 다극화시대」, 김윤식 외, 『한국현대문학사』, 현대문학, 1996, 378쪽.

17) 황지우, 「끔찍한 모더니티」, 『문학과사회』, 1992년 겨울호, 151쪽.

김종수 80년 5월 이후 가출
소식 두절 11월 3일 입대 영장 나왔음
귀가 요 아는 분 연락 바람 누나
829-1551

이광필 광필아 모든 것을 묻지 않겠다
돌아와서 이야기하자
어머니가 위독하시다

조순혜 21세 아버지가
기다리시니 집으로 속히 돌아오라
내가 잘못했다

나는 쭈그리고 앉아
똥을 눈다

– 황지우, 「심인」 전문

김수영과 황지우는 '성(聖)과 속(俗)'의 영역을 전환하여 소통의 방법론을 창안해냈고, 더 나아가 소통을 둘러싼 문학의 고민을 해결할 수 있는 실마리를 발견하는 데 일정 부분 성공했다. 아감벤(G. Agamben)은 푸코(M. Foucault)의 '장치'라는 개념을 재해석하는 과정에서 다음과 같이 말하는데, 이는 김수영과 황지우의 문학적 전략을 고찰하는 데 유효한 논의가 될 것으로 생각한다. 먼저 '장치'에 대한 그의 정의다.

푸코가 말하는 장치는 이미 아주 넓은 부류인데 이것을 더 일반화해 나는 생명체들의 몸짓, 행동, 의견, 담론을 포획, 지도, 규정, 차단, 주조, 제어, 보장하는 능력을 지닌 모든 것을 문자 그대로 장치라고 부를 것이다. 따라서 감옥, 정신병원, 판옵티콘, 학교, 고해, 공장, 규율, 법적 조치 등과 같이 권력과 명백히 접속되어 있는 것들뿐만 아니라 펜, 글쓰기, 문학, 철학, 농업, 담배, 항해[인터넷 서핑], 컴퓨터, 휴대전화 등도, 그리고 언어 자체도 권력과 접속되어 있다.[18]

언어는 '포획되고' 또 '포획하는' 장치다. 아도르노가 지적했듯이, "어떤 사상도 상품으로, 또한 언어는 상품을 위한 선전이 되는"[19] 현재의 삶에서 언어는 자본을 배경으로 사람들을 포획하는 장치가 되었고 사람들은 다른 언어 장치에서 벗어나 자본주의적 언어 장치에 포획되었다. 아감벤은 이러한 장치들과 맞대결할 때 어떤 전략이 필요한지에 대해 다음과 같이 말한다.

> 장치들에 의해 포획·분리된 것을 해방시켜 공통으로 사용할 수 있게 되돌리는 것이 관건이기 때문이다. 바로 이런 관점에서 나는 최근 우연히 연구하게 된 어떤 개념에 관해 말해보고 싶다. 그 개념은 로마의 법과 종교의 영역(법과 종교는 비단 로마에서만이 아니더라도 긴밀하게 연결되어 있다)에서 유래한 용어인 세속화(profanazione)이다. 로마법에 따르면 성스러운 것과 종교적인 것은 모종의 방식으로 신들에게 속하는 것이었다. 그것은 그 자체로 인간이 자유롭게 사용하거나 거래할 수 없는 것이었다. (중략) '세속화하다' profanare라는 용어는 사물들을 인간이 자유롭게 사용할 수 있게 되돌리는 것을 뜻했다. (중략) 이렇게 보면 자본주의나 현대 권력의 형상은 종교를 정의하는 것인 분리 과정을 일반화하고 극단까지 밀어붙이는 듯하다.[20]

그는 "자본주의나 현대 권력의 형상은 종교를 정의하는 것인 분리 과

18) 조르조 아감벤, 양창렬 옮김, 『장치란 무엇인가? 장치학을 위한 서론』, 난장, 2010, 33쪽.
19) 아도르노·호르크하이머, 앞의 책, 2001, 13쪽.
20) 조르조 아감벤, 앞의 글, 2010, 38~41쪽.

정을 일반화하고 극단까지 밀어붙이는 듯하다"는 통찰로부터, 이러한 상황을 타개하기 위해서는 "장치들에 의해 포획"되고 "분리"된 것을 '세속화'해야 한다고 말한다. 신으로부터 분리된 인간이 자유롭게 사용할 수 있도록 말이다. 자유롭게 사용한다는 것은 문화 소통의 국면을 말하는 것이라 할 수 있다.[21] 김수영과 황지우는 몸의 언어(미학적 힘에 집중하는)를 통해 아감벤이 말한 '세속화'를 실행한 것으로 보인다.

2. 정치성의 호명과 집단기억

2014년 4월 16일의 '세월호 사건'은 문학이 무엇을 어떻게 소통해야할 것인지 다시 고민하게 한 가장 최근의 일이라 할 수 있다. 이 사건은 '국가'라고 불리는 체제에 대한 근본적인 회의를 불러왔다. '국민'이라고 호명함에도 불구하고 정작 위기의 상황에서는 국가의 프레임이 '국민'에 대한 기본적인 윤리마저 저버린 데 그 원인이 있는 복합적인 사건이라고 할 수 있다.[22] 그러한 복합성과 더불어 지난한 진상 규명의 과정은 문학

---

21) 김윤식, 앞의 글, 1970, 291쪽.
김윤식은 다음과 같이 말한다. "머릿속의 혁명과 심장의 혁명, 그리고 피부의 혁명, 기타 인간생활 전반에 걸치는 혁명의 연속선이 가능한 사회, 그것이 문화사회일 것이다. 어떤 조직이나 기구, 혹은 어떤 취미나 감수성에서 몸을 돌려 한 개인이 숨을 쉴 수 있는 空間을 용인하는 것, 그것이 文化가 아닐 것인가."

22) 극적인 예로, 세월호 사건에는 '가만히 있으라'라는 말을 트라우마로 만들어 버린 대목이 있었다. 이 말은 침몰하는 배에서 누구보다 먼저 탈출한 선장 일행이 아이들에게 한 말이다. 희생당한 아이들은 한편으로 이 말에 순응하였기 때문에 속수무책으로 죽음을 맞이할 수밖에 없었다. 이와 매우 유사한 장면이 한국근현대사에서도 등장한다. 그것은 이승만이 서울을 누구보다도 먼저 떠나면서, '서울은 안전하니 가만히 있으라'고 한 장면이다. 이로 인해 많은 사람들이 피난을 가보지도 못하고 폭사했다. 김동춘은 그리하여 정부를 믿지 못하게 된 사람들이 소위 '피난사회'를 형성하게 되었고, 이것이 집단기억으로 남아 지금에 이르고 있다고 보았다. "피난사회에서는 모두 떠날 준비를 하고, 모두가 피란지에서 만난 사람처럼 서로를 대하며, 권력자와 민중들 모두 어떤 질서와 규칙 속에서 살아가기보다는 당장의 이익 추구와 목숨 보존에 여념이 없다." (김동춘, 『전쟁과 사회』, 돌베개, 2006, 121쪽.)

과 정치에 관한 논의를 새로운 국면으로 접어들게 하였다.

개들이
한 마리
두 마리
세 마리
(중략)
끝없이
걸어가고 있다

한 손에 국화꽃을 들고
옷깃에 노란 리본을 꽂고
낑낑대며
끙끙거리며
눈물 콧물 범벅 속 쭈그리고 앉아
세상 어디 떠날 곳도 기약할 곳도 없는
노란 절망의 종이배를 접고 있다

생각하면
두 발로 꼿꼿이 서서
자유와 정의와 노동의 참해방을 부르짖던 시절이 우리에게 있었다
더 좋은 세상을 만들자고
사랑도 명예도 이름도 남김없이
한평생 나가자던 뜨거운 맹세의 시절이 있었다

오천만 마리의 개가 아닌
오천만의 따뜻한 피를 지닌 인간으로 서서

세상에서 제일 살기 좋은 나라를 만들자고
절규하던 시절이 우리에게 있었다

— 곽재구, 「반도의 자화상」 부분[23]

"흰 국화꽃 한 송이 들었다고 해서/ 갈 곳 없는 노란 종이배를 하나 접었다고 해서/ 우리가 개가 아닌 것은 아니다"라고 말하며 "주인과 함께 살 아름다운 세상을 위해/ 멧돼지와 싸우다 죽는다"는 "진짜 개"를 대비하는 시인의 시적 논리는 다분히 계몽적이다. 하지만 그럼에도 불구하고 이 시가 추모의 의미를 전달하고 지금에 있어서 소통의 공감대를 형성할 수 있는 것은, 〈임을 위한 행진곡〉으로 상징되는 5·18광주민중항쟁에 대한 집단기억을 상기시키고 있기 때문이다. 이와 같은 과거 사건의 호명은 세월호 사건을 '억압과 저항'이라는 프레임에 들어가게 함으로써, 그것이 단순한 자연 재해가 아니라 민중적 차원의 저항정신이 필요한 사건으로 기억하는 사람들의 공감대와 합치하게 된다. "지나간 과거의 것을 역사적으로 표현한다는 것은 〈그것이 도대체 어떠했던가〉를 인식하는 것을 뜻하는 것이 아니다. 그것은 어떤 위험의 순간에 섬광처럼 스쳐 지나가는 것과 같은 어떤 기억을 붙잡아 자기 것으로 만드는 것을 의미한다."[24]는 벤야민의 말처럼 그러한 과거가 어떤 형태로든 상존한다면, 그렇게 이미지를 붙잡아 자신의 것으로 만드는 것은 소통의 공간을 마련함으로써 파국의 삶을 피하기 위한 필수적 행위가 된다. 그것을 공공의 영역으로 세속화하는 작업도 마찬가지다.

다음의 시는 보다 직접적으로 한국근현대사의 파국적 장면들을 통해 세월호 사건을 재현하고자 한다.

---

23) 고은 외, 『우리 모두가 세월호였다』, 실천문학사, 2014, 29~33쪽.

24) 발터 벤야민, 반성완 편역, 「역사철학테제」, 『발터 벤야민의 문예이론』, 민음사, 1983, 345~346쪽.

어쩌면 너희들은
실종 27일, 머리와 눈에 최루탄이 박힌 채 수장되었다가
처참한 시신으로 마산 중앙부두에 떠오른
열일곱 김주열인지도 몰라
이승만 정권이 저지른 일이었다

어쩌면 너희들은
치안본부 대공수사단 남영동 분실에서
머리채를 잡혀 어떤 저항도 할 수 없이
욕조 물고문으로 죽어간 박종철인지도 몰라
전두환 정권이 저지른 일이었다

너희들 아버지와 그 아버지의 고향은
쥐라기 공룡들이 살았던 태백이나 정선 어디
탄광 노동자였던 단란한 너희 가족을
도시 공단의 노동자로 내몬 것은
석탄 산업 합리화를 앞세운 노태우 정권이었다

나는 그때 꼭 지금 너희들의 나이였던 엄마 아빠와 함께
늘어가는 친구들의 빈 자리를 아프게 바라보며
탄가루 날리는 교정에서 4월의 노래를 불렀다
꽃은 피고 있었지만 우울하고 쓸쓸한 날들이었다

여객선 운행 나이를 서른 살로 연장하여
일본에서 청춘을 보낸 낡은 배를 사도록 하고
영세 선박회사와 소규모 어선을 보호한다는 명목으로
엉터리 안전 점검에 대기업들이 묻어가도록 하고

4대강 물장난으로 강산을 죽인 것은 이명박 정권이었다

차마 목 놓아 부를 수도 없는 사랑하는 아이들아

너희들이 강남에 사는 부모를 뒀어도 이렇게 구조가 더뎠을까
너희들 중 누군가가 정승집 아들이거나 딸이었어도
제발 좀 살려달라는 목멘 호소를 종북이라 했을까
먹지도 자지도 못하고 절규하는 엄마를 전문 시위꾼이라 했을까
– 권혁소, 「껍데기의 나라를 떠나는 너희들에게 – 세월호 참사 희생자에게 바침」 부분[25)]

이 시는 세월호 사건과 김주열 열사 사건, 박종철 열사 사건, 그리고 성장만을 염두에 두고 삶의 질이나 윤리를 외면한 역대 정권의 폭력적 행태 등을 병치시킴으로써 그것이 단순한 성격의 재해가 아님을 강조한다. 일련의 사건들에는 부정하기 어려운 상호 연관성이 있으며 해결 방법 또한 상호 연관성을 가질 여지가 있다. 이러한 담론 내용은 지난 2년 동안 사람들 사이를 오갔던 수많은 SNS 메시지와 인터뷰 등에서 쉽게 확인 가능하다. 하지만 시는 정서의 지속성을 가지고 있기 때문에 그러한 메시지에 비해 발화의 한계 지점인 일회성을 극복하는 데 용이하다. 자연적 재해든 인공적 재해든, 어떤 사건이 인력으로는 어찌할 수 없음이 명백할 때, 사회 구성원들은 충분한 애도의 과정을 거침으로써 그 사건으로 인한 슬픔을 해소할 수 있다. 그러나 세월호 사건은 구조 작업을 더디게 만든 재난대책본부의 무능력과 사건을 축소·은폐하려 한 정부 당국의 행태로만 기억되고 있다. 이와 같은 이해불가의 상황이 만들어진 이유는 결코 단순하지 않다는 것, 그래서 애도가 슬픔을 해소하는 데 소

25) 이 시는 2014년 5월 1일, 민주노총이 주관한 124주년 노동절 행사에서 낭독된 것이다.

용이 없다는 것이 이 사건에 대한 집단기억으로서의 공감대이고 이 시의 코드이다.

최초에 명령이 있었음을 우리는 기억해야 한다
가만있으라, 지시에 따르라, 이 명령은
배가 출항하기 오래전부터 내려져 있었다
선장은 함부로 명령을 내리지 말라, 재난대책본부도
명령에 따르라, 가만있으라, 지시에 따르라

배가 다 기운 뒤에도 기다려야 하는 명령이 있다
목까지 물이 차올라도 명령을 기다리라
모든 운항 규정은 이윤의 지시에 따르라
침몰의 배후에는 나태와 부패와 음모가 있고
명령의 배후에는 은폐와 조작의 검은 손이 있다
(중략)
뒤집어라, 뒤집힌 저 배를 뒤집어라
뒤집어라, 뒤집힌 세상을 뒤집어야 살린다

– 백무산, 「세월호 최후의 선장 박지영」 부분[26)]

이 시는 "뒤집힌 저 배를 뒤집어라"라고 말하면서 곽재구의 시와 비슷하게 계몽적인 어조와 논리를 내세운다. 그는 "배가 출항하기 오래전부터", "가만있으라, 지시에 따르라"는 명령이 내려졌다고 말하면서, 희생된 학생들에게 내려진 '명령'의 배후를 문제시한다. "최초에 명령이 있었"다는 시의 첫 구절은 "태초에 말씀이 있었다."는 성경의 창세기 첫 구절을 연상시킨다. 창세기에 등장하는 '말씀', 즉 로고스(logos)는 '진리'를 의

26) 고은 외, 앞의 책, 2014, 82~85쪽.

미하는 것이 아니라 오히려 '창세기'라는 텍스트가 '진리-거짓'의 프레임을 원리로 구성되었음을 의미한다. 따라서 이와 같은 연상은 "침몰의 배후"이며 "명령의 배후"인 '대한민국'이라는 텍스트가 '명령-복종'의 프레임을 원리로 구성되었음을 가리키기 위한 시적 전략이라 할 수 있다. 이러한 배경에서 그는 "뒤집어라"라는, 결코 명령이 될 수 없는 명령이 곧 최후의 명령이 되어야 함을 역설하는 것이다. 그러나 그는 먼 곳에서 희망을 찾지 않는다. 그 '뒤집는' 방법은 어떤 특별한 행동이 아니다. 선장을 대신하여 마지막까지 승객들의 안전을 위해 분주히 움직이다가 배와 함께 운명한 박지영을 전범으로 내세우기 때문이다.

> 세월호 참사 후에 무슨 이런 나라가 있냐고,
> 도대체가 한심한 나라라고, 나라 원망하는 소리가 들린다.
> 크게 한스러운 나라 대한민국의 백성들아
> 이 닭대가리들아 들어라
> 그러니까 너희가 나라 원망을 하는 그 배경에는
> 나라는 곧 대통령이나 어떤 책임자라는 생각이 있을 것이다.
> 그렇지 않고서야 나라를 원망할 수는 없다.
> 단언컨대, 이 닭대가리들아 들어라!
> 나라니 국가니 하는 것은 대한민국의 산천이나
> 금수강산을 흐르는 물이나 공기가 아니니라.
> 바로 우리들 자신, 백성이 나라이며 국가다.
>
> — 최종천, 「이 닭대가리들아!」 부분[27]

이 시 또한 계몽적이면서 매우 직설적인 어조로 '변화'를 촉구한다. 그는 흔히 사용하는 '나라'라는 말에 어떤 생각이 전제되어 있는지 진단하

---

27) 위의 책, 166~171쪽.

면서, "나라는 곧 대통령이나 어떤 책임자라는 생각"이 지배하고 있다고 말한다. 그는 나라란 "바로 우리들 자신, 백성이 나라이며 국가"라고 말하며, 그러한 나라의 목숨을 보장해주기는커녕 앗아가는 세력은 '반국가적' 존재일 뿐이라고 규정한다. 나아가 '닭대가리'로 표상된 기억공동체가 자각해야 할 것을 두 가지로 제시한다. 첫째, 국가는 대통령이나 특정한 누군가가 아니다. 둘째, 국가는 특정인이 아니고 국민 모두이므로 세월호 사건은 국민 모두가 저지른 사건이다. 최종천의 시는 이 두 가지 사실을 강조하되, 그 관계를 한편이 다른 한편을 수렴하지 않는 관계로 놓으면서 시적 논리를 단순화시키는 위험에서 비켜간다.

국가를 대통령이나 특정인이라고 규정하는 것은 책임을 전가하기 위함이다. 그렇게 해야 자신이 짊어져야 할 죄책감의 무게가 덜어지기 때문이다. 그러나 이와 같은 규정이 위정자들에게 전이될 경우, 한국전쟁 발발 당시 '자신이 곧 국가'라 하여 국민을 저버리고 가장 먼저 피신했던 이승만과 같은 사례가 생긴다. 분명히 국민을 저버린 위정자는 '반국가적' 존재이다. 따라서 원망의 대상이 될 수 있고, 또 되어야 한다. 하지만 "원망만" 하는 것은 사태에 올바로 대응하는 것이 아니다. 그와 같은 '반국가적' 위정자를 용납한 것은 다름 아닌 국민이기 때문이다. 모든 이에게 일말의 책임이 있다는 것, 여기서 '국가는 곧 국민'이라는 명제가 나올 수 있다. 국가가 곧 국민이므로 세상을 변혁시켜야 한다는 논리가 자연스럽게 등장하는 맥락은 바로 이것이다.

이상에서 살펴 본 것처럼 대부분의 세월호 관련 시편들이 아직 추모시와 애도시 형태여서 집단기억에 의한 정치성의 호명, 즉 4·19와 5·18을 떠올림으로써 세월호 사건의 이면을 말하고자 하는 소통전략으로 창작되고 있음을 알 수 있다. 그럼에도 불구하고 나희덕의 〈난파된 교실〉이나 손택수의 〈바다무덤〉 등은 세월호 사건이 어떻게 시적으로 재현될 수 있는지 그 가능성을 열어놓은 작품들이라 할 수 있겠다.

Ⅳ. 남는 문제

이제 문화 소통을 위해 주어진 시적 재현의 과제는 무엇인가. 다름 아닌 '역사를 호명하기'다. 역사가 '과거-현재-미래'로 발전한다는, 이른바 진보사관을 허구의 산물로 보는 데 동의한다면, 시적 재현을 통해 다른 시공간에 대한 개념을 세울 여지가 생길 것이다. 사실 과거와 현재는 기호적 체계에서 비롯된 일종의 조작된 개념이다. 현재는 과거와 단절되어 있다거나 혹은 연속선상에 있다거나 하는 규정들은 어떤 진실에 대해 말하는 것이 아니라 하나의 시각, 이를테면 선형적 시간관을 채택했음을 말하는 것에 불과하다. 즉 저 규정들이 의미하는 바는 그것이 선형적 시간관을 전제하고 있다는 사실뿐인 것이다. 오히려 과거는 현재와 '함께 있다.' 물론 그것이 언제 어디서건 명시적으로 감각할 수 있는 형태로 상존하는 것은 아니다. 드러나 있음으로써 은폐되어 있을 수도 있고, 반대로 다른 이미지들에 가려 은폐되어 있을 수도 있다. 하지만 그럼에도 불구하고 과거는 현재 속에 존재한다.

이러한 생각이 갖는 장점은, '단절'이나 '연속'이라는 개념들이 갖는 단점을 뛰어 넘을 뿐만 아니라 보다 높은 설득력을 확보한다는 것이다. 그렇다면 '미래'는 어떤가. 미래는 현재에 잠재되어 있다. 이때 '잠재되어 있다'는 것은 미래가 현재의 맹아에 의해 기계적으로 발생한다는 생각을 거부한다. 하지만 잠재되어 있기 때문에 그것은 언제든 적합한 조건이 조성될 때라면 필연적으로 발생하게 된다. 이 지점에서 '기억'을 언급하지 않을 수 없다. 과거가 현재 속에 공존하는 것도 바로 기억의 형태로서다. 아울러 미래 역시 현재 속에 도사린 기억을 매개로 촉발되기 때문에 잠재태로서의 기억이라고 할 수 있다. 그러나 앞서 말했듯이 그러한 기억은 명백하게 감각 가능한 형태일 수도, 혹은 은폐되어 있어 즉각적인 감각이 불가능한 형태일 수도 있다. 시인과 역사가들은 그러한 기억을 호명하기 위해 노력한다. 그리고 그것을 '재현'이라고 불러 왔다.

한국근현대사의 중요한 역사적 변곡점, 이를테면 제주 4·3과 4·19혁명, 5·18광주민중항쟁, 그리고 최근의 세월호 사건 등 일련의 사건들은 그 맥락과 결이 상이하지만 모두 '위험의 순간'이라고 할 수 있다. 그것은 그때까지 가시화되지 않았던 긴장이 임계지점에 도달하여 가시화된 상태이기 때문이다. 이를 호명하는 데 있어 최근 시집『우리 모두가 세월호였다』나 한강의 소설『소년이 온다』등은 과거의 신체적 목소리에 주목한다. 결코 명시적으로 드러난 적이 없었던 희생된 주변인들의 목소리를 미학적으로 재현해 내는 것이다.『우리 모두가 세월호였다』의 몇몇 시편은 죽은 아이들의 목소리를,『소년이 온다』에서는 통상 역사서에서는 언급조차 되지 않았거나 단순한 주변인으로 취급되었던 어린 학생들의 목소리를 재현한다. 아울러 이와 같은 전략은 현재의 공적 상황에 소통의 공간을 마련해줄 수 있는, 여전히 유효한 전략일 수 있다.

이 글은 2016년 국어국문학회에서 발간한『국어국문학』176집에 게재된 것이다.

참고문헌

〈논저〉

고은 외, 『우리 모두가 세월호였다』, 실천문학사, 2014.

김동춘, 『전쟁과 사회』, 돌베개, 2006.

김수영, 『김수영전집2–산문』, 민음사, 2000.

김윤식, 「4·19와 한국문학–무엇이 말해지지 않았는가?」, 『사상계』 통권204호, 1970.

김윤식 외, 『한국현대문학사』, 현대문학, 1996.

박정희, 「혁명과업 완수를 위한 지도자의 길」, 『한국 국민에게 고함』, 동서문화사, 2006.

황지우, 「끔찍한 모더니티」, 『문학과 사회』, 1992년 겨울호.

미하일 바흐친, 김희숙·박종소 옮김, 「담화 장르의 문제」, 『말의 미학』 길, 2006.

발터 벤야민, 반성완 편역, 『발터 벤야민의 문예이론』, 민음사, 1983.

안토니오 네그리·마이클 하트, 정남영·윤영광 옮김, 『공통체』, 사월의 책, 2014.

자크 랑시에르, 오윤성 옮김, 『감성의 분할–미학과 정치』, 도서출판b, 2008.

제프리 K 올릭, 강경이 옮김, 『기억의 지도』, 옥당, 2011.

조르조 아감벤, 양창렬 옮김, 『장치란 무엇인가? 장치학을 위한 서론』, 난장, 2010.

질 들뢰즈·펠릭스 가따리, 이진경 올김, 『카프카 : 소수적인 문학을 위하여』, , 동문선, 2004.

칼 슈미트, 김항 옮김, 『정치신학』, 그린비, 2010.

테오도르 아도르노, 홍승용 옮김, 『부정변증법』, 한길사, 1999.

테오도르 아도르노·막스 호르크하이머, 김유동 옮김, 『계몽의 변증법』, 문학과지성사, 2001.

광주·전남 지역 '경험의 구술서사' 연구의 현황과 과제

한정훈

I. '경험의 구술서사' 연구의 개념과 범위

지금은 '구술사(口述史)'란 말이 사람들에게 어색하게 들리지 않는다. 일반 사람들도 '구술사가 무엇이냐?'는 질문을 받으면 '사람들이 체험한 사건을 기억에 의지해서 입을 통해서 이야기하는 것'이라고 곧잘 답한다. 더불어 많은 교육·연구기관 그리고 시민사회단체 등에서도 '구술'을 통해서 다양한 프로젝트를 기획·실행하고 있다. 현재 구술사는 연구와 교육의 한 분야로서 나름의 토대를 잡아가고 있으며, 분과학문의 경계를 넘나들면서 일반인과 쉽게 접촉할 수 있는 통섭의 대표적 분야가 되었다. 그러나 사실 '구술사'가 많은 사람들에게 익숙해진 시간은 그리 오래되지 않았다. 한국의 구술사 연구는 1980년대 말·1990년대 초에 시작되었으며, 1990년대 중반부터 본격적인 궤도에 오르게 된다.[1] 한국의 구술사 연구는 길게 잡아도 40년이 채 되지 않는다.

구술 관련 연구는 현장조사에서 시작된다. 그러나 연구자는 현장조사를 시작하기 전에 많은 준비를 해야 한다. 연구자는 어떤 주제를 연구할 것이며, 연구 주제와 맞는 현장조사 지역은 어디이며, 제보자를 어

1) 김귀옥, 「구술사와 구비문학의 비교: 특성과 소통」, 『통일인문학』57, 건국대학교 인문학연구원, 2014, 7쪽.

떻게 선정할 것인가, 조사비를 어떻게 마련할 것인가 등을 준비하고 고려해야 할 것이 너무나도 많다. 물론 앞의 것들이 얼추 정리되었다고 해서 준비가 마무리되는 것은 아니다. 연구 주제와 관련한 문헌조사 및 탐독, 질문지 작성 등도 현장조사를 나가기 전에 꼭 해놓아야 한다. 이렇게 만반의 준비를 하고 현장조사를 나가지만, 사실 연구자는 아침에 눈을 뜨고 현장으로 출발할 때까지 '과연 오늘 조사를 성공적으로 잘 마무리 할 수 있을까?', '제보자가 나에게 적대적이지는 않을까?', '현장이 나의 예상과 다르면 어떻게 대처해야 할까?' 등을 계속 고민한다. 어떤 사람들은 현장조사를 자주 하는 연구자에게 "연구실에 있지 않고 밖으로 다니니 좋겠다", "공부가 여행이어서 스트레스는 안 받겠다"고 지나가듯이 말하지만, 현장조사는 연구자 입장에서 계속되는 긴장과 싸워야 하는 힘든 작업이다.

현장조사가 성공적으로 이루어졌다고 해서 모든 것이 끝난 것은 아니다. 앞에서도 말했지만, 현장조사는 연구의 시작일 뿐이다. 연구자는 현장에서 돌아온 후 바로 조사한 내용을 정리한다. 현장에서 녹음한 내용을 전사하고, 전사한 내용 중 불분명한 것은 체크해서 2차 현장조사를 계획한다. 초벌 전사는 재검과 삼검을 거쳐서 비로소 연구 대상 텍스트로 확정되지만, 이 또한 불안정한 텍스트일 뿐이다. 이 부분에서 현재 우리가 말하는 '구술사', '구술 관련 연구'가 '기존의' 구술 관련 연구와 차이를 보인다. 현재 우리가 일반적으로 언급하는 '구술사'라는 용어는 새롭게 재정의된 연구 방법이자 대상이다. 기존의 인류학, 민속학, 사회학, 구비문학 등은 과거부터 사람들의 기억과 구술을 수집해서 연구를 진행했다. 인류학과 민속학은 '기억과 구술'을 통해서 과거부터 기록에서 배제된 기층민의 삶과 문화를 복원하는 일을 했으며, 사회학은 양적 조사에서 나타나지 않은 사회 현상을 '기억과 구술'을 경유해서 질적 연구로 보완했다. 구비문학도 사람들의 '기억과 구술'을 통해서 자료를 수집했지만, 사실이 아닌 허구적 상상으로 구현된 문학적 형식의 이야기만을 연구 대상 텍스트로 선정했다. 사람들의 '기억과 구술'을 통해서 연구를 진행한 분과학문은 많지만, 현재 우리가 말하는 '구술사'와는 분명 다른 결을 보이고 있었다. 그리고 기존 분과학문과 '구술사'의 분기 지점에는 '기억과 구술자료에 대한 이해와 활용', 실증주의 방법론[2)]에 대한 대항적 관점이 자리 잡고 있다.

인류학, 민속학, 구비문학, 사회학 등이 과거부터 사람들의 기억과 구술 자료를 수집했지만, 연구에 활용되는 구술 자료는 말하는 이의 감정, 생각, 발언에 대한 권위가 삭제되어야 했다. 혹여 구술 자료가 대상 텍스트로 제시되어 분석될 경우에는 자료가 지닌 중요 특성인 주관성과 가변성 등이 결핍과 한계로 전제되어야 했다. 구술 자료는 연구자의 권위를 경유해서 재탄생되어야 했으며, 연구자가 설정해 놓은 전제와 가설에 부합하지 않으면 보완적인 자료로서 가치마저 상실했다. 제보자의 기억과 구술이 지닌 권위성은 연구가 진행되면서 희석·삭제되고, 산출된 연구 결과는 연구자의 객관적 분석이 수렴된 것으로 평가받았다. 또한 제보자의 기억과 구술 자료는 원자료 그대로 연구 대상이 될 수 없었다. 그러나 '구술사'는 기존의 분과학문과 다른 연구 방식을 보이게 된다. '기억과 구술 자료'는 연구자와 제보자가 상호작용하는 과정에서 산출되는 것이며, 말하는 이의 주관적 감정과 생각 등은 구술 자료가 구성되는 기본적인 요소로 인식되었다. 또한 구술 자료는 역사 자료에 대한 참조나 보완 자료가 아닌 새로운 역사쓰기의 원천으로 인식되기 시작했

2) "인간의 지식은 주관성이 배격된 순수한 객관성의 세계에 도달함으로써 과학이 될 수 있다. 사회학이 과학이 되기 위해서는 발견된 법칙은 미시적 영역뿐만 아니라 거시적 영역까지 설명할 수 있어야 한다. 만약 발견된 법칙이 미시적 영역에서만 타당하다면, 발견된 법칙의 설명력과 과학성은 인정받지 못한다. 그래서 불가피하게 실증주의적 철학에 의거한 방법론은 개별 사례보다는 추상화된 일반 경향을 지향한다. 실증주의적 과학 모델에 입각해 있는 사회학자들은 의미들의 주관적 영역인 문화를 연구할 때에도, 법칙 발견 모델을 따른다. 이들에게 문화란 주관적으로 부여된 개인들의 의미망이 아니라, 다른 제도와 마찬가지로 물질적 형태를 지닌 사회제도들 중의 하나의 유형일 뿐이다."(노명우, 「에쓰노그래피와 문화연구방법론」, 『담론201』11(3), 한국사회역사학회, 2008, 65~66쪽.)

다. 나아가 과거부터 기록에서 배제되고 주변화되거나 망각을 강요당한 주체와 공간에 대한 역사쓰기에 대한 자료로서 사람들의 기억과 구술 자료가 주목받기 시작했다.

그런데 이 지점에서 '구술사(口述史)'가 지닌 용어의 개념에 대해서 살펴볼 필요가 있다. 많은 연구자들이 '구술사'를 연구방법적 개념과 분과학문적 개념을 혼동해서 사용하고 있다. 즉 연구방법적 개념의 '구술사'는 연구자가 현장조사를 통해서 주변화되고 파편화된 사람들의 기억을 구술을 통해서 수집하고 이를 텍스트화하는 것을 가리킨다. 반면 분과학문적 개념의 '구술사'는 연구방법적 개념의 '구술사'를 경유해서 '밑으로부터', '새로운', '다중적' 역사쓰기로 연구의 결과가 산출되는 것을 뜻한다. 한편에서는 이러한 구별이 무슨 의미가 있겠냐는 반론을 제기할 수도 있지만, 미묘한 의미 차이를 보이는 두 개념의 '구술사'는 사람들의 기억과 구술 자료를 이용해서 연구를 진행하는 연구자들에게 상당히 민감한 문제가 아닐 수 없다. '구술사(口述史)'라는 용어는 의미가 충돌하는 두 어휘가 결합되어 구성되었다. '사(史)'는 어떤 사건과 대상에 대해 '객관적 사실'이 있음을 전제한다. 그리고 객관적 사실은 문자로 기록됨으로써 확정된다. 반면 '구술'은 개별 주체가 자신이 경험한 사건을 기억을 토대로 말로 서술하는 것으로 매체적 특성을 지닌다. '구술(口述)'과 '사(史)' 사이에는 깊은 골이 존재하기에 물리적으로 만나는 것이 결코 쉬운 일이 아니다.

서로 다른 의미를 전제하는 '구술'과 '사'가 만날 수 있었던 것은 '사'에 내재한 개념적 전제들에 변화가 생기면서부터이다. 서구의 학자들은 '역사'가 과연 '사실'인가? 역사가 과거의 사건과 대상에 대한 객관적 재현이라고 한다면, 그 재현이 과거와 동일성을 갖는 사실일 수 있을까? 객관적 사실은 과연 존재할까?에 의문을 품기 시작했다. 더불어 우리가 객관적 사실로 이해했던 '역사'는 '과거에 대한 사실'이 아닌 '역사가의 사실'이 아닌가 등의 질문이 제기되면서 '실증주의 역사'에 대한 비판이 가해지기 시작했다. 헤이든 화이트는 역사서사도 허구적 서사와 마찬가지로 인간의 욕망과 의도의 산물이라면서, 역사가는 이야기를 '발견find' 하지만 소설가는 이야기를 '창조invent'한다고 지적함과 동시에 '창작'은 역사가들이 수행하는 임무의 일부라는 점을 강조한다.[3] 결국 역사도 역사가라는 한 주체의 주관적 인식이 반영된 서술일 뿐이며, 역사가가 지닌 권위가 역사 서술이 지닌 주관성을 객관성으로 탈바꿈시키는 계기임을 비판적으로 성찰하게 된다. 이에 더해 푸코는 역사 대신 담론을, 폴 리쾨르는 '서사(이야기)'를 대안적 용어로 사용한다. 이러한 '사'의 개념을 구성하는 개념적 요소들이 변화하게 되면서 '구술'과 결합할 수 있는 토대가 마련되었다. 하지만 구술사가 '밑으로부터', '새로운', '다중적'에 방점이 찍히지 않고 '역사쓰기'에 무게 중심을 둬 버리면 사람들의 기억과 구술 자료가 활용될 수 있는 편폭은 다시 좁아지게 된다.

사실 이러한 문제를 민감하게 고민하는 분야가 '구비문학'이다. 구비문학은 기층의 사람들에게 과거부터 전해오는 이야기를 수집해서 분석하는 것을 목적으로 한다. 하지만 현재는 과거와 같은 이야기판을 찾기가 어려울 뿐만 아니라, 다양한 매체의 출현으로 이야기 전승 자체가 불가능한 상황에 이르게 되었다. 이러한 현상을 목도한 조동일은 구비문학 연구에 대해서 암울한 진단을 내리기도 했다.[4] 그러나 이야기하기는 인간의 본성이다. 과거와 같은 이야기판과 이야기 전승이 사라졌다지만 이야기는 사람들 사이에서 끊임없이 발생하고 전달된다. 특히 사람들의 경험담은 과거부터 현재까지 끊임없이 발생하는 이야기 중의 하나이다. 구비문학 연구자들은 과거부터 전승되는 이야기의 소재와 유형에 대해 잘 알고 있다. 그런데 이 '잘 알고 있음'이 효율적인 현장조사에 많은 도

---

3) 헤이든 화이트(Hayden White), 천형균 옮김, 『19세기 유럽의 역사적 상상력-메타 역사』, 문학과지성사, 1991, 12쪽; 최라영, 「"서사론"의 개념과 역사 고찰」, 『비교문화』 66, 한국비교문학회, 2015, 235~236쪽.

4) 김귀옥, 앞의 글, 27쪽.

움을 주지만, 한편으로는 단점이 되기도 한다. 기층의 사람들은 자연스럽게 형성된 이야기판에서 자신이 겪었던 특이하고 이채로운 경험을 이야기하기를 좋아한다. 그리고 많은 경험담은 구체적인 형상성과 짜임새 있는 구성을 보인다. 하지만 과거 구비문학 연구자들은 이러한 경험담은 구비문학의 연구대상에 해당되지 않는다면서 이야기판의 소음으로 치부했다.

구비문학 연구자들은 1990년대 후반부터 '구비문학'에 대해 비판적으로 성찰하기 시작한다. 그리고 현재의 시점에서 구비문학 연구가 나아갈 길을 고민했다. 구비문학이 연구 대상을 설정하는 고정된 장르 규정에서 벗어나서, 구비문학 연구의 본령이 무엇인가에 대해서 다시 한번 살펴보기 시작했다. 구비문학은 '이야기'를 경유해서 과거부터 '배제되고 소외된 기층 사람들의 삶과 의식'을 궁구하는 것이 목적이다. 그리고 이러한 본령은 현재의 시점에서도 유효하며 오히려 현대 사회에서 더 가치 있게 활용될 수 있음을 확인했다. 많은 연구자들은 구술로 발화되고 전승되는 이야기라는 큰 틀에서 경험담을 연구 대상으로 설정하기에 이른다.[5] 이러한 새로운 연구 대상 설정은 구비문학 연구의 지평을 확장하는 일임과 동시에 다른 분과학문과의 통섭과 융합을 모색할 수 있는 기회이기도 했다. 더불어 구비문학 연구와 구술사 연구가 만날 수 있는 접점을 확보하는 일이기도 했다. 사실 경험담이 구비문학 연구의 한 대상으로 설정될 수 있었던 데에는 1990년대부터 구술사 연구가 학계에 주목을 받은 것과 깊은 관련이 있음을 부인할 수 없다.

사람들의 '기억과 구술 자료'는 구비문학과 구술사가 만날 수 있는 공통의 지대이다. 그런데 '기억과 구술 자료'에 대한 두 분과학문의 인식

5) 신동흔, 「경험담의 문학적 성격에 대한 고찰」, 『구비문학연구』4, 한국구비문학회, 1997; 김현주, 「'일상경험담'과 '민담'의 구술성 연구」, 『구비문학연구』4, 한국구비문학회, 1997; 천혜숙, 「여성생애담의 구술 사례와 그 의미 분석」, 『구비문학연구』4, 한국구비문학회, 1997.

차는 상당히 크다. 우선 두 분과학문은 '구술'이라는 용어를 공유하지만, 뒤에 결합하는 어휘는 '사(史)'와 '담(談)'으로 다르다. 구비문학은 인간의 경험이 바탕이 되어서 발화되는 이야기를 '구술담', '경험담', '생애담'으로 부른다. 반면 구술사는 '구술사', '증언사', '생애사' 등으로 칭한다. 두 분과학문이 조사 대상으로 설정하는 제보자가 상사(相似)한 성격을 보임에도 불구하고, 제보자의 입을 통해서 발화되는 담화에는 다른 명칭을 부여함으로써 구술 자료에 대한 인식차를 드러내고 있다. 그리고 이러한 차이는 연구 목적과 방향에 있어서도 다른 지향을 보인다. 구술사는 사람들의 기억과 구술 자료를 단순히 보존하기 위해서 현장조사를 실시하지 않는다. 사람들의 기억과 구술 자료는 문자로 전환되면서 '구술 기록 자료'가 되며,[6] 이를 통해서 역사·사회적으로 배제되고 망각을 강요당했던 '사건'을 복원·재현하는 것이 구술사 연구의 목적이 된다. 반면 구비문학은 경험적 구술을 통해서 주체의 모습을 복원하고, 이를 통해서 삶의 다양한 진리와 윤리를 궁구하고자 한다.

예를 들어 사람들의 생애 이야기에 대해서 살펴보면 다음과 같다. 사람들의 생애 이야기는 구술사에서는 '구술생애사'로, 구비문학에서는 '구술생애담'으로 부른다. 구술사는 '생애사'라는 용어를 일찍부터 확정해서 사용했다. 하지만 구비문학은 사람들의 생애 이야기가 문학의 범주에 포함될 수 있는가부터 연구 대상 텍스트에 부여하는 용어 설정이 적절한가까지 일정 시간 동안 숙고가 필요했다. 초기에는 '생애 이야기', '생애사', '생애담', '경험담', '체험담', '구술담'이 혼재되면서 사용됐다. 비록 구비문학 연구자들이 공식적으로 합의한 사항은 아니지만, 현재는 체계적으로 개념을 설정해서 용어를 사용하고 있다. 인간의 체험을 바탕으로 구술되는 이야기의 범주를 '경험담'으로 설정하고, 그 하위 분류에 '(구술)생애담'을 배치해 놓는다.

6) 김귀옥, 앞의 글, 17쪽.

그렇다면 구술사와 구비문학이 바라보는 사람들의 생애 이야기는 어떤 차이가 있는가? 우선 구술사도 '구술생애사' 자체를 연구 대상으로도 설정하지만, 하나의 연구방법론으로 인식하는 경향이 강하다. 구술사 연구자는 '새로운', '밑으로부터' 역사쓰기, 사회구조를 재구성하는 것[7]을 목적으로 한다. 이러한 연구 목적을 실현하기 위해서는 구술사 연구자가 설정한 역사나 사회적 사건을 직접 경험한 사람이 제보자로 선정된다. 연구자가 적합한 제보자를 찾아내서 인터뷰를 진행하면서 특정 사건에 대한 기억만을 조사할 수도 있지만, 개인이 어떤 맥락에서 사건을 기억하고 구술하는가를 살펴보기 위해서 '생애사 조사 방법'을 이용한다. 그리고 연구자는 제보자의 생애사 기록 중에서 특정 사건을 추출해서 연구 자료로 이용한다. 당연히 사람들의 기억과 구술은 왜곡과 변형이 수시로 발생하기 때문에 기존의 역사학적 관점에서 '사료'가 될 수 없다. 이 부분에 대해서 구술사 연구자들도 대체로 수긍한다. 그래서 구술사 연구자들은 특정한 사건을 경험한 다수 사람들의 이야기를 조사하고, 사실의 문제가 중시되는 부분은 교차 검증으로 확인한다. 나아가 기록 자료와 대조해 봄으로써 이데올로기 문제, 대항 담론의 문제, 사실 확정의 문제로 접근해 간다.

반면 구비문학의 구술생애담은 연구방법론이 아닌 분석 대상 텍스트가 된다. 사람들은 자신이 '체험'한 인생의 사건들을 기억과 구술을 통해서 '경험화'한다. 체험을 불러와서 경험화하는 주체는 제보자 자신이 되며, 인생의 시간을 이야기를 통해서 계열화함으로써 자신의 정체성을 새롭게 구성해 나간다. 물론 이 과정에서 연구자가 청중이나 관객 수준에 머무는 것은 아니다. 연구자는 대화의 상대자가 되어서 제보자가 자신의 체험을 경험화할 수 있게 도움을 준다. 제보자는 자신의 인생을 무작위적으로 구술하지 않는다. 제보자는 자신이 살아온 집단과 사회 속에

---

7) 이희영, 「사회학 방법론으로서의 생애사 재구성-행위이론의 관점에서 본 이론적 의의와 방법론적 원칙」, 『한국사회학』39(3), 한국사회학회, 2005, 130쪽.

서 무의식적으로 영향을 받아온 문화서사적 요소를 활용해서 생애 이야기를 구성해 간다. 구술사는 특정한 역사 및 사회적 사건의 담지자로서 제보자를 선정하고 이야기를 통해서 사건을 재구한다면, 구비문학의 구술생애담은 스스로 자신의 이야기를 구성할 수 있는 사람이라면 누구나가 제보자가 될 수 있다. 범박하게 요약하면, 구술사는 사건을 중심으로 주체의 이야기가 배치되고 구성되는 데 반해, 구술생애담은 주체를 중심으로 사건이 배치되고 구성된다. 그래서 구술사는 제보자의 이야기 속에서 '무엇을'에 초점이 맞추어져 있다면, 구술생애담은 '어떻게'에 관심을 두고 제보자의 이야기를 듣는다.

구술사와 구비문학이 대상으로 설정하고 있는 생애 이야기가 어떤 시각에서 자료로서 수집되고, 연구 분석을 통해서 어떤 목적을 지향하고 있는가를 살펴보았다. 이러한 분별이 분과학문이 지닌 특성을 강화하고, 어떤 방법론이 연구에 있어서 더 적절한가를 논하는 것이 목적이 아니다. 다양한 분과학문이 상사한 대상을 바라보는데 있어서 어떤 차이가 있는지 확인해 보고, 자신의 시각에서 놓치거나 부족한 부분이 무엇인지를 인식함으로써 이후의 연구가 더 나은 방향으로 나아갈 길을 모색하자는 데 목적이 있다. 본 연구는 사람들의 '기억과 구술'을 통해서 생성된 다양한 형태의 텍스트를 대안적 용어로서 '구술서사'라 칭하고자 한다. '구술'은 기억에 의존하며 입을 통해서 발화되는 '매체적' 특성을 지칭한다. '서사'는 장르 개념이 아니며, 사실이든 허구이든 기술의 진술과 구두의 진술을 포괄하는 이야기를 지칭한다.[8] 하지만 '구술서사'라

8) 서사학의 발생을 1966년 프랑스의 저널 『코뮤니카시옹』 8호의 출간으로 보는 견해가 있다. 여기에 투고한 브레몽, 주네트, 그레마스, 토도로프, 바르트는 대표적인 구조주의자들인데, 이는 서사학이 구조주의에 토대에서 출발했음을 말해준다. 이 저널에 실린 글 「이야기의 구조 분석」에서 바르트는 "세상의 서사는 수도 없이 많다. 구술이건 기술이건 분절된 언어, 고정되거나 움직이는 이미지들, 동작들, 이 모든 실체들의 질서화된 혼합에 의해 드러날 수 있다.- 좋은 문학과 나쁜 문학의 구분과는 무관하게, 서사는 국제적이고 트랜스 문화적이다-그것은 단지 거기에 있다. 삶 그 자체처럼"이라고 언명함으로써 서사가 갖는 범서사성을 부각시킨다.(Marie-Laure Ryan, Avatars of Story, University of

는 개념이 너무나 광범위해서 구술사와 구비문학에서 지시하는 '사람들의 기억과 구술'에 대해 공유지대를 형성하는데 조금 무리가 따른다. 이에 '경험'이라는 수식어를 붙여서 '구술서사'의 범위를 한정하고자 한다.

'경험의 구술서사'는 그 자체만으로 학술적 가치가 있을 뿐만 아니라 활용적 측면에 있어서 무궁무진하다. 특히 지역의 역사와 문화, 사회를 연구하는 데 있어서 경험의 구술서사는 꼭 경유해야 하는 중요 자료가 되었다. 이에 본 글은 경험의 구술서사를 이용해서 지금까지 진행된 광주·전남 지역의 연구 현황과 쟁점들에 대해서 살펴보고, 앞으로 어떤 주제에 관심을 두면서 연구를 진행해야 하는지에 대해서 알아보도록 하겠다.

II. 광주·전남 지역 '경험의 구술서사' 연구의 쟁점과 궤적

경험의 구술서사 연구는 사람들의 기억을 바탕으로 한다. 경험의 구술서사 연구는 일군의 학자들이 특정 주제를 깊이 있게 분석한 학술적 결과물만을 지칭하지 않는다. '사람들의 기억과 구술'은 그 자체만을 두고 볼 때 추상성과 가변성의 특질을 지닌다. 그래서 사람들의 기억과 구술이 구체적인 대상으로 전환되기 위해서는 제보자의 기억과 구술이 '텍스트화(entextualization)'[9]되어야 한다. 물론 텍스트는 문자화된 기록만을 전제하지 않는다. 텍스트는 넓은 의미에서 영상, 그림, 기념물 등까지

Minnesota Press, 2006, p3; 송효섭, 「구술서사학의 현재와 미래–구조주의에서 탈구조주의까지」, 『구비문학연구』45, 한국구비문학회, 2017, 7쪽)

9) 경험의 구술서사는 확정된 텍스트가 아니다. 제보자의 기억과 구술은 연구자와 상호작용 속에서 구성되며, 현장에서 녹음된 자료는 연구자의 채록을 통해서 문자화된 텍스트가 된다. 하지만 채록·전사된 텍스트도 확정된 텍스트가 아니며, 항상 불완전성을 내재하고 있다. 이에 경험의 구술서사 자료는 항시적으로 가변성과 비결정성을 지니고 있기에 '텍스트화'라는 특징을 지니고 있다.(송효섭, 앞의 글, 19쪽)

도 포함된다. 하지만 본 논의에서 텍스트는 문자를 통해서 기록으로 전환된 사람들의 기억과 구술만을 한정하기로 한다. 경험의 구술서사 연구는 자료 생성과 함께 이루어져야 하기에, 기록집 및 자료집을 살펴보는 것도 연구사를 검토하는 데 있어 중요하다. 이에 경험의 구술서사 관련 기록집과 자료집의 출판 현황과 의미도 함께 살펴보고자 한다.

경험의 구술서사 연구와 관련하여 시론적 분석을 시도한 사람은 유철인이다. 그는 1990년에 한국문화인류학회에 「생애사와 신세타령:자료와 텍스트의 문제」라는 제목의 논문을 발표했다.[10] 그는 외국 학계의 생애사 연구방법이 소수집단의 다양한 목소리를 듣기 위한 목적으로 시작되었음을 언급하면서 생애사의 특징을 이야기, 시간, 주관성으로 정리하고 있다. 그는 '신세타령'이 한국인의 이야기 방식이라고 하면서, 한국의 생애사 분석 방법에 대해 제언하고 있다. 그는 생애사 연구를 토대로 지역의 문화 읽기 및 한국 사회의 주변 주체 목소리를 담는 방법에 대해 고민을 이어갔다.[11] 그의 연구는 한국의 경험의 구술서사 연구에 있어서 중요한 지표가 되었다.

경험의 구술서사 연구는 1990년대 중반부터 다양한 분과학문으로부터 주목받기 시작했고, 현장조사로 수집된 자료를 대상으로 본격적인 분석 연구가 시작되었다. 이런 상황에서 구술사 연구방법론이 소개되었다. 연구방법론은 서양 학계의 이론을 국내에 소개하는 것뿐만 아니라, 한국에서 꾸준히 현장조사를 실시해서 축적한 연구자의 경험을 체계적으로 정리한 연구방법론이 논문과 단행본으로 출간되었다.[12] 더불어 경

10) 유철인, 「생애사와 신세 타령:자료와 텍스트의 문제」, 『한국문화인류학』22(1), 한국문화인류학회, 1990.

11) 유철인, 「해석인류학과 생애사:제주사람들의 삶을 표현하기 위한 이론과 방법의 모색」, 『제주도연구』7, 제주학회, 1990; 유철인, 「어쩔 수 없이 미군과 결혼하게 되었다:생애이야기의 주제와 서술 전략」, 『한국문화인류학』29(2), 한국문화인류학회, 1996.

12) 윤택림, 「기억에서 역사로:구술사의 이론적, 방법론적 쟁점들에 대한 고찰」, 『한국문화인류학』25(1), 한국문화인류학회, 1994; 윤형숙, 「여성생애사 연구방법론」, 『여성연구』3, 목포대학교 여성문제연구소, 1996; 제임스 훕스(James Hoopes), 유병용 옮김, 『증언사입

험의 구술서사는 인류학과 역사학, 사회학뿐만 아니라 민속학, 여성학, 국문학 등에서 자료적 가치와 활용에 대해 새롭게 인식하기 시작했다.[13] 다양한 분과학문은 그간 축적한 현장조사 경험을 구술사 연구방법론과 접목해서 새로운 연구 가능성의 지대를 모색하면서 구체적인 연구 결과를 산출했다.

1990년대 시작된 한국의 경험의 구술서사 연구에 대해서 짧게 살펴보았다. 경험의 구술서사와 관련한 광주·전남 지역의 연구는 학계의 연구 흐름과 조금 다른 층위에서 살펴보아야 한다. 광주·전남 지역은 경험의 구술서사가 한국 학계의 관심을 받기 전부터 사람들의 기억과 구술을 수집했다. 이러한 경험의 구술서사 수집이 일찍부터 실행될 수 있었던 직접적 계기는 5·18광주민주화운동이다. 전두환 군부가 정권 찬탈을 목적으로 광주를 대상으로 행사한 무작위한 폭력은 많은 사람들에게 큰 상처를 주었다. 전두환 군부는 자신들이 행사한 폭력에 정당성을 부여하기 위해서 다양한 이데올로기 장치를 동원해서 5·18광주민주화운동을 왜곡했다. 5·18광주민주화운동은 간첩과 폭도가 일으킨 폭력 사태가 되었고, 광주 사람들은 국가 전복을 시도한 '빨갱이 집단'으로 낙인찍혔다. 광주 사람들은 왜곡된 광주의 진실을 알려야 했고, 국가가 강제로 짊어지게 한 멍에를 벗겨내야 했다. 이에 일군의 사람들은 1980년대 중반부터 광주 사람들의 기억과 구술을 바탕으로 르포 형식의 책을 출간하였으며[14], 송기숙을 중심으로 광주에서 설립된 '한국현대사사료연구

문』, 한울, 1995; 함한희, 「나주 농민들이 들려주는 역사 이야기」, 『한국사 시민강좌』21, 일조각, 1997; 윤택림, 「구술사와 지방민의 역사적 경험 재현: 충남 예산 시양리의 박형호씨 구술 증언을 중심으로」, 『한국문화인류학』30(2), 한국문화인류학회, 1997; 윤택림·함한희, 「새로운 역사쓰기를 위한 구술사 연구방법론』, 아르케, 2006.

13) 천혜숙, 앞의 글; 나승만, 「민중 생애담 조사법」, 『역사민속학』9, 한국역사민속학회, 1999; 김귀옥, 「지역 조사와 구술사 방법론: 경험과 성찰, 새로운 출발」, 『한국사회과학』22(2), 서울대학교 사회과학연구원, 2000; 김성수, 「구술사 방법론과 현대문학 연구의 새 지평」, 『한국근대문학연구』5(2), 한국근대문학회, 2004.

14) 광주민주화운동기념사업회 엮음, 황석영·이재의·전용호 기록, 『죽음을 넘어, 시대의 어둠

소'는 항쟁 참여자들을 개별적으로 면담해서 얻은 경험의 구술서사를 자료집으로 출판했다. '한국현대사사료연구소' 프로젝트는 다른 지방에 거주하는 사람들에게 '광주의 진실'을 알리는 것을 목적으로 진행되어서, 제보자들이 구술한 내용을 조사자들이 일정한 형식에 맞추어 재배치하였다.[15] 당시 출간된 책과 자료집이 현재 경험의 구술서사 연구에서 다양하게 고민하는 문제들(제보자와 연구자(조사자)의 권위 문제, 재현의 문제, 사건의 사실 문제 등)에 대해 세심하게 검토되지는 못했지만, 권위주의 정부의 국가권력이 작동하던 시기에 국가담론에 대한 도전으로 이루어졌다는 데 큰 의미가 있다. 나아가 경험의 구술서사가 국가권력이 억압하는 역사적 사건에 대해 진실을 규명할 수 있는 중요한 단초가 될 수 있음을 보여주었다. 이 작업은 일군의 사람들과 학자들의 노력뿐만 아니라, 지역 공동체의 동의와 지지가 있었기에 가능했다.

5·18광주민주화운동 관련 경험의 구술서사 연구는 다양한 주제로 확장되었다. 현재까지 5·18광주민주화운동에 대한 진실규명 및 책임자처벌이 이루어지지 않은 상황에서 사건적 진실을 파악하기 위한 연구와 활동[16]이 꾸준히 전개됨과 동시에 5·18광주민주화운동이 1980년 당시 광주라는 도시 공간을 배경으로 광범위하게 전개된 사건임을 인지하기 시작했다. 5·18광주민화운동 연구는 특정 장소에서 발생한 사건을 벗어나 다양한 장소에서 파편적으로 발생한 사건에 대해서도 주목하기 시작했다.[17] 이러한 연구의 확장은 그간의 연구에 대한 자기반성적 평가를 동

을 넘어』, 창비, 1986. 이 책의 초판본 지은이는 황석영으로 되어 있지만, 실제 집필을 주도한 사람은 이재희와 기독교 단체 일을 보던 조봉훈, '5·18 최후의 수배자'로 불리는 윤한봉이 한때 주도하던 현대문화연구소(1976년 6월 설립 광주·전남 지역의 청년운동의 근거지) 측이었다.(광주매일正史5·18특별취재반, 『正史5·18』, 사회평론, 1995, 114~115; 김귀옥, 「구술사와 치유–트라우마 치유의 가능성을 모색하며」, 『통일인문학』55, 건국대학교 인문학연구원, 2013, 133쪽)

15) 한국현대사사료연구소, 『광주5월민중항쟁사료전집』, 풀빛, 1990.

16) 전남대학교 5·18연구소 편, 『5·18항쟁 증언자료집 1–4』, 전남대학교 출판부, 2003~2005.

17) 대표적인 작업으로 다음과 같다. 광주여성희망포럼·광주전남여성단체연합·오월여성제추

반하면서 이루어졌다.[18] 또한 과거의 연구들이 사건의 진실을 규명하는 데 초점이 맞춰지면서 중요하지만 계속 지연된 피해자들의 트라우마 문제, 피해자 가족들과 5·18을 직간접적으로 경험한 일반 시민들의 트라우마 문제 등이 경험의 구술서사 연구의 주제로 주목받기 시작했다.[19] 더불어 1980년 5·18 당시 광주에서 발생한 일가족 살인 사건을 통해서 한국전쟁의 상흔과 광주민주화운동의 관계성을 살펴보는 연구[20], 5·18과 여성의 목소리[21], 최후항전 참여자들의 구금생활 연구[22] 등 다양한 주제가 경험의 구술서사를 매개로 이루어졌다.

5·18광주민주화운동의 기억과 구술 수집 작업은 한국에서 그간 국가

진위원회 엮음, 『구술로 엮은 광주여성의 삶과 5·18』, 심미안, 2010; 5·18민중항쟁해남동지회, 『5·18해남민중항쟁증언록:땅끝 해남에서 타오른 오월 항쟁』, 5·18민중항쟁해남동지회, 2010; 광주전남여성단체연합 기획, 이정우 편집, 『광주, 여성:그녀들의 가슴에 묻어 둔 5·18이야기』, 후마니타스, 2012; 전남대학교병원, 『5·18 10일간의 야전병원:전남대학교병원 5·18민주화운동 의료활동집』, 전남대학교병원, 2017; 5·18민주유공자나주동지회, 『나주 오월민중항쟁 체험 구술집-5·18과 나주사람들』, 나노, 2020; 화순군, 『화순과 5·18』, 화순군, 2020. 이러한 작업과 별도로 5·18기념재단은 『구술생애사를 통해 본 5·18의 기억과 역사』를 2020년 10집까지 발간하였다.

18) 최정기, 「5·18국가폭력 및 항쟁과 구술조사-증언 불가능성에 대한 도전:『광주5월민중항쟁사료전집』에 대한 비판적 성찰」, 『민주주의와 인권』18(2), 전남대학교 5·18연구소, 2018.

19) 한정훈, 「5·18 당시 아들을 잃은 어머니들의 삶과 치유의 공감장-어머니들의 구술생애담을 대상으로」, 『문학치료연구』52, 한국문학치료학회, 2019; 한정훈, 「5·18과 가족 트라우마-5·18 사상자 아내들의 구술생애담을 대상으로」, 『비교민속학』73, 비교민속학회, 2021; 김석웅, 「5·18민주화운동 유가족 1세대 및 2세대의 집단트라우마」, 『민주주의와 인권』21(3), 전남대학교 5·18연구소, 2021; 김형주, 「5·18민주화운동 일선 대응인의 피해와 트라우마: 수습위원, 의사, 간호사, 시신 수습인을 중심으로」, 『민주주의와 인권』21(3), 전남대학교 5·18연구소, 2021.

20) 김원, 「1950년 완도와 1980년 광주:죽음과 기억을 둘러싼 현지조사」, 『구술사연구』3(2), 한국구술사학회, 2012; 김정한, 「5·18 항쟁 시기에 일어난 일가족 살인사건:전쟁, 학살, 기억」, 『역사비평』, 역사비평사, 2013.

21) 김영희, 「5·18의 기억 서사와 여성의 목소리」, 『페미니즘 연구』18(2), 한국여성연구소, 2018.

22) 김형주, 「5·18 최후항전 참여자들의 구금 생활 연구:2011년 5·18민주화운동 구술 자료를 중심으로」, 『민주주의와 인권』18(4), 전남대학교 5·18연구소, 2018.

폭력으로 피해를 본 사람들, 다양한 이데올로기 국가장치를 통해서 침묵과 망각을 강요당했던 사람들에게 '우리도 이제는 이야기할 수 있다'는 용기를 주었다. 하지만 제보자의 구술 의지만으로 경험의 구술서사 연구가 진행되는 것은 아니다. 이야기를 듣고, 기록하고, 분석하고, 나아가 역사적 경험을 다른 사람들에게 알릴 수 있는 매개가 필요했다. 이러한 시점에서 등장한 것이 바로 '구술사 연구'다. '구술사 연구'는 우연히 등장한 것이 아니다. 정근식은 경험의 구술서사 연구를 '사회적 기억 연구'라 칭하면서, 이러한 연구가 1990년을 전후한 세계적 탈냉전과 군부독재나 권위주의가 퇴조되고 시민들에 의한 민주화가 진전되면서 필연적으로 등장할 수밖에 없었다고 주장한다. 이러한 흐름 속에 '사회적 기억 연구'는 1945년 이전의 식민주의나 1945년 이후의 냉전 하의 사회적 기억을 재구성하는 작업, 권위주의 정부의 국가폭력으로 피해를 입은 사람들의 기억과 구술을 재구성하는 작업으로 연결될 수밖에 없었다.[23] 1990년대부터 본격적으로 진행된 한국의 '경험의 구술서사 연구'가 일제강점기, 분단과 전쟁, 냉전과 독재의 시대 등에 초점이 맞춰진 것도 이러한 세계사적 흐름의 반영이었다.[24]

한국의 일제강점기 피해와 관련한 경험의 구술서사 연구는 시민사회단체를 중심으로 시작되었다. 1988년 윤정옥에 의해 처음으로 제기되고, 1991년 김학순 할머니의 '고백'에 의해 확인된 정신대 또는 일본군 위안부는 전후 40년간 망각되었던 존재로, 한국뿐만 아니라 동아시아 전체, 나아가 세계적인 쟁점으로 탈식민과 페미니즘 맥락에서 경험의 구술서사 연구를 이끌어가는 하나의 축이 되었다.[25] 한국정신대문제대책협의회는 일본군 위안부의 존재와 강제 연행의 역사적 사실을 밝히는 데

23) 정근식, 「한국에서의 사회적 기억 연구의 궤적–다중적 이행과 지구사적 맥락에서」, 『민주주의와 인권』13(2), 전남대학교 5·18연구소, 2013, 350~355쪽.

24) 김귀옥, 앞의 글, 28쪽.

25) 정근식, 앞의 글, 358~359쪽.

중점을 두고 할머니들의 구술 채록 작업을 시작했으며, 그 최초의 성과로 1993년 『강제로 끌려간 조선인 군위안부들』을 출간했다. 이후 시리즈로 2001년 5집까지 출간되었다.[26] 할머니들의 구술 채록 작업은 일제의 추악한 전쟁 범죄를 사실적 사건으로 증명한다는 차원을 넘어서 뿌리 깊게 박힌 한국 사회의 가부장적 의식과 관념을 비판적으로 바라보는 계기가 되었다. 이후 학계도 일제강점기를 살았던 사람들의 기억과 구술을 수집하는 작업에 적극 동참하기 시작했으며, 다양한 분과학문에서 다양한 주제로 연구를 진행했다.

경험의 구술서사 관련 광주·전남 지역의 일제강점기 연구를 살펴보면, 우선 함한희의 연구가 있다. 함한희는 나주 지역의 마을사를 연구하기 위해서 현장조사를 실시하는 과정에서 구한말부터 일제강점기 동안 마을에서 발생한 토지분쟁사건을 접하게 된다. 함한희는 이를 '궁삼면사건'이라 칭하면서 구한말부터 1960년대까지 지속된 지역 사람들의 기억과 구술 담론을 추적해서 분석했다. 경험의 구술서사 연구가 보편화되지 않은 시기에 현장조사를 통해서 지역사를 살펴보았다는데 그 의미를 찾을 수 있다.[27] 일제강점기 강제동원되었던 사람들의 경험의 구술서사 연구가 진행되기도 했다. 여성구는 2003년부터 구술 녹취된 전남 지역 72명의 자료를 바탕으로 1940년대 강제 연행과 귀환 과정, 귀환 후 정착 등을 살펴보았다.[28] 이러한 나름의 연구가 있었음에도 불구하고, 광주·전남 지역의 일제강점기 피해자 관련 경험의 구술서사 연구는 다른 지역

---

26) 한국정신대연구소, 『강제로 끌려간 조선인 군위안부들 1-5』, 풀빛, 1993-2001.

27) 함한희, 「해방 이후의 농지개혁과 궁삼면 농민의 사회경제적 지위 및 그 변화」, 『한국문화인류학』23(1), 한국문화인류학회, 1991; 함한희, 「조선말·일본시대의 궁삼면 농민의 사회경제적 지위와 그 변화」, 『한국학보』66, 일지사, 1992; 함한희, 「농민들의 역사의식에서 나타난 민족주의적 담론의 의미」, 『한국문화인류학』24(1), 한국문화인류학회, 1992; 함한희, 「나주 농민들이 들려주는 역사 이야기」, 『한국사 시민강좌』21, 일조각, 1997.

28) 여성구, 「전남 함평군 장성군 귀환 생존자의 구술 사례연구」, 『한국 근현대사 연구』25, 한국근현대사학회, 2003; 여성구, 「전남지역 한인의 강제연행과 귀환:구술을 통해 본 귀환 생존자의 사례를 중심으로」, 『역사학연구』22, 호남사학회, 2004.

에 비해서 미진한 것이 현실이다. 현재는 시간이 많이 흘러서 일제 강제 동원 피해자들을 찾기가 힘든 상황이며, 과거와 비교해서 학계의 관심도 많이 줄어든 상태이다. 이런 상황에서 최근에 광주 지역의 시민사회단체가 마지막이라는 심정으로 일제강점기 강제동원 피해자들을 찾아서 경험의 구술서사 자료를 3년 동안 수집하기도 했다.[29] 이는 경험의 구술서사 관련 지역 연구에 있어서 상당히 의미 있는 작업으로 평가된다.

'한국전쟁 연구'는 경험의 구술서사 연구와 만나면서 큰 변화를 겪게 된다. 기존의 한국전쟁 연구는 한국전쟁의 발발 원인, 한국전쟁의 국제적 성격 규명, 전투사를 중심으로 이루어졌다. 한국전쟁은 한반도의 분단이 고착된 직접적인 계기였고, 이후 한국 사회의 다양한 모순을 파생시킨 사건이었다. 한국전쟁은 한국 정부의 존립 근거를 부여하고 있어서, 전쟁에 대한 기억은 국가에 의해 독점되거나 강력한 통제의 대상이 되었다.[30] 이에 한국전쟁 과정에서 발생한 국가권력에 의한 민간인의 피해와 마을 공동체 내에서 발생한 다양한 갈등은 이념의 문제가 개입되면서 오랜 시간 침묵과 망각을 강요받았다. 1980년대 말부터 한국전쟁 관련 민간인 피해에 대한 진실규명 목소리가 발화되기 시작했다. 1987년 6월 항쟁과 광주 5월 운동에 힘입어 제주 4·3항쟁에 대한 진상규명운동이 시작되었다. 4·3연구소와 제민일보 등이 주체가 되어 4·3사건 경험자들의 기억과 구술을 채록하였고[31], 이를 통해서 사건의 기억을 새롭게 구성하기 시작했다. 이러한 노력들이 결실을 맺어서 『제주4·3사건 진상규명 및 희생자명예회복에 관한 특별법』 제정을 이끌어냈다. 2000년부터 남북화해 분위기가 형성되면서 '한국전쟁 전후 민간인학살 진상규명 범국민위원회'가 연구자와 시민단체, 유족들의 연합으로 결성

29) 이국언 외 편저, 『배고픔에 두들겨 맞아가면서도 하얗게 핀 가시나무 꽃 훑아먹었지』, 근로정신대 할머니와 함께하는 시민모임, 2020.

30) 정근식, 앞의 글, 377쪽.

31) 제주 4·3항쟁 관련자 증언을 채록 수집해서 자료집으로 『이제사 말햄수다 1,2』(한울, 1989)를 발간했다.

되었고, 나아가 이에 관한 연구와 학술적 지원을 위하여 한국제노사이드연구회가 발족되었다. 2005년 5월 '진실·화해를 위한 특별법'이 제정되고, '진실·화해를 위한 과거사정리위원회'(2005~2010)가 발족했다. 이러한 사회 분위기에서 한국전쟁 관련 경험의 구술서사 연구가 활발하게 진행되었다. 피난과 가족이산, 포로, 학살 등의 주제들과 전후 한국 사회에 나타난 고아, '미망인', 부상군인의 문제, 그리고 인류학자와 사회학자 중심의 전쟁 기억에 대한 연구가 활발하게 진행되었다.[32)]

광주·전남 지역에서도 한국전쟁 관련 경험의 구술서사 연구가 활발히 전개되었다. 특히 전남대학교 호남문화연구소의 한국전쟁 연구는 경험의 구술서사와 관련하여 지역사 연구에 있어서 주목할 만한 성과를 도출했다. 인류학·사회학·국문학·민속학 분야가 학제간 통섭을 지향하면서 '아래로부터의 한국전쟁 연구', '마을 공동체의 생애사', '마을 공동체의 고통과 그 대면'을 주제로 다년간 연구를 진행했다.[33)] 전남대학교 호남문화연구소는 한국전쟁 당시 좌우익 갈등이 심한 마을 공동체, 민간인 학살이 발생한 지역을 중심으로 체계적인 현장조사를 실시하면서 지역사적 층위에서 한국전쟁을 새롭게 읽어내는 토대를 마련했다. 이와 함께 일본, 미국, 인도 등 해외 구술사 연구의 동향을 살펴보면서 경험의 구술서사 연구 방법에 대한 지평 확장에 기여했다.[34)]

특히 현장조사 연구가 다른 연구와 큰 차이를 보이는 지점은 특정 대

---

32) 김귀옥, 『전쟁의 기억 냉전의 구술』, 선인, 2008; 조성훈, 『한국전쟁과 포로』, 선인, 2010; 김동춘, 『전쟁과 사회: 우리에게 한국전쟁은 무엇이었나?』, 돌베개, 2000; 이임하, 『전쟁미망인, 한국현대사의 침묵을 깨다:구술로 풀어 쓴 한국전쟁과 전후 사회』, 책과함께, 2010; 윤택림, 『인류학자의 과거 여행: 한 빨갱이 마을의 역사를 찾아서』, 역사비평사, 2004.

33) 표인주 외, 『전쟁과 사람들:아래로부터의 한국전쟁 연구』, 한울, 2003; 김경학 외, 『전쟁과 기억:마을 공동체의 생애사』, 한울, 2005; 최정기 외, 『전쟁과 재현:마을 공동체의 고통과 그 대면』, 한울, 2008.

34) 김용의, 「일본의 구술사 연구」; 김봉중, 「미국의 구술사 연구」; 김경학, 「인도의 구술사 연구」, 『전쟁과 사람들:아래로부터의 한국전쟁 연구』, 한울, 2003.

상에 대한 일반적 해석에 균열을 가하면서, 개인사뿐만 아니라 지역의 문화사적 배경을 맥락화 하여 과거 사건에 대한 다양한 해석을 내올 수 있다는 것이다. 이러한 지점에서 염미경 연구는 유의미하게 읽힌다. 한국전쟁과 여성의 문제는 많은 경험의 구술서사 연구자들에 의해서 수행되었다. 그리고 여성들이 한국전쟁을 경험화하는 방식에 있어서 특정 대상에 대해서 공통된 모습을 보이게 된다. 이에 일부 연구자들은 한국전쟁 관련 특정 대상에 대한 여성들의 경험화 방식에 대해 하나의 법칙성을 부여하는 모습을 보였다. 즉, 인공 때 좌익 경험이 있는 남편에 대해 말하는 것을 금기시한다거나, 증오와 한으로 표현되는 남편의 모습 등이 대표적인 사례이다. 하지만 염미경은 이러한 모습이 일반적 현상으로 수렴해서 설명될 수 없으며, 마을 공동체 문화와 젠더적 역할에 따른 한계 등으로 나타난 개별적 현상이라 설명한다.[35] 염미경 연구는 경험의 구술서사 연구가 지역사적 층위에서 기존의 연구와 차별 지점을 어떻게 만들어내면서 나가야 하는지를 보여주고 있다.

전남대학교 호남문화연구소와 별개로 지역 차원의 한국전쟁 연구는 다양하게 진행되었다. 박찬승의 연구는 마을과 지역 단위에서 벌어진 한국전쟁을 사람들의 기억과 구술을 통해서 진행했다.[36] 광주·전남은 한국전쟁 당시 남한과 북한 사이에 직접적인 전투가 발생한 지역이 아니다. 그래서 전쟁 기간 중 이 지역에서 발생한 양민학살 등의 사건은 다른 지역과 조금 다른 결을 보이고 있으며, 지역의 기층 사람들이 좌익에 가담하고 빨치산 등으로 활동한 이력을 이념의 관점만 가지고 해석되지 않는다. 이에 한정훈은 빨치산 구술생애담 연구를 통해서 개인사적 차원에서 한국전쟁을 읽어보고자 했으며, 문학의 관점에서 이들이 '

35) 염미경, 「여성의 전쟁경험과 기억-좌익관련 여성유족의 구술생애사」, 『정신문화연구』 28(4), 한국학중앙연구원, 2005, 157쪽.

36) 박찬승, 『마을로 간 한국전쟁:한국전쟁기 마을에서 벌어진 작은 전쟁들』, 돌베개, 2010; 박찬승, 「한국전쟁 전후 해남군에서의 민간인 학살」, 『구술사연구』3(1), 한국구술사학회, 2012.

자신의 생애를 어떻게 구성해서 말하는지'를 분석하기도 했다.[37] 15세의 어린 나이에 한국전쟁을 경험하면서 빨치산이 되었다가 붙잡혀서 오랜 시간 감옥생활을 한 제보자의 구술생애담을 정리해서 자료집으로 출간하기도 했다.[38] 또한 지역 사람들의 기억과 구술을 통해서 한국전쟁 당시 영광에서 좌익활동을 한 인물의 생애사를 재구성해 보고, 이를 통해서 한국전쟁에 대한 지역 사람들의 인식을 분석하기도 했다. 영광 사람들이 한국전쟁을 회고할 때면 의무통과점처럼 필히 소환하는 인물이 있는데, 바로 '박막동이'이다. 그는 한국전쟁 당시 지역의 좌익들과 빨치산을 이끌었던 사람이다. 그에 대한 기록은 해방공간에서 발생한 사건을 전하는 신문 기사에서만 파편적으로 찾을 수 있다. 그런데 '박막동이'는 기록의 양과 상관없이 한국전쟁과 관련하여 영광 사람들의 기억과 구술에 큰 지분을 차지하고 있었다. 한정훈은 '박막동이'에 대한 영광 사람들의 경험의 구술서사를 오랜 시간 수집했고, 분석을 통해서 영광 사람들의 기억과 구술서사가 시간이 지남에 따라 설화적 양식으로 변해가고 있음을 밝혀냈다. 이는 경험의 구술서사가 어떤 서사 문법과 체계로 보존·전승되는지, 나아가 기층 사람들의 사회적 기억이 어떤 형태로 구성되는지를 살펴보는데 중요 참조점이 된다.[39]

한국전쟁과 관련해서 광주·전남 지역에서 근래에 주목되는 연구가 있

---

37) 한정훈, 「한 여성 빨치산의 구술생애담을 통해서 본 정체성의 서사」, 『한국문학이론과비평』50, 한국문학이론과비평학회, 2011; 한정훈, 「빨치산 구술생애담 연구」, 전남대학교 박사논문, 2012.

38) 김영승 구술, 박찬모·한정훈 편저, 『백발의 '소년 빨치산' 김영승』, 순천대학교 지리산권문화연구원, 2010. 이 자료를 바탕으로 노용석은 전남 함평 불갑산지역 민간인학살과 관련한 연구를 진행하였다.(노용석, 「빨치산의 기억으로 본 한국전쟁기 민간인학살:전남 함평 불갑산지역 민간인학살 사례를 중심으로」, 『민족문화논총』73, 영남대학교 민족문화연구소, 2019.) 이전에도 이 지역 출신으로 한국전쟁 당시 빨치산으로 활동한 사람의 구술생애담을 정리해서 책으로 출간 사례가 있다. 박이준, 『한국민중구술열전8-박남진 1922년 5월 25일생』, 20세기민중생활사연구단, 2005.

39) 한정훈, 「한국전쟁의 경험과 인물 이야기-영광 지역의 한 빨치산 이야기를 대상으로」, 『구비문학연구』39, 한국구비문학회, 2014.

는데, 다름 아닌 여순사건이다. 여순사건은 해방공간의 이념 투쟁, 제주 4·3사건, 한국전쟁을 살펴보는 데 있어서 꼭 경유해야 하는 중요한 사건이다. 기존의 여순사건 연구는 남노당과 여수14연대 문제, 제주 4·3사건과 반공 국가 형성을 매개하는 사건사적 의미를 살피는데 한정됐다. 반면 여순사건 이전부터 지역 사회에 잠재해 있는 다양한 갈등과 모순, 사건 전개 과정에서 발생한 민간인 피해를 살펴보는 연구는 그 중요성에 비해서 주목을 받지 못했다. 이런 상황에서 지역 학계는 여순사건을 지역사적 차원에서 살펴보면서, 사건 피해자들의 기억과 구술을 체계적으로 수집·정리할 필요성을 느끼기 시작했다. 하지만 물리적 시간이 경험의 구술서사 연구를 진행하는 데 있어서 가장 큰 한계로 작용하고 있다. 물론 과거부터 지역 차원에서 여순사건에 대한 경험의 구술서사를 수집·정리하는 작업이 있었지만, 대부분의 작업이 파편적이면서 단발적으로 시행되었다.[40] 그럼에도 불구하고 문제의 시급성을 인지한 일부 연구자들이 여순사건에 대한 경험의 구술서사 연구를 진행하고 있다.[41] 이와 함께 여순사건 연구는 파편적으로 흩어져 있는 기존의 기억과 구술 자료를 체계적으로 정리하는 작업과 함께, 세대로 전승되는 사건의 기억과 구술에 대해서 주목할 필요가 있다.

---

40) 여수지역사회연구소는 과거 어려운 상황에서도 여순사건에 대한 구술 및 자료 조사를 실시했고, 상당량의 자료를 축적해 놓은 상태이다. 여수지역사회연구소, 『여순사건 실태조사 보고서 제1집-여수 지역편』, 여수지역사회연구소, 1998; 여수지역사회연구소, 『여순사건 자료집』, 여수지역사회연구소, 1999; 여수지역사회연구소, 『여순사건 실태조사 보고서 제3집-순천 외곽지역편』, 여수지역사회연구소, 2000; 여수지역사회연구소, 『여순사건 유적지 답사자료집』, 여수지역사회연구소, 2008; 여수지역사회연구소, 『다시 쓰는 여순사건보고서』, 한국학술정보, 2012.

41) 이용기, 「여순사건의 기억 더듬기-14연대 군인들의 구술자료를 중심으로」, 『청람사학』 23, 청람사학회, 2014; 박병섭, 「여순10.19'관련 구술 사업의 현황과 과제」, 『역사학연구』 73, 호남사학회, 2019; 선휘성, 「여순사건의 발생 배경과 피해 실태에 대한 인식-증언과 구술자료를 중심으로」, 『인문학술』5, 순천대학교 인문학술원, 2020; 2020; 서해숙, 「여순사건 경험담의 구술 양상과 기억의 역사로서의 의미」, 『남도민속연구』41, 남도민속학회, 2020; 정숙인, 「[민중구술] 농부로 잘 살고 있었다-여순항쟁 유족 박영수 인터뷰」, 『작가들』75, 인천작가회의(작가들), 2020.

경험의 구술서사 연구에서 중요하게 다루는 주제 중 하나가 노동이다. 특히 여성 노동자는 근현대 한국 사회에서 가장 비체화된 존재로서 경험의 구술서사 연구에 있어서 중요 대상이 되어야만 했다. 하지만 광주·전남 지역은 서울·경기 및 경상 지역과 달리 노동문제와 관련한 경험의 구술서사 연구가 활발히 진행되지 못했다. 그 이유는 크게 두 가지 정도로 정리할 수 있는데, 하나는 광주·전남 지역이 박정희 정부의 산업 근대화 시기를 경유하는 과정에서 근현대 산업시설을 제대로 갖추지 못했다는 것이다. 호남은 1960—70년대 국가주도의 산업화 정책에서 소외되었다. 먹고 살기 위해서 농촌을 떠난 사람들은 광주보다 서울이나 경기, 부산 등으로 이주했다. 광주·전남 지역은 근현대 산업시설의 미비로 노동자층이 두텁게 형성될 수 없었다. 그나마 광주는 일제강점기에 설립된 큰 규모의 방직공장이 있었다. 둘째, 방직공장 중심으로 노동문제와 관련한 경험의 구술서사 연구가 진행될 법도 하지만, 지역의 연구자들은 노동문제보다는 5·18광주민주화운동에 많은 관심을 가졌으며 문제의 시급성에 있어서도 더욱 중요했다. 하지만 광주의 방직공장은 지역의 근현대 노동자 형성 및 노동운동 전개에 있어서 중요한 장소였으며, 특히 지역의 여성문제와 연결되는 사회적 고리였다. 정근식은 해방 직후 광주·전남 지역의 노동운동을 경험의 구술서사를 이용해서 살펴보았다. 정근식은 일제강점기 광주의 종연방직의 노동실태를 파악하기 위해서 10명 노동자의 경험의 구술서사를 조사·정리했다.[42] 이희영은 1950년대 공장노동의 사회적 의미를 살펴보기 위해서 당시 광주의 전남방직에서 근무한 6명의 여성 노동자의 구술생애사를 조사해서 분석했다. 이희영 연구는 1950년대 공장노동의 시대적 의미를 밝히는 것을 일차적 목적으로 하였지만, 지역 여성 노동자의 삶과 생활에 대한 자료가 부족한 상황에서 유의미한 연구로 평가된다.[43] 여기에 더해 한정훈은 방직공

---

42) 정근식, 「해방 직후 전남 지역의 노동운동」, 『사회와역사』23, 한국사회사학회, 1990.

43) 이희영, 「1950년대 여성노동자와 '공장노동'의 사회적 의미—광주 전남방직 구술 사례를

장 여성 노동자들의 구술생애담을 수집해서 1950-60년대 농촌 여성들의 이주 문제와 도시 정착, 이 과정에서 구성된 정체성 문제를 살펴보기도 했다.[44] 이런 상황에서 눈에 띄는 작업이 있었는데, 1970-90년대 광주 여성 노동자들의 경험의 구술서사를 수집한 자료집이다. 이 작업은 1970년대 산업화, 1980-90년대의 민주화로 특징지어지는 역사의 흐름 속에서 여공으로 살았던 여성들의 노동 이야기, 삶의 이야기를 통해 여성 노동자들의 정체성이 어떻게 구성되었으며, 공간이 어떻게 구성/재구성되는지에 대한 지형도를 그려 보는 데 목적이 있었다.[45] 비록 광주·전남 지역의 노동문제에 대한 경험의 구술서사 연구가 다른 지역에 비해서 엷고, 자료나 기록이 많지 않은 상황에서 앞의 연구들은 지역의 (여성)노동 문제를 살피는 데 있어서 유의미한 가치를 지니고 있다.

경험의 구술서사 자료는 지역문화 연구를 위해서 꼭 수집되어야 한다. 경험의 구술서사는 그 자체만으로 중요한 사료가 될 수 있으며, 기록 자료가 포착하지 못하고 등한시한 문화 현상을 구체적으로 인지할 수 있게 한다. 특히 사람들의 생애 이야기는 시공간에 대한 다양한 문화 정보를 담고 있어서, 지역의 문화사를 재구하는데 유용하게 활용될 수 있다. 한국 대도시는 일제강점기를 경유하면서 근대 도시의 모습을 갖추어 갔다. 언제부터인가 지역 학계와 지자체는 도시 공간을 하나의 문화자원으로 인식하고 도시의 공간문화사를 재구하려고 노력했다. 하지만 기록들이 서울을 중심으로 누적되었기에 과거부터 군사·행정상 중요한 기능을 담당한 지방 도시일지라도 공적 기록을 찾는 것은 쉬운 일이 아니었다. 이러한 한계 상황에서 하나의 해결책으로 주목받은 것이 사람들의

중심으로」, 『산업노동연구』14(1), 한국산업노동학회, 2008.

44) 한정훈, 「도시 이주와 정착, 여성 노동자의 정체성 구성 연구-광주 지역 방직공장 여성 노동자들 대상으로」, 『실천민속학연구』32, 실천민속학회, 2018.

45) 김경례 외, 『2012년도 구술자료수집사업-노동공간을 통해 본 광주지역 여성의 노동경험과 생활사:1970~1990년대 전방, 일신방직, 로케트전기를 중심으로』, 국사편찬위원회, 2012.

경험의 구술서사였다. 광주는 일제강점기를 거치면서 호남의 중심 도시로 자리 잡았으며, 해방 이후부터 도시 공간은 급속히 확장됐다. 근현대 도시 광주의 모습을 살피기 위한 연구는 일찍부터 진행되었고, 연구성과 또한 상당히 축적되었다. 하지만 대부분의 연구가 한정된 기록 자료를 대상으로 이루어졌고, 미시사·생활사·일상사 연구로 확대하는 데 일정한 한계를 지니고 있었다. 더불어 도시는 시간이 경과하면서 빈곤 문제와 결착되기도 한다. 이러한 주제로 광주의 근대적 공간 문제를 살펴본 대표적인 연구가 박해광[46]과 정경운[47] 연구가 있다. 전자는 일제강점기를 경유하면서 광주의 도심 공간이 어떤 모습으로 변해가는가를 깊이 있게 살펴보았고, 후자는 1920년대부터 광주 인구가 급격히 증가하는 과정에서 도시 빈민이 어떻게 형성되고 정착했는지를 살펴보고 있다. 하지만 두 연구는 일제강점기에 생산된 공적 문서와 신문 기사를 대상으로 하고 있다.

경험의 구술서사가 광주의 도시 공간 문제에 적극 활용된 것은 '학동' 지역을 연구하면서부터이다. 학동은 근현대 도시 광주를 살펴보는 데 있어서 중요한 장소이다. 앞의 정경운 연구가 밝혔듯이, 일제강점기 광주의 도시 빈민은 시골에서 이주한 사람들이 급격히 증가하면서 사회적 문제로 대두되었다. 광주의 도시 빈민은 일제의 도시 정비 과정에서 주변부로 밀려나기 시작했다. 이 문제가 여론의 주목을 받고, 지역 인사들과 일반 사람들의 도움으로 광주의 도시 빈민들은 전국 최초로 집단 거주지인 '학강정갱생지구'에 정착할 수 있었다. 학동은 해방 이후에도 경제적 수준이 낮은 사람들이 거주하는 장소로 인식되었으며, 일제가 도시 빈민을 관리하기 위해서 기획한 공간 구조가 현대까지 보존되어 있었다. 거주민을 대상으로 경험의 구술서사를 수집해서 학동의 장소성을 규명하는 연구, 시간의 흐름에서 학동의 장소성이 어떤 변화를 보였는가를

46) 박해광, 「일제강점기 광주의 근대적 공간 변형」, 『호남문화연구』44, 호남학연구원, 2009.
47) 정경운, 「일제강점기 광주읍 '궁민' 연구」, 『호남문화연구』53, 호남학연구원, 2013.

살펴보는 연구, 주민들의 구술생애담 속에 내재한 빈곤의 경험을 살펴보는 연구가 진행되었다.[48] 이와 함께 특정 사건에 주목하여 광주의 도시 빈민에 대해 연구를 진행하기도 했다. 김원은 1977년 무등산 무허가 건물을 철거하던 광주시 공무원들이 거주민 박흥숙과 대립하던 중 살해된 일명 '무등산 타잔' 사건을 살펴보았다. '무등산 타잔' 사건은 1970년대 도시정책의 특징인 재개발, 철거 정책과 이로 인한 무허가정착지의 확산이 배경으로 작동했으며, 도시 하층민의 삶을 적나라하게 보여준 사건이었다. 김원은 박흥숙의 생애사를 통해서 이 사건이 지닌 의미를 분석하였으며, '무등산 타잔' 사건을 다루는 당시 언론과 정부의 모습을 통해서 빈민이 지닌 시대상을 재구성하기도 했다.[49]

광주의 도시 공간 관련 경험의 구술서사 연구 중에서 지역 연구기관의 활동도 주목된다. 광주역사민속박물관은 도시 기획 및 확장 과정에서 사라졌거나 과거의 모습을 상당히 잃은 공간, 하지만 광주의 공간사에 있어서 중요한 위치를 차지하며 많은 사람들의 기억과 구술을 통해서 그 잔상이 강하게 남아 있는 곳을 대상으로 기록 자료 및 경험의 구술서사 자료를 수집·정리하기도 했다. 광주역사민속박물관(구 광주시립민속박물관)은 1960년대까지 존재했던 광주의 경양방죽과 태봉산에 대한 경험의 구술서사를 수집해서 자료집으로 발간했으며, 학동과 남광주역이 있었던 광주의 남부 공간에 대한 사람들의 기억과 구술을 수집·정리했다.[50] 이러한 경험의 구술서사에 대한 자료 수집과 연결해서 분석 연

48) 박우주, 「거주민의 삶을 통해 본 학 팔거리 장소성에 관한 연구」, 전남대학교 석사논문, 2009; 한정훈, 「광주 주변부 공간의 변화와 이주민의 장소성 연구」, 『한국문학이론과비평』74, 한국문학이론과 비평학회, 2017; 한정훈, 「빈곤의 경험과 공간의 장소화—광주 학동 사람들의 구술생애담을 대상으로」, 『호남문화연구』63, 전남대학교 호남학연구원, 2018.

49) 김원, 「훼손된 영웅과 폭력의 증언:무등산 타잔 사건」, 『박정희 시대의 유령들:기억, 사건 그리고 정치』, 현실문화, 2011.

50) 광주광역시립민속박물관, 『경양방죽과 태봉산』, 2018; 광주광역시립민속박물관, 『남광주』, 2018.

구가 진행되기도 했다.[51]

경험의 구술서사는 소멸된 특정 문화를 재구하는 데도 활용될 수 있다. 특히 구전되는 민속문화, 주변화된 문화를 살펴보기 위해서는 사람들의 기억과 구술에 전적으로 의존할 수밖에 없다. 경험의 구술서사를 이용해서 광주·전남 지역의 문화를 재구하는 연구는 활발히 진행되었는데, 우선 광주의 무등산권 무속 연구가 있다. 앞서 살펴본 김원의 '무등산 타잔' 사건 연구에서 언급되었지만, 당시 언론은 도시 빈민 박흥숙의 이미지를 구성하는데 '무속'이 지닌 부정적 요소를 이용했다. 그 이유는 무등산 지역이 과거부터 무속 등 민간신앙이 행해졌던 주요 장소였기 때문이다. 도시개발과 재정비 사업 등으로 무등산 지역에서 행해진 무속 등을 현재는 찾아보기 힘들지만, 무등산은 분명 광주 사람들의 민간신앙이 보존·전승된 장소였다. 이에 표인주는 경험의 구술서사를 수집해서 무등산권 무속 연구를 진행하였으며, 무등산권 무속인의 생애사를 수집·정리했다.[52] 또한 무속인은 신앙을 담당하는 주체임과 동시에 지역의 민속문화 전승을 담당하는 중요 주체이다. 이러한 연결고리에 초점을 맞추어서 특정 무속인을 대상으로 생애담 연구를 진행하기도 했다.[53] 한정훈은 순천 지역의 판소리꾼 및 고수들의 생애담을 수집해서 해방 이후 지역의 창극단 활동을 재구성했으며, 지역의 판소리 발전에 큰 기여를 한 향창의 생애사를 수집해서 지역 문화적 의미를 살펴보았다.[54] 또

51) 한정훈, 「도시에서 공간의 소멸을 둘러싼 담론 형성과 지향—광주 경양방죽과 태봉산을 대상으로」, 『한국민속학』66, 한국민속학회, 2017.

52) 표인주 외, 『무등산권 무속인의 생애사』, 민속원, 2011.

53) 표인주 외, 『이주완의 풍물굿과 이경화의 예술세계』, 민속원, 2013.

54) 한정훈, 「판소리 창자 염금향의 생애와 순천지역에서의 역할에 대한 고찰」, 『지방사와 지방문화』17(2), 역사문화학회, 2014; 한정훈, 「인정의 서사와 주체의 재정립:무명의 한 여성 판소리 창자의 구술생애담을 대상으로」, 『한국문학이론과비평』19(2), 한국문학이론과 비평학회, 2015; 한정훈, 「판소리 고수의 구술생애담, 민속지적 접근과 지역문화 읽기—순천지역에서 활동하는 판소리 고수의 구술생애담으로 중심으로」, 『배달말』57, 배달말학회, 2015.

한 과거 전남 해안 지역을 중심으로 번성했던 소금 산업과 문화를 경험의 구술서사를 통해서 살펴보기도 했다.[55)]

경험의 구술서사 연구가 주체의 문제에 있어서 일관적으로 주목하는 대상은 바로 주변부적 주체이다. 경험의 구술서사 연구는 특정 분야에 기능인, 특정 사건을 경험한 사람뿐만 아니라 보통의 일반인들도 연구 대상이 될 수 있다. 앞으로의 경험의 구술서사 연구는 보통의 일반인들이 대상 주체가 되어야 한다. 이러한 고민과 함께 경험의 구술서사 연구에서 가장 많은 비중을 차지하는 대상이 여성이다. 가부장적 문화가 팽배한 한국 사회에서 여성은 항상 주변화된 주체였으며, 다양한 이데올로기적 장치를 통해서 자신들의 언어를 가질 수 없었던 비체였다. 이들의 경험은 억압적 젠더성이 신체화되어 구성되었으며, 그들이 무의식적으로 구술하는 이야기에는 한국 사회가 지닌 다양한 모순이 내재되어 있다. 경험의 구술서사를 대상으로 연구하는 분야는 일찍부터 여성의 구술담, 생애담/사에 주목하여 꾸준히 연구를 진행하였으며 주제의 편폭 또한 상당히 넓다. 특정한 주제, 즉 일제강점기의 피해, 한국전쟁과 관련된 여성, 노동문제, 권위주의 시절 국가폭력 피해 등과 연결되지 않은 일반 여성들을 대상으로 경험의 구술서사 연구를 살펴보면, 우선 이목을 끄는 연구가 시집살이 이야기 집성이다. 구비문학 연구자들이 전국 단위로 현장조사를 실시해서 일반 여성들의 생애담을 수집했고, 제보자들의 동의를 얻어서 책으로 출판까지 한 작업이다. 시집살이 이야기 집성은 여성생애담 연구에 있어서 중요한 자료로 평가되며, 이 자료집에는 광주·전남 지역의 여성들의 생애담도 다수 수록되어 있다.[56)] 단발적으로 진행된 지역의 여성생애담 연구도 있다.[57)] 근래에 전남대학교 호남학연

55) 박정석, 「비금도의 천일염전과 염부들의 구술생애사」, 『민속학연구』25, 국립민속박물관, 2009; 한정훈, 「영광의 전통소금 생산방식과 문화적 의미 연구」, 『호남문화연구』46, 전남대학교 호남학연구원, 2009.

56) 신동흔 외, 『시집살이 이야기 집성 1-10』, 박이정, 2013.

57) 한정훈, 「정체성 구성과 장소성 형성에 대한 연구-반가(班家) 여성의 구술생애담을 대상

구원은 광주·전남 지역의 다섯 종가(宗家)를 선택해서 종가 사람들의 생애담을 수집하는 작업을 했다.[58] 사실 호남 지역은 영남 지역과 비교해서 가문이나 집안 의식이 사회적으로 강하지 않으며, 종가 문화가 지역문화를 살펴보는데 중요한 대상임에도 불구하고 지역 학계의 큰 관심을 받지 못했다. 이런 상황을 고려한다면, 전남대학교 호남학연구원에서 진행한 '호남종가시리즈'는 자료 수집 차원을 넘어서 호남 지역의 종가 문화를 심도있게 살펴볼 수 있는 단초를 제공했다는 데 학술적 의미가 크다고 할 수 있다. 이와 같은 작업이 지속적으로 진행된다면 지역문화 연구의 중요한 축을 형성할 수 있을 것으로 기대된다. 주변부 주체와 관련하여 지역 연구에서 빼놓을 수 없는 것이 소록도 '한센인' 연구이다. 국립소록도병원은 2011년부터 소록도 거주 한센인을 대상으로 경험의 구술서사를 수집해서 정리하는 작업을 했다.[59] '한센인'은 질병 문제, 식민지 문제, 인권 문제, 장소성 문제 등 한국 사회가 지닌 다양한 모순을 신체에 각인하여 살아온 주체들이다. 이들에 대한 경험의 구술서사 수집·정리는 조금은 늦은 감이 있지만 연구자들이 꼭 해야만 했던 작업이었다.

경험의 구술서사 연구가 지닌 중요한 특성 중 하나는 새롭게 대두되는 사회 문제들에 즉각적으로 대응할 수 있다는 것이다. 연구자는 사

으로」, 『구비문학연구』43, 한국구비문학회, 2016.

58) 김경호, 『호남종가시리즈1-장흥고씨 의열공파 학봉 종가의 삶』, 전남대학교출판문화원, 2020; 조태성, 『호남종가시리즈2-행주기씨 금강공파 금강 종가의 삶』, 전남대학교출판문화원, 2020; 최혜경, 『호남종가시리즈3-장흥마씨 충정공파 충정공 종가의 삶』, 전남대학교출판문화원, 2020; 정경운, 『호남종가시리즈4-해남윤씨 어초은공파 어초은 종가의 삶』, 전남대학교출판문화원, 2020; 김봉국, 『호남종가시리즈5-연주현씨 사직공파 현명윤 종가의 삶』, 전남대학교출판문화원, 2020.

59) 정근식 외, 『국립소록도병원 100년 구술사료집1-또 하나의 고향 우리들의 풍경』, 국립소록도병원, 2011; 정근식 외, 『국립소록도병원 100년 구술사료집2-자유를 향한 여정, 세상에 내딛는 발걸음』, 국립소록도병원, 2012; 이윤선 외, 『소록도거주 한센인생애사 기록화사업 구술녹취록』, 국립소록도병원한센병박물관, 2018; 김영희·황은주, 『소록도의 구술 기억Ⅰ-Ⅲ』, 국립소록도병원, 2019.

회적 문제가 부상하는 현장으로 가서 다양한 사람들의 생각을 바로 들을 수 있으며, 이를 바탕으로 연구 주제를 설정하고 면접 대상자를 찾아서 심층 인터뷰를 진행할 수 있다. 물론 이러한 조사 방법과 연구가 급작스럽게 발생한 문제에 대해 합리적 대안이나 문제 해결 방법을 곧바로 내놓는 것은 아니다. 하지만 사람들의 관심이 요구되는 문제에 대해서 다양한 담론을 생산할 수 있는 기반을 만들어 낼 수 있다. 광주에는 특별한 이주민 공동체가 있는데, 바로 고려인마을이다. 중앙아시아 고려인들이 2000년대 초반부터 광산구 월곡동에 정착하기 시작했고, 현재는 상당한 수의 고려인들이 개인 혹은 가족 단위로 거주하고 있다. 그런데 고려인마을에는 몇 가지 질문이 따라 붙는다. 고려인들이 무슨 이유로 한국의 지방 도시 광주에 정착하게 되었으며, 고려인들이 집단 거주지를 형성할 수 있었던 배경은 무엇인지? 그곳에 있던 한국인들은 어디로 갔으며, 고려인 이주민과 한국인 선주민, 다른 외국인 이주민과 어떤 관계를 형성하고 있는지가 궁금해지기 시작했다. 또한 광주 고려인마을은 단순히 물리적 공간의 변화만을 의미하지 않는다. 향후 지방 도시 광주가 어떤 모습으로 전변될 것인가에 대한 고민을 선제적으로 제시한 장소가 고려인마을이다. 이에 광주 고려인마을을 대상으로 경험의 구술서사 연구가 진행되기 시작했고, 이 공간을 중심으로 공전하는 다양한 문제들인 외국인 이주민과 외국인 노동자 문제와 접속해서 살펴보기도 했다. 광주 고려인마을에 대한 연구는 짧은 시간임에도 불구하고 다양한 주제로 진행되었다.[60] 광주역사민속박물관은 광주 고려인마을에 대

60) 김영술, 홍인화, 「중앙아시아 고려인의 광주 지역 이주와 문화변용에 관한 연구」, 『디아스포라연구』7(1), 전남대학교 세계한상문화연구단, 2013; 김재기, 「광주광역시 광산구 지역 귀환 고려인의 이주 배경과 특성」, 『재외한인연구』32, 재외한인학회, 2014; 김경학, 「중앙아시아 고려인의 한국 이주와 정착: 광주 "고려인마을"을 중심으로」, 『국제지역연구』17(4), 한국외국어대학교 국제지역연구센터, 2014; 김경학, 「우즈베키스탄 고려인의 한국 이주와 가족유형의 성격」, 『디아스포라연구』9(2), 전남대학교 세계한상문화연구단, 2015; 김경학, 「우즈베키스탄 고려인 이주자의 노부모에 대한 초국적 돌봄—광주지역의 사례를 중심으로」, 『비교문화연구』22(1), 서울대학교 비교문화연구소, 2016; 김경학,

한 현장조사를 실시해서 문화기술지 형태의 자료집을 출간하였으며, 이와 연결해서 광주 지역 외국인 이주노동자에 대한 문화기술지도 출간했다.[61] 해외 이주민에 대한 연구는 앞으로도 다양하게 진행되어야 하며, 단지 몇몇 국면만을 대상으로 분석하는 것을 넘어서 현재 발생하고 있는 다양한 문제들뿐만 아니라 앞으로 도래하게 될 지역 사회의 다양한 모습에 대한 대응적 차원에서 진행되어야 할 것이다.

III. 광주·전남 지역 '경험의 구술서사' 연구의 방향 모색

경험의 구술서사 연구가 나아갈 방향은 지금까지 축적한 성과 위에서 모색되어야 한다. 경험의 구술서사 연구는 실증주의 방법론에 대한 반성, 헤게모니 지배담론의 배제와 왜곡에 대한 대항담론 구성, 침묵과 망각을 강요당한 주체의 기억과 경험 재현 등이 주된 관심이었다. 경험의 구술서사 연구는 이러한 기조를 유지하면서 현재와 미래에 무엇을/어떻게 해야 하는지를 고민해야 한다. 그리고 이러한 고민이 광주·전남 지역의 문제와 접속할 때, 경험의 구술서사 연구의 방향이 구체화될 수 있다.

「국제이주의 맥락에서 노년 보내기-광주광역시 우즈베키스탄 고려인 노년 세대를 중심으로」, 『비교문화연구』23(1), 서울대학교 비교문화연구소, 2017; 김경학, 「국내 고려인 아동의 국제 이주 경험과 초국적 정체성」, 『비교문화연구』24(2), 서울대학교 비교문화연구소, 2018; 김나경·선봉규, 「한국 거주 고려인동포 청소년의 생활실태에 관한 탐색적 연구-광주광역시 고려인마을 중심으로」, 『다문화와 디아스포라연구』13, 한국다문화디아스포라학회, 2018; 김경학, 「광주광역시 우즈베키스탄 고려인 초국적 가족의 일생의례에 관한 연구:고려인 '돌의례'를 중심으로」, 『지방사와 지방문화』22(2), 역사문화학회, 2019; 한정훈, 「이주민 공동체의 정착 공간과 얽히는 시선들-광주 고려인마을을 대상으로」, 『실천민속학 연구』35, 실천민속학회, 2020; 한정훈, 「이주의 서사와 고려인 공동체의 미래-광주 고려인마을 거주 고려인의 구술생애담을 대상으로」, 『호남학』68, 전남대학교 호남학연구원, 2020.

61) 광주광역시립민속박물관, 『광주고려인마을 사람들』, 2019; 광주역사민속박물관, 『광주 외국인 이주노동자의 삶』, 2020.

광주·전남 지역 연구에서 가장 큰 비중을 차지하는 주제는 단연 5·18 광주민주화운동이다. 5·18광주민주화운동은 40년의 세월이 흘렀지만, 사건에 대한 온전한 진실이 아직도 밝혀지지 않았으며 책임자 처벌 또한 이루어지지 않았다. 미해결된 사건에 대한 진실규명 노력은 정치권뿐만 아니라 학계 연구자들이 앞으로도 계속해나가야 할 과제이다. 일부 사람들은 5·18광주민주화운동에 대해 '이 정도면 되지 않았나' 하면서 자신들이 느끼는 부정의 감정을 간접적으로 표현하며, 다양한 담론 생산을 '사건의 과잉 소비'라 평한다. 하지만 아직도 해결해야 할 과제가 많은 역사적 사건에 대해서 '적당한 선'에서 마무리 짓자는 태도는 절대 있을 수 없으며, 미래 세대에게 역사를 대하는 잘못된 태도를 또 한 번 보여주는 꼴이 된다. 오히려 시민사회단체와 학계가 지금까지 보여준 끈질긴 진상규명에 대한 요구와 노력은 과거 우리 사회가 역사와 마주했던 자세에 대해 성찰을 유도한다. 권력자가 국가권력을 함부로 사용해서 주권자인 국민에게 위해를 가했을 때, 어떠한 결과가 따르는지를 보여주고 있는 것이 5·18광주민주화운동이다.

경험의 구술서사 연구는 5·18광주민주화운동의 진실규명에 핵심적 역할을 했으며, 앞으로도 해야 할 일이 많다. 이와 함께 경험의 구술서사 연구는 사건의 진실규명 과정에서 소홀히 다루었거나 주변화된 문제에 주목할 필요가 있으며, 시간이 지남에 따라 새롭게 노현하는 다양한 문제를 선제적으로 포착해서 대응해야 한다. 예를 들어, 1980년대 이후 사건의 진실규명 과정에서 배제된 여성에 대한 성폭력 문제, 사건의 사회적 의미를 구성하는 과정에서 억압된 항쟁 기간 중 발생한 다양한 사건[62], 광주 외 지역에서 전개된 저항 운동과 피해, 항쟁 이후 나타난 공동체

62) 이러한 사건의 대표적인 예로 2장에서 언급한 김원과 김정한의 연구가 있다. 이들은 1980년 5월 당시 항쟁 참여자의 일가족 살인사건에 주목하면서, 경험의 구술서사를 통해서 사건의 진위뿐만 아니라 가족사를 둘러싼 역사적 배경을 추적하기도 했다.(김원, 앞의 글; 김정한, 앞의 글.)

문화의 변화[63] 등이 있다. 이러한 사건들은 기록이 부재할 뿐만 아니라, 남아 있는 기록 또한 파편화 되어서 부유하는 경우가 대부분이다. 경험의 구술서사 연구는 이러한 문제들을 조사하고 담론화할 필요가 있다.

시간이 흐르면서 새롭게 노현하는 문제들도 있다. 외상의 세대 전이 문제가 대표적이다. 5·18광주민주화운동에 직접 참여한 주체뿐만 아니라 당시 광주에 살았던 많은 사람들은 다양한 경로로 사건을 경험했으며, 이 경험은 하나의 외상이 되기도 했다. 외상후 스트레스 장애가 오랜 시간이 지나서 사회 문제로 인식되기 시작했고, 치유를 위한 구체적인 노력들이 있었다. 더불어 5·18광주민주화운동이 발생한 지 40년의 시간이 흐르면서 외상의 세대 전이 문제가 나타나기 시작했다. 외상의 세대 전이는 항쟁 참여자의 가족 내에서 다양한 폭력을 동반하며 이루어진 경우가 심심찮게 발견된다. 물론 경험의 구술서사 연구가 외상 치유에 대해 직접적인 해법을 내올 수는 없다. 외상 치유는 정신의학과 심리학 등이 다루어야 할 문제이다. 그럼에도 불구하고 경험의 구술서사 연구가 치유적 접근이 가능한 부분은 '이야기하기'에 있다. 경험의 구술서사 연구는 구술자가 자신의 문제를 객관적으로 바라볼 수 있도록 유도함과 동시에 자신의 경험이 결코 개인의 문제가 아니라는 것을 인식시키는 매개로 작용한다. 또한 상사한 경험을 담론화함으로써 개인들에게 내속한 문제를 드러냄으로써 공감과 연대의 토대를 마련할 수 있다. 경험의 구술서사 연구는 주변화된 문제를 사회적 의제로 구성하면서 사회적 코드화(social agenda)의 길을 모색하는데 기여한다.[64] 이를 통해서 주체가 다

63) 필자는 2018년 광주의 학동 인근 지역을 조사하면서 1980년 5월 21일 공수부대가 광주 외곽 지역으로 철수하는 과정에서 낙오한 병사가 마을 사람들의 신고로 시민군에 인계된 사건을 들을 수 있었다. 하지만 마을 사람들은 항쟁 기간이 끝나고 낙오한 공수부대 인계 사건으로 인해서 큰 고초를 겪어야 했다. 이러한 일이 광주 및 주변 지역에서 많이 일어났을 것으로 추정된다.

64) 김귀옥, 「구술사와 치유-트라우마 치유의 가능성을 모색하며」, 『통일인문학』55, 건국대학교 인문학연구원, 2013, 158쪽.

양한 폭력으로 인해서 소외되지 않도록 인식적 환경을 마련하는 것이 경험의 구술서사 연구가 해야 할 일이다.

경험의 구술서사 연구는 치유의 문제와 필연적으로 연결될 수밖에 없다. 경험의 구술서사 연구가 본격적인 궤도에 오른 1990년대 그 대상들은 식민권력, 국가권력, 집단의 헤게모니에 의한 피해 주체들이었다. 주체들은 자신들이 겪은 피해를 재현함으로써 거시 권력이 자행한 폭력을 폭로했다. 이러한 재현과 기억의 정치가 경험의 구술서사 연구의 1차적 목적이었지만, 이 과정에서 발견된 주체들의 외상은 윤리적 층위에서 풀어야 할 또 하나의 과제가 되었다. 더불어 1990년대 후반부터 기존의 식민권력, 국가권력과 층위를 달리하는 다양한 사회 문제들이 등장하기 시작했는데, 바로 사회적 소수자 문제이다. 사회 구조가 다층적이고 복잡해지면서 다양한 결절 공간에서 사회적 소수자가 출현하기 시작했다. 비정규직, 성소수자, 북한 이탈 주민, 결혼 이주 여성, 미혼모, 외국인 이주 노동자 등이 대표적이다. 사회적 소수자 문제는 가해 주체와 피해 주체의 명확한 구분이 불가능할 뿐만 아니라, 사회적 호명만으로 소수자들을 일의적으로 집단화할 수 없는 문제를 안고 있다. 또한 이들은 공공기관에게는 통계적 기록의 대상, 사회복지의 대상으로 대상화되어 있어서 자신이 서술의 주체가 되는 기록을 남기기 어렵다는 특징을 안고 있다.[65] 이에 경험의 구술서사 연구는 사회적 소수자들이 스스로 담론을 생산할 수 있는 서술 주체가 되도록 유도해야 한다. 경험의 구술서사 연구는 사회뿐만 아니라 자신들이 생산한 기존의 담론에 끊임없이 균열을 가하는 담론 생산 장치이다. 경험의 구술서사 연구는 사회가 기만적으로 작동하면서 계속 생산해 내는 사회적 소수자에 대해 관심을 가져야 하며, 호명된 사회적 소수자가 스테레오타입화된 재현의 대상이 되지 않는 방법을 모색해야 한다.

---

65) 윤택림, 「경계 넘기와 마이너리티의 구술사」, 『지식의 지평』28, 대우재단, 2020, 6쪽.

경험의 구술서사 연구가 사회적 소수자에 관심을 가진 지는 오래되었다. 그럼에도 불구하고 광주·전남 지역에서 사회적 소수자 문제를 다루는 연구는 크게 눈에 띄지 않는다. 경험의 구술서사 연구는 사회적 소수자 문제를 지역 차원의 문제와 접속해서 살펴볼 필요가 있다. 예를 들어서 사회적으로 노출되기 어려운 성소수자들이 지역에서 어떻게 커뮤니티를 형성하며 살아왔는지, 탈북 이탈 주민들이 어떤 이유로 정착지를 이 지역으로 선택했는지, 결혼 이주 여성들이 지역에 정착하며 어떤 삶을 살고 있는지, 이주민 2-3세대들이 새롭게 경험하는 문제들이 무엇인지 등이다.

한국의 근대 도시는 일제강점기라는 식민 경험을 토대로 형성·발전했으며, 한국전쟁과 산업근대화를 노정하면서 성장했다. 광주의 도시 공간에 대한 연구는 그간 활발히 진행되었고, 나름의 성과들을 축적하고 있다. 하지만 연구의 주제 및 시기가 그리 넓지 않다. 기존의 광주 도시 공간 연구는 기록 자료 중심으로 이루어졌으며, 대부분이 일제강점기 생산된 문서나 신문 기사가 중심이 되었다. 연구 대상 시기 또한 일제강점기 중심으로 이루어져서 해방 이후 현대에 대한 연구는 많이 부족한 실정이다. 경험의 구술서사 연구는 이러한 부족한 부분에 대한 접근을 가능하게 한다. 광주는 해방 이후 급격히 성장했고, 공공기관에서 생산한 문서 및 신문 기사만으로 광주 사람들의 구체적 생활상을 재현하는 데 일정한 한계를 지닌다. 경험의 구술서사 연구는 오랜 시간 광주에 거주했던 사람들의 이야기를 수집해서 정리하고, 시기별·공간별·사건별로 사람들의 이야기를 주제화해서 분석을 진행한다면, 광주의 도시 공간에 대한 연구에 있어서 유의미한 결과를 도출할 수 있을 것이다.

광주의 도시 공간에 대한 경험의 구술서사 연구가 시급히 요청되는 이유는 급격히 변해가는 광주의 모습 때문이다. 광주는 현재 주거환경개선, 재건축, 도시재생사업이라는 명목으로 곳곳에서 다양한 개발 사업이 진행 중에 있다. 이 과정에서 오랜 시간 광주의 장소성을 형성했던 도시 공간이 보존 및 활용에 대한 논의 없이 사라져 가고 있다. 예를 들어서 광주 학동은 일제강점기 전국 최초로 조성된 빈민갱생지구로서 다른 도시에서는 볼 수 없는 특이한 공간 구조를 갖고 있었다. 학동은 해방 이후에는 외국에서 귀환한 전재민들이 거주한 곳이었으며, 시골 이주민들이 도시 정착을 위해서 집단으로 정착했던 곳이기도 하다. 학동은 광주의 도시공간사를 살펴보는데 중요한 장소임에도 불구하고 보존 및 활용에 대한 논의도 없이 주거환경개선 사업으로 흔적도 없이 사라져 버렸다. 이러한 사례는 현재도 계속되고 있다. 광주 임동의 일신방직과 전남방직 부지는 일제강점기 일본의 종연방직이 설립한 지역의 대표적인 근대 산업시설이 있던 장소였다. 공장은 해방 이후 개인에게 불하·분할매각되었고, 오랜 시간 지역 산업에 중추적 역할을 해 왔다. 공장 부지는 공간 자체만으로도 역사적 의미가 있으며, 근현대 지역의 산업사, 노동사, 여성노동자 문제, 도시 빈곤 문제 등과 연결되어 유의미한 문제들을 궁구할 수 있는 사회적 장소이다. 하지만 공장 부지는 근래에 보존 및 활용에 대한 논의가 충분히 이루어지지 않은 상태에서 개발을 예정하고 있다. 개인의 재산 처리를 강제적으로 막을 수 없다면, 지자체와 지역 학계는 공간의 역사를 남길 수 있는 다양한 방안을 모색해야 한다.

시장은 경제적, 문화적, 역사적 상호교류가 활발히 일어나는 지역의 대표적인 전통적 장소이며,[66] 근현대 도시 형성을 매개하는 중요 공간이기도 하다. 현재 광주의 대표적인 전통시장은 대인시장, 양동시장, 남광주시장, 서방시장, 말바우시장, 송정시장이다. 이 시장들은 광주 도심을 기준으로 중앙과 동서남북에 배치되어 있다. 전통시장의 배치는 광주의 도시 공간이 전남 주변 지역과 어떤 관계를 맺으면서 형성·확장했는지를 짐작하게 한다. 대인시장은 광주 도심에 있어서 중심 공간의 상업 활동을 구성했으며, 양동시장은 나주와 남평, 영암 지역 등과 연결을 매개했

66) 박은영 외, 「전통시장의 장소성 기록화를 위한 구성요소 제언」, 『한국기록관리학회지』 18(2), 한국기록관리학회, 2018, 62쪽.

다. 남광주시장은 경전선이 지나갔던 남광주역을 중심으로 화순, 벌교, 보성, 순천 등과 인적·물적 교류를 담당했으며, 서방시장과 말바우시장은 담양, 곡성, 옥과, 구례 등과 연결되었다. 하지만 광주 전통시장은 유통산업의 발달, 시설 노후화, 위생 등의 문제로 오래 전부터 위기에 봉착해 있다. 이와 함께 근래에 주목되는 부분은 전통시장 상인들의 세대 교체이다. 젊은 사람들이 전통시장 상인으로 들어오는가 하면, 기존 상인의 가족 구성원이 대를 이어서 장사하는 모습도 심심치 않게 발견된다. 전통시장은 도시의 공간문화사 및 지역의 경제사, 지역 주민들의 생활사를 구체적으로 살펴볼 수 있는 중요한 장소이다. 하지만 이러한 중요성을 지닌 장소임에도 불구하고 광주의 전통시장을 대상으로 진행된 연구를 찾아보기 힘들며, 지자체 및 공공기관에서 전통시장을 종합적으로 조사한 문화기술지 또한 찾아볼 수 없다. 도시는 지역 문화의 혼종을 바탕으로 구성되며, 유기체적 특성을 지니면서 성장한다. 이러한 혼종성과 유기체적 특성이 일상적으로 출현하는 곳이 전통시장이다. 전통시장 관련 유·무형 자료의 기록화는 시장의 외형, 전통시장에 대한 사람들의 인식 및 기억 그리고 지역의 역사와 문화를 축적하는 과정이라고 할 수 있다.[67] 경험의 구술서사 연구는 전통시장의 통시적·공시적 연구에 있어서 유일한 방법론으로 지목된다. 광주의 도시 공간사적 층위에서 전통시장에 대한 조사·연구가 시급히 요청된다.

지금까지 경험의 구술서사 연구가 지역적 차원에서 필요한 주제에 대해서 간략히 살펴보았다. 그런데 경험의 구술서사 연구가 지역에서 지속적으로 활성화되기 위해서 선결되어야 할 문제가 있는데, 바로 아카이브 설립과 체제 구축이다. 아카이브는 공공기관, 민간조직체에서 가치가 있는 유무형의 자료를 집대성하여 체계적으로 관리·보존·활용하는 시스템을 의미하며, 동시에 역사·사회적으로 가치가 있는 기록물을 지칭한다.

---

67) 박은영 외, 앞의 글, 62쪽.

현재 많은 지자체는 유무형의 문화자원을 체계적으로 수집·정리·보관·활용을 목적으로 아카이브 설립을 고민하고 있다. 경험의 구술서사 연구 측면에서 가장 주목되는 지자체 아카이브는 서울기록원이다. 서울기록원은 서울시 중요기록물을 영구 보존, 관리 및 활용을 목적으로 2019년에 설립된 기록물관리기관이다. 하지만 서울기록원은 일반적인 기록물 관리만을 수행하지 않는다. 서울기록원은 '서울 기록'을 서울에서 생산되는 모든 기록으로 총칭하고 있으며, 당대 서울시의 정체성과 시대상을 반영하는 기록으로 정의한다.[68] 서울기록원은 공공기관뿐만 아니라 민간에서 생산되는 기록도 수집해서 관리한다. 또한 서울기록원은 2019년에는 '서울기록 수집 및 기록 콘텐츠 개발 사업'을 통해서 시민들의 삶의 이야기를 기록으로 담는 사업을 진행하기도 했다.[69] 서울기록원은 능동적 아카이브[70]로서 기록을 생산하는 역할까지 담당하고 있다.

서울기록원은 네트워크를 기반으로 기록을 수집·관리하고 있다. 아카이브는 누가 어떤 관점에서 무엇을 수집·보관하느냐에 따라 자료의 특성이 달라진다. 더불어 현재는 지자체뿐만 아니라 박물관, 도서관, 시민사회단체들도 적극적으로 경험의 구술서사 자료를 수집·정리해서 아카이브를 운영한다. 이러한 다양한 활동은 경험의 구술서사 연구에 있어서 긍정적으로 평가된다. 하지만 수집된 자료에 대한 체계적인 아카이빙이 이루어지지 않은 경우가 많으며, 연구자뿐만 아니라 일반인들이 아카

68) 이정현 외, 「로컬리티 기록화를 위한 지역학 아카이브 모델 연구–제주학아카이브 현황 분석 및 개선 방향을 중심으로」, 『기록과정보·문화연구』10, 한국외국어대학교 정보·기록학연구소, 2020, 101~102쪽.

69) 송영란 외, 「'다큐멘터리 아카이빙' 연구: 서울기록원의 수집 사례를 중심으로」, 『기록학연구』65, 한국기록학회, 2020, 230쪽.

70) 아카이브는 활동 양상에 따라 수동적 아카이브와 능동적 아카이브로 나눌 수 있다. 수동적 아카이브는 조직에서 생산된 기록 중에서 장기보존할 기록을 선별하여 이관받는 것에 그친다. 반면 능동적 아카이브는 조직 내에서 무슨 기록이 생산되어야 할지를 식별하고 그런 기록들을 생산하는 기능까지 수행한다.(이상민, 「서울기록원의 기록 평가·선별과 서울 현대사 기록의 수집」, 『향토서울』89, 서울역사편찬원, 2015, 201~202쪽.)

이브에 접근하는 것도 쉽지 않다. 서울기록원은 모든 자료를 일관적으로 이관받아서 관리하는 것을 지양하고 유관기관, 협치기관, 개인, 시민단체의 기록 정보가 유기적으로 연결되어 시민들에게 유효한 정보를 제공할 수 있도록 네트워크 체제를 구축하고 있다.[71] 서울기록원이 지향하는 네트워크 기반 자료 공유 시스템은 향후 아카이브 설립과 체제 구축을 고민하는 지자체가 긍정적으로 검토해야 할 부분이다.

2006년 10월 개정된 「공공기록물 관리에 관한 법률」은 지방기록물관리기관의 설치를 의무화하고 있다. 이에 2018년 경남기록원을 시작으로 전국 광역지자체 기록원이 설립되고 있다. 하지만 광주·전남 지역은 기록원 설치에 대한 구체적 움직임이 현재까지 보이지 않는다. 물론 기록원이 경험의 구술서사 연구에 있어서 최선의 아카이브 형식은 아니다. 하지만 지역에서 생산되는 다양한 경험의 구술서사 자료가 체계적으로 관리되고, 나아가 시의성과 적시성을 지닌 자료를 수집하기 위해서는 기록원 형태의 능동적인 아카이브 설립이 필요하다. 현재 경험의 구술서사 자료를 적극적으로 수집·정리하는 지역의 대표적인 기관은 5·18기념재단과 광주역사민속박물관이다. 5·18기념재단은 5·18과 관련한 경험의 구술서사 자료를 항시적으로 수집·정리하고 있으며, 광주역사민속박물관은 지역 차원에서 중요한 문제들을 적시에 포착해서 경험의 구술서사 자료를 수집하고 있다. 두 기관 모두 수집된 경험의 구술서사 자료를 보고서나 책 등으로 출판하고 있으며, 출판된 일부 보고서와 책은 웹을 통해서 PDF형식의 파일로 서비스되고 있다. 일부 국내 아카이브는 경험의 구술서사 자료가 문자화된 텍스트로 전환될 때 나타날 수 있는 자료의 왜곡·변질 문제에 대한 대안으로 현장조사에서 취득한 원자료인 음성자료와 영상자료를 서비스하기도 한다.[72] 하지만 5·18기념재단과 광주역

71) 이정현 외, 앞의 글, 102쪽.

72) 국내 주요 아카이브 기관 가운데 구술기록 자체를 온라인 서비스하는 곳은 그리 많지 않다. 한국학중앙연구원 현대구술자료관, 국회도서관 국회기록보존소, 민주화운동기념사

사민속박물관은 현장조사에서 취득한 자료에 대한 서비스는 이루어지지 않고 있다. 5·18기념재단과 광주역사민속박물관이 경험의 구술서사 자료를 수집·정리하고 활용 측면에서 다양한 고민을 하고 있지만, 다른 지역의 아카이브 기관과 비교해서 부족한 부분이 많다.

광주·전남 지역도 능동적 아카이브 구축이 필요하다. 물론 시급성만 가지고 당장에 지역의 아카이브 기관을 설립할 수 없을 뿐만 아니라 구체적인 설립까지도 많은 시간이 필요하다. 이에 능동적 아카이브 기관을 구축하기 이전에라도 임시적인 아카이브 체제 구축에 대해 고민해 볼 필요는 있다. 경험의 구술서사 자료는 상당히 유동적이고 파편적으로 수집되는 경향이 있다. 지역의 아카이브 기관이 네트워크 체계를 구축해서 기관에서 수집·정리된 자료 목록 및 현재 추진 중인 경험의 구술서사 자료 수집 사업 등을 일별할 수 있는 웹공간만이라도 구축하는 것이 필요하다. 이를 통해서 학계 연구자뿐만 아니라 일반 시민들이 아카이빙된 경험의 구술서사 자료에 쉽게 접근할 수 있도록 유도하는 것이 우선 필요하다. 아카이브는 단지 자료를 수집하고 정리하는 역할만 담당하지 않는다. 수집된 자료가 학계 연구자들뿐만 아니라 일반인들에게 잘 활용될 수 있는 기반이 되어야 한다.

이 글은 2021년 남도민속학회가 발간한 『남도민속연구』 43집에 게재된 것이다.

업회 정도만 영상 기록을 온라인으로 서비스하고 있을 뿐이며, 한국문화예술위원회는 녹취문만을 온라인으로 공개하고 있고, 국사편찬위원회는 목록만 제공하고 있다.(이호신, 「구술사 연구와 기록관리, 녹취문을 넘어서」, 『구술사연구』8(2), 한국구술사학회, 2017, 117쪽.)

참고문헌

〈자료〉

5·18기념재단, 『구술생애사를 통해 본 5·18의 기억과 역사 1–10』, 2006–2020.

5·18민주유공자나주동지회, 『나주 오월민중항쟁 체험 구술집–5·18과 나주사람들』, 나노, 2020.

5·18민중항쟁해남동지회, 『5·18해남민중항쟁증언록:땅끝 해남에서 타오른 오월항쟁』, 5·18민중항쟁해남동지회, 2010.

광주광역시립민속박물관, 『경양방죽과 태봉산』, 2018.

광주광역시립민속박물관, 『광주고려인마을 사람들』, 2019.

광주광역시립민속박물관, 『남광주』, 2018.

광주매일正史5·18특별취재반, 『正史5·18』, 사회평론, 1995.

광주여성희망포럼·광주전남여성단체연합·오월여성제추진위원회 엮음, 『구술로 엮은 광주여성의 삶과 5·18』, 심미안, 2010.

광주역사민속박물관, 『광주 외국인 이주노동자의 삶』, 2020.

광주전남여성단체연합 기획, 이정우 편집, 『광주, 여성:그녀들의 가슴에 묻어 둔 5·18이야기』, 후마니타스, 2012.

김경례 외, 『2012년도 구술자료수집사업–노동공간을 통해 본 광주지역 여성의 노동경험과 생활사:1970~1990년대 전방, 일신방직, 로케트전기를 중심으로』, 국사편찬위원회, 2012.

김경호, 『호남종가시리즈1–장흥고씨 의열공파 학봉 종가의 삶』, 전남대학교출판문화원, 2020.

김귀옥, 『전쟁의 기억 냉전의 구술』, 선인, 2008.

김봉국, 『호남종가시리즈5–연주현씨 사직공파 현명윤 종가의 삶』, 전남대학교출판문화원, 2020.

김영승 구술, 박찬모·한정훈 편저, 『백발의 '소년 빨치산' 김영승』, 순천대학교 지리산권문화연구원, 2010.

김영희·황은주, 『소록도의 구술 기억Ⅰ–Ⅲ』, 국립소록도병원, 2019.

박이준, 『한국민중구술열전8-박남진 1922년 5월 25일생』, 20세기민중생활사연구단, 2005.
신동흔 외, 『시집살이 이야기 집성 1-10』, 박이정, 2013.
여수지역사회연구소, 『다시 쓰는 여순사건보고서』, 한국학술정보, 2012.
여수지역사회연구소, 『여순사건 실태조사 보고서 제1집-여수 지역편』, 여수지역사회연구소, 1998.
여수지역사회연구소, 『여순사건 실태조사 보고서 제3집-순천 외곽지역편』, 여수지역사회연구소, 2000.
여수지역사회연구소, 『여순사건 유적지 답사자료집』, 여수지역사회연구소, 2008.
여수지역사회연구소, 『여순사건 자료집』, 여수지역사회연구소, 1999.
이국언 외 편저, 『배고픔에 두들겨 맞아가면서도 하얗게 핀 가시나무 꽃 훑어먹었지』, 근로정신대 할머니와 함께하는 시민모임, 2020.
이윤선 외, 『소록도거주 한센인생애사 기록화사업 구술녹취록』, 국립소록도병원 한센병박물관, 2018.
전남대학교 5·18연구소 편, 『5·18항쟁 증언자료집 1-4』, 전남대학교 출판부, 2003-2005.
전남대학교병원, 『5·18 10일간의 야전병원:전남대학교병원 5·18민주화운동 의료활동집』, 전남대학교병원, 2017.
정경운, 『호남종가시리즈4-해남윤씨 어초은공파 어초은 종가의 삶』, 전남대학교출판문화원, 2020.
정근식 외, 『국립소록도병원 100년 구술사료집1-또 하나의 고향 우리들의 풍경』, 국립소록도병원, 2011.
정근식 외, 『국립소록도병원 100년 구술사료집2-자유를 향한 여정, 세상에 내딛는 발걸음』, 국립소록도병원, 2012.
제주4·3연구소, 『이제사 말햄수다 1,2』, 한울, 1989.
조태성, 『호남종가시리즈2-행주기씨 금강공파 금강 종가의 삶』, 전남대학교출판문화원, 2020.
최혜경, 『호남종가시리즈3-장흥마씨 충정공파 충정공 종가의 삶』, 전남대학교

출판문화원, 2020.
표인주 외, 『무등산권 무속인의 생애사』, 민속원, 2011.
표인주 외, 『이주완의 풍물굿과 이경화의 예술세계』, 민속원, 2013.
한국정신대연구소, 『강제로 끌려간 조선인 군위안부들 1-5』, 풀빛, 1993-2001.
한국현대사사료연구소, 『광주5월민중항쟁사료전집』, 풀빛, 1990.
화순군, 『화순과 5·18』, 화순군, 2020.

〈논저〉
김경학 외, 『전쟁과 기억:마을 공동체의 생애사』, 한울, 2005.
김경학, 「광주광역시 우즈베키스탄 고려인 초국적 가족의 일생의례에 관한 연구:고려인 '돌의례'를 중심으로」, 『지방사와 지방문화』22(2), 역사문화학회, 2019.
김경학, 「국내 고려인 아동의 국제 이주 경험과 초국적 정체성」, 『비교문화연구』24(2), 서울대학교 비교문화연구소, 2018.
김경학, 「국제이주의 맥락에서 노년 보내기-광주광역시 우즈베키스탄 고려인 노년 세대를 중심으로」, 『비교문화연구』23(1), 서울대학교 비교문화연구소, 2017.
김경학, 「우즈베키스탄 고려인 이주자의 노부모에 대한 초국적 돌봄-광주지역의 사례를 중심으로」, 『비교문화연구』22(1), 서울대학교 비교문화연구소, 2016.
김경학, 「우즈베키스탄 고려인의 한국 이주와 가족유형의 성격」, 『디아스포라연구』9(2), 전남대학교 세계한상문화연구단, 2015.
김경학, 「중앙아시아 고려인의 한국 이주와 정착: 광주 "고려인마을"을 중심으로」, 『국제지역연구』17(4), 한국외국어대학교 국제지역연구센터, 2014.
김귀옥, 「구술사와 구비문학의 비교: 특성과 소통」, 『통일인문학』57, 건국대학교 인문학연구원, 2014.
김귀옥, 「구술사와 치유-트라우마 치유의 가능성을 모색하며」, 『통일인문학』55, 건국대학교 인문학연구원, 2013.

김귀옥, 「지역 조사와 구술사 방법론: 경험과 성찰, 새로운 출발」, 『한국사회과학』22(2), 서울대학교 사회과학연구원, 2000.

김나경·선봉규, 「한국 거주 고려인동포 청소년의 생활실태에 관한 탐색적 연구-광주광역시 고려인마을 중심으로」, 『다문화와 디아스포라연구』13, 한국다문화디아스포라학회, 2018.

김동춘, 『전쟁과 사회: 우리에게 한국전쟁은 무엇이었나?』, 돌베개, 2000.

김석웅, 「5·18민주화운동 유가족 1세대 및 2세대의 집단트라우마」, 『민주주의와 인권』21(3), 전남대학교 5·18연구소, 2021.

김성수, 「구술사 방법론과 현대문학 연구의 새 지평」, 『한국근대문학연구』5(2), 한국근대문학회, 2004.

김영술, 홍인화, 「중앙아시아 고려인의 광주 지역 이주와 문화변용에 관한 연구」, 『디아스포라연구』7(1), 전남대학교 세계한상문화연구단, 2013.

김영희, 「5·18의 기억 서사와 여성의 목소리」, 『페미니즘 연구』18(2), 한국여성연구소, 2018.

김원, 『박정희 시대의 유령들:기억, 사건 그리고 정치』, 현실문화, 2011.

김원, 「1950년 완도와 1980년 광주:죽음과 기억을 둘러싼 현지조사」, 『구술사연구』3(2), 한국구술사학회, 2012.

김재기, 「광주광역시 광산구 지역 귀환 고려인의 이주 배경과 특성」, 『재외한인연구』32, 재외한인학회, 2014.

김정한, 「5·18 항쟁 시기에 일어난 일가족 살인사건:전쟁, 학살, 기억」, 『역사비평』, 역사비평사, 2013.

김현주, 「'일상경험담'과 '민담'의 구술성 연구」, 『구비문학연구』4, 한국구비문학회, 1997.

김형주, 「5·18 최후항전 참여자들의 구금 생활 연구:2011년 5·18민주화운동 구술자료를 중심으로」, 『민주주의와 인권』18(4), 전남대학교 5·18연구소, 2018.

김형주, 「5·18민주화운동 일선 대응인의 피해와 트라우마: 수습위원, 의사, 간호사, 시신 수습인을 중심으로」, 『민주주의와 인권』21(3), 전남대학교 5·18연구소, 2021.

나승만, 「민중 생애담 조사법」, 『역사민속학』9, 한국역사민속학회, 1999.
노명우, 「에쓰노그래피와 문화연구방법론」, 『담론201』11(3), 한국사회역사학회, 2008.
노용석, 「빨치산의 기억으로 본 한국전쟁기 민간인학살:전남 함평 불갑산지역 민간인학살 사례를 중심으로」, 『민족문화논총』73, 영남대학교 민족문화연구소, 2019.
박병섭, 「'여순10.19'관련 구술 사업의 현황과 과제」, 『역사학연구』73, 호남사학회, 2019.
박우주, 「거주민의 삶을 통해 본 학 팔거리 장소성에 관한 연구」, 전남대학교 석사논문, 2009.
박은영 외, 「전통시장의 장소성 기록화를 위한 구성요소 제언」, 『한국기록관리학회지』18(2), 한국기록관리학회, 2018.
박정석, 「비금도의 천일염전과 염부들의 구술생애사」, 『민속학연구』25, 국립민속박물관, 2009.
박찬승, 『마을로 간 한국전쟁:한국전쟁기 마을에서 벌어진 작은 전쟁들』, 돌베개, 2010.
박찬승, 「한국전쟁 전후 해남군에서의 민간인 학살」, 『구술사연구』3(1), 한국구술사학회, 2012. 박해광, 「일제강점기 광주의 근대적 공간 변형」, 『호남문화연구』44, 호남학연구원.
서해숙, 「여순사건 경험담의 구술 양상과 기억의 역사로서의 의미」, 『남도민속연구』41, 남도민속학회, 2020.
선휘성, 「여순사건의 발생 배경과 피해 실태에 대한 인식-증언과 구술자료를 중심으로」, 『인문학술』5, 순천대학교 인문학술원, 2020.
송영란 외, 「'다큐멘터리 아카이빙' 연구: 서울기록원의 수집 사례를 중심으로」, 『기록학연구』65, 한국기록학회, 2020.
송효섭, 「구술서사학의 현재와 미래-구조주의에서 탈구조주의까지」, 『구비문학연구』45, .한국구비문학회, 2017.
신동흔, 「경험담의 문학적 성격에 대한 고찰」, 『구비문학연구』4, 한국구비문학회, 1997.

여성구, 「전남 함평군 장성군 귀환 생존자의 구술 사례연구」, 『한국 근현대사 연구』25, 한국근현대사학회, 2003.

여성구, 「전남지역 한인의 강제연행과 귀환:구술을 통해 본 귀환생존자의 사례를 중심으로」, 『역사학연구』22, 호남사학회, 2004.

염미경, 「여성의 전쟁경험과 기억–좌익관련 여성유족의 구술생애사」, 『정신문화연구』28(4), 한국학중앙연구원, 2005.

유철인, 「생애사와 신세 타령:자료와 텍스트의 문제」, 『한국문화인류학』22(1), 한국문화인류학회, 1990.

유철인, 「어쩔 수 없이 미군과 결혼하게 되었다:생애이야기의 주제와 서술 전략」, 『한국문화인류학』29(2), 한국문화인류학회, 1996.

유철인, 「해석인류학과 생애사:제주사람들의 삶을 표현하기 위한 이론과 방법의 모색」, 『제주도연구』7, 제주학회, 1990.

윤택림, 『인류학자의 과거 여행: 한 빨갱이 마을의 역사를 찾아서』, 역사비평사, 2004.

윤택림, 「경계 넘기와 마이너리티의 구술사」, 『지식의 지평』28, 대우재단, 2020,.

윤택림, 「구술사와 지방민의 역사적 경험 재현: 충남 예산 시양리의 박형호씨 구술 증언을 중심으로」, 『한국문화인류학』30(2), 한국문화인류학회, 1997.

윤택림, 「기억에서 역사로:구술사의 이론적, 방법론적 쟁점들에 대한 고찰」, 『한국문화인류학』25(1), 한국문화인류학회, 1994.

윤택림·함한희, 「새로운 역사쓰기를 위한 구술사 연구방법론」, 아르케, 2006.

윤형숙, 「여성생애사 연구방법론」, 『여성연구』3, 목포대학교 여성문제연구소, 1996.

이상민, 「서울기록원의 기록 평가·선별과 서울현대사 기록의 수집」, 『향토서울』89, 서울역사편찬원, 2015.

이용기, 「여순사건의 기억 더듬기–14연대 군인들의 구술자료를 중심으로」, 『청람사학』23, 청람사학회, 2014.

이임하, 『전쟁미망인, 한국현대사의 침묵을 깨다:구술로 풀어 쓴 한국전쟁과 전후 사회』, 책과함께, 2010.
이정현 외, 「로컬리티 기록화를 위한 지역학 아카이브 모델 연구–제주학아카이브 현황 분석 및 개선 방향을 중심으로」, 『기록과정보·문화연구』10, 한국외국어대학교 정보·기록학연구소, 2020」.
이호신, 「구술사 연구와 기록관리, 녹취문을 넘어서」, 『구술사연구』8(2), 한국구술사학회, 2017.
이희영, 「1950년대 여성노동자와 '공장노동'의 사회적 의미–광주 전남방직 구술사례를 중심으로」, 『산업노동연구』14(1), 한국산업노동학회, 2008.
이희영, 「사회학 방법론으로서의 생애사 재구성–행위이론의 관점에서 본 이론적 의의와 방법론적 원칙」, 『한국사회학』39(3), 한국사회학회, 2005.
정경운, 「일제강점기 광주읍 '궁민' 연구」, 『호남문화연구』53, 호남학연구원, 2013.
정근식, 「한국에서의 사회적 기억 연구의 궤적–다중적 이행과 지구사적 맥락에서」, 『민주주의와 인권』13(2), 전남대학교 5·18연구소, 2013.
정근식, 「해방 직후 전남 지역의 노동운동」, 『사회와역사』23, 한국사회사학회, 1990.
정숙인, 「[민중구술] 농부로 잘 살고 있었다–여순항쟁 유족 박영수 인터뷰」, 『작가들』75, 인천작가회의(작가들), 2020.
제임스 훕스(James Hoopes), 유병용 옮김, 『증언사입문』, 한울, 1995.
조성훈, 『한국전쟁과 포로』, 선인, 2010.
천혜숙, 「여성생애담의 구술 사례와 그 의미 분석」, 『구비문학연구』4, 한국구비문학회, 1997.
최라영, 「"서사론"의 개념과 역사 고찰」, 『비교문화』66, 한국비교문학회, 2015.
최정기 외, 『전쟁과 재현:마을 공동체의 고통과 그 대면』, 한울, 2008.
최정기, 「5·18국가폭력 및 항쟁과 구술조사–증언 불가능성에 대한 도전:『광주5월민중항쟁사료전집』에 대한 비판적 성찰」, 『민주주의와 인권』18(2), 전남대학교 5·18연구소, 2018.
표인주 외, 『전쟁과 사람들:아래로부터의 한국전쟁 연구』, 한울, 2003.

한정훈, 「5·18 당시 아들을 잃은 어머니들의 삶과 치유의 공감장–어머니들의 구술생애담을 대상으로」, 『문학치료연구』52, 한국문학치료학회, 2019.
한정훈, 「5·18과 가족 트라우마–5·18 사상자 아내들의 구술생애담을 대상으로」, 『비교민속학』73, 비교민속학회, 2021.
한정훈, 「광주 주변부 공간의 변화와 이주민의 장소성 연구」, 『한국문학이론과 비평』74, 한국문학이론과 비평학회, 2017.
한정훈, 「도시 이주와 정착, 여성 노동자의 정체성 구성 연구–광주 지역 방직공장 여성 노동자들 대상으로」, 『실천민속학연구』32, 실천민속학회, 2018.
한정훈, 「도시에서 공간의 소멸을 둘러싼 담론 형성과 지향–광주 경양방죽과 태봉산을 대상으로」, 『한국민속학』66, 한국민속학회, 2017.
한정훈, 「빈곤의 경험과 공간의 장소화–광주 학동 사람들의 구술생애담을 대상으로」, 『호남문화연구』63, 전남대학교 호남학연구원, 2018.
한정훈, 「빨치산 구술생애담 연구」, 전남대학교 박사논문, 2012.
한정훈, 「영광의 전통소금 생산방식과 문화적 의미 연구」, 『호남문화연구』46, 전남대학교 호남학연구원, 2009.
한정훈, 「이주민 공동체의 정착 공간과 얽히는 시선들–광주 고려인마을을 대상으로」, 『실천민속학 연구』35, 실천민속학회, 2020.
한정훈, 「이주의 서사와 고려인 공동체의 미래–광주 고려인마을 거주 고려인의 구술생애담을 대상으로」, 『호남학』68, 전남대학교 호남학연구원, 2020.
한정훈, 「인정의 서사와 주체의 재정립:무명의 한 여성 판소리 창자의 구술생애담을 대상으로」, 『한국문학이론과비평』19(2), 한국문학이론과 비평학회, 2015.
한정훈, 「정체성 구성과 장소성 형성에 대한 연구–반가(班家) 여성의 구술생애담을 대상으로」, 『구비문학연구』43, 한국구비문학회, 2016.
한정훈, 「판소리 고수의 구술생애담, 민속지적 접근과 지역문화 읽기–순천지역에서 활동하는 판소리 고수의 구술생애담으로 중심으로」, 『배달말』57, 배달말학회, 2015.
한정훈, 「판소리 창자 염금향의 생애와 순천지역에서의 역할에 대한 고찰」, 『지방사와 지방문화』17(2), 역사문화학회, 2014.

한정훈, 「한국전쟁의 경험과 인물 이야기–영광 지역의 한 빨치산 이야기를 대상으로」, 『구비문학연구』39, 한국구비문학회, 2014.

한정훈, 「한 여성 빨치산의 구술생애담을 통해서 본 정체성의 서사」, 『한국문학이론과비평』50, 한국문학이론과비평학회, 2011.

함한희, 「나주 농민들이 들려주는 역사 이야기」, 『한국사 시민강좌』21, 일조각, 1997.

함한희, 「농민들의 역사의식에서 나타난 민족주의적 담론의 의미」, 『한국문화인류학』24(1), 한국문화인류학회, 1992.

함한희, 「조선말·일본시대의 궁삼면 농민의 사회경제적 지위와 그 변화」, 『한국학보』66, 일지사, 1992.

함한희, 「해방 이후의 농지개혁과 궁삼면 농민의 사회경제적 지위 및 그 변화」, 『한국문화인류학』23(1), 한국문화인류학회, 1991.

헤이든 화이트(Hayden White), 천형균 옮김, 『19세기 유럽의 역사적 상상력–메타 역사』, 문학과지성사, 1991.

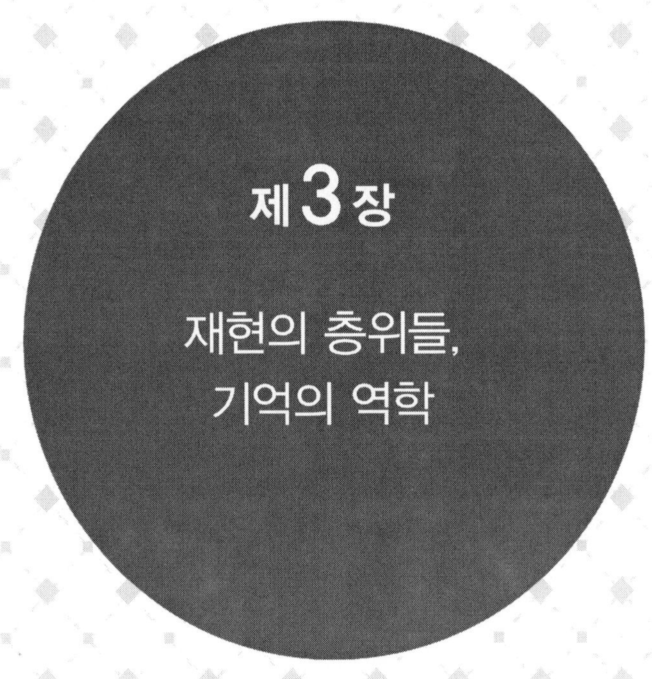

제 3 장

재현의 층위들, 기억의 역학

- 이청준의 창작론 연구(1)
  – '진실의 증거'를 향한 도정(道程) 이미란
- 이청준의 창작론 연구(2)
  – 용서와 화해, 잊기의 윤리학 이미란
- 사건의 드라마화와 재현의 역사성
  – 희곡 〈식민지에서 온 아나키스트〉와 시나리오 〈박열〉을 중심으로 백현미
- 관동대지진 시기 조선인 학살과 1980년대 한국·일본에서의 문화적 기억
  – 오충공의 기록영화와 김의경의 기록극을 중심으로 백현미
- 거부당하는 주체로서 자기인식의 문제
  – 김석범, 『1945년 여름』을 중심으로 전성규

이청준의 창작론 연구(1)
– '진실의 증거'를 향한 도정(道程)

이미란

I. 머리말

작가의 창작론은 작가 자신이 쓴 작품의 문법이라고 할 수 있다. 이는 작품의 주제 의식과 기법의 근간을 이루고 문학적 형상화의 바탕이 되기 때문이다. 창작론의 입장에서 보자면 이러한 문법이 효과적으로 구현된 텍스트가 성공한 작품이라고 할 수 있을 것이다.

이청준은 자신의 소설을 통하여 끊임없이 자신의 창작론을 드러내 온 작가이다. 이는 특히 소설가가 화자이거나 주인공으로 등장한 그의 '소설가 소설'을 통해 잘 드러나고 있다. 이청준의 소설가 소설은, 소설이란 무엇인가 혹은 소설가란 어떤 존재인가에 대한 문제를 제기하면서 창작론의 본질에 다가선다. 그러나 이러한 작가의 창작론을 텍스트의 분석만으로는 전면적으로 제시하기는 어렵다. 왜냐하면 창작론은 작가가 생각하는 이상적 형태의 소설을 말하고 있는 것이기에 그것이 그대로 소설 속에 반영될 수 없기 때문이다.[1] 다시 말해 소설이라는 담론화 과정을 거치면서 특히 작가의 의도 같은 경우는 간접화의 정도가 심할 뿐 아니라 때로 실제 창작의 과정에서 다채로운 굴절을 보이는 것[2]이라서 쉽게

---

1) 송하춘, 『발견으로서의 소설 기법』, 고려대학교출판부, 2002, 1-2쪽.

2) 우찬제, 「자유의 질서, 말의 꿈, 반성적 탐색 –이청준의 소설론」, 『이청준 깊이 읽기』(권오

헤아리기 어려운 것이다.

이에 본고에서는 이청준의 창작론을 그의 대표적인 '소설가 소설'인 「소문의 벽」(1972), 「지배와 해방」(1978), 「비화밀교」(1985), 『자유의 문』(1989), 『인문주의자 무소작씨의 종생기』(2000) 등을 비롯하여 작가의 직접적인 어조가 드러난 산문과 대담 등 2차 텍스트를 적극적으로 활용하여 논의하고자 한다.[3] 작가의 창작론이 작품을 쓰기 전의 작가 의도라고 볼 때 그것의 심층적 의미는 작품과 2차 텍스트를 보완하면서 해석될 부분인 것이다.

이청준의 글쓰기에 대한 논의는 그동안 여러 비평론과 연구논문들에서도 산발적으로 다루어진 바 있다.[4] 그러나 이러한 논의는 한두 작품에 국한된 비평론에 머물고 있거나, 혹은 이청준의 전 작품을 대상으로 소설론을 개관하는 데 그치고 있어서 이를 '창작론'의 입장에서 전체적으로 조망하는 작업이 필요하다고 본다. 따라서 본고에서는 선행 연구의 성과를 종합하면서 이를 창작론의 입장에서 다시 검토하여 이청준 창작론의 핵심과 그것의 점진적 전개 과정을 밝히고자 한다.

본고에서는 창작원리로서 이청준 문학을 해석할 수 있는 틀과 사유의 밑바탕을 해석하는 데에 초점을 두고 이청준의 창작론을 다음 세 가

롱 엮음), 문학과지성사, 1999, 192쪽.

3) 여기에서 인용할 이청준의 소설은 열림원에서 출간된 이청준문학전집(1998-2000)을 따르기로 한다. 이하 소설의 제목과 쪽수만 표기함. 그리고 대담, 산문 등 2차 텍스트는 참고문헌에 제시되어 있는 대로 1970년부터 2000년을 전후한 사이에 출간된 것을 포괄하여 이를 창작론의 전개 과정과 함께 읽고자 하였음을 밝혀 둔다.

4) 이청준의 '글쓰기'에 관한 논의는 초기부터 줄곧 관심의 대상이었다. 그 예로, 다음의 것을 들 수 있다. 김교선, 「소설로 쓴 소설론」, 『현대문학』201호, 1971. 9; 김병익, 「왜 글을 못 쓰는가-이청준과 박태순의 경우」, 『문학과 지성』, 1971 가을; 김윤식, 「미백(未白)의 사상 또는 이청준의 글쓰기의 기원에 대하여」; 우찬제, 「자유의 질서, 말의 꿈, 반성적 탐색-이청준의 소설론」, 『이청준 깊이 읽기』, 문학과지성사, 1999 등. 본고의 논의와 연관하여 볼 때 작가가 쓴 산문이나, 강연, 좌담 등의 2차 텍스트를 활용하면서 이청준의 창작론에 접근하고 있는 우찬제의 논문은 주목되는 면이 적지 않지만 이청준의 전 작품을 대상으로 삼아 그의 소설론을 개관하고 있어서 각각의 작품을 섬세하게 고찰하고 있다고 하긴 어렵다.

지, 즉 진술 욕망과 좌절의 징후, 자유의 질서와 삶의 진실, 진실의 증거와 갱신 등에 초점을 두고 읽을 것이다. 이를 매개로 하여 진술의 욕망을 가진 작가가 자유의 질서를 획득하기 위해 진실의 증거와 갱신을 지속해야 한다는 이청준 창작론의 핵심에 다가설 수 있을 것이며, '진실의 증거'가 이청준의 창작적 고뇌의 핵심이자 궁극적인 소설의 지향점이라는 점이 자연스럽게 드러날 것이다.

II. 진술 욕망과 좌절의 징후

「소문의 벽」에서는 진술공포증에 사로잡힌 '박준'이라는 소설가 주인공이 등장한다. 촉망받는 젊은 작가 박준은 신문과의 인터뷰를 통해 자신의 문학관을 피력한다. "문학 행위는 크게 보아, 보다 넓은 인간의 영토를 획득하고, 이미 획득한 영토에 대해서는 이를 수호하고 그 가치를 되풀이 확인해 나가는 것"이며, "작가는 그가 만약 자기 시대의 요구를 비겁하게 회피하지만 않는다면 그것을 성실하게 극복해 나갈 방법을 선택할 권리"가 있기 때문에 문학 행위란 "가장 성실한 작가의 자기 진술"이라 할 수 있다는 것이다. 그런데 박준은 작가로서의 자기 진술 행위를 하려 할 때 "어떤 전짓불 아래서 나의 진술을 행하고 있는지 때때로 엄청난 공포감을 느낄 때가 많다"고 한다.

소설가 박준의 진술공포증에서 볼 수 있는 것처럼, 「소문의 벽」에서 주요하게 제기하고 있는 문제는 "가장 성실한 작가의 자기 진술"이 어떻게 가능할 것인가에 대한 것이다. 아무런 장애 없이 성실한 자기 진술을 지속할 수 있는가가 작가가 직면한 문제인 것이다. '전짓불' 뒤의 존재가 확연하게 드러나지 않은 상태에서 성실한 자기 진술을 하기란 매우 어렵기 때문이다. 박준은 이렇게 설명한다.

–작가는 그 전짓불 뒤에 숨은 사람의 정체가 무엇이든 그들과 상관없이 정직한 자기 진술만 하고 있으면 그만이다. 그것이 작가의 양심이라는 것 아닌가. 나의 이야기는 다만, 그러나 나에게서는 이미 그 양심이라는 것이 나의 의지하고는 아무 상관도 없이 지켜질 수 없게 되고 있다는 것뿐이다. 전짓불이 용서하지 않기 때문이다. 전짓불이 어떤 식으로든 선택을 요구하기 때문이다. 아니 나에게는 어떤 선택의 여지조차 없다. 그런 것은 알지도 못한 새에 나는 언제나 누구의 편이 되어 있곤 하는 것이다. 그리고는 가혹한 복수를 당한다.[5)]

전짓불은 작가의 진술 욕망을 가로막는다. 심지어 그것은 어느 한 편을 선택하도록 강요한다. 어느 한 편을 선택하더라도 전짓불의 요구와 다를 경우 그것은 용서받을 수 없게 되어 복수를 감당해야 한다. 따라서 작가의 성실한 자기 진술이라는 문학행위는 결국 작가의 양심이나 선택, 그리고 의지와도 전혀 무관한 것이 된다. 박준은 그럼에도 작가는 진술을 끊임없이 계속하지 않고는 살아갈 수가 없기에 "그 정체가 보이지 않는 전짓불의 공포를 견디면서 죽든 살든 자기의 진술을 계속해 나갈 수밖에 다른 도리가 없는 사람들"이라고 말한다. 만약 그럴 수마저 없게 된다면 작가는 "영영 해소될 수 없는 내부의 진술욕과, 그것을 무참히 좌절시켜 버리고 있는 외부의 압력 사이에서 미치광이가 되어 버리지 않고는 배겨날 수가 없을 것"이라는 것이다.

전짓불의 공포를 견디며 자기 진술을 지속한다는 것이 과연 가능할까. 이러한 문제는 박준이 쓴 세 편의 소설을 통해서 구체화된다. 첫 번째 소설은 한 인간이 지니고 있는 내면의 비밀을 캐고자 한 작품인데, 그것은 '시대 양심'이라는 것에 바탕을 둔 편집자의 문학이념과 어긋난다는 이유로 발표되지 못한다. 시대의 요구라든가 그 시대의 인간들의

5) 이청준, 「소문의 벽」, 『소문의 벽』, 열림원, 2001, 142쪽.

권리나 의무의 양상 같은 것들이 강하게 암시된 두 번째 소설은 '문제의 소문'을 두려워하는 신념 없는 편집자의 조심성에 의해서 연재가 중단된다. 박준은 작가로서의 진술을 방해받고 진술의 권리마저 완전히 박탈당한 셈이다.

박준은 누이에게 맡긴 세 번째 소설에서 '전짓불'의 공포를 구체적으로 진술한다. 세 번째 소설의 주인공 G는 환각 안에서 어떤 음모의 피해자로 체포당해 있는 자신을 발견한다. G는 신문관으로부터 자신의 생애에 관해 그가 기억해 낼 수 있는 모든 것을 진술할 것을 요구받는다. 그러나 신문관의 정체를 알 수 없기 때문에 "어떤 식의 진술이 자신의 결백을 증명하는 데 가장 효과적일지를 알 수 없"는 데서 오는 본능적인 불안과 "뒤에 선 사람의 얼굴을 절대로 볼 수 없는 그 무시무시한 전짓불" 앞에서의 공포를 느낀다. 전짓불은 정체를 알 수 없는 심문자이다. 전짓불 앞에서 박준은 진술 욕망을 억압당하고 진술 공포증에 시달린다. 그러면서도 박준은 전짓불의 구속을 인정하지 않으려 하고 전짓불의 정체를 끊임없이 의심한다.

그러나 진술 욕망은 전짓불 앞에서 양심적이고 의지적인 태도를 가진다고 해서 가능한 것이 아니다. 신문관 앞에서의 G의 진술은 결국 자신에 관한 가장 정직한 진술에 있어서 '실패'하고 만다. 왜 그랬을까. 그 대답은 소설과 산문에서 소문과 진실의 관계를 이야기한 대목에서 찾을 수 있다.

> – (…) 당신은 아까부터 자꾸 전짓불의 공포라는 말을 써왔는데, 그리고 당신은 지금도 그 전짓불의 간섭을 받고 있다고 말했는데, 당신의 소설 작업과 관련하여 지금 당신은 어떤 곳에서 그것을 느끼고 있는지 그것을 좀더 구체적으로 말해 줄 수 있는가.
>
> – 말해 줄 수 있다. 그것은 소문 속에 있다.
>
> – 소문 속에라면, 실제로는 존재하고 있지 않다는 말인가.

– 실제로도 존재하고 있을 것이다. 정체를 밝히지 않기 위해 소문의 옷을 입고 있는 것뿐일 것이다.[6)]

–진실이 은폐된 곳에서 소문은 번지기 시작한다. 그리고 그 소문은 우리의 주위에 편견과 거짓과 오해의 높은 벽을 만들기 시작한다. 소문꾼들은 진실이 밝혀지는 것을 달가와하지 않을 뿐 아니라 필요할 때는 짐짓 거짓 소문을 만들어 퍼뜨리는 일까지도 사양하지 않는다.[7)]

위에서 인용한 부분을 종합하면, 전짓불은 이제 '소문의 옷'을 입고 편재하면서 정직한 진술을 불가능하게 한다. 전짓불과 더불어 떠도는 소문 속에는 권력이 작동하고 진실이 은폐되어 있다. 전짓불은 그 정체를 밝히지 않는 채로 작가의 정직한 진술을 감시하며 가로막는다. 그렇다면 작가의 정직한 진술이란 결국 '실패'할 수밖에 없는 것이다.

하지만 「소문의 벽」은 작가의 진술 욕망이 차단된 패배의 자리에서 오히려 시대적 위기의 징후를 극적으로 드러낸다. 작가는 미치광이가 되어가는 박준을 통해, 작가의 진술 욕망이 실패 혹은 좌절될 수밖에 없는 상황, 즉 인간의 진술 욕망을 억압하여 광기를 불러일으키는 시대적 위기의 징후를 드러낸다. 그러므로 작가의 진술 욕망이 좌절하는 것은 이청준의 견해를 빌면 진정 패배라고 할 수 없는 것이다. 이런 위기의 징후는 그 자체로서는 늘 부정적 현상으로 나타나 보임으로써, 소설현실의(즉 주인공의) 패배를 보여주지만, 이는 패배의 삶을 통하여 독자의 각성을 불러일으켜, 우리의 삶에 대한 새로운 깨달음과 극복에의 용기를 잉태케 하는 것이므로 진정한 소설 정신의 구현이 될 수 있다는 것이다.[8)]

---

6) 이청준, 「소문의 벽」, 『소문의 벽』, 열림원, 2001, 143쪽.

7) 이청준, 「所聞에 대하여 –진실만이 숨쉬는 세상을」, 『작가의 작은 손』, 열화당, 1978, 112쪽.

8) 이청준, 「알리바이 文學」,『작가의 작은 손』, 열화당, 1978, 203–205쪽.

즉 작가의 정직한 진실을 진술하고자 하는 욕망의 좌절, 그 패배의 자리가 오히려 시대의 위기를 드러내고 독자의 각성을 불러 일으키는 소설의 자리가 된다는 점을 역설한다.

III. 자유의 질서와 삶의 진실

작가는 왜 쓰는가. 작가는 무엇을 위해 쓰는가. 이청준에게 그것은 목숨을 건 자기 진실을 드러내기 위한 것이다. 다시 말해 이청준에게 소설을 쓴다는 것은 "자신의 진실을 근거로 한 선택이 될 수밖에 없"는 것. "그것은 바로 제 목숨을 건 자기 진실의 드러냄인 것이다. 그 밖의 다른 길은 없는 것이다."[9] 작가 이청준에게 소설을 쓰는 행위는 목숨을 건 자기 진실의 드러냄인 것이다.

「소문의 벽」에서 읽은 것처럼, 작가는 진실을 드러내기 위해 목숨을 건 자들이다. 그래서 그들은 '패배'할 수밖에 없다. 그럼에도 이 패배의 자리를 「지배와 해방」에서는 소설을 써야만 하는 근본적인 발판으로 삼는다. 이를 작가 이청준은 이렇게 요약해서 말한다. "「지배와 해방」이라는 단편 속에서 나는 그 주인공의 말을 통하여 문학 욕망은 애초 우리가 살고 있는 현실 질서와의 싸움에서 패배한 자가 그 패배의 상처로부터 자신을 구해내기 위한 위로와 그를 패배시킨 현실을 자기 이념의 질서로 거꾸로 지배해 나가려는 강한 복수심에서 비롯된다고 쓴 일이 있었다."[10]

작가의 어조로 문학관을 직접적으로 표명하고 있는 「지배와 해방」은 자서전 작가인 지욱이 이정훈이라는 젊은 작가의 강연회장에서 녹음해 온 테이프의 내용을 듣는 것으로 구성되어 있다. 지욱은 사람들이 오랫동안 말과 실체 사이의 약속 관계를 너무도 쉽게 무시해 버린 나머지,

9) 이청준, 「전짓불 앞의 방백」, 『가위 밑 그림의 음화와 양화』, 열림원, 1999, 42쪽.
10) 이청준, 「後記의 反省」, 『작가의 작은 손』, 열화당, 1978, 217쪽.

말들이 떠돌아다닐 수밖에 없게 되었다고 생각하면서 강연회니 세미나니 하는 집회에 쫓아다니면서 말을 녹음해 두었다가 말을 부리는 자들의 책임을 감당해 보려 한다. 그가 만난 소설가 이정훈은 소설을 쓰는 이유는 다음과 같이 제시한다.

> –자유롭지 못하게 하는 것을 소설로써 고발하는 것, 의롭지 못한 일을 증언하는 것, 우리의 삶을 부당하게 간섭해 오거나 병들게 하거나 불행스럽게 만드는 모든 비인간적인 제도와 억압에 대항하여 싸우고 그것들을 이겨 나갈 용기를 모색하는 것, 소위 새로운 영혼의 영토를 획득해 나가고 획득된 영토를 수호해 나가려는 데 기여하는 모든 문학적 노력이 종국에는 다 우리의 삶을 보다 더 풍족하고 행복스럽고 사람다운 사람으로 살아가게 하려는 삶의 진실을 위한 것이라고 할 수 있는 것입니다. …… 우리의 삶을 그 억누름으로부터 벗어져 나서 온전한 삶, 본래의 자유롭고 화창한 삶으로 돌아가 있게 하는 질서는 무엇입니까. 그것은 자유의 질서입니다. 그 자유의 질서야말로 우리의 가장 크고 깊은 삶의 진실이 아닐 수 없다는 말씀입니다.[11]

이정훈에 따르면 작가가 진실을 진술하고자 하는 궁극적인 이유는 "우리의 삶을 부당하게 간섭해 오거나 병들게 하거나 불행스럽게 만드는 모든 비인간적인 제도와 억압에 대항하여 싸우고 그것들을 이겨 나갈 용기를 모색하는 것", 즉 "자유의 질서"를 찾기 위한 것이다. 그러므로 작가의 몫, 즉 소설가의 책무는 "자유의 질서"를 적극적으로 드러내어 "삶의 자유"를 넓혀 가거나 지키려는 일이다. 다시 말해 작가 자신의 '진실'을 드러냄으로써 더 넓은 '삶의 진실'을 획득하기 위해서이다. 이처럼 「지배와 해방」은 작가의 진술의 욕망을 개인을 넘어 사회, 시대의 영역으로 확장하면서 억압적인 체계를 벗어나는 '자유'와 '해방'의 문학이

11) 이청준, 「지배와 해방」, 『자서전들 쓰십시다』, 열림원, 2000, 130–131쪽.

가능한지를 묻는다.

그러면 자유의 질서와 삶의 진실은 어떤 방법으로 드러낼 수 있는가라는 문제가 남는다. 즉 작가 자신의 진실을 어떻게 드러낼 것인가라는 문제, 즉 '진실의 증거'를 어떻게 할 것인가에 관한 문제를 종교와 문학이라는 두 차원에서 탐색하고 있는 소설이 바로 「비화밀교」이다. 「비화밀교」는 "탐색의 정신주의"[12]라 할 수 있는 세계관을 바탕으로 하여 "신 없는 시대의 제의, 인간적인 아픔에 보다 가까이 가는 제의로서 종교 아닌 문학의 구원 가능성을 조용히 타진하고 있"[13]는 작품이며, 작가의 진술 욕망을 가로막는 것이 "모든 비인간적인 제도와 억압" 뿐만이 아니라 때로 "가열한 정신주의"일 수도 있다는 것을 보여주는 작품이다.

이 소설의 서술자인 소설가는 고향 선배이며 은사이기도 한 민속학자 조선생의 요청으로 "민속이라기보다도 일종의 역사이자 종교에 가까운" 제왕봉의 제의에 참석하게 된다. 매년 마지막 그믐밤에 열리는 이 제의는 아무 구별 없이 서로 똑같은 인간으로 같은 불씨를 나눈 횃불을 들고서 어울리면서 서로를 용서하고, "오직 한 가지 소망에로 자신을 귀의시켜, 그 소망으로 하여 모든 사람들이 한데 뭉쳐서 어떤 보이지 않는 힘을 탄생시키고, 그것을 지켜 가는 숨은 근거지"로서 자리해 왔다. 조선생은 이 제의가 지닌 힘이 쉽게 현상의 질서로 증거되어서는 안 된다고 말한다.

> —무엇보다도 우리의 삶이나 이 세계는 논리와 논리 아닌 것, 눈에 보이는 것과 보이지 않는 것, 다시 말해서 실체와 그림자 그런 두 겹의 힘의 질서로 이루어져 나간다는 게 나의 인식이니까. 현상의 세계와 소망의 세계의 관계라고 할까. 그래서 나는 그 눈에 보이지 않게 숨겨져 실현을 기다리는 소망의 힘 또한 눈에 보이는 현상의 질서 못지않게 소중스럽게 지켜 가고 싶은 거라

12) 김현, 『분석과 해석』, 문학과지성사, 1988, 159쪽.
13) 김주연, 「제의(祭儀)와 화해」, 『이청준 깊이 읽기』, 앞의 책, 296쪽.

네. 어차피 한 번의 폭발로 모든 소망이 실현될 수가 없다면 내일의 세상에도 꿈만은 줄기차게 이어져 가야 하니까. 그래서 그 숨은 힘의 질서 속에 미래의 꿈의 씨앗으로 남아 있으려는 사람들의 노력도 그만큼 값진 것으로 알고 있는 것이구……[14]

조선생은 가시적 현상의 질서 뒤에 숨어 있는 비가시적 세계의 힘과 그 힘의 역할에 대해서 이야기한다. 즉 "어차피 한 번의 폭발로 모든 소망이 실현될 수가 없다면 내일의 세상에도 꿈만은 줄기차게 이어져 가야 하니까", 즉 혁명적 폭발보다는 변혁적 소망에의 꿈[15]이 더 소중하다는 것이다. 그리고 사실은 굳이 증거되지 않더라도 존재 자체로 신성한 것이며, "그것을 굳이 증거하고 싶어하는 것은 사실 자체의 신성성을 잃게 하고 그것을 또 하나의 현실적 지배력으로 편입시켜 들이는 노릇"에 다름 아닐 수도 있다는 것이다.

이러한 조선생의 가열한 정신주의와 그가 말한 제의의 보이지 않는 힘에 소설가인 '나'는 공감을 표한다. 하지만 소설가는 숨은 진실을 드러내야만 하는 비극적인 운명을 지닌 존재이다.

–소설질이 무엇인가. 그것은 분명히 조선생과는 반대로 그 보이지 않는 어둠 속의 세계와 삶의 현상들에 대해 인간정신의 밝은 빛을 쏘아 비춰 그것을 가시적인 삶의 질서로 끌어들이려는 노릇이 아니던가. 그 어둠 속의 것을 알리고 증거하여 보편적 삶의 덕목으로 일반화시켜 나가는 일이 아니던가. 소설쟁이로서의 나는 스스로 그 일을 자임하고 나선 위인이 아니던가. 나는 어쨌거나 그것을 써내어 소설로써 사실을 증거해야 하였다. 그것이 나의 어쩔 수

14) 이청준, 「비화밀교」, 『벌레이야기』, 열림원, 2002, 116쪽.
15) 우찬제, 「'틈'의 고뇌와 종합에의 의지」, 『한국소설문학대계 – 이청준』, 동아출판사, 1995, 758쪽.

없는 욕구이자 직업상의 의무였다.[16]

'나'는 조선생의 견해를 선불리 부인할 수가 없는데, 그것이 소설의 "현상적 논리를 훨씬 뛰어넘는 무거운 삶의 값을 지탱하고 있을 수도" 있다고 생각하기 때문이다. 그래서 소설가 '나'는 소설가로서의 진술 욕망과, 조선생이 "그토록 증거를 반대하는 것은 그로 인한 현상적 지배질서에의 영합을 스스로 경계하려는 데에서였을 수도 있었다. 그리고 그 단 한 번의 소망의 증거와 폭발로써 그 꿈의 불운한 노출과 소멸만을 초래하게 될 것을 두려워하고 있을 수도 있었다"는 것 사이에서 갈등한다. 이 지점에서 이청준은 사실을 증거해야 한다는 소설가의 책무와 그것을 곧바로 증거해서는 안 된다는 정신주의 사이에서 갈등하면서 이를 융합한 소설적 증거의 방식을 다음과 같이 제시한다.

–나는 확정적 '진실'로 무엇을 주장할 자신도 없으며, 그럼으로 해서 보다 현명하고 성실한 독자의 상상과 탐구의 노력을 방해할 수도 있기 때문이며 해답이나 길은 결국 독자 자신의 힘이나 혹은 작가와 함께 찾아야 하는 것이 될 수밖에 없기 때문에, 그리고 오늘의 소설은 삶의 문제에 대한 확정적 해답으로서가 아니라 괴롭고 아프게 그것을 묻고 되돌아보는 반성의 정신, 혹은 깨어있음으로써 깨어있게 하는 정신의 한 형식으로 이해되어야 하기 때문에. 그리고 한 가지 더 말하고 싶은 것은 소설을 현실 논리로써 설명하려고 하면 도저히 안 된다는 것이지요. 소설은 '꿈'이나 '암시'로 이해할 수밖에 없을 것 같아요.[17]

이처럼 이청준에게 자유의 질서와 삶의 진실을 담아내기 위한 소설이

---

16) 이청준, 「비화밀교」, 『벌레이야기』, 열림원, 2002, 122–123쪽.
17) 이청준, 「南道唱이 흐르는 아파트의 空間 –詩人 김승희와의 대담」, 『말없음표의 속말들』, 나남, 1986, 223쪽.

란 독자와 함께 그 해답을 찾아가는 것이며 끝없는 반성을 요구하는 "정신의 한 형식"으로 이해된다. 소설을 현실 논리로써 설명하려고 하면 안 되고, "꿈이나 암시"로 이해해야 한다는 작가의 생각은 조선생의 '정신주의'와 소설가 '나'의 '증거주의'가 결합된 창작론이라 할 수 있다. 이러한 소위 정신주의와 증거주의의 관계를 더욱 밀도 있게 접근함으로써 진실을 증거할 수 있는 소설적 가능성을 밀도있게 탐색하고 있는 작품이 『자유의 문』이다.

Ⅳ. 진실의 증거와 갱신

『자유의 문』은 「소문의 벽」, 「지배와 해방」, 「비화밀교」에서 제기된 문제의식을 종합하면서 '진실의 증거'라는 창작적 고뇌를 더욱 심화시킨다. 「지배와 해방」이 소설가 이정훈의 강연 형식을 통해 작가의 소설론을 직접 표명한 방식이라면 『자유의 문』은 추리소설가 주영섭이 자신이 실제로 쓰고 있는 소설 속의 등장인물과 대화하는 방식을 취해 소설론의 소설화 과정을 구체화한다.

1978년부터 1988년까지 십 년 동안의 집필 기간을 거쳐 1989년에 출간된[18] 장편 『자유의 문』은 이청준 창작론의 오랜 화두인 "사회를 움직이는 논리와 개인의 주체성의 관계는 어떠해야 하는가"라는 문제를 핵심적인 서사 원리로 삼고 있다.[19] 그럼으로써 '사회적 논리와 개인의 주체성의 관계' 속에서 어느 것이 더 중요한 것인지를 묻는 것이 아니라 개인과 사회의 관계 속에서 작가가 '자신의 진실'을 증거하는 문학의 방식

18) 78년에 첫 원고를 썼고, 80년에서 83년 사이에 두 번을 고쳐 썼고, 마지막으로 지난해(88년) 11월에서 올(89년) 4월까지 뒷부분을 상당량 다시 고쳐 썼다.(이청준, 「자유인을 위한 메모」, 『자유의 문』, 279쪽)

19) 류보선, 「새로운 방향의 모색과 운명의 힘—이청준의 『자유의 문』에 대하여」, 『이청준 깊이 읽기』, 앞의 책, 304쪽.

에 대해서 정밀하게 탐색한다. 이러한 과정을 『자유의 문』에서는 백상도 노인과 소설가 주영섭이라는 두 인물을 중심으로 전개한다.

백상도 노인은 비밀스런 기독교 교파의 '실천선'과 '절대선'의 교리를 구현하고자 하는 정신주의자이다. 그가 추구하는 삶은 크고 깊은 흐름이면서도 눈에 띄지 않는 '밑강물'처럼 주님의 사랑과 영광을 숨어서 실천하고, 그것을 드러내 증거하거나 대가를 구함이 없이 나아가는 것이다.

> –"거 세상엔 때로 보이지 않는 비밀 속에 감춰져 있어야 참진실이 될 수 있는 일이 있는 게요. 그 비밀의 장막이 벗겨질 때 그 빛과 힘을 다 잃고 마는 진실이 있을 수 있다는 말이외다. 그래 때로는 어떤 일을 그냥 비밀인 채로 남겨두는 게 그 일의 너머에 있는 진실의 힘을 지켜주는 일이 되는 게요. 굳이 그 진실의 장막을 벗겨내어 실상을 드러내 보이려 할 때는 거기 그만한 값을 치러야 하는 게고. 한데 주 선생에게 과연 그런 진실의 값을 치를 각오가 있으실지?"[20]

그는 소설가 주영섭에게 "그 밑강물로 숨어 흐르는 사랑 역시도 그것이 현상계의 질서 위로 떠올라 증거되는 순간에 똑같이 현상적 지배력의 길을 가게 마련인 마당에", "그렇듯 재빠른 지배질서화의 현상, 그밖에 거기 또 무엇이 증거될 수 있겠느냔 말이외다."[21]라고 주장한다. 모든 진실이 "현상계의 질서 위로 떠올라 증거되는 순간에 똑같이 현상적 지배력에의 길을 가게 마련"임을 경계하는 백상도 노인의 생각은 사실은 굳이 증거되지 않더라도 존재 자체로 신성한 것이며, "그것을 굳이 증거하고 싶어하는 것은 사실 자체의 신성성을 잃게 하고 그것을 또 하나의 현실적 지배력으로 편입시켜 들이는 노릇"이라고 여겼던 「비화밀교」의 조 선생의 것과 일치한다.

---

20) 이청준, 『자유의 문』, 열림원, 1998, 139쪽.

21) 이청준, 『자유의 문』, 열림원, 1998, 261쪽.

하지만 백상도 노인은 "진실을 드러내고 싶은 인간적 증거욕과 그것을 잠재우고 견디어내야 하는 신앙의 계율" 사이에서 고뇌한다. 결국 그는 침묵의 교리와 인간으로서의 자기 증거욕 사이에서 갈등하던 자신을 쫓는 양 기자와 구 형사를 유인하여 이야기를 들려줌으로써 자기 증거의 욕망을 해소하고, 자신이 세상에 드러나는 것을 막기 위해 간접 살인을 함으로써 계율을 지키는 자기 타협을 모색한다. 백상도 노인의 세 번째 추적자인 소설가 주영섭은 그의 견해에 대해 반박한다.

—어르신의 길은 오히려 자신의 깊은 진실을 받아들이는 데 있었습니다. 성 기자의 죽음에서 비로소 되살아나기 시작한 괴로운 충동, 그의 죽음의 진실, 바로 어르신 자신의 진실을 드러내버리고 싶은 증거의 충동, 그거야말로 어르신께서 우리 인간과 그 삶에로의 귀환을 갈구하셨던 증거가 아니겠습니까. 어른께선 차라리 그 순정하고 진실한 충동을 좇아 주님의 나라가 아닌 인간의 세상에 성 기자의 죽음의 진실을 증거하셨어야 했습니다. 했더라면 그 땅 위의 삶에 대한 사랑을 통하여 주님의 사랑도 되찾을 수가 있었을 것입니다. 그것이 진정 주님의 사랑을 행해 나가는 길이었을 테니까요. 해서 그 계율의 미망이 걷히게 됐더라면, 거기서 잃어버린 사랑의 숨결이나 기도의 힘이 되살아나고, 그에 따라 인간과 삶에 대한 믿음도 저절로 되살아날 수가 있었을 것입니다.[22)]

주영섭은 백상도 노인이 계율 때문에 인간에의 길을 버리게 된 것뿐만이 아니라, 자신의 욕망으로 하여 그 계율의 이름으로 살인까지 행한 것, 계율을 그 살인의 구실로 삼은 것을 준엄히 단죄하며 노인으로 하여금 계율의 미망에서 벗어날 것을 간청한다. 주영섭은 계율의 미망에 사로잡히게 되면 "행위의 계율이 행위의 목적을 압도"하여 하나의 집단 이

---

22) 이청준, 『자유의 문』, 열림원, 1998, 254–255쪽.

데올로기로 변질된 신념 체계가 되고, 이는 우리 삶에서의 개별성, 우리들 개개인의 삶에 대한 사랑과 그의 독자적 진실성을 부인, 혹은 폄하와 죄악시하는 무서운 폭력일 수 있다고 본 것이다. 주영섭은 백상도 노인이 견지하는 '보이지 않는 힘의 질서'에 공감하면서도 그와는 다른 소설적 진실의 증거 방식에 대해서 "어른께서는 계율을 위해서 우리 삶에 대한 사랑과 믿음마저 버릴 수 있으시지만, 소설 일은 오히려 그 믿음과 사랑을 위해선 자기 계율까지 버려야 하니까요."[23]라고 말한다.

즉 주영섭에게 소설쓰기란 사실 혹은 진실을 증거하고 현상화하는 것이며, 믿음과 사랑을 위해서는 자기 계율까지 버려야 하는 일이다. 주영섭이 말하는 소설론은 작가 이청준의 목소리를 통해서 구체적으로 확인할 수 있다.

> –소설은 그 증거 행위 자체의 순간을 향유할 수 있을 뿐, 그것이 이룩해낸 어떤 현상 세계의 절대 지배 질서, 더욱이 그것이 우리 삶의 자유와 사랑을 부인하는 반인간적 계율화의 길을 갈 때는, 그것을 누리거나 돌아서기보다도, 거기 대해 새로운 증거를 행해나갈 준비를 서둘러야 하거든요. 그래 그것을 일종의 소설의 숙명이라 했습니다만, 소설이란 그렇듯 그의 증거 행위가 한순간에 모두 도로가 되어버린다 하더라도, 그렇기 때문에 오히려 더 그것을 포기함이 없이 증거와 도로를 끝없이 되풀이해가는 과정 속에 그 참값을 드러내는 것이라 할 수 있지요. 거기에 바로 소설의 증거의 본질과 의미도 깃들어 있는 것이구요.[24]

작가 이청준에게 '소설의 증거의 본질과 의미'란 이런 것이다. 한 편의 소설은 그 증거 행위 자체의 순간을 향유할 수 있을 뿐이며 "우리 삶의 자유와 사랑을 부인하는 반인간적 계율화의 길을 갈 때는, 그것을 누리

23) 이청준, 『자유의 문』, 열림원, 1998, 260쪽.
24) 이청준, 『자유의 문』, 열림원, 1998, 262-263쪽.

거나 돌아서기보다도, 거기 대해 새로운 증거를 행해나갈 준비를 서둘러야" 한다는 것인 것이다. 이로써 「비화밀교」의 서술자인 소설가 '나'가 진실을 증거하는 데에 있어서 느꼈던 문제에 대해 『자유의 문』의 소설가 주영섭은 "어떤 절대의 계율에 얽매이지 않고 유연하고 탄력 있는 정신력 위에 우리 삶을 끊임없이 재창조해 나가는 도정으로서의 문학과 소설에 대한 그의 신뢰감"을 당당히 밝힘으로써 그에 답하고 있다.

『자유의 문』은 「비화밀교」에서 해결하지 못한 문제, 즉 어떤 진실이 증거되는 순간 현상 세계의 지배력으로 편입되는 모순을 어떻게 극복할 것인가에 대한 방안을 제시한다. 이를 통해서 작가 이청준은 종교나 이데올로기와 같은 정신적 신념 체계가 영구불변의 절대계율을 고집하게 되면 삶의 자유와 사랑을 부인하는 폭력이 될 수 있으며, 이와 반대되는 자리에 있는 소설적 증거의 길을 내놓는다.

—문학에 있어서의 자기질서의 확대란 곧 획득되어진 과거의 질서와의 결별과 극복에 의해서라는 역설적 진실이 가능해진다. 그리하여 그 욕심 많은 문학인은 지금까지 그가 추구하고 획득해낸 인간 영토의 가장 변경에서부터 다시 새로운 세계에로의 고된 순례길을 떠나야 하는 것이다. 그리고 그 새로운 세계에의 문을 찾아 그것을 열어 보임으로써 있어 온 큰 세계의 영토를 더욱 더 화창하게 넓혀 나가야 하는 것이다.[25)]

이로 미루어 보아 이청준이 초기부터 일관되게 제시한 소설의 길이란 "끊임없는 자기반성과 변화"를 통해 '진실의 증거와 갱신'을 지속해야 한다는 것에 다름 아니다. 그리고 '자유의 질서'를 획득하기 위한 소설의 길은 곧 "들끓는 증오와 복수심을 넘어선 외종형의 자기해방, 죽음 앞에서도 더 낮아질 수가 없었던 그 집안 어른의 의연스런 자존심, 쉽지 않은

25) 이청준, 「文學 30代」, 『作家의 작은 손』, 열화당, 1978, 176쪽.

힘과 공명심에 앞서 자신 속의 '인간'을 지킨 그 마을 어른의 순정한 삶의 선택……. 그것이 비록 외롭고 힘들었더라도 그분들은 내게 있어 귀하고 소중스런 자유인의 초상인"[26]을 그려내고자 한 그침 없는 노력이다.

『인문주의자 무소작 씨의 종생기』는 위에서 읽어온 이청준의 창작론을 알레고리를 통해 종합적으로 제시하고 있어서 주목되는 작품이다. 이 소설은 진실과 그것을 드러내는 방법, 안과 밖의 경계와 허물기 등에 관해 새로운 방식으로 사유하고 있다. 그럼으로써 소설가와 소설의 관계는 물론이고 그 소설가의 진실을 담은 소설이 독자에게 공감을 줄 수 있는지에 대해서 본질적으로 질문한다. 이 점은 자신이 꾸민 이야기가 왜 다른 사람들에게 흥미를 주지 못했는지를 고민하는 무소작에 대한 주인 사내의 나무람 속에서 드러난다.

> —"이야기의 방법을 달리해 꾸미려고만 했을 뿐 그럴수록 그 속에 담아야 할 진심을 담지 못했기 때문이지요. 당신의 마음이 여기서도 늘 먼 바깥 세상을 떠돌 뿐 지금 이곳엔 뿌리다운 뿌리를 지니지 못했으니까. 진실이 실리지 못한 이야기는 꾸밈이 많을수록 더 허황한 거짓, 그래서 서로 경계다운 경계를 찾아 안팎으로 합해질 수가 없는 부질없는 거짓만 낳을 뿐이지요. 그 거짓 세상 거짓된 이야기에서 어떤 놀라움이나 감동, 안과 밖이 서로 하나 되고 넓어져가는 충만스런 지혜를 만날 수가 없지요……."[27]

무소작의 이야기들을 지금까지 모두 들어온 주인 사내는 소작의 이야기에 과장과 허세가 깃들어 있다는 것을 지적한다. 무소작은 사내의 말에서 "절망적인 깨달음"을 얻는다. 무소작의 이야기는 겉으로만 꾸미려고 했을 뿐, '진심'과 '뿌리'를 지니지 못했기 때문이다. 그것은 평생 바깥 세상만 떠돌다 돌아온 무소작에게 "애초부터 뿌리다운 삶의 뿌리가

---

26) 이청준, 「작가 노트 : 자유인을 위한 메모」, 『자유의 문』, 열림원, 1998, 278-279쪽.

27) 이청준, 『인문주의자 무소작 씨의 종생기』, 열림원, 2000, 114쪽.

있을 수 없었고, 새삼스럽게 여기서 그것을 찾는 것은 전혀 불가능하기 때문이었다." 그래서 무소작은 이야기의 뿌리를 찾기 위해서 지나간 삶의 행로를 더듬어 올라간다. 자신의 이야기가 외면당하는 곳에서 떠나야 할 때라는 것을 깨달았을 때, 문득 무소작은 어린 시절 어머니가 들려준 꽃씨 할머니 이야기를 생각해낸다. 그는 "꽃씨 할머니의 이야기야말로 그의 어린 시절의 꿈과 숨결이 아직 역연한 그의 생생한 삶의 뿌리요 이야기의 뿌리였다. 떠돎 이전의 거짓 없는 그 자신의 이야기였다."는 것을 알게 된다. 그 이야기를 남겨둠으로써 무소작은 "안과 밖을 함께 지닌 이야기꾼으로서 마지막으로 자기 삶의 흔적을 증거해 보이고 싶은 자존심"을 지키고자 한다.

이 지점에서『인문주의자 무소작 씨의 종생기』는 '소설'이 얼마나 작가의 자기 진실을 담을 수 있으며 그것은 또 모든 사람들의 진실과 교감할 수 있을 것인지를 묻는다. 소설가에게 자기 진실을 증거한다는 것은 자기 진실을 담은 이야기 속으로 자신마저 사라지는 자리에서 비로소 완성될 수 있는 것이다. 그리고 '진실의 증거'는 그 이야기를 듣고 읽는 사람들의 삶 속으로 스며들 수 있어야 한다. 이를 위해서 소설가는 진실을 증거하는 방식을 바꾸어가지 않으면 안 된다. 주인공 무소작이라는 이름이 無小作, 務小作, 無所着 등의 한자어를 연상시키고 있는 데에서도 볼 수 있는 것처럼[28] 진실의 증거를 향한 이청준의 소설 길은 여기에서도 끝나지 않는다. 작가 이청준은 "저는 항상 제가 도달한 것의 마지막

28) 남진우는 무소작이라는 이름을 세 가지 의미로 해석한다. 無小作으로 풀이하면 아무것도 거두는 것이 없는 허무한 존재로서, 務小作으로 풀이한다면 작은 것이라도 거두기 위해 끝없이 애쓰는 존재로서, 평생에 걸친 주인공의 추구를 나타낼 것이다. 또 그는 생의 마지막에 無所(lr nulle part), 즉 어디에도 없는 곳에 도달하는 존재이다.(남진우, 작품해설 「이야기의 시원, 시원의 이야기」, 『인문주의자 무소작 씨의 종생기』, 열림원, 133면; 127–157면) 이에 덧붙여 한순미는 불교적인 관점에서 어디에도 도달하지 않는다는 '무소착(無所着)'을 변형시킨 이름으로 해석한다.(한순미, 『가(假)의 언어 : 이청준 문학 연구』, 푸른사상사, 2009, 292–294쪽)

의 것을 썼어요."[29]라고 말한 적이 있다. '마지막의 것'을 쓰는 순간은 언제나 그의 새로운 소설쓰기의 출발지였다.

V. 맺음말

이청준은 「소문의 벽」에서 출발하여 「지배와 해방」, 「비화밀교」를 거쳐 『자유의 문』, 『인문주의자 무소작씨의 종생기』에 이르기까지 자신의 창작론을 소설을 통해서 표명해 왔다. 그의 소설가 소설은 '소설이란 무엇인가'에 대한 탐색의 노정이 담긴 소설들로서 창작론의 입장에서 볼 때 각별하게 논의할 점을 제시해준다. 이청준에게 소설의 길이란 "지금까지 그가 추구하고 획득해낸 인간 영토의 가장 변경에서부터 다시 새로운 세계에로의 고된 순례길"에 비유할 수 있다. 이를 본고에서는 '진실의 증거'를 향한 부단한 과정 속에서 조망하였다.

「소문의 벽」은 진술공포증으로 미치광이가 되어가는 주인공 박준을 통해 작가란 근원적으로 진술 욕망을 지닌 존재라는 점과, 소설은 작가의 자유로운 진술이어야 한다는 것을 이야기한다. 그러나 억압적인 전짓불과 진실을 은폐한 소문으로 인하여 작가의 정직한 자기 진술은 좌절할 수밖에 없다. 작가의 성실한 자기 진술이 좌절할 수밖에 없다는 것은 곧 소설가와 소설이 직면한 시대적 위기의 징후를 드러내는 한편 독자의 각성을 동시에 가져온다.

「지배와 해방」은 소설가 주인공을 통해 작가 자신의 창작론을 직접 표출한 작품이다. 진실을 드러내고자 하는 욕망을 가진 소설가에게 소설쓰기란 "우리의 삶을 부당하게 간섭해 오거나 병들게 하거나 불행스럽게 만드는 모든 비인간적인 제도와 억압에 대항하여 싸우고 그것들을

29) 이청준/김치수, 「이청준과의 대화 –복수와 용서의 변증법」,『박경리와 이청준』, 민음사, 1982, 220쪽.

이겨 나갈 용기를 모색하는 것"이다. 이청준은 이를 "자유의 질서"라고 일컫는다. 즉 소설이란 "자유의 질서를 적극적으로 드러내어 삶의 자유를 넓혀 가거나 지키려는 일"이다. 그러면 자유의 질서를 획득하기 위한 작가의 자기 진실은 어떠한 방식을 어떻게 드러낼 수 있는가. 이를 「비화밀교」에서는 민속학자 조승호와 소설가 '나'의 대립 속에서 구체화한다. 이로써 어떠한 진실 또는 사실이라도 그것을 드러내는 순간 현상적 지배 질서에의 영합될 수 있기 때문에 침묵의 질서가 더 소중하다는 정신주의에 공감을 하면서도 종교적 계율이 아닌 소설적 진실의 증거 방식에 대한 깊은 고뇌를 던진다.

『자유의 문』에서는 「비화밀교」에서 해결하지 못한 문제, 즉 어떤 진실이 증거되는 순간 현상 세계의 지배력으로 편입될 수 있는 모순을 어떻게 극복할 것인가에 대한 소설적 대안을 탐색한다. 그 결과 이청준은 소설이란 작가의 삶의 진실을 담아 자유의 질서를 넓혀가는 일인데, 이는 끊임없는 자기반성과 변화를 통해서 가능하다는 것. 그리고 그것은 또 종교적 계율이 아니라 계율마저 버리는 소설의 길을 통해서 가능하다는 것을 이야기한다. 『인문주의자 무소작씨의 종생기』는 작가 이청준의 창작적 고뇌를 '안과 밖'의 문제틀을 중심으로 소설가와 소설, 그리고 삶이 분리되지 않는 경지를 통해서 진실을 증거하고 드러내는 궁극적 지향점을 형상화한다.

이청준은 개인과 사회, 현실과 역사, 문학과 종교 사이에서 끊임없이 소설의 길을 탐색해 왔다. 부족하게나마 본고에서 살핀 바에 의하면 이청준에게 있어서 소설쓰기의 대전제는 '진실의 증거'라 할 수 있다. 진실의 증거는 곧 자유의 질서를 획득하는 것과 다르지 않다. 그리고 그 진실이란 작가와 독자, 그리고 사회의 삶과 유리되지 않은 '자유의 질서'를 마련하기 위한 것이어야 한다. 즉 작가가 소설 속에 담아내는 진실은 '인간의 삶'과 유리되지 않는 것으로서 삶의 자유를 얻기 위해 진실의 증거가 필요하다는 말이다.

이러한 이청준의 창작론은 '용서와 사랑'을 실천하고 '존재론적 삶'을 지향하는 밑바탕이 된다. 필자는 향후 본고에서 검토한 내용을 바탕으로 '진실의 증거'라고 하는 이청준의 창작론이 소설 안에서 어떻게 구체적인 몸을 얻어 형상화되고 있는지를 '용서와 사랑' 그리고 '존재론적 삶'의 층위에서 살필 계획이다.

이 글은 2012년 현대문학이론학회에서 발간한 『현대문학이론연구』 49집에 게재된 것이다.

참고문헌

〈자료〉

1) 소설

이청준, 「소문의 벽」,『소문의 벽』, 열림원, 2001.

______, 「지배와 해방」, 『자서전들 쓰십시다』, 열림원, 2000.

______, 「비화밀교」, 『벌레 이야기』, 열림원, 2002.

______, 『자유의 문』, 열림원, 1998.

______, 「전짓불 앞의 방백」, 『가위 밑 그림의 음화와 양화』, 열림원, 1999.

______, 『인문주의자 무소작씨의 종생기』, 열림원, 2000.

2) 산문집 및 대담

이청준, 『作家의 작은 손』, 열화당, 1978.

______, 『말없음표의 속말들』, 나남, 1986.

______, 『오마니』, 문학과의식, 1999.

______, 『사라진 밀실을 찾아서』, 월간에세이, 2009.

______, 『그와의 한 시대는 그래도 아름다웠다』, 현대문학, 2003.

이청준/김치수, 「복수와 용서의 변증법」, 『박경리와 이청준』, 민음사, 1982.

이청준/김승희, 「남도창이 흐르는 아파트의 공간」, 『말없음표의 속말들』, 나남, 1986.

이청준/이위발, 「문학의 토양을 이룬 반성의 정신」, 『이청준론』, 삼인행, 1991.

이청준/권오룡, 「시대의 고통에서 영혼의 비상까지」, 『이청준 깊이 읽기』, 문학과지성사, 1999.

〈논저〉

김병익, 「왜 글을 쓰는가」, 『이청준』, 은애, 1979.

김윤식, 「미백의 사상, 또는 이청준의 글쓰기의 기원에 대하여」, 『이청준 깊이 읽기』, 권오룡 편, 문학과지성사, 1999.

김주연, 「제의(祭儀)와 화해」, 『이청준 깊이 읽기』, 문학과지성사, 1999.

김치수, 「언어와 현실의 갈등」, 『이청준 깊이 읽기』(권오룡 편), 문학과지성사, 1999.

김 현, 「떠남과 되돌아옴」, 『이청준론』, 삼인행, 1991.

_______, 『분석과 해석』, 문학과지성사, 1988.

_______, 『문학과 유토피아』, 문학과지성사, 1992.

류보선, 「새로운 방향의 모색과 운명의 힘-이청준의 『자유의 문』에 대하여」, 『이청준 깊이 읽기』, 문학과지성사, 1999.

송하춘, 『발견으로서의 소설 기법』, 고려대학교출판부, 2002.

우찬제, 「'틈'의 고뇌와 종합에의 의지」, 『한국소설문학대계 – 이청준』, 동아출판사, 1995.

우찬제, 「자유의 질서, 말의 꿈, 반성적 탐색 –이청준의 소설론」, 『이청준 깊이 읽기』, 권오룡 편, 문학과지성사, 1999.

이미란, 「제1강 소설이란 무엇인가」, 『소설창작 12강』, 예림기획, 2001.

이윤옥, 『비상학, 부활하는 새, 다시 태어나는 말-이청준 소설읽기』, 문이당, 2005.

한순미, 『가(假)의 언어 –이청준 문학 연구』, 푸른사상, 2009.

이청준의 창작론 연구(2)
– 용서와 화해, 잊기의 윤리학

이미란

I. 머리말

작가 이청준은 개인과 사회, 현실과 역사, 문학과 종교 사이에서 끊임없이 소설의 길을 탐색해 왔다. 이청준에게 있어서 소설쓰기의 대전제는 '진실의 증거'라고 할 수 있다. 이때, 진실이란 작가와 독자, 그리고 사회의 삶과 유리되지 않은 '자유의 질서'이며, 진실을 증거한다는 것은 곧 자유의 질서를 획득하는 것과 다르지 않다. 즉 작가는 인간이 삶의 자유를 얻기 위해 필요한 진실이 무엇인지를 부단히 증거해 나가야 하는 임무를 맡게 된다. 진실을 증거함으로써 삶의 자유를 획득해 나가는 것을 이청준 창작론의 핵심적인 요지라 할 때 이러한 작가의 창작론이 '용서와 화해'의 윤리를 실천하고 '존재론적 삶'을 지향하는 주제의식으로 형상화되는 것은 어쩌면 당연한 일처럼 보인다.[1]

본고에서는 소설이 인간의 자유로운 삶을 위한 진실의 증거가 되어야 한다는 것이 이청준의 창작론의 핵심적 전제라는 데에서 출발하여 그 창작론이 '용서와 화해'라는 구체적인 주제의식으로 형상화되고 있는 과정을 살펴보고자 한다. 논의를 위해서 소설 외에 그가 쓴 산문들과 강연,

1) 이미란, 「이청준의 창작론 연구(1) –'진실의 증거'를 향한 도정(道程)」, 『현대문학이론연구』 제49집, 2012, 161쪽. 본 논문은 이 논문의 결론을 전제로 출발한다.

좌담 등의 2차 텍스트 등을 적극적으로 활용할 것이다. 창작론의 입장에서 보자면, 작가의 의도가 작품을 통해 얼마나 효과적으로 드러났는가 하는 것이 작가의식을 살필 수 있는 작품을 분석하는 기준이 될 수 있으며, 이를 위해서 작가의 직접적인 목소리가 요구되는 까닭에서이다.

연작 「남도사람」(1976-1981)에서 본격화된 용서의 문제는 「비화밀교」(1985), 「벌레 이야기」(1985), 「숨은 손가락」(1985), 「가해자의 얼굴」(1992) 등의 작품에서 치열한 탐색의 과정을 거친 후 『흰옷』(1994), 『신화를 삼킨 섬』(2003) 등을 거쳐 「지하실」(2005) 등에 이르러 화해의 윤리적 방법과 태도[2]를 제시하기에 이른다. 이청준의 후기 소설은 '자유의 질서'를 추구하면서 고향을 용서하고 그것과 화해함으로써 고향으로 돌아가고자 하는 '귀향의식'[3]이 크게 자리하고 있다. 이청준 후기 소설은 "말과 소리", "신화와 역사"로 초점화되고 있기에 이 글에서는 본 연구 대상을 그와 관련된 작품들로 한정할 것이다.[4]

아울러 '용서'는 이청준 소설의 오랜 과제인 '한'풀이의 과정과도 밀접한 관련을 맺고 있다. 이청준은 인간의 자유로운 삶을 위해서 인간 상호간의 용서와 화해가 전제되어야 하며, 그것은 자유와 사랑이 전제되어

---

2) 김수진의 「'용서'의 문학교육적 의미 연구: 이청준 소설을 중심으로」(서강대학교 교육대학원 석사논문, 2010)는 본고와 작품 분석의 주제와 대상 작품이 겹치는 부분이 있으나, 김수진의 경우, 용서의 문제를 개인과 집단이 조화를 이루어가는 과정의 발견으로 보고 있고, 본고는 용서와 화해의 방법론이 기억하기와 이야기하기에 이르는 과정을 추적하고 있으므로 논의의 결이 다르다고 할 수 있다.

3) 이 글의 논점인 자유, 용서, 화해에 관한 논의로는 김치수, 「고향 체험의 의미」, 『박경리와 이청준』, 민음사, 1982; 정과리, 「용서, 그 타인됨의 세계」(1987), 『이청준 깊이 읽기』, 문학과지성사, 1999; 우찬제, 「자유의 질서, 말의 꿈, 반성적 탐색-이청준의 소설론」, 『이청준 깊이 읽기』, 문학과지성사, 1999; 현길언, 「구원의 실현을 위한 사랑과 용서」, 『이청준론』, 삼인행, 1991; 송기섭, 「자유를 표현하는 방식과 그 의미-이청준론」, 『한국문학이론과 비평』, 제54집(16권 1호), 한국문학이론과비평학회, 2012.3 등을 들 수 있다.

4) 한순미, 「문자와 여백: 이청준 문학(1965-2008)에서 무엇을 어떻게 읽어 왔는가」, 『남도문화연구』, 제23집, 순천대학교 남도문화연구소, 2012.12. 이 논문에서 "Ⅴ. 말과 소리"와 "Ⅵ. 신화와 역사"에 정리된 내용으로 이청준 소설 연구사 검토를 대신한다.

야 하는데 그 실천적 양상은 어떠해야 하는지[5]에 대한 소설적 물음을 제시하고 있는데 그 노정은 용서와 화해, 그리고 잊기의 윤리학으로 귀결된다.

물론 소설 속의 인물들이 사적인 관계에 있는 것인지, 역사적이고 공적인 관계에 놓여 있는지에 따라 가해자와 피해자 간의 용서와 화해의 해결 방식이 다를 것이다. 따라서 그에 관한 해석의 접근 방식 또한 다르게 이루어지는 것이 마땅하다. 하지만 이청준 소설의 경우, 개인적 경험과 기억은 사회적이고 역사적인 문제의식을 포함하고 있다는 점에서 본고에서는 작품 속의 인물들의 관계를 섬세하게 구분하지 않았다. 이에 관한 자세한 논의는 다음으로 미루고자 한다.

우선 창작론의 입장에서 이청준 후기소설의 내적 흐름을 살피는 것이 본고의 목적이다. 이를 통해 우리는 이청준 창작 원리가 '용서와 화해'의 윤리를 밑바탕으로 하면서 진정으로 '잊기' 위한 과정으로서 '기억과 이야기'를 함께 추구하고 있음을 밝혀 읽을 수 있을 것이다.

II. 삶의 자유와 용서

'용서'는 동료 인간에 대한 이해와 성찰, 그리고 연민을 기반으로 하는 윤리적 의지의 산물이다. 한나 아렌트가 "인간의 행위가 초래하는 필수불가결한 상처를 치유하는 데 필수적인 힘은 바로 '용서'"[6]라고 한 것처럼 이청준에게 있어서 '용서'의 문제는 자유로운 삶의 진실과 아픔을 성숙하게 넘어서기 위해서 동반되어야 할 윤리적 전제에 다름 아니다.

이청준 소설에서 '용서'의 문제가 처음으로 부각된 작품은 「남도사람」

5) 이청준/김치수 대담, 「복수와 용서의 변증법」,『말없음표의 속말들』, 나남, 1986, 248-249쪽.

6) 한나 아렌트, 이진우·태정호 옮김,『인간의 조건』, 한길사, 1996, 303쪽.

연작이라고 할 수 있다.[7] 우리는 이 작품을 읽으면서 딸을 자신의 곁에 두기 위해 잠든 사이 눈에 청강수를 발라 눈을 멀게 한 소리꾼 아비를 용서할 수 있을 것인가 하는 물음에 직면하게 된다. 아비의 행위에 대한 딸의 원한과 용서가 이 작품에서 간과할 수 없는 주요한 질문이다. 「서편제-남도사람 1」(1976)에서 "그래 여자는 그럼 자기의 눈을 멀게 한 비정스런 아비를 어떻게 말하던가?"하고 물었던 오라비 사내에 대한 답변을 「소리의 빛-남도사람 2」(1978)에서 여자의 입을 통해 들을 수 있다. 여자는 그동안 몸을 의탁해 왔던 주인 사내에게 옛일을 털어 놓는데 아비가 숨을 거두면서 자신의 "눈을 멀게 한 비정스런 아비의 업과들을 눈물로 사죄하고 갔다"면서 아비를 "그 불쌍한 노인네"라고 부른다. 여자는 아비의 회한을 껴안고 용서하면서 원한이 아닌 한을 소리로 승화시킨다. 여자가 제 아비를 용서한 것에 대해서 오라비는 이렇게 말한다.

> -하지만 어쨌거나 그 여인이 제 아비를 용서한 것은 다행한 일이었을지 모르는 노릇이지. 아비를 위해서도 그렇고 그 여자 자신을 위해서도 그렇고……. 여자가 제 아비를 용서하지 못했다면 그건 바로 원한이지 소리를 위한 한은 될 수가 없었을 거 아닌가. 아비를 용서했길래 그 여자에게 비로소 한이 더욱 깊었을 것이고…….[8]

용서로 인해 여자의 소리는 원한에 머물지 않고 더욱 깊은 소리로 나아갈 수 있었다. 아비의 행동을 넉넉한 소리로 껴안는 것, 이것이 바로

---

7) 이청준은 김치수와의 대화를 통해 "『잃어버린 말을 찾아서』를 두 시리즈로 대별해서 얘기하면 언어사회학서설 쪽은 말의 본질적인 기능을 생각하는 것으로 이루어져 있고, 남도사람 쪽은 어떤 체험적인 세계를 생각한 것으로서, 이 시리즈 5편의 소설이 사실은 용서라는 한마디 말을 구체적으로 체험하는 과정에 바쳐지는 것"이라고 이야기한다.(김치수, 「이청준과의 대화 -복수와 용서의 변증법」,『박경리와 이청준』, 민음사, 1982, 212쪽.)

8) 「서편제 -남도사람 1」, 『서편제』, 열림원, 2001, 32쪽.

작가 이청준이 남도소리의 미학을 통해 길어올린 용서의 마음이다.[9] 그래서 그녀는 「선학동 나그네-남도사람 3」(1979)에서 그 아비가 "어린 딸의 소리에 선학이 떠오르는 이 포구의 풍정을 심어 주려" 함께 머물렀던 선학동으로 돌아와 아비를 묻고, 이제는 물이 끊긴 "선학동을 옛날의 포구 마을로 변하게 하였고, 그 포구에 다시 선학이 유유히 날아오르게" 하는 소리를 할 수 있었다. 다시 말해 "이제는 그 소리가 아니라 여자 자신이 한 마리 학이 되어 선학동 포구 물 위를 끝없이 노닐"게 된 것이다.

이렇듯 그녀는 용서를 통해 소리를 얻었으며 소리를 통해 영혼의 자유를 얻었다고 말할 수 있다. 이 연작의 마지막 편인 「다시 태어나는 말-남도사람 5」(1981)에서 그 용서의 참 모습은 남도의 소리를 닮은 나그네 사내의 삶 속에서 다시 발견된다.

> -사내의 헤매임은 말할 것도 없이 자신의 삶에 대한 깊은 화해와 용서의 마음 때문이었다. 아비를 죽이고 싶어한 부질없는 자신의 원망을 후회하고, 그 아비와 누이를 버리고 달아난 자신의 비정을 속죄하고…… 그러나 이제 와선 이미 서로를 용서하고 용서받을 길이나 사람이 없음을 덧없어하쪽서 그 회한을 살아가고 있는 사내였다.[10]

이청준은 용서의 참 모습을 삶에 뿌리를 내린 말, 복수를 택하지 않는 말과 동등하게 놓는다. 소리꾼 여인의 소리와 나그네 사내 그리고 초의 선사의 다도(茶道)의 정신은 바로 진정 삶과 화해를 이룬 용서의 모습이자 자유인의 초상이며 말과 삶이 유리되지 않는 진정한 말의 형상인 것이다. 우리는 여기에서 '용서'와 '자유'가 분리될 수 없는 것임을 확인할 수 있다. 여기에서 작가 이청준이 용서에 대해 다음과 같이 언급하고 있는 대목을 이해할 수 있다.

---

9) 우찬제, 「한(恨)의 역설 -이청준의 「남도사람」 연작 읽기」, 『서편제』, 214쪽.
10) 「서편제 -남도사람 5」, 『서편제』, 180쪽.

—용서에는 전제가 있지요. 말이, 또는 인간의 삶이 웬만한 자유를 획득하지 않을 때에는 용서가 가능하지 않습니다. 용서는 용서 행위자의 자유의 삶이 전제되어야 하고 거기에 또 사랑이 채워져야 합니다. 그럴 때 용서가 가능해지는 것이지요. 그래서 용서라는 말 안에는 자유와 사랑이 동시에 충만되어 있다고 저는 보는 것이지요. 그래서 우리가 살고 있는 현대 사회에는 수만 수십만의 언어가 있고, 거기에 잠재적인 언어까지 합하쪽 무한대의 언어가 있는데, 그 언어들을 원래의 기능으로 회복시키고 인간을 배반하는 폭력의 말이 아니라 자유의 말로 회복시키기 위해서는 용서라는 말로 대신되는 사랑과 자유를 그 안에서 회복해야만 한다는 점에서 용서라는 말을 택한 것이지요.[11]

즉 이청준에게서 용서란 용서 행위자가 스스로의 '자유와 사랑' 속에서 상대쪽(이웃)의 아픔을 함께 아파해 주고 혹은 대신 아파해 주는 것[12]으로서, 인간 공동체의 사랑과 자유를 회복하고자 하는 소망이다. 그것은 "인간을 배반하는 폭력의 말이 아닌 자유의 말로 회복시키기 위해서" 필요한 것이다. 이러한 소망은 「비화밀교」(1985)에서 한 개인의 영역이 아니라 공동체 전체로 확장되어 나타난다. 산 아래의 처지나 각자의 입장은 씻어버린 채 같은 불씨를 나눈 횃불을 들고 "함께 어울리면서 서로의 마음을 나누기도 하고 어려운 일을 걱정해 주기도"하는 제왕봉의 그믐밤 행사는 공동체적 용서의 제의가 펼쳐지는 장소였던 것이다.

—누가 누구를 용서한다기보다 서로가 서로를 용서하는 것이었지. 그리고 아마 자기 자신을 용서하는 것이겠구. (…) 서로가 상대방을 용서한다는 것은 누가 누구에게 어떤 허물을 지어 온 처지라도 적어도 오늘 밤 우리끼리만은

---

11) 김치수, 「이청준과의 대화 —복수와 용서의 변증법」,『박경리와 이청준』, 민음사, 1982, 212쪽.

12) 이청준, 창작노트「함께 아파하기 —초판본 작가의 말 「아픔 속에 숙성된 우리 정서의 미덕」중에서」, 『흰옷』, 열림원, 2003, 242쪽.

> 여기서 이 고을의 이름으로 그것을 서로 용서하고 허물하지 않는 것…… 그것은 우리가 오늘 밤 이곳에서 누구와도 함께 하나가 되고 있는 일이며, 우리가 함께 똑같은 소망으로 하나가 되는 것은 비로소 하나의 힘을 이루는 일이 되겠지.[13]

그런데 「비화밀교」에서는 이러한 공동체적 사랑과 용서로서는 더 이상 품을 수 없는 대립과 갈등 상황이 야기된다. 제의가 끝났는데도 횃불을 던져 불씨를 맡기지 않고 새로운 횃불의 소용돌이를 일으키고 있는 무리가 있는 것이다. "진짜 화광이 제왕산의 검은 하늘을 벌겋게 물들이고 있었다. 뿐만 아니라 산의 능선께로는 바야흐로 줄기줄기 횃불들의 행렬이 용암의 분출처럼 넘쳐 내려오고 있었다."(「비화밀교」, 132쪽) 공동체의 제단과 신전을 불태우고, "하늘과 산과 누리를 불태우며 먼 함성의 합창소리 속에 아래로 아래로 넘쳐 내려오는 불길"이란 말로써 암시되고 있는, 인간 공동체로서의 우리끼리의 용서가 더 이상 불가능한 상황이란 어떤 것일까. 이에 대해 작가가 더 탐문하고 있는 소설이 「비화밀교」와 같은 시기에 나온 「벌레 이야기」이다. 이 소설에서 이청준은 진정한 화해란 가능한가에 대해서 다시 질문한다.

III. 진정한 화해는 가능한가

「벌레 이야기」는 서술자의 아들 알암이가 유괴되고 살해당하고 나서 아내가 겪는 혹독한 '용서'에 관한 이야기이다. 종교가 없던 아내는 처음에는 단지 아들의 구원을 위하여 기독교에 입문하였으나, 차츰 참신앙을 얻게 되고 살인범을 용서하고 싶어 하는 마음을 얻는다. 그러나 용서

---

13) 이청준, 「비화밀교」, 『벌레 이야기』, 열림원, 2002, 104쪽.

를 위해 살인범을 면회를 한 아내는 충격을 받게 되는데 살인범인 그가 이미 주님의 이름으로 자신의 모든 죄과를 참회하고 주님의 용서와 사랑 속에서 마음의 평화를 누리고 있었기 때문이다. 그러자 아내는 이렇게 절규한다.

—하지만 나보다 누가 먼저 용서합니까. 내가 그를 용서하지 않았는데 어느 누가 나 먼저 그를 용서하느냔 말이에요. 그의 죄가 나밖에 누구에게서 먼저 용서될 수 있어요? 그럴 권리는 주님에게도 있을 수가 없어요. 그런데 주님께선 내게서 그걸 빼앗아가 버리신 거예요. 나는 주님에게 그를 용서할 기회마저 빼앗기고 만 거란 말이에요. 내가 어떻게 다시 그를 용서합니까.[14]

아내를 더욱 절망하게 하는 것은 살인범인 그가 아내의 "어떤 원망이나 증오도 달갑게 감수하고, 그걸 용서할 수" 있었으며, 주님이 "내게서 그를 용서할 기회를 빼앗고, 그를 먼저 용서하여 그로 하여금 나를 용서케" 한다는 점이다. 이 소설의 초점은 아내가 느낀 "배신감"과 "절망감", 그런 "인간적인 것"인 문제로서의 '용서와 화해'에 관한 것이다. 주님의 섭리와 자기 '인간' 사이에서 나락을 겪던 아내와 달리, 살해범이 "아이의 영혼을 저와 함께 주님의 나라로 인도해 주시고 살아 남아 고통받는 그 가족분들의 슬픔을 사랑으로 덜어 주고 위로해 주십사고…….."라고 고백한 뒤 세상에서 사라져 버리는 상황을 어떻게 받아들일 수 있을 것인가. 여기에서 「벌레 이야기」를 발표한 해에, 한 신문과의 인터뷰에서 작가가 용서의 문제에 대해 이렇게 말한 대목이 참조가 된다.

—인간의 구원이란 인간끼리의 책임과 관계 속에서 용서받은 다음 이루어지는 것이고 인간의 한계를 벗어났을 때 마지막으로 신 앞에 나가는 것이다.

14) 위의 책, 169쪽.

그런데 인간의 윤리나 용서를 비껴가 막바로 신하고 직교하면 비인간화하게 된다.[15)]

즉 이청준에게 있어서의 용서란 용서 행위자와 대상자 간의 "인간끼리의 책임과 관계" 속에서 이루어지는 것이어야 한다. 이청준에게 있어서의 용서란 인간끼리의 '화해'를 지향하는 것으로서 달리 말해 그것은 "우리가 오늘 밤 이곳에서 누구와도 함께 하나가 되고 있는 일이며, 우리가 함께 똑같은 소망으로 하나가 되는 것(「비화밀교」, 104면)"이기 때문이다. 진정한 화해에 이르기 위해서는 신과 인간의 문제가 아니라 인간과 인간끼리의 용서가 동반되어야 한다.

따라서 앞서 언급한 것처럼 「비화밀교」에서 "용암의 분출처럼 넘쳐 내려오고 있는" 횃불로 암시되는, 인간 공동체로서의 용서가 불가능한 상황이란 「벌레 이야기」에서 제시된 바, 결국 피해자와 가해자 간에 "인간끼리의 책임과 관계"가 이루어지지 않아서 화해가 불가능한 상태를 말한다고 할 수 있다. 이렇게 볼 때 「벌레 이야기」에서 아내의 자살은 이러한 '인간의 윤리'를 벗어난 용서란 인간의 자유와 사랑을 억압하는 비인간화된 이데올로기일 뿐임을 보여주는 것이라고 해석된다. 이는 「비화밀교」와 「벌레 이야기」를 광주항쟁의 정치적 알레고리로 읽는 하나의 독법이 되기도 한다. 「벌레 이야기」에서 아내의 절규를 "광주항쟁 유족들의 억울한 항변"[16)]으로 읽고, 용서를 하려고 해도 가해자가 "용서받을 준비가 되어 있지 않거나 혹은 용서의 자리 밖에"[17)] 있는 상황에서 이청준 소설에서 제시한 용서와 화해는 역사적인 맥락 속에 자리해 있는 것임을 알 수 있다.

---

15) 『서울신문』, 1985. 8. 31. 우찬제, 「'틈'의 고뇌와 종합에의 의지」, 『 한국소설문학대계- 이청준』, 동아 출판사, 1995, 760쪽에서 재인용.

16) 우찬제, 위의 글, 같은 쪽.

17) 우찬제, 위의 글, 761쪽.

용서는 단순히 가해자의 잘못을 묵인하는 것이 아니다. 하버(Joram Graf Haber)는 용서가 가해자의 참회를 조건으로 이루어져야 함을 주장한다. 피해자의 상처나 원한이 가해자의 상해로부터 비롯되었기 때문에 그의 참회만이 원한의 정당성을 부정할 수 있는 유일한 조건으로 보는 것이다. 하버는 참회가 과거의 잘못된 행동에 대한 뉘우침인 감정적 요소와 그런 잘못된 행동을 반복하지 않겠다는 약속인 의지적 요소로 구성된다고 말한다.[18] 만일 용서의 대상자가 용서받을 준비가 되어 있지 않거나 혹은 용서의 자리 밖에 있다면, 즉 가해자가 자신의 잘못을 인정하지도, 사과하지도 않는 경우라면 어떻게 해야 하는 걸까? 그 잘못을 명백히 밝혀내고, 죄를 지은 사람을 마땅히 처벌하는 것이 정의로운 일이 아니겠는가? 이런 물음을 통해서 「숨은 손가락」(1985)에서 제시되고 있는 용서의 문제에 이를 수 있다.

「숨은 손가락」은 청색군에 소속되어 있는 나동준이 흑색군 활동을 했던 옛친구 백현우를 응징하기 위해 고향으로 가는 데서 이야기가 시작한다.

> -그는 다만 현우가 목적이었다. 그것도 현우가 그에게 가해 왔던 만큼만 절망스런 고통을 되돌려주려는 것이었다. 더도 말고 덜도 말고 현우에게 진 고통과 저주의 빚만큼을 그에게 되돌려주려는 것뿐이었다. 그것은 어차피 이 몇 달 동안 자신이 골백번 다짐해 온 일이었다. 그리고 마침내 이번에는 이쪽에서 마음대로 그를 묶을 수 있는 위치로 돌아온 자기 권리의 최소한의 행사일 뿐이었다.[19]

세상살이가 불운했던 현우는 매사가 순조로운 동준에게 피해의식과

---

18) 손운산, 「치료, 용서, 그리고 화해」, 『한국기독교신학논총』35집, 한국기독교학회, 2004, 255-256쪽.

19) 「숨은 손가락」, 『숨은 손가락』, 열림원, 2001, 135쪽.

열등감을 넘어 적개심과 복수심을 갖게 된다. 전쟁으로 흑색군의 세상이 되자 현우는 은밀한 계략으로 동준을 파멸시키고자 한다. 인간의 원초적 본능인 생존 욕구를 자극하여 마을 사람들 앞에서 동준에게 밀고의 '손가락질'을 하게 하고, 또 다른 밀고를 요구하는 것이다. 청색군에게 구출되어 자신의 행위에 대해 참담스런 회오와 자기 책벌의 고통에 시달리던 동준은 "더도 말고 덜도 말고 현우에게 진 고통과 저주의 빚만큼" "손가락질의 고통과 치욕"을 돌려주려는 복수심에 불타서 돌아왔지만 현우의 간계에 휘말리고 만다.

—……자네의 그 손가락을 적신 피가 어디 자네의 종숙 한 분만의 것인가. 자넨 자신의 종숙뿐만 아니라 이 마을 모든 희생자들의 피를 흘려 적셨지. 도대체 이 마을에서 그토록 희생을 당해 간 사람들이 누구의 밀고에 의해서였던가. 자넨 첫 번 고발 이후로도 용꼬리 진내에 계속 살아 숨어 앉아서 마을 사람들을 차례차례 밀고하지 않았던가.[20]

—……이번에는 마을 사람들을 회관으로 모이게 하지도 않고 날더러 뒤에서 손가락질을 하라더군. 나머지 혐의자나 반동 인물들을 모두 한꺼번에 말일세. …… 나는 물론 남은 혐의자나 반동이 없다고 했지. 하지만 그 사람들 그걸 쉽게 곧이들을 리가 없었지. 어떻게 그자들을 납득시킬 길이 없더군. 그래서 나는 부엌칼을 가져다 내 손가락을 잘라 보였지. 그제서야 겨우 고개들을 끄덕이더군. …… 그날 밤 그자들이 몇 사람의 목숨 대신 내 손가락을 가져간 셈이지. 자, 그러니 어떤가? 오늘 일은 무사히 손가락을 간수해 온 자네가 맡아줘야 제격이 아니겠는가……[21]

마을 사람들 앞에서 흑색군 부역자들을 고발하라는 동준의 요구에 현

20) 위의 책, 201쪽.

21) 위의 책, 204쪽.

우는 검지 손가락 하나가 잘려진 오른손을 들고 동준에게 반격을 가하는 것이었다. 첫 번째 '손가락질' 외에 아무도 밀고한 적이 없었건만 증거가 없는 동준은 "마을을 무서운 처형장으로 만들어간 간악한 밀고자"로 심판받게 되었으며 "현우의 숨은 손가락을 보지 못한 사람들의 무서운 집단 위증"에 말려들게 된 것이다. 생사고락을 함께 해온 청색군의 강 대장마저 동준의 단죄를 현우와 그 마을 사람들에게 맡기고 떠나자 동준은 자살을 하고 만다.

혹독한 과거를 대면하는 두 가지 모델이 있다. 하나는 정의 모델이고 다른 하나는 화해 모델이다. 정의의 핵심은 잘못을 밝혀내고 잘못을 저지른 사람들을 처벌하는 것이다. 화해는 처벌보다는 평화로운 공존을 위해 깨어진 관계들을 회복하는 것이 핵심이다.[22] 「숨은 손가락」은 잘못을 밝혀내고 잘못을 저지른 사람들을 처벌하는 정의 모델이 인간의 원초적인 복수심을 해결하고 공동체의 공존을 가져올 수 없음을 보여주고 있는 작품이다. 이 소설에서 "현우에게 진 고통과 저주의 빚만큼"을 돌려주려고 했던 동준은 현우를 벌하지 못하고 파멸했으며, "저주스런 인간 숙명의 가학적 복수심"을 즐기고 있는 현우 또한 "인간이 아닌 존재"로 남게 된 것은 진정한 화해가 얼마나 어려운 것인지를 보여주고 있다 하겠다.

이청준은 용서가 인간의 윤리 안에서 화해의 길에 이르는 일인데, 가해자를 벌하고자 하는 정의 모델이 결코 용서 행위자와 대상자의 사랑과 자유를 회복하는 길이 아니라고 본다. 이 지점에서 이청준이 잘못된 과거에 대한 화해의 모델로서 그 정신적인 자세를 제시하고 있는 소설이 「가해자의 얼굴」(1992.5)과 『흰옷』(1994)이다. 그렇다면 용서와 화해를 위해서 과거를 다시 기억하고 이야기하는 것이 우리의 과제로 남는다. 이 점에서 '기억과 이야기'는 화해로 나아가기 위한 '잊기'의 한 방식과 다르

22) 손운산, 「기억과 용서 –남아공에서의 정치적 용서를 중심으로」, 『이화여자대학교 인문과학대학교수학술제』 Vol.14, 2006, 75쪽.

지 않다. 다시 말해 진정 잊기 위해서 그것은 다시 기억되고 이야기되어야 하는 것이다.

Ⅳ. 잊기의 방법: 기억과 이야기

「가해자의 얼굴」에서 주인공 김사일 씨는 전쟁 때문에 보호자였던 자형의 행방불명과 누님의 죽음을 겪고, 오랜 세월 "그 치유 불능의 피해자의 자리에서 가해자와는 영영 등을 돌리고 살아야 할 요지부동의 신념"을 보이며 살아온다. 그는 7·4 공동성명 이후에 비로소 자신의 수난자 의식이 아이였을 적, 두려움 때문에 오갈 데 없는 청년을 죽음의 거리로 내몬 죄책감으로 인한 자기 방어적 태도였음을 고백한다. 김사일 씨는 "서로가 부당한 피해를 본 수난자의 처지"에서 만나 "민족으로서의 일체감"을 형성해서 통일의 길로 나아가야 한다는 운동권 딸아이의 주장에 대해 가해의 장본인이 "외세니 이데올로기니" 하는지 모르겠지만, "그 숱한 실제의 대립이나 다툼은 현실의 우리 삶 가운데서 빚어지고 있고, 게다가 중요한 것은 또 우리들 개개인의 현실적인 삶"이라면서 다음과 같은 정신적인 자세를 제시한다.

> —수난자 의식은 그런 식으로 일정한 시간대를 거치면서 항상 새 가해자로 변신해 가는 과정을 좇게 되고 그 수난자와 가해자의 자리를 번갈아 가면서 복수와 보상, 억압과 수난의 악순환을 되풀이하게 되더란 말이다. 하지만 가해자 의식은 다른 가해자를 용납하려지도 않으려니와 더욱이 새로운 수난자를 요구하지도 않는다. 그것은 용서와 화해를 구하는 자기 속죄 의식을 덕목으로 하고 있기 때문이다. 그래서 그 같은 가해자 의식으로 해서는 가해자와 피해자, 억압과 수난의 악순환의 고리를 끊고 너와 나 사이에 진정한 화해와 이해를 지향하고 만남의 문이 열리게 될 수도 있으리라는 것이다. 세월의 힘

을 빌려 가해자와 수난자의 자리가 바뀌는 것도 우스운 일이지만, 그래서 나는 너나없이 늘 가해 당시의 자기 자리에 서서 그때의 제 허물을 생각하고 그 빚을 갚으려는 자세로 임해야 한다는 것이다.[23)]

「가해자의 얼굴」은 작가 이청준이 6·25나 사상·체제의 대립상을 극복하고 민족의 통일을 위해 소설의 길을 모색해 본 작품이면서[24)] 그동안 추구해 온 화해와 용서의 문제에 대해 "가해자와 피해자, 억압과 수난의 악순환의 고리를 끊고 너와 나 사이에 진정한 화해와 이해를 지향하고 만남의 문이 열리게 될 수도" 있을 '가해자 의식'이라는 "적극적인 전략"[25)]을 내어 놓은 소설이다. 누가 가해자이고 피해자인지를 분별하기에 앞서 누구나 가해자가 될 수 있다는 것, 바로 이 가해자의 자리에서 "함께 아파하기"의 태도로[26)] 역사의 매듭을 풀어내려 한 작품이 바로 『흰옷』이다.

『흰옷』은 아버지 황종선의 "꿈 같은 유년의 한시절" 추억담을 듣고 자란 동우가 아버지의 모교에 첫 부임하게 되면서, 아버지의 추억이 담긴 초창기 분교 시절의 이야기와 6·25 전란기까지의 신축교사 시절의 일들이 "깡그리 망각되어" 있음과 "사람들까지도 그에 대한 말들을 꺼리고"

---

23) 이청준, 「가해자의 얼굴」, 『숨은 손가락』, 2001, 240쪽.

24) 그런데, 6·25나 사상·체제의 대립상과 관련하여 지금까지 우리소설은 대체로 가해자보다는 피해자 쪽에서 그 수난의 고통을 그리고 그를 옹호하려 해온 게 일반적인 경향이었던 듯싶어 보인다. 그것은 지극히 당연하고 자연스런 현상일 것이다. 하지만 나는 이제 상당한 위험부담을 감수하면서라도 한번 수난자보다는 가해자 쪽에서 서로 그 괴롭고 고통스런 가해자 의식 속에 우리의 통일과 소설의 길을 모색해보는 것도 뜻이 있는 일이 아닐까 하는 생각이 드는 것이다. 수난자 의식은 동조자의 결집력이나 호소력이 매우 강한 대신 자기수난에 대한 보상과 보복의 대상을 겨누고 드는 대립적 힘의 악순환을 부르기 쉬운 반면, 다만 자책과 속죄의 괴로움으로 수난자의 용서와 화해를 구할 뿐인 가해의식의 각성은 오히려 효과적으로 민족의 화해와 통일의 넓은 길을 열어나가게 될 수 있지 않을까해서다.(이청준, 작가노트「통일을 향한 문학」, 『숨은 손가락』, 2001, 253-254쪽)

25) 우찬제, 앞의 글, 761쪽.

26) 이청준, 작가노트「 함께 아파하기-초판본 작가의 말「아픔 속에 숙성된 우리 정서의 미덕」중에서 」, 『흰옷』, 열림원, 2009, 243쪽.

있는 사실을 발견하고 그 시절을 복원하는 교지(校誌) 정리 작업을 하면서 전개되는 이야기이다. 그 여름 한철, "과거사나 남의 처지를 부득부득 억울한 원망과 앙갚음거리로 몰아붙이며 무조건의 동조와 복종을 강박해 오던" 좌익에 대해 혐오감을 가지고 있었던 종선 씨는 "그저 나라 해방의 기쁨이나 새 나라 건설의 밝고 힘찬 희망이 넘칠 뿐 뒷날 한때 붉은 세상이 되어 가혹한 편가르기와 선동, 투쟁들만 일삼던 '공산 혁명가' 풍과는 거리가 멀었"던 노래를 가르쳤던 자신의 선생들이 "진짜로 붉은 사상을 품은" 사람들이 아니었다고 생각한다. 하지만 해방 직후 유례없이 힘들고 궁핍한 시대에 "내 나라 내 민족의 미래를 제 힘으로 일으켜 세워 나가려 한" 뜨거운 열정과 헌신적인 실천력을 값지고 자랑스러운 것으로 본다. 그는 동우와 함께 그 시절을 증언해 줄 방진모 선생을 찾아가지만 방진모 선생은 옛일을 기억하기를 거부한다.

—……내가 실제로 한 일은 아이들을 가르치고 새 학교를 짓는 일뿐이었으니께. 그것도 어떤 생각을 얻어 들여와서는 아깟번에 말한 대로, 사람 사는 일이 좀더 나아지고 나아져야 한다는, 사람들이 모두 제 값대로 살아가게 되기를 바라는 희망과 믿음 때문이었으니께…… 그런데 그것이 내 젊은 시절의 고초와 막막하고 무력한 생애의 씨앗이 되었제. 사람들이 서로 편을 갈라 내게다 그런 저런 이름들을 붙여줬거든. 그러니 부득불 그것을 다 수긍하고 살아온 내가 그런 내 일을 어떻게 알아…[27]

방진모 선생 역시 과거에 당했던 고통을 다시 불러일으키는 것이 두려워 기억하는 것 자체를 거절하고 있는 것이다. 이러한 방진모 선생의 마음을 풀어주고 그의 입을 열게 한 것은 좌우익 가릴 것 없이 "당시에 이 험준한 산속 싸움에서 죽어간 피아간의 영혼들을 다같이 위로하고 해원

27) 이청준, 『흰옷』, 열림원, 2003, 184쪽.

을 빌겠다"며 동우가 마련한 위령굿판이다. 그 위령굿마당에서 혼주가 된 방 선생은 동우가 여태껏 소망해 온 증언, 즉 "방 선생 자신과 그 시절 학교 사람들 일반의 동향"을 기억하고 이야기하게 된 것이다. 과거에 대해 기억하고 이야기하기는 비극적 과거를 구원하는 시작이 된다.[28)]

죽음을 당한 좌익 유격대의 입장에서 보자면 우익 토벌대가 가해자이고 자신들이 피해자이겠지만, 한편 죽어간 토벌대의 입장에서 보자면 유격대가 가해자이고 자신들이 피해자일 것이다. 그러나 자신들을 피해자로 생각하는 한에서는 "자기수난에 대한 보상과 보복의 대상을 겨누고 드는 대립적 힘의 악순환"을 부를 수밖에 없을 것이다. 「가해자의 얼굴」에서 "자책과 속죄의 괴로움으로 수난자의 용서와 화해를 구할 뿐"인 '가해자 의식'으로 "억압과 수난의 악순환의 고리를 끊고 너와 나 사이에 진정한 화해와 이해를 지향"해야 한다고 주장했던 이청준은 『흰옷』에서 그 구체적인 방법으로 '기억하고 이야기하기'를 종용한다.

> —……그 꿈은 순명했으되 오래잖아 우리를 묶는 이념의 사슬을 불렀음을. 그래서 당초의 사랑과 소망을 잃고 길이 서로 다름만을 피흘려 다투게 되었음을. 급기야는 저 50년의 참혹스럽고 패륜적인 동족간의 살육전까지 부르게 되었음을……. 꿈이 노래를 잃으면 제 마음을 묶는 사슬이 되는 법이라. 혁명이 사랑을 잃으면 추하고 가공할 폭력이 되는 법이라. ……그래 그 사랑의 노래를 잃은 꿈, 사랑의 꿈을 잃은 노래는 그 어리석은 전쟁을 겪으며 더욱더 사납고 간특해져서 이날까지 긴 세월 이쪽 저쪽 가릴 것 없이 이 땅과 이 땅의 수많은 사람들의 저주스런 질곡이 되어 왔제. 망자는 생자의 사슬이 되어 생자들을 묶고, 생자는 망자의 사슬이 되어 망자들을 서로 묶어, 망자들의 영혼은 아직도 눈을 감지 못한 채 저승길을 떠나지 못하고 이 산하를 떠돌게 하

---

28) 손운산, 「기억과 용서 –남아공에서의 정치적 용서를 중심으로」, 『이화여자대학교 인문과학대학교수학술제』, Vol.14, 2006, 71쪽.

고……[29]

동우는 스스로 제관이 되어 자신의 학교 아이들의 풍물놀음으로 일종의 씻김굿을 치른다. "저는 그것이 어느 편을 위한 죽음이었든 모든 혼백들을 내일 한 자리에 불러 달래고 위로할 것입니다."[30]라는 동우의 말은 이청준의 '잊기'가 단순한 망각이 아님을 말해주는 대목이다. '과거에 대해 기억하고 이야기하기'를 본격적으로 끌어내기 위해 굿을 적극적인 소재로 차용하고 있는 소설이 『신화를 삼킨 섬』이다.

『신화를 삼킨 섬』은 80년대 초 신군부가 정권을 장악해 가고 있던 시절, 정권의 명분을 창출하고 민심을 수습하기 위해 벌인 '역사 씻기기'라는 사업이 전개되면서 제주도에서 벌어지는 이야기이다. '역사 씻기기'는 이 나라의 비극적인 근현대사 안에서 "역사에 몸바친 구천의 영령들과 아직도 어두운 지하에 묻혀 울고 있는 이름 없는 희생자들의 원혼을 찾아" 씻겨서 그들의 신원을 풀어 주고 나라의 평화와 안녕을 기하자는 대대적인 굿사업이건만, 제주도는 특히 4·3 사건의 큰 상처로 "다른 어느 곳보다 원통한 상처를 지니고 떠도는 원혼이 많은" 섬인데도 불구하고 섬사람들은 "굿심방이고 기주고를 가릴 것 없이" 이를 외면하는 것이다. 이 땅의 운명을 성찰하는 중도적 시선의 인물[31] 고종민은 이에 대한 의문과 탐색을 통해 제중일보의 편집국장인 송일씨의 답변을 얻기에 이른다.

—이 섬 역사에서 보면 자신이 어느 쪽 권력권에 서려 했든지 결국은 이 섬 전체가 국가권력의 한 희생 단위로 처분되곤 했지요. 고형도 아시겠지만 그래 이 섬 사람들, 이번 역사 씻기기 사업의 희생자 신고 사업에도 전혀 협조를 하

---

29) 이청준, 『흰옷』, 열림원, 2003, 235쪽.

30) 이청준, 『흰옷』, 열림원, 2003, 214쪽.

31) 우찬제, 「풀이의 황홀경과 다시 태어나는 섬 – 이청준의 『신화를 삼킨 섬』읽기」,『신화를 삼킨 섬』(2), 열림원, 2003, 217쪽.

지 않으려는 이들이 많잖아요. 그 사람들은 그 양지나 음지, 이를테면 한얼회나 청죽회 어느 쪽 영향권에도 속하지 않으려는 제3의 도민층인 셈이지요. 그리고 각자의 자리에선 나름대로 정의요 진실을 살고 있을 그 한얼회나 청죽회 사람들까지 포함하여 어찌 보면 그게 진짜 이 섬의 역사적 운명을 함께 살아온 한 생존단위의 공동운명체 백성들인지도 모르고요. 누가 옳고 그르든, 어느 쪽이 무슨 소리를 하든, 이쪽저쪽이 번갈아가면서 막판까지 서로 따지고 밀치고 해왔지만 이 섬에 무엇이 달라진 게 있었느냐, 사람이 살아온 동네를 두고 그 초토화니 뭐니 또 다른 화근만 부르는 일 아니었더냐, 차라리 이젠 다 잊어버리고 지내게 해달라, 숯덩이 잿더미로 까맣게 타버린 가슴 이젠 제발 잊고 살게나 해달라……[32]

"한 국가나 역사의 이념은, 실은 그 권력과 이념의 상술은 항상 내일에의 꿈을 내세워 오늘의 땀과 희생을 요구하고, 그 꿈과 희생의 노래 목록 속에 오늘 자신의 성취를 이뤄가지만, 오늘의 자리가 없는 인민의 꿈은 언제까지나 그 성취가 내일로 내일로 다시 연기되어가는 불가항력 같은 마술을 느끼지 못할 사람은 없"다면서 권력과 국가이데올로기에 대하여 절망한 자들의 환멸적 집단무의식[33]으로서의 제주도 사람들의 태도를 설명하는 송일씨의 말은 고종민으로 하여금 어슴푸레 짐작했던 "이 섬사람들과 심방들의 묵연한 심중"을 확인하게 한다.

-그래 이 섬사람들은 어쩌면 그 유골들이 한얼회나 청죽회 어느 쪽 희생자에 속하는 것을 처음부터 바라지 않았는지 모른다. 어느 쪽에도 속할 수 없는 무고한 희생자임을 알고 있었는지도 모른다…… 이 섬사람들은 그래 그 백골들을 어느 한쪽의 영웅이나 구원자로 보다 이 섬사람들의 지난한 삶의 운명

32) 위의 책, 77쪽.

33) 우찬제, 「풀이의 황홀경과 다시 태어나는 섬 - 이청준의 『신화를 삼킨 섬』 읽기」, 220-221쪽.

을 함께 하는 이름 없는 백성으로 해원시켜 보내고자 한얼회나 청죽회 쪽을 위해서도 결코 입을 열고 싶어하지 않는지 몰랐다.[34]

정치 이데올로기에 사로잡혀 한얼회니, 청죽회니 하는 틈새 속에서 무고하게 죽어간 이들을 "어느 한쪽의 영웅이나 구원자로보다 이 섬사람들의 지난한 삶의 운명을 함께 하는 이름 없는 백성으로 해원"하고자 하는 작가는 이 소설에서 "단순히 명분 축적을 위한 '역사 씻기기'의 허위성을 비판하면서 망자를 진정으로 위무할 수 있는 굿을 통해 진정한 화해를 이루려는 갈망에 비중"[35]을 두고 있다고 할 수 있다. 즉 질곡의 역사 속에서 보통사람들이 삶을 지탱해오고 있는 지혜의 힘을 '해원(解寃)'에 두고 있는데, 그 수단은 바로 '기억하고 이야기하기'인 것이다.

—……오늘 형님 입으로 직접 사연이나 좀 일러주십시오. 그 시절 소문처럼 형님도 정말 이 섬사람들을 원통하게 떼죽음시키다가 그리 되셨습디까, 아니면……

—……나는 죽어서도 이 섬조차 못 떠나고 깜깜한 어둠 속을 떠도는 생귀신으로 아직도 네 일 내 일이 다 답답하기로 너하고 한 가지 처지로구나. 나는 내가 어째서 어떻게 죽게 된 줄도 모른다. 네 말대로 나는 가난해 배가 고파 군대밥을 얻어먹으러 경비대엘 들어갔고, 그 군대밥 얻어먹으며 위에서 가라는 대로 이 섬으로 건너왔고, 다시 가라는 대로 이 동네 뒷길을 지나가다 졸지에 총에 맞아 죽은 것뿐이구나…… 그런데 네가 이렇듯 여태까지 나를 찾을 수 없었던 말 못할 사정이란 무엇이냐?……

—……형수님은 실은 뱃속에 조카아이를 가지고 계셨소. 그런데 그 망극한 아버지 소식도 모르고 태어난 아이까지 일이 년 뒤에 그 몹쓸 육이오 전쟁

---

34) 우찬제, 『신화를 삼킨 섬』(1), 열림원, 2003, 148-149쪽.

35) 전흥남, 「원망(願望)의 좌절과 해원(解寃)의 방식-이청준의 『신화를 삼킨 섬』을 중심으로」, 『영주어문』, 제8집, 영주어문학회, 2004. 8, 110쪽.

> 을 만나 형수하고 셋이 함께 피난길을 나서지 않았겠소. 그랬는데 그만 어찌 어찌 일이 잘못되어 그 피난길 중도에서 나하고 형수님이 서로 길을 갈라서게 되고 말았지 뭡니까.…… 그러니 형님, 그렇듯 제 가슴에 두 생죽음을 묻은 제가 어떻게 이승에서 혼백이나마 형님을 찾아뵐 수 있었겠습니까.[36]

굿을 통해 만신의 몸에 실린 형의 넋을 만난 아우는 "그 동안 막혀 있던 이승 소식과 저승의 소식을" 나누며 한맺힌 사연을 풀어내며 해원하고 화해하는 것이다. "죽은 사람은 죽어서나마 이승의 한을 풀고, 산 사람은 산 사람대로 그 가슴 아픈 망자의 짐을 벗고 다시 제 고난스런 삶의 자리를 찾아 돌아"갈 수 있는 굿을 통해 작가는, 먼저 혹독한 과거에 대해 기억하고 이야기할 수 있어야 용서 행위자와 대상자 간의 참된 화해에 이를 수 있음을 이야기한다. '기억하고 이야기하기'를 통해 용서 행위자와 대상자는 상호 공감할 수 있으며, 상호 공감은 깨어진 인간관계를 회복시키고 공동의 갱신을 가능[37]하게 하는 것이다.

기억하기는 윤리적 인간의 특징이며 책임이다. 기억은 보복을 불러 올 수도 있으나 기억에 대한 윤리적 판단은 용서를 지향한다.[38] 기억하고 이야기하기, 이청준은 여기에서 한 걸음 더 나아가 잊어주기의 관용을 요구하는데, 이를 보여주고 있는 작품이 「지하실」(2005)이다.

「지하실」에서 옛고향집을 복원하고자 하는 나는 그 일을 맡은 일가 형 성조 씨가 보내준 도면에 지하실이 빠져 있는 것을 발견한다. 그곳은 전쟁의 와중에서 입장이 달랐던 마을의 두 어른이 생사의 갈림길에 섰던 곳이었다. 한 사람은 종가의 어른으로 병삼이란 인물에게 들킬 뻔했으나 요행히 목숨을 구했고, 다른 한 사람은 친구인 윤호의 아버지였는데 갑자기 의연히 지하실에서 나와 동네 회의장으로 가서 총살을 당했다.

---

36) 우찬제, 『신화를 삼킨 섬』(1), 열림원, 2003, 223-225쪽.
37) 손운산, 「기억과 용서 -남아공에서의 정치적 용서를 중심으로」, 73쪽.
38) 손운산, 위의 글, 95쪽.

윤호의 아버지 일은 "원죄처럼 어두운 기억"으로 남아 있었지만, 그것은 "내 마음 속에 지워져 없어져야 할 어둠의 역사"였고 나는 지하실이 "종가 어른을 지켜낸 자랑스러움을 안은 화창한 역사의 표상"으로 복원되어야 한다고 생각한다. 그러나 성조 씨는 마을을 위해 지하실을 되살리는 일은 하지 말라고 이를 만류한다.

–아까 그 원옥 씨, 그날 밤 이야기를 하다 말고 슬그머니 자리를 뜨고 말지 않던가. 이 동네선 그런 일에 당사자가 아니면 말이나 참견을 피해 모른 척 덮고 살아. 지금 나나 자네처럼 어느 면 당사자 격인 처지에서조차 무엇이 사실인지 믿기가 어려운 판에 하물며 남의 지난 일에는. 더러는 바로 당사자들까지도. 내 말뜻 알아들어? 그런 이 동네에 저 지하실을 되살려놓으면 그거야말로 지금까지 잊고 지내온 험한 내력을 죄 되살려놓는 일 아니것어? …… 그 시절을 직접 살아낸 사람들이 이쪽 저쪽 입 다물고 지낼망정 아직도 서로 이웃해 살고 있는 마당에! 어느 시절 어느 한쪽에 그럴 힘이 있다고 제 편에 이로운 것만 골라 살리려서 쓰것냔 말여.[39)]

성조 씨는 "무엇이 사실인지 믿기가 어려운 판에" 지하실을 되살리는 일은 "잊고 지내온 험한 내력을 죄 되살려놓는 일"이라고 생각하는 것이다. 성조 씨는 사실은 병삼 씨가 어른을 살리기 위해 일부러 앞장서 쫓아와 헛시늉질을 하며 일행의 눈길을 가렸노라는 이야기를 전한다. 여전히 내가 믿지 못하는 눈치이자 병삼 씨는 "여태 자네 생각이 미치지 못한 사실 한 가지만" 일러 주겠다는 것이다.

–그날 밤 일이 있고 나서 이 마을 사람들은 윤호 어른이 어디에 은신해 있다 왔는질 바로 알게 됐제. 하지만 당신이 왜 저 지하실에 숨었다가 자기 발

39) 이청준, 「지하실」, 『그곳을 다시 잊어야 했다』, 열림원, 2007, 134–135쪽.

로 다시 나와 죽음 길을 찾아왔는진 아무도 알지 못했어. 당신이 그걸 말한 일이 없었으니께. 그러니 사람들이 어떤 생각들을 했겠는가? 자네가 어떻게 생각하든 우선 나부터도 말이네. …… 이 동네 사람들, 그래도 지금까지 그런 맘속 의심을 입 밖에 내어 말한 일이 없네. ……[40]

"눈길을 바꿔 보면 세상일이란 사람 따라 세월 따라 다 그렇게 달라 보이는 법"이다. 운명공동체로 살아온 마을 사람들은 전쟁이라는 불가항력적인 상황 안에서 어찌할 수 없이 편이 나뉠 수밖에 없었지만, 이념을 뛰어넘는 공동체의 도리가 있었기 때문에 한집 지하실로 서로 다른 위험을 피하러 찾아가고, 죽은 사람이 누구든지 상가에는 한동네 이웃이 찾아가 밤을 새워 주었으며, 상대방의 입장을 헤아려 "맘속 의심을 입 밖에 내어" 말하지 않았던 것이다. "뉘우치는 가해자의 정서"[41]로서 서로의 잘못을 인정하고 이해하며 그리고 잊어주는 것, 이것이 이 소설에서 작가가 말하는 용서와 화해의 먼 길을 가는 법이다.

이 점에서 「지하실」은 용서와 화해의 문제에서 가장 오래된 기억을 후일에 쓴 이야기라고 할 수 있다. 그만큼 그 문제가 이청준 소설을 지배하는 강한 구심력을 지니고 있으며 후기 소설에 이르기까지 지속되어 왔음을 확인할 수 있다. 지하실의 양면과 같이 가해자와 피해자가 하나의 겹을 형성하고 있다는 점은 곧 그의 소설적 구조와도 상관된다는 것을 다시 확인하게 된다.

---

40) 위의 글, 135-136쪽.

41) "지난 일들 가운데는 후문만 남고, 당사자들이 숨져 진실은 결국 규명하지 못한 채 다시 편 가르기 하거나 상처만 크게 할 위험이 있습니다. 거기다 우리 현대사가 너무 격동의 세월이고, 번갈아가면서 가해자와 피해자가 생겼던 면이 있습니다. 너무 피해자 입장만 강조하다 보면 도를 넘어버릴 수가 있지요. 서로 '뉘우치는 가해자'의 정서를 가져야 긴 화해의 길로 갈 수 있을 겁니다."('이청준의 신작소설 「지하실」, 과거사 청산에 대해 묻다' 『동아일보』, 2005. 12. 29. 이윤옥, 「소설이 무엇인지, 무엇이어야 하는지」, 『그곳을 다시 잊어야 했다』, 문이당, 2005, 313-314쪽에서 재인용.)

V. 맺음말

본고에서는 소설이 인간의 자유로운 삶을 위한 진실의 증거가 되어야 한다는 이청준의 창작론이 소설 안에서 '용서와 화해'라는 구체적인 주제의식으로 어떻게 형상화되고 있는지를 살펴보았다. 이청준은 이 주제의 천착을 통해 '용서와 화해 그리고 잊기'의 윤리학을 이야기한다.

이청준은 연작 「남도사람」에서 자신의 눈을 멀게 한 아비의 회한을 껴안고 용서하면서 소리를 얻고, 그 소리를 통해 영혼의 자유를 얻은 인물을 통해 삶의 자유와 용서가 불가분의 관계임을 이야기하기 시작한다. 그는 나아가 「비화밀교」에서 공동체적 용서의 제의를 보여줌으로써 용서가 인간 공동체의 사랑과 자유를 회복하고자 하는 소망임을 드러내는데, 그러나 말미에서는 이러한 공동체적 사랑과 용서로서는 더 이상 품을 수 없는 대립과 갈등 상황이 있음을 암시하고 「벌레 이야기」를 통해 이를 보여준다.

이청준에게 있어서의 용서란 용서 행위자와 대상자 간의 "인간끼리의 책임과 관계" 속에서 이루어지는 것이어야 한다. 왜냐하면 이청준에게 있어서의 용서란 인간끼리의 '화해'를 지향하는 것이기 때문이다. 「벌레 이야기」는 용서가 가해자가 자기의 잘못을 인정하고 사과하며 피해자가 그것을 받아들이고 용서하는, 인간끼리의 화해의 윤리학이 되어야 함을 보여준다. 그런데 용서의 대상자가 전혀 용서받을 준비가 되어 있지 않다면 어떻게 해야 하는 걸까? 이 경우에도 잘못을 밝혀내고 잘못을 저지른 사람들을 처벌하는 정의 모델은 결코 인간에게 자유로운 삶을 부여하지 못한다는 것을 보여주는 소설이 「숨은 손가락」이다. 이청준은 이 소설을 통해 정의 모델이란 인간의 원초적인 복수심을 추동할 뿐, 공동체의 공존을 가져올 수 없음을 이야기한다.

이청준이 잘못된 과거에 대한 화해의 모델로서 그 정신적인 자세를 제시하고 있는 소설이 「가해자의 얼굴」인데, 그는 이 소설에서 가해자와 피해자라는 악순환의 고리를 끊고 진정한 화해와 이해를 지향하는 적극적인 전략으로서 '가해자 의식'을 내어 놓는다. 그리고 이 가해자의 자리에서 실제로 무엇을 어떻게 행해 나가야 할 것인가를 풀어보려 한 작품이 『흰옷』이다. 이 소설에서 비로소 '과거에 대해 기억하고 이야기하기'가 시작되는데, 이를 본격적으로 끌어내기 위해 『신화를 삼킨 섬』에서는 굿을 적극적인 소재로 활용한다. 『신화를 삼킨 섬』에서 이청준은 질곡의 역사 속에서 보통사람들이 삶을 지탱해오고 있는 지혜의 힘을 '해원(解冤)'에 두고 있는데, 이를 위한 수단이 용서 행위자와 대상자 간의 상호 공감과 화해를 위한 '기억하고 이야기하기'임을 보여주는 것이다.

이청준은 여기에서 한 걸음 더 나아가 잊어주기의 관용을 요구하는데, 이를 보여주고 있는 작품이 「지하실」이다. 그는 이 소설에서 '뉘우치는 가해자의 정서'로서 서로의 잘못을 인정하고 이해하며 그리고 잊어주는 것이 용서와 화해의 먼 길을 가는 법이라고 이야기하는 것이다. 이청준이 말하는 '잊기'는 무조건적인 용서와 화해의 방식이 아니라 진정한 자기 참회와 속죄에 의해 궁극적으로 이르러야 하는 '감싸기'의 넉넉한 윤리적 태도로 제시된다.

본 연구에서는 주로 이청준의 후기 소설 중에서 고향을 중심으로 한 작품들을 대상으로 하였다. 하지만 '용서와 화해'는 이청준의 여러 소설들에서 지속적으로 펴져 있는 주제의식이다. 앞으로 본 연구에서 모두 살피지 못한 이청준 소설들을 포함하여 이 문제를 작가가 어떻게 천착해 왔는지를 창작 방법론의 입장에서 더 깊이 있게 다룰 계획이다.

이 글은 2013년 한국현대소설학회가 발간한 『현대소설연구』 54집에 게재된 것이다.

참고문헌

〈자료〉

1) 소설

이청준, 「서편제-남도사람 1」, 「소리의 빛-남도사람 2」,「선학동 나그네-남도사람 3」, 「다시태어나는 말 -남도사람 5」, 『서편제』』, 열림원, 1998.

______, 「비화밀교」, 「벌레 이야기」, 『벌레 이야기』, 열림원, 2002.

______, 「숨은 손가락」, 「가해자의 얼굴」, 『숨은 손가락』, 열림원, 2001.

______, 『흰옷』, 열림원, 2003.

______, 『신화를 삼킨 섬』(1-2), 열림원, 2003.

______, 「지하실」,『그곳을 다시 잊어야 했다』, 열림원, 2007.

2) 산문집 및 대담

이청준, 『作家의 작은 손』, 열화당, 1978.

______, 『말없음표의 속말들』, 나남, 1986.

______, 『오마니』, 문학과의식, 1999.

______, 『사라진 밀실을 찾아서』, 월간에세이, 2009.

______, 『그와의 한 시대는 그래도 아름다웠다』, 현대문학, 2003.

이청준/김치수, 「복수와 용서의 변증법」, 『박경리와 이청준』, 민음사, 1982.

이청준/김승희, 「남도창이 흐르는 아파트의 공간」, 『말없음표의 속말들』, 나남, 1986.

이청준/이위발, 「문학의 토양을 이룬 반성의 정신」, 『이청준론』, 삼인행, 1991.

이청준/권오룡, 「시대의 고통에서 영혼의 비상까지」, 『이청준 깊이 읽기』(권오룡 편), 문학과지성사, 1999.

〈논저〉

김수진, 「'용서'의 문학교육적 의미 연구: 이청준 소설을 중심으로」, 서강대학교 교육대학원 석사논문, 2010.

김주연, 「제의(祭儀)와 화해」, 『이청준 깊이 읽기』, 문학과지성사, 1999.

김주희, 「이청준의 「벌레 이야기」가 '증언'하는 용서의 도리」, 『한국문예비평연구』 14호, 한국현대문예비평학회, 2004.

김치수, 「고향 체험의 의미」, 『박경리와 이청준』, 민음사, 1982.

손운산, 「기억과 용서–남아공에서의 정치적 용서를 중심으로」, 『이화여자대학교 인문과학대학교수학술제』, Vol.14, 2006.

손운산, 「치료, 용서, 그리고 화해」, 『한국기독교신학논총』35집, 한국기독교학회, 2004.

송기섭, 「자유를 표현하는 방식과 그 의미–이청준론」, 『한국문학이론과 비평』, 제54집(16권 1호), 한국문학이론과비평학회, 2012.

오영희, 「용서를 통한 한의 치유: 심리학적 접근」, 『한국심리학회지: 상담과 심리치료』7집 1호, 1995.

우찬제, 「'틈'의 고뇌와 종합에의 의지」, 『한국소설문학대계–이청준』, 동아출판사, 1995.

우찬제, 「자유의 질서, 말의 꿈, 반성적 탐색–이청준의 소설론」(1995), 『이청준 깊이 읽기』, 문학과지성사, 1999.

우찬제, 「한(恨)의 역설–이청준의 「남도사람」 연작 읽기」(작품해설), 『서편제』, 열림원, 2001.

이미란, 「이청준의 창작론 연구(1)–'진실의 증거'를 향한 도정(道程)」,『현대문학이론연구』, 제49집, 2012, 현대문학이론학회.

이승준, 『이청준 소설연구』, 한국학술정보, 2005.

이윤옥, 『비상학, 부활하는 새, 다시 태어나는 말–이청준 소설읽기』, 문이당, 2005.

장윤수, 『탈주와 생성의 소설학』, 박이정, 2012.

전흥남, 「원망(願望)의 좌절과 해원(解冤)의 방식–이청준의 『신화를 삼킨 섬』을 중심으로」, 『영주어문』, 제8집, 영주어문학회, 2004.
정과리, 「용서, 그 타인됨의 세계」, 『이청준 깊이 읽기』, 문학과지성사, 1999.
한순미, 『가(假)의 언어-이청준 문학 연구』, 푸른사상, 2009.
한순미, 「문자와 여백: 이청준 문학(1965-2008)에서 무엇을 어떻게 읽어 왔는가」, 남도문화연구』, 제23집, 순천대학교 남도문화연구소, 2012.12.
현길언, 「구원의 실현을 위한 사랑과 용서」, 『이청준론』, 삼인행, 1991.
한나 아렌트, 이진우 · 태정호 옮김, 『인간의 조건』, 한길사, 1996.

사건의 드라마화와 재현의 역사성
– 희곡 〈식민지에서 온 아나키스트〉와 시나리오 〈박열〉을 중심으로

백현미

I. 들어가는 글

연극 〈식민지에서 온 아나키스트〉(1985)와 영화 〈박열〉(2017)의 소재는 같다. 두 드라마는 1923년부터 1926년까지 일본의 수도 도쿄에서 식민지 조선인 박열(朴烈, 1902~1974)과 일본인 가네코 후미코〔金子文子, 1903~1926〕가 대역 사건 피고인으로 받은 재판과 그 전후에 발생한 일련의 사건들을 다룬다. 박열과 가네코 후미코는 간토대지진과 조선인학살의 혼란 속에서 구속된 후 2년여 형무소에 갇힌 채 심문을 받았고, 대심원 재판에서 사형 판결을 받았다. 그런데 판결 직후 무기징역으로 감형되었고, 가네코 후미코가 감방에서 주검으로 발견된 후에는 박열과 후미코가 '괴이한' 자세로 찍은 괴사진 때문에 논란이 이어졌다. 두 드라마는 소재뿐 아니라 제목도 같다. 〈박열〉의 공식적인 영어 제목은 'Anarchist from Colony', 즉 식민지에서 온 아나키스트이다.

박열·가네코 후미코 사건은 일본의 정치 사회 상황과 다층적으로 연루되어, 사건 당시부터 여러 맥락에서 기사화되었다. 이들의 구속 시점으로 보면 1923년 9월 1일에 일어난 간토대지진 및 조선인학살 사건과 연결되고, 이들의 출판 활동이나 인적 교류 등을 고려할 때는 사회주의 및 아나키즘 운동과 연루되며, 폭탄을 사용해 천황제에 저항하는 불경을 도모한 점은 이 시기 빈번했던 대역 사건들과 연관된다. 그래서 1923년부터 1926년에 이르는 약 4년 동안, 일본에서뿐 아니라 식민지조선에서도 이들이 관련된 대역 사건과 괴사진 사건 기사들이 끊이지 않고 이어졌다.[1)]

그런데, 이 사건의 역사화는 일본과 대한민국에서 다르게 진행되었다. 이차대전 종결 후 일본에서는 다양한 출판물을[2)] 통한 기억이, 대한민국에서는 오랫동안 망각이 진행되었다. 박열이 일제에 대한 '대역'으로 22년 2개월 1일 간 복역을 했음에도 대한민국 독립운동사에서 누락된 것은, 그가 월북 후 평양에 묻혔기 때문이다. 남북이 50년 넘게 맹렬하게 대치하던 한반도의 현실에서, 박열은 역사화될 수 없었다. 민족주의와 순혈주의 도그마에 들어맞지 않는다는 점도 역사화의 걸림돌이었다. 박열은 반국가주의 입장에서 천황제 국가 일본과 맞선 아나키스트였고, 일본인들과 함께 조직 활동을 하며 가네코 후미코와의 혼인을[3)] 감행했다.

정치 민주화의 도래 및 냉전 체제 와해의 격변 속에서 박열도 복권되었다. 1989년 정부는 박열을 '독립운동가'로 인정하며 건국훈장(대통령

1) 1920년대 일본에서 보도된 상황은 야마다 쇼지의 『가네코 후미코』(정선태 역, 산처럼, 2002)를, 식민지조선에서 보도된 상황은 백현미의 「박열·가네코 후미코 사건과 퍼포먼스」(『대중서사연구』 25권 2호, 대중서사학회, 2019)를 참고.

2) 일본에서는 두 사람의 이름을 내세운 출판물이 이어졌다. 가네코 후미코가 이치가야 형무소에서 쓴 수기가 1931년 7월 『何が私をこうさせたか』(春秋社)라는 이름으로 출간되었다. 1946년에는 박열을 변호했던 후세 다쓰지가 중심이 되어 『運命の勝利者-朴烈』(布施辰治·張祥重·鄭泰成 共著, 世紀書房)를 출간했다. 일본 소설가 세토우치 하루미(瀬戸内晴美)는 가네코 후미코의 평전 형식으로 쓴 『餘白の春』(中央公論社, 1972)을, 김일면(金一勉)은 『朴烈』(合同出版, 1973)을 각각 출간했다. 야마다 쇼지(山田昭次)는 실증적 조사를 보강하여 『金子文子 自己・天皇制国家・朝鮮人』(影書房, 1996)을 출간했다.

3) 법적으로 혼인이 가능했다. 일제는 한국 병합 이후 조선인을 일본인화하기 위해 내선결혼 제도를 정비해간다. 1921년 일본 호적법의 규정을 차용하여 내선결혼을 공인하게 되고, 1923년 7월 2일에는 조선민사령 2차 개정에 의해 조선의 사실혼주의를 법률혼주의로 변경하고 조선에 일본의 호적제도를 시행하였다. 김효순, 「식민지시기 재조일본인의 내선결혼 소설에 나타난 여성 표상」, 『한일군사문화연구』 23호, 한일군사문화학회, 2017.

장)을 추서했다. 박열은 2006년 8월 이달의 독립운동가로 선정되었고, 2012년에는 박열의사기념관이 경북 문경시 마성면 오천리 98번지 생가터에 건립되었다. 박열에 대한 평전이 출간되었고,[4] 아나키스트로서의 면모도 논의되었다.[5] 이런 흐름 속에서 일본에서 출판된 책들이 번역되고,[6] 후세 다쓰지 및 가네코 후미코에 대한 연구도 진행되었다.[7] 이렇게 박열과 가네코 후미코는 한국 독립운동 역사, 아나키즘 역사 속으로 들어왔다. 박열의 사례는 역사적 사건이나 인물이 된다는 것도, 그 인물과 사건의 정체성에 대한 해석도, 시대에 따라 다르다는 것을 보여준다.

역사는 과거의 사실에 대한 중립적 서술이 아니라 특정한 관점에서 해석된 이데올로기적 구성물이며,[8] 이야기 형태로 서술된 텍스트이다. 발생한 순서에 따라 사건을 서술하는 연대기는 시작과 전개와 종말의 틀을 갖춘 이야기로 재조직될 때 비로소 역사가 된다. 헤이든 화이트(Hayden White)는 이야기에 설득력을 부여하고 의미를 진작시키기 위해 역사가들이 사용하는 상이한 플롯 구성 양식(modes of emplotment)에 주목하여 역사 내러티브 논의를 급진적으로 선도했다.[9] 이 플롯 구성 양식들은 독특한 이데올로기적 함의, 보다 명확하게는 정치적 함의를 갖는

4) 김상웅, 『박열 평전』, 가람기획, 1996. 김인덕, 『박열』, 역사공간, 2013.

5) 2000년 즈음 아나키즘에 대한 논문으로 박사학위를 받은 김명섭과 이호룡의 글에서 박열의 활동이 언급되었다. 이후 김명섭은 『한국 아나키스트들의 독립운동—일본에서의 투쟁』(이학사, 2008)을, 이호룡은 『한국의 아나키즘—사상편』(지식산업사, 2001)과 『한국의 아나키즘—운동편』(지식산업사, 2015)을 각각 출판했다.

6) 주 2)에서 소개된 책들의 번역 상황은 다음과 같다. 가네코 후미코, 정애영 옮김, 『무엇이 나를 이렇게 만들었는가』, 이학사, 2012. 후세 다쓰지, 박현석 옮김, 『운명의 승리자 박열』, 현인, 2017. 세토우치 하루미, 금용진·양종태 공역, 『운명의 승리자』, 상일문화사, 1973. 야마다 쇼지, 정선태 옮김, 『가네코 후미코』, 산처럼, 2003.

7) 노영희, 「가네코 후미코의 조선체험과 사상형성에 관한 고찰」, 『일어일문학연구』 34집, 한국일어일문학회, 1999. 노영희, 「세토우치 하루미(瀨戸內晴美)의 『餘白의春』론」, 『비교문학』 24권, 한국비교문학회, 1999. 이규수, 「후세 다츠지(布施辰治)의 한국인식」, 『한국근현대사연구』 25집, 한국근현대사학회, 2003.

8) 케이스 젠킨스, 최용찬 옮김, 『누구를 위한 역사인가』, 혜안, 2002, 17–18쪽, 57–62쪽.

9) 헤이든 화이트, 천형균 옮김, 『메타 역사』 I, II, 지식을만드는지식, 2011.

존재론적 인식론적 선택을 포함한다.[10] 한편 신역사주의 문화비평가 스티븐 그린블랫(Stephen Greenblatt)은 이야기체 역사 텍스트와 다양한 문화 텍스트가 상호연관되어 있음을 지적하며, 공시적 통시적 텍스트 집단의 연관성을 강조한다.[11] 역사는 갈등적 에너지들과 힘들에 의해 형성된 문화적 상황들의 다중적인 목소리로 이루어지는 텍스트들의 복합체인 것이다.[12] 얀 아스만(Jan Assmann)은 '문화적 기억'을 개념화하면서 역사를 이루는 문화 텍스트들 즉 과거를 재현하는 형식과 결부된 다양한 문화적 양상들과 재현 매체들을 주목한다.[13] 역사는 과거의 전유를 행사하는 제반 영역들, 즉 역사교육, 역사학뿐 아니라 박물관, 기념비, 기념식, 역사화(歷史畵), 역사 드라마 등이 함께 연루된 이질적인 것들의 몽타주인 것이다.[14]

역사 드라마는 드라마의 형식으로 과거를 활성화하고 전유하는 역사 서사이다. 역사 드라마는 플롯에 따라 역사적 사실을 선택하고 배제하고 허구와 결합하며 과거에 대한 해석 및 의미화를 강렬한 이미지로 형성해 감각적으로 체화시키고, 그 체험 속에서 공식 기억과 상징체계에 적응/대응하는 다른 기억들을 만든다. 각각의 역사 드라마는 권력과 이데올로기가 작동하는 정치적 투쟁의 장이자 담론적 실천이다. 과거를 재현하는 문화적 기억 장치로서의 역사 드라마는 사회적 사건과 의미의 장들이 서로 얽혀 있는 담론들의 콘텍스트 속에 존재하는 역사 텍스트이다.

---

10) 앨릭스 캘리니코스, 박형신·박선권 공역, 『이론과 서사: 역사철학에 대한 성찰』, 일신사, 2000, 94쪽.

11) 베라 뉘닝, 안스가 뉘닝 외, 정진원 외 옮김, 『현대문화학의 컨셉들』, 유로, 2006, 179–181쪽.

12) 하르트무트 뵈메 외, 손동현 이상엽 옮김, 『문화학이란 무엇인가』, 성균관대학교출판부, 2004, 24–27쪽.

13) 알라이다 아스만, 변학수 채연숙 옮김, 『기억의 공간–문화적 기억의 형식과 변천』, 그린비, 2011, 9–27쪽.

14) 전진성, 『역사가 기억을 말하다』, 휴머니스트, 2005, 23–36쪽. '이질적인 것들의 몽타주'라는 표현은 하르트무트 뵈메 외, 앞의 책, 26쪽에서 인용함.

〈식민지에서 온 아나키스트〉와 〈박열〉은, 30년이 넘는 시차를 두고, 박열·후미코 사건을 드라마 형식으로 재현한 역사 서사이다. 실화를 소재로 실증에 충실하며 제작된 드라마라지만,[15] 이 두 드라마를 통해 경험되고 인식되는 역사 내용은 전혀 다르다. 박열·후미코 사건과 연루된 세부 사실 중 어떤 사실을 선택하고 가공했는지, 어떤 맥락에서 어떻게 배치했는지를 통해 각 작품의 의미와 지향성이 드러나고, 이 기입된 지향성은 각 서사가 생산된 사회 역사적 콘텍스트 속에 존재하던 다양한 담론적 실천들 사이의 긴장감을 보여준다. 본고는 1923~1926년에 일본에서 발생한 사건이 이후 한국의 역사 문화에서 인식되고 논의된 상황을 고려하면서 이 사건을 소재로 한 두 드라마의 서술 특징과 재현 관점을 조망하여, 역사 텍스트로서 이 두 드라마를 경유하여 드러나는 역사 문화의 지층을 드러내고자 한다. 본고에서는 드라마 서사를 비교 분석하는 데 집중하고, 연극과 영화로서의 형상화 양상은 고려하지 않는다. 〈식민지에서 온 아나키스트〉는 김의경의 두 번째 희곡집에 실렸고,[16] 〈박열〉의 각본은 영화 개봉 직후 한국시나리오작가협회에서 발행하는 잡지에 발표되었다.[17] 〈박열〉의 각본을 쓴 황성구 작가는 2017년 제26회 부일영화상 각본상, 제37회 한국영화평론가협회상 각본상을 수상했다.[18]

15) 김의경은 “사학자 못지않은 치밀한 사실 추적과 고증을 바탕으로 역사를 재구하는”(유민영, 「전방위 연극인」, 『길 떠나는 가족』, 384쪽) 작가로 평가된다. 〈박열〉의 이준익 감독은 여러 인터뷰에서 ‘이 영화는 고증에 충실한 실화’라고 강조했다.

16) 김의경(1936–2016)의 희곡집에는 『남한산성』(한국연극사, 1976)과 『길 떠나는 가족』(현대미학사, 1998)이 있다. 본고는 〈식민지에서 온 아나키스트〉를 분석할 때 『길 떠나는 가족』에 실린 것을 텍스트로 한다. 『식민지에서 온 아나키스트』(지식을만드는지식, 2014)가 출판되기도 했다.

17) 황성구, 「박열」, 『시나리오 #6』, (사)한국시나리오작가협회, 2017 가을.

18) 그 외, 제54회 대종상영화제 시나리오상 후보, 제38회 청룡영화상 각본상 후보에 올랐다.

II. 〈식민지에서 온 아나키스트〉, 실패와 탄압의 드라마

1984년 공연된 〈식민지에서 온 아나키스트〉(민중극단, 김의경 작, 정진수 연출)와 1985년 공연된 〈잃어버린 역사를 찾아서〉(극단현대극장, 김의경 작, 김상열 연출)는, 간토대지진 직후 일어난 조선인학살 사건을 소재로 다뤘다. 작가 김의경의 기억을 따라가면, 두 작품은 12년 전에 싹이 트고 있었다. 1973년 JAL이 서울–동경 간 점보제트기(747) 취항기념으로 한국 예술가 20명을 초대했는데 김의경은 그 일원으로 도쿄에 갔다가 입수한 책들을 통해 간토대지진과 관련된 재일조선인 문제에 관심을 갖게 되었다.[19] 1973년은 간토대지진과 조선인학살이 일어난 지 50년 되는 해였다. 이 무렵 일본에서는 관련 행사와 출판이[20] 이뤄진 반면 한국에서는 경험담이 겨우 논의되기 시작했다. 1923년 당시 동경 YMCA총무를 맡았던 최승만이 회고와 수집한 자료를 모은 「일본 관동대진재 시 우리 동포의 수난」(『신동아』, 1970.2~3)을 집필했고, 당시 조선인 유학생이었던 함석헌은 「내가 겪은 관동대진재」(『씨올의 소리』 26, 1973.9)를 발표했다.[21] 1980년대 들어 일본 시민들은 '관동대지진 때 학살된 조선인의 유골을 발굴하여 위령하는 회'를 만들었고,[22] 야마다 쇼지는 관련 연구를,[23] 재

---

19) 1973년 당시 와세다대학에서 공부하던 장소현으로부터 강덕상(姜德相)의 『關東大震災』와 요시무라 아키라(吉村昭)가 쓴 『關東大震災』를 받았다고 했다. 김의경, 「작가의 말–12년 만에 끝낸 작업」, 『길 떠나는 가족』, 현대미학사, 1998. 213쪽. 그런데 강덕상과 요시무라 아키라의 책은 1973년 이후에 출판되었다. 입수 시기 기억에 착오가 있다.

20) 강덕상, 『關東大震災』, 中央公論社, 1975. 吉村昭, 『關東大震災』, 文藝春秋, 1977. 關東大震災五十周年朝鮮人犧生者 追悼行事實行委員會 編, 『(歴史の眞實)關東大震災と朝鮮人虐殺』, 德間書店, 1975.

21) 이외 한승인이 『회고록 동경이 불탈 때–관동대진재 조난기』(대성문화사, 1973)를 출간했다. 관련 사실은 김흥식, 「관동대진재의 한국문학」, 『한국현대문학연구』, 29, 2009. 180–189쪽 참고.

22) 「'간토 조선인 대학살' 알리는 일 양심세력」, 『경향신문』, 2013.9.1.

23) 야마다 쇼지(山田昭次)는 80년대 들어 여러 글을 발표했고, 이를 바탕으로 『關東大震災時の朝鮮人虐殺：その國家責任と民衆責任』(創史社, 2003)을 출판했다.

일교포인 오충공 감독은 다큐멘터리 영화 〈감춰진 손톱자국(隠れた爪跡)〉(1983)과 〈불하된 조선인(払い下げられた朝鮮人)〉(1986)을 제작 발표했다.[24] 그러나 1980년대 한국에서는 이 사건이 좀처럼 과거로서 기억되지 못했고 문학으로 형상화되지도 않았다.[25] 앞서 언급한 두 편의 연극 공연은, 한국 사회의 이런 침묵과 망각의 문화 속에서 이뤄졌다.

박열에 초점을 두고 봐도, 〈식민지에서 온 아나키스트〉는 공식 역사에서의 논의보다 훨씬 빨리 문화적 기억화가 진행된 사례이다. 작가의 말에 따르면 취재 차 동경에 갔던 1984년, 여류작가 세토우지 하루미(瀨戶內晴美)가 쓴 '소설' 『餘白의 봄』을 읽게 되었고, 6·25 직전 서울 거리에서 선전되던 『運命의 勝利者-朴烈』(布施辰治 저)의 "붉은 색과 검은 색으로 배합한 강렬한 디자인에 적이 끌렸었"던 것을 기억하게 되었다. 일제의 정계를 떠들썩하게 만들었던, "우리들이 너무도 몰랐던 위대한 애국자" 박열을 주목하게 된 것이다.[26] 1936년 평안남도 순안에서 9남매 중 막내로 태어나 해방기에 가족과 함께 서울로 이주한 작가 김의경이 14살 안팎이었을 때의 경험 기억이, 일본에서 자행된 조선인학살에 대한 각종 문화적 기억과 만나면서, 작가가 사는 한반도에서 박열을 기억하는 행위가 봉인된 내력을 들여다 볼 계기 혹은 당위와 마주한 것이다. 〈식민지에서 온 아나키스트〉는 박열에 대한 논의가 막힌 한반도에서, 일본을 경유해 입수한 자료를 바탕으로 그리고 작가의 소년 시절 기

---

24) 주혜정, 「다큐멘터리 영화와 트라우마 치유-오충공 감독의 관동대지진 조선인학살 다큐멘터리를 중심으로」, 『한일민족문제연구』 제35호, 2018.

25) 김흥식의 「관동대진재의 한국문학」에 따르면, 1960년 이후 관동대진재를 소재로 한 서사문학 작품은 이기영의 소설(〈두만강〉 제3부 '제7장 동경대진재', 1961)과 김의경의 희곡 〈잃어버린 역사를 찾아서〉뿐이다. 김흥식은, 김의경의 희곡은 처음과 끝이 각각 60년만에 만난 피해자의 가해자에 대한 지난 과오의 인정 요구, 가해자의 참회를 통한 피해자와의 화해로 설정되어 있는데, 그 화해가 작위적이거나 의례적인 것으로 비쳐졌다고 평했다. 김흥식, 「관동대진재의 한국문학」, 『한국현대문학연구』, 29, 2009. 215쪽.

26) 「작가의 말-아나키스트라는 이름의 가면」, 『길떠나는 가족』, 현대미학사, 1998, 102-103쪽.

억이 소환되는 가운데 쓰여진 드라마이다.[27)][28)]

1. 실패의 서사와 제국의 탄압

〈식민지에서 온 아나키스트〉는 7장과 에필로그로 구성되었지만, 시공간 배경을 묘사하거나 설명하는 무대지시문이 거의 없어 내용을 가늠하기 어렵다. 박열·후미코 사건과 관련해 희곡 밖에서 얻은 정보와 극 내용을 연결시켜 각 장이 다루는 상황을 정리하면 다음과 같다. 1장은 관동대지진 후 자경단에 의해 조선인학살이 진행되던 1923년 9월 2-3일, 박열과 후미코가 보호검속으로 경찰서에 유치된 채 취조 받는 상황이다. 2장부터 6장까지는 치안경찰법 위반으로 기소된 1923년 10월 20일 무렵부터 대역 사건으로 기소되는 1925년 7월 17일 무렵까지 진행된 예심재판 상황이다. 7장은 1926년 2월 16일 대심원 공판 첫날부터 감형 발

---

27) 작가의 연보에 따르면, 김의경은 병자호란과 한말의 항일투쟁, 일제시대 인물을 소재로 한 역사극을 다수 집필했다. 〈남한산성〉(1973)과 〈북벌〉(1974)은 병자호란의 치욕과 북벌의 좌절을, 〈함성〉(1976)과 〈어머니〉(일명, 〈삭풍의 계절〉)(1982)는 일제침략기의 항일투쟁을, 〈식민지에서 온 아나키스트〉(1984), 〈잃어버린 역사를 찾아서〉(1985, 1986년 백상예술대상 희곡상을 수상), 〈길 떠나는 가족〉(1991, 서울연극제 희곡상 연기상 작품대상) 〈반도와 영웅〉(1996)은 일제시대 식민지조선인들의 삶을 다뤘다. 이외에도 〈논개〉(1976, 오페라 극본), 〈대한국인 안중근〉(1998)을 창작했고, 국군 문화선전극 〈조국은 외롭지 않다〉를 사극 형식으로 내놓은 적도 있다. 유인경 편, 『김의경 연극론집-도전과 응전의 긴 여정』, 연극과인간, 2008, 485-489쪽.

28) 〈식민지에서 온 아나키스트〉의 공연에 대해 이태주는 일본사람이 인도주의적으로 그려진 반면 박열의사와 그 주변인물들이 비합리적으로 그려져 연극적 설득력이 없었다고 했다(이태주, 「제8회 대한민국 연극제를 보고」, 『한국경제신문』, 1984.10. 한국연극평론가협회 편, 『80년대 연극평론 자료집Ⅱ』, 1992, 79쪽에서 전재). 정지창은 박열과 가네코 후미코의 재판과정을 재판극 형식으로 꾸며 일제의 경찰과 사법부가 합법적으로 조작해낸 재판극임을 고발한 점 등을 지적했다(정지창, 「극작을 통한 역사에 대한 끈질긴 관심」, 한국연극평론가협회, 『한국 현역 극작가론Ⅱ』, 1987). 김성희는 "식민지라는 출구 없는 절망을 뚫고 나가기 위해, 독립투쟁을 위해 당시의 열혈 지식인이 선택하지 않을 수 없었던 사상인 무정부주의와 니힐리즘을 시대적 대응이란 측면에서 조명"했다고 평했다(김성희, 「김의경의 실증주의 역사극: 망각과 치욕의 역사쓰기」, 『한국 역사극과 문화적 재현』, 연극과인간, 2017, 237쪽).

표가 있는 1926년 4월 5일까지 벌어진 상황이다. 에필로그는 1926년 7월 22일 가네코 후미코의 죽음 전후를 장면화했다. 검속(1장), 예심재판(2장, 3장, 4장, 5장, 6장), 대심원 공판(7장), 후미코의 죽음(에필로그)을 순차적으로 재현한 것이다.

1장과 에필로그를 제외한 대부분은 재판 상황이다. 그래서 2장부터 7장까지의 각 장은 예심재판이나 대심원 재판장이라는 겉틀과 그 겉틀에서 진술된 내용이 필요에 따라 장면화되는 안틀의 이중구조로 되어 있다. 겉틀의 무대 공간은 형무소 조사실, 법원 조사실, 대심원 법정 등으로 제한되어 있고, 안틀의 무대 공간은 검속되기 전 박열과 후미코가 활동하던 공간들로 확장된다.

예심재판을 다룬 2, 3, 4장은 겉틀-안틀의 이중구조를 안정적으로 유지한다. 2장 겉틀에서는 재판관이 박열과 후미코를 심문하고, 안틀에서는 박열의 시 〈개새끼〉에 감화된 후미코가 박열에게 세 가지 질문(애인이 있는지, 일본인에 대한 반감이 없는지, 민족주의자인지)을 하고 얼마 후 동거를 제안한다. 3장과 4장의 겉틀은 박열, 가네코 후미코, 김중한, 니야마 하쓰요가 폭발물 입수 혐의로 심문 받는 상황이고, 안틀에서는 폭발물 입수 계획이 무산되는 과정을 보여준다.

3, 4장의 안틀은 폭발물 입수 계획의 실패 원인과 과정을 강력하게 이미지화함으로써 실패의 불가피성을 강조한다. 가장 눈에 띄는 것은 안틀의 무대 공간에 있는 침대이다. 침대는 두 대이다. 하나는 박열과 후미코의 것, 하나는 김중한과 하쓰요의 것. 3장에서 김중한과 하쓰요는 첫 만남 후 그들의 침대로 들어가, 박열과 후미코의 침대와 나란히 무대를 차지한다. 한 침대에서 김중한이 하쓰요에게 비밀을 말하고, 다른 한 침대에서는 박열이 김중한에게 말한 것을 후회하며 후미코에게 비밀을 말한다. 4장에서는 김중한과 하쓰요가 자신들을 이간질시킨다고 박열을 공격하고, 후미코는 하쓰요의 화를 풀어주느라 박열이 기생 이소홍을 연락책으로 삼아 김한과 연락한다고 얘기한다. 이렇게 박열과 김중

한, 후미코와 하쓰요 사이의 오해와 불화가 가속화되고, 침대를 공유하는 커플이 비밀도 공유하면서, 폭발물 입수 계획은 논의 단계에서 무산된 다. 침대라는 오브제는 네 인물의 욕망과 혈기, 치기와 불안을 강조하며, 그들의 실패를 시각 이미지로 각인한다.

또한 3, 4장에서는 황옥이 관여한 의열단 사건(일명 황옥사건)[29]이 거듭 언급되면서 비밀결사의 불안 요인인 밀고와 실패 가능성을 재차 강조한다. 즉 의열단 내부의 밀고 혹은 밀정의 문제를 유독 강조함으로써 폭발물을 입수하려던 계획의 실패가 의열단이 했던 실패를 되풀이 하는 것처럼 보이게 하고 있다. 3장에서 박열은 황옥이 의열단 참가자로 취조를 받고 있다는 기사를 불령사 회원들에게 알리며, 황옥이 왜놈 경찰의 하수인이라고 말한다. 4장에서 김중한이 밀고를 하지 않을까 걱정하는 박열은 불령사 단원에게 후세 변호사를 초대해 황옥경부 사건에 대해 들어보자고 제안한다. 그리고 5장은 간토대지진이 일어난 당일 후세 변호사를 방문한 박열이 황옥사건을 '권력자들의 음모의 산물'이라고 비판하는 것으로 시작한다. 아래 인용은 4장 끝과 5장 시작 부분이다.

가네꼬에게 조명이 집중된다.

가네꼬: 그날밤 나는 잠을 이룰 수가 없었다. 그이는 김중한을 믿어보려 애쓰는 듯 했지만 안 되는 것 같았다. 나 역시 하쓰요 언니를 믿는다고 큰소리쳤지만 반드시 그런 것도 아니었다. 두 사람 따로따로라면 아무 일이 없었을지도 몰랐다. 그러나 그 두 사람은 이미 일종의 결탁을 하고 잇었다. 상심한 두 사람이 만나서 필경 무슨 일이 벌어지리라.

---

29) 황옥사건은 1923년 3월 대규모 폭탄을 경성으로 반입하려던 유석현·황옥·김시현 등이 신의주와 경성 등지에서 체포된 사건을 말한다. 1923년 8월 경성지방법원에서 공판이 진행되는 동안 황옥사건으로 불리기도 했다. 의열단의 폭탄 유입 경위와 황옥사건에 대해서는 김영범, 『한국근대민족운동과 의열단』, 창작과비평사, 1998, 94-97쪽.

박열: (조명을 받으며) 내가 잘못했어. 경솔했어. 단지 두 번 만났을 뿐인 미지의 김중한에게 나의 비밀을 털어놓다니...... 이건 나의 큰 실수야.

그러는 동안 무대의 인물들은 실루엣으로 나타난다. 그들의 움직임도 불안하다.

(중략)

제5장

후세 변호사의 집. 1923년 9월 2일 오후.

후세, 파이프를 문 채 골똘히 무언가 생각을 하고 있다. 박열이 들어온다.
(중략)

박열: 아, 잊을 뻔했군요. 이번 황옥 경부사건 변호하시느라고 수고하셨는데, 실은 그 얘기가 듣고 싶어서.

후세: 오, 내게 경성서 부쳐온 신문들이 있네. 이 경황에 얘길 길게 늘어놓을 수 있는가? (신문지 한 보따리를 건네준다)

박열: 고맙습니다. (받는다)

후세: 집에 가서 읽고 천천히 돌려주게.

박열: 요컨대 황옥이란 어떤 자였습니까? 역시 나의 추측대로 권력자들의 음모의 산물이 아닙니까?

후세: 참말로 알 수 없네. 그가 스파이짓 한 것만은 틀림없네만, 요는 조사에 나타난 대로 그가 독자적으로 스파이가 되었다가 상사에게 미움을 받아 그렇게 되었는지, 아니면 철저한 한편의 드라마인지……. (66-70쪽)

위 인용에서 보듯, 밀정 황옥에 대한 박열의 관심과 언급은, 김중한에 대한 박열의 의심과 중첩되며 제시된다. 밀정 황옥에 대한 경계와 의심이 뇌리에 각인된 박열은, 김중한과 하쓰요를 믿지 못한다. 따라서 박열과 후미코의 뒤늦은 후회는, 황옥을 경계하고 비난하면서도 유사한 일을 저지른 자신들에 대한 후회이다.

일제에 대한 (저항의) 실패 과정을 보여주던 극은 일제의 탄압을 보여주는 식으로 이어진다. 5장의 겉틀은 앞선 3, 4장처럼 예심재판인데, 안틀은 1923년 9월 2일 후세 변호사와 박열의 만남부터 1925년 7월 17일 박열과 후미코가 대역죄로 기소되기까지 근 2년 동안을 다루는 것처럼 보인다. '처럼 보인다'고 한 것은, 이 5장의 이중구조가 어수선하고 안틀에서 다루는 기간이 길어 가늠이 어렵기 때문이다. 안틀에서는 여러 시간대의 상황이 출몰한다. 경찰법위반으로 기소가 이뤄진 시점에서 후세 변호사와 다테마쓰 판사와 이시다 검사가 대화하는 장면, 이시다와 다테마쓰가 경찰법위반 혐의의 법정 구속일 만기 시에 폭발물취제규칙으로 재기소하는 것을 모의하는 장면, 다테마쓰와 이시다가 박열·후미코·이소홍·김한을 심문한 후 폭발물취제규칙 위반 혐의로 기소하는 장면, 다테마쓰가 대역 사건 기소를 알리는 장면, 동아일보 특파원 김광수가 박열과 후미코를 면회하는 장면 등이 들쭉날쭉 이어진다.

이 어수선한 장면들을 통해 강조되는 것은, 예심재판이라는 법적 절차 수행과정에서 보이는 일제의 조작과 탄압이다. 후세와 다테마쓰와 이시다의 대화를 통해 추론해보자면, 보호검속 24시간이 지나자, 불령사를 비밀결사단체로 몰아 치안경찰법 위반 명목으로 3개월 추가 구속하고, 구속 만료일이 닥칠 즈음 불령사 단원들은 석방하면서 박열·후미코·김정한만은 폭발물취제규칙 위반으로 다시 추가 기소하며 석방하지 않았다. 기소 사유를 바꾸며 구속을 연장하고 대역 사건을 기획해가는 의도성은, 아래 인용한 이시다 검사의 대사에서 노골적으로 강조된다.

> 이시다: (후세에게–필자)... 만에 하나라도, 사실 억만 분의 일도 가능성은 없지만, 만약 이 자가 황태자 전하 가까이에 폭탄을 던졌다고 칩시다. 그 가

능성을 인지하지 못했고 예방하지 못한 이 이시다 검사나 다테마쓰 예심판사는 어찌 되겠습니까? 아니, 나의 개인의 문제가 아닙니다. 우리 일본 사회 전체의 문제입니다.(5장, 72쪽)

이시다: (다테마쓰에게-필자)... 형법 제73조에는 사용 준비가 같아도 그 목적이 "천황 황태후 황후 황태자 또는 황태손에 대하여 가해하고 또는 가해코져 한 자는 사형에 처한다"로 되어 있습니다. 저는 이 점이 본 사안의 최후의 목적지라고 생각합니다.(5장, 74-75쪽)

에필로그는 형무소장에 의한 후미코의 자살 보고와 간수에 의한 후미코의 교살, 구리하라를 비롯한 친지들에 의한 후미코의 시체 수습, 후미코의 죽음 소식을 듣는 박열의 모습들을 모자이크처럼 동시에 장면화된다. 아래 인용은, 후미코가 죽는 모습을 묘사한 지문이다.

한 간수가 노끈을 꼬고 있는 후미꼬의 뒤에서 그 노끈으로 교살한다. 후미꼬가 놀라서 두 팔을 들어올렸다가 손을 그녀의 배로 가져간다. 배를 쓰다듬는가 하는 찰나에 그녀는 절명한다.(99쪽)

이 에필로그는 일제가 후미코를 교살한 후 자살로 왜곡·은폐했다고 주장한다. 작가는 후미코의 죽음을 "어느 쪽으로도 주장하지 않기로"[30] 했다고 말했지만, 작가의 의도(?)와 달리 희곡은 후미코의 교살 장면을 통해 그녀의 죽음이 타살이었다고 주장한 셈이다. 한편 후미코가 배를

---

30) "마지막 장면에서 나는 한편의 시적-율동적 무희를 연상했었다. 많은 사람들은 가네꼬 후미꼬의 자살을 믿기도 한다. 다른 사람들은 그녀가 타살되었을 것이라고 믿기도 한다. 즉 그녀의 죽음은 미궁속에 던져진 채 아무도 그 진상도 모른다. 그래서 나도 그녀의 죽음을 어느 쪽으로도 주장하지 않기로 했다. 좀 더 깊이 이해한다면 그녀는 타율적 자살(?)이라고도 볼 수 있으리라" 「작가의 말-아나키스트라는 이름의 가면」, 『길 떠나는 가족』, 103-104쪽.

쓰다듬으며 절명한다는 설정은 임신 가능성을 시사하는데, 작가의 의도(?)와 달리, 이 후미코의 임신과 그녀가 교살된 것 사이의 상관성이 독자나 관객에게 인지되기 어렵다. 후미코의 임신 및 타살 가능성을 시사하고 그것을 대역 사건 재판과 연결시키려면, 이른바 괴사진/괴문서 사건이[31] 드라마의 플롯 안에서 다뤄졌어야 한다. 다음 절에서 언급하겠지만 이 희곡에서는 사진의 포즈를 달리 설정했다. 괴사진 자체를 왜곡한 채 뜬금없이 임신을 암시한 것은, 후미코가 수감 중에 간수에게 몹쓸 짓을 당했다는 암시로도 읽힐 수 있다. 후미코가 교살되었다고 보는 근거가 적절히 보이지 않아, 고발의 취지도 무색해졌다.

2. 민족주의자의 영웅적 희생과 여성 왜곡

희곡의 제목은 '식민지에서 온 아나키스트'이지만, 희곡에서 형상화된 박열은 아나키스트의 가면을 쓴[32] 민족주의자이다. 2장에서 후미코에게 "나에게는 나의 사상이 있고 할 일이 있소. 그래서 나는 민족운동의 전선에 서지 않기로 하고 있소"(30쪽)라고 했지만, 3장 김중한과 대화할 때는 "나더러 허무주의자라고들 하지. 허나 나는 동시에 민족주의자야. 또 볼세비키도 싫어해."(40쪽)라고 스스로를 규정하고, 4장 불령사 모임에서는 "언젠가는 이러한 사회가 멸망할 것을 기원하면서 또 그 멸망에 근원적인 공헌을 하면서, 우리 충실하고 정의감에 투철한 민족주의자가 됩시다"라고 주장한다. 에필로그에서 박열은 "나는 민족의 원수 천황을 죽이지 않으면 안 된다…나는 아나키스트가 아니다. 그것은 나의 보호색이

31) 가네코 후미코는 1926년 7월 22일 형무소 감방에서 자살했다고 보도되었는데, 1926년 7월 29일자 신문에 '괴사진'과 함께 실린 '괴문서'는 가네코 후미코의 임신 사실이 드러나 당국이 대책을 강구했다는 내용을 담고 있다. 괴사진과 괴문서 때문에, 가네코 후미코의 임신/타살 가능성을 둘러싼 논란이 가라앉지 않았다.

32) 김의경은 박열을 "아나키스트를 가장했던 한 위대한 인물"이라고 표현했다. 「작가의 말-아나키스트라는 이름의 가면」, 『길떠나는 가족』, 현대미학사, 1998, 103쪽.

다. 아마도 나의 이 보호색은 일제가 패망하지 않는 한 영원히 드러나지 않을 것이다. 오 나의 조국이여, 이러한 운명을 준 나의 조국이여, 나는 너를 원망하지 않는다. 나는 너를 위해 죽을 수 있기만을 열망한다."(100쪽)라고 자신의 정체성을 웅변한다.

또한 박열은 글쓰기를 통해 자신의 사상을 표현하고 주장하는 자로 그려진다. 5장에서 박열은 다테마쓰에게 "당신에게 읽혀주기 위해서 옥중에서 집필한 것이 있는데 읽고 싶거든 읽으라. '음모론', '불령선인으로서 일본인 권력자 계급에 주는 말', '나의 선언', '먹지 않고 차례로 쓰러뜨리는 론' 등이다"(76쪽)라고 당당하게 제시한다. 박열은 재판관에게 수동적으로 심문 받는 자가 아니라, 적극적으로 응대하며 반박하는 자이다.

6, 7장의 장면들은 민족주의자 박열의 남다른 행동들과 이에 대한 일본인들의 경외와 찬사를 연결시키는 식으로 구성된다. 일본인들마저 경외하는 조선인으로 영웅화되는 것이다. 6장부터 보자. 박열이 정신감정을 받으라는 등의 여러 획책에도 의연하게 대처하자 후세 변호사는 "위대한 놈이다, 너는. 조선에 태어나지 않고 일본에 태어났다면 얼마나 멋이 있었겠나."(85쪽)라고 찬사를 보낸다.[33] 박열이 다테마쓰와 이시다를 만족시키기 위해 황태자에게 폭탄을 던질 계획이었다고 예심조서에 분명히 써달라고 하자, 이시다 검사는 부지불식간에 "고마워요"라고 감사를 표한다. 사진을 촬영한 후 군밤타령과 밀양아리랑을 부르며 고향을 회고하는 박열을 보며 다테마쓰는 "저들이야말로 승리자다"라고 치켜세운다.

7장도 박열의 당당하고 기발한 기획을 흥미롭게 보여준 이후 박열에

---

33) 극 중에서 후세는 변호 과정에서 박열·후미코의 행위를 본의 아니게 폄하하기도 한다. 예를 들어 후세는 다테마쓰에게 박열과 후미코의 구류를 풀어달라면서 "스무 살이 조금씩 넘은 젖비린내 어린애들"(5장, 71쪽)이라 하고, 이시다 검사에게 "젊은이들이 입으로 꾸민 음모야. 이 어린애들에게 무슨 실행능력이 있다는 건가"(5장, 72쪽)라고 한다. 대역죄로 기소되자 후세는 "20대 어린 청년들의 치기 어린 장난을 가지고 왜 이 야단입니까?(6장, 84쪽)라고 항변한다.

대한 일본인의 찬사를 보여주는 것으로 끝난다. 박열이 제시한 네 가지 조건[34] 중 두 가지 즉 조선의 예복을 입고 박씨 족의 관을 쓰는 것, 조선의 역사에 관해 강술하는 것이 승인된다. 공판 날 박열과 후미코가 조선옷을 입고 조선말을 사용하며 자신들의 뜻을 밝히고, 후세는 서술자처럼 이후의 재판 상황을 요약해서 보고한다.[35] 사형 판결을 받고 기뻐하는 두 사람의 모습 이후, 재판장이 이들을 경외하는 모습이 다시 한번 기입된다.

재판장: (전신의 힘이 쭉 빠지며) 사형언도를 받고도 저토록 기버하다니 도저히 나는 이해할 수 없다. 이렇다면 차라리 사형집행을 안하는 편이 낫겠다. 사람의 사상형성이 주위환경에 이렇듯 영향받을 수 있겠습니까? 가난했던 박열이 받은 일한 병합의 충격은 다른 사람의 열배 스무배 강렬했을 것이다. 일본으로서는 말할 수 없는 대역죄이지만 경우를 바꿔 생각한다면 박열만 나무랄 수도 없겠지요. 박열은 반드시 그 사회로서는 커다란 손실이겠지요. 후미코 역시 박열 못지않은 재사에요. 학대의 역사로 꾸며진 후미코의 반성 역시

---

34) 희곡에서 언급된 네 가지 조건은 세토우치 하루미의 평전에도 자세하게 기록되어 있다. "첫째 재판관은 일본 천황을 대표해서 법정에 서는데 대하여, 나는 조선민족을 대표해서 서는 것이니 만큼 조선의 예장을 하고, 특히 박씨 족의 관을 쓰는 것을 인정할 것 둘째 박열은 조선민족의 대표이니 재판관석과 피고인석을 동등한 높이로 할 것. 셋재 첫머리에 박열이 법정에 임하는 태도를 말하게 하고, 조선의 역사에 대하여 말하도록 할 것. 넷째 조선어를 사용할 것이니 통역을 준비할 것. 이러한 조건이었다. 변호인의 알선으로, 둘째 조건과 넷째 조건을 철회시키고, 첫째 조건과 셋째 조건은 재판장에게 승낙케 하였다." 세토우치 하루미, 금용진 양종태 공역, 『운명의 승리자』, 상일문화사, 1973, 343-344쪽. 후세 다쓰지의 기록도 유사한데, 의장에 대해 '조선의 왕관을 쓰고 조선왕의 옷을' 입겠다고 한 것이 다르다. 후세 다쓰지 외, 박현석 옮김, 『운명의 승리자 박열』, 현인, 2017, 58-60쪽.

35) 희곡에서 후세는 "1923년 9월 3일 동경 대지진의 극도의 대혼란 속에서 보호검속이라는 미명하에 구류된 지 4년, 그리고 1926년 1월 26일 대심원의 첫 개정 이래. 수회의 재판을 거듭, 드디어 3월 26일에는 결심공판이 열렸다. 여전히 비공개 재판이었다."(94쪽)라고 했는데, 진술 내용이 틀렸다. 1차 공판일은 1926년 2월 26일이었고, 1926년 3월 1일 4차 공판이 진행된 후, 1926년 3월 25일 사형 판결이 났다.

환경이 빚어준 것으로 이들의 허무주의를 이해할 수 있습니다.

사람들에게서 동요가 일어난다.

오와라 검사: 재판장 각하, 죄송하오나 그 무슨 망발의 말씀입니까? 대체 각하께서는 어느 나라 사람입니까?

여럿: "취소하십시오" "망발입니다" "있을 수 없는 코멘트를 하셨습니다" (등등 소요가 일어난다)

재판장, 손을 흔들며 황급히 퇴장해 버린다.

소리: (특별히 크고 굵게) 박열, 가네코 후미코, 특별히 사일등(赦一等)을 감하여 무기 징역에 처함. 내각총리대신 칙을 봉하여 이를 선(宣)함.(96쪽)

극에 삽입된 재판장의 대사와 그에 대한 반응들은, 대역 사건 피의자에 대한 일본인의 찬사를 강조한다. 재판장은 박열과 후미코를 이해하고 찬사를 보내는 인물로, 박열은 재판장의 찬사를 받는 대상으로 영웅화된 것이다. 그런데 이 찬사에 뒤이어 무기감형으로 감면한다는 은사 통보가 이어지면서, 천황의 은사가 불량한 조선인에 대한 너그러운 은혜처럼 왜곡될 가능성도 있다. 천황이 은사를 내릴 수밖에 없었던 이유들 즉 대역죄 기소와 사형 판결이 지닌 문제점들이 오히려 감춰지는 것이다.[36)]

민족주의자 박열이 일본인들의 엉뚱한 찬사를 받으며 기이하게 영웅

36) 희곡에 나온 재판장의 대사는 대심원 판사 마키노(牧野菊之助)가 한 담화에서 채취한 것이다. 마키노는 박열 부부의 행동을 그들의 불우한 환경에 기인한 것으로 요약하며 동정을 표한 바 있고 판결이유서에서도 이를 강조했다. 당시 식민지조선에서 발행된 신문들은 사설을 통해 마키노가 한 담화 내용을 비판적으로 논평했다. 백현미, 「박열·가네코 후미코 사건과 퍼포먼스」, 『대중서사연구』 제25권 2호, 대중서사학회, 2019, 143-147쪽 참고.

화되는 반면, 일본인 후미코는 불우한 환경 속에서 허무주의자가 된 가련한 인물로 그려진다. 후미코는 2장에서는 박열이나 재판관에게, 3장에서는 하쓰요에게, 자신의 가정환경과 성장사를, 부모가 호적에 올리지도 않은 무적자였고 조선에 있는 고모네에서는 험한 식모살이를 했다는 것을 거듭 말한다.

또한 후미코는 남자에게 의존적인, 육체적 애욕을 과하게 표현하는 여자로 표현된다. 2장에서 후미코가 처음 만난 박열에게 세 가지 질문(애인이 있는지, 일본인에 대한 반감이 없는지, 민족주의자인지)을 던지는 장면이 있는데 두 사람의 문답 사이에 끼인 지문, 즉 "가네코는 너무 기뻐서 박열의 손이라도 잡고 싶은 감정이지만 박열의 표정은 너무도 진지하다."(29쪽)라는 지문은 후미코의 감정적 격동과 박열의 진지함을 대비한다. 이런 대비는 6장에서 되풀이된다. 6장에서 이시다 검사의 안내로 등장한 후미코가 박열을 만나는 장면의 지문은 이렇다. "박열과 가네코 반가워 어쩔 줄을 모른다. 가네코 껴안고 싶은 충동을 마지막 순간에 억제한다. 박열이 몸을 틀었기 때문이다."(87쪽) 그리고 간수가 방에서 데리고 나가려 할 때 "가네코, 순간적으로 간수를 뿌리치고 뛰어와 박열의 품에 안겨 서럽게 운다."(89쪽) 그러자 박열이 "우린 함께 곧 간다. 그걸 모르나? 후미코, 몸을 흐트러뜨리면 못쓴다. 추하다"(90쪽)라고 훈계하고 후미코는 "(두려워져서) 네 용서하세요. 저 가겠어요."(90쪽)라며 물러선다. 후미코를 육체성을 절제하지 못하는, 남자의 지도가 필요한 인물로 그린 것이다.[37)]

후미코의 사상조차 박열의 시선을 끌기에, 박열의 인정을 받기에 가치 있는 것처럼 표현된다. 5장 맨 뒤 장면은, 사건 취재를 온 동아일보 특파원에게 후미코가 "우리들이 하려고 했던 것은 테러행위였다. 그러

37) 여성에게 육체적 타락 이미지를 부가하는 것은 하쓰요의 경우에도 확인된다. 폐병을 앓는 하쓰요는 "난 잡혼주의자거든요. 남자들을 잡아 먹는 거에요. 어디 한번 자드릴까요?"(59쪽)라고 퇴폐적이고 충동적으로 행동한다.

나 그것은 소위 테러리즘 운동은 아니다. 니힐리즘에 뿌리를 둔 운동이다. 니힐리즘 운동은 철학운동이다……라고 생각되네요"(82쪽)라고 자신의 생각을 말하는 것을 "박열, 매력 있다는 듯이 그윽히 그녀를 보고"(82쪽) 있다는 지문으로 끝난다. 후미코는 박열을 위해서만 그리고 박열에 의해서만 존재하는 부속물로, 치밀하게 지워지고 왜곡되었다.

영웅적 남성 민족주의와 가부장 중심주의가 조응하면서 그럴듯한 이미지가 '생산'된다. 실재하는 괴사진과는 다른 사진이 역사 드라마에 사실처럼 기입되는 것이다.

> 다테마쓰: 자 한 장 찍읍시다. 아니, 아니, 결혼기념 사진처럼 한 장 찍읍시다.
>
> 박열은 판사 자신의 걸상에 앉히고 가네코를 그 뒤에 세운다. (6장, 87쪽)

1923-1926년 당시 박열과 가네코 후미코가 함께 찍힌 사진이 괴사진이라고 불리는 이유는, 형무소에 분산 감금되었던 그들이 '괴이한 자태'로 '함께' 찍혔기 때문이다. 가네코 후미코가 주검으로 발견된 후 괴문서 사건이 불거진 것도 수상한 자세로 찍힌 이 괴사진 때문이었다. 그런데 위 인용에서 보이듯 이 희곡에서는 '괴이한 자태'가 제거되었다. 어떻게 이런 제거가 가능했을까. 실화를 소재로 실증에 충실한 작품을 쓰려한 작가의 극작 경향을 고려할 때 허구를 막무가내로 기입한 것이라고 보긴 어렵다. 작가는 참고한 기록 중 후세 다쓰지가 출판한 책에 기술된 사진 포즈를[38] '선택'했을 것이다.[39] 박열이 앉고 후미코가 그 뒤에 서는

38) 후세 다쓰지는 "박열 군은 유유히 팔걸이 달린 의자에 앉아 있고 후미코 씨가 그 뒤에서 오른손으로 박열 군의 목을 안은, 화목한 부부애를 내보인 사진"이라고 기술했다. 후세 다쓰지, 박현석 옮김, 『운명의 승리자 박열』, 현인, 2017, 72쪽.

39) 작가가 실재 사진을 미처 몰랐다고 할 수는 없다. 작가가 참고한 세토우치 하루미의 『餘白の春』(中央公論社, 1972)에는 사진의 자태가 자세하고 유려하게 서술되어 있다. "그 사진의 후미코는 20세가 될듯말듯한 소녀로서 있을 수 있는 박열의 무릎 위에 앉아 있다.

단아한 이 포즈는, 강직한 민족주의자와 가부장을 성공적으로 결합하며 화목한 부부 이미지를 생산한다.

III. 〈박열〉, 저항과 내파의 드라마

이준익 감독이 연이어 발표한 〈동주〉(2016)와 〈박열〉(2017)은 일본 땅에서 체포되고 재판 받은 식민지민 두 사람을 주인공으로 '일본'을 재현한 작품이다. 이 두 영화는 일본 도쿄 조선인들과 무산자들이 사는 궁벽한 장소들과 일본의 법과 체계가 작동하는 현장을 재현한다. 또한 이 두 작품은 아나키스트들을 주목한다. 〈동주〉에서는 아나키스트 송몽규의 삶이 집중적으로 조명되고, 〈박열〉에서는 박열과 가네코 후미코가 아나키스트로 재조명된다. 이준익 감독이 제작한 〈아나키스트〉(2000)와 함께 보면, 〈아나키스트〉, 〈동주〉, 〈박열〉은 이준익 감독의 '일제시대 3부작'이자, '아나키스트 3부작'이다.

이준익 감독이 박열이라는 인물에 주목한 것은 〈아나키스트〉 시나리오 작업을 위해 자료조사를 하던 무렵이라고 한다.[40] 2000년 전후라면,

---

몸을 요염하게 비스듬이 던져 사타구니를 약간 벌리고 조금 목을 숙인 채 무엇인가를 가슴앞에 펼치고 읽고 있다. 박열은 그런 후미코를 안고 후미코의 왼쪽 어깨로부터 왼손을 내리고 그 손이 후미코의 유방 근처에 닿고 있다. 마치 신혼부부가 햇빛 바른 마루에 화목하게 쉬고 있는 모습이다. 듯밖에 이것이 예심 법정에서 촬영되었다는 것을 누가 알겠는가? 후미코의 얼굴은 얼굴 앞에 펴서 들고 있는 인쇄물 때문에 반쯤 감추어져 있지만, 소리를 내어 무엇을 읽고 있는지 조금 뚫린 입이 반쯤 열리어 있다. 그것이 보는 각도에 따라 눈을 반만 뜨고 도취된 표정을 하고 있다고도 할 수 있겠다. 박열은 후미코를 안고 있지 않는 오른손을 테-블에 얹어 손바닥으로 턱을 받치고 있다. 후미코가 통통한데 비하면 볼이 꺼지고 수염이 길고 환자모양 쇠약해 보이지만 눈과 코가 정연한 미남자이다. 이 때는 벌써 박열은 폐를 앓고 있었다. 탁상에는 스푼을 담은 커피잔이 있고 두 사람의 발 밑에는 화로같은 것이 보인다. 둘 모두 같은 흰 다비(일본 버선)를 신은 데다 엷은 짚신을 신고 있다." 세토우치 하루미, 금용진·양종태 옮김, 『운명의 승리자』, 상일문화사, 1973, 48쪽.

40) "참혹한 역사를 묻으려는 일본 내각을 추궁하고 적극적으로 항거하는 박열에 대해 우

냉전 체제 와해의 격변 속에서 이전에 금기되었던 사회주의와 아나키즘에 대한 논의들이 활성화되고 이들의 정치사회적 문화사적 의미를 밝히는 연구들이 성과를 내던 시기이다. 그리고 탈식민 문화에 대한 적극적인 논의와 실천이 진행되면서 조선인학살 사건에 대한 사회적 관심도 증가했다. 재일 사학자인 강덕상과 야다마 쇼지의 연구서가 번역 출판되었고, 학살 80주년(2003년)과 90주년(2013년)을 계기로 관련 교류와 행사도 부쩍 늘었다.[41] 박열·후미코 사건을 천황제를 비판한 아나키스트 탄압 사건이자, 조선인학살 사건과 연동된 일제의 식민지배 사건으로 재인식하는 컨텍스트가 조성되고 있었던 것이다.

그리고 식민지 시기의 일본인, 반식민 운동 주체로서의 여성, 그리고 내선결혼에 대한 논의와 관심이 증가하고 있었던 점도 고려될 수 있다. 2000년 전후 식민지시기의 일상 문화 연구가 본격화되면서 식민정책과 내선결혼이 다양하게 조명되었고, 독립 운동에 관여하고 기여한 일본인과 여성에 대한 논의도 활발해졌다. 일본인 활동가 및 재일 단체를 독립 운동과 연결시키는 논의도 진행되어, 박열이 "프롤레타리아의 친구, 변호사계의 반역자"[42]라고 일컬었던 후세 다쓰지(布施辰治)는 2004년 일본인으로서는 최초로 건국훈장(애족장)을 받았다. 2007년 진실 화해를 위

리들이 모르고 산다는 것이 스스로 부끄러웠다. 그래서 영화로나마 박열의 삶을 꼭 보여주고 싶었고 20년을 공들인 끝에 드디어 영화 박열이 탄생했다" 이소연.「이준익 감독 "박열, 모르고 있던 나 끄러웠다"」, 스포츠투데이, 2017.5.16. http://stoo.asiae.co.kr/article.php?aid=37420321933#rs, 접속일 2019.8.12.

41) 재일 사학자 강덕상은『關東大震災』(1975)을 대폭 수정한『關東大震災 虐殺の記憶』(青丘文化社, 2003)을 출판했고, 이 두 책은 각각『조선인의 죽음』(홍진희 옮김, 동쪽나라, 1995)와『학살의 기억, 관동대지진』(김동수 박수철 옮김, 역사비평사, 2005)으로 번역되었다. 야마다 쇼지, 이진희 옮김,『관동대지진 조선인 학살에 대한 일본 국가와 민중의 책임』(논형, 2008)과 강덕상·야마다 쇼지 외,『관동대지진과 조선인 학살』(동북아역사재단, 2013)도 중요한 출판물이다. 2013년 90주년을 맞아 일본 시민단체 '봉선화' 대표 니시자키 마사오(西崎雅夫)는 도쿄 일대에서 자행된 조선인 대학살을 보여주는 3권의 증언집을 만들었다. 2016년, 1923년 학살당한 재일한인 추도모임'(1923추도모임) 주최로 한국에서 처음 추도식이 열렸다.

42) 박열이 발행한 잡지 〈太い鮮人〉 제2호(1922.12)에 실린 후세 다쓰지 광고 문구.

한 과거사정리위원회가 아나키스트 단체인 흑우회를 항일 독립운동 단체로 인정했다. 영화화된 역사 서사가 현실과 교섭하는 현장이 연출되기도 했다. 영화 〈박열〉이 개봉된 이후인 2018년에는 가네코 후미코에게 건국훈장(애국장)이 추서되었다.

1. 저항의 서사와 제국의 내파

〈박열〉은 100개의 신 앞뒤에 프롤로그와 에필로그가 딸리는 식으로 구성되었다. 박살단원들이 친일 조선인을 폭행하는 프롤로그에 이어, #1~#8은 박열과 후미코의 첫만남과 동거, 불령사의 활동상을 요령껏 직조하며, 자율적 공동체의 활기찬 움직임을 속도감 있게 보여준다. #9~#41는 1923년 9월 2일 간토대지진 직후 박열을 포함한 불령사원들이 보호검속으로 경찰서에 유치된 후 비밀단체 결성으로 기소되었다가 풀려나기까지를 다뤘고, #42~#71는 박열과 후미코가 대역 사건 피고인으로 심문 받는 예심재판을, #72~#85는 대심원 공판을, #87~#100은 사형 판결 이후 진행된 은사와 후미코의 죽음, 괴문서 사건 등을 다뤘다. 에필로그는 괴사진을 찍던 날의 어떤 순간이다.

〈식민지에서 온 아나키스트〉와 비교할 때 〈박열〉에는 '검속 이전 상황'(프롤로그와 #8까지)과, '사형 판결 이후 괴문서 사건'(#87부터 #100까지)과 에필로그가 추가된 셈인데 이것이 서사의 흐름을 바꾼다. 이야기의 시작과 끝 즉 '검속 이전 상황'과 에필로그를 볼 때, 〈박열〉은 감옥 밖의 저항으로 시작해서 다시 감옥 안의 저항으로 끝난다고 할 수 있다. '검속 이전의 상황'은 시대의 어둠에 맞서 젊은이들이 일으킨 싸움과 일상을 그려낸다. 다다미방과 오뎅집(다다미방 신 5개, 이와사끼 오뎅집 신 4개)의 좁고 남루한 구석을 점유한 이들은 자율적인 자유공동체를 당차게 실현한다. 그리고 에필로그에서 박열과 후미코는 '비범한' 포즈와 거만한 표정으로 훼손되지 않은 자유를 구가한다.

#9부터 #86까지는 박열과 후미코가 검속된 이후 사형 판결을 받게 되기까지의 2년 6개월 동안 발생한 사건을 다룬다는 점에서, 〈식민지에서 온 아나키스트〉의 전부(에필로그를 제외한)에 상응한다. 그런데 사건들을 구성하는 방식과 방향은 전혀 다르다. 희곡과는 달리 시나리오에서는 박열 및 후미코의 행동이 기획된 저항으로 강조된다. 박열과 후미코는 유치장에서 형무소 감방으로 옮겨지고, 조사실로 불려다니면서 살았다. 그래서 이들이 있는 공간은 세다가야 경찰서 유치장과 조사실(7개 신)이거나 이치가야 형무소의 감방(10개 신), 지바형무소와 우쓰노미야형무소(2개 신), 도쿄지방재판소 조사실(10개 신), 공판장(5개 신) 등이다. 그렇게 이들은 외부와 단절된 비좁은 공간에 갇힌 채로 내각과 사법부의 의도를 기민하게 통찰하고, 자신들의 목적을 관철하기 위한 반격을 도모한다.

폭발물단속법칙위반으로 끝나지 않을 걸 눈치 챈 박열은, 조선에서 취재온 기자 이석에게 '재판이 조선에서 화제가 되게' 해달라고 제안하며(#56) 언론 투쟁을 시작하는 한편 형무소 투쟁을 이어간다. 박열은 후미코와의 서신 교환을 요구하면서 단식하고, 강제로 음식을 먹여도 격렬하게 저항하며 단식투쟁을 이어간다. 후미코와 박열은 정신감정을 거부하고, 재판 거부를 암시하며 다테마스 판사를 압박한다.(#56, #58, #59) 고향에 계신 어머니에게 보일 며느리 사진이 필요하다고 요청해(#61) 사진 찍을 기회를 만든다. 어리둥절한 후미코는 '조선에 계신 어머니한테' 보일 사진을 찍는다는 걸 알고 박열의 무릎에 앉아 포즈를 취하고, 박열은 사진사와 다테마쓰에게 나가달라고 요구해(#62, #63) '동침'이 가능한 틈을 만든다. 다테마쓰는 '대역 죄인 진상을 밝혀 국가에 충성을 한 기념품'이라며 사진을 챙기는데, 박열은 "너에겐 기념품이 되겠지만 나에겐 전리품이 될 수도 있지. 이제 시작이잖아."라고 되받아친다.(#64) 박열은 모종의 싸움을 이미 시작한 것이다.

재판을 세상에 알리기 위한 기획은 치밀하게 이어진다. 대심원 공판전, 박열은 변호사 후세를 통해 네 가지 조건을 내걸고, 불령사 회원들은 박열의 조건서와 공판을 알리는 유인물을 돌린다.(#65, #66, #67) 유인물로 시끄러워지자 재판관 마키노는 후세를 통해 조율해 두 가지 조건을 들어주기로 한다(#68, #70). 다시 박열은 혼인 신고서를 받아달라고 요구하며, 판결 이후의 사태도 대비한다.(#70) 정신감정 거부와 단식 투쟁, 재판에 대한 조건 제시와 혼인 신고 추진 등으로, 박열과 후미코의 대역 사건 공판은 일본 신문들도 앞다퉈 기사화할, 뜨거운 사건이 된다.(#71)

관심이 고조된 대역 사건 재판은, 간토대지진 직후에 일어난 조선인학살 사건을 폭로하는 장이 된다. 공판장 밖에서는 경찰과 헌병의 경비와 검문이 상엄한 가운데서도 유인물이 뿌려지고 방청자가 몰려들고(#72) 공판장에는 외국인 기자들도 가득하다. 하얀 비단저고리와 검은 두루마기를 입은 후미코가 '안톤체홉 단편집'을 들고 입장한 후 조선예복과 사모관대를 쓴 박열이 비단부채를 흔들며 들어오자 1차 공판정은 일시에 결혼식장처럼 술렁인다.(#73) 공판장 밖에서는 간토대지진 조선인학살을 알리는 유인물이 뿌려져 외국인기자들의 주목을 끌고(#74) 외신기자에 대한 통제 명령이 내려진다,(#76) 3차 공판에서 박열은 3·1 만세운동과 조선인학살 은폐를 언급하며 "국제사회의 조사에 성실히 임하고 증인들의 증언을 취합해 유골이 묻힌 곳을 발굴하라! 살해에 가담한 군인과 자경단들을 수사해 자백을 받아내라!"고 촉구하고 "너희 천황을 지키기 위해, 육천 명이 넘는 조선인이 이유 없이 죽었다. 내 말에 이의 있는가?"라고 당당히 묻는다.(#80)

재판이 끝나도 이들의 투쟁은 이어진다. 아사히 신문사가 괴사진과 괴문서를 보도할 것인가를 고민하는 사이, 미야코 신문은 "박열, 후미코의 괴문서사건"을 큼지막하게 기사화한다.(#98) 미즈노는 지바형무소 감방에 있는 박열을 찾아와 이 미야코 신문을 던진다.(#100) 박열의 기획대로, 괴사진이 전리품이 된 것이다. 〈박열〉은 박열과 가네코 후미코가 주체로서 행한 저항의 서사, 저항으로 일궈낸 성공의 서사인 것이다.

한편, 〈박열〉은 일본 내각의 변화과정과 사법부의 혼란을 박열 후미코의 심문·재판 투쟁과 대위시킴으로써, 당대 일본 체계의 중심부를 재현한다. 박열이 검거되고 사형이 언도된 1923년부터 1926년 무렵은, 일본 내각이 여러 차례 바뀌며 보통선거－치안유지법 체제라는 통치기구가 재편성된 시기였다. 간토대지진 직후 들어선 야마모토 곤노효에〔山本権兵衛〕 내각은 도라노몬 사건으로 1923년 12월 29일 총사직했다. 1924년 1월 발족한 기요우라 게이고〔清浦奎吾〕 내각은 제2차 호헌운동과 함께 치러진 총선거에서 호헌3파가 승리하면서 6월 7일 총사직했고 이어 발족한 가토 다카아키〔加藤高明〕 내각은 추밀원, 귀족원 등의 장애를 뚫고 1925년 제50의회에서 보통선거법과 치안유지법을 의결했다.[43] 가토 다카아키의 사망으로, 1926년 1월 30일에는 와카쓰키 레이지로〔若槻禮次郎〕 내각이 출범했다. 〈박열〉은 내각청사 회의실(9개 신), 내무대신 미즈노 집무실(9개 신), 사법대신 하라누마 집무실(1개 신) 등 19개 내각의 신을 통해 이 내각의 변화 상황을 촘촘히 새겨 넣는다. 총리도 공석인데(#11) 간토대지진과 조선인 학살이 일어났고, 지진 다음날 야마모토 내각(#13)이 들어섰다. 난바 다이스케가 황태자를 향해 총을 쏜 일명 도라노몬 사건(#49)이 일어난 직후 기요우라 내각(#52)으로 바뀌었다가, 괴사진 유출과 괴문서로 혼란한 가운데, 야당 사무실에서 야당 국회의원들이 와카쓰키 총리를 비롯해 내각 총사퇴를 요구하는 불신임안을 의회에 제출하기로 합의하며 끝난다(#99) 이렇게 이 영화는 박열·후미코 사건이 일본 내각의 내분을 촉발한, 일본 사회의 불안과 연관된 사건이었음을 강조한다.

일제의 내파 상황은 미즈노를[44] 중심으로 예각화된다. 미즈노는 간토

---

43) 나리타 류이치, 이규수 옮김, 『다이쇼 데모크라시』, 어문학사, 2012, 236쪽. 마쓰오 다카요시, 오석철 옮김, 『다이쇼 데모크라시』, 소명출판, 2011, 285쪽.

44) 미즈노 렌타로〔水野錬太郎〕는 도쿄제국대학 법학부를 졸업하고 내무성에 들어갔다. 1895년 명성황후 시해 사건에 가담했고, 1919년 신임 정무총감으로 사이토 마코토 총독과 함께 조선에 갔을 때 남대문역에서 강우규가 이들에게 폭탄을 던졌으나 미즈노

대지진과 조선인학살에 따른 혼란을 은폐할 목적으로 '조선인 대역 사건'을 기획한다.(#11) 미즈노의 대책에 대한 견제와 회의도 있지만, 내각은 무기력하게 미즈노에 끌려다닌다. 미즈노가 지진을 틈타 조선인이 난동을 피운다는 명분으로 계엄령을 선포하자고 할 때 사법대신 덴 겐지로가 '조선에서 폭탄 맞고 3.1 폭동으로 해임' 당한 미즈노의 전력을 지적한다.(#13) 덴 겐지로는 조선인들이 학살당하는 야만사회가 되고 있다고 반박하지만, 천황폐하를 지킨다는 미즈노의 저항에 부딪쳐 사임한다(#16) 미즈노는 신문에 조선인 학살 기사가 나오지 않도록 보도 통제를 명령하고(#18), 김중한이 폭탄 입수 계획에 대해 진술했다는 소식을 듣자(#23) 영국 유학파인 다테마쓰에게 불령사 수사를 맡기며 "대지진 와중에 사회주의 일본인 및 조선인이 배후에서 폭동을 선동했다는 걸 밝혀내"라고 정해진 결론을 압박한다. 사법대신 히라누마는 "서구제국주의와 대등"하다는 것을 자랑하면서도 미즈노의 농간에는 난처한 표정을 지을 뿐이고(#26) 히라누마를 제외한 내각 대신들은 모두 미즈노에게 동조한다.(#29) 기요우라 내각에서 다시 내무대신이 된 미즈노는 조선인 대역죄인을 만들라고 다테마쓰를 압박한다.(#55) 와카쓰키 총리가 공판장에서 조선인학살에 대한 언급이 자꾸 나오는 문제를 해결하라고 하자, 미즈노는 조선인학살진상조사위원회를 설치하되 증거가 나올 수 없도록 조치한다(#81) 외무대신은 중의원 의회에서 사형 판결에 반대한다고 알리고, 사이토 조선총독은 박열의 사형이 조선에서 불러일으킬 반향을 걱정한다. 와카쓰키 총리는 "대지진 때 조선인 학살을 덮으려고 그 소란을 피우며 사형까지 선고했는데 이제 와서 황실에 감형시켜 달라고 하면 이 재판이 조선 놈한테 놀아난 것 밖에 더 돼?"라고 사태의 본질을 드러낸다.(#87) 결국, 내외의 압력 속에서 은사 결정이 이뤄지고,(#88) 애기 사

는 다치는 데에서 그쳤다. 제38대 내무대신(임기 1922년 6월 12일–1923년 9월 2일), 제40대 내무대신(임기 1924년 1월 7일–1924년 6월 11일), 제46대 문부대신(임기 1927년 6월 2일–1928년 5월 25일)을 거쳤다.

법대신은 은사장 수여를 공표한다.(#91)

이렇게 〈박열〉은 일본 내각과 사법부의 불안정과 분열을 공들여 재현한다. 이 불안정과 분열은 '법과 체계'에 따른 문명국임을 강조했던 다이쇼 데모크라시의 내면이기도 했다. '안으로는 입헌주의, 밖으로는 제국주의'라는 기본 이념이 작동된 다이쇼 데모크라시 시기, 일본 국내에서는 정당정치가 실현되고 아나키즘과 볼셰비즘이 활성화되고 문화 대중화가 진행되는 반면, 조선과 대만의 식민지화와 제국주의 실현을 둘러싼 정쟁이 가속화되었다. 천황제 제국주의에 대한 내부의 반대와 저항도 극렬했다. 1923년 12월 27일, 난바 다이스케(難波大助, 1899-1924)는 간토대지진을 뒤이은 조선인학살과 오스기 사카에 살해에 분개하여 도라노몬(虎ノ門)에서 황태자(훗날 쇼와 천황) 차에 산탄총을 발사했다. #49에 기입된 이 사건은, 대역 사건과 아나키스트의 존재로 표상되는 일제의 불안정과 불안을 두드러지게 했다.

2. 아나키스트의 직접행동과 여성의 글쓰기 투쟁

〈박열〉에서 박열은 조국의 독립을 최우선의 과제로 삼는 민족주의자라기보다, 반국가주의 입장에서 천황제 국가 일본과 맞선 아나키스트로 그려진다. 아나키스트들은 일본과 같은 천황제 전제 국가를 비판하고, 범세계적인 민중의 평등을 추구하는 평화적인 자유 사회로 이끌기 위해 노동자의 자유연합과 직접행동에 의지해야 한다고 주장했다.[45] 영화에서는 일본인·조선인 가리지 않는 무산층의 해방공간, 자율과 책임에 바탕을 둔 자치 공동체를 실천하려는 이들의 의기가 다양하게 표출된다. 박열은 일본인에게 뭇매를 맞고 '주의자'라고 핍박당하면서, 부엌칼을 휘두르며 건달을 상대하고 친일지식인을 폭행한다. 박열과 후미코는

45) 아나키즘과 아나키스트에 대한 일반 이해는 다음 두 글을 참고. 오장환 엮음, 『일제하 한국 아나키즘 소사전』, 소명출판, 2016; 하승우, 『아나키즘』, 책세상, 2009.

아나키즘 이론가인 크로포트킨의 〈청년에게 고함〉과 〈빵의 쟁취〉를 읽으며,(#4) 불령사의 기관지 『현사회』를 발행한다.(#6) 혼자 끌려가는 박열을 향해 유치장에 갇힌 후미코와 불령사 단원들은 노동자 해방과 사회적 평등을 담고 있는 민중가요인 〈인터내셔널가〉를 합창하며 뜨거운 동지애를 표현한다(#27)

박열과 후미코는 대심원 재판정에서 각각 천황제를 비판한다. 박열은 "일본이라는 국가가 유지될 수 있는 것은 천황의 신성함을 일본민중에게 강요할 수 있는 동안만이다. 그 신성함이 위기에 처할 때마다 다른 쪽으로 시선을 돌려 겨우 빠져나왔지만...곧 멸망의 시간이 왔다."(#75)라고 일갈하고, 후미코는 "국가를 위해 희생을 강요하고 일본의 국시로까지 찬미되는 충군애국 사상은 권력이 이익을 탐하기 위해서 아름다운 형용사로 포장한 것이다... 따라서 이를 무비판적으로 받아들이는 것은 소수특권계급의 노예가 되는 것임을 경고한다."(#75)라고 일제의 국가주의를 비판한다.

박열은 직접행동을 위해 다양한 경로로 폭탄 입수를 추진한다. 프랑스 폭탄을 주선한다던 스기모토가 도망가버려 돈을 날리고, 의열단인 김한을 통해 폭탄을 입수하려던 계획은 김한이 종로경찰서 폭탄사건으로 잡히는 바람에 틀어진다.(#5) 김중한과 사제폭탄 만드는 것도 실패하고,(#3) 김중한을 보내 폭탄 입수하는 것도 철회한다.(#7) 여러 번의 실패 후, 대지진 며칠 전에는 상하이 다물단으로부터 폭탄을 구해서 배편으로 도쿄로 밀반입하는 데 성공하기도 한다.(#53)

영화에서 박열이 입수한 진정한 폭탄은 가네코 후미코이다. 무적자 여성이었던 가네코 후미코는 갓 스물이었지만 억압과 착취를 겪으며 단련되었고, 거침없이 세상의 변화를 꿈꿨다. 간토대지진 후 난리가 났다는 소식에 후미코는 "폭동? 말만 들어도 설레네"(#12)라고 반응하고, 심문 방향이 수상하게 흘러가자 "대역죄인... 말만 들어도 흥분되네"(#40)라며 응대한다. 그리고 공판이 열리자 "일본에서 가장 버릇없는 피고인"(#73)

이 될 기세로 맞선다. 형무관인 후지시타가 희롱하자 "니가 먼저 들어와.. 어서 덤벼. 온 세계가 일본의 야만성을 떠올릴 때, 니 이름을 기억하게 해줄게"라고 맞서고,(#54) 그녀가 쓴 자서전을 읽은 후지시타가 "조선에서의 7년이 널 이렇게 만들었구나"라고 동정하자 "그렇기 때문에 이렇게 깨어있는 거다 너처럼 멍청한 게 아니라…"(#77)라고 되받는다. 그녀는 처음부터 그랬다. 이와사끼 오뎅집에서 분주하게 작당하던 어느 날, 후미코를 번쩍 들어 안고 골목으로 돌진하던 박열은 "불령사의 비밀무기! 가네코 후미코 폭탄이다!"(#5)라고 외친다. 후미코는 폭탄처럼 위험하고 매력적이다.

후미코는 글을 통해 사람을 느끼고 자신을 주장한다. #2에 등장한 후미코의 첫 대사는 잡지 『조선청년』에 실린 〈개새끼〉라는 시의 뒤 대목 "나는 그의 다리에다 / 뜨거운 줄기를 뿜어대는 / 나는 개새끼로소이다."를 읊조리는 것으로 시작한다. 시를 쓴 사람은 박열이지만, 영화에서 그 시를 육성으로 세상에 알리는 사람은 후미코이다. 시에 매료된 후미코는 인력거를 끌고 들어오는 거지같은 몰골의 박열을 향해 배우자가 있는지를 묻고 단도직입적으로 동거를 제안하고,(#2) 동거서약서를 작성한다. 동거서약서에 지장 찍는 모습은 #4에 나오지만, 동거서약서 내용은 #56에서 확인된다. '첫째, 우린 동지로서 동거한다. 둘째, 운동 활동에서는 가네코 후미코가 여성이라는 생각을 갖지 않는다. 셋째, 한쪽의 사상이 타락해서 권력자와 손잡는 일이 생길 경우 공동생활을 그만둔다.'

후미코는 자신이 쓴 동거서약서를 실천하면서 동지 관계라는 이상을 추구한다. 폭탄 입수 계획을 자신에게 알리지 않았다는 걸 안 후미코는 박열의 따귀를 때리며 동지로 대하라고 주장한다.(#8) 황태자 투척 계획에 연루된 사람에 대한 진술을 하게 됐을 때, 박열은 "후미코에 관한 이야기를 내가 진술하면 그녀의 감정이 상할 수도 있으니, 그녀의 주체적인 판단에 맡기겠다"(#40)고 말한다. 대역죄 공판이 예정된 어느 날, 박열이 면회 왔던 기자 이석을 통해 동거서약서를 준수하고 있다는 메시지를 전하자, 후미코는 "..많이 컸다. 우리 열이..."(#56)라며 동지 관계의 성숙을 기뻐한다.

후미코에게 글은 고백이고 고발이다. 박열도 이치가야 형무소에서 '나의 선언'을 쓰고(#47), 후미코와 서신을 교환하지만(#54, #57) 그의 글 쓰는 모습이 특별히 보이지는 않는다. 영화는 후미코의 글 쓰기 투쟁을 따라간다. 이치가야 형무소 독방에 갇힌 후미코는 필기구를 요구하고(#33) 원고지가 떨어졌다고 외치며(#42) 글 쓰기에 매진한다.(#54) 박열과 후미코의 서신을 검열하고 폐기했던 후지시타는, 후미코의 자서전을 읽다가 잠을 자지 못하고(#71) 오자를 수정해주기도 한다.(#77) 그녀의 이야기가, 그녀의 글 쓰는 행위가 그를 바꾼 것이다. 최종공판을 앞둔 어느 날, 그녀는 자서전 원고를 가즈오에게 건네며 출판을 부탁한다.(#82)

69. 이치가야 형무소 복도/낮

책상에 앉아 후미코의 자서전을 읽고 있는 후지시타.

후미코 목소리

"글을 써보고 싶었다. 부모는 한 글자도 안 가르쳐줬다.

아버지는 성의가 없었고 어머니는 글자를 몰랐다."

"조선에서는 집 밖으로 내쫓기기 일쑤였다.

주린 배를 움켜쥐고 가다, 쓰레기더미에서 새카맣게 탄 밥을 주워 입에 넣었다."

"할머니는 말했다. "너는 무적자야. 무적이란 건 말이야, 태어났지만 태어나지 않은 거야. 그러니까 학교에도 갈 수 없는 거야."

후지시타 목소리

"죽어서는 안 된다는 생각이 들었다. 고통 주는 사람들에게 복수해야 한다. 그렇다. 죽어서는 안 된다."

"우리와 같은 불쌍한 계급을 위해 목숨을 희생해서라도 투쟁하고 싶다."

목소리가 나오는 중에 후미코와 감옥 인서트가 흐른다.
(박열의 모습, 후미코의 모습, 감옥 곳곳 등등)
–연필 끝을 이로 물어뜯는 후미코.

영화는 육성을 매개로 글을 퍼뜨린다. #2에서 후미코는 박열의 시를 낭송하는 목소리로 영화에 등장했다. 위에 인용한 #69는 후미코가 쓴 자서전을, 후미코의 목소리로 들려주다가 그 자서전의 최초 독자였을 형무감 후지시타의 목소리로 이어 들려준다. 문장이 읽히고 뜻이 퍼지고 서로를 변화시킨다.

후미코에게 글쓰기는 존재 증명 행위이다. 무기징역으로 감형을 받고, 지바에서 가장 먼 우쓰노미야 형무소로 이송되어서도 후미코는 식음을 전폐하고 글쓰기 투쟁을 계속한다.(#95) 자신의 의지를 기록하고 세상에 기입하는 생명의 절대 긍정 행위이기 때문이다.

#95. 우쓰노미야 형무소 / 낮
우쓰노미야 형무소 외관. 텅 빈 복도.
감방 문 앞에 있는 먹지 않은 식판.
원고용지가 가득 쌓인 감방.
창밖의 하늘을 바라보며 글을 쓰는 후미코.
그 위로 들려오는 후미코의 목소리.

산다는 것은 움직이는 것만을 뜻하지 않는다.

자신의 의지에 따라 움직인다면 육체의 파멸을 초래한다 하더라도

멀리서 덜컹– 쇠문 열리는 소리가 들려온다.
덜컹– 감방 문이 열리며 형무관과 함께 안으로 들어서는 의사와 간호사.
후미코를 일으키려는 간호사.

후미코: (일본어) 놔!

쓰던 글을 마치고 밖으로 나가는 후미코.
책상 밑에 숨겨진 듯 놓여있는 후미코의 쓰다만 글이 보인다.

그것은 생명의 부정이 아니다. 긍정이다.

Ⅳ. 나가는 글

신역사주의의 통찰에 따르면, 역사 드라마의 과거 서술은 그 드라마 텍스트들을 생성시켰던 역사와 문화적 의미영역의 사회적 에너지와 착종하고 경쟁한다. 같은 사건과 인물을 다룬 두 드라마 〈식민지에서 온 아나키스트〉와 〈박열〉은 이 재현의 시대성과 역사성을 극명하게 보여준다. 이들 각각은 발표 시기의 역사 문화 상황과 중층적으로 연결되면서, 다양한 해석과 태도를 기입하여 관습을 강화하기도 하고 변화를 설득하기도 한다.

박열·가네코 후미코 사건을 소재로 한 〈식민지에서 온 아나키스트〉가 공연되기 위해서는 작가의 도전적 역사 감각이 필요했다. 이 드라마가 공연된 1986년에는, 아나키스트나 월북 인사에 대한 논의가 제한되었고, 일본 간토 지역에서 일어난 대규모의 조선인학살은 풍문으로나 듣

던 잊힌 사건이었다. 이렇게 여러 이유로 논의되지 못한 채 억압되었던 과거를 현재로 불러내는 작업이 진행되려면 일정 정도의 모험심이 필요하다. 그리고 작가가 1973년 비교적 일찍 일본 방문 기회를 가진 예술인이었다는 우연도 작용했을 것이다.

소재 채택의 선구성과 달리 〈식민지에서 온 아나키스트〉의 서술 방식은 보수적이다. 식민 통치와 피식민의 대립 구도를 설정하고, 제국주의 세력의 탄압에 맞서는 피식민지민들의 저항의[46] 실패를 보여준다. 일제의 탄압과 조선인의 (저항) 실패가 병치되는 서술은, 일제의 권력 작동을 현재로, 그에 포획되지 않는 조선인 및 무산자들의 활동을 과거로 설정한 플롯에 의해 강화된다. 박열과 가네코 후미코가 심문과 예심 재판을 받는 현재 상황 곳곳에, 심문과 예심에서 그들이 한 과거에 대한 진술이 장면화되는 식으로 구성되었다. 특히 1장-4장의 현재는 일본인들(경관, 검사, 판사)이 위협하거나 심문하는 일제의 법과 체제가 작동하는 시간으로, 박열과 후미코 등이 활동하던 과거는 불안과 애욕, 밀고에 대한 의심으로 실패한, 좌절의 시간으로 재현된다. 이에 따라 식민 통치와 피식민의 대립 구도는 현재 대 과거, 승리 대 패배로 의미화된다.

〈식민지에서 온 아나키스트〉는 제목과 달리 박열을 민족주의자로 영웅화한다. 박열은 스스로 아나키스트의 가면을 쓴 민족주의자라고 웅변하고, 일본 사법 체계에 속하는 판사·변호사·검사들은 근엄한 이 민족주의자를 경외하며 찬사를 보낸다. 박열·가네코 후미코 사건을 소재로 했지만, 후미코는 줄곧 왜곡된다. 후미코는 육체적으로 나약하고 의존적인, 남성의 훈계와 지도가 필요한 대상으로 표현된다. 남성 민족주의(자)를 영웅화하여 역사의 모델로 삼는 재현 관습이 관철되고 있는 것이다.

〈박열〉은 〈식민지에서 온 아나키스트〉와 같은 사건과 인물을 소재로,

46) 〈식민지에서 온 아나키스트〉는 박열을 의열단과 연결된 반일 세력으로 그리려는 경향이 강하다. 그래서 1923년 일어난 의열단의 황옥경부사건이 거듭 논의되고, 1924년 1월 5일 의열단원인 김사섭이 니쥬우바시에서 폭탄을 던졌던 사건도 언급된다.(5장, 78쪽)

30여년 후에 창작된 작품이다. 탈식민 주체와 젠더, 월북인사와 아나키스트에 대한 재인식이 활발하게 진행된 사회 문화 변화 가운데 출현한 이 드라마는 〈식민지에서 온 아나키스트〉가 좇은 서술 관습과 재현 관습을 위반한다.

〈박열〉은 천황제 국가주의와 반국가주의 아나키즘의 대립 구도를 설정하고, '법과 체계가 있는 문명국'이라는 이름으로 작동하는 일제의 폭력성을 고발한다.[47] 문명국임을 자처하는 일본은 법과 체계에 따라 (조선인학살에 따른 혼란을 잠재울 수 있는) 대역 사건을 설계하지만, 박열과 후미코는 법과 체계에 따라 그 대역 사건을 주목받게 하며 조선인학살을 정치 쟁점화하고 일본 내각을 곤경에 빠뜨리며 저항을 이어간다. 저항의 서사이다.

〈박열〉이 천황제 국가 일본을 '직접적으로' 재현한 것은, 일제강점기를 다룬 한국 역사극의 전통에서 유례를 찾을 수 없는 기념비적 특징이다. 내각은 국가권력의 핵심기구이다. 이 영화에서 내각청사 회의실 및 (내무/사법)대신의 집무실을 다룬 신의 수는 박열 후미코가 있던 유치장 조사실 및 형무소 감방을 다룬 신의 수와 거의 비슷하다. 이렇게 일본 내각과 통제기구를 재현 대상화한 것은, 정치권력의 핵심기구를 통해 일제 내부의 불안정과 불안을 직접 드러낸 것은, 피식민 주체가 재현 주체가 되는 변화를 주장한 것이다. 또한 〈박열〉은 여성의 사상 투쟁과 글쓰기 투쟁을 정당하게 살려냄으로써 왜곡된 재현 전통을 교정한다. '제국 일본의 무적자' 가네코 후미코의 사상과 투쟁을 식민지 조선인 박열과 균형 있게 재현한 것은, '남성' 민족주의 이데올로기로 도색된[48] 재현 전

47) 비슷한 시기에 개봉하고 흥행에도 성공한 일제 소재 영화들과도 크게 다르다. 〈암살〉(2015), 〈밀정〉(2016), 〈군함도〉(2017)는 물리적 폭력성을 스펙터클하게 보여준다.

48) 2017년 개봉된 영화 〈대립군〉(정윤철 감독), 〈남한산성〉(황동혁 감독), 〈대장 김창수〉(이원태 감독)는 각각 임진왜란, 병자호란, 조선 후기를 배경으로 남성들의 구국 서사를 그렸다. 여성은 잃어버린 과거(〈대장 김창수〉의 명성황후)이거나 주인공의 각성을 위해 희생되는 매개(〈대립군〉의 궁녀 덕이)이거나 희망을 꿈꾸게 하는 미래(〈남한산성〉의 나루)로만 존

통을 뒤흔드는 한편 배타적 '민족주의' 재현 전통을 이반하는, 아주 특별한 변화이다.

본 논문은 같은 사건을 소재로 한 두 드라마 텍스트를 그 텍스트들을 생성시켰던 역사/문화와의 관계 속에서 조망하여 역사 서사의 지층과 변화를 드러내고자 했다. 그러나 각 텍스트의 미학적 힘이 현실과 상호 침윤되며 일으키는 변화까지 고려하는 다이나믹한 접근은 아예 시도조차 하지 못했다. 문화적 기억 형성에서 전달 및 수용 방식이 지니는 중요성을 고려할 때, 이 두 드라마가 시청각적 재현 미디어인 연극과 영화 텍스트 형태로 생산·유통되었다는 점은 간과될 수 없다. 미디어의 특성과 텍스트 수용 상황을 고려하며 논의를 확장시키는 것은 과제로 남긴다.

이 글은 2019년 한국극예술학회가 발간한 『한국극예술연구』 65집에 게재된 것이다.

재한다. 손희정은 2017년은 여성의 '상징적 소멸'이 두드러지는 해라고 했다. 손희정, 「촛불혁명의 브로맨스-2010년대 한국의 내셔널 시네마와 정치적 상상력」, 『민족문학사연구』 68호, 민족문학사학회, 2018, 531쪽.

참고문헌

〈자료〉

김의경, 『길 떠나는 가족』, 현대미학사, 1998.

황성구, 「박열」, 『시나리오 #6』, (사)한국시나리오작가협회, 2017 가을.

〈논저〉

강덕상, 김동수 박수철 옮김, 『학살의 기억, 관동대지진』, 역사비평사, 2005.

강덕상, 야마다 쇼지 외, 『관동대지진과 조선인 학살』, 동북아역사재단, 2013.

권숙인, 「식민지 조선의 일본인-피식민조선인과의 만남과 식민의식의 형성」, 『사회와역사』 80권, 한국사회사학회, 2008.

김기봉, 「역사극의 개념과 범주에 대한 신역사주의적 해석」, 『드라마연구』 34, 한국드라마학회, 2011.

김명섭, 『한국 아나키스트들의 독립운동-일본에서의 투쟁』, 이학사, 2008.

김상웅, 『박열평전』, 가람기획, 1996.

김성희, 「김의경의 실증주의 역사극: 망각과 치욕의 역사쓰기」, 『한국 역사극과 문화적 재현』, 연극과인간, 2017,

김영범, 『한국근대민족운동과 의열단』, 창작과비평사, 1998.

김용수, 「역사극의 이론적 관점에서 본 한국역사극의 특성」, 『한국연극학』 35호, 한국연극학회, 2008.

김용수, 『퍼포먼스로서의 연극 연구』, 서강대학교출판부, 2017.

김의경, 유인경 편, 『김의경 연극론집: 도전과 응전의 긴 여정』, 연극과인간, 2008.

김효순, 「식민지시기 재조일본인의 내선결혼 소설에 나타난 여성 표상」, 『한일군사문화연구』 통권23호, 한일군사문화학회, 2017.

김홍식, 「관동대진재의 한국문학」, 『한국현대문학연구』, 29, 한국현대문학회, 2009.

노영희, 「가네코 후미코의 조선체험과 사상형성에 관한 고찰」, 『일어일문학연구』

34집, 한국한국일어일문학회, 1999.
노영희, 「세토우치 하루미(瀨戶內晴美)의 『餘白의春』론」, 『비교문학』 24권, 한국비교문학회, 1999.
무정부주의운동사편찬위원회, 『한국아나키즘운동사』, 형설출판사, 1978.
백현미, 「박열·가네코 후미코 사건과 퍼포먼스」, 『대중서사연구』 25권 2호, 대중서사학회, 2019.
오장환 편, 『일제하 한국 아나키즘 소사전』, 소명출판, 2016.
이규수, 「후세 다쓰지(布施辰治)의 한국인식」, 『한국근현대사연구』 25집, 2003.
이준엽·정태수, 「일제 강점기에 대한 새로운 비판 방식–이준익 감독의 〈동주〉, 〈박열〉을 중심으로」, 『한국예술연구』 21, 한국예술종합학교 한국예술연구소, 2018.
이호룡, 『한국의 아나키즘–사상편』, 지식산업사, 2001.
이호룡, 『한국의 아나키즘–운동편』, 지식산업사, 2015.
전진성, 『역사가 기억을 말하다』, 휴머니스트, 2005.
정지창, 「극작을 통한 역사에 대한 끈질긴 관심」, 『길 떠나는 가족』, 현대미학사, 1998.
조 흡, 「〈박열〉: 성찰적 존재와 구조」, 『대한토목학회지』 제65권10호, 대한토목학회, 2017.
주혜정, 「다큐멘터리 영화와 트라우마 치유－오충공 감독의 관동대지진 조선인 학살 다큐멘터리를 중심으로－」, 『한일민족문제연구』 제35호, 한일민족문제학회, 2018.
하승우, 『아나키즘』, 책세상, 2009.
홍진희, 『관동보고서』, 나무와숲, 1998.
가네코 후미코, 정애영 옮김, 『무엇이 나를 이렇게 만들었는가』, 이학사, 2012.
나리타 류이치, 이규수 옮김, 『다이쇼 데모크라시』, 어문학사, 2012.
마쓰오 다카요시, 오석철 옮김, 『다이쇼 데모크라시』, 소명출판, 2011.
베라 뉘닝, 안스가 뉘닝 외, 정진원 외 옮김, 『현대문화학의 컨셉들』, 유로, 2006.
세토우치 하루미, 금용진·양종태 공역, 『운명의 승리자』, 상일문화사, 1973.

알라이다 아스만, 변학수 채연숙 옮김, 『기억의 공간–문화적 기억의 형식과 변천』, 그린비, 2011.
야마다 쇼지, 정선태 옮김, 『가네코 후미코』, 산처럼, 2003.
야마다 쇼지, 이진희 옮김, 『관동대지진 조선인 학살에 대한 일본 국가와 민중의 책임』, 논형, 2008.
야스다 히로시, 하종문·이애숙 옮김, 『세 천황 이야기–메이지, 다이쇼, 쇼와의 정치사』, 역사비평사, 2009.
앨릭스 캘리니코스, 박형신 박선권 공역, 『이론과 서사: 역사철학에 대한 성찰』, 일신사, 2000.
케이스 젠킨스, 최용찬 옮김, 『누구를 위한 역사인가』, 혜안, 2002.
하르트무트 뵈메 외, 손동현·이상엽 옮김, 『문화학이란 무엇인가』, 성균관대학교 출판부, 2004.
헤이든 화이트, 천형균 옮김, 『메타 역사』Ⅰ, Ⅱ, 지식을만드는지식, 2011.
후세 다쓰지·장상중·정태성, 박현석 옮김, 『운명의 승리자 박열』, 현인, 2017.

관동대지진 시기 조선인 학살과 1980년대 한국·일본에서의 문화적 기억
–오충공의 기록영화와 김의경의 기록극을 중심으로

백현미

I. 조선인 학살과 후체험 세대의 기록

1923년 9월 1일 오전 11시 58분 도쿄 앞바다를 진원지로 한 규모 7.9의 지진과 뒤이은 화재 그리고 학살로, 관동 지역에서 14만 명 이상이 사망했다. 지진은 자연 재해였지만, 조선인 학살은 자연 재해가 아니었다. 지진 직후 '조선인이 방화하고 우물에 독을 풀었으며 온갖 폭행을 저질렀다'는 유언비어가 나돌았고, 계엄령이 선포된 가운데 군인과 경찰 그리고 자경단에 의한 조선인 살해가 광범위하게 진행되었다. 상하이 대한민국 임시정부의 기관지 역할을 한 『독립신문』 1923년 12월 5일자에 게재된 조사 보고에 따르면 조선인 희생자 수는 6661명에 이른다.[1)]

지진 직후 계엄령이 내려진 일본에서는 조선인 학살 관련 사실에 대한 확인과 보도가 통제되었고, 조선에서는 더욱 그러했다. 당시 일본인 작가들이 관동대지진 관련 글이나 에세이, 체험담, 작품 등을[2)] 남긴 반면,

1) 학살된 조선인 수는 제대로 밝혀지지 않았다. 당시 조선총독부 경무국은 처음에는 2명, 나중에는 813명으로 바꿨고, 일본 신문들은 400여 명으로 추산했다. 강덕상·야마다 쇼지·장세윤·서종진 외, 『관동대지진과 조선인학살』, 동북아역사재단, 2013, 209쪽, 218쪽.

2) 정병호·최가형 편저, 『일본의 재난문학과 문화』, 고려대학교 출판문화원, 2018, 138~146쪽. 일본에서 은폐와 왜곡, 기념과 추도가 어떻게 진행되었는지는 이진희의 「관동대

조선인 학살 현장을 직간접적으로 경험한 조선인들은 거의 아무런 기록을 남기지 못했다. 나고야의 잡지사에 있던 한세복이 재일본관동지방이재조선동포위문반에 참여해 『독립신문』에 기사를 송고했고,[3] 『동아일보』 편집국장 이상협이 도쿄에 가서 조사 후 기사를 썼고,[4] 구사일생으로 조선으로 돌아온 유학생들 중 김동환과 이기영, 정우홍 정도만이 현장에 있었음을 시사하는 시와 소설을 서너 편 남겼다.[5] 이후 해방된 한국에서 잠깐 조선인 학살 사건이 소환되었지만,[6] 냉전체제 강화와 한국전쟁 발발로 해당 사건의 실체에 접근하는 시도는 이뤄지지 못했다.

학살의 증거를 확보하고 학살의 원인을 규명하려는 작업은 1960-70년대 한일협정 진행기에, 사건의 가해자나 목격자 그리고 생존자들이 이미 고령이 된 시기에 겨우 시작되었다. 학살 현장에서 조선인 희생자 추도가 간헐적으로 진행되었던 일본 사회에서는, 재일조선인 학자인 금병동과 강덕상, 그리고 '관동대진재 오십주년 조선인희생자 추도행사 실행위원회'가 조선인 학살에 대한 조사와 연구를 수행했다.[7] 한

지진을 추도함」(『아세아연구』 51, 고려대학교 아세아문제연구소, 62~89쪽) 참고.

3) 장세윤, 「관동대지진 때 한인 학살에 대한 『독립신문』의 보도와 그 영향」, 『사림』 46, 수선사학회, 2013 참고.

4) 식민지 조선에서 발행된 신문의 보도 기사에 관한 논의는, 성주현의 「식민지 조선에서 관동대지진의 기억과 전승」(『동북아역사논총』 48, 동북아역사재단, 2015.6) 참고.

5) 김동환은 〈哭廢墟〉(『국경의 밤』, 한성도서주식회사, 1925)을, 이기영은 「인상 깊은 가을의 몇 가지」(『사해공론』 2~9, 1936.9)를, 정우홍은 〈진재전후〉(『동아일보』 1931.5.6.~8.27. 51회 연재)를 발표했다. 관련 논의는 김흥식의 「관동대진재와 한국문학」(『한국현대문학연구』 29, 한국현대문학회, 2009), 이행선의 「북풍회원이 바라본 관동대진재-정우홍의 〈진재전후〉를 중심으로」(『민족문학사연구』52, 민족문학사학회, 2013), 김도경의 「관동대지진의 기억과 서사」(『어문학』125, 한국어문학회, 2014.9) 참고.

6) 설정식의 〈진혼곡-동경진재에 학살당한 원혼들에게〉(시집 『제신의 분노』, 신학사, 1948.11), 정지용의 「동경대진재여화」(『국제신문』, 1949.9.2) 등이 있다. 김흥식, 앞의 글, 183~185쪽.

7) 姜德相·琴秉洞 편·해설, 『現代史資料6 關東大震災と朝鮮人』, みすず書房, 1963. 姜德相, 『關東大震災』, 中央公論社, 1975. 關東大震災五十周年朝鮮人犧牲者追悼行事實行委員會 編, 『(歷史の眞實)關東大震災と朝鮮人虐殺』, 現代史出版會, 1975.

국 사회에서는 이기영과 유주현이 발표한 소설에서 식민지 시기 재일 조선인이 겪은 사건으로 다뤄졌고,[8] 관동대지진을 직접 겪었던 한현상(1900년 생), 최승만(1897년 생), 함석헌(1901년 생), 한승인(1903년 생) 등이 회고록을 발표했다.[9] 사건이 발생한 지 근 50년이 경과한 이 1960~70년대는 사건의 직간접 체험자가 기록을 직접 생산할 수 있었던 거의 마지막 시기였다.

본고는 사건의 직간접 체험자의 기록이 멈춘 1980년대, 한국과 일본에서 후체험 세대에[10] 의해 진행된 관동대지진 시기 조선인 학살 관련 문화 현상에 주목한다. 1980년대는 한국과 일본에서 조선인 학살에 대한 문화적 기억이 '함께 그리고 적극적으로' 실행된 특별한 시기였다. 1980년대, 일본에서는 일본 시민들의 조사·추도 모임이 활성화되는 한편 재일조선인 오충공은 기록영화 〈감춰진 손톱자국(隠れた爪跡)〉(1983)과 〈불하된 조선인(払い下げられた朝鮮人)〉(1986)을 완성했고, 한국에서는 김의경이 쓴 기록극 〈잃어버린 역사를 찾아서〉(1985)가 공연되었다. 그리고 이 세 갈래의 문화적 기억 행위들은 상호 밀접하게 연결되며 진행되었다. 일본 시민들의 활동과 오충공의 영화 창작 소식이 한국에서 기사화되었고, 지바현에 '위령의 종'을 보내는 모임과 관련된 김의경의 활동도 연이어 기사화되었다. 오충공의 영화와 김의경의 희곡은 일본 시민들의 조사와 출판 및 위령 행위와 밀착한 채 제작되었고, 오충공의 영화에는 김의경의 모습이 담기고 김의경의 희곡에는 일본 시민을 연상시키는 인물이 설정되어 있다. 그래서 이들 영화와 희곡은 1923년 사건에 대한 기

---

8) 이기영의 소설 〈두만강〉(1961)의 한 장(제3부 '제7장 동경대진재')에서, 그리고 유주현의 〈조선총독부〉(『신동아』, 1964.9~1965.12)에서 언급되었다.

9) 한현상의 「관동대진재 회상기」(『한양』 3권 9호, 1964.9). 최승만, 「일본 관동대진재 시 우리 동포의 수난」, 『신동아』, 1970.2~3(최승만, 『극웅필경』, 보진제 인쇄, 1970). 함석헌, 「내가 겪은 관동대진재」, 『씨알의 소리』 26, 1973.9(노명식, 『함석헌 다시 읽기』, 인간과자연사, 2002, 161~120쪽). 한승인, 『동경이 불탈 때: 관동대진재 조난기』, 대성문화사, 1973.

10) 후체험 세대란 직접 사건을 경험한 체험 세대와 구분하기 위해 고안된 용어이다. 권귀숙의 『기억의 정치』(문학과지성사, 2006)는 4·3 후체험 세대를 연구 대상으로 삼았다.

록이면서 동시에 1923년 사건을 기억하려는 1980년대 당대에 대한 기록이라는 위상을 지닌다.

1980년대의 이 문화적 현상은 전혀 주목되지 않았다. 조선인 학살 사건에 대한 인문사회학계의 논의는 한일관계가 악화된 2000년 전후에,[11] 사건 당시의 상황을 실증적으로 재구성하는 데 초점을 맞추며, 그리고 가해자/피해자의 대립 구도가 강조되며 활성화되었다. 또한 사건의 직간접 체험자들이 남긴 작품이나 기록 중심으로 논의가 진행되어 후체험 세대의 활동들은 주목되지 못했고, 결과적으로 다양한 시기, 다양한 형식의 증언과 기억들이 함께 검토되지 못했다. 김의경의 희곡과 오충공의 영화는 조선인 학살 사건을 기록하고 재현한 작품으로 인지되었지만[12] 이 작품들이 후체험 세대의 1980년대산 문화 생산물이라는 점은 논의되지 않았다. 그래서 이들 작품을 상호 연관된 문화 교류의 장에서 함께 견주며 그 시대성을 살피는 연구는 이뤄지지 않았다. 1980년대에 진행된 이 문화적 기억 활동이야말로, 우리의 인식 지평에서 사라진 또 하나의 '잃

11) 노주은은 「관동대지진 조선인학살 연구의 성과와 과제: 관동대지진 85주년에 즈음하여」(『학림』 29, 연세대학교 사학연구회, 2008)에서 일본에서의 연구 성과를 잘 망라했다. 일본에서는 진재 40주년 기념해(1963)에 재일조선인 사학자에 의해 자료집 간행이 시작된 이후 10년 단위의 기념해마다 연구 성과가 나왔다. 그런데 70주년(1993) 이후로는 기념해 사이의 10년 간에도 연구 성과가 나왔고, 80주년(2003)에는 강덕상과 야마다 쇼지의 저서가 출간되었다. 한국에서는 이 두 책이 번역 출판되면서(강덕상 책은 2005년, 야마다 쇼지 책은 2008년) 논의가 활성화되었고 동북아역사재단이 『관동대지진과 조선인 학살』(2013)을 기획·출판했다. 김흥식(2009), 이행선(2013), 김도경(2014), 성주현(2015)은 재난과 학살에 대한 문학의 대응 상황을 살피는 연구를 발표했다.

12) 오충공 감독 영화는 주혜정의 「다큐멘터리 영화와 트라우마 치유－오충공 감독의 관동대지진 조선인학살 다큐멘터리를 중심으로」(『한일민족문제연구』 35권, 한일민족문제학회, 2018.12)에서 다뤄졌다. 〈잃어버린 역사를 찾아서〉는 기록에 의거해 무대화했다는 점에서 '기록극'으로 거론되곤 했다. 임준서는 「1970~80년대 한국희곡에 나타난 다큐멘터리 양식 연구」(고려대 박사학위논문, 2007)에서 관동대지진 시기 조선인 학살을 자료에 근거해 기록해냈음을 지적했다. 김성희는 「김의경의 실증주의 역사극: 망각과 치욕의 역사쓰기」(『한국 역사극과 문화적 재현』, 연극과인간, 2017, 237~240쪽)에서 "기록되지 않은 역사, 기억의 망각과 왜곡을 막기 위해서 당시 학살극이 일어나게 된 정치적 배경과 음모, 과정을 다큐멘터리적 정밀함으로 재현"한 점을 특기했다.

어버린 역사'였다.

문화적 기억이라는 개념은 회상과 기억에 대한 문화학적 주제화가 비약적으로 일어난 1980년대 말 얀 아스만과 알라이다 아스만의 연구를 통해 부상했다. 고대 연구가인 얀 아스만은 개인적 경험과의 관련성을 기준으로 '의사소통적 기억'과 '문화적 기억'을 구별하며, 문화적 기억은 확고하게 코드화되고 조직되어 주관으로부터 독립해 반복되거나 활성화된다고 지적했다.[13] 영문학자 알라이다 아스만은 '문화적 기억'이 특정한 신념과 인식으로서 기능한다는 점을 강조하며, 문화적 기억의 사례로 문자 텍스트, 회화·사진·영상 같은 이미지, 묘비와 기념비, 건축물·기념관·박물관 같은 공간, 의례와 축제 같은 다양한 문화적 실천들을 제시했다.[14] 이 문화적 실천들은, 과거를 새롭게 구체화하는 한편 그 기억을 생산한 시대의 지향성과 구성원의 정체성을 드러내면서 과거와 현재 그리고 미래를 매개하는 역할을 한다.

오충공 감독의 영화와 김의경 작가의 희곡을 기록영화와 기록극이라 명명했는데, 영상드라마와 무대드라마라는 매체 특성 때문에 '기록'이 강조하는 바는 같지 않다. 기록영화가 영화가 가진 환영성에 대한 거리두기로 시작되었다면, 기록극은 역사극이나 정치극의 특이한 재현 방식으로서 출현했다. 다큐멘터리 개념을 영화에 처음 도입한 것으로 평가되는 존 그리어슨(John Grierson)은, 영화가 가진 환영성에 대한 전복과 저항 의지를 실행하는 대안적 전략으로, 숙달된 전문 배우나 작위적인 배경이 아닌 현장의 '원래의(original) 혹은 태생의(native)' 인물이나 장소를 다룰 것을 촉구했다.[15] 반면 기록극은, 역사(실화)를 소재로 한 허구적 구

13) 하르트무트 뵈메 외, 손동현·이상엽 옮김, 『문화학이란 무엇인가』, 성균관대학교출판부, 2004, 209쪽. 프랑스 사회학자 모리스 알박스(Maurice Halbwachs)의 집합 기억 개념이 재발견된 것도 1980년대이다.

14) 알라이다 아스만, 변학수·채연숙 옮김, 『기억의 공간—문화적 기억의 형식과 변천』, 그린비, 2011, 198~470쪽.

15) 서현석, 「다큐멘터리와 아방가르드의 접점에서—수행적 다큐멘터리에 관한 수행적 단상

성물로서의 역사극이나 정치극에 날것 그대로의 '기록들'이 다량으로 치밀하게 활용되면서 낸 새로운 극적 효과와 의도를 강조하는 맥락에서 부상했다. 독일 기록극을 대표하는 피터 바이스의 〈소송〉은 프랑크푸르트 전범 재판을 재현한 무대에서 실제 기록들(공문서, 신문 기사, 영화, 사진 등)을 바탕으로 아우슈비츠 수용소 사건을 극화했다.[16]

이렇게 각 매체에서 '기록'을 통해 강조하는 바가 다르지만, 기록영화와 기록극은 기록에의 의지를 가지고 실제 사건을 재현한다는 점에서 크게 다르지 않다. 다큐멘터리(documentary)의 실제성은 실제로 일어났거나 일어나고 있는 사실들을 재현하는 데서 온다. 기록영화와 기록극은 실제의 사실을 다루되 특정한 관점이 드러나도록 한 재현 형식 즉 '실제의 창의적 처리(creative treatment of actuality)'[17]라는 점에서 다르지 않다. 기록영화나 기록극은 각각 영화와 연극이라는 매체로서의 차이를 유지하는 가운데, 이슈화된 실화와 사회적인 문제를 소재로, 보고와 기록, 드라마를 접목하는 다양한 형식을 통해 진실에 대한 관점을 드러낸다.

Ⅱ. 일본 시민의 발굴과 추도, 한국 시민의 '위령의 종' 보내기

1923년 9월, 일본 관동 지역이라 일컫는 도쿄부와 6개 현 전체가 대지진으로 뒤흔들렸고 조선인 학살이 자행되었다. 이차대전이 끝난 후 이에 대해 조사 연구와 위령 사업을 시작한 주체는 1955년에 결성된 일조협회(日朝協會)였다. 이 협회는 진재 40주년(1963)을 기념해 사업 내용을

들」, 『영화연구』43, 한국영화학회, 2010, 229~271쪽. 에릭 바누, 이상모 옮김, 『세계 다큐멘터리 영화사』, 다락방, 2000, 105~122쪽.

16) 황성근, 「기록극이란 무엇인가」, 『외국문학연구』5, 한국외국어대학교 외국문학연구소, 1999, 305~338쪽.

17) 그리어슨은 다큐멘터리를 실제의 창의적 처리라고 정의했다. 오원환, 『다큐멘터리 스타일』, 커뮤니케이션북스, 2014, viii.

정비했고, 이후로도 주도성을 유지했다. 그런데 진재 60주년(1983) 전후에는 일조협회나 운동단체랑 관계가 없는 지역 주민들이 주체로 부상했고,[18] 특히 도쿄부 미나미카쓰시카군과 지바현에서 지역 시민들에 의한 발굴과 조사, 위령과 추도 행사가 활발하게 진행되었다. 왜 이들 지역에서 이런 특별한 움직임이 진행되었을까. 아마도 이 지역이 군과 경찰이라는 공권력이 개입되어[19] 특정 민족을 의도적으로 파괴하는 제노사이드가 자행된 '기억의 터'이기 때문일 것이다.

도쿄부 미나미카쓰시카군에서 살해된 조선인 수는 도쿄부에 속한 다른 군보다 월등히 많았다.[20] 이 미나미카쓰시카군에 속하는 오지마, 고마쓰가와, 가메이도, 데라지마, 아라카와 하천 인근은 군대, 경찰관, 자경단, 재향군인 등이 직간접적으로 학살을 자행한 곳으로 꼽힌다.[21] 특히 아라카와(荒川) 방수로의 요쓰기(四ッ木) 다리 인근의 하천 부지에서는 조선인 학살이 다른 어느 곳보다 빨리 시작되었다. 너른 공터에 시체가 묻혔다가 화장되거나 강에 던져지는 모습이 자주 목격되었고, 이 학살 현장은 에구치 간(江口渙)의 단편소설 〈차 안의 사건(車中の出來

18) 노주은, 앞의 글, 140쪽.

19) 6개 현 중 이바라키현, 도치기현, 가나가와현에서의 상황도 심각했지만, 도쿄부 미나미카쓰시카군과 지바현, 군마현, 사이타마현에서의 상황은 더욱 심각했다. 군마현과 사이타마현에서의 상황은 내무성이 지방행정조직을 통해 조선인에 대한 유언비어를 퍼뜨렸기 때문일 가능성이 크다. 도쿄부 미나미카쓰시카군과 지바현에서는 군과 경찰이 직접 살해를 행한 사건들이 일찍부터, 다양한 양상으로, 그리고 광범위하게 전개되었다. 야마다 쇼지, 이진희 옮김, 『관동대지진 조선인 학살에 대한 일본 국가와 민중의 책임』, 논형, 2008, 105~110쪽.

20) 재일본관동지방이재조선동포위문반에 의한 최종 조사 보고에 따르면 도쿄부의 총 학살 수인 1761명 중 37.8%에 해당하는 674명이 도쿄부 미나미카쓰시카군에서 학살되었다. 야마다 쇼지, 앞의 책, 210쪽.

21) 오지마에서는 2일 밤부터 3일 사이에 군대와 자경단에 의해 조선인이 수백 명 살해되었고, (조선인으로 오해를 받은) 중국인도 살해되었다. 가메이도 경찰서와 데라지마 경찰서 안에서는 경찰과 군인에 의해 살해가 이뤄지기도 했다. 야마다 쇼지, 앞의 책, 205쪽, 215~218쪽 참고.

事)〉(『東京朝日』 1923.12.11.~12)에서[22] 묘사될 정도로 일찍부터 널리 알려졌다.

도쿄부 미나미카쓰시카군 아라카와 하천 인근에서의 참상은 1980년 전후 지역 주민들에 의해 '발굴'되기 시작했다. 아라카와 하천의 방수로에 관한 교육 자료를 조사하던 아시타〔足立〕구 구립소학교 교사 기누타 유키에〔絹田幸惠〕(1930~2008)가 마을 노인들로부터 관동대지진 때 군인과 자경단에 의해 죽임을 당한 조선인들이 근처에 묻혔다는 이야기를 듣게 된 것이 계기였다. 1982년 기누타 유키에와 니시자키 마사오〔西崎雅夫〕 등이 나서서 조선인 유골 발굴을 추진하는 모임을 만들었고, 그해 7월 18일 '관동대지진 때 학살된 조선인의 유골을 발굴해 위령하는 모임'(이후 '관동대지진 때 학살된 조선인의 유골을 발굴해 추도하는 모임'으로 개칭) 준비회의 창립총회에서 야마다 쇼지〔山田昭次〕가 가대표를 맡게 되었다. 이 모임은 유골 발굴 작업을 위한 하천 부지 일시사용신청을 건설성 아라카와 사무소에 제출, 7월 24일 '발굴은 10일 간 3개 소에 한하되 당일 판 곳은 당일 묻어야 한다'는 조건 아래[23] 발굴 허가를 받아내었다.

1982년 9월 1일부터 아라카와 하천 부지에서 발굴이 진행되었다. 유해를 발굴하지는 못했지만,[24] 성과는 각별했다. 발굴 현장이 기사화되고, 발굴 현장에 모여든 사람들을 대상으로 한 증언 채록이 이뤄졌고,[25] 영화학교 졸업작품을 준비 중이던 재일조선인 오충공이 카메라를 들고 현장으로 달려가 촬영을 시작했다. 이후 '관동대지진 때 학살된 조선인

---

22) 정병호·최가형 편저, 앞의 책, 143~144쪽 참고.

23) 「아시타(足立)구 구립소학교 키누다 사치에(絹田幸惠, 51)」, 『동아일보』 1982.9.4.

24) 「관동지진 때 학살 한인유해 못 찾아」, 『동아일보』 1982.9.8.

25) "처음에는 아직도 유골이 묻혀 있다고 들었기에 그 장소를 파보기도 하였는데 그때 시굴한다는 것이 호소성이 있어 둑에는 사람들이 죽 나란히 서 있는데 거기서도 증언들이 많이 나왔습니다……증언이 나온 시기는 증언자들의 연령 등 제한이 있어 1982~1985년경까지가 한계였습니다." 2007년 11월 17일 '간토대진재 조선인학살의 진상규명과 명예회복을 촉구하는 한·일·재일 시민모임'에서 한, 니시자키 마사오의 인사말. 강덕상·야마다 쇼지·장세윤·서동진 외, 『관동대지진과 조선인학살』, 동북아역사재단, 2013, 272쪽.

의 유골을 발굴해 추도하는 모임'은 호센카(鳳仙花)라는 이름으로 스미다구의 사회단체로 등록했고, 100여명의 증언을 채록한 자료집 『바람아, 봉선화의 노래를 전해다오: 관동대진재·조선인학살로부터 70년』[26]을 내고, 추모비 설치를 추진했다.[27]

지바(千葉)현에서는 후나바시(船橋)시의 해군 무선전신소와 야치요(八千代)시의 나라시노(習志野) 수용소가 문제적 장소였다. 내무성의 전보에 따라 불령선인의 폭동을 경계하라는 무전을 발신했던 무선전신소 인근에서는 자경단이 일찍부터 조선인을 학살했다. 2일 내무성이 무선전신소에 조선인에 대한 경계를 호소하는 전보를 띄우도록 지시했고, 3일 무선전신소 소장은 '불령선인의 폭동'을 경계하라는 유언비어를 무전으로 발신했다. 야치요시에 있는 나라시노 수용소는 계엄군의 직할 아래 보호 명목으로 주로 조선인들을 수용했는데, 7일~9일에 특히 군대가 수용소의 조선인을 인근 마을의 자경단에게 넘겨주었고, 수용소에서도 헌병 등에 의한 조선인 선별 살해가 있었다.[28] 조선인들은 나라시노 수용소 인근의 나기노하라(ナギの原)라고 불리는 공유지 등 곳곳에 함부로 파묻혔다.

지바현에서는 일본인들의 증언 채록과 위령제 개최가 일찍부터 그리고 꾸준히 이어졌다. 1978년 6월 결성된 '지바현에서의 관동대진재와 조선인희생자 추도 조사 실행위원회'는, 후나바시시와 야치요시의 나라시노 주변에서 일어난 사건들에 대한 조사 성과를[29] 정리하여 『이유 없이

26) 関東大震災時に虐殺された朝鮮人の遺骨を發掘し追悼する會 編, 『風よ鳳仙花の歌をはこべ: 関東大震災·朝鮮人虐殺から七〇年』, 教育史料出判會, 1992.

27) 2009년 스미다구 야히로(八廣)역 부근의 아라카와 하천 부근 주택가에 추모비를 세웠다. 「'간토 조선인 대학살' 알리는 일 양심세력」, 『경향신문』, 2013.9.1.

28) 9월 4일부터 10월 중 수용소가 폐쇄될 때까지 유치되었던 3000여 명 중 300명 남짓이 행방불명되었다. 강덕상, 김동수·박수철 옮김, 앞의 책, 271~307쪽.

29) 자료집인 『관동대지진과 조선인 제1집-후나바시시와 그 주변』(1978), 『관동대지진과 조선인 제2집-나라시노 기병연대와 그 주변』(1979). 이에 대해서는 강덕상, 김동수·박수철 옮김, 앞의 책, 289쪽.

살해당한 사람들-관동대진재와 조선인』(1983)[30]을 출판했다.[31] 한편 지바현 야치요시 나라시노 수용소 인근에 있는 다카쓰(高津) 마을과 그 마을에 있는 간논지(觀音寺)에서는 조선인희생자에 대한 위령 의례가 일찍부터 진행되었다. 간논지 주지인 승려 세키 고젠(關光禪)은 1965년경 다카쓰 구의 유지 두 사람이 찾아와 탑루를 세워 희생자를 공양하고 싶다고 청한 것을 계기로 탑루 공양을 지속했다.[32] 그리고 1983년 9월 10일 나라시노 수용소 인근 나기노하라에서, 간논지 주지와 앞서 언급한 실행위원회, 다카쓰 구민이 행사 주체로 나서 제1회 위령제를 행했고 이를 매년 이어갔다.

그리고 1985년 9월 1일 지바현 야치요시 간논지 경내에 한국인이 제작 기부한 범종과 '보화종루'라는 현판이 걸린 종루가 설치되고 타종식이 열렸다. 이 '위령의 종'을 보내는 운동은 현대극장 대표 김의경에 의해 시작되었다. "관동대지진을 소재로 한 희곡 〈잃어버린 역사를 찾아서〉를 집필하던 중 일본 지바현 야츠요시의 한국인희생자위령탑을 방문

30) 千葉縣における關東大震災と朝鮮人犧牲者追悼調査實行委員會, 『いわれなく殺された人人ー関東大震災と朝鮮人』, 靑木書店, 1983.

31) '지바현에서의 관동대지진과 조선인희생자 추도 조사 실행위원회'는 이후로도 활동을 이어갔다. 1987년 유골을 발굴해 추모비를 세울 것을 목표로 다카쓰구의 행정공무원회(役員會)의 협력을 얻어 '관동대지진 조선인희생자 유골 수집 위령비 건립 실행위원회'를 결성했으나 마을 측과 협의되지 않아 잠정 중단했다가 1998년 9월 24일 나기노하라에서 발굴을 하여 유골을 찾았다. 유골은 화장 후 3개의 항아리에 담아 간논지 납골당에 안치했다. 그리고 1999년 9월 5일에는 '야치요시 다카쓰구 특별위원회, 다카쓰 구민, 간논지 주지, 실행위원회의 명의로, '관동대지진 조선인희생자 위령의 비'를 세웠다. 야마다 쇼지, 앞의 책, 52~53쪽.

'지바현에서의 관동대진재와 조선인희생자 추도 조사 실행위원회'의 지속적인 활동은 그 자체로 연구되고 기록되었다. 센슈대학 교수와 대학원생을 중심으로 2008년에 만들어진 센슈대학 관동대진재사 연구회는 관동대진재와 조선인희생자 추도 조사 실행위원회가 행해온 진상 규명과 추도 활동을 정리해 『지역에서 배우는 관동대진재: 지바현에서의 조선인 학살, 그 해명 추도는 어떻게 이루어졌을까(地域に學ぶ關東大震災: 千葉縣における朝鮮人虐殺 その解明·追悼はいかになされたか)』(日本經濟評論社, 2012.8)를 출간했다. 노주은, 「동아시아 근대사의 공백-관동대지진 시기 조선인 학살 연구」, 『역사비평』 104호, 역사비평사, 2013, 230쪽.

32) 야마다 쇼지, 앞의 책, 52쪽.

해 탑이나 비석이 너무 초라한 것을 보고"[33] 1985년 5월 '관동대지진 한국인 희생자 위령의 종 보내는 모임'을 발의했고, 문화예술계 16인이 발기인으로 참여했다.[34] 모금 운동을 지속적으로 추진,[35] 8월에는 가요계에서 나서 자선공연을 열기도 했다.[36] 종로에 있는 보신각 종을 주조한 성종사에서 보신각 종의 100분의 1 크기로 주조했고, 공주민속박물관의 심우성 관장은 종루 설치 건을 도맡았다.[37] '위령의 종'의 설치 소식은, 타종식이 거행된 이튿날 한국에서도 기사화되었다.[38]

---

33) 「현대극장 대표 김의경 씨 관동대지진 위령의 종 보내기 운동」, 『경향신문』 1985. 5.27.

34) 「日에 위령의 종 만들기로, 16인 민간단체 발족」, 『조선일보』 1985.5.30. "극작가 김의경 씨(극단 현대극장 대표)가 발의, 신우식(서울신문 이사) 최일남(동아일보 논설위원) 조병철(조선일보 편집국장 대우) 신용하(서울대 교수) 심우성(극단 서낭당 대표) 정인섭(중앙일보 이사) 손기상(중앙일보 논설위원) 윤상철(경향신문 주필) 김충한(한국일보 부사장) 표재순(문화방송 TV제작국장) 이종덕(문예진흥원 이사) 백승길(유네스코 문화홍보부장) 이상만(음악평론가) 문일지(무용가) 신봉승 씨(작가) 등 16명이 1차 발기인"

35) 모금 소식이 간헐적으로 기사화되었다. 「위령의 종—10여명의 문화예술계 인사 중심으로 모금운동」, 『경향신문』 1985.6.1; 「관동대지진 한인 위령의 종」, 『동아일보』 1985.7.30. 심우성은 보화종루 때 돈을 제일 많이 마련해 온 사람이 김의경 씨로, 113명이 기금을 냈고, 자신은 아버지한테 받은 산을 팔았다고 했다. 「관동대지진 93년 만에 고국에서 넋을 기리다(심우성 인터뷰)」, 『월간 개벽신문』 58호, 2016.9.

36) 「관동대지진 위령의 종 가요계서 건립 모금 공연」. 『동아일보』 1985.8.7; 「관동대지진 희생자 위해 가수들 모금 공연 열어」. 『경향신문』 1985.8.8.

37) 신우식 씨의 기록에 따르면, "범종 높이 1m, 무게 200kg, 종루는 여섯 자 한 평 넓이에 높이 4m로 한국식 건축 양식과 전통적인 단청을 입혔다. 지부에 올려진 기와 1천 장도 한국에서 가져오는 등 모든 건축 자재는 우리 것을 사용했다." 종은 부산까지 내려가 요코하마 항을 거쳐 운반되었는데 운반비 때문에 애를 태우고 있을 때 당시 보험협회 사장이던 홍순길 씨가 운반비 500만원을 냈고, 종루는 공주민속박물관의 심우성 관장이 도맡아 진행했다. 글씨는 소설가이며, 옛 민중일보 편집국장을 하다 진보당 사건으로 투옥 경험이 있는 송지영 씨가 KBS 사장할 때 쓴 것이다. 「관동대지진, 지바 관음사 〈위령의 종〉은 어떻게 세워졌나」 2016.4.26. https://cafe.naver. com/1923/7 2019.11.17. 접속

38) 「관동대지진 희생 한국인 위령의 종 종루 세워」, 『동아일보』 1985.9.2; 「관동대지진 피살 한인 동경 근교에 위령종루」, 『경향신문』 1985.9.2.

III. 재일조선인 오충공의 기록영화, 〈감춰진 손톱자국〉(1983)과 〈불하된 조선인〉(1986)

1980년대 일본 지역 주민에 의한 유골 발굴과 조사, 위령과 추도 행위는 오충공의 두 기록영화가 만들어지는 토대가 되었다. 요코하마 영화전문학교 졸업반이던 재일조선인 2세인 오충공 감독은[39] 1982년 우연히 신문에서 아라카와 하천의 발굴기사를 보고 현장으로 달려갔다. 그 현장에 온 노인들의 증언을 녹취하고 취재한 자료를 바탕으로,[40] 그리고 야마다 쇼지 및 재일조선인 사학자 강덕상에 의해 축적된 연구들을 살피면서[41] 기록영화 〈감춰진 손톱자국(隠れた爪跡)〉(1983)을 완성하게 된 것이다. 지바현의 나라시노 수용소와 관련된 학살을 집중적으로 다루는 〈불하된 조선인(払い下げられた朝鮮人)〉(1986)은 '지바현에서의 관동대지진과 조선인희생자 추도 조사 실행위원회'가 출간한 『이유 없이 살해당한 사

---

39) 오충공 감독은 1955년 도쿄〔東京〕 가쓰시카〔葛飾〕구 다테이시〔立石〕에서 태어났다. 가쓰시카 구립학교에 다닐 때 민족 차별이나 난청으로 자주 따돌림을 당했는데, 이를 알게 된 학교 선생님의 권유로 아라카와 근처에 있는 도쿄조선 제5 초·중급학교에 다니게 되었다. 그 후 그는 도쿄 조선중고급학교에 입학하였으며, 고등학교 2학년 때는 신문부에 소속되어 기사를 썼다. 고교 졸업 후, 조선대학교에 진학하였지만 학교를 그만두고, 민족계 출판사에서 잡지 편집 일을 하였다. 재일조선인 성선길(盛善吉) 감독이 조선인 피폭자의 다큐멘터리 영화를 촬영할 때 조수로 일했고, 이를 계기로 영화의 표현방법의 가능성을 배우고자 당시 27세에 이마무라 쇼헤이〔今村昌平〕감독이 교장으로 있던 (현재의 일본영화학교인)요코하마 영화전문학교에 입학하였다. 주혜정, 앞의 글, 151쪽.

40) "(동경-정구종 특파원) 1923년 9월 1일 간토대지진 때의 한국인 학살의 진상을 밝힌 기록영화가 재일교포 젊은이와 일본인들의 손으로 제작돼 22일 첫 상영된다. 〈감추어진 할퀸 상처〉라는 제목의 이 기록영화는 요코하마의 한 영화전문학교 동급생이었던 재일교포 2세 오충공(吳忠功, 23)군과 일본학생 우라타니 유지(浦谷雄二 20)군을 중심으로 한 10명의 학생들이 졸업작품으로 제작에 착수, 지난 봄의 졸업 때까지 마치지 못하고 최근에 완성, 상영되게 됐다. 오군은 작년 9월 동경 아라카와 강변 일대에서 있었던 한국인 학살자 발굴 작업현장을 목격하고 주변의 증인들을 만나 생생한 증언을 들은 후 이들의 증언사진 영상 등을 엮어 이 영화를 만들었다." 「관동대지진 한국인학살 기록영화 교포2세 등이 제작」, 『동아일보』 1983.8.20.

41) 「한국사람입니다」(오충공 인터뷰), 『월간 개벽신문』 57호, 2016.8.

람들-관동대진재와 조선인』(1983) 속 군인의 일기를 인용하면서 시작하고, 1985년 9월 1일 간논지에 '위령의 종'이 처음 울리던 날을 기록한다.

오충공 감독의 두 영화는 두 층위의 실제 사건을 기록한다. 1923년 사건을 직간접 체험자의 증언 및 사진·기사·삽화·연구 데이터 등을 활용하여 기록·폭로하는 층위와, 1980년대 현재 진행되는 후체험 세대의 활동을 기록·보고하는 층위가 그것이다. 사건 발생 시기와 기록 행위가 이뤄지는 시기의 시간차 때문에, 두 영화는 두 층위의 사건을 기록하는 기록영화가 되었다.[42)]

1. 〈감춰진 손톱자국〉 – 아라카와 하천에서의 유골 발굴과 피해자의 상흔

〈감춰진 손톱자국〉은[43)] 1982년 9월 1일 시작된 도쿄도 미나미카쓰시카군 아라카와 하천 부지 유골 발굴 현장을 보여주며 시작한다. 발굴을 알리는 현수막이 펄럭이고, 발굴 조사 모임에 속한 누군가가 나서 발굴 사유를 알리는 사이 사람들이 몰려오고, 하천 부지를 파내는 굴착기의 움직임에 따라 기억의 봉인이 뜯겨진다. 거칠게 파헤쳐지는 땅은 오이마치(大井町) 경마장 부근에서 '아바이'라는 이름의 곱창집을 운영 중인 늙은 생존자 조인승(1902년 생)의 일그러진 표정을 닮았다. 조인승은 하염없이 하천 부근을 배회한다.

이렇게 발굴 현장과 피해자를 전경화한 영화는, 조인승의 목소리와 표정을 통해 그의 억압된 분노와 공포를, 그의 '손톱자국'을 드러낸

42) 이 두 작품이 1980년대 한국에서는 상영되지 않았다. 1998년 제3회 부산영화제에서 〈감춰진 손톱자국〉이 상영되었고, 이후 2012년 8월 11~27일 동북아역사재단 주최로 서울역사박물관에서 〈감춰진 손톱자국〉과 〈불하된 조선인〉이 처음으로 함께 공개되었다. 주혜정, 앞의 글, 152~153쪽.

43) 〈감춰진 손톱자국〉(칼라 58분)은 1983년 일본 청구(靑丘) 문화신인상을 수상했다. 이후 라이프치히 영화제, 야마가타 국제 다큐멘터리 영화제에서 상영되었다.

다. 경상남도 거창 출신인 조인승은 부모를 잃고 고생을 하다 22살 되던 1923년 사촌 형을 따라 도쿄로 왔다가 대지진을 겪게 된다. 9월 1일 사촌 형의 생사도 모른 채 아라카와 하천 근처에서 자경단에 붙잡히고, 9월 2일 아침 데라시마(寺島) 경찰서로 끌려 갈 때 요쓰기 다리 근처에서 쇠갈고리에 찔려 상처를 입은 채 조선인들이 뭇매를 맞고 살해당하는 모습과 시체를 목격했고, 9월 14일에는 지바현에 있는 나라시노 수용소로 끌려갔다.[44] 부인 박분순 씨는, 남편이 결혼 후 20년이나 밤중에 소리치기도 하고 때리길 계속 했다고 한다. 내레이션으로 통제되지 않는 현실의 증거적인 목소리들을 통해, 사회 부적응에 시달리는 제노사이드 생존자 조인승의 숨막히는 일상이 생생하게 전달된다.

피해자와 공감하며 내부자의 관점으로 기록하고 있음은, 촬영 대상에 대한 감독의 태도를 통해서도 드러난다. 영화 곳곳에 기록자인 오충공 감독이 출현하는데 일본인 목격자를 대할 때와 조선인 피해자를 대할 때 다른 구도로 프레임 안에 들어온다. 〈그림1〉처럼 목격자인 시미가와 아키라(島川精)가 긴 증언을 할 때 감독은 등을 보이고 있다. 목격자의 앞모습과 감독의 뒷모습으로 가득 찬 프레임에서는 긴장감이 느껴진다. 관객은 감독 뒤에서 감독과 함께 목격자의 증언을 듣는 위치에 놓이게 된다. 반면 〈그림2〉처럼 피해자 조인승과 감독은 나란히 함께 걷는 모습으로 혹은 마주보며 말을 주고받는 모습으로 프레임 안에 들어온다. 관객은 재일조선인 80대 노인과 20대 청년이 함께 나란히 있는 모습을 보게 된다. 그리고 영화의 뒷부분에서 감독의 권유로, 조인승은 자경단원이었던 아사오카의 손을 잡는다. 악수하는 두 사람과 그 좌측에 앉아 마이크를 내밀고 있는 감독이 함께 잡힌 프레임은, 그 자연스럽지 않

---

44) 조인승은 1923년 9월 1일 밤의 조선인 학살과 미나미카쓰시카군 아라카와 하천 인근의 참상, 데라시마 경찰서 사건, 나라시노 수용소 사건 등과 관련한 생생한 증언을 해왔다. 그의 증언 관련 내용은, 朝鮮大學校編輯委員會 編,『関東大震災における朝鮮人虐殺の眞相と實態』, 朝鮮大學校, 1963. 강덕상, 김동수·박수철 옮김, 앞의 책, 121~122쪽, 야마다 쇼지, 앞의 책, 220~223쪽 참고.

은 구도를 통해 가까스로 가능했던 순간을 포착한다. 감독은 영화에 자신과 연계되는 지점을 드러내는 식으로 참여하고 있는 것이다.

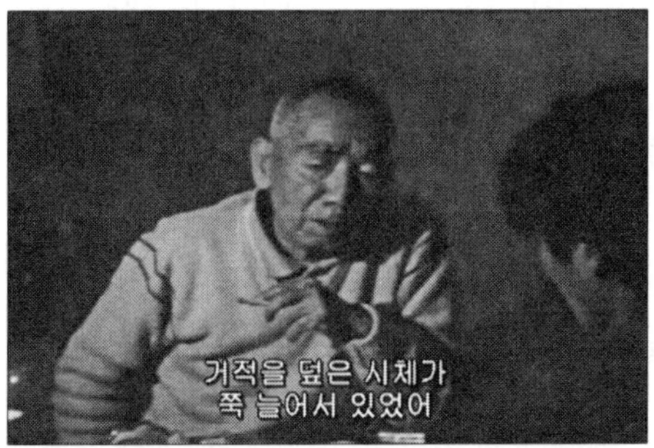

<그림1> 목격자와 감독

<그림2> 피해자와 감독

조인승의 사례를 근간으로 설정한 영화는, 유학생이었던 신흥식 등 조선인 피해자의 증언과 일본인 가해자/목격자와의 인터뷰를 통해 아라카와 하천 부지에서 자행된 조선인 학살 상황을 구체화한다. 청년단원이었던 일본인은 조선인 시체를 화장했다고 증언하고, 목격자 시미가와 아키라는 각종 유언비어가 나돌며 생긴 공포 상황을 거론하며, 당시의 참상을 생생하게 표현한다. 이 증언과 인터뷰들은 아라카와 하천 발굴 현장을 담은 컷들과 교차되면서, 60년 만에 파헤쳐지는 과거가 일으키는 긴장감을 느끼게 한다.

이 영화가 조선인 학살 사건의 배경과 경위를 밝히는 태도는 자못 실증적이고 비판적이다. 영화는 피해자와 가해자, 목격자들과의 인터뷰 사이사이에, 신문기사와 연구 발표된 데이터들, 사진 자료들을 제시하며 전문 해설자의 음색과 톤으로 설명을 곁들인다. 사건 배경으로는 가혹한 식민지정책과 식민지민에 대한 왜곡을 강조하며, 1919년 3·1운동 탄압과 1922년 니이가타 조선인 노동자 탄압을 지목한다. 사건의 기폭 지점을 확인하기 위해서는 지진 직후 일본 내무성과 내각이 서둘러 계엄령을 확장한 경위에 주목한다. 9월 1일 지진 발생 2시간 후 경시총감이 미즈노 내무대신에게 출병계획을 진언했고, 저녁부터 육군이 경계에 들어갔다는 점, 2일 저녁에 조선인을 경계하라고 명하는 내무성 경보국장의 공식 전문이 지바현 후나바시시의 해군 무선전신소에 보내졌다는 점 등을 주목하며, 일본 국가의 관여를 적극적으로 고발한다.

'감춰진 손톱자국'이라는 영화의 제목은, 이 영화 전체를 관통하는 극적인 긴장과 갈등 지점을 선명하게 드러낸다. '손톱자국을 남기다(爪跡を殘る)'는 사건이나 재해의 악영향이 소멸되지 않고 남은 상태를 주로 일컫는다. 그러니 '손톱자국'은 사건이나 재해의 영향, 즉 선명하게 남은 거친 상흔이다. 60년 동안 가해자는 입을 열지 않았고, 피해자도 입을 열지 못했다. 그렇게 손톱자국은 감춰졌었다. 발굴이 진행되던 3일간 그 현장이 잠시 공개되었지만 현장은 다시 덮이고, 손톱자국도 묻힌다. 영화는 60년 만에 겨우 가능했던 3일 간의 발굴 작업과 발굴의 실패를 기록하며, 역설적으로 은폐와 침묵의 봉인은 이미 뜯겼다고 천명한다. 다시 덮이는 하천 부지 위로 꽃 한 송이가 던져지고, 안타깝게 바라보던 조인승은 "있었던 일을 숨기니까 나쁜 거다."라는 말을 던진다. 영화는 닫히는 현장, 감춰지는 손톱자국을 기록함으로써, 역설적으로 사건의 현장과 손톱자국의 현재를 드라마틱하게 강조한다.

2. 〈불하된 조선인〉 – 지바현에서의 위령과 기념

〈불하된 조선인〉은 인간을 '불하' 처리한, 지바현 나라시노 수용소와 해군 무선전신소 인근에서 자행된 사건에 주목한다. 각종 자료에 지문과 내레이션을 곁들이며, 조선인들이 나라시노 수용소로 옮겨지고, 군대가 나서서 조선인을 자경단에게 보낸 사실들을 들춰낸다. 『이유 없이 살해당한 사람들–관동대진재와 조선인』(1983)에 수록된 것이라는 출처 표기와 함께 제시된 1923년 당시에 쓰인 군인의 일기는 조선인의 불하 처리 상황을 간결하게 보고한다.

(가)

9월 7일

모두 지쳐서 한참 자고 있었다. 오후 4시경, 바라크에서 조선인을 넘겨줄 테니 오라고 알려주었다. 책임자는 넘겨받으러 갔다. 밤중에 조선인 15명을 받아서 각 구에 배당하고 니키도와 함께 3명을 전수받아 절 정원을 지켰다.

9월 8일

다시 조선인을 받으러 가서 9시쯤 2명을 인도받아서 왔다. 구덩이를 파고 모두 5명을 앉혀 놓고 목을 베기로 결정, 구덩이에 넣고 묻어버렸다. 모두 지쳤는지 여기저기서 잠들었다. 밤이 되자 모두 경비를 섰다.[45)]

〈불하된 조선인〉은 1985년 즈음에 발화된 목격자/가해자의 기억과, 후체험 세대의 위령과 추도를 새롭게 강조한다. 영화는 낭랑하게 울리는 실로폰 소리를 따라 지바현 간논지 근처 마을 공터에 있는 위령패 앞에 꽂힌 향불을 클로즈업하면서 시작한다. 〈그림3〉처럼 초라한 목재 위

---

45) 영화에 달린 한국어 자막을 옮긴 것이다. (나)와 (다)도 영화에 달린 한국어 자막이다.

령패 앞에서 기도를 올리는 사람의 뒷모습을 롱샷으로 보여주던 카메라는 위령패가 꽂힌 공터를 오가는 스님의 뒤를 뒤따른다. 위령패는 누가 세웠을까, 그 앞에서 기도를 올리는 저들은 누구일까.

이 영화에는 지바현 다카쓰 마을 주변에서 벌어진 조선인 학살 사건의 목격자나 가해자와의 인터뷰 장면이 여럿 이어지는데, 아래 인용한 두 사람과의 인터뷰는 특히 자세하다. (나) 세키 고젠은 배급 받은 사람들이 '선량한 농민들'이라는 점, 다른 곳에서도 죽였기 때문에 어쩔 수 없이 주저하며 했음을 강조한다. (다) 기미츠카의 진술은 좀더 방어적이다. 죽여야 할 조선인을 받아왔을 때 때마침 온 야쿠자 사촌이 주도했고, 그 사촌은 조선인에게 술을 주기도 했고, 조선인이 선택(?)한 대로 죽이려고 총도 구했다고 한다. 특정 마을에서만 이뤄진 일도 아니고, 혼자서 한 일도 아니라고 강조한다. 이 방어적 진술, 행동의 주체를 모호하게 흐리는 진술에는, 과거를 기억하고 증언하는 현재의 감정과 태도가 스며 있다.

(나) 세키 고젠(關光禪): 군대에서도 몇 명인가 학살을 했다고 하지만 선량한 농민들이 배급이라는 형태로 다카쓰 사람 몇 명이 나라시노의 육군 막사에서 몇 명을 데리고 와서는 본당 앞에 은행나무가 있었는데 지금은 없는데 거기다 밤새 묶어놨는데 개중에는 '나는 오사카 사람이다'라 주장하는 사람도 있었지요. 다른 부락에서 죽였다는 소문도 들리고 다카쓰에서만 살려줄 순 없다면서 여기서 300m 떨어진 나기노하라에 구덩이를 파고 일본도로 베었다는 소문이 전해지고 있어요.

(다) 기미츠카 구니하루(君塚国治): 3명씩 여기는 아랫마을이지만 윗마을, 중간마을에서도 마을마다 3명씩 데려갔어. 조선인 받으러 갈 때는 경비단이 갔지. 절로 데려와서 함께 의논한 결과 죽이려고 데려왔는데 어쩌면 좋을까 하다가 사촌이 그 조선인을 데려갔어. 사촌은 야쿠자라 조선인 한 둘은 눈도

깜박 안 했지. 야쿠자가 어깨를 잡고 갔는데 사촌도 술을 좋아해서 조선인들한테도 술을 주라고 했지. 술을 주면서 데리고 갔어. 사촌이 좋게 얘기를 했어. 당신들은 이 세상에서 오래 살지 못할 것이니 술 마시고 싶으면 얼마든지 사줄 테니까 마시라고. 처음엔 독인 든 줄 알고 안 마시더니 사촌이 먼저 마시고 주니까 아주 벌컥벌컥 들이켰지. 근처에 술집이 있어 한 말 사와서 다 마시고 또 한 말 두 말을 다 마셨어. 경비단이 어찌할까 협의를 했는데 죽이라고 해서 받아왔는데 어쩌면 좋을까. 어떻게 하면 좋을까 하고 조선인한테도 불어봤는데 한방에 죽여 달라고 했는데, 그럼 칼로 목을 베는 게 좋을까? 하니까 그렇게 말고 그럼 어떻게 하란 말인가. 눈을 가리고 총으로 쏴달라고 했어. 내 총은 못 쓰게 됐고 곤란해서 마을 사람한테 부탁해서 총값을 줄 테니까 총을 구해서 그렇게 해주기로 했지. 그래서 총을 구해서 세 사람을 한 사람씩 쐈지. 5척 6척 깊이의 구덩이를 세 개를 파 놔서 탕 쏘니까 구덩이로 바로 떨어졌어.

목격자이거나 가해자로서도 대단한 회한과 용기가 없이는 60년이 지난 사건을 증언하기 어렵다. 세키 고젠과 기미츠카는 기억하고 증언하는 한편, 위령과 추도를 행하는 자들이다. 사건의 목격자였던 간논지 주지 세키 고젠은 간논지에서 1km 남짓 떨어진 주택가의 위령패 꽂힌 곳을 오가며 위령을 행한다. 기미츠카는 조선인을 묻었던 '구덩이'가 있던 곳을 가리키며 나중에 구위원회에 (조선인이 묻힌 곳의) 개장 신청을 했고, 유골을 찾아 묘비를 만들었다고 말한다.[46)]

---

46) 영화에서는 구체적으로 언급되지 않았지만, 지바현에서 발간된 증언자료집에 따르면 기미츠카 구니하루가 언급한 '묘비'는 1983년 지바현 야치요시 가야타시모의 조후쿠지(長福寺)사원 묘지에 세워진 '진재이국인희생자지심공양탑'을 지시하는 것으로 보인다. 기미츠카 구니하루는 사촌이 죽인 후 사체는 공동묘지인 모미요(もみよ) 묘지 내 구석진 곳에 묻었는데, 이 묘지 일대가 이후 공단 주택지가 된 탓에 유골들을 파내어 현재의 묘지로 옮겼다고 증언한 바 있다. 지바현에서의 관동대지진과 조선인희생자 추도 조사 실행위원회, 1983, 106~107쪽. 야마다 쇼지, 앞의 책, 49~50쪽에서 참고.

이렇게 일본인들의 위령·추도를 살피던 영화는, 간논지에 '위령의 종'이 세워지는 과정을 교차 편집하며 일본인과 재일조선인, 그리고 한국인이 함께 하는 순간을 기록한다. 1985년 8월 29일 요코하마 항구에 도착한 배에서 종과 종루를 세울 기둥과 보 등이 하역되고, 트럭에 실려 간논지까지 옮겨진다. 이 종이 간논지에 설치된 경위는 짧은 인터뷰와 지문으로 안내된다. 발기인측은 조선인들이 학살되어 묻힌 나기노하라에 세우려 했는데, 공유지라서 거절당해 간논지 경내에 세우게 되었다고 한다. 심우성과 극단 서낭당 단원들이 일손을 보태는 가운데 황재천 장인이 기와를 올리고, 김부길 장인이 현판에 단청을 그리는 모습, 8월 31일 한국에서 합동추도식에 참석할 발기인 일행이 도착하고, 9월 1일 11시 58분 타종과 함께 후나바시 각 종파지도자들과 한국 승려 10인이 독경하며 추도식을 행하는(〈그림4〉) 장면들이 이어진다.

<그림3> 마을 공터의 위령패

<그림4> 간논지의 '위령의 종'

이 영화는 목격자/가해자의 기억과 그들의 현재에 대한 기록이고, 무엇보다 '위령의 종' 설치에 참여한 후체험자들에 대한 기록이다. 종루 제작에 관여한 심우성은 한국 각지에서 채취한 흙을 이곳에 옮겨온 이유를 말하고, 오랫동안 선구적으로 연구해온 재일조선인 사학자 강덕상은 종을 울려 혼이나마 고국으로 돌아갈 수 있게 된 감격적인 날이라고 감회를 밝힌다. 그리고 감독 오충공은 자막으로 "나기노하라에 묻힌 조선인희생자, 그리고 관동 각 지역에서 학살된 수많은 사람들이 하루 빨리 성불하시도록 기원하며 이 영화를 바칩니다.(1986년 9월)"라는 추도문을 영화에 기입한다. 위령과 추도를 행하는 자리에서 행해지는 후체험자들의 말과 글들은 심리적 연대를 제안하며, 산 자와 죽은 자, 피해를 당한 민족과 가해를 행한 민족 사이에 있음직한 긴장을 감춘다.

Ⅳ. 한국인 김의경의 기록극, 〈잃어버린 역사를 찾아서〉(1985)

한국에서 관동대지진 시기 조선인 학살 사건을 본격적으로 다룬 최초의 연극[47] 〈잃어버린 역사를 찾아서〉(극단 현대극장, 김의경 작, 김상렬 연출, 제9회 대한민국연극제 출품작)는 1985년 10월 3일~8일 문예회관 대극장에서 공연되었다. 김의경 작가(1936~2016)는 〈잃어버린 역사를 찾아서〉로 제22회 백상예술대상 희곡상(1986)을 수상했고, 이 희곡은 91년 연극의 해를 맞이하여 선정한(선정위원: 김문환, 서연호, 김석만, 김방옥, 이재인) 신극 80년사의 대표희곡 40선에[48] 포함되었다.[49]

---

47) 김의경이 1984년 발표한 〈식민지에서 온 아나키스트〉에서는 조선인 학살 사건이 박열과 가네코 후미코 사건의 '계기 혹은 배경'으로 다뤄졌다. 관련 논의는 백현미, 「사건의 드라마화와 재현의 역사성-희곡 〈식민지에서 온 아나키스트〉와 시나리오 〈박열〉을 중심으로」(『한국극예술연구』 제65집, 한국극예술학회, 2019, 238~240쪽) 참고.

48) 『한국연극』 1991년 3월호, 98쪽.

49) 1985년 제9회 대한민국연극제에서, 〈하늘만큼 먼나라〉가 대상·연출상(임영웅)·연기상(백

〈잃어버린 역사를 찾아서〉의 팸플릿에 실린 '작가의 말' 제목은 '12년만에 끝낸 작업'이다. 김의경은 JAL이 서울–동경 간 점보제트기(747) 취항기념으로 한국 예술가 20명을 초대했던 1973년 그 일원으로 도쿄에 갔다가 강덕상의 『關東大震災』(中央公論社, 1975)와 요시무라 아키라(吉村昭)의 『關東大震災』(文藝春秋, 1973)를 입수하게 되었고 관동대지진과 관련된 재일조선인 문제에 관심을 갖게 되었다고 했다.[50] 오충공 감독의 영화 〈불하된 조선인〉이 담은 '위령의 종' 타종식 장면에서 보이듯, 김의경은 1985년 9월 1일 일본 지바현의 간논지에 있었다. '작가의 말'에 "며칠 전 예의 듣고 쓰는 모임의 한 여성 멤버가 '위령의 종' 타종식에 참관하고서……창피한 역사에 대해서 아름답고 조용한 문화를 주신 일은 기쁘며 또 일본(사람) 자신을 응시하는 기회가 되었습니다. 감사합니다."라는 글을 보냈다고[51] 밝혔지만, '위령의 종'과 관련된 이러저런 사실과 경위를 누누이 설명하지는 않았다.

1. 1985년 일본 청년들의 조사 활동과 가해자의 참회

이 작품의 공간 배경은 '동경구 오오지마쵸오 부근'(110쪽)[52]이라고 밝혀져 있는데, 이는 1923년 당시 도쿄부 미나미카쓰시카군 내 오지마쵸오(大島町)를 말한다. 이 공간은 범박하게 설정된 것이 아니다. 앞서 2장에서 지적했듯, 그리고 이 희곡에서도 언급했듯[53], 도쿄부 미나미카

성희, 조명남)을, 〈풍금소리〉가 희곡상(윤조병)을, 〈잃어버린 역사를 찾아서〉는 미술상(송관우)을 수상했다.

50) 김의경, 「작가의 말–12년만에 끝낸 작업」, 『김의경 희곡선 Ⅱ–길떠나는 가족』, 현대미학사, 1998. 213쪽.

51) 김의경, 위의 글, 215쪽.

52) 『김의경 희곡선 Ⅱ–길떠나는 가족』(김의경, 현대미학사, 1998)에 실린 희곡 〈잃어버린 역사를 찾아서〉를 텍스트로 한다. 인용 시 쪽수만 밝히겠다.

53) "많은 노동자들이 이 오오지마쵸오와 미나미갓쇼꾸에 살고 있었지. 일차대전 후 경공업 붐이 일어나면서 이곳은 공업지대로 변했지요"(2막, 155쪽)

쓰시카군에서는 조선인 노동자들의 희생이 컸고, 미나미카쓰시카군 오지마에서는 2일 밤부터 3일 사이에 군대와 자경단에 의해 조선인이 수백 명 살해되었다.[54)]

이 희곡에는 두 개의 시간대가 있다. 극의 현재 시점에서 증언이 진행되고, 증언되는 과거가 극중극으로 보이기 때문이다. 극의 현재 시점은 1985년, 이 희곡이 실제 공연되던 그 해이다. 증언되는 과거는 1923년 지진 전후 두어 달이다. 그리고 이 두 시간대에는 실재할 것으로 추정되는 인물들과 역사상 실재했던 인물들이 등장한다. 그래서 이 작품은 1985년의 일본 사회와 1923년 일본에서의 조선인 학살 사건을 함께 재현하는 기록극의 성격을 띤다.

1985년 극중 현재 시점은 증언을 기록하려는 일본 청년들과 70대 노인 김동기가 80대 노인 다나까 도시유끼를 찾아오는 데서 시작한다. 극의 현재 시점을 여는 일본 청년들은 희곡에서 별도의 이름이 붙여지지 않았다. 개별 존재로 성격화되지 않은 채 1985년 현재와 1923년 과거를 중재하는 이 일본 청년들은, 1980년대 초반 도쿄와 지바현 지역에 실재했던 '관동대지진 때 학살된 조선인의 유골을 발굴해 추도하는 모임'이나 '지바현에서의 관동대진재와 조선인희생자 추도 조사 실행위원회' 등에 참여했던 일본인들을 강하게 연상시킨다. 이 희곡을 1985년 즈음 일본 시민사회의 움직임을 재현한 기록극으로 보는 소이다.

피해자 김동기에 의해 재일조선인의 분노와 입장이 보이긴 하지만, 극중 현재 시간대에서 초점화되는 것은 젊은 일본 청년들의 노력과, 죄의식에 시달리다 증언할 기회를 얻게 된 늙은 일본인 가해자 도시유끼의 참회이다. 김동기는 '우리 학자들에 의해서 추적 완성된'(115쪽) 바에 따

54) 야마다 쇼지, 앞의 책, 210~211쪽. 야마다 쇼지는 미나미카쓰시카군 서부 지역에서 조선인이 많이 학살된 것은, 첫째 아라카와 방수로 굴착공사가 진행 중이라 조선인 노동자들이 많았고, 둘째 미나미카쓰시카군이 화재가 있었던 후카가와, 혼조 공업 지대의 일본인들과 조선인들이 지바 방면으로 피난하는 경로에 해당했기 때문이라고 했다.

라 조선인 학살 사건의 원인으로 일본 내각의 실책과 저의를 지적하며 가해자의 인정과 반성을 촉구한다. 일본 청년들은 "영감님, 그것은 우리 일본 역사의 치욕의 한 페이지였으니까, 잊어버리실 만도 합니다. 그러나 우린 그것을 발굴해내야만 해요. 우리 자손들에게 그 부끄러움을 내놓아야 해요. 우린 반드시 이 감춰진, 치욕의 역사를 발굴해내야만 합니다."(1막, 114쪽)라고 치욕의 역사를 발굴하자고 설득한다. 일본 내각이 개입했다는 주장에는 반대하고 저항하면서도, 증언을 끝낸 도시유끼는 "잊어버린 적도 제쳐놓은 적도 없어. 언제나 내 속에 남아 있었어. 언제나, 간직하고 싶지 않아도 끝내 떠나지 않았어. …(중략)… 동기, 정말 나는 헛고생만 했어. 끌어안으면 없어질 것들을 피해서 지난 60년을 고생했어"(4막, 210쪽)라고 말하며 후련해한다.

2. 1923년 일제의 계엄령 확대와 조선인 학살

극중극으로 재현되는 과거는 1923년 9월과 10월이다. 이 과거의 공간은 두 층의 무대 공간을 통해 재현된다. 1층 무대 공간은 도쿄부 미나미카쓰시카군 오지마쵸오 인근 일본인과 조선인이 어울려 사는 곳이고, 2층 무대 공간은 일본 정부의 결정과 포고 등이 생성·전달되는 일제를 표상하는 공간이다.

1층 무대 공간에는 십장인 김진도 식구가 사는 나가야(長屋)와 일본인 공장장 다나까 집이 있다. 김진도 가족과 이곳을 방문하는 여러 조선인들은 멸시받는 피해자이거나 어리석고 타락한 존재로 그려진다. 지진 직후 조선인 관련 유언비어가 퍼지고 자경단원들이 들이닥치자 김진도 식구들은 뿔뿔이 흩어져 피난을 떠난다. 김진도는 '청년단 재향군인회 수방단 군대'에게 잡혀서 나라시노 수용소에 있다가 겨우 목숨을 부지하고, 일본인 사회주의자를 추종하다 일본인 형사에게 잡혀 갔던 아들 동기도 가까스로 살아남는다. 도시유끼의 아이를 임신한 딸 순기는 자경단에 잡혀갔다가 죽임을 당한다. 이런 혼란의 와중에 조선인 상애회 회원들은 조선인을 등쳐먹고, 노름과 속임수를 일삼던 벅쇠는 시체 호주머니를 뒤지며 살려고 발버둥치다 불연듯 부끄러움을 느끼고 자살한다.

1층 무대 공간에서 초점화되는 인물은 일본인 공장장 다나까와 아들 도시유끼이다. 다나까는 자신이 참전한 '일로전쟁'과 '합방 전 조선인 소요' 진압이 생각나 공포를 느끼며, 자경단이 들이닥쳐 김진도를 잡아가려 할 때 방패가 되어주고, 김진도에게 사돈이 되자고 제안하기도 하고, 절 뒷산에 '조선인순사자 정령보제탑'을 세우고 수도승이 된다. 도시유끼는 '조선만세소요사건' 때 조선인을 죽였던 기억 때문에 공포를 느끼며, 재향군인회 분회장으로 자경단을 이끌고 학살에 가담하고, 순이가 자신의 아이를 임신한 것을 알고도 꺼리다가 순이가 죽게 되는 걸 방임하고, 학살 가담자 색출이 진행될 때는 '일본인답게' 재판을 받겠다고 나선다. 이렇게 다나까와 도시유끼는 조선 땅에서 벌어진 동학농민운동과 러일전쟁, 3·1운동에 개입한 군국주의 일본을 대표하는 사람이면서, 조선인을 살해한 기억 때문에 불행한 존재로, 이윽고 참회하고 책임을 지려는 존재로 그려진다.

이외에도 다수의 일본인이 등장하는데, 이들 대부분은 학살 현장에 슬퍼하고 분노하는 모습으로, 때로 무고하게 희생을 당한 모습으로 그려진다. 일본인 교장이 죽을 위기에 처한 조선인 청년을 구한 모험담이 강조되고(169쪽), 사회주의자 요시무라는 "죽음의 도시여 영원히 잠들라. 너를 멸망시킨 것은 조선인도 아니요 사회주의자도 아니다. 너를 멸망시킨 것은 오직 너 자신이다."(170쪽)라고 낭송한다. 조선인 학살의 광풍 속에서 일본인이 희생된 사례도 언급된다. 오다 여인은 소식이 끊긴 삼촌네 식구들을 찾아서 학살의 현장에 왔다가, 삼촌네 식구들이 조선인으로 오인되어 살해당했음을 알게 된다.(207~209쪽)

학살의 시간이 지난 후, 1층 무대 공간에 역사상 실재 인물인 이상협, 김승학, 최승만이 등장한다. 극 전개의 흐름과 역사상의 사실을 연결시켜 추론하면, 이들을 등장시킨 것은 1923년 10월 전후 조선의 신문기자와 재일본관동지방이재조선동포위문반이 학살 현장에 왔었던 사실을 보여주는 장치로 보인다. 아무튼 극중에서 이상협은[55] 일본 정부가 학살 소식을 은폐한다고 비판하고, 김승학은[56] 분노하며 독립의 당위성을 설파하고, 최승만은[57] 일본이 이미 벌을 받고 있다고 말한다. 이상협과 김승학은 신문사와 상해 임시정부의 문제의식과 조사 보고 의지를, 최승만은 기독교계의 관심과 태도를 보여준다.

2층 무대 공간에는, 일본 정부의 결정과 그 결정의 전파 과정에 관련된 역사상 인물이나 기관들이 소환된다. 9월 1일 미즈노 내상은 "사회의 암적 존재인 조선인과 사회주의자를 거세하고 그 위에 국민의 일치된 소망으로 그들 국민을 보호해 줄 군대와 경찰을 강화토록 한다"고 계획을 짜고(1막) 9월 2일 사이타마현 고다마군청 소속 서기는 7·5조로 조선인이 불을 지르고 우물에 독약을 푼다는 소식을 전하며 자경단 결성을 촉구하는 낭송을 하고, 9월 2일 오전 10시에 오지마 경찰서 서장은 관동계엄사령관 후꾸다 가타로[58] 육군대장으로부터 당일 오후 6시를 기해 계엄령이 발표된다는 소식을 듣는다.(2막) 고또오 신임내상은 광란의 사육제가 되어 국제 여론이 악화될 수 있으니 살육행위를 정지시키라고 하

---

55) 이상협은 당시 『동아일보』 편집국장으로, 조선인 구호 및 취재를 위해 9월 6일 서울을 떠나서 일본에 왔다가 9월 24일 서울로 돌아갔다.

56) 김승학은 당시 상해 독립신문사 사장이었는데, 희곡에서는 강덕상의 저서(1975)에 따라 김승학을 위문반의 일원으로 설정했다. 강덕상은 1975년 저서에서 『독립신문』 1923년 12월 5일자에 보고된 조사 보고서를 보낸 사람을 김승학으로 봤는데, 이후에 낸 개정판에서 이를 수정했다. 야마다 쇼지는, 한세복이 재일본관동지방이재조선동포위문반에 관여했고, 한세복이 11월말까지의 조사 결과를 상하이에 있던 독립신문사 사장 김승학에게 보낸 것이라고 했다. 야마다 쇼지. 앞의 책, 192쪽.

57) 최승만은 당시 재일본동경조선기독교청년회 이사였는데, 희곡에서는 최승만이 삼천리 교화국 관계자라고 했다. 최승만은 위문반의 일원이었고, 「관동대지진 속의 한국인」(『신동아』 1970.2~3)에서 위문반의 중간조사표를 발표했다.

58) 희곡에서는 후꾸다 가타로라고 했는데, 9월 3일 계엄사령관이 된 후쿠다 마사타로(福田雅太郎)일 것이다. 고또오 신임내상은 고토 신페이이다.

고, 명령 불복종의 자경단원을 검거 구속하는 조치가 내려진다.(3막) 이어 서장과 헌병대장은 유니송으로, 국가 내란 상태에서 반항적인 조선인은 일부 제거했지만 다수의 선량한 조선인은 보호를 받고 있다는 것, 외국에서 조사단이 오고 있음을 알린다.(4막) 날짜와 시간이 명시되며 전달되는 이 정보들을 통해, 일본 치안 당국이 일본 사회의 혼란과 치안 부재 상황을 타개하기 위해 재일조선인에 대한 악성 유언비어를 유포하며 계엄령 확대와 자경단 결성을 부추겼음을 고발한다.

〈잃어버린 역사를 찾아서〉는 과거를 발굴하려 하는 일본인 청년들과 참회하는 일본인 가해자들을 초점화하며[59] 1985년과 1923년의 역사를 기록한다.(〈그림5〉, 〈그림6〉) 이 작품 내부에서 '잃어버린 역사'를 찾아 나선 인물은 일본인 청년들이다. 1923년의 다나까 노인과 1985년의 도시유끼 노인은 침략 전쟁에 동원되어 저지른 행동 때문에 공포와 불안에 시달린다. 1923년의 다나까는 조선인을 위령하기 위해 출가를 결심하고, 1985년의 도시유끼는 자경단으로서 자신이 한 일을 고백한다. 변화

59) 대한민국연극제 출품작들에 대한 총평에서 평론가들은 작품과 작가의 의도가 미궁에 빠졌다고 했다.

"김성희: 소재는 좋았지만 접근하는 작가의 관점이랄까, 일본인 중심의 시선으로 보았기 때문에 이 작품은 생명력을 잃었다고 생각됩니다. 일본의 무사도정신, 일본의 가문, 내력 등 일본을 선양하는 모습이 곳곳에 보여 작가의 의도는 어떤지 모르지만 한국인의 희생을 주도적으로 그린 작품이라고는 생각되지 않았습니다. 장면변화, 무대미술에는 호감이 갔습니다.

유민영: 르포형식이나 서사적 방법을 도입한 이 작품은 안으로 응축된 밀도가 없었던 것 같습니다. 김성희씨도 지적했듯이 이 작품의 주인공은 일본사람으로 그려졌는데, 작년 〈식민지에서 온 아나키스트〉에서도 박열이라는 인물은 왜소하게 그려졌고 일본 변호사만이 휴머니스트로 그려졌던 예와 같다고나 할까요. 단지 일본 시각에서 돌이켜 보았을 뿐, 그렇다면은 관동대지진을 다시 되돌이킨 이유가 뭔지, 일본을 새롭게 알자는 건지, 작가의 의도를 모를 것 같습니다. (후략)

이태주: 자료의 나열이라면 신문기사와 다를바가 없는 거지요. 일본인물 다나까에 대립되는 우리쪽의 인물이 없었던 것입니다. 그러다보니 포인트가 흐려질 수밖에요. 김순기라는 한국여인을 집중적으로만 추구했더라도 그렇지 않았을 겁니다." 「제9회 대한민국연극제 총평」, 『한국연극』 1985년 9월호, 24쪽.

하고 각성하는 인물이 되는 것이다.

<그림5> 공연 사진-1985년의 일본 청년들

<그림6> 공연 사진-1923년의 인물들

반면 조선인 피해자의 입장이나 통찰, 사건 진상에 대한 비판적 전달은 상대적으로 약화되어 있다. 재일조선인은 멸시당하는 수동적 인물로만 그려질 뿐이고, 비교적 온전하게 행동하는 1923년의 김진도나 1985년의 김동기도 피해자의 입장을 다층적으로 대변하는 인물로 형상화되지는 않았다. 또한 미즈노 내상과 고또오 신임내상, 후꾸다 가타로 육군대장 등의 대사는 동기의 '상상'으로 설정된 채 다소 혼란스럽게 제시되어, 일본 정부의 책임을 폭로하려는 의도가 피해자 재일조선인의 '상상'으로 왜곡되어 전달될 가능성조차 있다.

한편 이 희곡은 1985년의 한국인을 '아무 것도 하지 않은 우리'로 호명하는데, 그 호명된 정체성이 참회하는 일본인의 정체성과 견주어지면서 불편한 반감을 일으키기도 한다. 희곡의 처음과 끝에서 '등장인물 모두'가 합창으로, "새록새록 그것은 우리 속에서 / 숨쉬고 있었다. / 잊고 싶어도 / 아예 없었던 걸로 해두고 싶어도 / 그것은 이제 너무도 억세어서 / 고스란히 잠재울 수 없었다 / 그러나 분명히 / 우리는 아무 것도 하지 않았다 / 분명히 우리는 / 아무 것도 / 하지 않았다."(112쪽과 210쪽)라고 노래를 부른다. '등장인물 모두'라고 했으니 1923년과 1985년 두 시간대에 등장하는 일본인과 재일조선인 구별 없이 함께 부르는 노래이다. 공연이 구현하는 세계상이 관객의 상상과 공감 속에서 경험된다고 할 때, 노랫말에서의 '우리'에는 1985년 공연을 관람하게 된 한국인이 포함될 수 있다. 그리고 이 노래가 희곡의 처음과 끝, 극 상황이 시작되기 전과 극 상황이 마무리된 뒤에 제시된다는 점을 고려할 때, 등장인물 개인의 목소리를 뛰어넘는 제3의 목소리 즉 작품 전체의 메시지에 대한 서술자(작가)의 목소리라고도 할 수 있다. 이 서술자의 목소리는 특히 공연을 관람하는 한국인들을 '아무 것도 하지 않았던 우리'로 호명하고 있는 것이다. 이 호명된 정체성은 반성을 촉구하지만 의도치 않은 반감을 일으킬 수도 있다. 관객이, 참회하고 반성하는 가해자 일본인들을 보는, '역사를 기억하지 않았던' 한국인의 위치에 놓이기 때문이다.

V. 1980년대 문화적 기억의 위상

관동대지진 시기 조선인 학살에 대한 1980년대 문화적 기억의 주체는 후체험자들이다. 지역의 역사를 살피던 일본 시민들이 나서서 유해 발굴과 증언 채록을 시작했고, 사건의 현장에서 차별을 겪으며 성장한 재일조선인 오충공 감독은 재일조선인 사학자와 접촉하며 학살 사건을 기록하는 영화를 만들었다. 시공간상 학살 현장과 먼 거리에 있던 한국의 극

작가 김의경은 현장 취재를 진행하는 가운데, 희곡을 쓰고 간논지에 '위령의 종'을 기부하는 데 앞장섰다. 그리고, 오충공 감독과 김의경 작가는 자신들의 작품에 1923년 과거를 소환하는 계기이자 프레임으로 당대를 기입했다. 〈감춰진 손톱자국〉은 1982년 9월의 발굴 현장을, 〈불하된 조선인〉은 1985년 전후에 행해진 위령 의례를, 그리고 〈잃어버린 역사를 찾아서〉는 1980년대 일본 청년들의 조사 활동을 기록했다.

1980년대 중반 한국과 일본에서 진행된 후체험자들의 이 기록영화와 기록극은, 1923년 조선인 학살 사건을 국가 책임과 연결시키는 입장을 표명하고 있다. 오충공 감독의 두 영화가 주목한 도쿄부 아라카와 학살 현장과 지바현 나라시노 수용소에서는 조선인 학살이 일찍부터 광범위하게 자행되었고, 자경단뿐 아니라 군인과 경찰이 학살에 참여했다. 특히 〈감춰진 손톱자국〉에서는 일본 치안 당국에 의해 조선인 폭동이라는 오보가 유포되었을 가능성을 제기했고, 〈불하된 조선인〉에서는 군대에 의한 조선인 학살이 일반인에 의한 조선인 학살의 불쏘시개 역할을 했을 가능성을 제기했다. 〈잃어버린 역사를 찾아서〉에서는 1923년 당시의 일본 수상 두 명과 관동계엄사령관 등을 등장시켜 그들이 유언비어 생성에 책임이 있음을 드러내려 했다. 강덕상을 비롯한 재일조선인 사학자의 연구 성과를 적극적으로 수용하면서, 근대 일본의 '과거사'에 대한 국가 책임 문제를 드러낸 것이다.[60]

그런데 이 기록영화와 기록극에서 일본인은 발굴하고 조사하고 위령하는 주체로서 전면화되어 있는 반면 피해자 조선인의 목소리는 위축되

60) 재일조선인 사학자 강덕상은 실증 자료를 바탕으로 일본 국가의 책임 문제를 치밀하게 제기해왔고, 오충공 감독과 김의경 작가는 강덕상의 연구 결과물을 적극 활용했다. 한편, 2000년 이후 야마다 쇼지는 일본의 국가 책임을 두 가지로 정리했다. 첫째, 조선인의 독립운동을 두려워 한 당시의 일본 치안 당국이 조선인 폭동이라는 오보를 유포함과 동시에 계엄령하에 군대를 통해 조선인을 학살함으로써 일본 민중으로 하여금 조선인을 학살하도록 유도했다는 점이다. 둘째, 학살에 대한 국가의 책임을 은폐하기 위해 조선인 범죄 날조와 형식적인 재판 등을 행했다는 점이다. 야마다 쇼지, 앞의 책, 6쪽.

거나 잠재되어 있다. 〈감춰진 손톱자국〉만은 피해자 조인승의 고통과 당혹감을 긴장감 있게 드러내면서 내부자적 관점을 드러내었다. 그런데 〈불하된 조선인〉에서는 일본인 목격자/가해자의 위령 의례와 한국인의 '위령의 종' 기부를 함께 기념하며, 긴장과 갈등의 국면들을 거의 드러내지 않았다. "적개심을 자극하고 야만적 살육행위를 일일이 고발하고 저주하는"[61] 극을 쓰지 않기로 작정한 김의경 작가는, 〈잃어버린 역사를 찾아서〉에서 가해자 일본인의 고통과 회한을 초점화했다. 위령과 추도, 고통과 회한을 기념화하는 식의 재현을 통해 긴장과 갈등을 거세한 것이다. 피해자가 말할 수 없었던, 피해자의 관점에서 사건에 대한 통찰이 이뤄질 수 없었던 상황들을 드러내지 않은/못한 것이다.

1980년대 후체험 세대의 이 문화 활동은, 갈등과 협력이 공존했던 1980년대 한일 관계와 교차하며 진행되었다. 1982년 7월 불거진 일본 역사교과서 왜곡 사건으로 과거사 문제가 점화되면서, 8월에는 독립기념관 건립을 위한 국민 성금 모금이 시작되었고, 관동대지진 시기 조선인 학살과 관련된 기사들이 나오기 시작했다.[62] 그리고 조선인 학살 사건이 일어난 지 59년이 지난 1982년 9월 1일, 한국에서 최초로 위령제가 열렸다. 한국기독교지도자협의회 대한불교조계종 천도교본부 한국천주교중앙협의회 등 국내 4개 종단 공동주체로 전국적으로 일제히 열

61) '작가의 말' 중 "처음에 나는 이 야만적 살육행위를 일일이 고발하고 이들을 저주하기로 했었다. 그러나 요시무라 아끼라의 『관동대진재』 후반부에서 지진직후의 복구사업을 묘사한 대목을 읽으며 그런 복수의 생각을 고쳐먹기로 했다. 진재 그 자체가 이미 신이 일본인들에게 내린 징벌이었다고 나는 믿게 되었다. 그 처절한 장면은 이 소설의 백미로서, 그 천재의 참혹함과 인재의 비리는 오히려 독자로 하여금 그 무대의 인물들을 깊이 동정하지 않을 수 없게 하고 있다. 항차 그러한 일을 저지르고도 반성은커녕 잊어버리기에만 급급한 저들 일본인들은 차라리 동정해 주는 쪽이 낫다."(214쪽)

62) 최승만 옹과의 인터뷰 기사가 일간지에 연일 나왔고, 추념강연회에서 증언하던 강석천 옹이 숨을 거두어 더욱 열기를 띠었다숨 「日 관동대학살 최승만 옹에게 듣는다」, 『동아일보』 1982.8.24. 「관동대지진 59주 맞아 최승만 옹에 듣는다」, 『경향신문』 1982.9.1.

렸고,[63] 추념강연회에서는 생존자들의 증언과 울분이 표출되었다.[64] 역사교과서 왜곡을 둘러싼 논란이 이어졌지만,[65] 한일관계가 갈등으로만 점철된 것은 아니었다. 1980년대에는 한일 반공 연대 노선이 지지되는 가운데 한일 교류와 협력의 가치가 유효하게 작동했다. 전두환 정부는 1981년 일본에 안보 경협을 요구했고, 1983년 한국을 방문한 나카소네 총리는 사회경제개발과 안전보장에 기여한다는 명목으로 정부차관과 민간자금 등의 공여를 약속했고, 한일 정상회담(전두환-나카소네 정상회담)에서 '한일 일한 신시대'[66]의 도래를 선언했다. 한일 첫 정상회담을 기점으로 경제협력 문제가 정치적으로 타결되었던 것이다. 과거사에 대해서도 유감 표명이 있었다. 1984년 전두환 대통령이 일본을 방문했을 때 천황은 "금세기 한 시기에 양국 간에 불행한 과거가 있었던 것은 진심으로 유감이며 다시 반복되어서는 안 된다고 생각한다"고 언급했다.[67] 후체험 세대의 문화 활동과 상호 교류는 이렇게 갈등과 협력이 중층적으로 연루된 상황 속에서 진행되고 확대될 수 있었다.

한일 교류와 협력이 불안하게 이어지던 시기에 진행된 후체험 세대의 이 활동들은, 한일 간에 의제화 되지 못한 과거사 문제를 들춰낸, 학문적 연구나 진상 규명 활동이 본격화되지 못한 사건을 부각시킨, 선구적 문화 운동이었다. 당시 한일 정상회담으로 가시화된 교류와 협력 속에서 '사할린에 버려둔 한국인', '한국에 거주하는 원자폭탄 피폭자' 등에

---

63) 「추념강연회도 관동대지진 때 일서 학살된 동포 1일 첫 위령제」, 『동아일보』 1982.8.30.

64) 「日 관동대지진 학살 폭로하던 산증인 공분 북받쳐 강단서 숨거둬」, 『조선일보』, 1982.9.2.

65) 일본의 역사교과서 문제는 한국과 중국의 비판을 고려해 일본이 역사교과서를 시정하는 식으로 정리되었다. 미야자와 관방장관은 정부의 책임 아래 교과서 기술을 시정하겠다는 담화를 발표하고, 교과서 검정 기준에 '인근 아시아 여러 나라와 관련된 근현대의 역사 기술에서는 국제 이해와 국제 협조의 견지에서 필요한 배려를 해야 한다는 규정'(근린제국조항)을 추가했다.

66) 「한일 새 유대의 巨步 불행했던 과거 반성」, 『동아일보』 1983.1.12.

67) 정재정, 『한일회담·한일협정, 그 후의 한일관계』, 동북아역사재단, 2015, 74~100쪽.

대한 책임과 보상 문제 등이 과거사 현안으로 검토되었지만,[68] 관동대지진 시기의 조선인 학살 사건은 정치적 의제로 검토되지 않았다. 일본에서는 재일조선인 사학자 강덕상이 꾸준히 연구 성과를 내고 야마다 쇼지가 일본 시민 활동에 참여하면서 연구를 시작했지만, 한국에서는 학문적 논의가 거의 이뤄지지 않았다. 일반 시민들의 문화적 기억 활동이 한일 정치계나 학계보다 먼저 그리고 오래, 조선인 학살 사건의 현재성을 밝혀왔던 것이다.

1980년대 후반 냉전 체제의 와해와 더불어 한국과 일본의 반공 연대가 힘을 잃으며 한일 교류와 협력의 기치도 꺾였다. '서울의 봄'을 맞이한 1990년대 한국 사회에서는 반공의 억압 속에서 자행된 제주도 4·3 사건과 광주의 5·18 민주화운동을 주목했고, 일본군 위안부 문제와 강제징용 노동자 문제 등을 새로운 의제로 제기했다.[69] 거품 경제가 붕괴되고 민족주의가 강화된 일본 사회에서는 우경화 경향과 역사 수정주의가 진행되었다. '새 역사 교과서를 만드는 모임'(1996년 결성) '일본회의'(1997년 결성) 등의 단체가 제시한 '자학 사관'(전쟁 범죄에 대한 반성을 자학으로 규정하는 우익적 역사의식)이 득세했다. 이렇게 한일 교류와 협력이 경색되면서, 1980년대의 기록영화와 기록극은 '잃어버린 역사'가 되었다.

관동대지진 80주년인 2003년, 1980년대 이뤄진 통찰과 유대의 순간

68) 한국 정부는 1966년부터 일본 정부에 대해 사할린에 내버려둔 한국인의 권한을 위해 노력해줄 것을 요청했고, 일본은 인도적 견지에서 1988년부터 사할린 거주 한국인에 관련된 예산을 편성해 지원책을 모색했다. 한국에서 1967년 재한 피폭자 단체가 일본 정부를 상대로 지원을 요구하는 소송을 벌였고, 1981년부터 도일치료 지원이 진행되고, 1990년대 초 재한원폭피해자복지기금이 마련되어 의료 지원이 확대되었다. 정재정, 앞의 책, 95~97쪽.

69) 1993년 고노 담화를 통해 일본 정부가 처음으로 일본군 위안부 문제를 공식적으로 인정했고, 1994 출범한 사회당의 무라야마 내각은 1995년 아시아여성기금을 설립했다. 그런데 기금이 일본 정부에 의한 국고 지원이 아닌 민간 기금의 형태여서 피해 당사자들이 거부했고 제대로 운영되지 않았다. 이영채·한홍구, 『한일 우익 근대사 완전정복』, 창비, 2020, 10쪽, 26쪽.

들이 잠깐 소환되기도 했다. 2003년 '관동대진재 80주년 한국인희생자 추모회(회장 신우식)'는 '관동대진재 80주년 한국인희생자 위령의 종각 보수 및 정비' 사업을 진행하며, 8월 31일 지바현 야치요시 간논지에서 기념 공연을 펼쳤다. 법현스님 외 7명의 범패, 이애주의 살풀이춤, 김유감을 비롯한 19명의 새남굿과 함께 김의경의 희곡 〈잃어버린 역사를 찾아서〉의 한 장면을 극단 가제노코 단원인 일본 연극인 3인이 낭독 형식으로 공연했다.[70] 때맞추어 야마다 쇼지는 『관동대지진 조선인 학살에 대한 일본 국가와 민중의 책임』(創史社, 2003)과 『조선인 학살 관련 신문보도 자료 1-4』(綠蔭書房, 2004)를 출판했다. 간토대학살 80주년(2003년)과 90주년(2013년)을 계기로 한국과 일본, 재일의 연대에 기초한 시민운동과 국경을 넘어선 정보 교류가 활발해지고, 한일 양국 정부를 상대로 진상 규명을 촉구하는 요구도 커졌다.

그러나 망각은 다시 완고하게 강요되었다. 구도 미요코〔工藤美代子〕는 『관동대지진 조선인 학살의 진실』(産經新聞出版, 2009)에서 조선인 학살 사실을 부정했다.[71] 유언비어도 다시 창궐했다. 2011년 3·11 동일본대지진 이후 일본 사회의 단결과 애국주의를 호소하는 분위기 속에서 재일조선인이나 한국인을 공격하는 말들이 다시 울려 퍼졌다.[72]

이 글은 2021년 한국문학언어학회에서 발간한 『어문론총』 89집에 게재된 것이다.

70) 「관동대진재 80주년 한국인 희생자 위령의 종 보수 사업 개요」, 2016.4.26. https://cafe.naver.com/1923/13 2019.11.17. 접속

71) 이 책에 대한 야마다 쇼지의 반박 내용은 노주은의 앞의 글(2013), 230쪽 참고.

72) 다카하시 데츠야, 이규수 옮김, 『일본의 전후책임을 묻는다』, 역사비평사, 133~152쪽.

참고문헌

〈자료〉

영화 〈감춰진 손톱자국〉, 오충공 감독, 1983.

영화 〈불하된 조선인〉, 오충공 감독, 1986.

희곡 〈잃어버린 역사를 찾아서〉(1985), 『김의경 희곡선Ⅱ—길떠나는 가족』, 현대미학사, 1998.

〈논저〉

강덕상, 홍진희 옮김, 『조선인의 죽음』, 동쪽나라, 1995.

강덕상, 김동수·박수철 옮김, 『학살의 기억, 관동대지진』, 역사비평사, 2005.

강덕상·야마다 쇼지·장세윤·서종진 외, 『관동대지진과 조선인학살』, 동북아역사재단, 2013,

권귀숙, 『기억의 정치: 대량학살의 사회적 기억과 역사적 진실』, 문학과지성사, 2006.

김기봉, 「역사극의 개념과 범주에 대한 신역사주의적 해석」, 『드라마연구』 34, 한국드라마학회, 2011.

김도경, 「관동대지진의 기억과 서사」, 『어문학』 125, 한국어문학회, 2014.

김명섭, 『한국 아나키스트들의 독립운동—일본에서의 투쟁』, 이학사, 2008.

김성희, 「김의경의 실증주의 역사극: 망각과 치욕의 역사쓰기」, 『한국 역사극과 문화적 재현』, 연극과인간, 2017.

김영범, 「알박스의 기억사회학 연구」, 『사회과학연구』 3, 대구대학교 사회과학연구소, 1999.

김용수, 「역사극의 이론적 관점에서 본 한국역사극의 특성」, 『한국연극학』 35호, 한국연극학회, 2008.

김의경, 유인경 편, 『김의경 연극론집: 도전과 응전의 긴 여정』, 연극과인간, 2008.

김흥식, 「관동대진재와 한국문학」, 『한국현대문학연구』 29, 한국현대문학회,

2009.
노주은, 「관동대지진 조선인학살 연구의 성과와 과제: 관동대지진 85주년에 즈음하여」, 『학림』 29, 연세대학교 사학연구회, 2008.
노주은, 「동아시아 근대사의 공백–관동대지진 시기 조선인 학살 연구」, 『역사비평』 104호, 역사비평사, 2013.
문영민, 『모더니티와 기억의 정치』, 현실문화연구, 2006.
박찬승 외, 『제2차 세계대전과 집단기억』, 한울아카데미, 2017.
백현미, 「사건의 드라마화와 재현의 역사성」, 『한국극예술연구』 65집, 한국극예술학회, 2019.
성주현, 「식민지 조선에서 관동대지진의 기억과 전승」, 『동북아역사논총』 48, 동북아역사재단, 2015.
오원환, 『다큐멘터리 스타일』, 커뮤니케이션북스, 2014.
이영채·한홍구, 『한일 우익 근대사 완전정복』, 창비, 2020.
이진희, 「관동대지진을 추도함: 일본제국의 '불령선인'과 추도의 정치학」, 『아세아연구』, 51호, 고려대학교 아세아문제연구소, 2008.
이행선, 「북풍회원이 바라본 관동대진재–정우홍의 〈진재전후〉를 중심으로」, 『민족문학사연구』 52, 2013.
임준서, 「1970~80년대 한국희곡에 나타난 다큐멘터리 양식 연구」, 고려대학교 박사학위논문, 2006.
장세윤, 「관동대지진 때 한인 학살에 대한 『독립신문』의 보도와 그 영향」, 『사림』 46, 수선사학회, 2013.
전평국, 『영상 다큐멘터리론』, 나남, 1994.
정병호·최가형, 『일본의 재난문학과 문화』, 고려대출판문화원, 2018.
정재정, 『한일회담·한일협정, 그 후의 한일관계』, 동북아역사재단, 2015.
주혜정, 「다큐멘터리 영화와 트라우마 치유–오충공 감독의 관동대지진 조선인 학살 다큐멘터리를 중심으로–」, 『한일민족문제연구』 35권, 한일민족문제학회, 2018.
최호근, 『기념의 미래』, 고려대학교출판문화원, 2019.

한승인, 『東京이 불탈 때 : 關東大震災遭難記』, 대성문화사, 1973.
한승인, 『(동경 진재 한인 대학살) 탈출기』, N.Y: 갈릴리문고, 1983.
황성근, 「기록극이란 무엇인가」, 『외국문학연구』 제5호, 한국외국어대학교 외국문학연구소, 1999.
다카하시 데츠야, 이규수 옮김, 『일본의 전후책임을 묻는다』, 역사비평사, 2000.
다나카 마사타카, 「관동대지진 조선인 학살 연구의 과제와 전망-일본에서의 연구를 중심으로」, 『동북아역사논총』 48, 동북아역사재단, 2015.
다나카 마사타카, 「간토대지진과 지바에서의 조선인 학살의 추이」, 『한국독립운동사연구』 47, 독립기념관 한국독립운동사연구소, 2014.
마쓰오 다카요시, 오석철 옮김, 『다이쇼 데모크라시』, 소명출판, 2011.
야마다 쇼지, 이진희 옮김, 『관동대지진 조선인 학살에 대한 일본 국가와 민중의 책임』, 논형, 2008.
알라이다 아스만, 벽학수·채연숙 옮김, 『기억의 공간-문화적 기억의 형식과 변천』, 그린비, 2011.
앨릭스 캘리니코스, 박형신·박선권 공역, 『이론과 서사: 역사철학에 대한 성찰』, 일신사, 2000.
빌 니콜라스, 이선화 옮김, 『다큐멘터리 입문』, 한울아카데미, 2005.
베라 뉘닝, 안스가 뉘닝 외, 정진원 외 옮김, 『현대문화학의 컨셉들』, 유로, 2006.
하르트무트 뵈메 외, 손동현·이상엽 옮김, 『문화학이란 무엇인가』, 성균관대학교 출판부, 2004.
케이스 젠킨스, 최용찬 옮김, 『누구를 위한 역사인가』, 혜안, 2002.
폴 워드, 조혜경 옮김, 『다큐멘터리: 리얼리티의 가장자리』, 커뮤니케이션북스, 2011.

거부당하는 주체로서 자기인식의 문제
– 김석범, 『1945년 여름』을 중심으로

전성규

I. 자신과 마주하는 과정에 대하여

이 글은 김석범의 『1945년 여름』을 대상으로 주인공 김태조의 몸에 새겨진 폭력의 기억과 그로부터 촉발되는 자기혐오와 수치, 자기인식을 정동의 측면에서 파악하고 그럼에도 신체의 이행을 통해 세계와의 합성을 구성하려는 노력을 조망하고자 한다. 그 가운데에서 꿈이라는 장소가 공존불가능한 일본과 조선의 장소성과 정체성을 생각하게 하는 인식의 접경지대임을 밝히고자 한다.

『1945년 여름』의 주인공 김태조가 겪었던 세 번의 폭력에 대해서는 김계자의 연구에서 다뤄진 바 있다. 김계자는 8·15를 전후로 하여 김태조에게 가해진 폭력의 기억이 김태조로 하여금 어느 쪽에도 가담할 수 없었던 자신의 위치를 노정하게 하며 이것 속에서 자신의 '말'을 찾아가는 모습을 띠고 있다고 분석한다.[1] 본고에서는 폭력의 경험이 김태조의 자기인식에 지대한 영향을 미쳤다는 김계자의 논의에 동의하면서 이것이 김태조의 기억 속에서 구체적으로 지각되는 과정, 감각의 겹침에 대한 서술에 보다 주목하고자 한다. 김태조는 반복되는 폭력 속에서 수년

---

1) 김계자, 「환기와 소거, 그리고 일본어문학:김석범의 『1945년여름』」, 『한림일본학』25, 한림대학교 일본학연구소, 2014, 179쪽.

전의 폭력의 기억을 매우 생생하게 떠올린다. 이 기억은 '장화(군화)를 신은 다리'가 자신을 마구잡이로 걷어찰 때 느끼는 통각(痛覺)을 통해 되살아난다. 무차별한 폭력 속에서 느끼는 통각은 미각과 후각을 장악하며 한 개인을 매우 취약한 상태에 빠지게끔 한다. 김태조의 몸은 세계의 폭력적 힘을 매우 높은 강렬로도 받아들이는데 이것은 자기혐오와 수치로 표현할 수 있는 자기인식의 원인이 된다.

조수일은 김태조의 주체적 이동과 유동하는 자기에 초점을 맞춰 분석한 바 있다. 김태조는 실제로 조선땅을 밟게 되면서 자신의 신체에 뿌리 깊게 각인되어 있는 일본어와 일본인으로서의 자기를 인식하며 조선 방문 전에 형성한 조국에 대한 지향을 다시 생각하게 된다. 특히 조선어의 토착성에 대한 인식은 김태조로 하여금 조선어를 넘어 조선인이란 무엇인가를 질문하게 한다. 이렇게 김태조는 직접 몸을 움직이며 내적으로 상황을 인식한다. 이러한 움직임의 특성을 조수일은 "분열과 동일성의 위기에 자기를 드러내는 주체적 이동"이라고 보았다.[2)] 조수일이 적절히 지적하듯 김태조의 '이동'은 앞서 서술한 폭력의 문제와 함께 자기인식의 양상을 심화시키는 중요한 요소로 작용한다.

그런데 물리적이고 실제적인 이동에 앞서 이 이동에는 가상적 경험의 지대가 있다. 김태조는 특별한 '꿈'을 꾼다. 김태조가 꾸는 꿈에서 그는 조선에 들어가거나 조선에 속하고자 하는 열망이 매우 강하지만 그것이 결국에는 무언가에 의해 차단 혹은 거부당한다. 이 꿈을 통해 그는 여기(일본)에 있는 자는 거기(조선)에 속할 수 없음을 깨닫는다. 조선으로 실제로 가서 경험하는 것들은 실상은 꿈을 통한 거부의 현실적 체험이다. 그러나 이 거절당하는 꿈은 김태조 자신에게 "공가능성" 즉 여기에 있으면서 거기에도 속할 수 있을 가능성을 실험하게끔 하는 장치로서 기능한다. 결국은 조선땅을 지키는 수호신인 장승에 의해 완강히 거절당하지

2) 조수일, 「재일조선인의 주체적 이동과 '8·15'의 자기서사」, 『한일민족문제연구』38, 한일민족문제학회, 2020, 145쪽.

만 꿈 속에서 김태조는 자신의 신체에 새겨진 다양한 힘들, 폭력의 적층과 8·15라는 (불)연속적 사건 속에서 형성된 자신의 다면적이고 다층적인 모습 그대로 조선에 건너가 새로운 건설을 하고자 한다. 김태조의 '이동'을 설명하기 위해서는 그의 몸의 이행 전 꿈을 통한 세계 체험에 대한 충분한 설명이 전제될 필요가 있다.

이혜진은 "1945년 8월 15일이 갖고 있는 '해방'과 '패전'이라는 사건성은 블로흐가 말한 '비동시성의 동시성'을 역전시킨 형태인 '동시성의 비동시성'"을 띠고 있다고 말한다.[3] 동일한 사건이 그것에 당면하는 주체의 상황과 맥락에 따라 다르게 경험됨으로써 8·15라는 사건은 입체적으로 구성된다. 그러한 입체성을 김태조는 꿈의 공가능성을 통해 또한 실제적인 물리적 움직임을 통해 중층적으로 경험한다.

폭력의 기억이 몸 안에 고스란히 새겨져 있다는 점에서, 꿈을 통해 현실에서 일어날 수 있는 관계성의 가능태를 미리 경험한다는 점에서 그의 몸은 매우 중요한 감각 기관이다. 하지만 감각의 전환과 정동이 갖는 힘들은 그간 『1945년 여름』의 분석에서는 소홀히 다뤄져 온 측면이 있다. 『1945년 여름』에서 김태조는 자신이 감각함을 말함으로써 자신이 존재함을 말하고 있다. 이 글에서는 김태조의 인식과 구분불가능한 감각의 영역에 보다 초점을 맞춤으로써 외부적 사건의 힘들 속에서 갱신되어가는 신체성에 대해 주목하고자 한다. 이것은 『1945년 여름』이 갖는 자전적 성격을 설명하는 데에도 중요한 시사점을 제공한다.

주지하다시피 『1945년 여름』은 1971년부터 3년에 걸쳐 발표한 단편들을 재구성한 소설이다. 김석범은 이 시기부터 오래된 기억 속에 있던 체험들을 생생한 감각으로 살려내는 작업을 시작한다. 『1945년 여름』은 「까마귀의 죽음」등보다 시기적으로 먼저 일어난 사건들을 다루고 있지만 제주 4·3을 다룬 일련의 작품군들보다 나중에 쓰였다. 생생한 감각화

3) 이혜진, 「1945년 해방과 패전의 서사 -김남천과 김석범을 중심으로-」, 『국제어문』79, 국제어문학회, 2018, 300쪽.

는 몸에 각인된 것의 소환 과정과 작가가 재일의 현실을 살아가면서 여전히 몸으로 마주하는 것들에 대한 의식화가 뒤섞여 만들어진 것일 것이다. 제주 4·3의 작가로 알려진 김석범이 자신의 문제에 보다 주목했다는 점에서 『1945년 여름』은 의미가 있다. 『1945년 여름』은 자신을 타자화시키지 않고 마주하는 작업이었기 때문에 고통의 형상화 문제와 이에 대한 전유의 방식들을 면밀하게 들여다 볼 필요성이 제기된다.

II. 내면을 들키는 자와 폭력의 문제

김태조에게 '장화'[4]는 폭력으로부터 촉발된 극심한 공포의 상징이다. 소설 안에서 장화의 이미지는 두 번 등장한다. 첫째는 소설의 초반부, 제사를 지내는 집안 입구에서 김태조가 발견한 도요카와의 장화이고 두 번째는 소설의 후반부, 김태조가 해방을 맞아 출간한 공산주의자들의 환영대회에서 연설자의 말에 토를 달자 보안대에 끌려가 린치를 당하면서 쓰러졌을 때 그에게 다가온 보안대 대장(이 보안대 대장 역시 도요카와였다.)의 장화이다. 여기서 장화는 군인이 신는 '군화'의 이미지를 연상시킨다.

김태조는 조선인 부락 마을에 그것도 조선인에게 있어 가장 중요하게 여겨지는 제사를 지내는 장소에 일본군인의 군화가 들어와 자리를 잡고 있는 것에 대해 매우 강한 모멸감과 폭력성을 느낀다. 이때 느낀 폭력의 정도는 장화를 떠올리며 같이 상기된 '다리'로 설명될 수 있다. 김태조는 벗어놓은 장화에 도요카와의 군복을 입은 "다리 두 개가 쑥 하고 빨려들어가는 모습"을 그려보며 "다리와 장화가 합체되어 밤의 대로로 나가 군

4) 조수일에 따르면 김석범이 일본어로 쓴 『1945年夏』에서 장화(長靴)는 'ちょうか'로 표기되었다고 한다. 장화는 일반적으로 ながくつ라는 훈독으로 읽지만 ちょうか라는 일본인에게도 낯설 수 있는 음독표기를 한 이유는 이것이 작품의 등장인물이 신는 장화가 일본군의 '군화'임을 강조하기 위해서이다. 조수일, 앞의 글, 124쪽.

화 바닥으로 큰 소리를 내며 걸"어가는 것을 상상한다.[5] 이어서 귓가에 들려오는 '다리'가 박힌 장화의 구둣발 소리는 김태조에게 과거 협화회 회원들로부터 무차별한 구타를 당한 특별한 경험을 상기시킨다.

이렇듯 김태조가 제사를 지내는 조선인 부락의 집에 군복을 입고 군화를 신고 들어온 도요카와에게 느낀 폭력성은 외부적 권력(이는 도요카와가 갖고자 하는 제국이라는 권위이며 권력행사는 폭력으로 이루어진다)으로부터 촉발되는 불안의 직접적 표현이다. 이 불안은 도요카와가 보여준 존재에 대한 부정의 태도, 조선인성(性)과 그들의 문화에 대한 부정의 태도에서 비롯한 것이기도 하지만, 김태조 개인에게 있어 그 불안은 보이지 않는 방식으로 정신의 세계에 작용하는 힘에 대한 태도를 의미하기도 한다. 생명 안으로 수렴되는 권력의 형태, 그것의 측정할 수 없는 양과 그것이 어떻게 자신의 삶과 정신에 작용하고 있는 것인지에 대한 알 수 없음, 권력이 스며들고 퍼지는 것에 대한 인식과 그것을 거부할 수 없음에서 비롯한 괴로움, 이 힘이 자신을 어떻게 바꿀 것인지에 관한 잠재성과 예측불가능성에 대한 두려움의 표현이기도 하다. 그것은 단적으로 말해 실존의 상황에서 자신이 자신의 운명이나 삶, 정서에 대해 주권적 지위를 누리지 못한다는 인식이다.

누군가 다리를 넣어 신은 군화는 김태조에게 다양한 감각으로 '느껴'진다. "귀밑에서 벌써 울리는 소리가 들리는 것만 같았다."(17)와 같이 소리로서 경험되기도 하며 "물끄러미 (장화를-인용자) 응시하고 있자니 입안에서 계속해서 쓴물이 솟구쳤다"(74)와 같이 미각으로도, "코를 찌르는 땀냄새 섞인 새 가죽 냄새"(4)와 같이 후각으로 경험된다. 하지만 이러한 감각들의 기원에는 군화로 폭행을 당했을 때 몸에 새겨진 '통각(痛覺)'이 있었다. 현관에 놓여 있는 도요카와의 군화를 바라보며 김태조는 "저 장화로 맞으면 필시 아플 것이라고 생각"(72)한다.

5) 김석범, 김계자 역, 『1945년 여름』, 보고사, 2017, 17쪽. 이하 "인용(쪽수)"로 표기.

브라이언 마수미는 『가상과 사건』에서 자연적 지각이 포함하고 있는 시각적인 것으로부터 촉각적인 것으로의 전환에 대해 다음과 같이 말한다.

> 시각은 잠세적 운동감각과 촉각성(tactility)을 자신 안에 포함하는 식으로 이루어져 왔습니다. 그것은 대상 자체가 그랬던 것처럼 가상이지만, 우리가 실제로 다가가서 만질 수는 없으므로 유예된 객관적 퍼텐셜을 수반하는 가상입니다. 그것은 대상없는 대상-지각입니다. 그 대상은 이미 추상입니다. 그것을 일면적인 표면이 아닌 하나의 대상으로 나타나게 한 것이, 나타나지 않은 것 또는 오직 잠재적으로만 나타난 것-다른 감지(感知)로의 중계라는 의미에서 추상인 것입니다. 원근법적 회화는 대상-지각을 "속이"지 않습니다. 그것은 대상-지각을 다른 식으로 활성화합니다. 깊이의 경험은 광학적 "환영"이 아닙니다. 그것은 깊이가 빠진, 깊이에 대한 실재적 경험입니다. 깊이의 경험은 그 통상적인 경험적 프레임화로부터 도약해 다른 프레임으로 진입하도록 만들어져 왔습니다.[6]

김태조에게 반들거리는 장화(시각)는 통각(촉각)으로 지각된다. 그러한 의미에서 장화라는 대상은 잠재적으로 방치해 두었던 폭력의 기억을 상기하게 하는 추상이다. 김태조는 "정신이 들어", "말쑥한 다리 두 개가" 장화를 신고 반들거리는 것을 보았다고 말하는데 벗겨진 장화에 다리가 박힌 이미지는 가상이라는 점에서 이때 "정신이 들"다라는 표현은 장화라는 대상으로 하여금 그가 느끼게 되는 실재 경험한 것에 대한 지각(고통스런 통각으로 이어지는)을 뜻한다. 이 대상-지각은 실제로 '깊이'에 대한 경험으로 김태조를 이끈다.

도요카와의 군화를 매개로 하여 김태조는 소설에서 크게 세 번 린치의 기억을 떠올린다. 시간 순서상 첫 번째 린치의 기억은 소설 안에서 발생

---

6) 브라이언 마수미(Brian Massumi), 정유경 옮김, 『가상과 사건』, 갈무리, 2016, 103쪽.

하지는 않고 그보다 앞선 시점의 것으로 김태조는 회상을 통해 폭력을 떠올린다. 아직 소년이었을 때 그는 일본제국에 충성하는 조선인 단체인 협화회에 끌려가 수십명의 청년들에게 둘러싸여 "뼈가 부러질 만큼 얻어 맞"았다.(161) 이때의 기억은 한동안 무의식 속에 잠재되어 있다가 조선인 부락에서 도요카와의 군화를 보았을 때와, 제주에서 징병검사를 받을 때 일본군인으로부터 구타를 당하면서 되살아난다. 조선을 거쳐 만주로 넘어갈 계획을 가지고 징병검사를 고향에서 받겠다며 어렵게 조선에 도착한 그는 시력검사 중에 "잘 모르겠다"는 답변을 하게 되고 이것이 계기가 되어 검안실 옆방으로 들어가 무차별적인 폭행을 당한다. 극심한 공포 속에서 검사관의 "너, 여기가 어딘 줄 알아!"라는 질문에 대해 김태조는 자동적으로 "예, 저는 충성스런 제국신민입니다!"(159)라고 대답한다. 이 린치에서 김태조는 매우 극심한 통증을 느끼게 되는데 이것은 "육체적인 통증을 넘어서" "체내에서 솟구치는 기세로 절규한 굴욕감"(160)에서 비롯한 것이었다. 김태조가 맥락없이 허둥대며 제국에 대한 충성을 다짐하자 상대는 "경멸하는 듯한 쓴 웃음"(160)을 띤다. 김태조는 과거 협화회에서 무자비한 폭행을 당할 때에도 "한마디도 충성의 말을 토해내지 않았는데"(161) 이 자리에서 "빰을 두 번 얻어맞고 저는 충성스러운 신민입니다."라는 외마디 비명을 내지른 자신을 견딜 수 없어한다. 세 번의 린치 경험 중 특히 징병검사에서의 경험은 정동의 측면에서 매우 특별하다.

우선 이 사건은 김태조가 속한 사회가 "저는 충성스런 신민입니다."라는 하나의 언어만이 허용된 사회임을 보여주고 있다. 그럼에도 김태조는 이 암구호와 같은 "저는 충성스런 신민입니다."를 내뱉음으로써 그 사회의 정동을 내면화하고자 한다. 아니 이미 전(前)의식적으로 사회적 정동을 자신이 내면화했음을 그 순간 확인하게 된다. 그렇기 때문에 김태조는 유독 징병검사에서의 폭력을 괴로하는 것이다.

정동은 권력의 대상이다. 정동의 변이적 과잉은 새로운 형태의 권력에서 목표가 되고 강화되고 조정된다. 그런 형태의 권력들은 삶에 침투하고 투입되는 과잉된 역학들을 통하여 스스로 기능해 나가는 것으로 "통제사회"나 "생체권력"으로 불리기도 한다.[7] 김태조가 "저는 충성스런 제국 신민입니다."라고 대답하자 검사관은 얼굴에 "경멸하는 듯한 쓴 웃음"을 띠는데 이것은 김태조의 자동적인 대답에서부터 권력이 실행되고 있음을 확인하였기 때문이다. 김태조는 자신 안에서 스스로 수치스럽다고 여긴 사회에 대한 인정욕망이 작동하고 있는 모순적인 상황을 '처리'하지 못한다. 그리고 그 균열성은 고스란히 밖으로 노출된다.

김태조는 감시의 시선 속에서 언제나 '노출'되어 비난과 경멸의 대상이 되어 왔다. 협화회에서도 징병검사에서도 심지어 해방 이후의 공산주의자의 집담회(이것이 그가 떠올리는 세 번째 린치의 경험이다.)에서도 그는 속하지 못하는 자로 '노출'된다. 김태조는 사회적 행위자로 존재하고자 하면서도 다른 한편으로는 동화될 수 없는 정동의 과잉을 자신 안에서 처리하지 못해 그것을 '들키는' 자로 있다. 김태조는 도요카와가 "미쓰야마군(김태조)은 언제 군복을 입게 되는 거야"라고 묻자 "나도 이제 곧 입게 되겠지"라고 답한다. 이때 김태조의 얼굴에는 웃음과 일그러짐이 동시에 나타난다. 내적모순의 처리불가능함이 외부로부터 폭력을 촉발하는 요인이 된다.

김태조의 행위를 설명하기 위해서는 "정동하고 정동받는 전(前) 개인적이고 후(後) 개인적인 능력들의 출현, 분배, 순환, 변화"[8]에 대한 관심이 중요하다. 하지만 이것을 설명하기 위해서는 한 개인이 총력전 시기, 특히 패전 직전의 공습의 상황에 놓여 있다는 조건적 상황이 충분히 고려될 필요가 있다. 소설 안에서 김태조는 공습에 대해 일상적으로 언급

7) 벤 앤더슨(Ben Anderson), 「정동의 과잉 조절하기: '총력전' 상황의 사기진작」, 멜리사 그레그(Melissa Gregg)·그레고리 J 시그워스(Gregory J. Seigworth) 편저, 최성희, 김지영, 박혜정 옮김, 『정동이론』, 갈무리, 2015. 269쪽.

8) 밴 앤더슨, 앞의 글, 276쪽.

한다. 김태조가 사는 오사카의 이카이노 지역은 공습으로 "건물 잔해로 넘실거리는 불탄 들판"과 "잘게 찢긴 전선" "벼락을 맞은 것 같은 전신주" "불탄 냄새가 남아 있는 곳"이었다.(76) 비행기를 통한 폭탄의 투하로 후방 또한 전쟁의 전선이 되며 개인의 안락은 산산조각이 난다. 김태조는 이러한 풍경을 '무심히' 바라본다. 김태조가 폐허가 된 상황을 풍경처럼 무심히 바라보는 태도는 총력전이 주조한 인간의 마비된 지각의 한 양태라고 할 수 있다. 총력전은 재일조선인 부락 안에서도 다양한 인물들을 통해 다르게 경험되는데, 도요카와와 같이 일본군으로서의 명예나 영광과 같은 이상을 통해서 규제되는 인물군이 있는가하면 김태조와 같이 가장 취약한 정도로 떨어지며 고통을 호소하는 인간군상의 모습들도 등장한다. 특히 김태조에게 반복되는 폭력의 경험은 그의 사회적 위치를 급속도로 주변화시키며 그 속에서 그는 자신에 대해 수치심과 자기혐오를 강하게 느낀다.

폭력이 전면화된 삶에서는 일방적인 당함만이 있기 때문에 정동의 순환과 분배, 생명권력의 작동은 원활하게 이루어진다고 말할 수 없다. 김태조가 일본을 떠날 결심을 한 까닭 또한 자신이 속한 사회에서 명예와 인정, 역할을 찾을 수 없다는 판단 때문이었다. 하지만 새로운 주체로 거듭나려는 김태조의 욕망은 역설적으로 자신의 내면세계로 인해 차단당한다. 김태조는 조선 땅을 밟는 순간부터 자신이 그곳으로부터 거부'당했다'고 '느끼는'데 자기인식적 측면에서 느끼게 된 압도적인 거부당함의 감각이 자신을 행위할 수 없는 주체로 만든다. 바로 여기에서 그는 권력이 자신의 신체에 지속적으로 축적되어 만들어진 어떠한 하나의 양상을 발견한다.

> 장난꾸러기 여학생들의 생생하게 반짝이는 눈빛이 반사적으로 그늘져 김태조 쪽을 향했다. 생각지 못한 시선이었다. 생각지 못한 만큼 그녀들에게서 시선을 뗀 순간, 그는 자신이 거절당한 것으로 생각되었다. 사람의 시선을 쑥

빨아들여 버릴 것 같은 그녀들의 깊숙한 눈에 쏴하고 가시가 돋았다.(141)

조선에서 생활을 거듭하면 할수록 김태조는 여기에 속할 수 없다는 생각을 갖게 된다. 가장 큰 문제로 언급되는 것은 조선어를 알아들을 수 없다는 것이었지만 보다 결정적인 역할을 한 것은 주변에서 들려오는 "왜인같다."는 말 때문이었다. 김태조는 발진티푸스가 걸려 치료를 받던 병원의 간호사에게서, 그리고 요양차 들른 금강산 속 절의 여승에게서 "왜인같다."는 말을 듣는다. 하지만 "왜인같다."는 말이 정말 그녀들이 내뱉은 말인지는 불분명하다. 간호사가 그를 보고 "왜인같다"고 한 것은 김태조의 '꿈' 속에서였다. 꿈 속에서 낯선 중년의 간호사는 자신을 피해 도망치는 김태조를 따라가며 "완전히 왜인과 똑같은데"라고 말하며 자신의 여동생이 열다섯의 나이로 왜인 지주에게 강간을 당해 목을 매고 죽었다는 이야기를 들려준다.(209) 금강산의 절에서 만난 여승의 말 "저 사람은 왜인이다. 세상에 그악하다고 하는 것은 왜인을 가리키는 말이야."는 한여름 대낮의 가열찬 매미의 울음 소리를 뚫고 김태조에게 들린 소리이다.(213) 사방에서 들려오는 "왜인같다."는 말은 김태조로 하여금 그 안으로 들어가려는 행위를 지속적으로 차단시킨다.

스피노자는 아펙투스(affectus)와 아펙티오(affectio) 즉 정동을 촉발하는 신체의 영향력과 그것이 정동을 촉발받는 신체에 남기는 영향 사이의 차이에 대해 구분한 바, 아펙티오가 잔여물을 남김으로써 특정한 종류의 신체적 능력을 만들어내는 지속적인 느낌에 주목하였다. 스피노자가 설명하듯, "신체는 많은 변화를 겪을 수 있지만, 그럼에도 불구하고 인상이나 흔적을 계속 간직한다."[9]

수치의 뿌리는 더 일반적인 의미에서 노출에 놓여 있다. 즉 불리한 상태에

9) 메건 왓킨스(Megan Watkins), 「인정 욕구와 정동의 축적」, 멜리사 그레그, 그레고리 J. 시그워스 편저, 앞의 책, 426쪽.

놓여 있다는 것이다. : 나는 이를 아주 일반적인 표현으로 힘의 상실(a loss of power)로 부를 것이다. 수치의 감각은 이 같은 상실에 대한 주체의 반응이다.[10)]

결국 김태조는 어떠한 수확없이 다시 일본 오사카로 돌아온다. 선학원의 기선생과 그 주변의 만류에도 불구하고 김태조는 일본행 기차를 탄다. 일본에서는 정동하고 정동받는 개인이 될 수 없어 고여있던 과잉된 정동은 조선땅 안에서도 순환로를 찾지 못한다. 그것들의 움직임을 가로막는 원인이 자신의 신체와 의식에 있다는 데에서 김태조는 더욱 강한 수치감과 자기혐오를 느낀다.

쉿, 조용, 조용. 잠, 잠. 그는 조선의 대지에 호되게 당했다. 호오, 왜인 같다…… 왜인 같다…… 이 울림소리는 그를 마지막까지 집요하게 쫓아와 그에게 패배를 확인라도 시켜주려는 듯이 주문을 거듭했다. ……다시 돌아오지 않겠다고 결심하며 탈출한 일본으로 뻔뻔스럽게 돌아온 패배감. 그것이 지금 확실히 8월 15일 일본의 패전과 조국 독립의 놀라운 해방감으로 거품이 이는 빛에 반사되어 보였다. 이들의 겹친 패배감이 지금 절정에 이르러 경직된 발기된 힘에, 되살아난 주문의 힘에 밀려올라가 그곳에서 바로 날아오르려 했다. 그는 자신이 위에서 덮치고 있기 때문에 주문을 외던 자의 위치에 있음을 깨달았다. 그러자 상대를 단단히 죄어버리고 싶은 가학적인 충동을 느꼈다.(295)

김태조는 이러한 부정적인 느낌을 이행자를 통해 해소하고자 한다. 그런 의미에서 소설에서 이행자라는 여성은 철저히 대상화되어 있다. 김태조는 이행자와 관계를 가질 때 "왜인같다"는 여성들의 속삭임을 듣는

10) 임홍빈, 『수치심과 죄책감:감정론의 한 시도』, 바다출판사, 2016, 231쪽.

다. 그 순간 8·15의 해방감은 패배감으로 뒤바뀐다. “왜인같다”는 말은 그 주문을 외던 자의 목소리로 들리지만 사실은 자신에게서 촉발된 소리라는 것을 너무나도 잘 알기 때문에 김태조는 이행자를 순간 자신에게 수치심을 불러일으킨 존재로 전이시키며 강한 공격성을 표출한다. 이는 자신에 대한 공격이기도 하다. 이행자는 김태조에게 “사람이 달라진 것 같다”고 말한다. 수치 감정을 폭력적인 방식으로 도구화하는 행위 끝에 김태조가 발견한 것은 것은 “폐허의 땅 위에 짓밟힌 오물처럼 찌부러진 자신”이었다.(297)

III. 패전과 건설, ‘공가능성’에 대한 모색

김태조의 행위불가능성은 상당 부분 그가 내재화한 수치심에 기인하고 있으며 노골적인 폭력의 경험에서 비롯한 주변화에 기원을 두고 있다. 이것 때문에 김태조는 재영토화된다. 그러나 그럼에도 스피노자가 말한 바 “누구도 몸이 무엇을 할 수 있는가를 아직 규정하지 못했”으며 정동은 권력에 의해 관리될 수 있지만 포획될 수는 없는 것이다. 조선에서 일본으로 도망치듯 돌아온 뒤 해방을 맞이하고 김태조는 다시 조선행을 택한다. 두 번째 조선행은 “배수진을 친”(361) 나아감이었다. 물러섬에 있어 폭력에 의해 주조된 정동들이 관여하여 자신을 행위할 수 없게끔 방해하였듯이, 나아감에 있어서도 역설적이지만 정동‘만’이 신체를 묶어버린 의식에 대항하는 원동력이 되고 있음을 확인할 수 있다.

앞서 분석한 바 있듯 김태조에게 장화는 권력적 관계에서 비롯한 압도감을 느끼게 하는 소재이며 통각으로 기억된다. 그러나 여기서 질식할 것과 같은 위압감은 도요카와를 매개로 혐오감으로 옮겨가며, 통각 역시 후각으로 전이된다.

김태조는 도요카와의 군복 입은 모습을 가까이서 분명히 봤을 때, 볼에서 목덜미까지 소름이 쫙 끼치는 것을 느꼈다. 실제로 그 냄새가 그한테까지 풍기지는 않았지만 훅 하고 코를 찌르는 것 같았다. 소위 계급장, 군복 빛깔, 형태, 일본도에 몸을 단단히 감싼 제국 군인은 압박감으로 김태조에게 육박해왔다. 그는 이것을 뿌리치고 싶은 반발감이 이는 가운데 몸이 다시 긴장되는 것을 느꼈다. 그러면서도 그는 갑자기 도요카와라는 존재 전부를 단숨에 부정할 수 있는 불쾌한 경멸의 힘이 몸속에 먹물처럼 검게 퍼져나가는 것을 충분히 알 수 있었다.(23)

김태조는 군복을 입은 도요카와의 모습에 소름이 끼치는데 그 촉각은 이어 "훅 하고 코를 찌르는" 것과 같은 '냄새'로 전환된다. 이 장면 외에도 도요카와가 제사상 앞에서 절을 올릴 때 김태조는 "방바닥의 먼지 냄새를 코끝으로 맡으며 그 냄새에 밀리지 않고 똑바로 가슴 속에서 치밀어오는 옛친구에 대한 혐오감"을 느낀다.(17) "밀리지 않고"라는 표현에서 확인할 수 있듯이 김태조에게 있어 후각은 저항적인 감각이다. 김태조는 후각을 통해, 도요카와의 군화를 보며 속으로 한 말 "맞으면 아플 것 같다"와 같이 통각의 체험에서 비롯한 압박감과 공포감을 도요카와에 대한 '혐오감'으로 전이함으로써 도요카와를 비롯 그가 상징하는 제국의 힘을 상대화한다. 이때의 '혐오감'은 김태조가 자신에게로 향하는 자기혐오와는 구별되는 것으로 도요카와라는 타자와의 관계를 대변하는 성격을 가지고 있으며 존재나 집단을 변별하는 판단적인 기능을 띠고 있다.

흔히 악취와 같은 나쁜 냄새에 대한 지각은 불쾌한 감정이나 악(惡), 하층계급이나 사회적인 타락을 상징하는 이데올로기로 통용되어왔다. 후각적 혐오감은 실제의 냄새인 경우도 있지만 다른 대상에게 작용하는 이데올로기가 후각의 영역으로 전이되는 경우가 많다.[11] 김태조가 도요카와에게서 맡은 '악취' 즉 후각적 혐오감은 그의 사회적 타락과 정치권력적 요소로 인해 형성된 것이다. 김태조는 도요카와에게서 풍기는 악취에 "구토를 느끼"며 "뿜어 나오는 혐오감"으로 몸서리친다.(25) 김태조가 도요카와에게서 혐오감을 느끼는 이유는 "저 녀석은 언제 저렇게 변해버린 것일까. 예전에는 저 정도는 아니었는데."(25)라는 말처럼 그가 타락한 인간이 되었다는 데에 있었다.

근대 시민 사회에서 시민계급의 도덕적, 정신적 순수성의 이데올로기는 청결 및 위생 개념과 연결되면서 후각문화의 계층화를 가져왔다. 시민 계층은 가난한 하층민의 냄새와 불결함과 구분되는 자신들의 위생개념을 통해 자의식을 발전시켰다.[12] 집단을 위계적으로 변별해내는 근대 시민사회와 후각의 관계를 토대로 김태조가 도요카와에 대해 느끼는 후각적 타락성을 설명할 수 있다고 본다. 김태조가 도요카와에게서 느끼는 악취에는 그가 도요카와를 자신보다 열등한 인간이라고 보는 인식이 전제되어있다.

과잉된 자의식은 김태조를 폭력에 노출시키고 머뭇거리게 하며 행동할 수 없게 하지만 다른 한편으로는 그가 '인간으로' 살아가고 있다는 감각을 갖게 하는 중요한 자원이 된다. "전쟁은 인간적인 취약함을 무효화하고 해체해 버리는 비인간적인 힘의 계시로서" "이것은 몸들을 약화시키거나 파괴하는 감응들이 끈질기게 존재함에도 불구하고"[13] 계속 앞으로 나아가게 만든다. 패전의 황폐한 분위기, 재빛 세상, 타는 냄새와 매우 상반되게 도요카와는 파괴적 행위에 대한 열정과 쾌락, 활력을 가지고 있는데 이것이 바로 총력전 상황에서 총체적으로 동원된 몸을 대변

11) 정진경, 『후각의 시학』, 푸른사상, 2016, 275쪽.

12) 최은아, 「감각의 문화사 연구—시각과 후각을 중심으로」, 『카프카연구』17, 한국카프카학회, 2007, 148쪽.

13) 벤 앤더슨, 앞의 글, 284쪽.

하고 있다. 김태조는 이와 같은 강도 높은 사회성이 무엇으로부터 기인하였는지에 대한 관점을 가지고 있다는 점에서 자신이 도요카와와 구별된다고 생각한다.

장화가 상기하는 폭력에서 비롯한 통각은 수동적 촉각이지만 도요카와에게서 갖는 후각적 혐오감은 능동적 감각이라고 할 수 있다. 하지만 김태조에게 있어 이 능동적 감각이 보다 적극적으로 발현되는 때가 존재하는데 그때가 바로 조선인 부락에 대해 지각할 때이다. 김태조는 자신이 속한 조선인 부락에서 "누군가 자신의 목덜미를 어루만지는 듯한" 느낌과 마을 분위기의 한가로움과 평화로움이 "부드러운 파동이 되어 몸으로 전해지는" 듯한 느낌을 받는다. 제사를 지내며 절을 할 때 김태조는 보이지 않게 자신과 연결되어 있는 존재들을 피부로 느끼며 한가한 아침에 누군가 장작을 패는 소리에 전시상태임을 잠시 잊고 소리가 전하는 파동을 몸으로 느낀다.(42, 75) 그러나 중요한 지점은 김태조가 이 따뜻한 공간에 대해서 '거부감'을 느낀다는 점이다.

> 그가 조선으로 비상하려고 시도하는 마음의 한쪽 어두운 구석에서는 어머니와 지낸 가난하지만 순수한 생활에 대한 혐오가 강하게 작용하고 있었다. 이것은 또한 자신을 둘러싼 현실의 모든 것에 대한 혐오감이기도 했다. 자신의 주변에 불길한 것을 부정하고 벗어나기 위해서는 꿈을 꾸는 수밖에 없다. 자신을 포함한 재일조선인의 생활 어디에 조그마한 꿈이라도 충족시킬 만한 것이 있겠는가. 여기에서 벗어나는 길은 일본인이 되든지, 아니면 여기에서 벗어날 길을 단호히 찾든지, 둘 중 하나이다. 그리고 그 길은 밖에 내놓고 보여줄 수는 없다.(83)

김태조가 조선인 부락에서 촉각을 통해 느끼는 것은 보살피는 접촉, 정감 어린 접촉에 대한 것이다. 이것이 김태조에게 따뜻하고 안락함을 주면서도 한편으로는 혐오를 촉발시키기도 한다. 그가 조선인 부락에

혐오를 느끼는 까닭은 그것이 "순수한 생활"이기 때문이다. 자신이 욕망하는 사회적 인정이 조선인 부락이 갖는 가족구조에 기반해 있지 않다는 사실 때문에 혐오감을 느끼는 것이다.

프란츠 파농은 『검은 피부 하얀 가면』에서 백인 사회에서 전제가 되는 가족구조와 국가구조의 긴밀성이 흑인에게 있어서는 부재하다고 말한다. 백인 가족은 사회 집단 또는 국가 집단을 예고하는 제도이지만 앙티유 흑인의 경우 자신의 가족은 실제로 국민적 구조, 즉 프랑스적이고 유럽적인 구조와 관계가 없으며, 사회-백인의, 문명화된-로 상승을 꾀하는 흑인은 가족과 유럽사회 사이에서 한쪽을 선택해야만 하는 상황이 발생한다.[14] 김태조가 조선인 부락에 대해 갖는 순수함과 혐오감이라는 이중적 감정은 이러한 의미에서 관련이 있다. 사회로의 상승을 꾀하는 개인이 속한 가족구조가 사회구조의 기반이 되지 않을 때 가족과 사회가 동치적 관계가 아니라 갈등적 관계에 놓일 때 개인이 느끼게 되는 감정이라고 할 수 있다. 김태조는 이렇게 조선인 사회가 일본사회 안에서 "자연적 배경"[15]으로서 존재하는 분할된 세계에 대한 감각을 예민하게 벼리고 있다.

김태조는 조선인 부락에서부터 느끼는 따뜻함과 안락함을 혐오감으로 바꿔 자신 내부에 봉인되어 있던 실존의 문제를 마주하게 된다. 그 과정에서 '꿈'은 김태조에게 있어 실존의 문제를 풀어내보려는 제3의 공간으로 작동한다.

김태조는 일본을 떠나기 전 그러니까 실제 자신의 신체를 조선으로 가

14) 프란츠 파농(Franz Fanon), 노서경 옮김, 『검은 피부, 하얀 가면』, 문학동네, 2014, 147-148쪽.

15) 도미야마 이치로는 『유착의 사상』에서 프란츠 파농의 『대지의 저주받은 사람들』을 인용하면서 식민지 사회가 구성된다는 것은 자연이 표상으로서 구성된다는 것을 뜻함을 말한다. "알제리인들, 베일을 두른 여성들, 자두나무 숲이나 낙타는 풍경을 구성한다. 이것은 프랑스인이라는 인간 존재의 자연적 배경과 다름없다." 도미야마 이치로(富山一郎), 심정명 옮김, 『유착의 사상』, 글항아리, 2015, 354쪽.

는 배에 실기 전에 꿈을 통해 조선을 이미 체험한 바 있다.

버스 도로로 나가 서쪽으로 가면 철교가 보이는데 이를 경계로 건너편 T지구는 일망천리였다. 건물 잔해로 넘실거리는 불탄 들판이 보였다. 동부를 남겨놓고 오사카의 대부분을 절멸시킨 3월 13일의 대공습 권내에 들어가는 지역이다. 잘게 찢긴 전선이 복잡하게 얽힌 전신주가 벼락을 맞은 것처럼 한가운데가 눌려 지면에 떨어져 있고 새싹이 막 돋아난 가로수는 무참히 검게 말라 버렸다. 아직 불탄 냄새가 남아 있는 전차 교차로의 잔해가 비어져 나온 한쪽 도로에 검게 탄 인간의 시체가 마치 불탄 통나무 조각처럼 뒹굴고 있는 것이 보였다.

…

꿈에서 그는 큰 통나무를 양손에 들고 쿵쿵거리며 땅 위에 구멍을 뚫고 있는 자신을 발견했다. 이 통나무는 김태조가 며칠 전 대공습 다음날 근처 불탄 곳을 보며 돌아다녔을 때 검게 탄 시체가 묘하게 단 하나 덩그러니 도로에 아무렇게나 뒹굴고 있던 모습과 닮은 것 같았다. … 필시 부산역일지도 모른다. 그런데 그의 마음은 다른 말을 했다. 그렇지 않다, 절대로 이곳은 경성역이다. … 꿈속에서 이곳에 건물을 세우겠다고 마치 토템 조각상처럼 검게 탄 시체 통나무로 지하에 구멍을 파고 있는 것이다. 정신을 차리고 보니 그건 말하자면 장승이었다. 옛날에 조선에서 이정표 대신 길가에 세워는 '천하대장군' '지하여장군'의 목상이었던 것이다. 눈을 부릅뜨고 긴 이빨을 드러내고 화를 내고 있는 무서운 얼굴을 보고 김태조는 깜짝 놀라 밀쳐내고 말았다. 바로 그때 지면이 힘없이 털썩 무너지며 발이 미끄러지면서 그는 어두운 구멍으로 추락했다. 이것은 지구 안에 생긴 구멍, 아니 하늘 같은 공간이었다. 그러니까 다시 말하면 밤하늘을 맨손으로 내려가고 있는 것 같았다. 게다가 가속도가 붙어 추락하는 감각이 전혀 불안하지 않았다.(76-78)

김태조는 낮에 오사카 지역을 거닐다가 공습으로 불에 탄 폐허 속에서 타버린 시체를 마주하고 그것이 통나무 같다고 생각한다. 그날 밤 그의 꿈 속에서는 큰 통나무가 등장하고 그는 부산역인지 경성역인지 모를 곳인 조선 땅에서 건물을 세우겠다고 구멍을 파서 통나무를 심으려 한다. 김태조가 낮에 보았던 통나무 같았던 불에 탄 시체는 그의 꿈 속에서 통나무가 되어 등장한다. 여기서 통나무는 역사의 단절과 연속을 상징한다. 불에 탄 폐허에 놓인 시체를 비유하는 통나무는 임박한 종전(終戰)을 암시하고 있으며 김태조의 꿈속에서 등장하는 통나무는 그가 그것을 땅 속에 박으면서 "건물을 세우겠다"라고 표현한 바와 같이 전후에 그려질 건설을 의미한다. 조선의 건설은 일본의 패전을 기반으로 하고 있기 때문에 통나무는 "검게 탄 시체 통나무"가 된다.[16]

야콥슨은 실어증의 환자를 인접 혼란과 유사 혼란으로 구별하여 설명한 바 있다. '인접혼란'은 언어 요소들을 하나의 정연한 순서로 결합시키지 못하는 장애이며, '유사혼란'은 한 요소를 다른 언어 요소로 치환시키지 못하는 장애를 가리킨다. 인접혼란은 은유에서처럼 수직적 차원에서 치환을 야기시키고 유사혼란은 환유에서처럼 전체에 대한 순서의 부분 요소들을 나타내게 한다.[17] 김태조의 꿈에서 통나무의 의미는 은유와 환유, 언어의 수직적 차원과 수평적 차원에서 동시에 나타나고 있다. 시체가 꿈속에서 통나무로 바뀌어 등장하는 것, 통나무가 토템 조각상으로 바뀌는 것은 치환 즉 은유라고 볼 수 있다. 하지만 어느 순간 통나무는 "검게 탄 시체 통나무"가 되어 시체와 통나무 사이에는 '인접'이 생기면서 둘은 맥락을 구성하는 환유의 관계로 바뀐다. 김태조는 시체와 통

16) 이혜진은 1945년 8월 15일을 다면체로 파악할 것을 주장한다. "1945년 8월 15일이라는 하나의 사건은 제국주의의 종언과 냉정시대의 출발이 내포하고 있는 다면체의 성격을 지닌 세계 전환기적 사건이라는 점에서 이른바 '라쇼몽 효과(Rashomon Effect)'를 극대화하면서 해석의 차이를 반복하고 있다는 점에서 지속적인 문제영역으로 간주되고 있다." 김태조의 꿈에서 나타난 "검게 탄 시체 통나무"는 그 자체로 1945년 8월 15일의 다층적이고 교차적 이미지를 상징한다. 이혜진, 앞의 글, 301쪽.

17) 레이먼 셀던(Raymond Selden), 현대문학이론연구회 옮김, 『현대문학이론』, 문학과지성사, 1987, 99-103쪽.

나무를 단순히 치환관계에 두지 않고 이들을 인접시켜 맥락을 만들어내고 있다. 환유는 하나의 순서 속에 있거나 문맥 속에 있는 한 요소로부터 다른 요소로의 전이를 뜻하기 때문에 그것이 작동하기 위해서는 하나의 문맥이 필요하다. 김태조가 꿈을 통해 했던 작업이 바로 맥락을 만드는 일이었다. 시체가 통나무가 되어 조선의 땅에 새로운 건설의 주춧돌이 되는 김태조의 꿈은 일종의 해석해야 할 맥락이 된다.

'공가능성(compossibilities)'은 주지하다시피 라이프니츠의 용어로, 라이프니츠는 '공가능성'을 두 가지 구분되는 가능 실체들의 공존가능성의 조건으로 규정한 바 있다.[18] 신이 이 세계를 창조할 때 어떤 한 가능 실체를 만드는 데 있어 그 한 실체가 관계 맺을 무수한 세계들을 고려해서 그것을 형상화했기 때문에 구분되는 각각의 가능 실체들은 모순을 일으키지 않고 한 공간 안에 존재할 수 있을 '가능성'을 갖게 된다. 이 주장이 실재하는 세계에서 구현될 수 있다면 김태조는 거기(일본)에도 있을 수 있고 여기(조선)에도 있을 수 있다. 하지만 실제로 김태조가 거기에도 있을 수 있고 여기에도 있을 수 있다면 시체 통나무를 조선 땅에 세우는 꿈은 꾸지 않았을 것이다. 그는 자신이 여기에 있으면서 거기에도 있을 수는 없다고 생각했기 때문에 공가능성의 맥락을 만들기 위해 꿈을 통해 작업을 한다. 그러나 이 작업은 꿈 속에서부터도 차단당한다. "검게 탄 시체 통나무"로 정신없이 땅을 파다 보니 어느 순간 그 통나무는 "천하대장군 지하여장군의 목상"으로 변해 있었고 그것들은 김태조를 향해 "눈을 부릅뜨고 긴 이빨을 드러내고 화를 내고 있는 무서운 얼굴"을 하고 있었다. 조선 땅을 수호하는 목상은 김태조가 폐허 위에, 폐허의 잔해들로 새로운 건물을 쌓아올리는 것을 용납하지 않는다. 꿈 속의 폐허, 폐허의 잔해는 곧 김태조 자신이며 꿈은 곧 폐허인 자신이 조선에서 건설의 주체가 될 수 있는가 하는 물음이다.

18) 김준영, 「라이프니츠와 공가능성의 퍼즐」, 『철학』150, 한국철학회, 2022, 135쪽.

꿈을 통해 조선으로 이동을 하는 주인공의 이야기는 김석범의 다른 소설 「허망한 꿈」에서도 확인할 수 있다. 「허망한 꿈」에서도 주인공 '나'는 꿈 속에서 20여년 만에 고향땅 조선에 도착한다. 『1945년 여름』의 장승처럼 「허망한 꿈」에서도 '나'의 조선 여행은 조선을 지키는 정령인 홍길동에게 차단당한다. 홍길동은 '나'에게 "자넨 창자가 없는 인간인가?" "자넨 진짜 조선인이 아니라는 것이 자네에 대한 나의 본질론이야."라고 말하며 '나'를 조선 반도 안으로 들여보내질 않는다. '나'는 조선에 들어오기 위해 소라게에게 창자를 다 파먹힌 상태였다. 창자는 재일성(在日性)을 상징하는 것으로 창자를 없애는 행위는 그 성질을 지워버렸다는 뜻이다.[19] 그럼에도 '조선성'이라는 것이 부재했기 때문에 '나'는 조선에 들어오는 것을 거부당한다.

> 묶임과 풀림, 되어감(becoming)과 되어가지 못함(un-becoming), 삐걱대는 불협화음과 조율이 잘된 리듬. 정동은 몸이 마주침의 세계에 속함을 표시하거나, 또는 세계가 마주침들로 이뤄진 몸에 속함을 표시한다. 그러나 또한 속하지 않음 속에서, 이 모든 상호적인 비-공가능성(in-compossibilities)의 너무나 슬픈 합성(분해)들을 통과하는 세계를 표시하기도 한다. 항상 좋든 나쁘든 충돌하고 분출하는 모호하거나 '뒤섞인' 마주침들이 있게 마련인데, 그러나 (대부분의 경우) 그 마주침들은 사이에 있는 것이다.[20]

김태조는 스스로 조선이라는 가능세계의 개체성이 자신에게 없다고 생각한다. 이것이 그가 조선에 속할 수 없다고 생각하는 근본적 이유이

---

19) 조수일은 소설의 맥락상 창자가 일본적 요소로 읽을 수 있는 만큼 '창자'로 번역된 はらわた를 '배알'이라는 표현으로 번역할 수 있다고 보고 있으며 창자를 "혼종의 창자"로 명명한다. 조수일, 「「허몽담(虛夢譚)」의 인물 형상화 양상에 나타난 작가의식」, 『탐라문화』 65, 제주대학교 탐라문화원, 2020, 335쪽.

20) 그레고리 J. 시그워스·멜리사 그레그, 「미명의 목록」, 그레고리 J. 시그워스·멜리사 그레그 편저, 앞의 책, 16쪽.

다. 창조된 세계로서 조선은 그가 거기 속해있지 않은 지금도 끊임없이 재구성되는 동적 세상이다.[21] 김태조는 자신 안에 있는 제한적인 특성 즉 생물학적으로 조선인이라는 점, 아버지의 고향이 제주도라는 점, 고향 방문의 경험이 한번 있었다는 점만으로 조선이라는 세계의 가능실체로서 개체성을 띨 수 없다고 생각한다. 김태조는 이방인으로서가 아니라 속한 자로서 조선에 머물기를 원했기 때문에 그로부터 느껴지는 거리감이 매우 컸던 것이다. 창자를 버리고 조선에 들어오는 행위는 조선에서 가능실체로서 서고자 하는 의지가 담긴 것이었지만 결국 거부당한다. 김태조는 실제로 조선으로 건너가서 조선인이 "되어가지 못함"에 대한 자각, "삐걱대는 불협화음"을 지속적으로 마주하게 된다. 그가 조선에서 느끼는 것은 '비공가능성' 그 자체이다.

> 아, 누구도 자신을 압박하지 않았다. 뒷걸음질할 수 없도록 배수진을 치자, 아무도 압박해오지 않는 것이다. 그렇지만 순간 김태조는 갑자기 자기붕괴의 감각 속으로 떨어졌다. 현기증이 나고 눈을 감고 있으면 스토브 탓인지 이마에 땀이 배고 삐걱삐걱 하고 나선형으로 울어대는 이명이 들렸다. 뭔가 지금까지 긴장되어 있던 것이 저절로 무너져가는 듯한 느낌이 들었다. 그러나 이 붕괴감은 이제 자신을 무너뜨리려는 압박감을 수반하지는 않았다. 오히려 밑바닥에서부터 희미한 충족감조차 생기는 것을 느꼈다. 뭔가 재생하는 생명의 탄생처럼 움직였다. 김태조는 문득 중얼거리듯, 이것으로 자신이 한 걸음 앞으로 나아갈 수 있을지도 모른다는 생각이 들었다.

21) 조수일은 이를 '말'의 로컬성으로 설명한 바 있다. 김태조의 언어는 "약한 조선어"였고 경성 사람들의 언어는 "토착의 조선어"였다. 김태조는 '토착의 조선어'를 만나면서 자신의 '약한 조선어'로 구성된 말의 공간은 빈약하기에 곧 무너지고 말 것이라고 생각했고 경성 사람들의 토착의 조선어는 점착력이 강해 그 언어를 사용하는 사람들을 서로 묶어주고 그렇지 않은 사람들은 밀쳐내고 있다고 생각한다. 김태조가 느끼는 한계는 단순히 조선어에 얼마나 능숙한가하는 문제가 아니라, "조선어라는 민족어의 틀로는 다 파악해 낼 수 없는 이 땅의 풀이 뿜어내는 열기와 냄새를 포함한 말의 로컬성"이 부재한 데에서 비롯한 것이다. 조수일, 「재일조선인의 주체적 이동과 '8·15'의 자기서사」, 142쪽.

눈을 뜨자 넓은 창이 한층 더 밝았다. 창밖은 겨울 햇빛이 들어와 유리창 너머로 보이는 지붕의 눈이 따뜻하게 느껴졌다. 눈이 녹기 시작한 길을 사람들이 하얀 숨을 내쉬며 어깨를 조금 움츠리고, 하지만 얼굴을 똑바로 쳐들고 걷고 있었다. 아, 이곳은 경성이다. 이곳은 독립 조국의 수도 경성이다. 혼자 중얼거리며 소파에서 일어난 김태조는 밝은 창 쪽으로 걸음을 옮겼다.(361)

김태조는 꿈 속에서 무녀와 장승으로부터 재일성을 갖고 들어오는 것을 거부당했음에도 불구하고, 또 실제로 해방 직전 조선에서의 경험이 그에게 부정적으로 작용했음에도 불구하고, 다시 조선에 돌아온다. 조선에 다시 돌아왔을 때 그는 기선생이 지하운동가였으며 선학원이 지하운동의 거점지였다는 사실을 알게 되고 해방 직전에 일본으로 다시 돌아간 것에 대해 큰 후회를 한다. 일본으로 돌아가겠다고 했을 때, 기선생이 자신을 한사코 만류했던 이유를 짐작하며 기선생이 자신을 다시 받아주지 않을 것이라는 두려움과 죄의식에 다시 사로 잡힌다. 이러한 두려움과 죄의식은 김태조가 조선으로 돌아왔어도 자신은 여기에 공존할 수 없을 것이라는 비공가능성을 인지하게 하는 내부적인 요인이며 자기인식의 기제이다.

하지만 다시 만난 기선생은 김태조를 여느 때와 다름없이 반갑게 맞이한다. 그 순간 김태조는 "긴장이 저절로 무너지"는 것을 느낀다. 하지만 이때 붕괴의 감각은 지난 꿈에서 장승을 맞닥뜨리고 두려움 속에서 한없이 추락할 때 느꼈던 것과는 다르게, "압박감"이 부재한 붕괴의 느낌이었다. 이때의 붕괴는 자신이 만든 내면의 벽(비공가능성에 대한 인지, 자기방어)이 무너져 내린 것을 의미한다고 볼 수 있다. 그 순간 김태조는 이제 "자신이 한 걸음 앞으로 나아갈 수 있을지도 모른다는 생각"이 든다.

김태조가 보여주는 '정동의 이행'은 『1945년 여름』을 쓴 작가 김석범에게도 큰 의미가 되었을 것으로 보인다. 주지하다시피 『1945년 여름』은 자전적 소설이다. 「까마귀의 죽음」, 「간수 박서방」, 『화산도』, 「관덕정」,

「허망한 꿈」, 『1945년 여름』으로 이어지는 김석범의 글쓰기에서 『1945년 여름』은 시간적으로는 일련의 작품보다 먼저 경험한 내용에 관한 것이지만 가장 나중에 쓰였다. 그러한 점에서 이 작품은 김석범 글쓰기의 시원이자 종착으로서의 의미를 지닌다. 「허망한 꿈」에서 '나'는 홍길동의 정령 앞에 결국 발길을 돌리지만 『1945년 여름』의 김태조는 한 번의 실패를 거쳐 결국 조선땅으로 '이행'한다. 이 '이행'은 "불에 탄 시체 통나무"로서의 이행도 반대로 "창자가 모두 파먹힌" 텅 빈 자아로서의 이행도 아니다. 오히려 던져봄으로서의 이행, 자기인식을 뒤편으로 하고 뛰어듦으로서의 이행이라고 할 수 있다. 자신의 행위를 가로막는 꿈과 같은 방어기제를 뒤편으로 하고 몸을 계속 진행시키면서 세계 안으로 들어가는 일이다. 이것을 되어가고 있는 몸으로서 자기를 새롭게 인식하는 주체행위라고 부를 수 있다.

Ⅳ. 결론

「허망한 꿈」이나 『1945년 여름』에서 김석범은 자이니치의 실존적 문제에 대해 쓰고 있다. 또한 「허망한 꿈」에서부터 일본어 글쓰기가 시작하였듯이 김석범은 자신에 대한 글을 쓸 때부터 표현의 형식 즉 언어에 대한 고민과 실험을 본격화하였다. 김석범 자신이 말한바 일본어는 그에게 '주박(呪縛)'이었다. 일본어는 김석범에게 속박이기도 했지만 자신에 대해 쓰기 위해서는 일본어로도 다른 언어로도 쓰는 것이 불가능하다는 점에서 유일한 수단이기도 했다.

이 글은 『1945년 여름』에서 김석범이 감각적 표현으로 섬세하게 기입해 놓은 폭력과 고통이 자기인식에 어떠한 영향을 미치는지와 그것이 만들어낸 행위적 제한을 개인이 뚫고 나가는 지점에 대해 정동하고 정동받는 정동의 순환과 배분의 관점에서 논의하고자 하였다. 김석범은 소설을 통해 폭력이 가해지는 신체성의 고유함을 매우 구체적으로 써 내려갔기 때문에 이것이 폭력의 구조와 역사성과 갖는 관계를 보다 면밀히 고찰할 필요가 있다. 『1945년 여름』의 주인공 김태조는 세 번에 걸쳐 평생 지울 수 없는 무차별한 린치를 당한다. 이 폭력의 기억을 매개하는 것은 장화 곧 군화이다. 군화는 실제 신체에 가해지는 학대의 매개물이면서 동시에 김태조로 하여금 폭력을 통해 주변화되는 자신의 사회적 위치를 상기시킨다. 김태조가 경험한 세 번의 린치 중 특히 두 번째 폭행은 그로 하여금 폭력을 통해 자신이 사회와 맺은 관계의 한 양상을 목도하는 계기가 된다. "너 여기가 어딘 줄 알아!"라는 검사관의 고함에 김태조는 "저는 충성스런 시민입니다."라고 대답해 버리는데, 이 대답은 김태조가 그동안 자신이 매우 수치스럽게 여겨온 사회의 정동이 자신 안에 자리잡고 있음을 확인하는 계기가 된다. 김태조는 이 대답을 뱉어내고 매우 강한 자기혐오의 감정을 느낀다. 권력의 대상이 되는 존재의 정동을 관리하는 것 역시 권력의 중요한 역할이다. 김태조가 느끼는 강한 자기혐오는 권력이 삶에 침투하면서 전(前)의식적이고 전(前)주체적으로 가공된 내면이 이것이 어느 순간 특정 계기로 주체에게 인식될 때 나타나는 반응이라고 할 수 있다.

김태조는 폭력이 전면화된 삶에서는 일방적인 관계만이 성립되기 때문에 정동의 순환과 분배, 생명권력의 원활한 작동이 이루어질 수 없다고 판단한다. 하여 명예와 인정, 사회적 역할을 찾아 조선으로 이동한다. 하지만 주체에 대한 권력의 무의식적 작용은 김태조의 자기 인식 체계에 스며들어 거부당함의 감각, 행위불가능성을 낳는 주된 요인이 된다. 조선에 도착했을 때부터 느낀 '거부당함'의 감각은 내면에서 지속적으로 강화되어 결국 그를 다시 일본으로 돌아갈 수 밖에 없게 한 요인이 된다.

거부당함이란 구체적으로 조선으로부터 거부당함을 느끼는 것인데, 김태조는 기본적으로 자신 안에 가로놓인 재일성과 폐허의 성질이 조선에서 받아들여질 수 없다고 생각하기 때문에 조선으로부터 거부당했다고 느낀다. 김태조는 자신이 조선에 속하려면 재일성이나 폐허의 성질이 버려져야 함을 알지만 그럴 수 없다고 생각한다. 하여 꿈을 통해, 조선에서 받아들여지지 않는 개체성이 조선 땅에 속할 수 있게끔 하는 '맥락'을 만들게 된다. 바로 그런 의미에서 시체 통나무가 조선 땅에서 새로운 건설이 되는 재목으로 쓰이는 꿈에서 시체 통나무는 김태조 자신을 뜻한다. 하지만 이러한 실험 또한 실패로 끝난다.

여러 실험들이 실패로 끝났음에도 불구하고 김태조는 다시 조선땅으로 몸을 움직인다. 이 '이행'은 "불에 탄 시체 통나무"로서의 이행도 반대로 "창자가 모두 파먹힌" 텅 빈 자아로서의 이행도 아니다. 오히려 던져봄으로서의 이행, 자기인식을 뒤편으로 하고 뛰어듦으로서의 이행이라고 할 수 있다. 자신의 행위를 가로막는 꿈과 같은 방어기제를 뒤편으로 하고 몸을 계속 진행시키면서 세계 안으로 들어가는 일이다. 되어가고 있는 몸으로서 자기를 새롭게 인식하는 주체행위라고 부를 수 있다.

이 글은 2022년 국제어문학회가 발간한 『국제어문』95집에 게재된 것이다.

참고문헌

〈자료〉

김석범, 김계자 역, 『1945년 여름』, 보고사, 2017

〈논저〉

김계자, 「환기와 소거, 그리고 일본어문학:김석범의 『1945년여름』」, 『한림일본학』 25, 한림대학교 일본학연구소, 2014

김준영, 「라이프니츠와 공가능성의 퍼즐」, 『철학』150, 한국철학회, 2022

이혜진, 「1945년 해방과 패전의 서사 –김남천과 김석범을 중심으로」, 『국제어문』 79, 2018

조수일, 「재일조선인의 주체적 이동과 '8·15'의 자기서사」, 『한일민족문제연구』 38, 한일민족문제학회, 2020

______, 「「허몽담(虛夢譚)」의 인물 형상화 양상에 나타난 작가의식」, 『탐라문화』 65, 제주대학교 탐라문화원, 2020

최은아, 「감각의 문화사 연구–시각과 후각을 중심으로」, 『카프카연구』17, 한국카프카학회, 2007

멜리사 그레그(Gregg, Melissa), 그레고리 J. 시그워스(Seigworth, Gregory J) 편저, 최성희, 김지영, 박혜정 옮김, 『정동이론』, 갈무리, 2015

임홍빈, 『수치심과 죄책감:감정론의 한 시도』, 바다출판사, 2016

정진경, 『후각의 시학』, 푸른사상, 2016

브라이언 마수미(Brian Massumi), 정유경 역, 『가상과 사건』, 갈무리, 2016

프란츠 파농(Franz Fanon), 노서경 옮김, 『검은 피부, 하얀 가면』, 문학동네, 2014

도미야마 이치로(冨山一郎), 심정명 역, 『유착의 사상』, 글항아리, 2015

레이먼 셀던(Raymond Seldon), 현대문학이론연구회 옮김, 『현대문학이론』, 문학과지성사, 1987

제 4 장

기억의 공동체와 글쓰기

5·18과 가족 트라우마
– 5·18 사상자 아내들의 구술생애담을 대상으로

한정훈

I. 서론

1980년 5·18이 끝나고 20여 년이 흐른 즈음에 한 방송국에서 다큐멘터리를 제작하고 있었다. 이제 5·18은 국가로부터 '광주민주화운동'으로 공식 명명되고, 피해자들이 국가유공자로서 지위를 인정받게 되었다. 다큐멘터리 제작PD는 초등학생인 5·18 피해자의 아들에게 다음과 같은 질문을 던진다. "아빠가 유공자가 됐고 그랬으니까, 아빠를 어떻게 생각하느냐?" 아들은 PD의 질문에 조금의 망설임도 없이 "난 유공자 아빠가 싫고, 그냥 평범한 이런 아빠가 필요하다"고 답을 한다. 아빠는 1980년 5·18 당시 상무대 영창으로 끌려가 군인들에게 모진 고문을 당했다. 아빠는 심각한 외상후 스트레스 장애(Post Traumatic Stress Disorder)를 겪었고, 아들은 비정기적으로 발작하는 아빠의 폭력적인 모습을 보고 자랐다. 아들이 아빠에게 바라는 것은 발작 없는 평범한 모습이었다.[1]

광주민주화운동은 1988년 광주청문회가 개최되면서 진상 규명 작업이 시작되었다. 「광주민주화운동관련자보상등에관한법률」(일명 광주보상법)이 1990년 국회를 통과하면서 5·18 피해자에 대한 경제적 보상에 대

---

1) 필자가 화자D의 구술생애담 중 한 삽화를 재구성한 내용이다.

한 근거를 마련했고, 1995년에는 전두환과 노태우를 구속하고 형식적으로나마 5·18 가해자에 대한 법적 처벌을 행하기도 했다. 특히 광주보상법은 5·18의 사건적 진실이 명확히 밝혀지지 않은 상태에서 피해자를 지정하고 보상을 실시한 것이어서 광주 사람들의 심한 반대에 부딪혔다. 그러나 오랜 동안 정부의 감시를 받으면서 정상적인 경제 활동이 불가능했던 5·18 관련자들은 당장의 금전적 보상을 쉽게 무시할 수 없었다. 5·18 관련자들은 보상을 받기 위해서 국가폭력에 의한 신체적 피해를 증거로 제시해야 했다. 그리고 피해의 등급은 제시된 증거로 판정되었고, 보상금은 차등 지급되었다. 피해의 증거는 눈으로 확인 가능한 신체의 표식이 우선이었고, 식별 불가능한 정신적 문제나 후유증은 명확히 증명되지 않으면 보상 등급 지정에 있어서 중요 고려 대상이 아니었다. 그나마 정신적 문제나 후유증이 피해로서 증명되었다 하더라도 치료의 측면에서 지난한 시간이 필요했다. 그러나 금전적 보상은 보상의 논리와 경제적 효율성 논리에 의해서 국가적 책임이 끝난 것으로 이해되었다.[2] 오랜 시간이 필요한 정신적 피해와 후유증 치료는 금전적 보상으로 일단락되어 방기되는 모습을 보였다.

트라우마(Trauma)는 인간이 감당하기 힘든 외부적 자극으로 생긴 심리적 상처를 일컫는다. 외상성 사건은 인간의 경험 밖에 있는 파국적 사건으로 정의되는데, 전쟁·고문·강간·홀로코스트·자연재해·자동차 사고 등이 여기에 해당된다.[3] 트라우마는 경험으로만 끝나지 않는다. 트라우마를 경험한 사람은 시의적절한 치료를 받지 못하면 다양한 장애 발현으로 삶을 살아가는데 곤란을 겪게 된다. 외상후 스트레스 장애는 믿음과 신뢰의 상실, 자신과 타인 사이의 연결 상실, 꿈꾸고 상상하고 명백

2) 최정기, 「과거청산에서의 기억 전쟁과 이행기 정의의 난점들」, 『지역사회연구』14(2), 한국지역사회학회, 2006, 18쪽.

3) 이진숙, 「트라우마에 대한 소고」, 『여성연구논집』24, 신라대학교 여성문제연구소, 2013, 181쪽.

히 바라는 삶을 선택하는 능력의 상실 등으로 나타난다. 트라우마는 일어났던 시점에서만 피해자에게 고통을 주는 것이 아닌, 시간이 지나도 지속적으로 피해자의 삶에 부정적 영향을 미친다.[4] 트라우마 피해자는 파열된 삶을 살아가게 된다.

그런데 트라우마는 경험 주체에게만 머물지 않는다. 인간은 어떤 식으로든 타자와 관계를 맺고 살아간다. 작게는 가족에서부터 넓게는 사회에 이르기까지, 인간은 일정 집단에 소속되어 삶을 살아간다. 트라우마가 파열된 삶으로 피해자를 이끈다는 것은 전이된 트라우마로 인해서 인간 관계가 어그러진다는 것을 의미한다. 도미니크 라카프라는 '비극적 격자'라는 용어를 사용해서 2차 트라우마를 언급한다. 비극적 격자는 트라우마를 매개로 피해자, 가해자, 동조자, 방관자, 저항자들이 얽혀 있으며, 나아가 간접 목격자, 사건을 분석하는 역사가까지 트라우마의 영향권에 놓여 있음을 언급하는 용어이다. 트라우마는 이러한 관계 맺음을 통해서 다양한 형태로 전이된다. 심지어 어떤 이는 자신이 직접 경험하지 않은 사건에 대한 트라우마 증상을 되살리거나 다시 겪을 수 있다. 이러한 되살리기 혹은 2차 트라우마는 종종 희생자나 가해자의 아이들뿐만 아니라 무의식적으로 광범위하게 발생할 수 있다.[5]

2차 트라우마 발생의 중요 요인은 일상적 삶의 물리적 접촉 빈도, 관계의 친밀성, 경험의 공유 등이다. 이러한 요인에 가장 큰 영향을 받는 사람이 다름 아닌 가족이다. 가족은 인간 자체의 재생산에 관계한다는 점에서 인간 사회의 가장 원초적인 결합이다. 인간은 가족 관계에서 사회의 가치 규범과 행위 양식을 습득하고 인간적 본성과 개인으로서 인성을 갖게 된다.[6] 가족은 단순한 형식적 결합이 아니다. 구성원 간의 강렬

---

4) 최광현, 「부모상실의 트라우마에 대한 트라우마가족치료 사례 연구」, 『가족과 가족치료』 17(2), 한국가족치료학회, 2009, 24쪽.

5) 도미니크 라카프라(Dominick LaCapra), 육영수 엮음, 『치유의 역사학으로』, 푸른역사, 2008, 226~227쪽.

6) 백광렬 외, 「한국의 가족주의와 가족 관념」, 『한국사회학』52(4), 한국사회학회, 2018,

한 상호 작용과 유대 작용 속에서 연결되는 '살았던' 결합이다.[7] 트라우마는 사건이다. 주체는 트라우마 사건을 전후로 그 모습을 달리한다. 가족은 사건 전후의 변화된 주체를 누구보다 실감하고, 상처를 가깝게 공유하는 사람들이다. 그래서 트라우마 피해자의 가족은 자신의 의지와 상관없이 어느 순간 전이된 트라우마에 얽혀서 삶을 살아가는 경우가 많다.

한국 사람들은 해방 이후 국가가 개입하여 발생한 폭력적 사건을 자주 경험했다. 이 과정에서 많은 사람들이 국가폭력의 피해자가 되어서 트라우마를 지니고 살아갔다. 국가폭력 피해자들이 겪은 트라우마와 그 심각성에 대해 기초적인 실태 조사는 물론이고 정부가 이를 인정하고 공식적으로 사과하는 것조차 드물었다. 국가폭력에 대한 트라우마는 개인적 차원의 질병으로 인식되었고, 의사의 치료 영역으로만 한정됐다.[8] 이런 상황에서 근래에 한국전쟁 전후 국가폭력 피해자와 그 가족에 대한 심리 연구가 진행되어 주목을 끈다. 심리 연구 대상자들 대부분이 국가폭력 피해 당사자가 아닌 자녀들(가족)이었는데, 70여 년 가까이 흐른 뒤에도 5명 중 1명이 외상후 스트레스 장애로 생활에 어려움을 겪고 있었다. 이들은 국가폭력의 피해자인 아버지와 가족들의 죽음을 직접 목격하지 않았지만, 가정 경제의 파탄, 사상관련 차별 등으로 2차 트라우마를 경험하고 있었다.[9] 트라우마는 단순히 자신의 삶을 위협하는 어떤 것 때문에 생긴다기보다는 그 경험으로 야기되는 주위의 반응 방식 때문에

122쪽.

7) 김명희, 「한국전쟁이 남긴 상흔–전쟁 유가족의 가족 트라우마」, 『트라우마로 읽는 대한민국』, 역사비평사, 2014, 54쪽.

8) 김동춘, 「전쟁·국가폭력과 한국 사회의 트라우마」, 『트라우마로 읽는 대한민국』, 역사비평사, 2014, 22~23쪽.

9) 오수성 외 연구자들은 국민보도연맹사건, 여순사건, 전국 형무소 재소자 희생 사건의 피해자들을 대상으로 연구를 진행하였다.(오수성 외, 「한국전쟁후 국가폭력에 의한 피해자 및 가족의 심리적 트라우마」, 『민주주의와 인권』15(3), 전남대학교 5·18연구소, 2015, 410쪽 참고.)

생긴다는 주장을 뒷받침하고 있다.[10]

가족은 트라우마 전이와 전승의 중요 기제로 작동한다. 앞서 언급한 한국전쟁 전후 국가폭력 피해자와 가족에 대한 연구와 비슷하게 5·18 피해자 가족들도 자신들이 1980년 5월에 폭력의 직접적인 당사자가 아니었음에도 불구하고 가족 구성원, 특히 가장이나 자식이 피해자가 되면서 2차 트라우마를 경험한 사례가 많았다. 이러한 가족 구성원이 경험한 2차 트라우마를 다른 말로 '가족 트라우마'라고 할 수 있다. 가족 내에서 발생한 트라우마가 또 다른 트라우마를 만드는 원인이 된다는 것이 가족 트라우마 개념의 핵심이다.[11]

광주민주화운동은 현재에도 명확한 진상 규명이 이루어지지 않고 있다. 광주민주화운동은 40여 년 가까운 시간 동안 온갖 조작된 소문과 유언비어 등으로 사건이 지닌 의미까지 왜곡·훼손되고 있는 실정이다. 이에 5·18 연구는 역사적 의미의 왜곡과 훼손에 맞서 진실 규명을 위한 사건사 중심으로 진행되었다. 더불어 사회적 차원에서 5·18 보상 문제와 기념 사업 추진 등이 국가폭력에 대한 사망자 및 피해자의 명예회복 중심으로 진행되었다. 이러한 큰 흐름 속에서 국가폭력에 대한 피해자의 트라우마 문제, 이차적으로 발생한 피해자 가족의 트라우마 문제는 5·18 연구에서 주변 영역으로 밀려나 있었다. 하지만 5·18 피해자 및 가족 트라우마 문제는 당사자의 개인적 차원의 문제뿐만 아니라 사회적 차원에서 중요한 문제로 인식되고 있다. 광주민주화운동이 완전한 진실 규명 차원에서 사건사 중심의 연구가 진행되어야 함은 물론이다. 그러나 광주민주화운동의 진실 규명이 한국 민주화 발전에 중요한 의미로 되새겨지면서 미래 지향적 의미로 확장되기 위해서는 과정사 중심의 연구에도 주목할 필요가 있다. 이렇게 분기되는 지점에서 우리는 국가폭력 피해자의 트라우마, 특히 가족 트라우마 문제를 꼭 살펴보아야 한다.

---

10) 이진숙, 앞의 글, 189쪽.

11) 최광현, 앞의 글, 28쪽.

본 연구는 5·18 피해자의 가족 트라우마 문제를 살펴보고자 한다. 1980년 5·18 당시 계엄군의 총에 맞아서 죽은 남편을 둔 아내, 계엄군에 연행되어 상무대 영창과 교도소에서 고문을 당하고 출소한 뒤에 후유증을 겪으면서 죽은 남편을 둔 아내, 현재까지도 외상후 스트레스 장애에 시달리는 남편을 둔 아내의 구술생애담을 대상으로 분석하고자 한다.[12] 이를 통해서 남편(아버지)의 피해로 가족 구성원들이 2차 트라우마를 어떻게 형성하였으며, 그로 인해서 어떤 곤란을 겪었는지, 나아가 가족들이 이러한 문제를 해결하기 위해서 어떻게 대응했는지를 살펴보고자 한다.

II. 5·18과 남편의 부재

부재(不在)는 어떤 존재가 마땅히 있어야 할 자리에 있지 않음이 주체에 의해서 감지되는 인식이다. '남편의 부재'는 가정에서 남편이 자신에게 부여된 상징적이고 실질적인 역할을 수행하지 않았을 때에 아내에 의해서 문제 상황으로 인식되는 것을 가리킨다. 근현대를 살아온 한국의 기혼 여성들의 생애담을 살펴보면, 인생의 서사가 강하게 촉발되는 지점에 '남편'이 있다. 어떤 이들은 남편의 존재를 자신의 서사에 드러내지 않

12) 본 연구의 분석 대상화자는 4명이다. 필자는 대상화자들에게 본 연구의 목적에 대해서 충분히 설명했고, 대상화자들은 필자의 연구 목적에 공감했다. 필자는 대상화자들에게 자유롭게 자신이 살아왔던 인생 이야기를 하도록 권유했다. 필자는 대상화자들이 생애담을 구술하는 과정에서 되도록이면 개입을 하지 않았고, 이해가 되지 않은 내용이 있을 경우 생애담 구술이 끝난 뒤에 질문하고 듣는 식으로 인터뷰를 진행했다. 화자A는 2018년 11월 7일에 약 2시간 15분을, 화자B는 2018년 11월 2일에 약 1시간 40분을, 화자C는 2019년 7월 12일에 약 2시간을, 화자D는 2019년 7월 9일에 3시간 45분을 구술하였다. 대상화자들은 자신들이 구술한 생애담 내용을 연구 목적으로 활용하는데 동의했다. 하지만 구술생애담은 민감한 사적 정보를 포함하고 있기에, 필자는 대상화자들의 실명을 표기하지 않고 기호로 대체하고자 한다.

음으로써, 어떤 이들은 남편의 대리 표상과의 갈등을 중요 서사로 구성함으로써 '남편의 부재'를 이야기한다. 그리고 '남편의 부재'가 극복되는 지점에서 '나의 이야기'를 완성하는 서사 체계를 보인다. 기혼 여성 생애담의 서사 체계가 구술 주체와 남편 사이의 개인적 갈등으로 한정해서 이해될 수 있지만, 근현대 한국 사회가 지닌 문화적 질서 및 역사적 경험을 덧대어 해석한다면 좀 더 풍부한 서사적 진실을 밝혀낼 수 있다.

전근대 한국 사회는 가부장적 권력을 통해서 남성의 지배 체제를 확립했다. 그러나 일제의 강점은 한국 남성 권력의 상징적 부재를, 징용과 징병 등은 남성의 실제적 부재를 발생시켰다. 남성의 부재는 해방과 한국전쟁, 산업근대화를 거치면서 다양한 양상으로 나타났고, 이와 함께 국가 등 사회적 장치들은 남성 권력의 상징적 복원을 시도하기도 했다. 남성의 부재가 일상의 삶에게 구체적으로 나타난 곳이 가정이다. 남편의 부재 자체가 특별한 문제로 인식되지 않는다. 사회적 환경이 변화하면, 가족 구성원의 젠더별 역할은 변할 수밖에 없다. 각 주체가 요구받았던 역할은 변화 속에서 잠시나마 공백으로 인식된다. 그 공백은 새로운 인식으로 대체되면서 대상 주체에 의해서 발생한 부재 인식을 옮게 만든다. 하지만 부재 인식이 기존의 관념에 의거해서 계속 인지되고 변화된 인식으로 대처하지 못한다면, 개인뿐만 아니라 집단에게 문제가 될 수 있다.

1980년 5·18 당시 많은 사람들이 공수부대의 폭력에 의해서 다치거나 죽임을 당했다. 이들 중에는 평범한 일상을 살아가던 한 집안의 가장이 다수 포함되었다. 공수부대는 1980년 5월 당시 광주에 있던 모든 사람들을 대상으로 무자비한 폭력을 행사했다. 나이 어린 학생에서부터 노인에 이르기까지, 심지어 임산부도 공수부대의 폭력을 피해갈 수 없었다. 특히 청장년 남성들은 공수부대가 행사한 전시(展示)폭력의 주요 대상이 되었다. 애당초 공수부대는 광주라는 공간 자체를 공격 대상으로 설정했기에 그들에 의해서 발생한 폭력의 피해 양상은 몇 가지 유형으로 분류가 불가능했다. 공수부대가 향하고 있는 시선, 당시 그들의 감정, 대상, 주변의 분위기 등이 교차되는 지점에서 폭력은 다양한 양상으로 나타났다. 이러한 폭력의 양상과 결과 중에서 대상의 부재를 즉각적으로 인지할 수 있는 것이 죽음이었다.

아침부터 막 총을 지져 대니까는, 들어가라고, 저 안에. 그러자 열두 시가 되고, 내가 집에 가 있으니까는. 아저씨가 들어와 갖고, 애들 어디 못 나가게, 붙잡고 집에가 있으라고. 나오지 말라고. 그러고 나가는. 한 십오 분이나 이십 분이나 됐을거야. 대문 앞에 나가는, 그러고 그 말 한마디 하고. 나가는데 어떤 아저씨가, 아주머니, 아주머니, 저기 한 번 가보세요. 그러더라고요. 가서 보니까, 벌써 이미. 총을 쏴갖고. 그런게 인자, 돌아가신 양반이. 총을 막 쏴댄게는. 부락 사람들 보고 이렇게 들어가라고, 위험하니까 들어가라고. 나는 안 봤는디. 옆에 사람들이 그랬다고 그러니까는. 들어가라고 위험하니까 들어가라 하니까는. 저기서 볼 때는 뭐 주동자나 된 것 같이 봤겠죠. 손으로 들어가라고, 위험하니까 들어가라고. 너무나도 정말로, 뭔 말도 못 하것더라고요. 나가 인자 한 많이 됐으면 이십 분이나 됐어. 그때 한 시 반이나 낮 한 시 반이나, 커 아주 콩태되끼 총을 지져 대고, 지져 대고. 길거리마다 쓰러져 있는디, 움직이들 못하게 생겼어. 어떻게 지져 대는지. 긍게는 인자, 부락 사람들이 어떻게 어떻게 아조 골목으로 골목으로 해서. 신체는 방에다가 모셔놨죠. 저 뭐 어떻게 말로 표현도 못 하것고. 그때만 해도 나이가 어려 갖고, 아무것도 모르죠.[13]

광주 시민들은 공수부대의 폭력에 강하게 저항했다. 결국 1980년 5월 21일 공수부대는 도시 외곽으로 철수하고, 광주를 봉쇄하면서 외부와의 접촉을 차단하는데 주력한다. 당시 3공수여단은 전남대학교에서 광주교

13) 구술자 : 화자A(1942년생, 여), 구술일시 : 2018년 11월 7일.

도소로 철수했고, 7·11공수여단은 전남도청과 조선대학교에서 철수해서 주남마을로 이동했다. 공수부대는 임시 주둔 지역에서 기간 시설 방어와 외부 차단 임무를 수행한다. 그런데 공수부대는 방어와 외부 차단 임무를 무차별 사격으로 수행하고 있었다. 수많은 민간인들이 이 기간 동안 공수부대가 주둔한 지역에서 총격으로 피해를 입었다.

화자A는 7·11공수여단이 주둔하고 있는 주남마을의 맞은편에 살고 있었다. 화자A의 남편은 광주에서 직장을 다니다가 그만두고, 지병을 치료하기 위해서 광주 외곽으로 가족을 이끌고 왔다. 남편은 아무 연고도 없는 마을에 정착했지만, 나름 글도 잘 쓰고 성실한 모습을 보여 사람들에게 인정을 받으면서 마을 일을 도맡아 하고 있었다. 1980년 5월 23일 아침부터 총소리가 주남마을 쪽에서 들려왔다. 이 날은 주남마을 주변에서 큰 사고가 두 차례 있었다. 오전에 민간인 11명이 버스를 타고 가다가 공수부대의 총격을 받아서 전원 사망했고, 오후에는 18명이 탄 버스가 총격을 받아서 17명이 사망하는 사건이 발생했다.[14] 이 과정에서 공수부대는 주변 민가에도 무차별적으로 사격을 가해서 다수의 사람들이 다치거나 죽었다.[15] 남편은 화자A에게 자녀들을 단속케 하고 마을 사람들을 돌보기 위해서 잠시 밖으로 나갔다. 그리고 얼마 지나지 않아서 마을 사람이 화자A에게 남편의 죽음을 알려준다. 남편은 공수부대의 무차별 총격에 사망했다.

화자A는 갑작스러운 남편의 죽음에 어찌할 바를 모른다. 다행히 그녀는 마을 사람들의 도움으로 친척들에게 연락했지만, 정상적인 장례는 불가능했다. 화자A는 라디오 방송을 듣고, 남편의 시신을 전남도청으로 옮긴다. 화자A는 남편의 시신을 임시로 안치한 상무관의 광경을 보고 경악을 금치 못한다. 많은 사람들이 참혹한 모습으로 주검이 되어 상무

---

14) 광주민주화운동기념사업회 엮음, 『죽음을 넘어 시대의 어둠을 넘어』, 창비, 2017, 259~260쪽.

15) 이해찬 외, 『광주민중항쟁』, 돌베개, 1990, 270쪽.

관에 누워 있었다. 화자A는 그 광경 앞에서 남편의 죽음을 슬퍼할 수도, 애도할 수도 없었다. 남편의 죽음은 상무관에 들어서는 순간부터 개인의 죽음이 아니었다. 남편의 죽음에 대한 원인과 이유를 알아야만 애도를 할 수 있었다. 화자A는 항쟁 기간 동안 집과 상무관을 오가면서 남편의 죽음에 대한 애도를 준비하고 있었다. 하지만 1980년 5월 27일 공수부대는 전남도청을 무력으로 진압했고, 상무관에 있는 많은 주검들은 쓰레기차에 실려 망월동으로 옮겨졌다. 화자A는 남편의 시신이 아무렇게 매장되는 모습을 지켜봐야만 했다.

죽음은 한 인간의 부재를 명시한 사건이다. 그리고 애도는 죽음과 연결된 많은 사람들에게 대상 주체로부터 발생한 부재 인식을 안정적으로 이해시키는 행위이다. 만약 애도가 정상적으로 실행되지 못한다면, 대상 주체의 부재 인식은 계속 현재화 되면서 살아 있는 사람들을 불안하게 한다. 갑작스러운 남편의 죽음은 화자A에게 외상성 사건이 될 수 있다. 그러나 상무관에서 봤던 많은 사람들의 죽음은 남편의 죽음이 개인적 죽음과 불운한 죽음이 아닐 수 있다는 생각과 함께 화자A가 느꼈던 갑작스러운 충격을 완화시킬 수 있는 기제가 되었다.[16] 남편의 죽음이 화자A에게 문제시 될 수 있는 부분은 종결할 수 없는 애도이다. 남편은 죽음 자체만으로 폭도가 되었고, 애도가 금지된 일련의 과정이 화자A에게 외상성 사건이 되었다.

그래갖고 애기를 어느덧 인자 셋이 되어갖고. 크다가 저기 한게는. 5·18을 만나갖고. 그때가, 그때가 저 27일 날이었어. 5월 27일. 근디 그때 뭐 나갔거든요. 나갔는데, 그냥 한 바쿠 쉭 돌면은. 집에 와서 점심을 먹는데. 안 들어

16) "집단은 전쟁, 강간, 정치적 박해, 가정폭력, 그리고 아동기 학대라는 극단적인 상황에서 살아남은 사람들에게 더할 나위 없는 가치를 지닌다. 사람들은 유사한 시련을 견뎌 온 다른 사람이 존재한다는 사실만으로도 위안받았음을 누차 이야기한다."(주디스 허먼(Judith Lewis Herman), 최현정 옮김, 『트라우마』, 열린책들, 2012, 357쪽.)

와요. 어둠 어둠 해도 안 들어와. 여름에는 어둠 어둠 하면은 한 일곱 시, 여덟 시, 그 정도 되거든요. 어둠 어둠 해도 안 들어오고. 식구들도 마당에서 저기 하고. 한 집에 사는 사람들도 다 왜 안 들어올까, 왜 안 들어올까, 걱정하면서 그렇게 있었는디. 어떤 육군이 하나 들어오더라고요. 집으로. 그러면서, 어떻게 집을 알았는가 모르것어요. 그래갖고는 이름이 정00이거든요. 정00씨가 여기 사냐고 물어보더라고요. (정00이에요? 0?) 응, 응. 정00. 그래서 여기서 산다고 그랬더니. 아니 두 말도 없이 나가부러요. 산다고 하니까. 긍게 잡혔다, 잡아다 놓고 확인 전화 온 거예요. 아니 확인하러 온 거예요.[17)]

화자B는 19살에 광주로 왔다. 그녀는 남편을 만나서 결혼하고, 야채 장사를 하면서 생계를 꾸려갔다. 장사는 제법 잘 되어서 먹고 사는데 큰 지장이 없었다. 그런데 남편은 술을 좋아했고, 언제부터인가 도박에 손을 대기 시작했다. 남편은 도박으로 빚을 지게 되었고, 장사 밑천으로 모아둔 돈 마저 잃고 말았다. 화자B는 당장에 경제적으로 어려움을 겪었지만, 그래도 남편은 건설일용직 일을 하면서 나름 가장으로서 책임을 다하려고 했다. 이런 상황에서 화자B는 5·18을 맞게 된다.

남편은 5·18이 터지고 일이 없어서 쉬고 있었다. 그는 시내 상황이 어떻게 돌아가고 있는가를 살피기 위해서 잠시 외출한다. 화자B는 저녁이 되어도 돌아오지 않은 남편을 걱정스럽게 기다리고 있었다. 그런데 기다리는 남편은 오지 않고, 웬 군인이 집에 와서 남편의 이름을 확인하고 돌아간다. 화자B는 군인을 보고 남편에게 안 좋은 일이 생겼음을 직감한다. 그리고 그녀는 남편을 찾아 나선다. 화자B의 남편은 5월 21일 무등산 근처에서 공수부대의 검문을 받고 연행되어 31사단에 구금되었다.[18)] 화자B는 31사단으로 찾아가 남편을 만나고자 했으나, 군인들은

---

17) 구술자 : 화자B(1946년생, 여), 구술일시 : 2018년 11월 2일.

18) 화자B는 남편이 5월 27일에 잡힌 것으로 구술하였다. 필자가 국립5·18민주묘지 사이트(http://518.mpva.go.kr.)에서 검색한 결과, 화자B의 남편은 5월 21일 무등산 충장사 부

면회를 허락하지 않았다. 그리고 그녀는 추후 남편이 상무대로 이송되었다는 소식을 듣는다.

근대적 가족에서 남편의 부재는 크게 두 가지 의미를 지닌다. 첫째는 가족의 생활 세계에서 부재하는 것이며, 둘째는 가족 생계부양자로서 부재를 의미한다. 첫 번째 부재는 남편이 가부장의 지위를 유지한다는 전제에서 사적 영역인 가정 생활에 관여하지 않음을 뜻한다. 두 번째 부재는 생계부양의 책임을 방기하는 데서 나타난다.[19] 화자B가 술과 도박으로 재산을 탕진하고 가정 경제를 어렵게 했다는 책임은 있으나, 그의 행위가 화자B에게 남편의 부재로 인식되지 않는다. 가부장적 인식이 팽배한 이전의 한국 사회에서 남자들의 술과 도박, 여자 문제는 결혼 생활을 심각하게 위협하는 요소가 되지 못했다. 여성들은 이러한 문제를 남성들의 작은 일탈 정도로 생각했고, 오히려 여성 스스로가 나서서 남성의 결핍(결여)을 보완했다.

남편은 5·18이 끝나고 상무대에서 풀려났다. 남편은 짧게 자른 머리카락과 약간 야윈 얼굴을 빼면 이전과 크게 다르지 않았다. 하지만 집으로 돌아온 남편은 이전과 다른 모습을 보였다. 남편은 몸이 아파서 일을 할 수 없었고, 집 밖을 서성이면서 폭력적인 모습을 보이기 시작했다. 화자B는 이유를 찾기 위해서 남편에게 상무대 영창에서 있었던 일을 물어보지만, 남편은 가족 모두가 죽을 수 있다며 침묵했다.

1980년 5·18 당시 연행된 많은 사람들은 상무대 영창에 구금된다. 계엄군은 잡혀온 사람들에게 갖은 물리적 폭력을 동원해서 고문했다. 상무대 영창은 반원 형태로 헌병이 가운데에서 모든 수용 거실을 감시하는 구조이다. 7평 남짓한 수용 거실에는 100명에서 200명까지 들어가

근에서 공수부대에게 붙잡혀 상무대로 연행된 것으로 나왔다. 이에 필자는 화자B의 기억에 착오가 있는 것으로 판단하고, 사실 확인이 가능한 내용으로 사건을 재서술했다.

19) 김효정 외, 「한국전쟁으로 인한 남성부재와 여성 생계부양 노동의 의미」, 『페미니즘 연구』18(1), 한국여성연구소, 2018, 310~311쪽.

있었고, 구금자들은 하루 종일 부동의 정좌를 유지하면서 어떤 대화도 나눌 수 없었다. 구금자에게 가해지는 폭력의 강도는 그날 감독하는 군인의 기분에 따라 달랐다. 군인들은 구금자의 자세가 조금이나마 흐트러지면 수갑을 채워서 철창에 매달아 놓고 때렸으며, 공포에 휩싸인 구금자는 철장에 매달려 소변을 보기도 했다. 구금자들은 비좁은 수용 거실에서 피부병으로 고생했고, 적은 식사량 때문에 항상 굶주림에 시달려야 했다.[20] 구금자들은 길게는 몇 달 동안 인간 이하의 취급을 받으면서 하루 하루를 살기 위해서 버텨야 했다.

공수부대는 진압부터 구금까지 대상자들에게 온갖 수치심과 모욕감을 주는 행위를 서슴없이 했다. 공수부대는 전시폭력의 효과를 배가시키기 위해서 붙잡힌 사람을 속옷만 입힌 상태로 무자비하게 구타했다. 옷은 타자의 시선이 나의 몸에 닿을 때, 신체의 부끄러움을 가려주고 인간으로서 체면을 유지해주는 일종의 도구이다. 옷의 벗겨짐은 문명 사회에서 인간이 갖출 수 있는 최소의 예의적 도구를 박탈당하는 것과 같다. 누군가 나의 신체를 바라보고 있다는 의식 자체가 벗겨진 자 스스로를 부끄럽게 만든다. 구금 생활은 '옷 벗겨짐'의 연장이었다. 구금자의 신체는 자신의 것이 아니었다. 구금자의 언어는 소통의 기호가 아니었다. 구금자의 신체는 감시자의 감정과 시선에 따라 구타 등으로 처분되었고, 구금자의 언어는 또 다른 구타를 위한 빌미에 불과했다. 화자B의 남편이 경험한 구금 생활은 지금까지 한 번도 경험하지 못한 일방적 폭력만이 난무한 세계였다.

5·18 기간 중에 구금된 사람들은 총기 소지자 및 항쟁지도부를 제외하고 1980년 9월 즈음에 모두 석방된다. 화자B의 남편도 이 기간에 석방된 것으로 추정된다. 남편은 구금 생활의 후유증으로 정상적인 생활이 불가능했다. 남편은 더 이상 일을 나갈 수 없었다. 더 심각한 문제는 남

20) 김형주, 「5·18 최후항전 참여자들의 구금 생활 연구」, 『민주주의와 인권』18(4), 전남대학교 5·18연구소, 2018, 21~23쪽.

편이 발작 증세를 일으키며 폭력적인 행동을 보이는 것이었다. 화자B와 어린 자녀들은 이전과 다른 남편의 모습을 이해할 수 없었다. 그렇다고 어려운 가정 형편에 남편을 병원에 입원시키기도 여의치 않았다. 남편은 가족 안에 있었지만, 가족들에게 부재의 존재로 인식되기 시작했다.

병원에 실어 날러 주고, 부상자들은 그런 그것을 했어. 하다가 27일 날 시신 밑에서, 거기서 숨었다가. 새벽에 청소부로 가장 해갖고 나와서, 그렇게 빗자루 하나 들어갖고 나와서 청소하니까. 인자 쏠라 한 놈, 나는 청소하러 나왔다 한게. 어쩌고 보내서, 거기서 장성까정 가갔고. 장성 누나한테 돈을, 여그서 장성까지 걸어갔나 봐요. 그래갖고 누나한테 차비 해갖고, 부산으로 갔어요. 부산으로 가시면서, 전화에다가 나는 이리도 국가에도 잘 했고, 여그다 이리나 저리나 나는 아무 죄가 없은 게 걱정마라. …〈중략〉… 오후 한, 모르겠어. 서너 시 되니까, 부산서 잡혔다고 전화가 왔어요. 그래서 부산서 잡혔다 해서, 그때는 나도 놀래 부렀어, 긍게. 왜 거그서 거 부산 가서 그렇게 했냐 그랬더니. 남편이 난중에 너무 광주 사람들을 폭도로 하고, 빨갱이로 해서. 빨갱이가 아니다, 그 말 한 자리 해갖고, 헌병차가 네 대나 와부렀더래요. 그래갖고 남편이 잡아갖고, 헌병이. (사람들이 모여가지고, 광주 사람들은 빨갱이다 그렇게.) 네, 그렇게. (그렇게 자기가 화가 나가지고?) 화가 나갖고 그것이 아니다 하니까. 여그 광주 빨갱이가 왔다고. 누가 신고를 옆에서 해부렀던가 봐요.[21)]

화자C는 어린 나이에 광주로 와서 재봉사로 일을 했다. 그녀는 자취집 주인 할머니의 소개로 남편을 만나 결혼했다. 남편은 고등학교까지 졸업했다지만 뚜렷한 직장이 없었다. 화자C는 궁여지책으로 여동생에게 돈을 빌려 군부대 앞에 가게를 차렸다. 남편은 가게 일을 도와주는가 싶

---

21) 구술자 : 화자C(1944년생, 여), 구술일시 : 2019년 7월 12일.

더니 장사로 번 돈을 술과 여자에게 탕진해 버렸다. 화자C는 남편의 외도를 알고 있었지만, 모른 척하면서 집안과 가게 일을 홀로 챙겼다. 화자C는 더 이상 가게를 운영할 수 없어서 군부대 식당에서 일을 했다. 남편도 광주에서 마땅한 직업을 구할 수 없어서 부산에 가서 장사를 시작했다. 이런 상황에서 1980년 5월이 되었다.

광주는 호남 제 일의 도시이다. 1980년 당시 80만 가까운 인구가 광주에 거주하고 있었다. 그러나 내부의 면면을 살펴보면, 광주를 호남의 제 일의 도시라고 부르기에는 무색한 점이 많다. 1960~70년대 정부 주도로 추진된 산업 구조의 재편과 공업화 시설 건설은 수도권과 영남권을 중심으로 이루어졌다.[22] 이 기간 동안 한국의 산업 인력은 저임금을 바탕으로 대량의 미숙련 여성 노동 중심에서 전문성이 요구되는 숙련된 남성 노동 중심으로 재편되었다. 하지만 호남과 광주는 이러한 산업 구조 변화에서 소외되는 양상을 보였다. 농촌에서 삶이 어려워 일자리를 구하기 위해서 광주로 이주한 많은 사람들이 직장을 구하지 못했다.

광주는 일제강점기에 세워진 방직공장이 있었지만, 여기서 일하는 대부분의 노동자는 어린 여성들이었다. 1960년대 중반에 설립된 아세아자동차는 기술과 자본 측면에서 부실성을 지니고 있었다.[23] 도시 외곽에 자리 잡은 광주공업단지의 대부분 입주 기업은 아세아자동차에 부품을 납품하는 100명 이하의 영세 업체들이었다.[24] 그나마 광주가 호남을 대표하는 도시로서 면모를 유지할 수 있었던 것은 교육 시설뿐이었다. 농촌의 부모들은 자식들이나마 제대로 된 교육을 받고, 대학에 가서 좋은 직장을 얻어서 안정된 생활을 하기를 바랄 뿐이었다. 자식들에 대한 기대

---

22) 김왕배, 「자본주의 산업구조의 변화와 지역의 구조화」, 『한국사회학회 사회학대회 논문집』, 한국사회학회, 1996, 27~28쪽 참고.

23) 정근식, 「한국사회의 지역지배이데올로기」, 『경제와 사회』10, 비판사회학회, 1991, 74~75쪽.

24) 이해찬 외, 앞의 책, 151쪽.

가 반영된 도시가 광주였다.[25] 앞서 살펴본 화자B의 남편도 남성 가장들이 장사 등을 하면서 실패하면 쉽게 다른 일을 찾을 수 없는 곳이 광주였다. 화자C의 남편도 어려워진 가정 형편을 나름 해결하기 위해서 광주를 떠나기로 결심했고, 홀로 부산에 가서 장사를 시작했다. 화자B의 남편과 화자C의 남편이 보여준 행보는 광주의 산업 환경을 반영한 것이었다.

화자C의 남편이 잠시 집에 들렀다. 그런데 하필이면 이날이 5월 18일이다. 남편은 광주 시내에서 벌어진 사태를 보고 큰 충격을 받는다. 그는 그날부터 시위에 참여했고, 공수부대가 광주 외곽으로 빠져나간 날부터 전남도청에 머물며 부상자 이송 및 시신 수습을 돕는다. 남편은 5월 27일까지 도청에 남았고, 공수부대 진압 후에는 기지를 발휘해서 살 수 있었다. 남편은 본가가 있는 장성까지 걸어서 갔고, 누나에게 돈을 빌려서 부산으로 돌아갔다. 남편은 부산으로 가면서 전화로 화자C에게 "나는 이리도 국가에도 잘 했고, 여그다 이리나 저리나 나는 아무 죄가 없은게 걱정마라"는 말을 남기고 떠난다.

계엄군은 5월 27일 이후부터 항쟁에 참여한 사람들을 검거하기 시작한다. 화자C의 남편도 동료의 증언으로 검거 대상자가 되었다. 계엄군은 남편의 행적을 파악하기 위해서 화자C를 붙잡아 조사했다. 이 와중에 화자C는 남편이 부산에서 잡혔다는 소식을 듣는다. 남편은 부산 사람들이 5·18을 폭동이라 하고, 광주 사람들을 빨갱이라고 부르는 것에 격분해서 논쟁을 벌이다가 주변 사람의 신고로 헌병에 붙잡혔다. 그리고 헌병은 화자C의 남편을 김대중 내란 음모 사건의 관련자로 기소하기 위해서 갖은 고문을 가했다.

화자C는 남편의 성격을 '정의파'라 했다. 남편은 평소에 친구들과 어울리기 좋아했고, 자신의 일보다 다른 사람의 일을 더 잘 돌보는 성격이었다. 일명 '정의파'로 불리는 사람들이 5·18과 같은 사건을 대할 때, 그

25) 이해찬 외, 위의 책, 150쪽.

대처에 있어서 일반 지식인들과 조금 다른 양상을 보인다. 학생운동이나 사회운동에 참여한 사람들은 부당한 국가 권력에 저항하는 자신의 행위가 추후 어떤 결과로 돌아올 지를 예상한다. 그래서 자기 행위에 대한 권력의 처분에 미리 대비하기도 한다. 반면 '정의파'로 불리는 일반 사람들은 자신의 행위에 따른 결과보다 당장 눈앞에 벌어진 사건의 부당성만을 문제 삼아 행동하는 경우가 많다. 즉 이들의 프레임 안에서는 권위적인 체제에서는 군인이 민간인을 공격할 수 있다는 것, 그에 저항할 때는 죽음을 각오해야 하며, 잡혔을 때는 비인간적인 고문에 시달릴 수 있다는 등에 대한 지각보다는 우선 눈앞에서 벌어지는 상황에 대한 즉자적인 반응이 앞선다.[26] 이는 남편이 부산으로 가면서 화자C에게 전화로 남긴 말에서도 충분히 예상할 수 있다.

신군부는 5·18과 관련된 사람들을 김대중 내란 음모 사건으로 처벌하려 했다. 사회에 무관심 했고, 정치에 대해 알지도 못했던 사람들은 일면식도 없는 김대중과 연결되기 위해서 고문을 당했다. 많은 사람들은 극한의 폭력 앞에서 비인간적 대우를 받아야 했고, 인간적 차원에서 자신의 행위가 정당했다는 믿음을 스스로 부정해야 했다. 이 모든 일련의 상황이 한 인간에게 깊은 트라우마를 남기기에 충분했다. 화자C의 남편은 부산에서 잡혀 서울교도소, 청주교도소로 이감됐고, 오히려 광주에서 잡힌 사람들보다 더 고립된 상황에서 갖은 폭력에 시달려야 했다. 출소한 화자C의 남편은 고문 후유증으로 집에 머물면서 자식들에게 폭력적인 모습을 자주 보였다. 남편은 2년 뒤 시국사건에 연루되어 교도소에 재수감되었다. 그리고 고문 후유증이 재발하면서 죽음에 이르게 된다.

대상화자의 남편들은 뚜렷한 직장을 갖지 못한 상태로 가장으로 살아가고 있었다. 일부는 도박과 술, 여자 등의 문제로 가정을 등한시했다. 대상화자들은 이러한 남편의 모습에 불만을 갖고 실망도 했지만, 무

26) 최정기, 「국가폭력과 트라우마의 발생 기제」, 『경제와 사회』77, 비판사회학회, 2008, 69~70쪽.

관심으로 대처하는 수밖에 없었다. 그럼에도 불구하고 대상화자들은 한 집안의 가장으로서 남편의 지위를 부정하지 않았다. 남편들은 5·18을 겪은 이후부터 달라졌다. 남편들은 죽음과 고문 후유증으로 가정을 부양할 수 있는 능력을 상실했고, 발작 증세로 폭력적인 모습을 보이기 시작했다. 대상화자들은 남편을 대신해서 가족 생계를 책임져야 했고, 어린 자녀들은 남편의 폭력적인 행동을 여과 없이 경험하면서 심리적으로 멀어지기 시작했다. 남편은 어느 순간 가족 내에서 부재한 존재가 되어 갔다. 그리고 결국 남편은 죽음으로 생을 마감했다. 5·18은 남편을 가족에게서 멀어지게 한 사건이었다.

III. 트라우마의 발현과 아내의 삶

10일 간의 항쟁은 계엄군의 강제 진압으로 종료되었지만, 또 다른 폭력이 항쟁에 참여한 사람들을 기다리고 있었다. 그들은 상무대로 끌려가 구금되었고, 가혹한 고문을 당했다. 그들은 항쟁 기간 동안 공수부대에 의해서 다친 사람들, 죽은 사람들을 많이 보았다. 이 광경이 그들에게 충격과 공포를 주었지만, 총을 들고 공수부대와 맞서 싸움으로써 무력감을 이겨냈다. 그들의 저항은 무력감에서 발생한 상처를 스스로 치유하는 행위였다. 그러나 구금 이후 그들에게 가해진 폭력은 항쟁 기간 경험했던 폭력과 층위를 달리 했다. 오히려 살아남은 사람들이 지닌 트라우마는 구금 동안 그들에게 가해진 폭력에서 유래했다고 해도 과언이 아니다.

구금된 사람들은 상무대 영창에서 다양한 고문을 당했다. 고문은 '공무원이나 공무수행자가 직접 또는 이러한 자의 교사, 동의, 묵인 아래 어떤 개인이나 제3자로부터 정보나 자백을 얻어내기 위한 목적으로, 개인이나 제3자가 연루되었거나 연루된 혐의가 있는 행위에 대하여 처벌하기 위한 목적으로, 개인이나 제3자를 협박하고 강요할 목적으로, 모든 종류의 차별에 기초한 이유로 개인에게 고의로 극심한 신체적·정신적 고통을 가하는 행위'로 정의된다.[27] 항쟁 관련자들은 군인들로부터 단순 구타에서부터 다양한 도구가 이용된 물리적 폭행을 당하면서 그들의 행위가 김대중과 관련된 내란 목적이었음을 강요당했다. 많은 사람들이 고문을 당하는 과정에서 죽음에 대한 공포와 불안을 느꼈으며, 인간 이하의 대우를 받으면서 심각한 정체성 훼손을 경험했다. 극한의 고통을 이기지 못한 사람들은 자살을 시도함으로써 그 시간과 장소에서 벗어나려 했다. 상무대 영창에서 행해졌던 폭력과 고문은 외상이 되어서 많은 사람들의 삶 자체를 고통스럽게 만들었다.

신혼여행을 제주도로 가는데. 제주도에 갔는데, 제주도 날이 참 험상궂더만. 금방 날이 맑았다, 금방 비가 왔다. 근데 저녁에 그냥 막 우르르 쾅쾅 막 천둥이 치니까, 갑자기 덩치도 그러고 멀쩡한 사람이. 귀를 막으면서 막 침대 밑으로 들어가는 거예요. (그래요?) 네, 그래서. 인자 나는 인제 어이가 없죠, 좀. 뭐 남자가 되가지고 천둥을 무서워할까. 인제, 이렇게 생각을 한거죠. 자기는 천둥소리가 제일 싫다고 막 하니까. 그러더니 금방 천둥이 멈추더라고요. 멈추니까, 아무 일 없는 것처럼, 침대 밑으로 들어갔다 나오는 거예요. …〈중략〉… 그래가지고 어쨌든 인제 제 나이도 저기를 하고 해서 그랬던지. 인자 임신이 돼서. 임신이 돼서. 인제 갑자기 그 5월 달 인제 이렇게 됐는데. 그때 인제 내가 우리 딸이 86년 1월생이거든요. 그래가지고 인제, 임신이 됐는데. 그때가 한 넉 달, 한 사 개월 정도 됐던 것 같아요. 됐는데, 아직 애기가 이렇게 흔히 우리가 말한 것처럼 태동을 느끼고, 이것은 아직 없었어요. 그때만 해도. 그러는데, 갑자기 5월 달이면은 인제, 뭐 이렇게 행사 그런 저기들이 있어서. 막 그때만 해도, 전두환이가 저기 하고 하니까. 막 군 차량들이 막 쭉

27) 최현정, 「잔혹 속의 투쟁–고문 피해 생존자의 삶과 회복」, 『트라우마로 읽는 대한민국』, 역사비평사, 2014, 115~116쪽.

오고 하니까, 하는데. 내가 음식 준비를 하고 들어가니까, 거실을 통해서 인자 안방으로 들어갔더니. 좀 눈 초점이 좀 이상한 것 같더라고요. 네. 그러더니 그대로 저를 그냥 소리를 지르면서 발로 차버리니까, 내가 그냥 그대로 떨어진 거죠.[28)]

화자D는 서울에서 간호사로 일하다가 1980년 5월 광주로 내려온다. 그녀는 큰 피해 없이 5·18을 보내고 동생과 함께 미용실을 운영하며 살고 있었다. 그녀는 자신의 가게 근처에서 아버지 사업을 돕고 있는 한 남자를 알게 되었고, 인연이 되어서 결혼했다. 화자D가 남편에게 이상 징후를 느낀 것은 제주도 신혼여행 때였다. 그날따라 날씨 변화가 심했고, 저녁이 되면서 천둥이 치기 시작했다. 그런데 남편이 천둥소리에 기겁하면서 침대 밑으로 숨어 들어갔다. 그녀는 어릴 때부터 남자다운 성격이란 소리를 들을 정도로 호탕했는데, 천둥소리에 놀라 움츠리는 남편의 모습이 신기해 보일 뿐이었다. 남편은 화자에게 자신이 유독 천둥소리에 자주 놀란다고 말했고, 화자는 그런 남편을 크게 신경 쓰지 않았다. 오히려 자신이 지켜주겠다며 남편을 안심시켰다.

화자D가 남편의 상태를 심각하게 인지하고, 이상 행동의 이유를 알게 된 시기는 아이를 임신한 때였다. 남편은 한가로운 5월 오후에 방안에서 TV를 시청하고 있었다. TV에서 당시 대통령이었던 전두환과 군인들이 행사를 하는 장면이 방영되고 있었다. 화자D가 방으로 들어서는데, 눈에 초점을 잃은 남편이 난데없이 자신을 폭행하기 시작했다. 화자D는 남편의 폭행에 정신을 잃고 쓰러졌다. 다행히 그녀는 때마침 자신의 집을 방문한 동생에게 발견되어 병원으로 옮겨졌다. 시부모는 사건을 전해 듣고 광주에 온 친정 부모에게 아들이 5·18 때 상무대에 끌려가 심한 고문을 당한 뒤로 가끔 이상 행동을 보인다고 말했다. 화자D도 그때서

28) 구술자 : 화자D(1957년생, 여), 구술일시 : 2019년 7월 9일.

야 남편의 사정을 알게 되었다.

화자D의 남편은 5·18 당시 대학 진학을 준비하는 재수생이었다. 그는 공수부대의 폭력에 분개해서 시민군에 참여했다. 그는 총을 들고 건물 옥상에서 경계 임무를 수행하고 있었는데, 갑자기 나타난 공수부대를 피하다가 건물 옥상에서 떨어져 전선에 감전되는 사고를 겪는다. 그는 병원으로 옮겨져 치료를 받다가, 항쟁이 끝난 뒤에 계엄군에 검거되어 상무대로 끌려간다. 외상성 사건은 주체가 지닌 심리적·육체적 보호 체계를 일순간 무너지게 함으로써 발생한다. 그래서 트라우마를 지닌 사람은 자기 안녕감을 느끼지 못하고 항상적인 경계 태세를 유지한다. 이러한 상태를 과각성(過覺醒)이라 한다. 과각성 상태의 사람들은 쉽게 놀라고, 작은 유발에도 과민하게 반응하며, 잠을 잘 자지 못한다. 이에 카디너는 외상 신경증의 핵심은 '생리 신경증'이라고 명명한다.[29] 남편이 천둥소리에 보인 반응은 전기에 감전되어 고통을 겪고, 무방비 상태에서 군인에게 끌려간 일련의 과정을 상기시키기에 충분했다. 폭력과 상관없는 사이렌 소리, 천둥소리, 문을 닫는 소리는 트라우마 환자들에게 강력한 두려움을 촉발하는 매개가 된다.[30]

그런데 남편이 임신한 화자D에게 폭행을 가한 행위는 과각성 상태를 넘어선 트라우마의 심각한 발현이었다. 트라우마에 대한 방어 메커니즘은 일상의 사소한 자극에도 붕괴될 수 있다. 트라우마의 촉발 인자인 트리거(trigger)를 통해 상처를 받을 수 있기 때문이다.[31] TV 속 전두환과 군인들의 모습은 트리거가 되어서 남편의 심리적 방어 체계를 순식간에 무너뜨렸다. 남편은 자신의 행동을 전혀 기억하지 못하는 해리(dissociation) 상태에 놓여 있었다. 해리는 자기 자신, 시간, 주위 환경에

---

29) 주디스 허먼, 앞의 책, 71쪽.

30) 주디스 허먼, 위의 책, 154쪽.

31) 최광현, 「부모상실의 트라우마에 대한 트라우마 가족치료 사례 연구」, 『가족과 가족치료』17(2), 한국가족치료학회, 2009, 33쪽.

대한 연속적인 의식이 단절되는 현상으로, 신체적인 도주가 불가능할 때 나타나는 정신적 도주라 정의된다. 해리는 대처 능력을 초과하는 외상 사건을 경험했을 때 나타나는 일반적인 증상 중 하나로 이인증, 비현실감, 기억상실 등의 증상으로 대표된다.[32]

남편이 해리 상태로 자신의 행위를 기억하지 못하는 것은 전두환과 군인들로 촉발된 트라우마의 재경험을 심리적으로 방어하기 위한 조치였고, 화자D에게 가한 폭력은 무의식적으로 자신의 육체를 보호하기 위한 방어 행위였다. 해리는 트라우마 환자에게 탈출이 가능하지 않은 순간에 정신적인 탈출의 기회를 제공하지만, 이러한 공포의 유예는 지극히 큰 대가를 요구한다. 해리는 공포를 경험한 사람이 침묵을 당하는 내적 기제로서, 이는 강렬한 감각과 정서가 언어와 기억이라는 사회적 영역으로부터 단절되는 기제가 된다.[33] 이후 남편은 해리 증상을 자주 보였다. 화자D는 남편이 해리 상태에 놓일 때마다 보인 폭력적 증상을 몸소 겪어야 했다. 화자D는 정상적인 결혼 생활이 불가능하다고 판단하고 궁여지책으로 남편을 시골 친정집으로 보낸다.

동구청에서 전화가 왔는데. 거기서 쓰레기를, 그 전에는, 지금은 스텐으로 되어 있는데. 그 전에는 그 세면으로 되어 있어요. 쓰레기 통다리, 도로가에 통다리. 그놈을 막 깨더래요. 돌 주서다가. 그래서 어찌 깨냐고 그러니까. 돈이다고. 쓰레기가 다 돈으로 보이는 거예요. 그래갖고는, 동구청에다 나는 데려다가 보관을, 보관을 좀. 보관을 좀 하루 이틀 해놓을까요, 그러더라고요. 그래서 네, 보관 좀 해주세요, 그랬더니. 한 이틀 있다가 전화가 왔어요. 저기 저, 00수양원으로 넘겼다고. 그래갖고 00수양원, 00수양원이 저그 지원동 가는 데, 산, 산 밑에 있어요. 그런 사람들만 거가 있더만. 가보니까, 근디 면

32) 홍미진 외, 「신체형 및 심리형 해리와 과각성이 외상후 스트레스 증상에 미치는 영향」, 『건강』22(1), 한국심리학회, 2017, 156쪽.

33) 주디스 허먼, 앞의 책, 392~393쪽.

회를 안 시켜줘요. 거가 있어도. 거가 있어도. …〈중략〉… 근디 인자 돈 벌어 갖고 해갖고 갈라 했는디. 한 15일, 돈을 벌면은 인자 15일이나 한 달이나 되어야 돈을 주거든요. 15일 됐는데, 죽었다고 연락이 왔어요. 00수양원에서. 그래서 인자 막 시어머니 시숙, 시누들이랑 데리고 인자 갔어요. 빳빳하니 죽어갖고. 거기는 이 정도, 한 사람 딱 들어가는데. 거가 있어갖고 그렇게 있더라고요, 죽어갖고. 그래갖고, 널 사갖고 인자 집으로 들어와. 집에 와갔고 초상을 치렀죠.[34]

화자B의 남편은 고문 후유증으로 신체적인 불편함을 보였다. 화자B는 일을 해야 했기에 남편을 간호할 수 없었다. 남편은 시간이 지나면서 이상 행동을 보이기 시작했다. 그는 정처 없이 돌아다니면서 남의 집 장독대를 부수는가 하면, 집안에 있는 물건을 밖으로 내다 버렸다. 심지어 아이들에게 폭력을 행사했다.

고문, 학대 그리고 다른 형태의 끔찍한 폭력을 경험한 사람들은 이른바 공격자로서 모습을 바꾸는 현상을 자주 보인다. 이는 자신이 없어지지 않기 위해서 스스로를 구원하는 일종의 정신적인 보호 기전이다. 너무도 엄청난(감당할 수 없는) 무력감을 경험하면서 그런 방식으로만 생존할 수 있는 것이다.[35] 화자B의 남편은 상무대 영창에서 극한의 무력감을 경험했다. 그리고 그 경험이 트라우마가 되어서 남편의 시간을 그 시간에 멈추게 했다. 트라우마는 연속성의 시간을 파열시킨다. 트라우마 피해자는 일상으로 되돌아 온 것처럼 보이지만, 심리적으로 트라우마의 시간 속에 묶여 있는 경우가 많다. 이들에게 과거는 사라졌고, 미래의 계획은 존재하지 않는다. 현재의 모든 감정은 속박되었던 기억을 의식적으로 억제하거나 회피하는 데 사용되기에, 현재는 트라우마 시간의 반복이라

34) 구술자 : 화자B(1946년생, 여), 구술일시 : 2018년 11월 2일.

35) 잉그리트 알렉산더·자비네 뤼크(Ingrid Alexander·Sabine Luck), 박지희 옮김, 『굿바이 가족 트라우마』, 을유문화사, 2018, 225쪽.

할 수 있다.

상무대 영창 생활은 육체적으로 속박되고, 폭력에 침묵해야 했다. 속박과 침묵은 분노를 적층시켰다. 하지만 분노는 표출될 수 없고, 작은 저항마저 또 다른 폭력을 불러올 뿐이다. 남편은 석방 뒤에도 침묵했다. 자신이 겪었던 일을 발설하면 가족 모두를 죽이겠다는 군인의 협박은 하나의 믿음이 되어 있었다. 속박과 침묵 속에서 자행된 고문은 피해자들에게 가해자를 신처럼 여기게 만든다. 가해자는 피해자를 극한의 상황까지 몰고 가서, 목숨만은 살려주면서 삶의 구세주인양 행세한다. 이러한 상황이 반복되면서 피해자는 어느새 가해자를 자신을 살려준 구세주처럼 인식한다.[36] 그들의 협박은 단순 협박이 아니라 실제로 일어날 수 있는 일이 된다. 남편이 석방된 뒤에 분노를 표출할 수 있는 대상은 아무 관련이 없는 물건들이었고, 자신보다 나약한 사람들뿐이었다. 그렇게라도 해야 자신에게 쌓인 분노를, 자신을 갉아먹는 분노를 해소할 수 있었다.

억압된 감정과 분노는 현실 왜곡을 만들어낸다. 그리고 왜곡된 현실은 끊임없이 외상성 사건의 침입을 불러온다. 화자B는 남편을 치료하기 위해서 병원을 찾지만, 남편은 의사를 경찰로 오인한다. 화자B는 비싼 비용 때문에 남편의 치료를 포기한다. 결국 남편은 광주 시내를 떠돌면서 공공기물을 파손하다가 붙잡혀서 보호시설에 억류된다. 남편은 쓰레기가 돈으로 보였다고 말한다. 그는 아무런 잘못이 없었다. 길을 지나가다 공수부대에 잡혔고, 아무 이유 없이 영창에 갇혀서 고문을 당했다. 육체적으로 힘들고, 심리적으로 괴로워도 치료를 받을 수 없었다. 만약 그에게 돈이 있었다면, 작은 배움이라도 있었다면, 이런 일들을 당했을까? 남편이 왜곡된 현실에서 보았던 돈은 자신이 경험했던 부당한 현실에 대한 무의식적 해결 소망이 담겨있지 않은가 하는 생각이 든다.[37] 결

---

36) 주디스 허먼, 앞의 책, 139쪽.

37) "고문 피해 후유증에 대해서는 외상후 스트레스 장애, 우울 및 불안 증상 등 정신과적 증

국 남편은 보호시설에서 홀로 죽음을 맞이한다. 화자B가 보았던 남편의 몸은 멍자국으로 물들어 있었다.

5·18 때, 그때. 남편 돌아가실 때. 그때가 최고 힘들었어요. 왜 남편은 저렇게 억울하게 죽었는데. 왜 나를 갖고 이렇게 못 살게 하냐. 그러고 그때가 제일로. 그때에. 그, 그 날마다 와서, 그, 그 사람만 갈켜 주면 여기 안 오겠다. 성가시게 안 하겠다. 그런 그때가 제일로, 그러고 병원 생활을 할 때가. (아프셔가지고?) 네에. 한 삼 년을, 아빠가 돌아가신 뒤로 삼 년 동안을 왔다갔다 병원 생활을 하다가. (병명이 뭐였나요?) 속에, 평야 가보면은 긍게 기독교병원에서는 이 양반이 수 쓴다고 하요. 나는 아파서 죽것는디. 어디가. (의사가?) 네. 아니, 거기서 막 죽것는데 얼릉 해주라 해도 안 해주고. 거. 기다릴란게 미쳐불것어. 그래갖고, 거그서 진찰하더니, 어디 그리 아픈 데가 뚜렷이 안 나타난다고 그래요. 그래도 난 거기서 죽것어요. (일명 화병인가 봐요.) 그랬던가 봐요. 그래갖고 그렇게 몸부림치고, 거가 있다가. 긍게 병원 생활 많이 했어요, 나도. 그 그때 80년대. (그때?) 네. 돌아가신 뒤에. 그때가 가장 생각도 하기 싫어요.[38]

남편의 트라우마 발현과 죽음은 아내인 대상화자들의 삶을 변화시켰다. 정확히 말하면, 삶 자체를 어긋나게 했다. 남편의 죽음은 화자들에게 하나의 트라우마가 되었고, 남편의 트라우마 발현은 어느 순간 대상화자들의 정신을 병들게 했다. 화자C의 남편은 부산에서 붙잡힌 후 청주교도소에서 출소했다. 남편은 나름 여력이 있었는지 출소 뒤에도 꾸준히 사회활동을 했다. 남편은 계엄군에게 조사를 받으면서 구타와 물

상 중심의 개념을 통해 이해하려는 시도가 대부분이지만, 이는 문화적 요인에 대한 무지 혹은 개별 개인에게 증상이 상징하는 의미를 간과하므로 한계를 지닌다."(최현정, 앞의 책, 117쪽) 이에 고문 피해 후유증에 의한 증상 발현은 개인을 둘러싼 다양한 문제와 결부하여 해석함으로써 치유에 대한 다양한 가능성을 모색하는 것도 중요하다.

38) 구술자 : 화자C(1944년생, 여), 구술일시 : 2019년 7월 12일.

고문 등을 당하면서 신체에 많은 상처를 지니고 있었다. 다소 폭력적 성향을 드러내긴 했지만 심리적으로 뚜렷한 병적 징후는 보이지 않았다. 이는 남편이 출소 뒤에도 5·18을 함께 경험했던 사람들과 꾸준히 만나면서 사회활동을 이어갔기 때문으로 추정된다. 그러나 남편은 1982년 시국사건에 연루되어 또 다시 감옥에 갇히게 된다. 남편은 감옥에서 고문 후유증으로 죽게 된다.

남편은 일명 '횃불회' 사건으로 검거되고, 경찰에 의해서 또 다시 고문을 당한다. 공안 기관은 이들이 미국과 올림픽 개최를 반대하고, 민중 혁명을 계획했다는 이유로 국가보안법 위반 혐의로 기소한다.[39] 그러나 이 사건은 경찰 등이 고문으로 조작한 사건임이 밝혀졌다.[40] 화자C는 '횃불회' 사건 때문에 새벽에 경찰서에 연행되기도 했다. 지역 운동가들은 남편의 구명 운동을 위해서 해외 유명 인사들에게 편지를 보냈는데, 형사인 친척 오빠가 찾아와 갖은 협박과 위협을 가하기도 했다. 그녀는 남편이 부재한 가운데 어린 자식들을 돌보기 위해서 일을 해야 했다. 5·18 당시 아이를 돌봐줄 사람도 없고, 면회 갈 여비가 없어서 남편 옥바라지를 할 수 없었다. 남편과 시댁 식구들은 이러한 화자의 사정을 모르면서 책망하기 일쑤였다. 화자C는 집에 가면 팥죽 한 그릇 먹고 싶다던 남편의 소원을 끝내 들어주지 못한 것이 아직도 귀에 맴돈다고 했다.

화자C는 남편이 죽은 뒤에 심각한 화병을 경험한다. 화병은 정신장애의 진단 및 통계편람 제4판(DSM-Ⅳ)에서 한국 민속 증후군이며 분노의 억제로 인해 발생한 것으로 설명된다. 화병의 증상은 불면, 피로, 공황, 임박한 죽음에 대한 두려움, 우울 정도, 소화불량, 식욕부진, 호흡곤란, 빈맥 전신동통 및 상복부에 덩어리가 있는 느낌 등이다.[41] 특히 여성들

39) '방화수사는 종교와는 무관', 『경향신문』, 1982년 4월 10일.

40) '횃불회 사건 고문으로 조작', 『한겨레』, 1988년 12월 31일.

41) 이윤회 외, 「화병의 발생 기제」, 『한국심리학회 학술대회 자료집』, 한국심리학회, 2006, 152쪽.

이 화병에 취약하다. 이는 남성 중심의 한국 문화에서 여성의 과도한 의존성, 경제 능력의 부재, 낮은 사회적 지위, 대인 관계의 박탈, 사회적 소외 등이 화병의 원인으로 지목된다.[42] 화병의 핵심은 부당한 외부의 억압에 적절히 대응하지 못하고, 주체가 자신의 말과 행위를 억제하는 데에 있다. 이러한 억압과 주체의 행위 속에서 발생한 분노의 감정은 어느 누구에게나 있을 수 있다. 화자C의 화병은 여러 이유가 복합적으로 얽혀서 발병한 듯하다. 남편의 외도, 5·18 당시 상무대 연행과 조사관의 강압적 추궁, 옥바라지에 대한 남편과 시댁 식구들의 불만, 국가 기관의 항시적 감시 등에 화자C가 일관적으로 대응했던 태도는 침묵이었다. 여기에 죽음을 앞둔 남편의 작은 소원마저 들어주지 못했던 스스로의 죄책감이 더해서 화자C의 화병을 가중시켰다.

화자C는 화병으로 일상 생활이 힘들었다. 그러나 정신과 질병에 대한 이해도가 낮고, 특히 화병에 대한 의학적 개념이 명확하지 않은 시기였기에 화자C는 적절한 치료를 받을 수 없었다. 또한 남편이 5·18과 관련된 사람이었고, 시국 사건에 연루되어 목숨을 잃은 상황에서 그녀는 일명 폭도와 빨갱이의 아내일 뿐이었다. 자신이 겪고 있는 고충과 속마음을 누구에게 쉽게 말할 수 있는 처지가 아니었다. 이렇듯 화자C 뿐만 아니라 대상화자들은 다양한 지점에서 어려움을 겪고 있었다. 오히려 화병은 사치일 수 있었다.

그때는 어디, 지금은 일할 데가 많은데. 그때는 식당 아니면 노가대, 노동일 하는 데 가서 해주고. 그 뭐 모래도 쳐 갖고, 모래도 섞어 갖고 갖다 주는 것. 그런 것 하고. 그런 것을 솔찬히 많이 했어요. 인자 또 일이 없으면 식당으로 가서 또, 설거지 하고. 근데 거 거기서도 인자 식당도 기술이 있으면은 오래 오래 할 수도 있는데. 기술이 없으니까, 그냥 설거지 하고. 애기들이 있

42) 박선정 외, 「중년 여성의 화병과 우울 및 삶의 질과의 관계」, 『아시아여성연구』53(2), 숙명여자대학교 아시아여성연구원, 2014, 168쪽.

은게, 너무 늦게 끝난 데는 못 하겠더라고요. 근데 노가대 하면은 좀 일찍 오잖아요. 긍게로 식당에서 한 달을 다니는데, 아이고 못 다니겠더라고요. 열한 시에 끝나면 집에 오면 잘라고 하면 열두 시 되고. 옛날에는 그래 늦게 끝내줬어요, 식당도. 그래갖고, 일이 없으면 또 식당에 다니고. 또 일이 있으면 일하고. 일찍 오니까. 그렇게 하고도 또 또 그 돈도 띠어 먹고 온 사람도 있어. 노가대 일한 데 돈을 못 줘 갖고. 돈, 돈 안 나왔다 하고 안 주더라고요. 그것도 적실해야 돈을 받는가 어찐가.[43]

당시는, 사람 둘만 서서 뭔 이야기 하고 있으면. 그리 못 지나갔어요. 왜냐, 내 자신이, 젊은 거시기 홀엄씨가 됐다 이리 머리가 박혀가지고, 그리 지내 다니고. 하고 내 생활이 바쁘니까, 이야기할 시간이 없어. 이야기도 못하고, 인사만 고개만 끄덕하고. 밤에 열 시 넘어서 들어오고, 새벽에 다섯 시에 나오고. …〈중략〉… (무조건 일만 했어요?) 한 걸음만 걸었지. (서러움도 많이 당하고 그랬을텐데?) 그랑게 그 사연을 말할라면 한도 없어. (그래도 그렇게 살아오면서 서럽게 당했던 일이라도?) 말도 못해. 너무 힘들고. 어디 가서 눈물도 못 빼면은, 화장실에 가서 많이 저기를 했지.[44]

5·18 관련자들은 국가의 감시를 받는 상황에서 정상적인 직장을 다니기란 불가능했다. 특히 트라우마를 앓고 있는 사람들은 일상을 살아가는 것조차 힘겨웠다. 가장이 5·18 관련자로 사망했거나 트라우마를 겪는 경우, 집안 경제가 파탄에 이르는 사례가 많았다. 이런 상황에서 아내들은 남편을 대신해서 가정을 이끌어 가야 했다. 아내들은 실질적인 가장이 되어야 했다.

화자A는 남편의 죽음을 대면하는 과정에서 머릿속에 가장 먼저 떠오른 사람이 아이들이었다. 아이들에 대한 걱정이 오히려 화자A를 남편

43) 구술자 : 화자B(1946년생, 여), 구술일시 : 2018년 11월 2일.
44) 구술자 : 화자A(1942년생, 여), 구술일시 : 2018년 11월 7일.

의 죽음에 대한 애도가 불가능한 상황에서 나타날 수 있는 심리적 우울을 벗어날 수 있게 했다. 남편이 죽었다. 그러나 산 사람은 살아야 한다는 생의 의지가 죽음에서 파생된 삶의 우울을 덮어버렸다. 하지만 삶의 세계는 만만치 않았다. 기혼 여성이 직장을 얻는 것은 물론이고, 아이를 키우며 지속적으로 일을 한다는 것은 결코 쉬운 일이 아니었다.

대상화자들은 한국의 평범한 여성들이다. 이들은 유년 시절에 교육을 충분히 받지 못했으며, 적당한 나이가 되어서 당연히 해야 한다는 의무감으로 한 남자를 만나서 결혼했다. 그녀들의 삶에는 가족만이 있었고, 남편을 생의 유일한 반려자로 생각하며 살았다. 남편의 아내, 아이의 엄마라는 정체성을 떠나서 자신의 삶을 규정내리는 것은 생각조차 할 수 없었다. 하지만 5·18과 남편의 부재는 대상화자들에게 이전과는 다른 삶을 살 것을 요구했다. 그러나 기혼 여성으로서 이들이 할 수 있는 일은 그리 많지 않았다. 번듯한 직장, 일명 공식적인 노동 시장이 요구하는 여성들은 기본적인 학력을 갖추어야 했고, 그나마 큰 공장이라도 들어가고 싶어도 미혼의 젊은 여성과 소녀들이 우선이었다. 기혼 여성들이 당장 할 수 있는 일이라고는 행상이나 노상에 좌판을 깔고 장사하는 정도였다. 돈이 있거나 운 좋은 사람들은 자기 가게에서 장사를 했고, 큰 공장의 식당 일 정도만 할 수 있었다.

화자B는 5·18 이전에도 남편의 야채장사를 도와 일을 한 경험이 있었다. 하지만 야채장사는 남편과 가족의 일을 돕는 차원이었지, 자신이 경제 주체가 된 것은 아니었다. 화자B는 당장 식구들의 생계를 위해서 일을 해야 했다. 그래서 남편이 보호시설에 있을 때도 돈이 없어서 면회 한 번 제대로 가지 못했고, 이 때문에 쓸쓸하게 죽음을 맞이한 남편에게 항상 미안한 마음을 지니게 되었다. 그녀는 식당에 나가서 일을 했고, 건설일용직으로 현장에서 막노동도 했다. 집안에 아이를 돌봐줄 사람이 없어서, 어느 때는 아이를 업고 일을 가기도 했다. 그러나 자신의 사정을 이해해 주는 곳은 그리 많지 않았고, 자신의 성격 때문인지 일한 댓가를 제대로 받지 못한 경우도 많았다. 이런 상황은 굴레처럼 반복됐다. 집안 환경이 나아질 기미조차 없었다.

임금 체불이나 자식 양육보다 이들을 더욱 힘들게 했던 것은 자신들을 바라보는 사회적 시선이다. 사실 타자들의 실제적 시선이라기보다는 그들이 자신의 내면에 스스로 만들어 낸 타자의 시선이 문제였다. 일하는 여성은 한국 사회에서 긍정적으로 인식되지 않았다. 여성의 사회 진출이 본격화된 것은 1950년대 한국전쟁 이후부터이다. 전쟁에 따른 사회 혼란과 가정에서 남편(남성)의 부재는 여성의 사회 진출을 가속화시켰다. 그러나 부득이하게 사회에 나온 여성들은 가부장적 시선과 남성 권력의 담론에 의해서 사회 질서를 혼란케 하는 부정의 대상으로 표상화되었다. 특히 남편 부재의 여성 이미지는 더욱 가혹했다. '미망인'은 '남편을 뒤따라 죽어야 하는데 아직 죽지 아니한 아내'로서 도덕적 책무를 다하지 못한 여성의 의미를 지니고 있었다.[45] 또한 산업 근대화 과정에서 남성들의 역할이 복원되면서 가부장적 체제의 근대적 변용을 통한 젠더별 역할을 고정적으로 강조하는 사회 담론은 남편의 부재와 여성의 사회 활동 자체를 비정상적 가족 모델로 인지하는 경우가 다분했다.

남편 부재의 여성 이미지가 1980년대라고 해서 달라진 것은 아니었다. 특히 많은 일반 여성들은 가부장 담론이 주조한 부정의 이미지를 자기 인식 속에 고착시켜 삶의 전범으로 따르는 경우가 많았다. 화자A는 가족 생계와 자식 양육을 위해서 화장품 행상을 했다. 하지만 그녀는 자신의 처지를 항상 염두에 두고 생활했다. 사람들이 모여 있는 곳은 의식적으로 피했고, 사람들과 말을 교환하는 것조차 항상 조심했다. 스스로가 만들어 놓은 의식 속에 갇혀서, 화자A는 타인의 부당한 처우에도 적극 대처하지 못했다. 그녀는 분노와 슬픔이 쌓일 때마다 아무도 보지 않은 외딴 곳에 가서 홀로 눈물을 흘리며 감정을 다스려야 했다. 이러한

45) 이임화, 「한국전쟁과 여성의 삶 : 남성들의 부재」, 『진보평론』16, 진보평론, 2003, 95쪽.

일들이 그녀의 일상이었다.

외상성 사건은 짧은 시간, 강렬한 체험이 주체의 인식에 안착하지 못하고, 주체의 삶을 뒤흔드는 사건이다. 하지만 근래에 들어서 외상성 사건 및 트라우마의 범위는 조금 더 확대되었다.[46] 평범한 일상에서 끊임없이 제기되는 부당한 경험들이 누적되어서 정상적인 주체의 삶을 불가능하게 할 경우, 이 또한 트라우마의 병리적 징후로 인식하기도 한다.[47] 남편의 사망과 트라우마, 남편을 대신하여 살아온 아내로서의 삶은 5·18이라는 역사적 사건이 파생한 트라우마적 상황과 함께 독해될 때, 올곧은 이해에 접근할 수 있다.

Ⅳ. 2차 트라우마와 자식의 서사

많은 사람들이 트라우마를 외상성 사건과 관계를 맺는 체험 주체의 심리 문제로만 국한해서 이해한다. 트라우마의 발아 지점이 외상성 사건의 체험 주체인 것은 분명하다. 그러나 트라우마 자장의 확대는 그 범위를 한정할 수 없다. 트라우마는 강한 전이성을 보인다. 트라우마는 인간을 숙주로 삼아서 언어와 행위, 감정 등 다양한 매개를 통해서 사람들에게 접촉을 시도한다. 외상성 사건과 직접 관련이 없는 사람들도 부지불식 간에 트라우마에 전염되는 경우가 많다. 이렇게 전염된 트라우마를 2차 트라우마라 한다. 특히 2차 트라우마는 종종 외상성 사건의 가해자 및 희생자의 아이들에게 발생하며, 무의식적으로 광범위하게 발생할 수도 있다.[48]

---

46) 주디스 허먼, 앞의 책, 67쪽.

47) 오수성, 「국가폭력과 트라우마」, 『민주주의와 인권』13(1), 전남대학교 5·18연구소, 2013, 10쪽.

48) 도미니크 라카프라, 앞의 책, 226~227쪽.

화자D는 트라우마를 겪는 남편을 간호하면서 아이들을 돌보고 있었다. 어느 날, 그녀는 아들의 유치원 선생님으로부터 면담 요청을 받는다. 유치원 선생님은 가족이라는 주제로 아들이 그린 그림을 보여준다. 화자D는 아들의 그림을 보고 놀란다.

> 제가, 우리 아이들이 유치원에를 갔는데. 유치원 선생님이, 하루는 나를 오라고 하더라고. 그래서 갔어요, 갔더니. 애들이 그림을 그리라 했더니, 자기 가족, 자기 집을 그리라 했더라고요. 근데, 아빠를 침대 욱에다가 눕혀 놓고, 흰 것으로 싹 덮어 놔부렀어, 아빠를. 아빠는. 그러고 장농, 우리 인제 집이 이렇게 장농 있었고, 여가 침대가 있었고, 이렇게 화장대가 있었고. 여가 문 들어오는 곳이고, 장농이 이렇게 놔져. 우리가 항상 인자 즈그 아빠가 막 약간 저기를 하게 되면, 우리가 장농 앞에 즈그 누나하고 나하고 셋이. 이렇게 꼭 이렇게 내가 애기들을 안고 있었거든요. 근디 그렇게 셋이 있는 그림 그리고, 장농 그리고. 침대를 그렸는데. 사람을 그려 놨어. 이렇게, 우에까지 흰 천으로 딱 덮어 버렸어. 그러니까 인제 선생님이 물어 봤는 갑더라고요. 00아, 이것 누구냐? 여기는 그냥 침대냐? 아니요. 아빠가 있어요, 안에. 그러니까, 근데 왜 아빠 얼굴은 안 내밀고 덮어 버렸냐, 이러니까. 아빠가 죽어 버렸으면 좋겠어요. 이렇게 말을 해서 깜짝 놀래서, 어떤 일인지. 나를 불러서 갔지요. 그랬더니 그렇게 이야기를 하더라고.[49]

인간은 태어나서 일정 기간 보호자의 일방적 양육을 받아야 한다. 유아는 보호자로부터 생존에 필요한 영양분을 공급받고, 다양한 신체 접촉을 통해서 인간의 감정을 학습한다. 영양 공급과 감정 습득은 인간 생존의 필수 조건이다.[50] 부모는 유아를 양육하는 데 있어서 절대적 위치

---

49) 구술자 : 화자D(1957년생, 여), 구술일시 : 2019년 7월 9일.

50) "아기 또한 엄마의 주의가 없다면 살아남지 못할 것이므로 엄마의 주의를 끄는 법을 안다. 1950년대에 원숭이를 대상으로 한 논쟁거리였던 할로우의 심리학적 실험보다 더 생

를 점유한다. 부모는 가족 구성원에서 절대적 권력자이다. 부모의 양육 방식은 아이의 성장에 큰 영향을 미친다. 부모가 애착을 가지고 온화한 양육을 행한다면, 아이는 안정적인 감정을 토대로 기본적인 자기 인식을 키워갈 수 있다. 반면 부모가 부정적 감정으로 양육한다면, 아이는 자기 인식뿐만 아니라 자신과 연결된 세계에 대해 불신을 갖게 된다.[51)]

화자D의 남편은 트라우마로 인해서 해리 증상과 폭력적 행동을 자주 보였다. 남편의 폭력은 화자D에게만 향하지 않았다. 아이들도 아버지의 폭력을 자주 접했다. 유년기는 부모와 애착 관계를 형성하며 인간에 대한 신뢰를 쌓아가야 한다. 그런데 양육자인 부모가 특유의 불안에 떨거나 공격적 행위를 보인다면, 아이는 부모를 신뢰할 수 없게 된다. 그 결과 불완전한 애착 양상이 생겨나며 이것이 아이의 관계 능력에 평생 영향을 끼치게 된다.[52)] 화자D의 아들이 유치원에서 그린 그림은 부모에 대한 불완전한 애착 징후를 보여주고 있다.

부모의 불안정한 상태는 아이들에게 전이된다. 아이는 부모가 더 이상 자신을 보호해 줄 수 없다고 판단하며, 이에 스스로 생존을 위한 보호 체계를 작동한다. 아이는 트라우마 증상 중 하나인 과각성 상태를 유지한다. 학대 환경에 처한 아이들은 공격의 경보를 탐지하는 놀라운 능력을 발달시킨다. 아이들은 학대자의 내적 상태에 즉각적으로 조율되어 있다. 분노, 성적 흥분, 중독, 해리의 신호를 보내는 부모의 얼굴 표정, 목소리, 그리고 몸짓의 미묘한 변화를 인식하는 방법을 스스로 체득하게 된다. 어린 아이일수록 공격적 반응이 나타날 때 몸을 웅크리거나, 무표정한 얼굴을 유지하고, 얌전한 상태로 내적 동요를 신체적으로 나

생하게, 루마니아 고아원에서의 경험은 아기들이 충분히 먹더라도, 만족스러운 인간적 안락함을 받지 못하면 죽음에 이른다는 것을 보여 주었다."(안나 깁스(Anna Gibbs), 「정동 이후–공감, 동화 그리고 모방 소통」, 『정동이론』, 갈무리, 2015, 323쪽.)

51) 주디스 허먼, 앞의 책, 99쪽.

52) 잉그리트 알렉산더·자비네 뤼크, 앞의 책, 47쪽.

타내지 않는다. 일명 '얼어붙은 경계'라는 동요 상태를 유지한다.[53] 아이는 자신의 미세한 반응이 또 다른 폭력을 불러 올 수 있다는 것을 알고 있으며, 자신을 위협하는 폭력적 행위에 상시적으로 대응할 수 있는 자세를 유지한다.

화자D의 아들이 지닌 '얼어붙은 경계'는 그림 속에서 가족들이 웅크리고 앉아서 서로 기대고 있는 모습으로 표현된다. 그런데 문제는 아버지의 폭력이 장기간 지속될수록 아이의 대응 양상은 달라진다는 것이다. 부모의 폭력은 아이가 소망하는 애착 관계를 파괴하면서, 반대 급부로 부모에 대한 분노를 적층시킨다. 그리고 성장한 아이는 폭력에 대한 대응 방식을 다양하게 모색한다. 즉 가출이나 폭력적 반응 등이 대표적이다. 화자D의 아들은 종종 아버지와 관련된 물건을 훼손함으로써 분노를 표출한다. 또한 아버지의 죽은 모습을 그림으로 표현하는 것은 아들의 내면에 잠재된 부정적 기대 심리라 할 수 있다. 트라우마는 화자D에게 남편의 부재를 불러왔다. 그리고 트라우마는 아이 세대로 전염되면서 아버지의 부재를 덧대게 된다. 그렇다면 트라우마를 자녀 세대에게 전염시킨 폭력의 구체적 양상과 이를 심화시킨 기제들은 어떤 것이 있는지를 살펴보자.

(80년 전에는 때리지 않았나요?) 그때는, 그때는 그렇게 안 때렸어요. 안 때렸는디. 우리 큰 애가 공부를 잘 했거든요. 공부를 잘 한디다가. 공부를 그렇게 안 하고, 놀기만 했다고. 디지게 때리고. 한번은 그 돼지막 속에다가 넣어 놓고 막 그렇게 때렸어요. 긍게 그것이 거시기. 갔다 나와서 그랬던가봐요. 그랬던가봐요. (그 전에는 그런 적이 없었죠.) 그냥 야단만 치고. 일찍 일어나서 공부하라고. 아침에 새벽에 깨서 공부하라고 그렇게 엄하기만 했제, 그렇게 때리들 안 했거든요. 근데 우리 큰 애 말도 못하게 맞고, 둘째 아들도 많이 맞

53) 주디스 허먼, 앞의 책, 174~175쪽.

고, 긍게 아빠라면 입에도 지금도 안 해. 아빠 말도 안 해.[54)]

애기들한테도 일절 말 안 했어요. (왜?) 애기들한테도 말을 안 하고. (왜 일절 말을 안 했어요?) 애기들이, 그것을 들어줘야 된다. 들어줘야 된다. 안 들어주고 들은 척 만 척 하고 나가버리고 그러더라고요. 그렇게 말을 안 했어요. (아버님이 5·18에서 다친 이야기를?) 네에, 이야기를 안 했어요. 이야기를 안 해갖고, 지금도 별로 몰라요. 그리고 또 어떻게 그냥, 나가서 나가서 사는 것이 저기라. 언제 이야기할 틈도 없었고. 그냥 내가 일하기도 바쁘고, 또 피곤하고 그러니까. 어떻게 이야기가 별로 안 되았어요. 지금까지도 자세한 이야기가 못 해. 잡혀 갔다 온지는 알죠.[55)]

고문은 신체적 훼손뿐만 아니라 심리적 손상을 불러 왔다. 구금자들은 폭력의 무자비함 앞에서 어떤 저항도 무가치함을 알게 되었고, 스스로 무너지는 경험을 하면서 수치심, 비참함, 무력감 등을 느꼈다. 수치심과 비참함, 무력감은 분노를 만들어냈다. 트라우마를 겪는 사람은 외상성 사건이 자신의 기억에서 끊임없이 솟아오르는 것을 억압한다. 그러나 억압은 결코 쉬운 일이 아니다. 트라우마를 겪는 사람들은 술이나 약물을 이용해서 의도적인 해리를 일으켜 외상성 사건에 대한 기억을 회피한다. 또한 외상성 사건에 동반된 감정이 주체의 심리를 약화시키기 시작하면, 도리어 주체는 강한 감정을 표출함으로써 자신을 보호하려 한다. 트라우마를 겪는 사람은 자신과 가장 가까이 있는 가족들에게 폭력을 사용하거나 과잉된 감정을 자주 표출한다.[56)]

화자C의 남편은 5·18 이전에는 조금 엄한 아버지의 모습을 보였을 뿐이지 아이들에게 직접 폭력을 가한 적이 없었다. 그런데 남편은 출소한

---

54) 구술자 : 화자C(1944년생, 여), 구술일시 : 2019년 7월 12일.

55) 구술자 : 박형순(화자B, 1946년생, 여), 구술일시 : 2018년 11월 2일.

56) 최현정, 앞의 책, 136쪽.

후에 이전과 다른 모습으로 아이들을 대하기 시작했다. 화자C의 아들은 나름 성실하고 공부도 잘했다. 그런데 남편은 아들을 폭행하면서 혁대 등 도구를 이용했고, 자신의 분노가 극에 달할 때는 아들을 돼지우리에 가두어 놓고 때렸다. 고문은 주체의 존재성이 부정 당하는 경험이다. 트라우마를 겪는 주체는 고문과 유사한 상황이 재현되면 언제라도 분노를 표출할 수 있다.[57] 가부장적 가족 체제는 부모와 자식 간의 수평적 대화 관계를 형성하기 어렵다. 그래서 대화는 부모의 일방적 지시와 자식의 수동적 대응으로 이루어지는 경우가 많다. 하지만 화자C의 남편은 아들의 이러한 반응을 자신에 대한 무시나 불인정으로 이해했고, 이러한 감정이 남편의 트라우마 경험을 자극했다.

그런데 남편의 행위에서 주목되는 점은 아들 폭행에 도구와 고립된 공간을 이용하는 것이다. 트라우마를 겪는 사람들은 외상성 사건에 대해 몇 가지 환상을 지니고 있다. 대표적인 것이 복수 환상, 용서 환상, 보상 환상이다. 이 중에서 복수 환상은 외상성 폭력에 대한 재현과 밀접한 관련을 맺고 있다. 복수 환상은 외상성 기억에 대한 거울상이다. 이 속에서 가해자와 피해자는 역할이 전도된다. 복수 환상은 카타르시스에 대한 소망의 한 형태로, 피해자는 가해자에게 보복할 수 있다면 외상의 공포, 수치심, 고통을 제고할 수 있다고 상상한다. 복수라는 욕망은 완전히 무력했던 과거 경험에서 벗어나, 이 모욕과 분노 속에서 힘을 회복시켜 주는 유일한 방법이 된다.[58] 트라우마를 겪는 사람들, 특히 부모인 경우 자신의 아이를 과거의 사건에 등장한 인물 혹은 자기 자신과 혼동할 때가 많다.[59] 트라우마 환자는 어느 순간 가해자의 자리에 위치하며 고문 당시 자신과 비슷한 자리에 있는 무력한 아이들을 대상으로 폭력을 행사한다. 그래서 트라우마 환자가 분노 표출의 한 방편으로 실행

57) 최현정, 앞의 책, 134쪽.

58) 주디스 허먼, 앞의 책, 314~315쪽.

59) 그리트 알렉산더·자비네 뤼크, 앞의 책, 51쪽.

하는 폭행은 고문 당시 자신이 겪었던 폭행과 유사하게 재현된다. 화자C의 남편이 아들에게 행한 폭행은 감옥과 영창에서 자행된 폭행 장면을 떠올리게 한다. 아들은 외상성 사건과 아무런 관련이 없다. 하지만 아버지가 행한 폭력을 몸소 겪으면서 어느 순간 아들의 신체는 부모의 트라우마를 담아내는 그릇이 되어버린다.

트라우마의 병적 증상은 발견 즉시 적절한 치료를 받으면 완화될 수 있다. 하지만 5·18 관련자들이 영창과 감옥에서 출소한 1980년대 한국에서는 트라우마에 대한 기본적인 이해조차 없었으며, 이들은 구금 상태에서 얻게 된 신체 및 육체적 질병에 대해 드러내놓고 치료할 수 없었다. 오히려 구금 상태에서 얻은 각종 질병은 5·18에 관여한 자로서 폭도나 빨갱이가 마땅히 겪어야 하는 징벌의 한 형태로 인식되기도 했다. 전두환과 5공 정부는 5·18과 관련된 사실들이 알려질까 두려워했다. 5·18의 진실은 전두환과 5공 정부의 정당성에 문제를 제기할 수 있는 사건이었다. 그래서 정부는 다양한 장치를 동원하여 5·18 관련자들을 감시하고 사회적으로 고립시켰다.

사회적 고립은 5·18 관련자들의 육체적·정신적 질병을 악화시키는 원인이었다. 5·18 관련자들은 정상적인 경제 활동이 차단되어 생계마저 위협을 당했다. 가정 경제의 파탄과 빈곤화는 가족 공동체의 해체 및 가족 구성원의 트라우마 전이를 가속화시켰다. 화자B는 남편을 대신해서 경제 활동을 하지만 홀로벌이로 가족의 기초 생계마저 유지하기 어려웠다. 당연히 남편의 치료는 엄두도 낼 수가 없었다. 결국 아이들이 화자B를 대신해서 아버지의 수발을 들었지만, 아버지의 트라우마 증상을 직접 겪어야 했다. 아이들은 아무런 이해가 없는 상태에서 아버지의 트라우마 증상을 지켜봐야 했고, 그 과정에서 2차 트라우마의 피해자가 되었다.

아이들의 2차 트라우마를 심화시킨 요인에는 가족 간의 의사소통 부재가 있다. 외상에 대한 대처는 적응적 대처와 부적응적 대처로 구분된다. 적응적 대처는 주체의 능동적 대처, 긍정적 해석, 정서 및 도구적 지지 추구 등이 있으며, 부적응적 대처는 부인, 자기 비난, 행동 철회 등이 포함된다.[60] 부적응적 대처는 트라우마를 겪는 사람이 외상성 기억을 회피하거나 침묵함으로써 주변의 이해와 도움을 차단시켜 버린다. 특히 침묵은 트라우마가 다음 세대로 이어지는 주요 원인이 된다.[61] 트라우마는 완전한 치료가 불가능하다. 트라우마 치료는 외상성 사건을 주체에게 이해시킴으로써 경험화하고, 사건을 삶의 시간에 안정적으로 안착시키는 것이다. 그래서 트라우마를 겪는 사람은 침묵이 아닌 끊임없이 이야기함으로써 외상성 사건과 대면해야 한다. 이러한 대면에는 주변 사람의 이해와 지지가 필요하다. 그런데 외상성 사건에 대한 침묵은 이러한 주변 사람들의 이해와 지지를 근본적으로 차단해 버린다.

세계에 대한 인식을 넓혀가는 아이들에게 갑작스럽게 찾아오는 부모의 트라우마 증세는 애당초 이해가 불가능한 것이었다. 트라우마는 아이들에게 부모에 대한 불신과 불안, 세계에 대한 공포를 심어주었다. 이러한 2차 트라우마를 막기 위해서는 누군가 아이에게 트라우마에 대해 이야기해 주어야 하며, 아이들이 겪고 있는 감정 상태를 살펴야 했다. 그러나 5·18 관련자 및 가족들은 이러한 의사소통 자체가 불가능했다. 가까운 거리에서 아이들을 조력해야 했던 어머니는 가족 생계를 위해서 일을 해야 했고, 이 사회와 공동체는 5·18에 대해 일정 기간 침묵해야 했다. 아이들에게 한국 사회와 어머니는 또 다른 부재의 의미를 지니고 있었다. 트라우마는 아이들을 가족이라는 공간에서 밀쳐내기도 했다. 결국 아이들이 성장해서 아버지를 이해할 나이가 되어도 아버지에 대해 침묵으로 일관한다.

인제, 1차 합격하고 나서사 지가 해야 될 일이 가정폭력 상담을 하게 된 거

60) 이수연 외, 「트라우마 사건을 경험한 성인의 낙관성, 대처 방식, 외상후 성장, PTSD 증상, 음주 문제 간의 구조적 관계」, 『상담 및 심리치료』31(2), 한국심리학회, 2019, 573쪽.
61) 잉그리트 알렉산더·자비네 뤼크, 앞의 책, 49~50쪽.

예요. 애가 긍게 앞발 뒷발에 기겁을 해분 거예요. 왜냐하면, 지가 아빠가 어쨌든 간에 병적으로 했든, 어쨌든 그냥 좀 이성을 잃어버렸을 때는 지그도 그냥 때려 버리고, 엄마 목을 졸라서 즈그들이 엄마를 데꼬 응급실로 싣고 가고, 어린 애기들이. 이런 상처가 있어서, 하는데. 그래가지고 엉엉 울면서, 엄마, 나 미안하지만, 나 이것 이번에 취업한 것 그만둬야 되겠다라고. 그러더라고요. (자기 트라우마가 계속.) 네에. 그러면서, 내가 트라우마에 당사자인데, 내가 어떻게 그들을 상담을 하겠느냐. 나는 소리만 나오면은, 그냥 눈물이 질질 나오고. 말이 제대로 안 되고, 머리가 복잡해져 분대. 그래서 인자, 아 그래 그러면서. 막 울더라고요. 저보고. 그러면서 엄마는 나한테 상처를 많이 줬다라고. 그래서 뭔 소리냐 했어.

근디 유별나게 군인하고는 안 한다는 거예요. 군인은, 그렇게 친한 친구가 군입대를 했는데, 연락을 해도 안 받고. 그리고 식당에서 다른 사람들이 떠들고 막 해도, 전혀 개의치 않고 하는데. 군인들이 이야기를 하고 목소리가 커질라 하면, 여기가 느그 저긴지 아냐고 소리를 지른다는 거여. 그리고 시비를 건다는 거여. 이 군인들 하고, 긍게 그것이 이상하지 않냐. 나한테 이 말이여. 다른 사람들 하고는 그러면, 성격적으로 그런다 치는데. 전혀 아닌데. 잉? 내가 그래 인자, 뭐야, 군인들 하고만아.[62]

아동기에 반복적인 외상을 경험하게 되면 성격이 단지 파괴되는 것만이 아닌 성격을 만들어낸다.[63] 화자D의 아이들은 성인이 되면서 심리적 이상 징후를 보이게 된다. 트라우마는 젠더의 전형성을 증폭시킨다. 아동기 학대력이 있는 남성은 다른 이들에게 자신의 공격성을 풀어내려는 경향성이 높은 반면에, 여성은 자해를 하거나 다른 이의 피해자가 될 경

---

62) 구술자 : 화자D(1957년생, 여), 구술일시 : 2019년 7월 9일.

63) 주디스 허먼, 앞의 책, 169쪽.

향성이 높다.[64] 화자D의 아들과 딸은 젠더별 경향성을 보이며 트라우마를 발현한다.

화자D의 딸은 아버지에게 받은 스트레스를 인내하는 경향이 강했다. 그래서 화자D는 딸이 스스로 말하기 전까지 심리적 고통을 인지하지 못했다. 딸은 스트레스 지수가 인내의 한계점에 도달하면 신체화 반응을 보였다. 헛구역질을 심하게 했으며, 심각한 우울 증상을 보였다. 딸이 스스로 트라우마 증상을 억제하는 데 한계를 느낀 때는 취업 이후부터였다. 딸은 사회복지 관련 일을 했고, 주로 가정폭력에 대한 여성과 청소년 상담을 담당했다. 딸은 타인의 이야기를 들으면서 자신의 유년 시절 기억이 계속 소환되는 경험을 하게 된다. 결국 딸은 더 이상 상담 업무를 할 수 없는 지경에 이른다. 이렇듯 2차 트라우마는 트라우마와 똑같이 사람의 인생에 끈질기게 달라붙어서 주체의 정상적인 생활을 방해한다.

화자D의 아들은 딸과 달리 특정 대상에 대해서만 공격적 성향을 드러냈다. 아들이 공격적 성향을 드러낸 대상은 바로 군인이다. 트라우마를 겪는 부모 밑에서 성장한 아이들은 이중 감정을 지니게 된다. 아이는 부모의 불안정한 상태로 인해서 불신과 분노의 감정을 지니지만, 한편으로 아이는 본능적으로 부모에 대해 기본적인 애착을 유지하려 한다. 화자D의 아들은 트라우마로 폭력적 성향을 드러내는 아버지, 항상 불안에 떠는 어머니를 보면서 이중 감정을 지니게 됐다. 그리고 아이는 부모에 대한 애착을 토대로 분노의 대상을 찾는데, 이 대상은 가족을 불안케 만들었던 대상이 된다. 아이는 이 대상을 제거함으로써 자신의 부모를 지켜낼 수 있다고 생각한다. 이렇듯 아이가 자기 스스로 약속맺음을 하는 것을 일명 충성계약이라 한다.[65] 그런데 충성계약은 아이에게 나름의 대가를 요구한다. 아이는 충성계약으로 인해서 자신의 감정에 다가가는

---

64) 주디스 허먼, 위의 책, 197쪽.

65) 잉그리트 알렉산더·자비네 뤼크, 앞의 책, 30~31쪽.

법을 알지 못하게 됨으로써 자신만의 정체성을 구성하는 데 큰 어려움을 겪게 된다.

화자D가 군인들에게 보인 공격 반응은 이러한 충성계약으로 해석된다. 화자D는 유치원 시절 아들의 그림을 보고, 남편의 상태에 대해서 아들에게 설명할 필요성을 느낀다. 그리고 5·18이라는 사건과 함께 아버지가 군인들에게 다친 사연에 대해서 이야기해 주었다. 아들은 어머니의 설명을 듣고, 아버지가 아픈 이유와 가족이 불행한 이유가 군인들에게 있음을 알게 되었고, 지금까지 아버지를 향했던 분노가 이제는 군인들을 향하기 시작했다. 그런데 아들이 군인들에게 보인 분노는 경계성을 상실한다. 아들은 기호가 시공간의 배치와 다양한 변인들로 인해서 맥락을 달리하며 의미화될 수 있다는 것까지 알지 못한다. 이러한 경계성을 확보하지 못하고 유사한 기호를 동일한 의미로 해석하는 것 또한 심리적으로 큰 문제가 될 수 있다. 화자D는 아들의 상태를 알지 못했다. 그런데 화자D는 아들이 입대를 앞두고 있을 즈음에 아들의 친구들이 이러한 사실을 말해주면서 알게 되었다. 그녀는 불안정한 심리 상태로 아들이 군에 입대하면 큰 문제를 일으킬 수 있다 판단하고, 입대를 연기한 후에 정신과 치료를 받게 했다.

> 우리 딸이 일정이 안 될 때는 우리 여동생이, 막내 여동생이 와서 도와주고 이렇게 하니까. 훨씬 많이 달라졌고. 거기에서 나온 것을 갖다가, 은행에 있잖아요. 직접 입금을 시키게 했고, 바로 앞에가 그 새마을금고가 있어서 하게 했고. 그러니까, 그러고 본인이 일을 했으니까 얼마라도 이건 당신이 일한 대가니까, 이게 당신이 번거야. 이렇게 하니까, 그게 자기한테 굉장히 이런 것이 있어. (긍정적으로.) 네. 애기한테, 아들한테, 아들이 어디 저기한다니까, 용돈이다고 탁 주면서, 그게 아주 그냥, 아 이게, 이 치유 목적으로 딱 맞겠구나.[66]

---

66) 구술자 : 화자D(1957년생, 여), 구술일시 : 2019년 7월 9일.

트라우마는 인간 관계가 파괴되는 곳에서 시작되었다. 그렇다면 역으로 인간 관계가 회복되는 지점에서 트라우마의 치유는 시작된다. 전쟁에서 돌아온 군인 중 가족의 지지를 받지 못하고 타자와 사회적 유대 관계를 복구하지 못한 사람은 트라우마 증상을 지속할 위험이 높은 반면, 사회적 지지 체계를 구축한 사람은 트라우마 증상이 현저히 낮아지면서 치유의 가능성을 보이기도 했다.[67] 가족은 사회적 지지 체계 중에서 가장 기본이 되는 단위이다. 가족들이 트라우마를 겪는 사람의 이야기를 들어주고, 그들이 외상성 사건에 처할 수밖에 없었던 상황이 불가항력적이었음을 인정해 줄 때, 트라우마 치유는 시작된다.

화자D는 가족 구성원들이 다양한 트라우마를 겪고 있음을 인지했다. 그리고 화자D의 가족들은 다른 구성원의 이야기를 듣기 시작했다. 딸은 유년 시절부터 인내했던 스트레스 상황, 그 과정에서 어머니인 화자D에게 서운했던 일 등을 이야기하기 시작했다. 화자D는 이야기를 듣고 딸의 정신적 고통을 비로소 진정성 있게 이해할 수 있었다. 과거 연구는 트라우마의 파괴적 작용에 초점을 맞추었다. 그런데 최근 연구는 주체가 트라우마를 극복한 이후 긍정적으로 삶이 변화해 가는 과정을 탐색하기도 한다. 트라우마 이후의 긍정적 삶의 모습을 '외상 후 성장'이라 한다. 트라우마 사건이 개인의 신념과 가치에 영향을 미치고 그 과정에서 개인은 심한 정서적 스트레스를 경험하지만, 이를 이겨내고 외상 후 성장에 이를 수 있다는 것이다.[68] 화자D의 딸은 가정폭력 등을 상담하면서 유년 시절 기억이 현재의 시간에 끊임없이 침입해 들어오는 경험을 했다. 그러나 딸은 가족 간의 대화와 전문적인 심리 치료를 통해서 자신의 일에 복귀할 수 있었다. 직장에 복귀한 딸은 가정폭력과 학대 피해자를 상담하는데, 되레 자신의 경험을 중요한 참조 자료로 활용할 수 있게 되었

67) 주디스 허먼, 앞의 책, 117쪽.

68) 이동훈 외, 「트라우마 사건 경험과 심리적 증상, PTSD 증상, 외상 후 성장의 관계에서 스트레스 대처 능력의 매개 효과」, 『건강』24(1), 한국심리학회, 2019, 119쪽.

다. 화자D의 딸은 자신의 트라우마에 적극적으로 대처하면서 외상 후 성장을 보여주고 있다.

화자D는 현재도 비정기적으로 해리 증상을 보이는 남편의 치료를 모색한다. 그녀는 가족과 떨어져 시골의 친정집에서 요양하는 남편을 가족 생계 활동에 참여시킨다. 우선 남편이 주체적으로 할 수 있는 일을 시키면서 자율성을 회복시키고, 가족들과 함께 일하면서 지금까지 부재했던 소통 관계를 복원한다. 화자D는 남편이 수행한 노동에 대해 임금을 지불했고, 남편이 자신의 돈을 자율적으로 사용하게끔 유도했다. 남편은 자신의 임금을 함께 일하는 아들에게 용돈으로 주기도 했다. 남편의 용돈 지급 행위는 아버지로서 아들의 인정을 회복하는 작은 시도가 되었으며, 아들은 유년 시절 아버지로부터 느끼지 못한 애착을 새롭게 느끼는 계기가 되었다. 이러한 관계가 점진적으로 활성화 되면서 지금까지 화자D의 가족을 괴롭혔던 트라우마는 조금씩 치유되기 시작했다.

5·18은 역사적 사건이다. 그리고 누군가에게는 외상성 사건이 되어서 삶 자체를 파괴해 버렸다. 트라우마는 사건의 체험 주체의 삶만 파괴하지 않았다. 트라우마는 외상성 사건과 아무런 관련이 없는 주변 사람들과 가족들에게 옮겨가 그들의 삶까지 송두리째 흔들어 놓았다. 우리는 5·18을 1980년 5월 18일부터 5월 27일까지 국가 권력에 의해서 발생한 폭력적 사건으로만 이해해서는 안 된다. 과정적 사건으로서 5·18은 현재 우리의 삶에도 계속 관여하고 있다. 이런 이유에서 우리는 5·18을 피해자만의 사건이 아닌 사회적 사건으로 인식해야 하며, 그 문제에 대한 해결에 계속적인 관심을 가져야 한다.

화자D가 가족 트라우마를 인지하고 나름의 해결책을 실천한 것은 트라우마 관련 전문 치료 기관의 도움이 있었기에 가능했다. 하지만 아직도 5·18 피해자와 그 가족들은 현재 자신이 겪고 있는 고통을 현재의 문제, 미래의 문제, 사회적 문제임을 인지하지 못하고, 개인의 문제로만 국한하면서 트라우마의 악순환에 얽매여 고생하고 있다. 5·18 트라우마 문제는 이제 조금 더 넓은 관점을 필요로 한다. 5·18이라는 역사적 사건이 피해 당사자뿐만 아니라 가족, 이후 세대까지 어떤 형식과 의미로 영향을 주고 있는지 살펴보아야 할 것이다.

V. 결론

이상으로 5·18 사상자 아내들의 구술생애담을 통해서 가족 트라우마에 대해서 살펴보았다. 5·18 광주민주화운동은 오랜 시간이 흘렀음에도 불구하고 현재까지 다양한 지점에서 사건의 진실이 규명되지 않고 있다. 그래서 현재까지도 5·18 관련 연구가 사건사 중심으로 행해지고 있으며, 이를 통해서 사건적 진실에 접근하고자 노력하고 있다. 이와 함께 과정사로서 5·18 광주민주화운동에 접근할 것을 요구받기도 한다. 많은 피해자들이 1980년대부터 5·18의 진실 규명을 위해서 싸워왔고, 이러한 투쟁이 한국 민주화운동의 밑거름이 되었음을 부정할 수 없다. 이러한 과정 또한 5·18 광주민주화운동의 역사적 진실에 접근하는 또 다른 창구가 되는 것이다. 그런데 거시적 맥락에서 사건의 진실에 접근하는 과정에서 간과했던 부분이 있는데, 바로 5·18 피해자와 가족들의 삶이다. 많은 5·18 피해자는 육체적 상처뿐만 아니라 정신적 아픔을 지닌 채 오랜 시간을 살아야 했고, 이들과 가장 밀접하게 생활했던 가족들 또한 2차 트라우마로 큰 고통을 겪었다. 트라우마는 한 주체의 심리적 문제로만 끝나지 않는다. 트라우마는 강한 전이성을 보이면서 다른 사람에게 옮겨간다. 특히 트라우마는 피해자를 가장 근거리에서 지켜보는 가족들에게 강한 영향을 준다. 많은 5·18 피해자는 오랜 시간 트라우마를 겪고 있으며, 그의 가족들 또한 피해자의 영향으로 2차 트라우마로 고생하고 있다.

현재는 과거와 달리 트라우마에 대한 정보가 다양하게 공유되고 있고, 그 치료에 대한 구체적 방안까지 제시되고 있다. 그럼에도 불구하고 많은 사람들이 아직도 트라우마를 개인적 차원의 심리 문제로만 국한해서 보거나 그에 따른 2차 트라우마의 피해에 대해서 정확히 인지하지 못하고 있는 것이 현실이다. 본 연구에서 언급한 화자D는 다른 대상화자들과 비교해서 상당히 젊은층에 속한다. 그녀는 오래 전부터 전문 기관의 도움을 받아서 남편의 트라우마 및 가족 트라우마 치료에 적극 나섰다. 이러한 사례는 극소수에 해당된다. 본 연구는 트라우마에 대한 이해와 치료의 방법을 제시하는 것을 목적으로 하지 않는다. 5·18 사상자들의 아내가 구술한 생애담을 통해서 이들이 남편을 통해서 역사적 사건이 어떻게 '나의 사건'이 되었으며, 이들이 살아오는 과정에서 남편의 트라우마가 가족 트라우마로 어떻게 전이되는가를 살펴보고자 했다. 5·18 사상자 아내들의 구술생애담은 미시적 과정사로서 광주민주화운동을 또 다른 관점에서 보게 하는 매개가 된다. 5·18 사상자의 가족들이 오랜 시간 겪었던 아픔은 2차 트라우마이며, 국가폭력이 남긴 또 다른 상흔이다. 우리 사회는 가족 트라우마 또한 사회적 책임 의식을 갖고 관심을 가져야 한다.

이 글은 2021년 비교민속학회가 발간한 『비교민속학』제73집에 게재된 것이다.

참고문헌

〈자료〉

『경향신문』

『한겨레』

〈논저〉

광주민주화운동기념사업회 엮음, 『죽음을 넘어 시대의 어둠을 넘어』, 창비, 2017.

김동춘 외, 『트라우마로 읽는 대한민국』, 역사비평사, 2014.

김왕배, 「자본주의 산업구조의 변화와 지역의 구조화」, 『한국사회학회 사회학대회 논문집』 한국사회학회, 1996.

김형주, 「5·18 최후 항전 참여자들의 구금 생활 연구」, 『민주주의와 인권』18(4), 전남대학교 5·18연구소, 2018.

김효정 외, 「한국전쟁으로 인한 남성부재와 여성 생계부양 노동의 의미」, 『페미니즘 연구』18(1), 한국여성연구소, 2018.

도미니크 라카프라(Dominick LaCapra), 육영수 엮음, 『치유의 역사학으로』, 푸른역사, 2008.

멜리사 그레그(Melissa Gregg) 외, 최성희 옮김, 『정동이론』, 갈무리, 2015.

박선정 외, 「중년 여성의 화병과 우울 및 삶의 질과의 관계」, 『아시아여성연구』 53(2), 숙명여자대학교 아시아여성연구원, 2014.

백광렬 외, 「한국의 가족주의와 가족 관념」, 『한국사회학』52(4), 한국사회학회, 2018.

오수성 외, 「한국전쟁후 국가폭력에 의한 피해자 및 가족의 심리적 트라우마」, 『민주주의와 인권』15(3), 전남대학교 5·18연구소, 2015.

오수성, 「국가폭력과 트라우마」, 『민주주의와 인권』13(1), 전남대학교 5·18연구소, 2013.

이동훈 외, 「트라우마 사건 경험과 심리적 증상, PTSD 증상, 외상 후 성장의 관계에서 스트레스 대처능력의 매개 효과」, 『한국심리학회지:건강』24(1), 한국심리학회, 2019.

이수연 외, 「트라우마 사건을 경험한 성인의 낙관성, 대처 방식, 외상 후 성장, PTSD증상, 음주 문제 간의 구조적 관계」, 『상담 및 심리치료』31(2), 한국심리학회, 2019.

이윤희 외, 「화병의 발생 기제」, 『한국심리학회 학술대회 자료집』, 한국심리학회, 2006, 152~153쪽.

이임화, 「한국전쟁과 여성의 삶 : 남성들의 부재」, 『진보평론』16, 진보평론, 2003.

이진숙, 「트라우마에 대한 소고」, 『여성연구논집』24, 신라대학교 여성문제연구소, 2013.

이해찬 외, 『광주민중항쟁』, 돌베개, 1990.

잉그리트 알렉산더·자비네 뤼크(Ingrid Alexander·Sabine Luck), 박지희 옮김, 『굿바이 가족 트라우마』, 을유문화사, 2018.

정근식, 「한국사회의 지역지배이데올로기」, 『경제와 사회』10, 비판사회학회, 1991.

주디스 허먼(Judith Lewis Herman), 최현정 옮김, 『트라우마』, 열린책들, 2012.

최광현, 「부모상실의 트라우마에 대한 트라우마 가족치료 사례 연구」, 『가족과 가족치료』17(2), 한국가족치료학회, 2009.

최정기, 「과거청산에서의 기억 전쟁과 이행기 정의의 난점들–광주민주화운동 관련 보상과 피해자의 트라우마를 중심으로」, 『지역사회연구』14(2), 한국지역사회학회, 2006.

최정기, 「국가폭력과 트라우마의 발생 기제」, 『경제와 사회』77, 비판사회학회, 2008.

홍미진 외, 「신체형 및 심리형 해리와 과각성이 외상 후 스트레스 증상에 미치는 영향–예비연구」, 『건강』22(1), 한국심리학회, 2017.

5·18의 가해자와 피해자를 기억하는 두 가지 방법
–「벌레 이야기」와 〈밀양〉의 비교 연구

전두영

I. 서론

소설가 이청준은 단편소설 「벌레 이야기」(1985)를 창작한 배경에 대해 이렇게 말한다. "그 사랑의 덕목을 단편적이나마 종교의 신성성에 빗대어 천착해 보았음 직한 소설이 졸작 「벌레 이야기」였다. 어린 아들이 무도한 유괴범에게 끌려가 살해되자 그 어머니가 교회를 찾아가 마음의 위안과 평화를 얻어 붙잡힌 범인을 용서하려 하니, 이미 사형 언도까지 받은 범인이 먼저 신앙적 구원과 사랑 속에 마음이 평화로워져 있음에 절망하여 자살을 하고 마는 **이 소설의 줄거리는 당시의 비슷한 실제 사건을 소재로 한 것**이었다."[1] 이청준이 이 소설의 소재로 삼았다고 추정되는 실제 사건은 1981년 한국 사회에 충격을 주었던 '이윤상 군 유괴 살인 사건'이다. 소설 속 알암이와 실제 사건 속의 이윤상은 비슷한 곳이 많으며 사건의 구체적 내용 역시 많이 닮아있다. 중학교 1학년생 이윤상은 소아마비로 인해 다리가 불편했으며 자신을 가르치던 학교의 체육교사 주영형에 의해 유괴되어 살해된다.[2]

1) 이청준, 『머물고 간 자리, 우리 뒷모습』, 문이당, 2006, 216쪽(강조는 인용자).

2) 이 사건에 대한 상세한 분석은 김남혁, 「끔찍한 모더니티」, 『벌레 이야기』, 문학과지성사,

「벌레 이야기」는 단편적인 비평을 중심으로 주목받아왔다.[3] 이 소설이 연구를 통해 본격적으로 주목을 받은 것은 이창동의 영화 〈밀양〉(2007)이 이 소설을 원작으로 했음이 알려진 이후이다. 소설의 소재가 실제 일어났던 유괴 사건임에도 불구하고 〈밀양〉의 감독 이창동을 비롯한 적지 않은 80년대 독자/비평가는 소설이 '80년 광주'를 알레고리적으로 말하고 있음을 알아챘다.[4]

청문회 열기가 한창이던 1988년 『외국문학』이란 계간지에서 이청준 선생의 「벌레 이야기」라는 소설을 읽었다. 소설을 읽으면서 즉각적인 느낌은 '이게 광주 이야기구나'란 것이었다. 청문회에서는 광주학살의 원인과 가해자를 따지고 있었지만, 정치적으로는 이제 화해하자는 공론화 작업이 동시에 이뤄지고 있었다. 「벌레 이야기」에는 광주에 관한 내용이 암시조차 없는데도 나는 광주에 관한 이야기로 읽었다.[5]

원작 소설에 대한 이창동의 독서 행위와 해석 방식을 많은 연구가 언

2013, 참조.

3) 김현은 이 소설을 80년대 한국의 정치적 상황에 대한 알레고리로 읽고 소설의 발표 이듬해에 이청준을 향해 '가열한 정신주의'를 가진 작가라고 칭한다. 반면 소설이 발표되던 해에 소설평을 남긴 김주연은 신과 용서라는 주제 의식에 주목하여 소설 속 알암이 엄마를 향해 "아내 자신의 믿음 자체에 문제가 있다"는 점을 지적하며 소설의 완성도에 의문을 던진다. 김현, 「떠남과 되돌아옴: 이청준」, 『분석과 해석/보이는 심연과 안 보이는 역사 전망』, 문학과지성사, 1992, 156쪽; 김주연, 「제의와 화해」, 『문학을 넘어서』, 문학과지성사, 1987, 258쪽 참조. 〈밀양〉의 개봉 전 이 소설을 다룬 주요 연구로는 장양수의 「반항으로서의 자살」(『한국문학논총』 34집, 2003)과 이대규의 「이청준 소설 「벌레 이야기」의 상상력 연구」(『현대소설연구』 5호, 1996)를 들 수 있다.

4) 이 소설을 80년대 한국의 정치적 상황에 대한 알레고리로 보는 연구로는 장윤수의 「인간-되기와 소설의 발생론적 플롯」(『현대소설연구』 44호, 2010), 이대규의 「이청준 소설 「벌레 이야기」의 상상력 연구」와 김형중의 비평 「그 밤의 재구성-김현과 5·18」(『무한텍스트로서의 5·18』, 문학과지성사, 2020), 우찬제의 비평 「부재하는 현존, 현존하는 부재, 그 5월의 심연」(『무한텍스트로서의 5·18』, 문학과지성사, 2020)이 있다.

5) 이창동·허문영 인터뷰, 「유괴는 이 영화에서 중요하지 않다. 중요한 건 고통이다」, 『씨네21』, 2007.5.15.(http://www.cine21.com/news/view/?mag_id=46374, 검색일: 2021.12.1.).

급하지만 두 텍스트 모두를 '광주 이야기'와 연관하여 이해한 연구는 없다. 「벌레 이야기」가 기독교적 인간 이해에 매우 경도되어 있고 독자에게 광주를 떠올릴 만한 증거가 없어 이 소설을 5·18의 알레고리로 볼 수 없다고 보기도 한다.[6] 이창동이 원작 소설에서 정치 사회적인 요소를 감지했더라도 영화는 이와 별개로 구원, 인간과 신의 문제를 다루었다고 보기도 한다.[7]

두 텍스트에 대한 비교 연구는 크게 주제론적인 것과 서사론적인 것이 주를 이룬다. 주제론적으로는 두 텍스트 모두 용서와 구원, 상실과 애도라는 주제를 다뤘다는 전제하에 이 주제를 어떻게 다른 방식으로 다뤘는지 분석하고 있다.[8] 서사론적으로는 소설과 영화라는 매체의 차이점에 기반해 원작을 영화가 어떻게 변형시켰는지에 주목하고 있다.[9] 그러나 원작이 갖는 오월 광주에 대한 재현의 의미가 탈색된 채 비교 연구가 이루어질 때 두 작품의 공통된 주제 의식에 대한 접근은 불가능하다. 특히 이창동의 〈밀양〉은 영화에서 소재로 삼은 내용만을 연구함으로써 감독의 작가 의식에 제대로 접근할 수 없었다. 그런 점에서 두 텍스트 속에 드러난 5·18의 가해자/피해자 알레고리에 대한 분석은 이 두 텍스트에 대한 새로운 조명을 해 주는 작업이라고 생각한다.

---

6) 김석회, 「소설 「벌레 이야기」와 영화 〈밀양〉 사이」, 『문학치료연구』7, 2007, 40쪽 참조.

7) 송태현, 「소설 「벌레 이야기」에서 영화 〈밀양〉으로」, 『세계문학비교연구』25, 2008, 343쪽 참조.

8) 주제론적인 비교로는 용서와 구원에 주목한 김희선의 연구와 상실과 애도에 주목한 한래희의 연구가 있다. 김희선, 「용서와 인간실존의 문제에 대한 두 태도-단편소설 「벌레 이야기」와 영화 〈밀양〉」(『문학과종교』14(2), 2009); 한래희, 「소설 「벌레 이야기」와 영화 〈밀양〉의 서사전략 비교」(『한국학연구』32, 2014) 참조.

9) 서사론적인 비교로는 창작방법론에 주목한 최수웅의 연구, 모티프 변환에 주목한 허만욱의 연구, 그리고 인물과 배경에 주목한 서정남의 연구가 있다. 최수웅, 「소설과 영화의 창작방법론 비교분석-「벌레 이야기」와 〈밀양〉을 중심으로」, 『어문연구』54, 2007; 허만욱, 「소설 「벌레 이야기」와 영화 〈밀양〉의 모티프 변환 연구」, 『한국문예비평연구』26, 2008; 서정남, 「영화 〈밀양〉과 소설 「벌레 이야기」의 서사 전략에 대한 비교 연구」, 『영화연구』43, 2010 참조.

필자는 본고를 통해 「벌레 이야기」와 〈밀양〉이 어떤 점에서 유사한 주제 의식을 갖고 있는지를 재구성하고자 했다. 두 텍스트가 알레고리적 성격을 강하게 띤다는 전제하에 두 텍스트의 유사한 핵심 사건들을 비교함으로써 공통의 주제 의식을 발견한다. 이러한 주장을 위해 필자는 발터 벤야민(Walter Benjamin)과 폴 드 만(Paul de Man)의 알레고리론을 살펴볼 것이다. 특히 드 만의 알레고리론은 스탠리 피쉬(Stanley Fish)가 주장한 해석의 공동체와 연결되는 지점이 있다. 본고는 이창동이 해석의 공동체에 속해 5·18 텍스트를 해석하고 5·18 텍스트를 창작했다고 주장하는데 이를 뒷받침하기 위해 그의 소설가로서의 이력과 영화감독 필모그래피를 추적한다. 그 결과로 이창동이 80년대를 대표하는 소설가로서 오월 광주에 대해 지녔던 죄의식을 영화 〈밀양〉을 통해 비로소 표현했음을 주장한다.

II. 「벌레 이야기」: 죽음을 통해 가해자에 저항하는 피해자

알레고리의 서양 원어의 의미는 '다른 것을 말함'인데 서사 양식 속에서 통상적인 이야기 배후에 정신적, 도덕적, 또는 역사적 의미가 전개되는 뚜렷한 이중 구조를 보여주는 '확장된 비유'를 일컫는다.[10] 알레고리의 긴 역사에도 불구하고 프레드릭 제임슨(Fredric Jameson)은 현대세계의 비평이 알레고리를 깎아내리고 상징을 치켜올리는 경향이 있다고 말한다. 그에 따르면 발터 벤야민은 이러한 경향에 반기를 들고 현대세계의 한 병리학적 현상으로서 알레고리의 복원을 주장했다. 독일 비애극[11]

10) 이상섭, 『문학비평 용어 사전』, 민음사, 2001, 233쪽 참조.

11) 제임슨에 따르면 벤야민이 분석하는 19세기 독일 비애극 알레고리의 특징은 현대의 알레고리에도 그대로 적용되는데 그 특징이 내면화되었다는 차이만 있을 뿐이다. 프레드릭 제임슨, 여홍상·김영희 옮김, 『맑스주의와 형식』, 창비, 2014, 100쪽 참조.

을 분석하는 벤야민은 상징과 알레고리를 구분하는데 기호와 지시대상의 필연적 연계에 바탕한 상징은 찰나적으로 진정한 화해를 말하는 반면에 알레고리는 현대세계에서는 **진정한 화해가 있을 수 없음을 불연속적인 순간들**을 통해 보여주는 주도적인 양식이라고 정의한다.[12] 벤야민은 알레고리에 대한 논의를 통해 작가와 비평가의 과제에 대해 말한다. "알레고리 작가에 의해 불확실하게 읽히고 그 작가를 통해서만 지고한 의미를 갖게 되었다는 점이 얼마나 더 큰 슬픔을 불러일으킬 것인가는 더 말할 나위도 없을 것이다. ……그것을 알레고리적으로 해석하는 일은 유일하게 아직 기대할 수 있는 **구제의 길**로서 그만큼 더 필수적인 일이 되었다."[13] 벤야민이 지녔던 신학적 언어관은 "알레고리 자체도 기독교적 씨앗"[14]으로 명명하는데, 이러한 언어관은 『천로역정』(*The Pilgrim's Progress*) 이래로 종교적 주제를 다룬 문학 작품들이 왜 알레고리를 서사 양식으로 사용하는지를 설명해준다. 에리카 피셔-리히테(Erika Fischer-Lichte)는 벤야민의 알레고리론을 분석하며 "알레고리적 의미는 결국 주체의 임의적인 의미 부여의 결과"이며 "알레고리 사용자의 의도가 결정적 요인"[15]이라고 말한다.

폴 드 만 역시 이 서사 양식에 주목하는데 상징이나 은유와 달리 알레고리는 기호와 지시대상이 필연적 관계에 있지 않기에 독자로 하여금 끊임없이 오독을 유발한다고 말한다.[16] 그에 따르면 "알레고리적 재현은

---

12) 위의 책, 99쪽 참조(강조는 인용자).

13) 발터 벤야민, 최성만·김유동 옮김, 『독일 비애극의 원천』, 한길사, 2009, 337쪽(강조는 인용자).

14) 위의 책, 336쪽.

15) 에리카 피셔-리히테, 김정숙 옮김, 『수행성의 미학』, 문학과지성사, 2017, 321, 323쪽.

16) 제임슨은 폴 드 만의 알레고리론을 논하며 "내가 '알레고리'라 한 것은 드 만과는 다른 의미인데 드 만의 알레고리는 문학 텍스트 같은 정적인 대상보다는 읽기 과정 자체를 지시(프레드릭 제임슨, 황정아 옮김, 『단일한 근대성』, 창비, 2020, 132쪽)"한다고 주장한다. 그러나 드 만의 알레고리론이 읽기 과정을 분석하는 것은 분명하나 그 역시 프루스트의 『잃어버린 시간을 찾아서』 등의 문학 텍스트 분석을 통해 그의 이론을 정립해가고 있다.

한 의미를 지향하며, 이 의미는 그것이 완전히 표명될 시점에는 원래 의미에서 벗어난다."[17] 이 일탈은 결국 독서의 불가능성으로 귀결되는데 드 만의 연구는 알레고리 수용의 과정을 독자 중심으로 전개하고 있다.

알레고리는 작품의 제목을 비롯해 인물들의 이름, 배경이 되는 장소 등의 이름 짓기를 중요시하며 이 이름들이 중요한 역할을 한다. 이는『천로역정』이래로 알레고리 문학에서 보이는 중요한 특징이다.[18]「벌레 이야기」 역시 제목의 의미를 주목하지 않을 수 없다. 이 제목에서 벌레는 일견 소설 속 무도한 유괴살인범을 뜻하는 듯하다. '벌레만도 못한 인간'이란 관용구를 떠올려보면 이 말이 지칭할 수 있는 소설 속 유일한 인물은 유괴살인범이다. 하지만 소설이 창작된 1980년대 중반을 배경으로 생각해 보면 다수 대중이 '벌레만도 못한 인간'이라고 인정하고 공감할 수 있는 현실 속 인물은 따로 있다. 이청준이 평소 온건하거나 추상적인 단어를 소설의 제목으로 사용했음을 상기할 때 이 소설의 제목으로 과격한 단어를 택한 것은 그 행위에 특별한 의도가 있는 것이 분명하고 이는 제목부터 알레고리를 통해 독자에게 강한 메시지를 보내고 있다는 증거이다.

본고의 서론에서 이청준이「벌레 이야기」의 소재로 유괴 살인 사건을 언급했음을 지적했다. 이청준은 2007년 자신의 소설들을 원작으로 영화화한 〈밀양〉과 〈천년학〉이 개봉한 직후 언론과의 인터뷰를 통해「벌레 이야기」의 집필 배경을 이야기하고 있다.

> 「벌레 이야기」는 광주사태 직후였는데 당시 정치 상황이 너무 폭압적이어서 폭력 앞에서 인간은 무엇인지를 생각해봤습니다. 그런데 **가해자와 피해자**가 있을 때 **피해자는 용서할 마음이 없는데 가해자가 먼저 용서를 이야기하는 상황**이 벌어졌습니다. 그럴 때 피해자의 마음은 어떨까요. 그런 **절망감**을

17) 폴 드 만, 이창남 옮김,『독서의 알레고리』, 문학과지성사, 2010, 110쪽.

18) 최재헌,「『천로역정』의 알레고리와 해석」,『동서인문』8, 2017, 97쪽 참조.

그린 것입니다.[19]

소설의 소재로 유괴 사건을 언급한 이청준은 이제 소설의 집필 배경으로 5·18을 언급하고 있다. 이청준은 「벌레 이야기」보다 4개월 먼저 발표한 단편소설 「비화밀교」(秘火密教)에서 소설가 정훈과 민속학자 조 선생의 논쟁을 통해 소설에 대한 정의를 시도한다. 소설은 "세상 사람들에게 숨어 흐르는 힘의 존재를 알리려는 것, 세상의 보이지 않는 **뒷겹**을 알리려는 것"[20]이다. 알레고리가 '뚜렷한 이중 구조'임을 상기할 때 알레고리는 독자 앞에 '앞겹'으로 작가가 선택한 전략적 양식이다. 「벌레 이야기」의 핵심적 사건은 다음과 같다.

1-(1) 유괴된 아이 알암이가 살해된다.
1-(2) 알암이 엄마는 신앙을 갖고 범인을 용서하기로 한다.
1-(3) 범인은 이미 신으로부터 용서를 받았다 말하고 알암이 엄마는 절망한다.
1-(4) 알암이 엄마가 자살한다.

이 소설이 5·18의 가해자/피해자를 알레고리적으로 재현했다고 전제한다면 이 사건들은 다음과 같이 새로운 의미가 부여된다.

2-(1) 무고한 광주 시민들이 살해당한다.
2-(2) 피해자들이 가해자들(신군부 및 계엄군)을 용서해야 할 분위기가 형성된다.
2-(3) 가해자들은 이미 국가로부터 사면을 받고 피해자들은 절망한다.

---

19) 이청준·한윤정 인터뷰, 「희망 보탠 영상, 소설보다 현실감」, 『경향신문』, 2007.5.10.(강조는 인용자).
20) 이청준, 「비화밀교」, 『비화밀교』, 문학과지성사, 2013, 395쪽(강조는 인용자).

2-(4) 피해자들은 억울함을 호소한다.

이 소설이 발표된 1985년 즈음은 5·18과 관련해 어떤 담론이 있었을까? 이청준은 당시를 5·18에 대한 '기묘한 화해론'[21]이 있었던 시기라고 기억하고 있다. 1984년 8월 11일에 광주의거유족회를 비롯한 5·18 단체 네 곳에서 발표한 「사과 요구서」는 당시 민주화추진협의회 의장인 김영삼을 향해 사과를 요구하고 있다. 이 글은 "김영삼씨는 '용서하다'라는 민족적, 민중적, 역사적 차원의 한 사건을 멋대로 일괄처리하겠다는 발상을 토로하였"다고 지적하며 김영삼을 향해 "엄청난 비극의 와중에서 그 아픔을 구체적으로 경험하지도 않은 사람이 마치 자신이 사건의 중심인물인 것처럼 행동하고 발언"[22]한다고 비판하고 있다. 5·18 단체들은 김영삼이 홍콩의 언론인 *Far Eastern Economic Review*와의 인터뷰(1984년 7월 12일자)에서 "전두환 정권이 민주화를 시작하는 데 동의한다면 광주사태의 책임을 용서할 것"[23]이라고 말한 것에 대해 강하게 비판하고 있다.

이창동이 「벌레 이야기」를 읽은 1988년은 일명 5·18 청문회라고 불리는 5·18 광주민주화운동 진상조사 특별위원회가 국회에서 활동하던 때이다. 이 청문회는 5·18 피해자들에 대한 보상에 초석을 놓았으며 가해자들에 대한 법적 처벌의 길을 열어놓았다. 하지만 이 과정 속에서 이창동이 눈치챘듯이 '화해하자'는 정치적 공론화 작업도 벌어지고 있었다.

80년대 후반은 「벌레 이야기」를 5·18에 대한 알레고리로 읽어낼 수 있는 사회적 조건이 갖춰진 시기라고 말할 수 있다. 5·18에 대한 담론이 음지에서 양지로 나올 수 있는 환경이 점차 마련돼 갔는데 구체적으로는 피해자들의 고통을 공유하려 했으며 가해자들의 행위에 대한 처벌도 공

21) 이청준, 『머물고 간 자리, 우리 뒷모습』, 문이당, 2006, 218쪽.
22) 광주광역시 5·18 사료 편찬위원회, 『5·18 광주 민주화운동 자료총서』 2권, 1997, 440쪽.
23) 같은 곳.

론화된다. 그러나 그러한 공론화 속에서 슬며시 등장하고 있던 용서와 화해 담론은 누군가에게 절망감과 억울함을 안겨 주었다.

III. 〈밀양〉: 공동체 구성을 통해 가해자에 저항하는 피해자

이창동은 자신과 더불어 대표적인 80년대 소설가로 일컬어지는 임철우의 소설을 소개하는 글에서 5·18을 현장에서 체험하고 이후 이를 문학적으로 형상화한 임철우에 대해 이렇게 말한다.

> "그 광주의 내 또래 문학청년(임철우–인용자)을 이상하게도 좀체로 잊을 수가 없었습니다. 그것은 **죄의식**과 강렬한 **동료 의식**과, 그리고 어떤 **부러움**까지 뒤섞인 묘한 감정이었습니다.……그러나 사실은 나는 그에게 우정과 더불어 늘 어떤 **콤플렉스** 같은 것을 느끼고 있었던 성싶습니다. 아마도 그것은 그가 나보다 도덕적으로 훨씬 높은 자리에 있을 거라는 그런 감정이 아니었을까 하는 생각이 듭니다. 우선 그가 광주 사람이라는 것, 피해와 고통을 겪은 사람이라는 것, 나는 그렇지 못하다는 이유만으로도 나는 그에게 도덕적인 **열등감**을 느끼지 않을 수 없었습니다."[24)]

이창동이 임철우를 통해 고백하는 오월 광주에 대한 감정은 여러 가지이지만 그중 가장 근원적인 감정은 죄의식이다. 이 죄의식을 이창동은

---

24) 이창동, 「영혼을 두드리는 따뜻한 이야기」, 『그 섬에 가고 싶다』, 살림, 1991, 277~278쪽(강조는 인용자). 김왕배는 이 인용문에 등장하는 '그'를 이창동 감독이 만났던 광주항쟁에 참여했던 한 시민으로 보고 있는데 '그'는 임철우이다. 임철우의 소설 『그 섬에 가고 싶다』의 발문 「영혼을 두드리는 따뜻한 이야기」에서 이창동은 서울에서 임철우를 만난 자신의 친구를 통해 이미 임철우를 알고 있었으며 그때부터 동료 의식을 가졌고 실제 만났을 때는 그를 통해 5·18과 관련한 여러 감정을 가지게 되었다고 고백하고 있다. 김왕배, 「'분노의 분노'를 넘어, 5·18 항쟁의 시간과 기억」, 『감성연구』23, 2021, 197쪽 참조.

어떻게 표현하고 있는가? 대기업 창업주의 일대기를 담은 장편소설(『집념』, 1996)은 논외로 치더라도 나머지 두 권의 소설집에 실린 소설들을 통해 그가 오월 광주에 대한 죄의식을 표현했다고 보기는 힘들다. 『소지』(燒紙)(1987)와 『녹천에는 똥이 많다』(1992)는 분단 상황 속에서 레드 콤플렉스로 인한 태생적 원죄를 지닌 인물들의 삶을 조명하기도 하고 산업화와 도시화에 적응하지 못하는 주변부 인물들에 주목하기도 한다.[25)]

이창동은 영화 〈박하사탕〉을 통해 5·18에 대해 비로소 이야기한다. 영화에서 가장 오래된 사건인 강변의 야유회는 1979년 가을의 일이다. 같은 해 가을 한 독재자는 살해당하고 새로운 독재자가 곧 권력을 쥔다. 그 사이 주인공 영호는 군에 입대하고 '면회 1980년 5월' 에피소드가 시작된다. 광주로 진압을 가던 날 영호가 고이 간직했던 반합 속의 박하사탕은 출동하던 군인들에 의해 짓밟히고 영호는 광주에서 여학생을 오발탄으로 살해한다. 이 경험은 원죄가 되어 짓밟힌 박하사탕처럼 영호의 영혼을 파괴한다.

5·18은 국가에 의해 그 의미가 자리매김 되었는데 그 역사는 다음과 같다. 1989년 노태우 대통령은 5·18을 '광주민주화운동'으로 새로이 규정했으며, 1993년 김영삼 대통령은 "오늘의 정부는 광주민주화운동의 연장선 위에 있는 민주정부"라고 선언했고, 1997년에는 5·18이 국가기념일로 지정되었다. 5·18의 피해자 및 희생자들에 대한 보상도 이루어지

---

25) 박유희는 「이창동 작가론」에서 "그(이창동)의 소설 전반에서 '이념대립으로 인한 비극적 가족사'와 '광주항쟁'은 창작방법과 세계관을 결정하는 원체험으로 작용"(『현대영화연구』 26호, 2017, 105쪽)한다고 말하고 등단작인 「전리」에 대해 "이 소설에서는 이념대립에 의한 비극적인 가족사를 가진 인물을 주인공으로 삼으면서 광주항쟁으로 인한 심리적 외상을 배면에 깔고 있었다."(같은 쪽)라고 말한다. 필자는 적어도 영화(〈박하사탕〉, 2000) 이전에 창작된 소설에는 오월 광주에 대한 죄의식이 표현되지 않았다고 생각하고 「전리」에 오월 광주에 대한 트라우마가 보인다는 박유희의 생각에도 동의할 수 없다. 소설의 핵심 인물인 김장수가 운동권에 가담했지만 소설은 그의 가족사를 자세히 묘사하며 분단과 이념대립으로 인한 피해자로 그를 묘사하고 있다. 첫 소설집의 표제작인 「소지」 역시 좌파 아버지를 둔 가족들의 비극을 다루고 있다.

고 새로운 묘지도 조성되었다. 김영삼 정부에서는 5·18의 가해자들에 대한 법적 처벌이 이루어졌는데 전직 대통령들을 법정에 세울 수 있었다.[26) 김대중 대통령은 전직 대통령들을 사면함으로써 이들에 대한 법적 처벌을 불완전한 것으로 만들었으나 2000년 현직 대통령으로서는 최초로 5·18 기념식에 참석하였다. 노무현 대통령은 임기 내내(2003년부터 2007년까지) 5·18 기념식에 참석했다.

5·18에 대한 기억과 기념이 수면 위로 올라오기 전에 많은 이들은 문학적 알레고리 속에서 5·18을 기억하고, 숨어서 시청하는 비디오를 통해 기념할 수밖에 없었다. 2017년에 개봉한 장준환 감독의 〈1987〉은 80년대 중후반 대학의 만화 동아리를 통해 은밀하게 상영되었던 이른바 '광주 비디오'를 보여준다. 광주 비디오는 1980년대와 1990년대 대학가에서 끊임없이 유통되며 5·18에 대한 기억과 기념을 수행한다.[27)]

90년대 후반 이후 5·18에 대한 재현은 문화계에서도 전방위적으로 일어나는데 1996년 5·18을 부분적 소재로 사용한 장선우 감독의 영화 〈꽃잎〉이 상영되었고 2000년에는 5·18 20주년을 맞아 항쟁을 극화한 황지우의 희곡 『오월의 신부』가 뮤지컬로 무대에 올려졌다. 2007년 김지훈 감독은 〈화려한 휴가〉를 통해 1980년 5월 18일부터 27일까지 일어났던 일을 정면으로 다루고 있다. 〈밀양〉은 같은 해 한국 사회가 5·18을 기억하고 기념할 수 있는 환경이 상대적으로 자유로워진 상황에서 상영된다.

본고의 2장에서 언급했듯 알레고리는 작품의 제목을 비롯해 이름 짓기를 중요시한다. 이 영화의 제목인 '밀양'에 관해서는 대부분의 논자들이 제목의 한자인 '密陽'과 영어 제목인 'secret sunshine'에 주목해 이 제목이 영화의 주제를 전달해 준다고 해석하고 있다.[28)] 햇볕이란 단어는 실제

---

26) 김상봉, 『철학의 헌정–5·18을 생각함』, 도서출판 길, 2015, 217~218쪽 참조.

27) 배주연, 「5·18민주화운동의 영화적 재현」, 『무한텍스트로서의 5·18』, 문학과지성사, 2020, 462쪽 참조.

28) 예컨대 임우기는 이 영화가 보이지 않는 신의 존재를 다루고 있다고 말하는데 "비밀스러운 햇빛(밀양)의 존재가 영화에 숨은 신(범신론적인 자연신)"이라고 주장한다. 『한국영화

로 이 영화에 많이 등장한다. 신애는 종찬을 처음 만난 장면에서 지명 밀양의 뜻을 그에게 묻고 스스로 비밀의 햇볕이라고 풀이한다. 김 집사는 신애를 전도하며 "햇볕 한 조각에도 주님의 뜻이 숨어있다"[29]고 말한다.

그러나 정작 감독은 "밀양의 특징이 특징 없음이고 아주 전형적인 요소로만 구성된 도시"[30]라고 말한다. 종찬 역시 신애와 신애 동생 민기로부터 밀양의 뜻이 무엇이며 어떤 곳이냐는 질문을 받지만 그는 그 뜻을 알지 못하며 "밀양도 다른 데하고 다 똑같아예."[31]라고 대답할 뿐이다. 많은 논자들의 의미 부여와는 달리 밀양은 특별한 의미를 지닌 말도 아니며 다른 곳과 하등 다를 곳도 없는 곳이다. 이 영화의 제목은 부산일 수도, 마산일 수도, 그리고 광주(光州)일 수도 있다는 말이다. 어떤 도시에도 5·18과 같은 비극은 일어날 수 있었다. 아무런 특징이 없고 다 똑같지만 비극은 광주에도 신애에게도 찾아올 수 있었다.

이 평범함과 전형성은 5·18을 이해하고 기억하는 데에 중요한 역할을 한다. 김상봉은 5·18공동체가 계급, 성, 존재 기반의 차이를 넘어 '너도 나'라는 고백 위에서 한 주체가 또 다른 주체의 고통스러운 부르짖음에 응답했던 공동체라고 주장한다.[32] 필자는 5·18공동체가 '너도 나'라는 인식적 기반 위에 서 있음을 인정하며 이 공동체가 가진 속성에 대해 다른 각도의 이해를 덧붙일 수도 있다고 생각한다. 즉 5·18공동체가 가진 속성을 그 구성원들이 지닌 평범성과 전형성에 기반해 새롭게 이해할 수 있다는 점이다.

감독에 따르면 '밀양'은 아무런 특징이 없고 전형적인 요소로만 구성된 도시이다. 영화 속의 종찬은 평범한 사람이며 어디에서나 만날법한

세 감독, 이창동·홍상수·봉준호』, 솔출판사, 2021, 82쪽.

29) 이창동, 『밀양 각본집』, 아를, 2022, 101쪽.

30) 이창동·한선희 인터뷰, 「People–이창동 인터뷰」, 『FILM 2.0』, 2007.5.16.

31) 이창동, 앞의 책, 59쪽.

32) 김상봉, 앞의 책, 133쪽 참조.

전형적인 인물이다. 그는 또한 속물적인 사람인데 신애는 자신의 요청으로 땅을 알아보는 중 그를 향해 '속물'이라고 말한다. 종찬은 자신을 속물이라고 칭하는 신애를 향해서 "내가예, 우리 신애씨만 만나면 이상하이 계속 코나에 몰립니더. 다른 데 가마 안 이러는데. 내가. 와 이런지 모르겠어예."[33]라고 답한다. 종찬이 여기에서 자신이 속물이 아니라고 부정하기보다 말문이 막혔던 이유는 그의 마음에 신애를 향한 순정이 자리 잡았기 때문이다. 그러나 신애의 아들 준의 죽음 이후 종찬의 순정은 단순한 연모의 감정을 넘어선다. 이 사건 이후로 종찬은 신애의 고통을 적극적으로 이해하고 위로하려 애쓴다.

영화 속에서 종찬에 앞서서 신애를 이해하고 위로하겠다고 적극적으로 나섰던 인물들은 따로 있다. 김 집사, 목사, 동생 민기 등은 종교적 권위와 혈연 등을 통해 모두 그러한 시도를 한 것으로 보인다. 그러나 그들의 모든 시도가 실패했을 때 종찬은 신애의 가족들보다 오히려 신애를 잘 알고 있던 인물이며,[34] 신애의 주변 인물 가운데 유일하게 신애의 고통을 이해한 인물이다. 준의 장례식 장면은 종찬만이 신애의 고통을 이해하고 있음을 압축적으로 드러낸다. 신애에 대한 시어머니의 비난으로부터 시작된 이 에피소드는 신애의 가족들(동생, 시어머니, 시누이, 시매부)보다 종찬이 신애의 고통에 귀 기울이고 있었음을 보여준다.

종찬 저기예……. 준이 할머님 되십니꺼?

시누이 예……그런데요?

종찬 손주 잃어뿌리고 참 마음이 아프시지예? 저도 이해를 하거든예. 그런데예……지금 이 상황에서는 누구보다도 애 엄마

---

33) 이창동, 앞의 책, 59쪽.

34) 강의혁은 신애가 고통을 극복하는 계기로서 혈연의 가족이 아닌 가족-공동체 구상을 내보이고 있다. 강의혁, 「가족-공동체의 도래를 기다리며」, 『문학과영상』 20(3), 2019, 428쪽 참조.

가 제일 안 슬프겠습니꺼? 그지예?

시누이 누구세요? 누구신데 그런 말씀을 하세요?

종찬 예, 저는 그냥…… 거 뭐꼬…….

시매부 이거 우리 집안일이거든요. 누구신지는 모르지만 남의 가족 일에 안 끼어들었으면 좋겠네요.

종찬 예…… 저도 이해하거든예. 이해하는데, 역지사지라는 말도 있듯이예.

민기 뭐 하시는 거예요, 지금?[35]

고통의 이해에 바탕해 그가 신애에게 보낸 '너도 나'의 응답은 두 사람만의 '너와 나'의 공동체를 형성시킨다. 종찬이 공동체 형성에 성공할 수 있었던 이유는 그의 평범함이 그 역할을 한 것으로 보이는데 그는 자신의 특별한 점을 앞세우지 않는다. 이 영화에서 종찬이라는 인물이 드러나지 않으면서도 그가 공동체를 이뤄내고 있다는 사실은 상당히 중요한 의미를 갖는다고 생각한다.

〈밀양〉의 핵심적 사건은 다음과 같다.

3-(1) 유괴된 아이 준이 살해된다.
3-(2) 준의 엄마 신애는 신앙을 갖고 범인을 용서하기로 한다.
3-(3) 범인은 이미 신으로부터 용서를 받았다고 말하고 신애는 절망한다.
3-(4) 신애가 집으로 돌아온다.

이 영화가 5·18의 가해자/피해자를 알레고리적으로 재현했다고 전제한다면 이 사건들은 다음과 같이 새로운 의미가 부여된다.

35) 이창동, 앞의 책, 93~94쪽.

4-(1) 무고한 광주 시민들이 살해당한다.

4-(2) 피해자들이 가해자들(신군부 및 계엄군)을 용서해야 할 분위기가 형성된다.

4-(3) 가해자들은 이미 국가로부터 사면을 받고 피해자들은 절망한다.

4-(4) 피해자들은 억울함을 호소한다.

본고의 2장에서 나열한 「벌레 이야기」의 핵심 사건과 위에 나열한 영화의 핵심 사건의 차이점은 네 번째 사건이다. 알암이 엄마는 자살로 생을 마치지만 신애는 자살 기도 후 정신병원에서 퇴원하고 집으로 돌아온다. 신애가 귀가하기 전 종찬이 그녀를 데려간 곳은 유괴살인범 박도섭의 딸 정아가 일하고 있는 미용실이었다. 신애와 정아 모두 서로를 알아보고 대화를 이어가다가 신애는 머리칼을 자르다 말고 미용실을 뛰쳐나간다. 그리고 신애는 집에서 종찬이 들고 있는 거울을 보며 스스로 머리칼을 자른다. 신애가 알암이 엄마와는 달리 목숨을 유지하는 것과 박도섭의 딸을 만나는 것이 일견 용서를 위한 장치로서 기능한다고 생각할 수 있으나 신애는 자신의 힘으로 해낼 수 없는 용서의 유혹을 떨쳐내고 종찬과의 공동체로 복귀한다. 앞서 말했듯이 신애의 고통스러운 신음에 유일하게 귀를 기울인 존재는 신이 아닌 종찬이었다. 이 깨달음은 더 이상 신애를 용서의 의무로 내몰지 않으며 두 사람만의 공동체를 형성시킨다.

소설과 영화에서 묘사되는 신(神)은 알레고리적 차원에서 국가로 치환될 수 있다. 「벌레 이야기」에서 알암이 엄마가 신에 대해 갖는 인식의 변화는 이러한 알레고리적 의미 해석의 단서를 제공한다. 알암이 엄마는 아이가 납치된 후 김 집사의 전도로 교회를 나가며 신에 대해 알아가려 노력한다. 납치 사건이 결국 아이의 죽음으로 종결되었을 때 김 집사가 알암이 엄마에게 전하는 기독교의 핵심적 가르침은 바로 용서이다. 그녀는 알암이 엄마에게 용서를 강권한다. "죄인을 **아주** 용서하도록 하세요.

그게 **틀림없이** 주님의 뜻이며 기쁨이실 거예요."[36] 김 집사의 이러한 행위에 대해서 우리는 기독교 교리에서 말하는 용서는 삶의 실제를 무시한 비인간적인 것이 아니라고 대응할 수 있으며,[37] 결국 인간의 삶을 등지고 있는 교리의 비인간성은 알암이 엄마를 절망으로 내몬다. 범인 김도섭과의 면회를 다녀온 알암이 엄마는 김 집사를 향해, 그리고 신을 향해 절규한다.

> 나는 새삼스레 그를 용서할 수도 없었고, 그럴 필요도 없었어요. 하지만 나보다 누가 먼저 용서합니까. 내가 그를 아직 용서하지 않았는데 어느 누가 나 먼저 그를 용서하느냔 말이에요. 그의 죄가 나밖에 누구에게서 먼저 용서될 수가 있어요? 그럴 권리는 주님에게도 있을 수가 없어요. 그런데 주님께선 내게서 그걸 빼앗아가 버리신 거예요. 나는 주님에게 그를 용서할 기회마저 빼앗기고 만 거란 말이에요.[38]

알암이 엄마의 절규처럼 가해자를 용서할 권리가 알암이 엄마 이전에 신에게 주어지지 않았지만 국가는 피해자의 동의도 없이 가해자를 사면(용서)했다. 5·18은 국가권력에 대해 근원적인 고민을 하게 한 항쟁이었다. 국민의 군대가 총칼로 탄압할 때 광주 시민들은 애국가와 태극기로 맞섰다. 이 맞섬의 순간 탄생한 5·18공동체는 기존의 국가를 부정하고 새로운 국가를 원하게 된다. 5·18공동체는 현존하는 국가가 거짓된 공동체임을 알고 참된 국가를 지향한다.[39] 소설과 영화는 각각 그 결말에서 용서를 강요하는 신(국가)에 대한 저항을 보여준다. 알암이 엄마가 남편 또는 김 집사와 고통을 공통분모로 삼는 공동체를 이루는 데 실패한

---

36) 이청준, 「벌레 이야기」, 『벌레 이야기』, 문학과지성사, 2013, 65쪽(강조는 인용자).
37) 이러한 주장의 한 예는 김주연, 『문학을 넘어서』, 문학과지성사, 1987, 258쪽 참조.
38) 이청준, 앞의 글, 75쪽.
39) 김상봉, 앞의 책, 109~110쪽 참조.

반면 신애는 종찬과 공동체를 이루어 신(국가)에 대한 저항을 보여준다. 〈밀양〉은 「벌레 이야기」보다 결말에서 공동체에 관한 진일보한 성과를 보여주고 있다고 하겠다.

알암이 엄마는 신(국가)에 대한 저항을 죽음으로써 보여주는데 이는 용서나 화해를 끝까지 거부하는 행위이다. 김현이 「벌레 이야기」의 작품론에서 이청준의 핵심적 전언이라고 지적한 "내가 용서하지 않으면, 너는 용서받은 것이 아니다"[40]라는 메시지는 그녀의 자살을 통해 전달된다. 김형중은 김현의 논리를 확장시켜 그녀의 자살을 용서 혹은 화해의 강요가 신(국가)으로부터 폭력적으로 주어졌을 때 그녀는 "죽음으로써 화해를 거부하는 속죄양"[41]이 된다고 분석한다. 신애와 알암이 엄마는 결말에서 생과 사로 그 길이 갈리지만 두 사람 모두 '용서는 있을 수 없다'는 메시지를 가해자에게 분명히 전달하고 있다.

Ⅳ. 알레고리와 해석의 공동체

본고의 2장에서는 드 만의 논의를 빌려 상징과 알레고리를 구분하여 차이를 드러냈다. 그 구분에 따르면, 상징은 기호와 지시대상이 필연적 관계에 있지만 알레고리는 기호와 지시대상이 필연적 관계에 있지 않기에 끊임없이 독자로 하여금 오독을 유발한다. 드 만은 본격적인 알레고리론을 펼치기 전에 언어의 화용론적 수행성에 큰 관심을 보인다. 그는 언어의 화용론적 수행성에 기초하여 이 같은 언어활동이 문맥에 따라 의미를 상시로 변화시킨다고 주장한다.[42] 드 만의 논증은 알레고리론을 거

---

40) 김 현, 「떠남과 되돌아옴: 이청준」, 『분석과 해석/보이는 심연과 안 보이는 역사 전망』, 문학과지성사, 1992, 156쪽.

41) 김형중, 「그 밤의 재구성」, 『무한텍스트로서의 5·18』, 문학과지성사, 2020, 497쪽.

42) 폴 드 만, 앞의 책, 23~24쪽 참조.

쳐 독서의 불가능성까지 진행되지만 우선 여기서 주목할 것은 언어의 수행성[43]이 확정된 의미를 해체하는 기능을 수행하며 알레고리와 깊은 관계를 맺는다는 것이다. 수행문이 사회적 행위인 이유는 수행적 성공을 위해서는 언어적 조건뿐 아니라 제도적, 사회적 조건이 충족되어야 하기 때문이다.[44] 알레고리 역시 언어적 조건을 넘어서 제도적, 사회적 상황 속에서 해석되어야 한다. 알레고리가 문맥에 따라 의미가 상이하게 해석될 수 있지만 창작자가 알레고리를 사용하는 이유는 언젠가 제도적, 사회적 조건이 충족되면 진의를 알아볼 수 있는 독자가 있으리라는 믿음 때문이다.

알레고리의 사용은 사회적 행위인데 이를 성공시키기 위해서는 우선 기호와 지시대상이 필연적 관계에 있지 않다는 조건을 넘어 독자의 제도적, 사회적 상황이 충족되어 알레고리적으로 해석되어야 한다. 이 성공이 쉽지 않은 일임은 벤야민이 이를 창작자에게 있어 '구제의 길'이라고 표현한 것으로 보아 알 수 있다.

「벌레 이야기」와 〈밀양〉을 5·18의 가해자/피해자 알레고리로서 읽거나 보고자 할 때 독자와 관객이 뛰어넘어야 할 난관은 적지 않다. "5·18이 무한히 열린 텍스트"[45]임을 인정하고 한국 사회에서 5·18에 대한 담론이 끊임없이 생산되고 있지만 가해자와 피해자 모두 1980년 오월 광주에서 있었던 일을 제대로 정리하지 못한 채 세상을 뜨고 있는 상황에서 독자와 관객에게 제도적, 사회적 상황의 충족을 바라는 것은 과욕일 수도 있다.

본고의 2장에서 벤야민은 알레고리가 창작자에게만 지고한 의미를 갖기에 슬픔을 불러일으킨다고 했다. 같은 맥락에서 드 만도 의미의 확증

---

43) 드 만이 갖는 수행성에 대한 관심을 Andrew Parker는 '해체적 수행성'(deconstructive performativity)이라고 이름 짓고 기표와 세계 사이의 정확한 인과관계의 분리를 그 특징으로 지적한다. *Performativity and Performance*, New York: Routledge, 1995, p. 2 참조.

44) 에리카 피셔-리히테, 45쪽 참조.

45) 김형중·이광호, 「책을 엮으며」, 『무한텍스트로서의 5·18』, 문학과지성사, 2020, 5쪽.

가능성을 근본적으로 재고하고 있다. 벤야민은 창작자에게 방점을 찍으며 알레고리의 의미를 말하고 있고 드 만은 독자에게 방점을 찍으며 의미를 말하고 있다. 창작자가 가졌던 의미가 독자에게 다다랐을 때는 모두 사라졌음을 각각의 알레고리론을 통해 알 수 있는데 창작의 시간에서 수용의 시간까지 걸리는 시간이 길수록 최초의 의미가 전달되는 것은 더욱 힘들다. 그럼에도 불구하고 알레고리는 창작자로부터 끊임없이 선택되어 의미를 전달하는 서사 양식으로 사용된다. 그 이유는 알레고리라는 양식 자체가 수용자로 하여금 텍스트가 갖는 의미에 대한 확증을 주저하게 만드는 특징이 있기 때문이다.

「벌레 이야기」는 의미의 확증을 피해야 하는 시대에 생산되었지만 이창동을 비롯한 독자들은 창작자가 보내는 의미를 확증하는 경우가 종종 있었다. 이 경우의 독자들은 스탠리 피쉬[46]가 주장한 '해석의 공동체'(interpretive communities)로서 그 역할을 수행했다고 할 수 있다.[47] 피쉬는 우선 독서 행위가 텍스트가 독자에게 행하는 것을 경험하는 과정이라 주장하는데 이때 텍스트에서 발견되는 것은 독자의 경험 구조이다.[48] 피쉬가 해석의 공동체 개념을 제시할 때 이 공동체의 속성을 명확히 언급하고 있다고 말하기는 어렵지만 이 개념을 설명하는 한 논자

46) 필자가 피쉬를 이곳에서 언급하는 이유는 그가 펼친 '해석의 공동체' 개념에 주목해서이기도 하지만 알레고리의 해석에 있어서 독자/수용자의 역할을 강조한 드 만의 논지와 피쉬의 주장이 친연성을 보이고 있기 때문이다. 〈밀양〉의 경우 사건(5·18)의 발생으로부터 수용자의 수용까지 걸리는 시간이 길기 때문에 수용자의 역할에 더욱 주목하지 않을 수 없다. 주지하듯이 드 만은 데리다의 해체론을 미국에 소개하고 이른바 '예일학파'의 수장 역할을 했다. 피쉬는 Meyer Abrams가 자신을 포함해 데리다, Harold Bloom(예일학파의 대표적인 비평가)을 일컬어 새로운 독자들(New Readers)이라고 칭했음을 언급하고 있다. Stanley Fish, "Is There a Text in This Class?", *Is There a Text in This Class?*, Cambridge: Harvard University Press, 1980, p. 305 참조.

47) 피쉬는 존 밀턴의 『실락원』(*The Lost Paradise*)에 대한 주석인 *Variorum Commentary*를 해석하며 해석의 공동체 개념을 제시하고 있다. 『실락원』은 알레고리적 인물들이 등장하는 대표적인 서사시이다.

48) 테리 이글턴, 김명환·정남영·장남수 옮김, 『문학이론 입문』, 창작과비평사, 1986, 110쪽 참조.

는 이 공동체가 "공동의 경험, 수준, 문화적 배경을 가진 독자들의 그룹"[49]이라고 말한다. 그러나 필자가 이해할 때 피쉬는 이 공동체의 속성을 이와 같이 명시하고 있지 않다. 그는 이 공동체가 '읽기를 위해'(for reading) 해석적 전략(interpretive strategies)을 공유하는 것이 아니라 '텍스트를 쓰기'(writing texts) 위해 공유한다고 주장한다. 즉 그가 주장하는 해석의 공동체는 세계에 관한 이해방식을 공유하는 사람들이 '안정적인'(stability) 혹은 일관성 있는 관점을 갖고 그들만의 공통된 세계관을 형성해가는 공동체이다. 이는 엄밀히 말해서 이 공동체에 속한 사람들이 얼마만큼의 배경적인 공통점을 갖고 있는가와는 무관하다고 볼 수 있다. 즉 공통된 환경에 속해 있지 않으며 심지어 지구의 반대편에 있는 두 사람이라고 할지라도 세계를 바라보는 관점에 있어서 상당한 유사점을 갖는다면 이 두 사람은 이미 해석의 공동체를 형성한다고 할 수 있다.[50]

필자가 이해한 해석의 공동체 개념을 이창동의 「벌레 이야기」 해석과 더불어 〈밀양〉의 개봉일과 관련하여 적용할 수 있다. 필자가 아는 한에서는 〈밀양〉의 개봉일에 대해서는 어느 누구도 주목한 바가 없으나, 필자는 그 시기야말로 상당한 의미 부여가 가능하다고 본다. 즉 〈밀양〉의 창작자는 관객들에게 자신이 지니고 있던 5·18에 대한 문제의식과 그 표현으로서의 알레고리를 독해할 수 있는 힌트를 주고자 특정한 개봉일을 정한 것으로 생각해 볼 수 있다. 〈밀양〉의 최초 개봉 예정일은 5월 17일이었다.[51] 이 영화가 개봉된 2007년 당시 한국의 영화는 대부분 목요

49) 김성곤, 『포스트모던 소설과 비평』, 열음사, 1993, 181~182쪽.

50) Stanley Fish, "Interpreting the *Variorum*", *Is There a Text in This Class?*, Cambridge: Harvard University Press, 1980, pp. 167~173 참조.

51) 인터넷 자료 조사를 통해 파악되는 것은 5월 24일에 결국 개봉한 것으로 보인다. 그러나 2007년 3월에 언론(https://star.mt.co.kr/stview.php?no=2007031210581653047)에 배포된 정보에 따르면 영화의 개봉 예정일은 5월 17일이었고 현재도 인터넷상의 공식 영화 개봉일은 5월 17일이 주로 표기되어 있다. 영화의 개봉일이 5월 24일로 변경된 이유에 대해서는 알려진 바가 없지만 본고는 최초의 영화 개봉 예정일에 기반해 논의를 전개한다.

일에 개봉되었고[52] 〈밀양〉의 개봉일 역시 목요일이었다. 이창동은 5·18 27주년 기념일인 2007년 5월 18일 금요일에 영화를 개봉할 수는 없으나 5·18을 하루 앞둔 5월 17일을 개봉일로 정함으로써 자신의 창작을 통해 5·18을 기념하려고 한다.

안정적인 일관성의 관점이 해석의 공동체에서 꼭 필요한 속성이라면 필자에게 이창동은 영화의 개봉일 의미의 해석과 관련해 일관성을 갖게 한다. 이창동은 이미 〈박하사탕〉의 개봉일과 개봉시(時)에 대해 특별한 의미를 부여하고 있다. 〈박하사탕〉은 2000년 1월 1일 0시에 개봉한다. 이창동은 이 영화의 개봉일을 새로운 밀레니엄이 시작되는 날로 정한 이유에 대해 영화 속 지난 20년간 역사의 흔적이 고통스러웠지만 "이 영화가 주인공 김영호의 삶을 통해 99년부터 79년까지 20년의 세월을 거슬러 올라가는 '과거사'이기 보다는 각 에피소드들이 늘 하나의 고리로 엮인 '현재진행형'으로 느껴지질 바란다."[53]라고 말한다.

5·18이 갖는 구체적 사실과 역사적 진실을 현재를 살아가는 우리가 어떻게 수용할지에 대해 고민할 때 해석의 공동체 개념은 시사하는 바가 크다. 1980년 5월 광주의 '너도 나'라는 만남은 독재에 저항했고 현재도 민주화를 위해 노력하는 세계 곳곳의 사람들이 세계에 관한 이해방식을 공유하는 한 해석의 공동체 안에서 그 만남은 다시 이루어질 수 있다. 이들은 단지 수동적으로 텍스트를 해석하는 것이 아닌 적극적으로 공통적인 세계관을 형성해가며 텍스트를 써나가는 공동체일 것이다. 이창동은 5·18에 대해 지녔던 죄의식 가운데 「벌레 이야기」를 능동적으로 해석하였고 적극적으로 〈밀양〉이라는 새로운 텍스트를 쓰며 5·18에 대한 세

52) 김소민, 「토→목→화·수…개봉요일 '빨리 더 빨리'」, 『한겨레신문』, 2007.7.12. 참조.

53) 정재왈, 「이창동 감독이 말하는 영화 '박하사탕'」, 『중앙일보』, 1999.12.28.

계관을 형성시켰다. 〈밀양〉은 의미의 확증을 피해야 하는 시대에 생산되지는 않았지만 그 시대에 맞게 창작자는 열린 텍스트로서 영화를 관객에게 제공한다.

V. 결론

이 글에서 필자는 「벌레 이야기」와 〈밀양〉을 비교하여 두 텍스트가 5·18의 가해자/피해자를 주제 의식으로 표현하고 있음을 보여주려 하였다. 〈밀양〉의 감독인 이창동이 자신의 영화가 「벌레 이야기」에 근거했다고 밝힌 이후, 이 둘 간의 비교가 이루어져 왔음에도 불구하고 그 둘의 유사점을 5·18이라는 사건 중심으로 비교한 연구는 전무하다. 필자는 이 두 텍스트를 알레고리를 통해 분석하여 어떤 점에서 두 텍스트가 유사한 구조를 갖는지 재구성하고자 했다.

알레고리는 뚜렷한 이중 구조를 통해 창작자의 뜻을 전달하는 서사 양식인데 벤야민은 이 양식이 현대세계에서는 진정한 화해가 있을 수 없다는 주제 의식을 보여준다고 정의한다. 「벌레 이야기」와 〈밀양〉은 피해자의 용서가 없을 때 과연 진정한 화해가 있을 수 있는지 묻는 알레고리적 텍스트이다.

1980년대 중반 5·18에 대한 거짓 용서와 화해에 대한 요구가 가시화되는 시점에 이청준은 그러한 요구의 정당성을 문제 삼지 않을 수 없었고 그러한 문제의식을 자신의 작품세계에 반영했던 것으로 보인다. 이러한 문제의식에 공감했던 이창동은 「벌레 이야기」를 오월 광주에 대한 알레고리로 읽었고 그 자신이 가졌던 5·18에 대한 죄의식을 이 소설을 각색함으로써 표현한다.

〈밀양〉을 통해 가해자/피해자 문제에 천착했던 이창동은 〈밀양〉의 다음 작품으로 2010년 〈시〉를 제작한다. 가해자/피해자 문제의 주제 의식을 피해자를 중심으로 〈밀양〉에서 다뤘던 그는 〈시〉에서 가해자를 중심에 두고 다룬다. 영화의 주인공 미자는 손자 욱이가 가담한 여학생 자살 사건으로 인해 실제 가해자가 아니지만 손자로 인해 가해자의 역을 떠안는다.

이창동의 「벌레 이야기」 읽기는 단순한 읽기로 끝나지 않았으며 〈밀양〉이라는 새로운 텍스트 쓰기로 발전했다. 그가 쓴 새로운 텍스트는 원작과는 다른 결말을 보여줌으로써 5·18의 공동체 정신에 대한 그의 진일보한 이해를 드러낸다. 두 텍스트 모두 5·18공동체가 그랬듯이 거짓 국가(신)를 부정하지만 〈밀양〉의 신애와 종찬은 새로운 공동체를 이루어 적극적으로 거짓 국가(신)에 저항한다.

이창동의 「벌레 이야기」 해석 방식과 그의 〈밀양〉 창작은 모두 해석의 공동체 개념을 통해 그 의미가 이해될 수 있다. 이창동은 5·18과 관련하여 일관된 관점에서 원작 소설을 해석했고 그러한 해석에 기반하여 새로운 텍스트를 창작했다. 해석의 공동체 개념은 5·18을 특정의 시공간에 가두지 않고 열린 텍스트로 받아들일 기회를 제공한다. 5·18이 보여준 민주화 정신은 지구 곳곳에서 독재에 저항하고 진정한 공동체를 찾는 사람들에게 공감을 자아내며 5·18과 공통적인 세계관을 형성해가게 한다.

이 글은 2022년 전남대학교 호남학연구원에서 발간한 『감성연구』25집에 게재되었으며 5·18기념재단과의 협약을 통해 감성인문학회가 선정하는 '5·18 우수 학술논문'으로 선정되었다.

참고문헌

〈자료〉

이청준, 「벌레 이야기」, 『벌레 이야기』, 문학과지성사, 2013.

_____, 「비화밀교」, 『비화밀교』, 문학과지성사, 2013.

_____, 『머물고 간 자리, 우리 뒷모습』, 문이당, 2006.

이창동, 〈밀양〉, 파인하우스 필름, 2007.

_____, 『밀양 각본집』, 아를, 2022.

_____, 『소지』, 문학과지성사, 1987.

_____, 『녹천에는 똥이 많다』, 문학과지성사, 1992.

_____, 「영혼을 두드리는 따뜻한 이야기」, 『그 섬에 가고 싶다』, 살림, 1991.

이창동·한선희 인터뷰, 「People—이창동 인터뷰」, 『FILM 2.0』, 2007.5.16.

이창동·허문영 인터뷰, 「유괴는 이 영화에서 중요하지 않다. 중요한 건 고통이다」, 『씨네21』, 2007.5.15(http://www.cine21.com/news/view/?mag_id=46374, 검색일: 2021.12.1.)

〈논저〉

강의혁, 「가족—공동체의 도래를 기다리며: 이창동의 〈밀양〉과 고레에다 히로카즈의 〈어느 가족〉 읽기」, 『문학과영상』 20권 3호, 문학과영상학회, 2019.12.

김남혁, 「끔찍한 모더니티」, 『벌레 이야기』, 문학과지성사, 2013.

김상봉, 『철학의 헌정—5·18을 생각함』, 도서출판 길, 2015.

김석회, 「소설 「벌레 이야기」와 영화 〈밀양〉 사이」, 『문학치료연구』 7집, 한국문학치료학회, 2007.8.

김성곤, 『포스트모던 소설과 비평』, 열음사, 1993.

김왕배, 「'분노의 분노'를 넘어, 5·18 항쟁의 시간과 기억」, 『감성연구』 23집, 전남대학교 호남학연구원, 2021.9.

김주연, 『문학을 넘어서』, 문학과지성사, 1987.

김 현, 『분석과 해석/보이는 심연과 안 보이는 역사 전망』, 문학과지성사, 1992.

김형중·이광호 편, 『무한텍스트로서의 5·18』, 문학과지성사, 2020.
김희선, 「용서와 인간실존의 문제에 대한 두 태도-단편소설 「벌레 이야기」와 영화 〈밀양〉」, 『문학과종교』 14권 2호, 한국문학과종교학회, 2009.8.
박유희, 「이창동 작가론-이창동 소설과 영화의 연관성을 중심으로」, 『현대영화연구』 26호, 한양대학교 현대영화연구소, 2017.3.
서정남, 「영화 〈밀양〉과 소설 「벌레 이야기」의 서사 전략에 대한 비교 연구」, 『영화연구』 43호, 한국영화학회, 2010.3.
송태현, 「소설 「벌레 이야기」에서 영화 〈밀양〉으로」, 『세계문학비교연구』 25집, 세계문학비교학회, 2008.12.
이대규, 「이청준 소설 「벌레 이야기」의 상상력 연구」, 『현대소설연구』 5호, 한국현대소설학회, 1996.12.
이상섭, 『문학비평 용어 사전』, 민음사, 2001.
임우기, 『한국영화 세 감독, 이창동·홍상수·봉준호』, 솔출판사, 2021.
장양수, 「반항으로서의 자살-이청준 단편 「벌레 이야기」의 실존주의문학적 성격」, 『한국문학논총』 34집, 한국문학회, 2003.8.
장윤수, 「인간-되기와 소설의 발생론적 플롯」, 『현대소설연구』 44호, 한국현대소설학회, 2010.8.
최수웅, 「소설과 영화의 창작방법론 비교분석-「벌레 이야기」와 〈밀양〉을 중심으로」, 『어문연구』 54호, 어문연구학회, 2007.8.
최재헌, 「『천로역정』의 알레고리와 해석」, 『동서인문』 8호, 경북대학교 인문학술원, 2017.10.
한래희, 「소설 「벌레 이야기」와 영화 〈밀양〉의 서사전략 비교」, 『한국학연구』 32집, 한국학연구소, 2014.2.
허만욱, 「소설 「벌레 이야기」와 영화 〈밀양〉의 모티프 변환 연구-작가의식과 메시지를 중심으로」, 『한국문예비평연구』 26권, 한국현대문예비평학회, 2008.11.
드 만, 폴, 이창남 옮김, 『독서의 알레고리』, 문학과지성사, 2010.
벤야민, 발터, 최성만·김유동 옮김, 『독일 비애극의 원천』, 한길사, 2009.

피셔-리히테, 에리카, 김정숙 옮김, 『수행성의 미학』, 문학과지성사, 2017.
이글턴, 테리, 김명환·정남영·장남수 옮김, 『문학이론 입문』, 창작과비평사, 1986.
제임슨, 프레드릭, 여홍상·김영희 옮김, 『맑스주의와 형식』, 창비, 2014.
______, 황정아 옮김, 『단일한 근대성』, 창비, 2020.
광주광역시 5·18 사료 편찬위원회, 『5·18 광주 민주화운동 자료총서』 2권, 광주광역시 5·18 사료 편찬위원회, 1997.
Fish, Stanley, *Is There a Text in This Class?*, Cambridge: Harvard University Press, 1980.
Parker, Andrew, *Performativity and Performance*, New York: Routledge, 1995.

〈신문·인터넷 자료〉

김소민, 「토→목→화·수…개봉요일 '빨리 더 빨리'」, 『한겨레신문』, 2007.7.12.
정재왈, 「이창동 감독이 말하는 영화 '박하사탕'」, 『중앙일보』, 1999.12.28

오월광주의 경계넘기
- 영화 〈좋은 빛, 좋은 공기〉에 나타난 장소정치

노상인

I. 들어가며

이 글은 임흥순 감독의 장편 다큐멘터리 영화 〈좋은 빛, 좋은 공기〉(2021)[1)]에서 드러나는 장소 정치의 양상을 살펴보고자 한다. 이는 영화가 지리적으로 떨어져 있는 두 지역, 광주와 부에노스아이레스의 역사적 장소들을 나란히 배치하여 장소 복원을 강조하고, 복원 과정에서 실현할 수 있는 기억 작업의 다양한 측면을 펼침으로써 기억 공간의 형성을 강조하는 것으로 이뤄진다. 〈좋은 빛, 좋은 공기〉는 비슷한 시기 국가 폭력을 겪었던 광주(1980)와 부에노스아이레스(1976-1983)를 교차하여 보여준다. 특히 두 지역의 특정 장소들이 교차되는데, 희생자들의 암매장 추정지로 유골 발굴 작업이 이뤄지고 있는 옛 광주교도소 주변과 아베샤네다 공동묘지, 항쟁의 장소이자, 폭력과 죽음의 장소인 옛 전남도

---

1) 장편 다큐멘터리 영화 〈좋은 빛, 좋은 공기〉는 극장 개봉 이전 설치 작품으로 전시 공간에서 먼저 공개되었다. 2018년 카네기 인터내셔널 비엔날레, 2019년 국내 개인전 '고스트 가이드', 2020년 광주국립아시아문화전당의 5·18민주화운동 40주년 기념 전시 메이투데이(Maytoday)에서 전시되었다. 영화 또한 극장 개봉 이전에 광주독립영화제, 부산국제영화제 등을 통해 먼저 공개되었다. 다매체적 관점에서 접근하여 설치작품과 극작용 영화를 비교하는 연구로는 이선주, 「다성적-다감각적 내러티브와 여성 주체들의 대항-역사 쓰기: 임흥순의 〈좋은 빛, 좋은 공기〉 설치작품(2018)과 다큐멘터리 영화(2020)」, 『문학과 영상』22(2), 문학과영상학회, 2021.

청과 '기억을 위한 공간, 전 비밀 수용소 클럽 아틀레티코'(이하, 전 비밀 수용소 클럽 아틀레티코), 부상자들을 옮겨 치료한 옛 국군광주통합병원과 아르헨티나 해군기지 학교 병원, 총 여섯개의 장소가 중심이 된다. 그 밖에도 비슷한 역사와 아픔을 공유하고 있는 여러 장소들이 교차되는 동시에 피해 당사자, 실종자 가족과 유골 발굴 작업자, 장소 복원 내지 관리 관계자, 특정 분야의 전문가 그리고 포스트메모리 세대의 인터뷰가 진행되고, 이들의 목소리들은 때로 보이스 오버 기법으로 장소를 비추는 씬들에 겹쳐진다.

〈좋은 빛, 좋은 공기〉는 이처럼 역사적인 장소들과 이곳에서 일어난 사건들에 관계된 여러 주체들의 목소리를 기법적으로 연결시킴으로써 이 장소들을 복원하고 보존할 때 과거 사건이 현재 지역 사회의 시공간에 침투하여 기억과 투쟁을 지속시키면서 다양한 지점에서 관계맺고 의미화될 수 있다는 점에 초점을 맞춘다. 나아가 지리적으로 떨어져 있는 두 지역을 관계적으로 연결시킴으로써 장소를 기반으로 하는 기억 작업이 구체성과 지속성을 확보하는 한편, 지역과 국가 단위를 넘어 서로에게 영향을 미치며 새로운 맥락, 새로운 차원으로 진전될 수 있는 가능성과 그 구체적 방향성을 보여준다. 현대 사회에서 역사적 공간 또한 다양한 층위에서 여러 입장과 가치, 그리고 문화가 서로 갈등하고 타협하며 힘의 경쟁을 벌이는 공간으로 이해된다. 사회 구조와 인간의 사회적 실천들이 만나고 지역 내외부가 서로 영향을 주고받으며 다양한 담론이 형성되는 공간은 매번 다르게 의미화되고 재구성된다. 이처럼 공간은 다층적이고 복합적이며 여러 요인들이 변인으로 작용하는 유동적이고 구성적인 성격을 가졌기에 끊임없이 해체되고 변화되어 간다고 할 수 있다. 영화에서 조명하는 장소들 또한 이러한 상황에서 예외적인 곳이 아니다. 이때에 영화는 역사적 공간의 중층성을 확인하고, 장소 복원이 기억 공간으로써의 의미를 가질 수 있도록 여러 목소리들을 통해 재구성하며, 더 나아가 이를 상이한 두 지역을 관계적으로 연결시킴으로써 강화한다고 할 수 있다. 이 글은 〈좋은 빛, 좋은 공간〉 분석을 통해 위의 내용을 확인하고자 하며, 이를 통해 영화가 만들어내는 장소 정치의 양상과 의미를 구체화하고자 한다.

II. 장소 복원과 기억 공간의 형성

도린 매시는 공간을 상호관계의 산물로 인식해야하며, 이러한 상호관계성은 공간을 다중성이 존재하는 영역으로 이해하는 것, 그리고 공간의 구성적 성격을 인식하는 것으로 연결된다고 말한다.[2] 이러한 전제들은 공간이 정치적이라는 점과 함께 공간을 생각하는 것이 정치적 문제의 형성과 논쟁을 이해할 수 있게 한다. 도린 매시에 의하면 공간 정치는 공간을 둘러싼 이질적인 힘의 궤적들이 교차하고 교섭하는 중에 생겨난 혼돈이 질서화되는 과정 그리고 병치된 것들이 조정되어가는 과정, 공간의 코드화 문제 등과 관련되어 있다.[3] 공간에서 이뤄지는 다양한 사회적 실천들은 이해관계가 상충하는 궤적들을 형성해내며, 이러한 궤적들은 동시에 각기 여러 층위에서 중층적으로 복잡하게 얽혀 있다. 이러한 상태에서 시대의 필요, 관점, 해석 혹은 갈등들 속에서 생겨난 새로움의 발견 등에 의해 특정한 권력이 공간화된다.[4] 그렇기 때문에 공간을

---

2) 도린 매시(Doreen Massey), 박경환·이영민·이용균 옮김, 『공간을 위하여』, 심산, 2016, 35~36쪽 참조.

3) 도린 매시(Doreen Massey), 앞의 책, 285쪽 참조.

4) 최정기는 1980년대 후반부터 시작된 5·18 기념사업의 과정은 "끊임없이 발생하는 갈등과 그러한 갈등이 다양한 방식으로 충돌하거나 해소되는 일련의 과정"이었으며, "이러한 갈등은 사회세력들의 관점의 차이를 반영하는 것"이었다고 지적한다. 최정기, 「5·18기념공간과 사회적 갈등」, 『민주주의와 인권』8(1). 전남대학교 5·18 연구소, 2008, 54쪽. 김기곤 또한 "문화도시 사업 국면에서 도청 일대는 역사적 기억 공간, 지역공동체의 현실적 욕망의 공간 등 서로 다른 수준의 의미들이 결집되서 서로 충돌하며 갈등하는 상황을 만들어냈다"고 언급하면서 이러한 갈등에 담긴 담론들과 실천들을 통해 광주와 5·18이 맺고 있는 의미를 탐색하였다. 김기곤, 「옛 전남도청별관 갈등과 '5·18의 의미 탐색」, 『지역사회

정치적으로 바라볼 필요가 있다는 점이 제기된다. 그러나 공간은 언제나 또다른 실천과 관계, 담론의 중심에 놓이게 되면서 재구성되어가며, 재구성할 수 있다.[5] 다큐멘터리 영화 〈좋은 빛, 좋은 공기〉는 이러한 공간의 정치, 장소의 정치에 대한 이해를 보여주는 한편 마찬가지로 영화가 주목하는 장소들의 장소 정치에 참여하고자 한다. 즉 광주의 경우, 5·18 사적지들의 원형 복원 및 보존 혹은 변형과 활용을 둘러싼 다양한 입장이 공존하고 있는데, 〈좋은 빛, 좋은 공기〉는 복원과 보존을 통한 기억 공간의 형성을 강조하는 입장을 영화적 기법들을 통해 재현하고 있다고 할 수 있다.[6]

영화는 비슷한 시기 국가 폭력을 겪은 대한민국의 광주와 아르헨티나의 부에노스아이레스, 두 도시에 주목한다. 광주와 부에노스아이레스에서는 각기 1980년, 그리고 1976년부터 1983년까지 시기에 군부독재 정권 아래에서 많은 시민들이 목숨을 잃거나 사라졌다. 영화는 특히 의미를 공유하는 각 지역의 장소들을 나란히 배치하여 서로의 역사와 아픔을

연구』18(2), 한국지역사회학회, 2010, 69쪽.

5) 최혜경은 공간의 점유가 완성된 후, 지배체계 혹은 이해 관계 등에 의해 장소성이 타율적으로 변이된 경우, 정치적 재영토와에 편입되는 한편 기억투쟁의 장소가 되는 과정을 보여주는 사례로써 옛 전남도청 일원의 변화 사례를 살핌으로써 집단적 정체성이 물적 공간의 변형에 따라 재구성되는 과정을 연구하였다. 최혜경, 「광장의 권력과 기억 공동체-5·18 담론 공간의 장소성 변형을 중심으로」, 『남도문화연구』35, 순천대학교 남도문화연구소, 2018.

6) 박경섭은 옛 전남도청 복원 논의가 5·18의 기억과 경험이 옛 전남도청이라는 기념물로 물신화되는 과정을 밟고 있으며, 이 물신화를 통해 성역화가 강화되는 형태로 전개되고 있다고 비판적으로 접근한다. 나아가 물신화와 성역화는 '80년 항쟁 당시'라는 시점으로 회귀하는 경향을 보이는데 이는 5·18의 당사자 중심주의와 관련이 있음을 지적하며 복원 과정은 5·18을 경험하지 않은 세대가 함께 공감하는 장이 되어야 할 것이라 말한다. 특히 '옛전남도청복원범시도민대책위'의 입장이 복원과 활용에 있어 딜레마를 안고 있다는 점과 복원의 어려움 등을 지적하며 "'80년 당시의 옛 전남도청'으로 복원이라는 물신화에 기반한 성화가 5·18을 먼 옛날의 이야기나 과거의 사건으로 만들면서 다음세대가 접촉하고 상상하고 이용하는데 어려움을 초래하지는 않는지 살펴봐야 한다."고 주장한다. 박경섭, 「기억에서 기념비로, 운동에서 역사로-옛 전남도청 복원 과정에서 드러나는 5·18의 물신화와 성화에 대하여」, 『민주주의와 인권』18(4), 전남대학교 5·18 연구소, 2018.

비추는, 요컨대 거울과도 같은 장소들로 재현한다. 먼저 광주의 옛 광주교도소 부근과 부에노스아이레스의 아베샤네다 공동묘지의 교차를 살펴볼 수 있다. 이 두 장소에서는 유골을 발굴하고 이를 신고된 행방불명자 혹은 실종자들의 유전자 정보와 대조, 확인하는 작업이 진행 중이다. 영화는 관계자들의 인터뷰를 통해 각 지역에서 두 장소를 중심으로 진행되고 있는 작업들, 구체적인 유골 발굴 과정, 유골 개체 분리 및 세척 과정, DNA 추출 과정 등이 비슷한 목표를 향해 동일한 절차를 밟아가고 있는 과정임을 환기한다. 이러한 닮음은 특히 인터뷰이들의 목소리가 다른 지역의 현장을 담은 씬에 보이스 오버되는 방식을 통해 강조된다.

이를 통해 환기되는 보다 큰 맥락은 이 두 지역이 실종된 피해자들을 찾는 공통적인 문제를 안고 있다는 점이다. 옛 광주교도소의 경우 지난 2019년 무연고 묘지에서 40여구의 유골이 발견되면서 5·18 행방불명자와의 관계를 두고 본격적으로 조사가 시작되었다.[7] 한편 아베샤네다 공동묘지는 한 장소(134구역)에서만 350구의 유해를 발굴하였고 신원을 확인하였다. 그러나 두 지역이 문제를 해결하는 과정은 각 지역의 상황에 따라 달라진다. 인터뷰를 하는 부에노스아이레스 쪽의 관계자는 유전자 검사라는 새로운 기술이 도입된 이후 신원 확인 문제가 상당 부분 해결될 수 있었다고 말한다. 그동안 대략 천오백여 명의 유해를 발굴하여 가족의 품으로 되돌려주었고, 발견되지 못한 실종자는 공식적으로 만 이천여 명, 최대로는 삼만여 명으로 추정하고 이들을 찾는 작업을 진행하고 있다. 그러나 광주의 경우, 5·18민주화운동의 행방불명자 신고는

---

7) 2019년 12월 19일 광주교도소 무연고 묘지에서 신원을 알 수 없는 유골 40여 구가 발견되면서 옛 광주교도소 유골 조사 작업이 이뤄졌고, 이후 무연고 묘지 이장 작업에서 추가로 40여 구의 요골이 발견되었다. 이는 이후 국립과학수사원에서 분류 작원을 거쳐 최종 262구로 확인되었다. 옛 광주교도소에서 발굴돼어 DNA 검출이 가능한 유골은 160구였으며, 1구의 시신이 행방불명자와 일치한 것으로 확인되었다. “옛 광주교도소 발굴 유골 1기, 5·18 행방불명자 DNA일치” (중앙일보, 김정석·최경호, 2022.09.25); “옛 광주교도소서 5·18 행불자 유골 확인…암매장 의혹 사실로” (무등일보, 안혜림, 2022.09.26)

1990년 시작되었지만 공식인정된 행방불명자는 칠십팔명이다. 관계자는 증거가 기준이 되는 행불자 심사 기준에 의문을 제기하고, 행방불명자 가족회 활동자 또한 행불자로 인정되지 못한 이들의 경우 유전자 정보조차 확보되지 않는 점을 문제로 제기한다.

두 지역의 배치를 통해 오월광주가 당면하고 있는 어려움은 부에노스아이레스의 상황에 비추어 다시금 문제제기된다. 한편 부에노스아이레스는 실종자 삼만여 명 중 절반이 당시 비행기를 통해 강이나 바다에 유기되었기 때문에 그들을 찾는 작업에서 어려움을 겪고 있다는 점에서 오월광주와 함께 여전히 아픔과 고통, 기억 투쟁의 한복판에 위치하고 있다는 점을 알 수 있다. 그럼에도 불구하고 이러한 문제 앞에서 당시의 비행기, 그리고 조종사를 찾아 유기 장소들을 확인하는 작업, 결국 오랜 시간에 걸쳐 진실에 다가갈 수 있게 된 과정 자체는 광주에게도 의미있는 메시지를 전할 수 있고, 광주의 옛 광주교도소 부근에서 진전된 작업과 확인된 결과들 또한 부에노스아이레스와 긍정적인 영향 관계를 마련할 수 있도록 한다.

한편 이러한 작업들이 이뤄지고 있는 옛 광주교도소와 아베샤네다 공동묘지를 비추는 씬 사이에는 행불자들과 실종자들을 기다리는 가족들의 인터뷰가 등장한다. 오월항쟁에서 아들을 잃고 시신이 발견되기를 기다리는 어머니, 아버지를 잃었지만 법에 의해 아버지를 행불자로 신고하지 못한 남성. 그리고 아르헨티나 군부독재의 탄압에서 남편과 딸, 사위를 잃은 어머니. 아버지를 잃고 생존자들의 이야기에 따라 아버지의 마지막을 찾는 남성과 너무 어렸을 때 아버지를 잃어 그 모습을 기억하지 못하는 여성의 인터뷰가 이어진다. 이러한 인터뷰들은 각 지역에서 행불자와 실종자를 찾는 작업들의 필요성과 적극성, 실천성을 다양한 측면에서 강조한다. 나아가 옛 광주교도소와 아베샤네다에 이어 옛 전남도청과 전 비밀 수용소 클럽 아틀레티코라는 구체적인 장소들로 연결되면서 이들의 이야기는 보다 넓은 기억 작업의 한 단면 안에 놓이게 된다.

영화에서 옛 전남도청과 전 비밀 수용소 클럽 아틀레티코에 관해서는 국가 폭력과 탄압이 일어났던 당시 모습 그대로 온전히 복원되고 보존될 필요가 있다는 점이 강조된다. 옛 전남도청복원추진단 관계자는 관공서였던 옛 전남도청이 1980년 5월에는 계엄군과 시민군이 번갈아가며 점령하여 활동했다가 이후 다시 관공서로 돌아간, 말 그대로 다이나믹한 공간이라고 설명한다. 옛 전남도청은 시기 그리고 구체적 사건과 경과에 따라 여러 집단들이 번갈아가며 실제적으로 점유함으로써 상이하게 역할한 장소이며 그러한 만큼 다른 관점에서 다른 목적으로 접근할 때 여러 의미를 발견하고 만들어낼 수 있는 장소이다. 당시 일어난 실제 상황에 가까이 접근할 수 있는 가능성을 가지고 있고, 이를 밝혀가는 과정과 결과들 속에서 형성할 수 있는 의미들 또한 잠재되어 있는 옛 전남도청 장소는, 다만 관계자가 인터뷰에서 지적하였듯이 광주국립아시아문화전당이 건립되어 함께 1980년 당시 모습을 잃게 되었다.[8] 영화는 옛 전남도청 복원과 관련된 현 상황과 더불어 복원을 위해 투쟁 중인 옛전남도청 농성장지킴이들을 함께 비춘다. 그들의 기억과 기억 투쟁은 장소를 기반으로 이뤄진다.

이러한 도청의 모습과 농성장지킴이들의 모습 위로 부에노스아이레스의 전 비밀 수용소 클럽 아틀레티코의 장소들이 오버랩된다. 아르헨티나 군부독재 당시 무고한 시민들을 잡아들이고, 그들의 본래 일상적 삶이 영위되는 공간 바로 곁에 만들어져 무자비한 폭행이 이뤄졌던 비밀 수용소는 전역에 걸쳐 운영된 것으로 확인된다. 부에노스아이레스에서 이러한 전 비밀 수용소들은 '기억의 공간'되어 복원, 보존되고 있다. 영화는

8) 최혜경은 2015년 11월에 개관한 국립아시아문화전당에 의해 옛 전남도청 일원의 역사적 기억물로서 장소성이 변형되었음을 지적한다. 최혜경에 의하면 공감과 공론의 결합 공간으로 기능해온 옛 전남도청 일원은 과거로 분절된 사건의 기념과 답사를 위한 공간으로 재편되었고, 민주주의 수호와 저항의 기억은 문화와 예술의 표상으로 탈바꿈되었다. 공간 이용자는 공간 이용에 있어 타자가 되어버리는 이러한 과정은 기억이 아닌 망각의 원리임을 지적한다. 최혜경, 앞의 글, 124쪽 참조.

이 장소에 감금되었던 생존자들의 증언을 통해 수용소에서 벌어졌던 구체적 사건들과 당시의 경험, 감정, 생각 등을 전한다. 생존자들의 증언을 통해 카메라가 비추는 수용소의 구석구석이 기억 장소로써 의미화된다.

부에노스아이레스의 기억 박물관 관계자가 전하는 장소의 복원 및 보존이 만들어낼 수 있는 여러 의미 및 실천의 층위는 다음과 같이 정리해 볼 수 있다. 먼저 장소의 복원과 보존에 참여했던 관계자들은 그 과정에서 확인하고 발견한 유물 혹은 흔적들을 가지고 군부 독재 정권과 관련된 재판에 증인으로 출석하여 증언할 수 있다. 이러한 과정들은 국가 폭력 실제를 보다 정확히 드러내는 한편, 이를 온전히 담고 있는 장소의 의미와 가치를 높일 수 있다. 또한 국가 폭력에 대한 기억을 후대에 전달할 수 있는데, 이는 특히 발견된 사실들과 재구성한 의미만큼 확장된 상태로 이어질 수 있다. 그중 관계자가 가장 중요하게 생각하는 지점은 장소를 통해 가능한 증명과 확신이 생존자들, 그리고 생존자들과 실종자들의 유족들이 가진 아픔을 치유할 수 있다는 점이다. 이는 행불자 그리고 실종자의 유골 발굴 작업이 피해자 가족들의 삶의 복원을 위해서도 중요하다는 점과 함께 이해할 수 있다. 관계자는 이처럼 기억의 공간 클럽 아틀레티코 또한 당시 모습을 동일하게 재현하고 있지는 않지만 생존자들의 증언을 통해 그러한 작업에 가까이 접근하고 있으며, 그 과정에서 역사와 기억 작업과 관련된 여러 실천들이 이뤄지고 있음을 확인한다.

관계자는 이어 이러한 작업의 결과들이 앞으로 어떤 집단이 해당 장소에 대해 실제적으로 그리고 담론적으로 우위를 갖느냐에 따라 다르게 이용될 것이라 설명한다. 다시 말해 복원된 기억의 공간 클럽 아틀렌티코는 정부, 시민 단체 혹은 생존자 단체 등이 각기 다르게 접근하여 의미화하고 사회적 실천을 이뤄가며 교섭하는 장소이자, 한쪽이 우위를 가지고 공간을 구축해가는 권력의 장소이다. 관계자의 설명에 따르면 이처럼 복원된 역사적 장소는 여러 사회적 행위들이 교차하는 활발한 장소가 되어 특정 순간에 따라 필요한 역사와 기억, 이야기를 전하는 공간이 된다. 기억의 공간은 과거와 현재, 미래의 사건들이 갖는 의미 지평을 확장하고 이를 함께 이어준다. 복원이 추진 중인 옛 전남도청은 비슷한 역사적 고통을 안고 있지만, 기억의 공간으로 바뀌어가고 있는 클럽 아틀레티코에게서 그 가능성과 구체적인 방향성을 찾아가고, 마찬가지로 옛 전남도청 또한 지리적이고 물리적인 범위의 지역과 국가에 머무르지 않고 그를 넘어서 영향을 줄 수 있다. 이때 옛 전남도청 복원과 관련하여 등장하는 옛 전남도청 농성장지킴이, 그리고 오월어머니집 어머니들과 광주 어머니들의 '임을 위한 행진곡' 행렬이 아르헨티나의 오월광장 어머니회의 집회 행진이 몽타주되는 것은 두 지역, 각 장소들이 서로 의존적이고 연대적인 의미를 가질 수 있게 된다.

영화가 마지막으로 주목하는 장소들은 오월항쟁 당시 시민들이 끌려간 광주의 옛 국군광주통합병원, 그리고 비밀 수용소에 감금되었던 이들이 끌려간 또 다른 장소인 아르헨티나 해군기지 학교 병원이다. 이 두 장소는 모두 폐허가 되어 방치된 상태인데, 생존자들은 트라우마적 장소들을 방문하여 둘러보면서 당시 상황과 장소들, 감정들을 기억하고 증언한다. 방치된 두 장소는 옛 전남도청과 클럽 아틀레티코에 이어 기억의 공간으로 읽혀질 수 있게 된다.[9] 앞서 말했듯 영화는 국가 폭력을 경험했던 두 지역에서, 특히 비슷한 사건들과 의미들을 공유할 수 있는 구체적인 장소들을 각각 병치하여 '역사와 기억'이라는 주제를 강조하고 있지만, 결국 여섯개의 장소들이 모두 교차하는 과정에서 다양한 맥락들이 '역사와 기억'이라는 주제에 얽혀져 이야기되게 된다.

알라이다 아스만은 장소가 문화적 기억 공간들을 구성하는 데 중요한 의미를 지니고 있다고 말한다. 알라이다 아스만은 "장소는 기억의 기

9) 국군광주통합병원은 2007년 함평으로 이전하면서 '옛' 광주국군병원이 되었고, 화정근린공원이 되어 일부 개방되었다. 현재 병원 본관 등 역사적 장소성과 상징성을 가진 건물은 보존하고 그 일대는 녹지와 쉼터로 정비하고 있으며, 해당 부지 일원에 국립 국가폭력트라우마치유센터가 2023년 말 설립 완공될 예정이다.

반을 확고히 하면서 동시에 기억을 명확하게 증명한다는 것 이상의 의미가 있는 것이다. 장소들은 회상을 구체적으로 지상에 위치시키면서 그 회상을 공고히 하고 증거할 뿐 아니라 인공물로 구체화된 개인과 시대, 그리고 문화의 다른 것에 비해 비교적 단기적인 기억을 능가하는 지속성을 구현한다."[10]고 말한다. 역사적 장소의 복원과 보존을 통한 기억 공간의 형성을 강조하는 영화는 장소에서 이뤄지는 작업들을 비롯하여 마치 어떤 흔적들을 찾아가듯이 장소의 구체적인 모습과 구조를 비춘다. 여기에 인터뷰를 하는 실종자 가족, 생존자, 부상자, 그리고 관계자들의 목소리와 겹쳐지면서 장소에 각인된 경험과 의미가 모아지며, 이 기억들이 기억 공간의 형성을 통해 시대에 따라 다르게 접근되고 이해되고 재구성될 필요가 있음을 보여준다. 영화는 프레임 바깥에서의 목소리들을 통해 장소를 사회적 의미를 갖는 공간으로 구성해나가는 것이다. 장소를 둘러싼 기억 작업들의 여러 모습과 의미를 환기해 나갈 때 영화는 이 작업에 연루될 수 있는 다양한 집단들을 조명함으로써 이를 강조한다고 할 수 있다.

III. 지역 간 관계적 연결을 통한 장소 확장

〈좋은 빛, 좋은 공기〉에서는 여러 교차가 이뤄진다. 장소와 장소, 장소와 목소리, 목소리와 목소리. 한편으론 세대들 간의 직접적인 만남도 다뤄진다. 오월 당사자들과 오월을 경험하지 않은 포스트메모리 세대의 소통 그리고 광주와 부에노스아이레스 두 지역의 포스트메모리 세대들 간의 교류가 비춰진다. 영화는 총 다섯 개의 장, 1장 거울(Espejo), 2장 안녕(Hola), 3장 눈까마스(Nunca Mas), 4장 이름도 남김없이(Sin Dejar

10) 알라이다 아스만(Aleida Assmann), 변학수·채연숙 옮김, 『기억의 공간』, 그린비, 2011, 411쪽.

Nombre), 5장 쑥갓(Perejil)로 구성되어 있는데, 각 장의 시작이 포스트메모리 세대의 활동들로 시작된다는 점에서 이들의 활동이 갖는 의미에 주목할 필요가 있다. 광주의 경우, 학생들은 금남로에 위치한 미디어아트센터에서 직접 촬영한 옛 전남도청 일대, 전일빌딩245, 옛 국군광주통합병원 등의 사진과 동영상을 활용하여 해당 공간을 VR로 재현하는 작업을 진행 중이다. 학생들은 2d 이미지를 만들고 이 이미지를 3d 공간에 매핑하여 공간을 구축함으로써 역사적 장소들을 1980년 오월 당시의 모습으로 이해하고 재현해내고자 한다. 한편 부에노스아이레스에서도 포스트메모리 세대들이 함께 모여 군사독재에 대하여 본인들이 어떤 경로를 통해 알게 되었는지, 포스트메모리 세대로써 어떤 이야기를 해나갈 수 있는지 함께 고민하는 모습이 나온다. 이 두 지역의 포스트메모리 세대는 "한국-아르헨티나 청소년 워크숍: 거울-당신의 고통을 나누는 방법"이라는 워크숍을 통해 만난다. 물론 두 집단은 직접 만나진 않지만 가상 세계로 재현한 각 지역의 장소들 속으로 서로 들어가 당시의 상황을 재연해내는 작업을 통해 서로의 역사를 이해하고, 아픔을 공유한다. 한편 재연은 "단순히 어떤 이야기나 사건을 재연하는 게 아니라 자신이 겪고 느끼고 살고 있는 공간의 맥락을 이해하는 과정"[11]이기도 한다는 점에서 그들은 포스트메모리세대로써 참여하고 실천해갈 수 있는 기억 작업의 의미를 만들어간다.

두 지역은 이처럼 영화에서 기억의 공간으로 구체화되는 역사적 장소들의 다양한 배치를 통해 지리적으로는 멀리 떨어져 있지만 관계적으로 연결되게 된다. 이러한 관계적 연결을 통해 각 장소들은 장소들이 위치한 지역적, 국가적 범위와 맥락을 넘어 국가 폭력과 저항 그리고 기억 작업과 연대를 통한 경계의 재구성과 새로운 공간 구성 그리고 장소 확장을 이끌어낼 수 있다. 이는 앞서 각 장소들이 교차하는 과정에서 영향을

11) 이선주, 앞의 글, 601-602쪽.

주고받을 수 있는 지점을 확인한 것처럼 구체적인 작업들의 방향과 내용, 그리고 결과들과 후속 내지 확장 작업들의 교류와 교섭이 이뤄지는 과정에서 새로움이 발견되고 출현하는 것으로 이뤄진다. 두 지역은 서로의 관계 속에서 정지되어 있거나 변화하는 장소의 모습을 포착하고 판단하며, 반사적으로 비춰줄 수 있다. 다시 말해 이러한 관계 맺기 속에서 각 지역과 장소가 경험하고 있는 변화의 내용과 의미를 다른 관점을 통해 파악할 수 있다는 것이다.

영화에서 보여주는 두 지역의 관계 맺기 내지 연결은 "네트워크"로 설명될 수 있다. 이상봉에 의하면 네트워크는 영역들이 위계적이거나 고착적인 관계를 맺고 있는 것이 아니라 서로 유연하고 개방적인 관계로 연결되어 있음을 나타내는 용어이다.[12] 이러한 네트워크에는 권위, 혹은 중심이 없고 결절(node, 접속점)만 있을 뿐이다. 중요한 것은 결절 단위들은 다른 단위들과 구분되는 고유성과 독자성을 갖출 필요가 있다는 점이다. 각 장소는 사회적 실천, 사회적 관계가 발생하는 경험적이고 실천적인 공간으로, 구체적인 장소성과 장소정체성을 가지고 있기 때문이다. 결국 영화에서 광주와 부에노스아이레스, 그리고 각기 세 곳의 다른 장소들은 그 자체로 고유한 정치, 사회, 문화, 역사를 간직하고 있는 자율적인 공간이자, 공간 내외적으로 다양한 힘들이 교섭하고 교차하며 담론을 만들어가는 공간이며, 이 연장선에서 서로의 공간과 장소에 관심을 가지고 연대해갈 수 있게 된다. 광주의 옛 광주교도소 부근, 옛 전남도청, 그리고 옛 국군광주통합병원 장소를 둘러싼 사회적 실천들과 입장들 그리고 관계들은 그 장소에서 폐쇄적이고 고차적으로만 의미화되는 것이 아니라 관계적으로 연결된 부에노스아이레스의 장소들과 상호관계를 맺는 과정 속에서 새롭게 구성되어갈 수 있으며, 그 반대 방향도 마찬가지라고 할 수 있다. 영화는 이러한 지점에서 기억 공간에 대한 입

12) 이상봉, 「트랜스-로컬리티: 포스트모던의 대안적 공간정치」, 『로컬리티와 포스트모던 공간성』, 소명출판, 2017, 134~136쪽 참조.

장을 전달한다.

지역이 행위자가 되어 다른 지역과 네트워크를 형성해나가는 과정 그 자체 또한 주목될 필요가 있을 때, 〈좋은 빛, 좋은 공기〉가 장소의 복원 그리고 역사와 기억 작업을 통해 두 지역을 연결하고 있음을 다시금 환기할 수 있다. 앞서 말했듯 이 관계 속에는 중심적 권위가 존재하지 않기에 그 자체로 여러 측면에서 접속될 가능성들, 잠재적 지점들을 가지고 있다. 다시 말해 관계 맺기의 전략은 언제나 달라질 수 있다는 것이다. 두 개의 지역, 그리고 영화가 비추는 구체적인 장소들은 각기 고유한 배경을 바탕으로 구체적 인식, 경험, 실천 등을 이뤄나가고 있으며, 이러한 다양한 현실적 상황과 맥락이 고려되는 과정 속에서 영화를 통해 역사와 기억 작업을 공유하는 범주로 만나고 있다고 할 수 있다. 그렇다면 영화는 또한 두 지역, 비슷한 시기 국가적 폭력을 경험한 두 지역이 시간의 흐름 속에서 여전히 같은 문제의식과 해결의 방향성, 지향성 등을 공유하고 있다는 점에 주목하고 있다고 할 수 있다. 앞서 살펴보았듯이 영화는 나란히 배치한 장소들을 통해 두 지역이 실종자를 찾는 문제, 장소의 원형 복원과 보존을 둘러싼 문제, 트라우마적 장소들의 방치 등 공통적인 문제를 안고 있다는 점을 드러내고, 각 지역의 구체적인 상황들을 교차시켜 서로의 과거와 현재에 얽혀들어가게 만든다.

영화가 주목하는 장소들은 그 자체로 다원적이고 중층적이며 시기에 따른 특정한 맥락과 담론 속에 놓여있다. 영화는 이러한 장소들이 의존, 연대, 공유할 수 있는 복원과 기억의 구체적인 작업 안에서 만나게 한다. 이러한 지점에 주목할 수 있을 때 서로 다른 역사적 경험과 지역적 감수성을 가진 장소들은 확장될 수 있으며, 공공성의 관점에서 재의미화, 재맥락화될 수 있다. 이는 특히 영화 속에 등장하는 수많은 목소리들을 통해서 보다 뚜렷해진다. 각자의 이야기를 간직한 채 역사적 사건들에 접근할 수 있고, 그 사건들에 연루된 또 다른 이들과 연결될 수 있는 생존자, 부상자, 희생자 가족들, 그리고 관계자와 포스트메모리 세대의 목소리와 행위들이 영화가 주목하는 장소들을 기억의 장소로 의미화하는 데에 역할하고 있다. 장소 복원 그리고 기억 작업을 둘러싸고 나타나는 다양한 입장과 관점들은 다양한 주체들의 기억이 지역적 혹은 국가적 층위를 넘어서 새로운 차원으로 접어들게 할 수 있다. 이러한 점에서 포스트메모리 세대들이 프로젝트를 통해 상대 지역의 가상 공간에 들어가 행위하는 퍼포먼스로 구성된 엔딩 시퀀스, 말하자면 퍼포먼스를 통해 기억의 공간에서 만나는 경험은 기억, 장소, 지역, 연대, 공유, 포스트메모리 등 영화가 두 지역의 관계 맺음에서 관통해가고자 하는 핵심적임 키워드들을 환기하고 있다고 할 수 있겠다.

Ⅳ. 나가며

임흥순 감독의 장편 다큐멘터리 영화 〈좋은 빛, 좋은 공기〉는 비슷한 시기 국가 폭력을 겪은 광주와 부에노스 아이레스의 장소들을 교차시켜 두 지역이 기억의 공간 안에서 만날 수 있도록 한다. 각 지역의 특정한 역사적 장소들은 구체적인 역사적 맥락에 따라 각기 다른 장소성을 형성하거나 형성해가고 있는데, 영화를 통해 행방불명자 혹은 실종자를 찾는 작업부터 장소의 원형 복원과 보존 그리고 투쟁이라는 실천적 행위와 포스트메모리 세대의 수행적 활동 등 기억 작업의 닮음이 부각됨으로써 기억 공간이 된다. 광주와 부에노스아이레스는 이러한 과정 안에서 지리적으로는 멀리 떨어져 있지만 관계적으로 연결된다. 이러한 관계적 연결을 통해 각 장소들, 그리고 두 지역은 서로를 반사적으로 비춤으로써 기억과 기억 작업, 기억 공간의 새로운 차원을 형성할 수 있으며, 공존과 연대를 통한 경계의 재구성과 새로운 공간 구성 그리고 장소 확장을 이끌어낸다.

참고문헌

〈자료〉

임흥순, 〈좋은 빛, 좋은 공기〉, 2021.

〈논저〉

김기곤, 「옛 전남도청별관 갈등과 '5·18의 의미 탐색」, 『지역사회연구』18(2), 한국지역사회학회, 2010.

노영기, 「공간의 변화를 통해 본 5·18 항쟁」, 『이화사학연구』63, 이화여자대학교 이화사학연구소, 2021.

도린 매시(Doreen Massey), 박경환·이영민·이용균 옮김, 『공간을 위하여』, 심산, 2016.

박경섭, 「기억에서 기념비로, 운동에서 역사로-옛 전남도청 복원 과정에서 드러나는 5·18의 물신화와 성화에 대하여」, 『민주주의와 인권』18(4), 전남대학교 5·18 연구소, 2018.

알라이다 아스만(Aleida Assmann), 채연숙·변학수 옮김, 『기억의 공간』, 그린비, 2011.

양야기·정호기, 「'5·18'에 관한 간호사 집단의 기억 형성과 특성」, 『민주주의와 인권』13(2), 전남대학교 5·18 연구소, 2013.

이상봉, 「트랜스-로컬리티: 포스트모던의 대안적 공간정치」, 『로컬리티와 포스트모던 공간성』, 소명출판, 2017.

———, 「모빌리티 패러다임: 장소의 재인식과 사회관계의 재구성」. 『로컬리티와 포스트모던 공간성』, 소명출판, 2017.

이선주, 「다성적-다감각적 내러티브와 여성 주체들의 대항-역사쓰기: 임흥순의 〈좋은 빛, 좋은 공기〉 설치작품(2018)과 다큐멘터리 영화(2020)」, 『문학과 영상』22(2), 문학과영상학회, 2021.

최정기, 「5·18기념공간과 사회적 갈등」, 『민주주의와 인권』8(1). 전남대학교 5·18 연구소, 2008.

최혜경, 「광장의 권력과 기억 공동체-5·18 담론 공간의 장소성 변형을 중심으로」, 『남도문화연구』35, 순천대학교 남도문화연구소, 2018.
한은숙, 「광주 도시경관 재구성의 정치: 아시아문화전당 건립을 중심으로」. 『문화 역사 지리』22(2), 한국문화역사지리학회, 2010.
황석영·이재의·전용호, (사)광주민주화운동기념사업회 엮, 『죽음을 넘어 시대의 어둠을 넘어』, 창비, 2017

사건과 기억의 서사공간
– 5·18소설 「배고픈 다리밑에서 홍탁」을 대상으로

김미경

I. 머리말

인간은 공간 안에서 여러 가지 사건들과의 상호관계에 근거하여 모든 경험이 이루어진다. 그래서 개인의 삶의 근원적 구조를 규정하는 사건과 경험은 공유과정을 거쳐 집단화되기도 한다. 인간은 특정한 방식으로 공간과 관계를 맺는데 이때 공간과 맺은 관계는 인간이 살아가는 삶의 여러 가지 유형으로 나타난다.

'광주'라는 공간에서 '동네 사람'으로 소박하게 살아가던 광주시민들은 5·18이라는 거대한 사건을 경험하게 된다. 사건을 경험하고 참여했던 그리고 목도했던 시민들은 모두가 가족에 파묻히기보다는 지역과 국가의 민주화를 이끌었던 주체적이고 사회적인 존재로서 자기증명을 하는 작업이었다. 시민들은, 그들이 '사건'의 주체로서 저항과 투쟁의 대상이 되기도 하였으며 또는 사건을 바라보는 방관자로 공포와 죄책감에 시달리기도 하였다. 자식이나 형제, 부모를 잃기도 하였으며, 죽음을 당했으나 끝내 시체를 찾지 못하여 그들이 가족의 품으로 다시 돌아오기를 평생 기다려야 하는 운명에 처하기도 하였다.

이들의 경험은 기존의 지역공동체에서 쉽게 나타나는 구조에서 벗어나 있다. 국가공권력의 남용과 무자비한 폭력에 해체되는 공간으로 '광주'라는 고립된 도시안에서 '가족'과 '동지' '이웃'의 죽음을 눈앞에서 경험하고 기억하는 '집단적 기억 공동체'로서의 의미를 갖는다. 따라서, 5·18이라는 실체적 사건을 경험했던 시민들의 오월 정신이 새로운 공공성과 함께 지속적으로 역사적인 커먼즈를 축적해야 할 것이다. 그 의미와 가치가 앞으로도 국가발전의 가능성으로 도약할 수 있기를 바란다.

본 논문에서는 5·18 문학작품의 텍스트를 탐색하였는데, 그 가운데 손병현의 단편소설 「배고픈 다리 밑에서 홍탁(2021)」을 대상으로 선정하였다. 선행연구사를 검토한 결과, 위의 선정한 「배고픈 다리 밑에서 홍탁」의 문학 텍스트를 대상으로 한 연구는 아쉽게도 찾지 못했지만, 본 논문을 작성하는 과정에서 심영의[1]의 연구와 전흥남[2]의 연구는 '기억의 방식'이라는 방법면에서 본고에 적지 않은 시사점을 제공하였다.

손병현의 「배고픈 다리 밑에서 홍탁」은 기존의 5·18 소설과는 다른 형식의 구술방법을 취하고 있다는 점이 특징이다. 구술의 진실성과 진정성은 항상 말하는 자의 구체적 경험에 의해 확보된다고 할 수 있다. 그리고 40년의 세월이 지난 지금에도 5·18의 기억에 대해 필요한 것은 바로 경험에 의해 보증된 진정성이다. 경험의 형식적인 방법으로 구술적 글쓰기는 서사 공간에서 사건의 구체성과 효과를 기대할 수 있기 때문이다. 그런 점에서 「배고픈 다리밑에서 홍탁」은 인터뷰의 형식을 취하고 있는데, 주인공인 화자는 인터뷰어 앞에 선 인터뷰이의 입장에서 자신의 경험을 이야기하는 방식으로 이루어지고 있다. 5·18이라는 '사건'[3]의 실체적 진실을 경험한 주인공인 화자가 '기억'의 방식을 통하여 발화하는 서

1) 심영의, 「5·18소설의 '기억공간'연구」, 『호남문화연구』43, 2008.

2) 전흥남, 「5·18광주민주화운동과 '기억'의 방식」, 『현대소설연구』58, 2015.

3) 인간은 사건 속에서 살아가고 사건 중에서 특별한 의미를 지닌 사건을 계열화시키면서 삶의 의미를 직조한다. 그래서 인간은 유일한 존재성을 보존하는 '의미의 주체'가 된다. 그러나 이러한 사건 중에서 집단적으로 경험되고 이 사건이 현실의 문제를 지니면서 개별 주체가 혼자 힘으로 해결할 수 없는 집단의 공동 의지가 필요한 경우에는 개별 주체들이 인식하는 사건에 대한 것들이 집단의 공동 욕망과 의지로 전환되어 구성된 구체적인 인간 집합을 '사건공동체'로 정의할 수 있다. 이정우, 『사건의 철학』, 그린비, 2011, 47쪽.

사적 진실은 주목할만하다. 그러므로 「배고픈 다리밑에서 홍탁」을 통하여 손병현 작가가 구현하고자 하는 5·18의 의미와, 실체적 사건을 경험한 화자의 서사적 진실이 지역민들의 삶에 어떻게 작용하고 있는지를 확인하고자 한다.

II. 공간의 장소성과 사건의 서사공간

오토 프리드드리히 볼노[4]는 우리의 삶이 진행되는 현실의 구체적인 공간을 체험공간으로 규정했다. 인간을 공간 경험의 주체로 생각할 때 인간이 현재 지각하는 공간의 기점은 상황에 따라 달라지는 나의 위치를 규정할 수 있다. 체험공간에서의 움직임이 떠남과 돌아옴의 주기적인 변화라고 인식할 때, 나의 현재 체류점과 내가 속한 곳은 정지 상태라고 할 수 있다. 그래서 이푸 투안[5]은 볼노의 추상적인 공간 개념에 정지가 일어나는 곳으로 인간이 경험을 통해 의미와 가치를 부여하면 장소가 된다고 하였다. 인간의 경험과 의미가 투영되지 않은 추상적이지만 움직임이 허용되는 곳을 공간이라고 할 때, 인간은 특정한 방식으로 공간과 관계를 맺는데, 이때 공간과 맺은 관계는 인간이 살아가는 삶을 매개한다.[6]고 할 수 있다. 그리고 인간의 다양한 공간 경험이 환경과의 상호작

---

4) 오토 프리드드리히 볼노는 인간의 경험과 의미가 투영되지 않은 추상적이지만 움직임이 허용되는 곳을 공간이라고 하였다. 인간은 특정한 방식으로 공간과 관계를 맺는데, 삶이 진행되는 현실의 구체적인 공간을 체험공간으로 규정하고 있다.

5) 이푸 투안은 공간과 장소의 관계를 공간은 아직 인간의 경험과 의미가 투영되지 않은 세계로서 장소보다 추상적이지만 움직임(movement)이 허용되는 곳이고 처음에는 별 특징이 없던 공간이 우리가 그곳을 잘 알게 되고 그곳에 가치를 부여하면 장소가 되는데, 정지(pause)가 일어나는 곳이 장소라고 정의한다. 장소는 인간이 정서적인 끈을 형성하며 가치를 부여하는 공간으로서 단순한 물리적 사물이나 사건뿐 아니라 인간의 심성과 유대를 통해 형성된 곳이다.

6) 오토 프리드드리히 볼노, 이기숙 옮김, 『인간과 공간』, 에코리브르, 2014, 355쪽.

용 속에서 시간의 흐름에 따라 누적된 곳이 장소라고 할 수 있다.

이푸 투안은 공간과 장소의 관계에서 공간은 아직 인간의 경험과 의미가 투영되지 않은 세계로서 장소보다 추상적이지만 움직임(movement)이 허용되는 곳이고 처음에는 별 특징이 없던 공간이 우리가 그곳을 잘 알게 되고 그곳에 가치를 부여하면 장소가 되는데, 정지(pause)가 일어나는 곳이 장소[7] 라고 정의한다. 장소는 인간이 정서적인 끈을 형성하며 가치를 부여하는 공간으로서 단순한 물리적 사물이나 사건뿐 아니라 인간의 심성과 유대를 통해 형성된 곳이다. 이러한 장소를 근거로 그 곳에서 발생한 '사건'이나 '행위' 그곳에 위치한 자연적이거나 인공적인 것들을 통해 형성되고 구현된 것이 장소성이다.[8] 인간은 장소성을 공유하며 여러 가지 사건들과의 상호관계에 근거하여 모든 경험이 이루어진다. 그래서 개인의 삶의 근원적 구조를 규정하는 사건과 경험은 공유과정을 거쳐 집단화되기도 한다.

손병현의 소설 「배고픈 다리밑에서 홍탁」은 '광주'라는 도시안에서 '배고픈 다리'라는 특정한 장소에서 경험했던 5·18민주화운동이라는 '사건'을 배경으로 이루어지고 있다. 광주 시민들이 집단적으로 겪은 사건과 경험을 공유하면서 집단적 기억으로 의미화되는 것을 발견할 수 있다. 인간은 사건 속에서 살아가고 사건 중에서 특별한 의미를 지니며 사건을 계열화시키면서 삶의 의미를 직조한다. 그래서 인간은 유일한 존재성을 보존하는 '의미의 주체'가 된다. 그러나 이러한 사건 중에서 집단적으로 경험되고 이 사건이 현실의 문제를 지니면서 개별 주체가 혼자 힘으로 해결할 수 없는 집단의 공동 의지가 필요한 경우에는 개별 주체들이 인식하는 사건에 대한 것들이 집단의 공동 욕망과 의지로 전환되어 구성된 구체적인 인간 집합을 '사건공동체'로 정의할 수 있다.[9]

---

7) 이푸 투안 지음, 윤영호·김미선 옮김, 『공간과 장소』, 사이, 2021, 19쪽.

8) 표인주, 「삶과 공간, 그 의미확장의 체험주의적 해명」, 『감성연구』24, 2018, 162쪽.

9) 이정우, 『사건의 철학』, 그린비, 2011, 47~49쪽.

손병현 「배고픈 다리밑에서 홍탁」에서 나타난 '광주'라는 공간은 5·18 이라는 실체적 '사건'이 일어났던 것을 서사적 배경으로 이루고 있다. 「배고픈 다리밑에서 홍탁」의 주인공이자 화자인 '나'는 인터뷰어 앞에 선 인터뷰이의 입장에서 5·18 이라는 '사건'을 구체적으로 확보하고 있는데 이러한 점은 서사적 진실을 부각시키는 효과를 가진다. 손병현은 '다시 기억하기'라는 고통을 통과한 광주 시민들의 삶을 통해 5·18이라는 사건은 하나의 집단적 기억 공동체로 재구성해 내는 한편 타자를 구축하였다.

> 학동에서 무등산으로 가는 길목에 배고픈 다리라고 있소. 뭣 땀시 그라고 불렀는지 설이야 많소만은 모다 군더더기 찌끄래기고 '배고픈 다리' 딱 그 한 마디믄 되얏소. 나사 걱서 살기는 좀 살았소만, 거그 생각만 허믄 양잿물 생킨 달구 새끼모냥 가심이 보타지고 목구녕이 화끈거려 오금이 딱 달라붙소. 세월이 약이당만 똑 그란 것만은 아닌갑습디다.[10]

장소는 주위 공간의 일부이지만 인간의 의도와 태도, 목적과 경험 그리고 의미가 모두 집중되어 있다는 점에서 장소가 경험에 질서를 부여하는 기본적인 요소이다. 그러므로 깊이 있는 장소감을 가진다는 것은 인간에게 매우 중요하다고 할 수 있다. 오월문학에서 '광주'라는 공간은 살육이 일어나는 공포와 비극적 공간으로 재현되고 있으면서, 「배고픈 다리밑에서 홍탁」에서 나타나는 곳으로 '배고픈 다리', '학동에서 화순으로 넘어가는 너릿재 터널', '조선대학교 부근', '망월묘역' 등은 구체적인 장소를 확보하여 사건과 기억의 공간으로 의미화하고 있다. 특히 '배고픈 다리'라는 장소성은 화자에게 40년의 시간이 지나도 5·18의 기억과 트라우마를 사라지게 하지 못해서 여전히 고통으로 기억되는 장소이며 현재의 삶에 고통으로 기능하는 장소이다.

---

10) 손병현, 「배고픈 다리밑에서 홍탁」, 『쓸만한 놈이 나타났다』, 문학들, 2021, 32~33쪽. 다음 인용문부터 쪽수만 기재한다.

동상덜얼 너릿재 넘어 춘양 집에다 바래다주고 나는 서둘러 광주로 되돌아 와서 시민군이 되얏소. 말이 거창해서 시민군이제 학상덜이랑 모다 젊은 사람덜이 트럭을 타고 있응께 나도 욱헌 맴에 그냥 올라 탄 것이제 벨거 없소. 나 몸띵이 상허고 뭣허고 그란 것은 뵈덜 않고 우선에 잘못된 동상 녀허고 뇌송벽락이라도 맞은데끼 꼬실라지고 까불라진 광주백이는 뵈는 것이 없습디다.

카빈총 한자루럴 내줍디다.(중략) 솔직한 말로다가 총얼 들기는 들었소만 그 총얼 군인덜헌티 쏜다고 생각헌께 더럭 겁이 납디다. 동상 년 당헌 것이나 죽어 나간 사람덜이나 돌아보자믄 여축없이 쏴 죽에야 맞겄지만 사람맴이 어디 그랍디여. 나만 그란 것이 아니라 총은 들었어도 한 번도 쏴 보덜 못헌 시민군덜이 태반일 것이요. (39~40쪽)

서사 공간에서는 실체적 진실을 확보하는 것 못지않게 서사적 진실의 확보가 매우 중요하다. 서사가 엮어내는 서사적 진실이란 어떤 무질서한 이야기들의 집합이 아니라, 5·18이라는 '사건'의 특정한 의미망을 이해하게 해주는 인지적인 과정이라고 할 수 있다. 이러한 과정은 체험을 명명할 수 있고 서로 공통된 사건의 구성물로 소설적 재현을 가능하게 한다. 「배고픈 다리밑에서 홍탁」은 항쟁 참여자들의 윤리적 분노의 근원을 국가 폭력의 무자비성에 대한 인간 심성의 발로로 파악하고 있다. 그것은 자연스럽게 인간의 존엄성이라는 가치를 바탕으로 한 5·18민주화운동이라는 하나의 사건에 의한 공동체 의식의 발현으로 이어진다.

산수동 굴다리 옆에서 차럴 받치고 조까 쉬고 있었을 것이요. 아매 그때가 정때 쪼까 지났을 땐가 그란디 뭔 아짐씨덜이 큰 소쿠리에다 삶은 국시를 들고 옵디다. 묵은지에다가 고추장 양념을 퍼붓고 국시를 비빌 요량인가 양은 다라이까지 내오고 야단입디다. 근디 또 한 아짐씨가 핑-허니 집으로 가등만 석작 뚜껑에다가 삭훈 홍어를 들고 옵디다. 우리 새끼덜 고상헌디 요놈이라도 썰어 믹애야 내 맴이 편혀것다. (40쪽)

구술의 진실성과 진정성은 항상 말하는 자의 구체적 경험에 의해 확보된다. 그리고 40년의 세월이 지난 지금에도 5·18의 기억에 대해 필요한 것은 바로 경험에 의해 보증된 진정성이다. 경험의 형식으로서의 구술적 글쓰기는 서사 공간에서 사건의 구체성과 효과를 기대할 수 있기 때문이다.[11] 손병현 작가는 광주 출신답게 서사공간에서 완벽하게 구사된 전라도 사투리로 서술하고 있는데 이해하기 어려울 수도 있을테니 표준말로 저 말의 의미를 옮겨 보자면 다음과 같다. "산수동 굴다리 옆에 차를 세워두고 조금 쉬고 있었는데 그때가 점심 무렵이라, 아주머니들이 시민군들 고생한다고 큰 바구니에 삶은 국수와 묵은지, 고추장 양념을 내오시고 삭힌 홍어까지 들고 오셔서 먹이셨다." 「배고픈 다리밑에서 홍탁」에서 '산수동 굴다리'라는 장소는 시민군들에게 매우 특별한 장소로 각인되고 있다. 1인칭 화자의 자전적인 구술과 인터뷰의 형식으로 말미암아 말하는 자의 고백이 경험의 구체성으로 인해 믿음과 공감을 생생하게 전달하고 있다. 항쟁에 직접 시민군으로 나선 참여자들과 시민군으로 나서지는 않았지만, 항쟁 참여자들의 식사를 자발적으로 지원해준 시민들은 다 같은 광주 시민으로 하나의 사건에 의한 공동체 의식의 발현으로 표출되고 있다.

> 산수동 굴다리 밑에서 총 바차 놓고 묵던 홍어 국시 맛에 어디 비헐랍디여 만언, 추억으로 묵고 의리로 묵고 정으로 묵고 눈물로 묵지라. 솔직헌 말로다가 나가 30년 넘어 홍어 국시를 비볐을망정 그 아짐씨덜 숭내만 내제 죽도락 그 맛을 못 따라갈 것이요. 안 그러것소? 그 난리 통에 사람 살리니라고 내 것얼 공짜로 내준 그 맴얼 어찌 따라갈 것이요. (44쪽)

공간의 의미는 직접 경험하게 되는 생활 공간의 실존적, 지각적 장소

---

11) 김형중, 「세월에 맞서 소설 쓰기」, 『쓸만한 놈이 나타났다』, 문학들, 2021, 204쪽.

에서 나오며 장소는 인간의 의도와 태도 그리고 목적과 경험이 모두 집중되어 있다는 점에서 장소는 인간에게 세계경험에 질서를 부여하는 기본적인 요소[12]이다. 따라서 인간은 살아가면서 자신이 경험한 사건에 의해 특정한 장소를 창출해냄으로써, 인간의 의도와 태도, 목적과 경험 그리고 가치와 의미를 부여하게 된다. 주인공 홍탁에게 '산수동 굴다리'는 의미가 깊은 장소이다. 자신이 30년간 홍어 장사를 하면서도 5·18 당시 산수동 굴다리 밑에서 동네 아주머니들이 내어 준 홍어 국수 맛을 흉내만 낼 뿐 따라갈 수 없다고 말한다. "추억과 의리와 눈물과 정으로 먹었던 홍어국수"는 "난리 통에 배고픈 사람들을 살리기 위해 공짜로 내어준 시민들의 마음"이기 때문이다.

> 정월 초하루 첫차를 타고 매년 댕겼지라. 누가 알까 싶어서 그냥 혼자서 일찌거니 나서서 댕겨오요. 그것도 한 30년 넘어 허다 본께 오늘 장사허데끼 암시랑토 안 헙디다. 3단 찬합 질로 밑동에 홍어 썰은 놈허고 돼야지괘기 삶은 수육허고 묵은지를 담소.(중략)
>
> 망월묘역에 가믄 반가운 얼굴덜이 날 지다리고 있소.(중략) 그이도 거그 잠들어 있소. (43~48쪽)

주인공 홍탁은 '망월묘역'에 잠들어 있는 반가운 얼굴들을 만나기 위해 3단 찬합에 홍어와 수육 묵은지를 싸서 30년간 매해 정월 초하루 첫차를 타고 망월묘역을 찾는다. 장소가 깊이 있게 경험되고 의미가 부여됨으로써 인간 실존의 중심이 되기도 하며 장소의 유용성과 중요성은 인간이 살아가는데 장소감과 애착을 형성하게 한다. 주인공 홍탁에게 '망월묘역'은 삶의 지속성을 유지하는 방식으로 이해된다. 의미있는 장소감 형성과 장소에 대한 애착은 주인공인 화자가 가지고 있는 내면의

12) 에드워드 렐프, 김덕현 외 옮김, 『장소와 장소상실』, 논형, 2005, 73쪽.

상처를 보호하는 역할을 하고 삶을 이어나가는데 중요한 관계를 맺고 있다.

III. 폭력에 해체되는 삶과 '기억'의 공간

기억은 과거를 표상하는 한 양식이며, 과거의 일을 재현하는 능력이다. 기억 속에는 과거, 현재, 미래가 응집되어 있다. 기억은 문화의 근원이며 문학 또한 기억에서 출발한다. 기억된 역사적 사건은 문학적 상상력을 통해 의미화되고 소설적 형상으로 재현된다. 이러한 소설적 재현은 단순한 기억의 모방이나 재생이 아니라 또 다른 하나의 실재를 만들어 낸다. 그리고 기억과 문학적 상상력이 교차되어 언어에 의해 재현되는 서사공간의 문학 텍스트는 '기억공간'[13]이 된다.

5·18이라는 실체적 사건이 일어났을 당시에는 정치적 사건에 대한 문학적 사유가 검열을 받아 제한된 상태였고 5·18에 대한 진실이 배제되고 은폐되었다. 그 당시의 정치 상황에 대한 문학적 공간은 넓지 못했다. 1980년대 국가 권력은 민주주의에 대한 요구를 묵살하고 5·18이후의 시간을 '정치적 예외상태'로 규정함으로써 국가폭력을 정당화했다. 그리고 이에 대한 미학적 저항으로서 기능해야 할 문학비평은 5·18에 대한 목소리가 배제되는 결과를 가져왔다.[14] 당시 광주는 외부와 철저히 차단되었

13) 석영중, 『뇌를 훔친 소설가』, 예담, 2011, 159~171쪽. 여기에서 기억은 언어를 써서 설명할 수 있는 서술기억을 의미한다. 이 글에서 서술기억은 기억하는 사람 자신에 관한 기억이나 과거 자신의 인생에서 일어났던 사건이나 에피소드 등에 관한 기억을 포괄하고 있다. 문학은 축적되고 저장된 기억들을 '기능기억'화한다. 즉 기억을 현재로 되불러와 우리들의 정서에 직접 자극을 가한다. 현재적으로 작동하지 않는 저장 기억은 경험이 삭제된 기억이고 기능기억은 항상 경험과 나란히 뒤엉켜 있기 마련이다.- 전흥남의 앞의 글에서 재인용.

14) 김영삼, 「이중적 예외상태로서의 5·18과 민중, 민족문학 담론」, 『현대문학이론연구』71, 2017, 65쪽.

고 공수부대의 만행을 고발하고 시민들의 투쟁을 독려하는 목소리를 담은 호소문이나 선언문 등 여러 형태로 제작된 유인물들은 물리적인 경계와 거리의 장벽을 넘지 못했다.

증언 불능 사태는 신군부 정권의 언론 탄압과 폭압적인 통제에 따른 것도 있지만, 언어적, 문학적 차원에서 파악할 때 문제의 핵심은 살아남은 자들이 국가폭력과 5·18을 증언할 실재가 부재하다는 데 있다. 그들의 언어가 희생자들의 죽음과 저항으로서의 5·18을 증언하려고 하였으나 그들의 증언은 증언으로 받아들여지지 않았다. 그들의 언어는 친구와 이웃, 가족과 시민들의 죽음을 입증할 수 있는 권위를 지니지 못했고 그것을 실재로 구성시킬 수 없었다. 이로써 그들의 증언 자체가 무력화되어 오히려 그들은 역설적으로 증언하지 않고 침묵을 선택할 수밖에 없었다. 또한 그 사건의 참혹함이 언어를 초과하는 무게와 강도를 지녔기 때문에 실체적 사건을 언어로 형상화할 수 없는 증언 불능 사태에 이르기도 했다. 그러나 살아남은 자들의 침묵과 그것을 둘러싼 죄의식을 단순히 부정적인 것으로 치부할 수 없는 까닭은, 그것이 그들이 경험한 대규모의 학살과 폭력, 그리고 희생자들의 죽음에 대한 부인이나 외면을 의미하지 않기 때문이다. 광주에 대한 보도가 철저하게 통제되어 철저한 고립과 강요된 침묵 속에서도 광주 시민이 함께 울며 기억했던 학살과 항쟁의 역사는 한 세대가 지나가는 현재에도 고립은 마찬가지였다. 국가폭력에 희생된 사람들을 두고 '빨갱이', '떼쟁이'라고 그래서 개죽음을 당한 거라고 쉽게 말하는 세상에서 5·18은 한편에서는 여전히 인터넷 커뮤니티의 조롱거리가 되어 있다.

5·18관련 소설에서 국가폭력에 대한 기억을 꾸준히 소설적 탐구를 통해 재현하는 까닭은 그것이 거대한 폭력에 대항해서 끝내 지켜내야 할 인간성의 옹호라는 본질적인 측면에서 여전히 유효하기 때문이다. 그리고 과거가 단순히 기록으로만 남아 있지 않고 문학과 함께 지역민들의 고통을 이해하고 정서적 교감을 가능하게 하는 것이야말로 소설을 포함

한 문학의 기능이고 힘이라고 할 수 있다. 결국 살아남은 자들에게 주어진 사명은 증언의 새로운 형식을 찾아내는 것이다. 오월 문학이 감당해야 할 맥락은 5·18을 온몸으로 증언하고 재현할 수 있는 새로운 형식과 미학의 창조를 의미하게 된다. 소설은 부재하는 실재를 포착할 수 있는 기능을 가지고 있으며, 재현을 대신할 수 있는 형식을 모색하는 일을 요청받게 되는 것이다. 손병현은 「배고픈 다리밑에서 홍탁」 소설에서 화자의 고백과 증언을 통해 5·18에 대한 항쟁과 희생 두 가지 담론을 담고 있다. 주인공인 화자가 고백과 증언을 통해 시민군으로 항쟁했던 내용과 화자의 가족이나 본인이 희생자로 살아가는 내용에서 생생한 소설적 재현이 이루어지고 있다. 소설에서 항쟁에 참여했던 사람들의 행적이나 희생자들의 행방, 구체적인 사정이 언어화되어 표출되고 있다.

여동상은 조선대 뽀짝 곁에 춘태여상을 다니고 있었소.(중략) 포도시 어루고 달래서 야그를 들어 본께, 해거름참 핵교에서 내려오는디 군인 두 놈이 야럴 나무덤불 속으로 끌고 들어갔는 갑습디다. 그 담은 뭔일이 있었는지 차마 내 입으로는 못 나불대것소. (37쪽)

주인공 홍탁은 평범한 회사원으로 두 동생과 함께 고향인 화순을 떠나 광주에서 살고 있다. 여동생은 조선대학교 옆에 있는 춘태여상을 다니고 있다가 어느 순간 광주에 내려온 계엄군에 의해 여동생이 변을 당하고 정신이 온전하지 못하게 된다. 회사에 다니며 평범하게 살아가던 홍탁은 고등학교에 다니던 여동생이 갑자기 변을 당하자 두 동생을 고향인 화순에 데려다주기 위해 화순 너릿재 터널을 넘는다.

그날 밤길에 더듬더듬 너릿재 고개를 동상들을 앞세우고 넘는디 엄니 아부지를 뭔 낯으로 볼거나 참말로 한발 떼기가 천근입디다. 도저히 다리가 후들거려 몬당에 쭈그려 앉았는디 저 멀리 드문드문 불타는 광주 시내가 내려다

빕디다. 그때 드는 생각이 내 동상년도 광주도 똑같이 순결을 잃어브렀구나 싶습디다. 세상없이 평온허던 도시가 한순간에 아비규환이 되얏응께 뭔 말얼 더 보태것소. (38쪽)

너릿재 터널을 막아서는 군인들 때문에 밤길에 더듬더듬 터널 대신 너릿재 고갯길을 넘어가는데 멀리 고갯길에서 내려다본 광주는 한순간에 죽음과 피로 넘쳐나는 아비규환의 도시가 되고 있었다. 그 광경을 고갯길 언덕에서 목격하는 주인공은 "광주도 내 동상도 똑같이 순결을 잃어버렸구나"(38쪽) 혼자서 중얼거리며 다리가 후들거려 몬당에 쭈그려 앉고 만다. 소설은 자신의 가족이 겪은 비극과 평온하던 도시가 폭력에 의해 무너지는 광주의 비극을 포개어 놓고 있다. 주인공은 피해자의 위치에서 그리고 광주라는 역사적 공간의 비극성을 선명히 드러낸다. 사건을 통해 그리고 공간을 통해 의미를 발생시키게 되는 것처럼 장소는 기억을 되살릴 뿐만 아니라, 기억이 장소를 되살리는 것의 경험을 통해 자아를 재구성할 수 있다. 「배고픈 다리밑에서 홍탁」의 화자인 주인공은 두 동생을 화순 고향에 두고 광주로 올라와 스스로 시민군으로 들어가 활동하게 된다. 시민군으로 활동하는 과정에서 계엄군으로 내려온 공수부대원에게 잡혀 무자비한 폭력을 경험하게 되는데 다음 인용문을 살펴보면 다음과 같다.

시커먼 뭣이 나를 확~ 잡아챕디다. 대문 밖으로 훅~ 딸려나감서 땅바닥에 지대로 쳐백혀 브렀지라. 물팍조차 이마빡조차 께껴가꼬 껍딱이 벗어졌는디 씨런지도 어짠지도 모르것습디다. 아직 벌떡거리는 가심에 섬뜩허니 무섬증이 포개집디다.(중략) 자빠진 나럴 양쪽에서 두 놈이 폴얼 비틀어 감고 일차 세움시로 골마리럴 단단히 틀어쥡디다. 기냥 맥이 탁 풀래가꼬 질질 끌려갔지라.(중략) 행길에 지프차가 세워졌는디 그 뒷자리에 나럴 궤짝 부리데끼 띵게 붑디다. 시커먼 밤중에 워디로 가는 줄도 모르고 끌려갔지라. 사람이 사람을 그라고 때리고 사람이 사람헌티 그라고 맞을 수가 있으까라. 지하실에 쳐넣둥만 참말로 처 죽을만치 때립디다. (45쪽)

전라도 사투리를 완벽하게 구사하는 주인공의 말을 이해하기 쉽게 옮겨 보면, "시커먼 두 명의 공수부대원이 주인공을 확 잡아채어 땅바닥에 내던졌다. 무릎과 이마의 껍질이 벗겨져 쓰라렸는데 섬뜩한 무서움이 느껴져서 상처가 쓰린지도 아픈지도 모르는 상태에서 질질 끌려 지프차에 궤짝 던지듯이 던져졌다. 그리고 지하실에 넣어두고 사람이 사람을 그렇게 때릴 수가 있을까, 사람이 사람한테 그렇게 맞을 수가 있을까, 정말 죽을 만큼 때려서 맞았다."라고 해석할 수 있다.

시민군들은 희생자가 늘어나는 것을 원하지 않았기 때문에 거기에 남았다고 말한다. 그들을 하나로 묶어준 것은 계엄군으로 투입된 공수부대원들의 치가 떨리는 만행이었다. 지나가는 평범한 시민들을 구타하고, 시위대를 향해 조준 사격하여 목숨을 빼앗고, 피 흘리는 젊은이들을 질질 끌어 트럭에 싣고 가서 무자비하게 구타하는 야만적인 집단으로 기억되고 있다. 공수부대원들의 야만성은 시민들의 윤리적 분노를 분출하게 만들었고 자발적인 단결과 투쟁의 중추적 내포로 기능하게 되었다. 남녀노소 모든 계층의 시민들이 서로 뒤섞여 서로 동정하고 도움의 손길을 내밀었다. 그것은 광주에 닥친 비극과 시민들의 삶을 위협하는 불행이 동시에 포개져 그 비극과 불행에서 벗어나고자 하는 시민들을 하나의 가족처럼 공동체적인 혼연일체를 이루게 하는 것으로 설명할 수 있다.

"거그 생각만 허믄 양잿물 생킨 달구 새끼모냥 가심이 보타지고 목구녕이 화끈거려 오금이 딱 달라붙소. 세월이 약이당만 똑 그란 것만은 아닌갑습디다." (33쪽)

그들은 남은 인생을 말로 다하지 못하는 고통 속에 살면서도 80년

5월 그해 봄과 같은 순간이 다시 닥쳐온다면 비슷한 선택을 하게 될지도 모른다고 생각한다. 그들은 그저 인간이기에 인간의 존엄을 선택했을 뿐이라고 말한다. 그해 봄날, 혈육과 친구와 이웃을 잃은 그들의 가슴에 각인된 트라우마와 그것의 해원 가능성을 열어가는 것이 만만치 않다. 40년의 세월이 흘러도 여전히 고통스럽다고 고백하는 이들에게 5·18의 기억과 트라우마는 여전히 기능 중이다. 40년의 시간도 고통으로 기능하는 기억을 사라지게 하지 못해서 여전히 비참한 삶을 안고 살아간다. 그러나, 과거를 마무리 지은 생존자는 이제 미래를 형성하는 과제에 직면하게 된다. 살아남은 이들은 어쨌든 살아가야 하는 것이어서 광주는 비로소 삶의 공간으로 제시된다.

> 아무도 없는디 숨어 살았으믄 좋것다는 생각얼 날마다 혔지라. 그라다가 오기가 생깁디다. 내가 부끄럴 것이 뭣이고, 숨어 살 것이 뭣이냐 싶어서 '배고픈 다리 밑에서 홍탁' 간판 걸고 홍어 장사럴 시작헌 것이제라.
>
> 인자, 전방 소지하고 간판 불 내려야 쓰것소. 낼 일찍 첫차럴 타자믄 괭이잠이라도 자야 헝께라. (48쪽)

남은 문제는 광주가 비극적 공간이라는 인식에서 나아가 응답과 소통의 공간으로 심화, 확대되는 과정에서 얻게 되는 새로운 문화적 가치들과 공공성을 구현해야 할 것이다. 여기에서 삶에 대한 새로운 발견을 들 수 있는데, 인권과 공동체 의식을 통한 보편적 가치와 함께 광주라는 공간의 특수성에 주목할 수 있을 것이다. 그것은 자주적 삶의 지향을 향한 정치적 갈등을 극복하고자 하는 에너지의 저장소로서의 의미를 가질 수 있다.

따라서 그들의 존엄성과 죽음이 더 이상 훼손되지 않도록 오월 문학의 몫은 그들을 기억하는 것이다. 문학이 가치 있는 내용을 언어로 형상화하고 사회적 소통 활동임을 이해할 때, 폭력에 맞서 항쟁한 사람들의 이야기를 다루면서 인간과 사회를 고민하면서 자신의 삶과 관련하여 내면화하고 자아를 성찰할 수 있다. 고통에 말의 형식을 부여하려는 시도가 문학이라면 5·18을 여전히 앓고 있는 이들의 입을 대신해 그 고통의 기억을 소설적으로 재현하고 치유하려는 노력은 꾸준히 지속되어야 할 것이다.

Ⅳ. 맺음말

손병현의 5·18소설 「배고픈 다리 밑에서 홍탁」을 통하여, 국가 폭력을 겪었던 광주의 역사적 공간에서 일어난 과거 사건이, 현재 지역 사회의 시공간에 침투하여 지역민들의 기억 작업의 의미화가 이루어지고 있음을 살펴보았다. 서사 공간에서 사건의 실체적 진실을 밝히는 것 못지않게 서사적 진실을 구현하는 것은, 매우 중요하다고 할 수 있다. 작가는 이러한 점을 주목하고 소설에 인터뷰의 형식을 채택하였다. 구체적인 장소들을 확보하고 이곳에서 일어난 역사적 사건에 관계된 인물이 기억 작업을 통해 기억을 강화하고 지속시킬 수 있다는 점에 초점을 맞추고 있는 것을 확인할 수 있다. 역사적 공간은 다양한 층위에서 여러 입장과 가치 그리고 목소리들이 교차하고 교류할 수 있는 공간으로 이해된다. 사회 구조와 인간의 사회적 실천들이 만나고 지역과 국가를 넘어 서로 영향을 주고받으며 다양한 담론이 형성되는 공간으로 의미화되고 재구성될 수 있다. 이처럼 공간은 다층적이고 복합적이며 여러 가지 요인들이 작용하여 구성적인 성격을 통해 끊임없이 변화되어 간다. 공간에서 이뤄지는 다양한 사회적 실천들은 각기 여러 층위에서 중층적으로 시대의 필요, 관점, 해석 혹은 갈등 속에서 새로운 공공성을 획득하며 특정한 의미와 가치를 형성해 나간다.

국가 폭력을 겪은 대한민국의 광주는 소설에서 역사와 아픔을 비추는 공간으로 '5·18 민주화'라는 시민들의 오월 정신과 가치를 공유하는 공간으로 재현되고 있다. 주인공을 통해 지역민들은 오월 광주와 함께 여전히 아픔과 고통, 기억 투쟁의 한복판에 위치하고 있다는 점을 알 수 있다. 소설에서 발견된 사실들과 의미만큼 중요한 지점은 기억을 통해 가능했던 증언과 확신이 생존자들과 실종자들 그리고 유족들이 가진 아픔을 치유할 수 있다는 점이다. 소설을 통해 확인된 실체적 사건과 서사적 진실은 피해자 가족들의 삶의 복원과 지속을 위해서도 중요하다. 서사 공간은 역사와 기억, 이야기를 전하는 공간으로 기억의 공간은 과거와 현재, 미래의 사건들이 갖는 의미 지평을 확장하고 이어주는 역할을 한다. 이러한 문제 앞에서 오랜 시간에 걸쳐 5·18은 진실에 다가갈 수 있게 된 과정에서 광주라는 지역을 넘어 국가에게도 의미 있는 메시지를 전할 수 있게 되었다.

손병현 「배고픈 다리 밑에서 홍탁」은 오월문학이 그러하듯 역사적 고통을 안고 있지만, 기억의 공간에서 타인의 고통을 나누는 방법으로 지역과 국가에 머무르지 않고 그것을 넘어서 세계에 다층적으로 영향을 줄 수 있다. 소설에서 서사적 진실을 담아내는 기억의 공간은 5·18을 겪지 않은 다음 세대들과 교류하는 지점이며, 서로 연대적인 의미를 나눌 수 있게 된다. 광주라는 공간과 지역을 넘어 다양한 집단들을 조명하고 교류하며 의미를 환기해 나갈 때, 오월문학의 역사적인 커먼즈를 구축하고 국가 발전의 가능성으로 새롭게 도약할 수 있을 것이다.

참고문헌

〈자료〉

손병현, 「배고픈 다리 밑에서 홍탁」, 『쓸만한 놈이 나타났다』, 문학들, 2021.

〈논저〉

심영의, 「5·18소설의 '기억공간'연구」, 『호남문화연구』43, 2008.

전흥남, 「5·18광주민주화운동과 '기억'의 방식」, 『현대소설연구』58 2015.

김영삼, 「이중적 예외상태로서의 5·18과 민중, 민족문학 담론」, 『현대문학이론연구』71, 2017.

에드워드 랠프, 김덕현 외 옮김, 『장소와 장소상실』, 논형, 2005.

이정우, 『사건의 철학』, 그린비, 2011.

오토 프리드리히 볼노, 이기숙 옮김, 『인간과 공간』, 에코리브르, 2014.

이푸 투안 지음, 윤영호·김미선 옮김, 『공간과 장소』, 사이, 2021.

역사를 기억하는 공간
-송기숙의 〈개는 왜 짖는가〉의 골목

이영화

I. 서론

대한민국의 근현대사는 전쟁과 투쟁, 혁명과 운동으로 점철된 피로 쓰인 역사다. 대한민국의 격동의 시대를 살아온 지식인들에게 소설 텍스트란 당대 사회가 가지고 있었던 모순들을 담아내고, 혁명을 생산하며, 미래에 대한 대안을 제시하는 것이었다. 이러한 격동의 시대에서 소설 텍스트를 바라보는 시각은 서구에서부터 시작되어 대한민국에 전해졌을 것이다. 루카치가 소설이란 "이념들과 체험된 이상들의 체계를 전형적으로 대표하는 것일 때에만 유의미"[1]하게 되는 내용을 지녀야 한다는 주장을 펼치고, 이후 엥겔스가 마가렛 허크네스에게 보낸 편지 속에서 언급하는 발자크론은 소설에서 인물이 가진 전형성에 대한 언급과 함께 소설에서 리얼리즘이란 이런 형식을 지녀야 한다고 언급한 것, 사회주의 리얼리즘의 이념 아래에서 혁명과 투쟁을 보여주는 소설의 양상은 대한민국의 리얼리즘 문단에 큰 영향을 끼쳤을 것이다. 일제강점기의 임화와 김남천 등의 카프계열의 비평가들, 산업화 과정에서 언급한 참여문학론

1) 게오르크 루카치(Georg Lukacs), 김경식 옮김, 『소설의 이론』, 문예출판사, 2007, 94쪽.

과 민족문학론[2], 민주화 과정 속에서 민중문학론[3]은 소설과 같은 문학이란 어떠한 방식으로 쓰여야 하는지에 대해 영향을 받은 지식인들로 볼 수 있다.

대한민국의 급격한 산업화로 인한 소외, 독재 속에서 피로 만들어낸 민주화의 과정은 앞서 언급한 현실참여와 문학이 손을 잡아야한다는 문학론이 진흥할 수밖에 없는 토양을 만들었다. 이로 인해 리얼리즘류 소설 텍스트는 저자의 삶 속에서 마주했던 역사적인 사건과 관련지어 연구하거나, 작중 인물이 사건이 벌어지는 세계와 마주하고 있는 관계에 대한 연구들이 지속되어왔다. 그리고 저자의 생애와 체험을 기반에 두고 작가론을 분석한 연구는 대부분 장소성 혹은 토포필리아의 관점에서 진행한 연구가 상당히 많다고 볼 수 있다. 그 이유는 장소라는 개념이 내포하고 있는 의미에 따른 것으로 파악된다.

에드워드 렐프는 장소에 대해 "환경 · 경관 · 의식 · 일상적인 일 · 다른 사람들 · 개인적인 체험 · 가정에 대한 배려와 같은 것들이 뒤섞인 데서, 그리고 다른 장소들과의 맥락 속에서 느껴진"[4] 개념이라고 언급하면서, "장소는 의도적으로 정의된 사물 또는 사물이나 사건들의 집합에 대한 맥락이나 배경이다. 혹은 그 장소 그 자체로도 의도의 대상이 될 수 있다."[5]고 장소의 본질에 대해 정의내리고 있다. 즉, 장소가 내포하고 있는 본질은 인간이 체험하고 있는 것이며, 장소와 맺고 있는 맥락이라고

---

2) 민족문학론에 대한 기본 개념과 방법은 백낙청의 평론집 『민족문학과 세계문학』, 『인간해방의 논리를 찾아서』에서 구체적으로 제시되어, 개념의 모호성을 제거하였다. 그리고 방법으로서의 리얼리즘론에 대해 언급하고 있다. 권영민, 『한국현대문학사 2』, 민음사, 2020, 277-278쪽 참조.

3) 민중문학론은 민족문학론에서 비롯되었다고 할 수 있다. 백낙청은 민족문학론에서 민족문학의 개념을 민족 구성원인 민중의 삶 속에서 기초하였다는 점을 지적하며, 민중문학과 민족문학의 관계를 밝혔다. 민중문학론의 전개 양상은 백낙청의 「민족문학의 새로운 고비를 맞아」, 고은의 「민족의 언어, 민주의 시」등에서도 확인할 수 있다. 위의 책, 500쪽 참조.

4) 에드워드 렐프(Edward Relph), 김덕현·김현주·심승희 옮김, 『장소와 장소상실』, 논형, 2005, 77쪽.

5) 에드워드 렐프, 앞의 책, 103쪽.

볼 수 있다. 렐프는 거기에 장소의 본질에 대해 밝히면서 장소에 대한 연구는 "다차원적인 경험으로 보고, 위치나 경관 같은 장소의 다양한 속성 및 개인적 장소 경험 등"[6]에 대해서 탐구해야 한다고 주장한다.

제프 말파스는 장소에 대해 "경험의 구조와 가능성 자체에 통합된다는 것"[7]이 장소이며, "개방되어 있지만 그럼에도 불구하고 경계가 있는 영역이"[8] 장소라는 개념의 근본이 되는 것이라고 주장한다. 그러한 이유에서 장소란 "주관성과 장소의 상호 의존성"[9]을 가지고 있고 주관성을 확립시켜주는 개념이라고 언급한다.

렐프와 말파스가 언급한 장소의 개념은 앞서 산업화 시기와 민주화 과도기의 시기에 쓰인 리얼리즘 텍스트에 대한 연구 경향이 장소성을 기반에 두고 연구한 것에 대한 이유를 설명해 준다고 볼 수 있다. 리얼리즘류 텍스트의 연구는 장소의 본질인 인간 경험의 주관성에 기반하고, 작중인물이 장소에 대해서 의미부여하는 것이 무엇인지 혹은 장소와 어떠한 관계를 맺고 있는 지에 집중하면서 진행될 수밖에 없었을 것이라는 것이다.

리얼리즘류의 대표적인 저자로는 농촌의 삶을 실감 있게 표현한 이문구, 산업화 시대에 노동 현실을 소설로 형상화한 조세희, 시대의 모순과 근현대사의 사건에 대해 리얼리즘적 접근을 시도한 윤흥길, 분단의 극복의지를 보여주면서 리얼리즘을 추구한 송기숙 등이 존재한다. 리얼리즘류의 소설 연구에서 이문구, 조세희, 윤흥길 등은 장소가 가지고 있는 의미를 분석하여 공간성으로 확장[10]된 연구가 상당히 진행된 것에 비해

---

6) 위의 책, 77쪽.

7) 제프 말파스(Jeff Malpas), 김지혜 옮김, 『장소와 경험』, 에코리브르, 2014, 45쪽.

8) 위의 책, 48쪽.

9) 위의 책, 52쪽.

10) 이문구·조세희·윤흥길에 대한 공간 연구는 다음과 같다. 김미나, 「이문구 작품 속 한강의 공간성 연구 – 1960년대 배경 작품을 중심으로」, 『한국문화기술』20, 단국대학교 한국문화기술연구소, 2016; 정문권·이내관, 「이문구 소설의 공간 연구」, 『한국언어문학』74, 한국

같은 리얼리즘계열이지만 송기숙에 대한 연구[11]는 소설 속에서 나타난 장소 연구에 그치고 있으며, 연구의 양도 현저히 부족하다. 송기숙에 대한 연구가 부족한 이유에 대해서는 여러 가지가 존재한다. 그 중에서 하나의 이유는 송기숙의 삶과 텍스트가 맺고 있는 관계가 너무 깊기 때문일 것으로 추정된다.

임환모는 송기숙의 소설 텍스트에 대해 "문학의 예술성보다는 사회성을 우위에 두고 있는 것처럼 보인다. 이러한 느낌은 그가 문학 내적 실천과 외적 실천을 분리하지 않은 전일적 인간에의 열망을 강하게 투사하"[12]고 있다고 분석하였다. 또한 소설이 가지고 있는 허구적 속성을 효과적으로 활용하여 소설 내용이 현실의 본질임을 송기숙의 텍스트가 드러내고 있으며, 노동자와 농민들이라고 일컫는 민중들의 생명력을 보여주고 역사 속에서 존재하는 진실에 대한 담론을 생산하고 있기 때문에 인물보다는 사건에 주로 집중하여 읽어야 한다는 점을 언급하고 있다.[13] 즉 송기숙의 문학 실천은 현실 운동과 같이 병행하고 있다는 점을 살펴볼 수 있다. 그렇기에 개별 텍스트에 대한 연구보다 저자의 삶과 주제를 묶어서 연구하였으며, 남도라는 송기숙이 자랐던 장소와 결부시켜 논의를 진행하고 있다.

언어문학회, 2010; 모희준, 「조세희 중·단편소설에 나타나는 주거 공간 연구」, 『국제어문』 92, 국제어문학회, 2022; 이평전, 「윤흥길 소설에 나타난 자본주의 공간의 병리성 연구 -1970년대 중단편을 중심으로」, 『인문학연구』37-2, 충남대학교 인문과학연구소, 2010.

11) 조은숙은 송기숙에 관한 연구를 네 가지 측면으로 나누어 분석했다. 첫 번째는 작가와 관련된 개인적인 회고담이나 단편적인 서평. 두 번째는 사회·문화적 관점에서 소설의 주제에 관한 연구. 세 번째 측면은 언어 형식과 작품 구조를 포괄하는 기법에 관한 연구. 네 번째는 송기숙 소설에 대한 본격적 고찰을 표방하며 축적된 학위논문. 이러한 연구 경향을 통해 조은숙은 송기숙의 삶, 맥락에 대한 깊은 이해를 통해 송기숙에 대한 연구가 진행되어야 한다고 언급하였다. 조은숙, 『송기숙의 삶과 문학』, 역락, 2009, 15-27쪽 참조.

12) 임환모, 「송기숙 소설과 동학혁명」, 『문학이론의 주체적 수용과 한국 현대문학』, 전남대학교출판문화원, 2019, 224쪽.

13) 위의 책, 219-227쪽 참조.

조은숙은 송기숙의 삶과 관련하여 소설에서 나타난 토포필리아[14]에 대해 연구했으며, 송기숙이 고향으로 생각하고, 살아왔었던 장소인 '섬'과 '골짜기'에 대해서 분석하였다. 그러면서 송기숙에게 '섬'과 '골짜기'라는 장소가 소설에 공간적 배경으로 활용되는 것이 아니라 토포필리아를 드러내기 위한 장소라고 주장했다. 조은숙의 연구는 소설이 허구성을 가진 장르이나 작가의 생애를 떠나서 고려하기는 어려우며, 작가가 드러내고자 하는 의미가 장소에 담겨있다는 논지를 주장하는 것은 온당한 것이라고 생각된다. 그러나 송기숙의 모든 텍스트에 나타난 '섬'과 '골짜기'를 송기숙의 삶과 장소성에만 결부시켜 관찰했기 때문에 주관성에 몰두한 연구이며, 타자성과 관련되어 있는 공간성에 대한 고찰이 부족했다고 생각된다.

선행 연구들의 논의는 송기숙의 소설 텍스트 속에 송기숙의 삶이 강하게 투영 혹은 반영되어 있는 것으로 생각하는 것이 가장 설득력이 있는 지점이라고 언급하고 있다. 필자는 장소성과 관련된 그간의 논의들이 증명해왔던 점을 미루어 보면 장소의 주관성으로 미루어 송기숙의 텍스트를 읽어 가는 것은 타당하다고 생각된다. 그러나 송기숙의 소설 텍스트들에 대하여 장소를 주제로 분석한 대부분의 논의들이 송기숙의 삶의 반영 혹은 주관적 체험에 근거한 장소와 관계맺음을 분석하는 데 그쳤다고 생각된다. 그러므로 송기숙의 텍스트 속에서 송기숙의 삶과 연관되어 있는 장소도 존재하지만, 텍스트 속의 공간이 객관적인 좌표를 가지면서 과거 혹은 미래를 호명하고 있는 지점에도 집중해야 한다는 점을 주장하고자 한다. 필자는 송기숙의 텍스트 속에서 나타난 경험적 장소와 객관적 공간[15]을 포함할 수 있는 개념으로 '골목'을 통해 송기숙의

14) 조은숙, 「송기숙 소설의 토포필리아 연구」, 『현대문학이론연구』 46권, 현대문학이론학회, 2011.

15) 제프 말파스는 객관적 공간에 대해서 경험하고 활동하는 구체적인 주체, 그런 주체와 연결된 구체적 위치를 결여한 개념으로 생각되면 안 된다고 주장한다. 그리고 객관적 공간의 범위는 한계를 갖지 않고 무한히 확장될 수 있고, 객관적 공간의 파악은 타자중심적으

텍스트를 분석해 보고자 한다.

골목이라는 장소이자 공간이 주관점 체험을 반영하면서 동시에 객관적 좌표를 가질 수 있다는 점을 밝힌 논문들이 존재한다. 골목은 역사와 시민 그리고 도시가 함께 만들어 낸 문화적 산물이기 때문에 공간 스토리텔링의 방식을 통해 골목에 내재한 시민들의 추억과 역사를 반영할 수 있고, 골목이 가진 문화적 특성이 도시 재생에 도움이 될 수 있다는 점을 연구한 논문[16]은 골목이라는 장소이자 공간이 역사성을 지닌다는 점을 논증하였다. 골목이라는 공간이 지닌 공간적 혹은 장소적 특성과 지역성의 역사적 맥락과 결부시킨 문화적·사회학적 연구[17]도 골목이 객관성을 지닐 수 있다는 점을 논증하였다. 골목에 대해 "한국인의 삶의 양식, 공간이해, 더 나아가 인간과 세계에 대한 인식을 알 수 있기에 의미가 있다."[18]고 언급한 것을 보면, 골목이 가진 공간성은 한국인의 삶과 밀접한 연관이 있다는 지점을 발견할 수 있다. 앞선 논의를 종합해보면 골목은 도시를 사는 시민들에게 친밀한 장소로 여겨지며, 공간으로도 인문학적 가치가 상당히 높다고 여겨진다. 그러나 골목이라는 장소 혹은 공간에 대한 문학적 학술 연구는 박태원의 소설에서 집중적으로 연구[19]된 경향이 많으며 골목이라는 개념을 분석하여 문학적으로 적용한

로 표현되며, 적극적인 경험적 관점과 결부되는 것이 아니라고 언급한다. 결론적으로 객관적 공간의 파악은 해당 공간에 대한 과거나 미래의 경험을 넘어서 확장되어야 하고, 다른 피조물의 공간 경험 너머로 확장되어야 한다는 점을 밝히고 있다. 제프 말파스(Jeff Malpas), 앞의 책, 71–94쪽 참조.

16) 박승희, 「지역 역사 공간의 스토리텔링 방향과 실제 –대구 원도심 골목을 중심으로–」, 『한민족어문학』63권, 한민족어문학회, 2013.

17) 윤재흥, 「골목과 이웃의 교육인간학」, 『교육철학연구』27, 한국교육철학학회, 2002; 이찬규, 「장소의 경험 1: 한국과 프랑스 골목 문화의 새로운 가치와 전망」, 『인문과학』44, 성균관대학교 인문학연구원, 2009.

18) 위의 글, 74쪽.

19) 김근호, 「박태원 소설의 골목 표상과 이웃 생태학」, 『구보학보』12, 구보학회, 2015; 아이카와 타쿠야, 「경성 골목의 세월 –박태원 [골목안]의 삶과 시대」, 『구보학보』14, 구보학회, 2016; 황지영, 「골목안의 사정(事情)과 치유의 거짓말 –박태원의 「골목안」을 중심으

것은 드물다.

그렇기에 본고는 골목이라는 주관적 장소이자 객관적 공간을 송기숙의 삶, 송기숙의 텍스트와 연관 지어 분석할 것이며, 앞서 골목이라는 장소가 개념적으로 정리되지 않아 모호할 수 있다는 점에서 2장에서 골목이라는 장소가 어떠한 특징과 가치를 지니고 있는 장소인지에 대해서 살펴 볼 것이다. 이를 바탕으로 하여 3장에서는 골목이라는 장소가 5·18 민주화운동에서 가지고 있는 특징과 지역성을 형성하고 있는 지점에 대해서 고찰할 것이다. 5·18 민주화운동은 송기숙에게 "삶과 교육, 앞으로 나가야 하는 운명과 문학에 엄청난 전환점을 가져오게 한"[20] 역사적인 사건이자 문학을 실천으로 변환해야 하는 기점이 되었던 엄청난 사건이다. 그렇기 때문에 역사적 정체성을 형성하고 있는 장소인 골목과 5·18 민주화운동이 어떠한 관계를 맺는가를 살펴봄으로써 송기숙의 텍스트에 나타난 골목을 객관적 공간으로 넓힐 수 있는 단서로 작용될 수 있는가를 증명하는데 필요한 절차라고 생각한다. 4장에서는 송기숙의 소설인 「개는 왜 짖는가」에 나타난 골목의 공간성에 대해서 연구해보고자 한다. 송기숙의 텍스트 속에 나타난 골목에 대한 공간성에 대한 연구는 5·18 민주화운동이란 사건을 송기숙의 주관적 체험이자 공동체의 집단적 기억을 골목이라는 장소에서 기억하고 있다는 점을 밝힐 것이다. 그리고 5·18 민주화운동의 이전과 이후의 역사적 사건을 골목이 호명할 수 있다는 것에 대해서 고찰해 볼 것이다. 즉, 송기숙의 텍스트 속의 골목이 송기숙의 삶의 경험을 기억하고 있는 주관적 장소로 분석할 수 있으며, 동시에 골목이라는 공간이 역사를 객관적으로 기억하고 있는 공간으로 분석할 수 있을 것으로 기대한다.

로-」, 『한국문학이론과 비평』75, 한국문학이론과 비평학회, 2017.

20) 김준태, 「송기숙 문학의 지평선은 리얼리즘 위대한 작가는 '역사'와 함께 있다 소설 『녹두장군』은 민족문학 자랑」, 『푸른사상』41, 푸른사상사, 2022, 98쪽.

II. 골목의 특징과 가치

골목은 "큰길에서 들어가 동네 안을 이리저리 통하는 좁은 길"이라고 표준국어 대사전에서는 정의를 내리고 있다. 골목은 큰길과는 다른 장소라는 것을 사전적 정의에서 확인할 수 있다. 또한, 동네 안을 통과한다는 점은 오토 프리드리히 볼노(Otto Friedrich Bollnow)가 언급하고자 하는 길에 대한 개념적 정리와 상당부분 맞닿아 있는 것을 파악할 수 있다. 볼노에 따르면 거주 영역의 중심 공간이 존재하는 것과는 다르게 길은 중심이 존재하지 않는다. 그 공간에서 인간은 출발점과 도착점만 존재하고, 그 길을 걸으면서 인간은 주변을 살펴볼 수 있다. 그리고 공간과 공간을 매개해주는 공간으로서 길은 공간에서 움직이는 인간에게 긴밀한 관계를 유지하고 있는 공간이라고 볼 수 있다.[21] 즉, 골목이라는 길은 인간이 지나다닐 수 있는 공간이기 때문에 길의 특징을 가진 대로(大路)와는 닮은 측면이 존재하지만, 공간과 공간을 매개하는 기능을 하는 공간이기 때문에 출발점과 목적지 혹은 집과 대로(大路)라는 공간과는 다른 특유의 공간성을 지니고 있다고 생각할 수 있는 공간으로 볼 수 있다.

하지만 골목이라는 공간의 정의에서 좀 더 자세히 살펴보아야 할 지점은 '좁은'이라는 의미이다. '좁음'이 가진 내포적 특성은 '넓음'과 반대되는 개념이며, 이는 인간의 심리에 많은 영향을 끼치는 특성이다. 볼노는 좁은 곳에 대해서 자유로운 움직임을 제한하고, 좁은 곳에 존재하는 인간을 압박하기 때문에 인간은 넓은 곳으로 나아가고 싶어 하는 경향이 존재한다고 주장한다. 그리고 좁음이라는 것은 공간뿐만 아니라 사람의 심리에서도 나타날 수 있기 때문에 좁음은 불안감을 발생시키는 원인이며, 넓음은 관대하고 너그러움으로 발전될 가능성이 높다고 언급하

---

21) 오토 프리드리히 볼노(Otto Friedrich Bollnow), 이기숙 옮김, 『인간과 공간』, 에코리브르, 2011, 125-135쪽 참조.

고 있다.[22] 그러나 넓은 곳이 자유로움을 의미하며, 무한한 가능성을 의미하지만 이러한 해석은 무한한 자유로 인한 불안감과 공허함을 또한 발생시킬 여지가 존재할 수 있다고 생각된다. 좁은 곳에서 부딪히는 인간의 물리적 거리와 심리적 거리감이 넓은 곳에 비해서 상당히 가깝기 때문에 좁은 곳이 가지고 있는 밀착성이나 자주 마주치는 사람들끼리의 친밀감, 같은 생각을 공유하고 있는 동지들끼리의 연대성을 담을 수 있는 가능성을 지니고 있는 공간으로도 해석할 수 있는 여지가 존재할 수 있을 것이다. 즉, 골목은 사적인 영역과 공적인 영역 사이에 연속성을 허락하는 공간이며, 상호적인 배려의 필연성을 확인하는 곳으로 볼 수 있다.[23] 골목은 볼노가 주장하는 좁은 곳이기 때문에 불안감이 항상 존재하는 공간이라기보다는 상호간의 공간적 배려가 존재하는 공간이며, 아늑하고 편안한 공간으로 존재한다고 볼 수 있다. 이러한 논의를 종합하면 골목이란 좁은 공간에서 느끼는 불안에서 벗어나 넓은 공간으로 가고 싶은 욕망과 함께 좁은 공간이라는 곳이 주는 아늑함이 존재하며, 상호배려로 인해 심리적 거리가 가까울 수 있기 때문에 대로(大路)와 같은 넓은 공간에 비해서 연대의 출발점이 되기 쉬운 구조로 이루어져 있는 공간이자 장소이다.

골목이 대로(大路)와 반대되는 개념으로 볼 수 있는 것은 골목이 '이름이 없는 공간'이라는 점에서도 기인할 것이다. 대부분의 넓은 길이 이름 붙여진 공간이라는 것에 비해서 골목은 이름이 붙지 못한 공간이다. 예컨대 공식적으로 사용되는 주소인 '도로명주소'는 골목의 이름을 반영하지 않는다.[24] 주소 속의 골목은 대로(大路)의 곁가지로 나오는 하나의 번

22) 오토 프리드리히 볼노, 앞의 책, 113-114쪽 참조.

23) 이찬규, 앞의 글, 59쪽 참조.

24) '도로명주소'에서 '대로(大路)'는 8차선 이상의 도로를, '로(路)'는 2차로에서 7차로를, '길'은 '로'보다 좁은 도로를 의미한다고 되어있다. 그리고 길보다 작은 골목과 같은 종속도로는 부번을 통해 번호로 관리한다. 즉, 골목은 이름이 붙여진 '대로(大路)', '로(路)'와는 다르게 이름 없이 번호로 관리되는 장소이다. 주소정보누리집(https://www.juso.go.kr/

호에 불과하며, 대로(大路)를 통해 골목을 관리한다. 즉, 골목이 가진 이름이 없다는 공간의 특징은 역사 속에서 이름 없는 사람들을 포용해 주는 기능하고 있는 지점으로 볼 수 있다.

그리고 골목은 문화의 특색을 가장 많이 반영하고 있는 장소이다. 장소자산(place asset)라는 개념은 골목이 가지고 있는 가치를 장소적 특징으로 환산하기에 가장 적절한 개념이다. 장소자산이란 한 장소가 가지고 있는 긍정적인 요소에 집중하여 장소가 가지고 있는 매력성과 잠재성을 재구성할 때 발견되는 유·무형의 자산을 일컫는다. 그렇기에 장소자산은 비복제성과 장소 정체성의 실현을 가능하게 하는 것이고, 지역 의존적 자산 등의 특징을 가지고 있다.[25] 즉, 골목에서 장소자산으로 가치를 형성하고 있는 것은 골목에는 지역 공동체의 역사가 새겨진 장소로서 기능하는 점이며, 골목에서 생활하는 개인들에게 역사를 기억하는 장치이자 타인과 소통을 하는 장소로 존재한다는 점을 통해 장소 정체성을 형성할 수 있는 가치를 지니고 있다. 그러면서 골목은 일상적인 삶의 지역인 사적 공간이자 타인이 자유롭게 드나들 수 있다는 점에서 공적 공간이므로 사적 공간과 공적 공간의 매개를 통해 소통의 가능성을 열어두는 공간이다.

그러므로 골목이라는 장소는 지역적인 역사, 문화가 내재되어 있다는 점을 특징으로 가진 다고 할 수 있다. 골목이 내재한 역사성은 렐프가 "공동체가 장소의 정체성을, 장소가 공동체의 정체성을 강화"[26]할 수 있다고 언급한 것과 무관하지 않을 것이다. 공동체가 골목이라는 장소에 부여하였던 정체성은 장소가 가지고 있는 역사이며, 장소가 골목이라는 길과 관계를 맺고 있는 공동체에게 강화시키는 정체성은 공동체가 가진 문화일 것이다. 역사과 문화는 끊임없이 상호작용을 하면서 골목과 공

CommonPageLink.do?link=/street/GuideBook) 참조.

25) 박승희, 앞의 글, 407쪽 참조.

26) 에드워드 렐프, 앞의 책, 86쪽.

동체가 분리될 수 없도록 응집시키며, 장소와 인간이 계속 환원되는 과정을 지속할 것이다. 그런 과정 속에서 골목은 역사를 기억하고 있는 사람으로 존재하게 되고, 인간은 기록하고 있는 장소로 존재하게 된다.

현대사회에 진입하면서 비슷한 경관이 반복되는 건물을 지어 올리는 현상을 반복하고, 본래 가지고 있었던 역사적 사건을 기록하고 있는 장소들을 허물고 새롭게 만드는 작업을 하고 있다. 그렇기에 특정한 장소가 가지고 있었던 장소감은 상실되고, 시민들이 장소에 대해 가지고 있었던 애착도 사라지며, 역사적 의미나 문화적 맥락이 시민들에게서 제거되고 있는 현상이 나타난다. 그러나 5·18 민주화운동의 공간 속에서 존재하는 광주지역의 골목은 지역 공동체의 정체성을 고스란히 가지고 있는 장소이다. 현재에도 5·18 민주화운동 당시에 존재했던 거리[27]가 아직 허물어지지 않고 보존되어 있는 광주 지역의 특성은 광주 시민들이 경험한 장소이자 객관적으로 역사를 기억하고 있는 장소로 골목이 광주 시민들에게 장소감과 역사성을 재생산하고 볼 수 있다.

III. 5·18 민주화운동의 골목

5·18 민주화운동은 현재에도 끊임없이 민주화운동과 관련된 각종 기록물들, 증언들, 사진들을 통해 바라보며 진실을 밝히고 있는 작업을 하고 있는 중이다. 이러한 진실을 밝히는 작업을 하면서 증거물이 드러날 수 있었던 계기는 장소와 관련된 여러 지점들이 존재하기 때문일 것이다. 전일빌딩에 존재하는 헬기사격의 흔적, 구 전남도청에 존재하는 사

27) 5·18기념 공간 중 도로로 설정된 금남로와 기존의 도로의 이름을 개명한 유네스코 민주인권로, 민주로 등이 존재한다. 금남로는 시민들의 저항과 집회가 이루어진 곳이며, 계엄군의 만행이 자행된 곳이다. 금남로 주변의 골목 중 역사성을 기억하고 있는 골목과 장소는 보존되고 있다. 정현애, 「5·18 기념공간의 변화와 활용 연구」, 전남대학교 박사학위논문, 2018, 62-65쪽 참조.

격의 흔적, 시신을 암매장 한 장소 등의 장소가 기억하고 있는 역사들의 흔적을 통해 5·18 민주화운동에 대한 국가폭력의 자세한 내막이 밝혀지고 있다. 약 20여년 간의 진실을 밝히기 위한 꾸준한 작업들에도 불구하고 5·18 민주화운동의 진실은 아직 제대로 밝혀지지 않았다.

골목이 5·18민주화운동의 진실을 담고 있는 장소가 될 수 있다는 점은 2장에서 살펴보았듯이 골목은 역사를 기억하고 있다는 점, 지역 공동체가 골목이라는 장소에서 느낀 장소감이 골목에 의해서 재생산되고 있다는 점, 연대의 시작이 되는 장소라는 점이 특징을 가지고 있기 때문에 광주지역의 골목은 5·18 민주화운동이라는 사건을 기억하고 있는 사람이자 지역적 특색을 가장 많이 내포하고 있는 장소로 볼 수 있을 것이다.

5·18 민주화운동을 기록한 책[28]은 "기록의 작업에 참여한 사람들은 몇몇 사람이지만 취재에 응하고 자신의 겪은 바를 구술한 시민들이 또한 함께 참여했으니 이 기록이야말로 동시대 민중의 증언"[29]이라고 언급하며, 당시의 시민들의 경험과 사건에 대한 감정을 기록하고 있다. 그리고 상세한 지도도 제공하여 사건이 발생한 공간을 언급하고 있다. 이와 같은 자료는 시민들이 공간에서 느낀 장소감에 대해 분석해 볼 수 있다. 특히 5·18 민주화운동 당시의 광주의 모습은 책에서 제시하고 있는 기록과 함께 사진을 통해 확인할 수 있는데, 사진에 나타난 거리 중에서 골목이라는 좁은 곳과 대로(大路)라는 넓은 곳에서 시민들이 궐기하고 공수부대와 투쟁하는 것을 확인할 수 있다. 그리고 골목이라는 장소로 도망간 뒤, 다른 시민들과 함께 연대를 함과 동시에 공동체를 위협하는 권력에 대해 반격하는 공간이 됨을 확인할 수 있다.

> 오후 4시 30분 유동삼거리에는 경찰이 5겹의 방어벽을 만들어 금남로 쪽으로 사람들이 들어가지 못하도록 도로를 차단했다. 북동사무소 앞에서는 공

---

28) 황석영 외, 『죽음을 넘어 시대의 어둠을 넘어』, 창비, 2017.

29) 황석영 외, 앞의 책, 11쪽.

수대원 3백여명이 가택을 수사하며 젊은 사람들을 붙잡아 구타하고 연행하였다. (중략) 방독면을 쓴 채 1개 소대 혹은 중대 규모로 열을 지어 전진하며 최루탄을 수없이 쏘아댔다. 시위대는 주변 **골목**으로 흩어지기도 하고 (중략) 그중 고등학생 하나가 갑자기 벌떡 일어나더니 북동 청과물 공판장 쪽 **골목**으로 혼신을 다해 달아났다. 시민들은 박수를 치며 환호했다. 3명의 공수대원이 곤봉을 휘두르며 달려오자 시민들이 일시에 와락 달려들었다. 공수대원들은 혼비백산하여 다시 쫓겨 갔다.[30]

공수대원들 **골목**까지 쫓아오거나 대검으로 쑤시지는 않았다. 그러나 진압봉을 휘두르기는 마찬가지였다. 공수부대가 소규모로 쪼개지면 오히려 군중들에게 역포위되는 상황이 발생하면서부터 공수대원의 집요한 추격은 줄었다. 아니 더이상 시위대를 추격할 수 없는 상황으로 바뀐 것이다. 소수의 공수대원이 추격하면 **골목**으로 쫓기다가도 시위대가 갑자기 돌아서서 정면으로 맞서는 일이 빈발했다. 비좁은 **골목**의 앞뒤에서 수많은 시위대에게 포위되면 공수대원이 오히려 고립돼 공격을 당하는 처지로 변했다. 이렇게 되자 공수부대는 분산 배치된 병력을 대대 단위로 통합하여 대규모 시위대와 맞서는 대응방식으로 전환했다.[31]

기록에서 살펴볼 수 있듯이 대로(大路)는 물리적 힘을 가진 집단이 점거하고 있는 장소이다. 넓은 장소의 특성상 시야를 확인하기 용이하고, 다수의 사람이 모이기 쉬운 공간이기 때문이다. 이와 다르게 골목은 물리적 힘을 가지지 못한 시민들이 피난하는 장소이다. 즉 넓은 장소인 대로(大路)가 다수를 위한 공간이고, 골목은 소수를 위한 공간으로 대비가 되는 것을 살펴볼 수 있다. 이러한 소수자를 위한 장소인 골목은 소수의 시민을 억압하려는 다수의 폭력에 대해서 저항하는 시민 공동체의 연대

30) 위의 책, 113쪽 강조는 인용자.

31) 황석영 외, 앞의 책, 142-143쪽 강조는 인용자.

장소가 될 수 있음을 보여주고 있다. 그리고 같은 지역 정체성을 공유하는 소수의 시민들이 모여서 연대하여 골목의 좁은 물리적 특성을 통해 다수의 공수대원이 진입하지 못하게 막고, 그들을 물리치게 만드는 장소로 골목은 기능하고 있다. 5·18 민주화운동의 공간 속에서 소수의 시민들이 연대의 장소로 기능하면서 다수로 확산되고, 계엄군의 불합리한 폭력에 대항을 시작하는 장소인 골목을 송기숙은 소설에서 놓치지 않고 서술하고 있다.

> 차에서 솟는 불길에 기세가 오른 학생들은 전투경찰을 향해 정신없이 돌멩이를 집어던지며 악을 썼다. 연도의 사람들도 악다구니를 썼다. 엄청난 군중이 몰려나왔다. 모두 **골목**으로 숨었던 사람들이었다. 불길은 엄청난 기세로 타고 있었다.
>
> 계엄군들은 어디로 가버렸는지 보이지 않고 저쪽 전경들은 최루탄만 쏘아댈 뿐 이쪽으로 밀고 오지는 못했다. 대학생들의 기세에 그만큼 기가 죽은 것 같았다. 학생들도 불어났고 연도의 시민들도 점점 불어나고 있었다.[32]

골목은 시민들의 도피의 장소이자 지역 정체성을 공유하는 이들에게는 연대의 장소로 활용되고 있다. 그리고 공수부대와 경찰이라는 지역 공동체를 억압하려는 세력이 지배하고 있는 대로와 광장을 탈환하려는 시도를 하기위해 협력을 시작하는 장소로 활용되고 있다. 역사 속에서 골목은 지역 공동체의 일원들을 연대의 시작점이 되는 장소가 된다. 골목 속으로 숨었던 자들이 다시 밀고 나오는 장면은 골목이 사적 공간과 공적 공간을 매개해주는 기능을 하는 것으로 파악된다. 이름 없는 개인으로 존재하는 시민들이 폭력에 숨은 사적인 공간이자, 폭력을 저지하기 위해 공동체로 연대를 모색하는 공적인 공간의 장소성을 가진 공간이

32) 송기숙, 「우투리 – 산 자여 따르라 1」, 『개는 왜 짖는가』, 창비, 2018, 304쪽 강조는 인용자.

역사 속의 골목일 것이다.

이 **골목** 저 동네에서 몰려나온 사람들이 무리를 이루어 마치 봇물이 터진 것처럼 금남로를 향하여 쏟아져 들어갔다. 18일부터 21일까지 공수부대의 작전이 치밀하고 용의주도했던 것과 달리 시민들의 대응은 즉흥적이고 우발적인 계기의 연속이었다. 하지만 이 '우발적인 계기의 연속'을 통해 '특정 집단이나 지도자가 존재하지 않지만 민중의 자발적이고 역동적인 힘'이 폭발적으로 분출돼 억압체제를 무너뜨렸고, 새로운 질서를 만들어 냈다.[33]

골목에서 연대하여 나온 시민들은 대로(大路)를 향해 진출한다. 금남로라는 이름이 붙여진 대로(大路)를 점거하고 있던 폭력성은 이름 없는 골목부터 출발하여 연대한 시민들에 의해 새로운 질서를 형성함과 동시에 폭력성이 사라지고 있는 것을 볼 수 있다. 즉 골목은 좁은 장소에서 벗어나 넓은 장소를 지향하는 길로 작용하고 있음을 증명하고 있다. 그리고 골목부터 시작된 지역 공동체의 연대는 치밀하게 계획된 것이 아니라 우발적이었다는 것을 확인할 수 있다. 광주 지역 공동체가 골목부터 만들어온 정체성은 한 명의 지도자를 통해 통솔된 집단을 형성하지 않고 폭력성을 가지지 않으려고 하는 것이다. 그리고 그 속에서 타의에 의해 조종되지 않고 자발적으로 넓은 공간으로 나아가려는 것이 광주 골목에서 시작된 정체성이다.

시민들은 이런 젊은이들을 '시민군'이라 불렀다. 아낙네들은 시위 차량을 불러 세우고 주먹밥과 김밥을 부지런히 올려주었다. 어떤 아낙네는 물통을 들고 나와 그들의 얼룩진 얼굴을 닦아주고, 등을 다독여주었다. 모두 자식이나 동생 같은 사람들이었다. 약국 앞을 지날 때는 약사들이 피로회복제와 드

---

33) 황석영 외, 앞의 책, 272쪽 강조는 인용자.

링크제를 한두 박스씩 차량에 올려주었고, 시민군이 이젠 많이 먹어서 필요없다고 거절해도 다른 동료들에게도 나눠주라고 기어코 올려놓았다. **골목** 어귀의 슈퍼마켓이나 가게에서는 담배도 몇 보루씩 차 위에 올려주었다.[34)]

자발성을 지니고, 시민들끼리 연대하는 광주 공동체가 경험하고 있는 골목은 폐쇄성을 지닌 공간이 아니다. 골목은 개방적이고, 같은 지역 공동체의 사람들에게 열려있는 공간이며, 5·18 민주화운동에서 광주 시민과 시민을 연결해주고 지역 공동체의 정체성을 강화해주는 공간이다. 연대의 역사는 당시 이름 없는 여러 골목에서 사건을 겪은 이름 없는 시민군들이 구술한 내용을 바탕으로 기록물에 기록되어 있으며, 5·18민주화운동의 기억과 기록은 송기숙의 문학 텍스트에서도 골목으로 표현되고 있다.

Ⅳ. 역사를 기억하는 송기숙의 골목

송기숙은 5·18 민주화운동에서 학생들과 토론하여 '학생수습위원회'를 결성하고 "더이상 아까운 생명을 희생시킬 수는 없다는 차원에서 소박한 정의감으로 나섰을 뿐"[35)]이지만 "우리가 나중에 광주 시민 얼굴을 어떻게 보느냐"[36)]며 광주를 지킨 인물이다. 그가 5·18 민주화운동에 대해 기억하고 서술한 텍스트는 「우투리 – 산 자여 따르라 1」(1988)과 「제 7 공화국」(1988), 『오월의 미소』(2000)등으로 보고 있다. 그러나 송기숙이 교육지표사건과 5·18 민주화운동을 체험한 이후의 모든 텍스트는 5·18 민주화운동을 체험한 본인의 기록이자 지역 공동체의 집단 기억을 서술한

34) 황석영 외, 앞의 책, 274–275쪽 강조는 인용자.

35) 황석영 외, 앞의 책, 228쪽.

36) 조은숙, 앞의 책, 333쪽.

것을 보여주고 있다.

> 우리 현실의 저 **뒷골목**의 또 더 깊숙한 **뒷골목**에 수없이 너부러져 있는 사정들이 나에게 가해오는 긴장들은 소설이 아니고서는 도무지 주체할 수 없는 것들이었기 때문에다. (중략) 삶의 진정한 모습은 언제나 일상의 저 밑바닥에서야 볼 수 있는 것이지만 거기서 겪은 하나하나의 체험은 거개가 충격적인 것이었다.[37]

송기숙이 언급한 말로 미루어 보아, 그가 남기고자 한 골목의 서사는 개인의 체험뿐만 아니라 공동체의 기억을 소설로 구현하고자함으로 생각된다. 송기숙의 개인적 체험을 자서전이나 일기로 남기는 것이 아니라 소설로 재현하는 것은 역사에서 희생당한 이름 없는 자들의 집단의 기억을 서사로 구현해 내기 위함으로 볼 수 있다. 송기숙은 "현실에 정치 행위가 깔려 있단 말"[38]을 하면서 현실적인 서사를 서술하면서도 골목이라는 장소를 통해 5·18 민주화운동 혹은 그 이전의 사건들의 역사를 기억하는 공간으로 설정하고 집단의 기억의 서사를 구현하고 있다. 특히 골목이 내포한 이름 없는 공간성은 「개는 왜 짖는가」에서 당대 언론통폐합과 언론통제의 현실 속에서 정치적 담론과 함께 이름 없는 사람들의 역사를 바탕에 두고 있다는 것을 확인해 볼 수 있다.

> 영하가 세 들어 살고 있는 방은 담 너머가 바로 **골목길**이라 배달 아이는 담 너머로 슬쩍 신문을 던져놓고 내빼버렸다. (중략) 신을 집더니 제대로 신지도 않고 손에 들고 뛰었다. **골목**을 거의 빠져나가서야 이쪽을 돌아보며 신을 신었다. 누구한테 붙잡혀 뺨이라도 얻어맞은 적이 있지 않을까 싶었다. (중략) 골목에는 눈이 허옇게 쌓여 있었다. 저쪽에서 배달아이가 달려오고 있었다.

---

37) 송기숙, 「초판 작가의 말」, 앞의 책, 363-364쪽 강조는 인용자.

38) 조은숙, 앞의 책, 342쪽.

달려오던 아이가 영하를 보더니 우뚝 멈춰 섰다. 대번에 주눅이 들어 조그맣게 오그라들었다.

"이제 안 넣을게요."

잔뜩 겁먹은 눈으로 영하를 보며 애원하듯 했다. 골목을 뛰어다녀 얼굴이 벌겋게 익어 있었고, 더운 김을 내뿜는 코 끝에는 방울방울 땀방울이 돋아 있었다.

"그게 아냐."

"이제 정말 안 넣는다니까요."

소년은 금방 영하가 덜미라도 낚아채지 않을까, 저쪽 담에다 등을 대고 한 걸음 한걸음 빠져나가며 말했다. 눈은 공포에 질려 있었다.[39]

도시의 골목은 소년에게 폭력을 당했던 기억을 떠올리게 한 듯, 사람과 마주치기를 두려워하게 만드는 공간이다. 골목 속에서 겁먹은 눈으로 애원하듯 말하며 담에 등을 대고 도망가고, 끝내는 공포에 질린 눈으로 쳐다보는 소년의 모습은 5·18 민주화운동 당시에 골목에서 자행된 계엄군의 끔찍한 폭력과 그걸 당한 시민들의 모습이 떠올리게 만든다.[40] 소년이 도시의 골목에서 느끼는 두려움은 도시의 골목이라는 장소가 가지고 있는 장소감이 아니다. 여성 어른인 영하의 아내가 배달하는 소년에게 악을 쓰고, 소년을 붙잡아서 닦달했을 때는 계속해서 날아오던 신문이 남성 어른인 박영하가 나가서 마주치는 순간 공포의 감정이 떠오른다. 도시의 골목에서 매개된 소년과 남성 어른의 관계는 폭력성으로 서술된다. 도시의 골목이 가진 공간성은 소년과 남성 어른이라는 관계에 대해서 역사성을 통해 바라보게 만드는 지점을 만든다. 텍스트 속의 도시의 골목은 역사를 기억하고 있는 공간으로 살펴볼 수 있다. 시골의

39) 송기숙, 「개는 왜 짖는가」, 앞의 책, 29-31쪽 강조는 인용자.

40) 송지현·최현주, 「'5월 정신'의 문학적 형상화 과정 연구 -송기숙의 1980년 이후 소설을 중심으로」, 『송기숙의 소설세계』, 태학사, 2001, 124쪽 참조.

골목은 다른 공간성을 지니고 있는 장소이다. 시골의 공간에서 영하는 더 이상 권위나 두려움의 대상으로 존재하지 않는다. 오히려 본인이 골목을 지나가는 것을 두려워한다.

> 영하는 어떻게든 이 영감들의 관심에서 자신을 빼돌려야겠다고 생각했다. 그러자면 그들과 무슨 관계를 갖지 말 것은 물론, 그들의 눈에도 띄지 말아야 할 것 같았다. 그래서 통새암거리 말고 다른 데로 다닐 **골목**을 찾아봤다. 그러나 동네 **골목**이 생기기를 처음부터 그렇게 생겨 다른 데로는 강아지 한마리 빠져나갈 데가 없었다.
>
> 영하는 어디 꽉 갇혀버린 것같이 답답했다. 영감들을 피해 다닐 다른 방법이라면, 그 영감들이 **골목**에 나오기 전에 일찍이 출근하고 저녁에 늦게 퇴근하는 길뿐이었다.[41]

영하가 다니는 골목에는 개에 특별한 이름을 붙이는 좁쌀영감이 골목을 지키고 있다. 그렇기에 영하는 골목에서 영감들을 피해 다니려고 한다. 영하가 영감과 골목을 피하는 이유는 "민족적 공분을 떠나 일제 때 당한 개인적 사정"[42]을 지닌 것 같은 좁쌀영감이 "적의 내습에 파수라도 보듯"[43] 골목을 드나드는 사람들을 보면서 느끼는 감정 때문이었다. 송기숙 텍스트에서 민영감, 좁쌀영감, 털보영감으로 나타나는 인물들은 실제 이름이 밝혀진 서술자 박영하(朴永夏)와는 다르게 이름 붙여지지 않은 인물들이다. 이름 붙여지지 않은 여러 영감 등이 송기숙 텍스트에서 위협에 주눅들지 않는 배짱있는 전형적인 인물들로 등장하고 있다.[44] 영감들이 민중으로 표상되는 것으로 증명하고 있는 점과 골목을 감시하고

41) 송기숙, 앞의 책, 39-40쪽 강조는 인용자.

42) 위의 책, 39쪽.

43) 위의 책, 37쪽.

44) 송지현·최현주, 앞의 글, 122-123쪽 참조.

있는 것을 관계시켜 해석해본다면 민중들, 시민들이 5·18민주화운동 당시 계엄군이 골목에서 자행했던 사건[45]들이 일어나지 않도록 감시하는 것을 내포하고 있다고 봐도 될 것이다. 그리고 영감으로 표상되는 시민이 지키고 있는 골목이라는 장소가 기억하고 있는 역사성과 기자인 박영하가 맺는 관계를 통해 송기숙은 5·18민주화운동에 대한 부채의식을 보여주고 있다.[46]

좁쌀영감은 개에 일본 통감 이또오, 4·19 때 최인규, 아프리카 우간다 독재자 이디 아민, 또철이라는 이름을 부여하여 역사에 이름을 남긴 자들과 또철을 같은 선상에 두고 있다. 그리고 또철은 "순경을 앞세우고 시퍼렇게 골목으로 들어"[47]서면서 영감들이 사는 골목 공간을 공권력을 통해 제압하고 이름을 붙이는 것을 금지하려는 모습을 보이고 있다. 공권력을 통해 제압하려는 또철의 시도는 지역 공동체의 정체성을 공유하는 골목의 특징에 의해 실현되지 못한다. 골목 복덕방끼리의 연대는 비윤리적인 인물인 또철이 집을 팔지 못하게 만든다. 하지만 영감들이 외부에서 들어온 공권력에 물리적으로 저항하거나 투쟁하는 모습을 보이기는커녕, 골목에서 송사를 통해 진실을 밝히는 작업을 하고 있다. 이러한 모습은 5·18 민주화운동 당시에 지역 공동체가 맺고 있었던 연대감이 시민과 공권력의 대결의 구도로 나누어진 것이 아니라, 광주 지역의 모든 시민은 외부에서 진입한 폭력을 수반한 자들에 대해서만 항거하고 있음을 보여주는 지점이다. 그리고 골목에서 송사를 통해 언급하는 진실은 신문기자가 외면했던 5·18 민주화운동의 모습을 기억하고 서술하고 있다.

---

45) 5·18민주화운동 당시 대표적인 사건으로 임신 8개월째이던 가정주부 최미애는 고등학교 교사인 남편이 돌아오지 않자 걱정이 돼 골목에 나가서 기다리고 있었다. 전남대 정문에서 평화시장으로 들어가는 골목의 맨홀 뚜껑 위에 홀로 서 있었던 그녀는 공수대원이 쏜 총에 맞아 쓰러진 사건이 존재한다. 황석영 외, 앞의 책, 218쪽 참조.

46) 송지현·최현주, 앞의 글, 125–126쪽 참조.

47) 송기숙, 앞의 책, 45쪽.

"마침 여기 신문기자도 왔고, 순경도 왔으니, 저 개가 왜 짖는가, 또 짖는 것이 옳은 가 그른가, 여기서 노변 송사를 한번 해보자구. (중략) 여보, 젊은 순경, 이것은 따지고 보면 국가적인 문제라고. 섬유류 수출이 세계에서 몇째 간다는 나라에서 이런 일이 있다고 외국에 알려지면 나라 망신이 아니고 뭐요? 이런 사람은 나라 체통 생각해서라도 법에서 묶어다가 해야 하잖겠소?[48]

폭력의 주인공이자 당시 권력자로 표상된 또철이[49]가 벌이는 사건이 국제적인 사건이라는 점을 언급하면서 영감은 골목에서 벌어지는 일이 신문기자를 통해 외부로 알려지기를 원하지만 이는 이루어지지 못했다는 점은 5·18 민주화사건의 오마주로 볼 수 있다. 그리고 영감들이 신문에서 진실을 말하려는 대상은 또철이라는 폭력성을 지닌 인물만이 아니다. "순간, 셰퍼드가 골목을 향해 왕왕 짖고 나섰다."[50]며 전과 오범의 사기꾼에 대해 개가 짖은 것을 통해 골목을 드나드는 인물 중 비도덕적인 인물에 대해서도 셰퍼드는 짖고 있다. 골목이라는 공간을 함부로 드나들면 안 되는 인물들에게만 개가 짖는 것은 골목은 폭력성을 지닌 인물이나 비도덕적인 인물들에게 허용된 공간이 아니라는 것을 표현하고 있다고 볼 수 있다. 5·18민주화운동 당시에 치밀하게 작전을 짜서 실행에 옮긴 공수부대와 비슷하게, 계획해서 사기를 치는 삼십대의 사내가 "남의 숱한 부모들 사기치고 소매치기 해다가 제 부모한테만 효도한 녀석"[51]으로 표현되고 있다. 5·18 민주화운동에서 골목에서 출발한 지역 공동체의 정체성은 비도덕적인 행위를 통해 자신의 삶만 윤택하게 한 자들을 좋은 시선으로 보지 않음을 알 수 있다.

신문기자인 박영하는 골목에서 일어난 진실을 밝히는 작업에 대해서

48) 송기숙, 앞의 책, 47−49쪽.

49) 송지현·최현주, 앞의 글, 124쪽 참조.

50) 송기숙, 위의 책, 55쪽.

51) 위의 책, 58쪽.

글을 쓰고, 이를 신문에 내기 위해 신문사에 간다. 하지만 신문사는 언론통제로 암시되는 검열의 어둠이 찾아오는 상황에 처해 있다. 그러한 상황 속에서 박영하는 여러 인물들의 눈을 떠올리며 골목에서 있었던 진실을 버리고 있다. 골목의 서사를 버리는 이유는 "무섭다기보다 귀찮았다"는 점 때문이었다. 진실을 밝히는 것이 신문기자의 본분이지만, 골목 영감들의 말은 타인에게 알려지지 못한 채 휴지통에 넣어진다. 즉, 5·18 민주화운동을 기억하고 있는 골목의 서사는 휴지통에 넣어진 채로 소설은 마무리된다. 이러한 일련의 소설적 과정은 언론통제가 5·18 민주화운동에 대해서 진실을 밝히지 못하게 하는 지점을 언급하고 있으며, 폭력에 굴종했다기보다 귀찮음 때문이라는 부족한 직업의식을 지닌 기자들의 행태를 비판하고 있는 지점으로 볼 수 있다.

V. 결론

본고는 골목의 특성에 대해 고찰하고, 이를 5·18 민주화운동 속에서 어떻게 나타나고 있는지를 살펴본 뒤에 송기숙이 5·18 민주화운동을 겪은 뒤에 쓴 「개는 왜 짖는가」를 통해 텍스트 속에서 기능하고 있는 골목이라는 공간에 대해 고찰해보았다. 골목은 역사를 기억한다는 점과 함께 이름이 없는 공간이라는 점, 지역 공동체의 정체성을 형성하고 강화한다는 점을 특성으로 가지고 있다.

이러한 세 가지의 골목의 특성은 5·18 민주화운동과 민주화운동을 다룬 텍스트에서 구체적으로 발견할 수 있었다. 5·18 민주화운동의 기록 속에서 발견할 수 있는 골목은 연대를 시작하게 만들어 주고, 지역 공동체를 매개해주는 장소로 기능하고 있다. 그리고 골목은 5·18 민주화운동 당시에 이름 없는 사람들이 존재할 수 있도록 기능하고 있는 이름 없는 공간이다. 시민이라는 지역 공동체는 골목에서 출발하여 우발적으로 모인 형태를 지녔지만, 폭력성이 없고 오히려 질서정연한 모습을 보이는 것을 발견할 수 있었다.

「개는 왜 짖는가」에서 송기숙은 골목을 통해 5·18 민주화운동을 기억하고 있었다. 송기숙이 박영하와 영감, 또철이를 통해 드러내고자 했던 모습은 골목 안에서 형상화되어있는 것을 밝힐 수 있었다. 골목에서 벌어지는 폭력성과 골목을 지켜보는 시민들, 골목에서 공권력을 바탕으로 시민들을 탄압하려는 모습은 5·18 민주화운동의 기억을 고스란히 간직하고 있는 공간으로 골목이 설정되어 있음을 소설을 통해 송기숙이 구현하고 있다는 것을 보일 수 있었다. 본고가 골목이라는 장소를 통해 5·18 민주화운동을 기억할 수 있다는 것을 보여줌으로써 골목이라는 공간의 연구가 좀더 활발히 진행될 수 있기를 바란다.

참고문헌

〈자료〉

송기숙, 『개는 왜 짖는가』, 창비, 2018.

황석영 외, 『죽음을 넘어 시대의 어둠을 넘어』, 창비, 2017.

〈논저〉

게오르크 루카치(Georg Lukacs), 김경식 옮김, 『소설의 이론』, 문예출판사, 2007.

권영민, 『한국현대문학사 2』, 민음사, 2020.

김준태, 「송기숙 문학의 지평선은 리얼리즘 위대한 작가는 '역사'와 함께 있다 소설 『녹두장군』은 민족문학 자랑」, 『푸른사상』 제41호, 푸른사상사, 2022. 92–131쪽.

박승희, 「지역 역사 공간의 스토리텔링 방향과 실제 –대구 원도심 골목을 중심으로–」, 『한민족어문학』 63권, 한민족어문학회, 2013, 403–429쪽.

에드워드 렐프(Edward Relph), 김덕현·김현주·심승희 옮김, 『장소와 장소상실』, 논형, 2005.

오토 프리드리히 볼노(Otto Friedrich Bollnow), 이기숙 옮김, 『인간과 공간』, 에코리브르, 2011.

윤재흥, 「골목과 이웃의 교육인간학」, 『교육철학연구』 27, 한국교육철학학회, 2002, 73–90쪽.

이찬규, 「장소의 경험 1: 한국과 프랑스 골목 문화의 새로운 가치와 전망」, 『인문과학』 44권, 성균관대학교 인문학연구원, 2009, 49–70쪽.

임환모 엮음, 『송기숙의 소설 세계』, 태학사, 2001.

임환모, 『문학이론의 주체적 수용과 한국 현대문학』, 전남대학교출판문화원, 2019.

정현애, 「5·18 기념공간의 변화와 활용 연구」, 전남대학교 박사학위논문, 2018.

제프 말파스(Jeff Malpas), 김지혜 옮김, 『장소와 경험』, 에코리브르, 2014.

조은숙, 『송기숙의 삶과 문학』, 역락, 2009.

조은숙, 「송기숙 소설의 토포필리아 연구」, 『현대문학이론연구』 46권, 현대문학이론학회, 2011.

〈창작소설: 광주몽유록〉

이자함 · 전은진 · 이경화

유난히 달이 밝던 어느 날 어렴풋이 꿈을 꾸었다. 그날은 유난히 긴 스터디를 한 날이었다. 소설 속 인물들의 마음을 헤아리고 헤아리다, 그들의 기억이 곧 자신의 기억이 되어 괴로움에 뒤척이다 잠든 차였다. 꿈에서 밤길을 조용히 걸었다. 스산한 바람이 불고 구름에 달이 숨었다 나타나기를 반복했다. 그러다 저 멀리서 여자들의 목소리가 들려왔다. 이 밤에 밖에서 이야기를 나누는 이들은 누구일까 궁금하여 조심조심 다가갔다.

대여섯명이 모여 앉아 있었다. 한 사람이 이야기를 하다 말고 통곡하였다. 옆에 사람은 가만히 등을 쓸어내렸고, 다른 사람들은 간간이 위로의 말을 던지며 한숨을 쉬었다.

가만히 살펴보니 그들은 모두 다른 시대에 사는 사람 같아 보였다. 울고 있는 사람은 청바지에 셔츠를 입고 있었다. 그의 형상은 꼭 오늘 읽은 소설 속 인물과 닮아 있었다. 또 한 사람은 한복을 입고 있었고 그 옆에 사람은 흰 앞치마를 메고 귀밑에서 똑 떨어지는 단발을 하고 있었다.

"내가 주책이죠. 벌써 몇 십 년 전 일인데도 그때 생각만 하면 이렇게 울음을 참을 수가 없어요. 이게 슬픔인지 분노인지도 이제는 모르겠어요. 그냥 참을 수가 없어요."

눈물을 훔치더니 말을 이었다.

"우리가 이렇게 모인 것도 인연인데. 오늘은 다른 분들의 이야기도 듣고 싶어요. 들려주세요."

그 중 머리를 가지런히 땋은 사람이 입을 열었다.

"그럼 제 이야기를 해볼까요? 제 이름은 김영주입니다. 광주 학동 공장에 있다가 임동에 새로 생긴 공장에 가서 쭉 일을 했어요. 열다섯이 되던 해 겨울이었습니다. 마을에 처음 보는 아저씨가 돌아다니더니 우리 집에 와서는 아버지와 실랑이를 했어요. 아저씨가 내 팔을 붙들고 가더니 트럭에 태웠습니다. 명희네, 동수네, 기훈이네, 점순이네……. 마을 곳곳을 돌더니 여자 아이들만 태웠습니다."

맞은편 사람이 놀라움을 참지 못하고 말했다.

"그거 납치 아닌가요!"

영주는 씁쓸하게 웃고는 다시 말을 이었다.

"그 뒤로도 당산나무 너머 옆 마을로, 다시 개울 건너 옆 마을로 계속 계속 갔어요. 질척대는 흙길을 달리는 차가 덜컹거리고 아이들이 하나둘씩 훌쩍이기 시작했어요. 왠지 속이 울렁대고 어지러워 두 팔을 겹쳐 머리를 파묻고 잠을 청하는 게 낫겠다 싶었어요. 얼마나 이동했는지는 잘 모르겠어요. 어느 순간부터 덜컹거림이 잦아들더니 차가 멈춰섰어요. 운전하던 아저씨가 트럭 뒤로 오더니 내리라고 손짓을 했어요. 막 내려서 둘러보니 너무나도 낯선 풍경에 두 손을 맞잡고 땅바닥만 바라봤어요.

학동에 공장이 생긴다는 이야기는 들은 적 있었어요. 실제로 본 공장은 학교 운동장보다 훨씬 컸어요. 공장 주변을 둘러싸고 있는 담은 우리 아버지 키를 훌쩍 넘어서 밖이 보이지도 않았어요. 철로 된 문짝은 꽤나 무거워 보여서 여럿이서 밀어야 움직일 것 같았지요. 가장 신기했던 건 공장 안쪽이에요. 여기 제사공장은 실을 만드는 곳이라고 했어요. 목화에서 실을 짓는 도구들이 가득 하더라구요.

공장 안에 들어가니 후끈한 공기에 작은 솜뭉치 같은 먼지 덩어리가 날아다녔어요. 똑같은 옷을 입은 언니들이 일사분란하게 움직이고 있었어요. 제가 지금 입고 있는 이 옷이요. 그러고 보니 저는 죽어서도 이 옷을 벗지 못하고 있네요."

하얀 앞치마를 만지작거리며 말을 이었다.

"어머니는 바느질하실 때 항상 작은 실패를 쓰셨는데 이 기계를 보면 정말 놀라실 것 같았어요. 잘 기억해두었다가 나중에 설명해드리려고 이리 저리 고개를 빼가며 구경했어요. 그런데 저는 집에 돌아갈 수 없었어요. 공장에 있으면서 어머니 아버지 소식을 마지막으로 들은 게 언제였더라. 콜록. 잠시만요."

기침은 꽤 오래 이어졌다.

"그럼 그 뒤로 쭉 갇혀 살았던 거예요?"

"한 곳에만 있었던 건 아니에요. 처음에는 학동 공장에 있었어요. 새벽닭 우는 소리가 들릴 때면 눈을 떠야 했어요. 그 시간에 일어나면 어둑어둑해서 눈앞에 보이는 게 하나 없어요. 그래도 기숙사 방만큼은 맨날 지내는 곳이라 어디에 뭐가 있는지 알아요. 손을 더듬어 어젯밤 벗어놓은 작업복을 잡고 팔을 끼워 넣어요. 앞치마도 두르고 흰 두건도 머리에 써요. 조금만 늦장 부리면 일본인 사감이 득달같이 달려옵니다. 윽박지르는 소리에 귀가 아프기 전에 방마다 서둘러 준비를 마치고 삼삼오오 줄을 지어서 이동했어요. 다 같이 작업장으로 이동할 때 아는 얼굴들이 있는지 찾아보려 한 적도 있었어요. 같이 왔던 마을 아이들과 공장에 와서 뿔뿔이 흩어진 후로 만날 수가 없었거든요. 그렇지만 앞서가는 머리통들은 하얀 두건에 싸여 누가 누군지 알 수가 없었어요.

기숙사와 작업장은 그렇게 멀리 떨어져 있지 않아요. 일을 하러 갈 때는 천천히 가는데도 짧게 느껴졌고, 끝나고 돌아올 때는 빨리 걷는데도 멀게 느껴졌어요. 집에서 농사일이나 집안일을 도우며 힘든 일 많이 해본 편이고요. 키는 작아도 팔다리가 튼튼하고 손끝이 야무지다고 칭찬도 많이 받았습니다. 그래서 공장 일이야 목화솜에서 실을 자동으로 뽑

아주는 기계가 있다고 하니 어려운 일도 아니겠다 싶었어요. 그런데 공장 일은 제 생각보다 힘들었고 너무나도 고되고 지쳤어요."

또 심한 기침을 했다. 사람들은 기침이 멎을 때까지 조용히 기다렸다.

"손발이 저리고 허리가 빠지겠다 싶을 때까지 일을 했습니다. 몇 시간이나 기계 앞에 있었는지는 몰라도 해가 뜰 때부터 질 때까지 그 작업장에 있었어요. 오른쪽, 왼쪽, 건너편, 그 옆 사람까지 둘러보면 다들 입을 꾹 다물고 소처럼 일만 하고 있어요. 나만 힘든 것 같아서 불평은커녕 앓는 소리도 못 냈어요. 점심, 저녁으로 밥을 두 번 먹었으니까 새벽 아침부터 저녁까지 일했던 건가 봐요. 그런데 아무리 일을 해도 끝나지 않을 때도 있어요. 저녁을 먹고 나면 기숙사가 아니라 작업장으로 다시 가기도 했어요. 밥을 먹으면서도 맘을 졸여야 했지요.

그렇게 진이 빠져라 일을 하고 잠이 들어도 몸이 긴장하고 있는지 팔다리가 굳어서 편하게 잘 수가 없어요. 겨울철에는 추우니까 더 굳고 그랬지요. 눈 뜨면 일하러 가고 지쳐서 잠들고 다시 눈 뜨고 일 나가는 날들이 반복이에요. 여름에는 덥고 겨울에는 춥고 기숙사도 썰만한 곳은 아니에요. 난방을 떼는 것 같은데 구들장이 없는지 들이마시는 공기가 너무 차요. 찬바람이 옷 속까지 파고들어 잠에서 깰 때면 차라리 후텁지근한 작업장 온도가 더 낫다는 생각이 들었어요."

"혹시 그럼 기침하는 것도 그때 생긴 거예요?"

그 말에 고개를 조용히 끄덕였다.

"밥은 살려고 먹었어요. 나물이나 잡곡을 넣고 끓인 죽, 감자. 개중에 가장 좋아한 건 계란이에요. 삶은 계란만 무더기로 줄 때도 있었는데 3개를 먹을 수 있는 날은 드물었어요. 계란은 크기도 작고 잘 상하지 않아서 몰래 챙길 수도 있었어요. 하나 정도는 소매에 넣어볼 수 있는데 한번은 흘러 떨어져서 걸린 적이 있거든요. 그 이후로는 아예 웃옷에 넣어서 허리춤 밑을 여며가지고 떨어지지 않게 했어요. 워낙 주는 양이 적으니까 일 끝나고 기숙사에 가면 배가 안 고픈 날이 없어요. 그럴 때 챙겨갔던 계란을 몰래 까먹곤 했어요. 근데 급하게 먹다가 목이라도 막혀서 켁켁 대면 그게 무슨 망신이에요. 사감한테도 안 들켜야하지만 다른 애들도 깨지 않게 조용히 껍질을 까서 천천히 먹어야죠.

이렇게 힘들었지만 돈을 많이 받은 것도 아니에요. 처음 공장에 왔을 때 일을 하면 돈을 준다고 설명을 들었어요. 그런데 공장에서 지내면서 먹고 자는 비용을 빼면 줄 돈이 없다고 하더라고요."

"그럴 리가 없는데. 저도 방직공장에서 일했거든요"

맞은편 사람이 눈을 동그랗게 뜨고 물었다.

"글쎄요. 제가 여러분께 거짓말을 할 이유는 없잖아요. 저는 그렇게 살았어요. 계속 이야기를 해도 될까요?"

모두가 고개를 끄덕였다.

"1년 정도 지났을 때였는데 임동에 아주 아주 큰 공장이 생겼대요. 일할 사람이 많이 필요하다고 우리 중에서도 몇몇은 거기로 가서 일을 해야 한다고 보내버렸어요. 거기서는 돈을 몇 푼 줬어요. 나보다 먼저 거기서 일하고 있던 언니가 있었는데 언젠가 물어보니 일당으로 35전을 받는다고 했어요. 그 언니처럼 돈을 많이 받는 경우는 정말 드물어요. 저처럼 10전을 받는 애들이 많았어요. 근데 저한테 35전을 주고 그 언니만큼 일을 많이 하라고 하면 아마 못 했을 것 같아요. 그만큼 공장 일이 힘들어요.

하여튼 여기서는 새로 친구들을 사귀었어요. 전에 있던 공장 기숙사는 사감이 돌아다니면서 떠들지도 못하게 한데다가 분위기도 삭막했어요. 그래서 같이 방 쓰는 사람끼리도 서로 잘 몰랐어요. 다들 그냥 피곤해서 눈 붙이기 바빴죠. 그런데 여기는 일하는 사람도 아주 많고 제 또래 여자아이들도 많았어요. 기숙사 방에서 친구들도 생겼는데 광주에 처음 온 애들이 여럿 있었어요. 한 친구에게 들어보니 공장이 입소문이 나면서 다들 여기에 오고 싶어한다고도 했어요. 어떤 친구는 마을에 트럭이 와서 일자리를 구해준다고 집집마다 여자아이들을 태워왔대요. 이 친구들이랑 같이 지내면서 버틸 재간이 생겼고 공장 생활이 조금 덜 힘들었던 것 같아요. 콜록."

또 잠시 기침으로 이야기가 멈추었다.

"우리는 어쩌다 한번 외출하는 날만을 손꼽아 기다렸어요. 그날에는 공장 밖으로 나갈 수 있어요. 기숙사 옆방 아이들과 번갈아 가며 세탁을 하니까 작업복은 벗어 던지고 맘 편히 나가면 돼요. 북문통은 상점도 많고 구경할 것도 많아서 매번 거기로 향했어요. 네다섯 명이서 팔짱을 끼고 가다가 사람이 몰리면 두 세명씩 떨어졌다가 다시 모였다가 하면서 정신없이 돌아다녀요. 물론 마음껏 물건을 살 수 있는 사람은 없어요. 기껏해야 예쁜 옷을 걸쳐보고 음식 냄새를 따라가 맛깔나 보이는 떡을 사서 나눠 먹거나 그래요. 그래도 그냥 왁자지껄한 거리를 느끼는 것만으로도 충분했어요. 공장을 잠시라도 벗어날 수 있는 외출을 누가 싫어하겠어요."

외출의 추억을 떠올리며 지었던 미소가 사라지더니 침울한 목소리로 말을 이었다.

"그날은 여느 날과 다름이 없었어요. 월급이 나오는 주 일요일이라 다들 평소보다 들떠있었고 거리에 사람이 그득그득하긴 했어요. 공장으로 돌아와 보니 한 명이 돌아오지 않았더라고요. 그 친구는 우리 방 아이인데 평소에 그럴 낌새가 전혀 없었거든요. 외출 날이면 우리는 무조건 함께 움직였는데 걔는 그날 갈 곳이 있다며 팔짱을 풀고 가버렸습니다. 사람들 사이로 빠르게 사라져서 따라잡을 수 없었어요. 조금만 더 가면 있는 옷방에 있겠거니 했지만 그곳에도 없었어요. 따로 놀다가 공장에 가 있겠거니 했지요. 그리고 돌아오지 않았어요.

일하던 아이들이 도망가는 일은 종종 있어요. 공장 사람들은 우리에게 숨기려고 했겠지만 일하는 옆자리가 바뀌면 모르기가 쉽나요. 소문은 발이라도 달렸는지 기숙사에 금방 퍼져요. 처음엔 크게 상심하거나 동요하지 않으려고 했어요. 기숙사로 와 우리를 닦달하는 사감의 모습에 조금 피곤하기도 했고요. 그런데 마음 깊숙한 곳에서는 마지막으로 본 친구의 모습이 남았었나 봐요. 그 아이가 자꾸 떠올랐어요. 공장을 떠나 어디에 있을지, 집으로 갔는지, 밥은 먹었는지. 어떻게 지내고 있을지 궁금했습니다.

작업장에서는 이런 생각을 하지 말아야 했을 텐데요. 잠시 정신이 팔린 사이 손을 다치고 말았어요. 기계 날에 크게 베어서 결국 그날은 일을 하지 못 했어요. 쉬어서 좋긴 했는데 텅 빈 기숙사에 혼자 있으려니 심심하기도 하더라고요. 웬일로 잠도 오지 않았습니다. 방안에 누우면 벽면의 작은 창문으로 바깥을 볼 수 있어요. 창문으로는 높은 담장과 그 위에 촘촘히 둘러진 철조선이 보여요. 이곳에서 도망친 친구들이 어떻게 나갔는지 어떻게 살고 있는지는 정확히 몰라요. 다시 이곳으로 돌아온 사람이 없거든요.

불현듯 공장을 도망치는 내 모습을 상상하기 시작했어요. 담장을 올라 넘어갈까요, 굳게 닫힌 철문을 밀고 갈까요. 창밖으로 사람들의 말소리며 발걸음이 다 들렸어요. 길바닥에 굴러다니는 나뭇잎 소리도 들리는 듯했어요. 소리들이 점점 더 커지고 사람들은 너무나 소란스러웠어요. 무슨 일인지 밖을 내다볼까 싶던 차에 웬 목소리가 들렸어요. 영주야. 도망간 그 친구의 목소리였지요. 깜짝 놀라 눈을 번쩍 떴어요. 그제야 내가 눈을 감고 있었다는 걸 알았어요. 두리번거려 봐도 여전히 기숙사 방안이고 바깥도 여전히 해가 밝더라고요. 아무래도 잠깐 잠이 든 모양이죠. 그 애가 나를 부른 걸까요. 내가 그 애의 목소리를 듣고 싶었던 걸까요. 머리가 복잡해 잠을 잘 수가 없었어요."

옆자리 사람이 조용히 등을 토닥였다.

"다음날은 바로 작업장에 복귀해야 했어요. 아무리 아픈 사람도 하루 넘게 쉴 수는 없거든요. 전처럼 새벽 달빛을 받으며 흰 두건을 쓰고 일터로 가고, 푹푹 찌는 증기와 착착 돌아가는 기계 소리에 파묻혀 있다가, 죽과 계란으로 배를 채우고, 지친 몸을 이끌고 기숙사로 돌아왔습니다.

도망간 친구 생각은 더이상 하지 않았어요. 공장 밖에 대한 생각도 점점 사라져 갔어요. 왜냐하면 나는 그 공장을 떠날 생각이 없었거든요. 거긴 밥도 주고 잠자리도 있었잖아요. 집 소식은 들은지 오래고 거기서 나가면 갈 곳이 없어요. 나는 살기 위해서 공장에 있어야 했어요. 나는 작업복을 벗어던지고 도망갈 용기는 없었어요. 작업장에 가면 날이 선 기계들이 가득한데 개중에 오래되어 닳은 부분도 있어요. 손으로 만져 봐도 상처 하나 나지 않아요. 전에 손을 다친 건 정말 운이 없던거죠. 다시는 그런 일이 없게 조심하고 또 조심하면 더이상 아픈 일은 없을 거라고 생각했어요.

실은 저는 제 삶이 어떻게 끝났는지 기억이 나지 않아요. 어느새 익숙해져서 똑같은 옷을 입은 사람들과 함께 일사분란하게 움직였던 것만 기억나요. 공장에 왔던 첫날, 이 옷을 입고 마치 기계처럼 움직이던 그 언니들과 똑같던 제 모습이요. 그 모습만 끊임없이 떠올라요. 열넷인지 열여덟이었는지, 그게 몇 살의 기억인지 모르겠어요."

이야기가 끝나자 청바지를 입은 사람이 꼭 안아주었다. 영주는 눈물도 말랐는지 울지 않았다. 그 품에 가만히 안겨 고개만 끄덕였다.

"아까 방직 공장에서 일했다고 했죠? 옷을 보니 저랑 다른 시대에 살았을 것 같은데 이야기 들려줄래요? 그쪽이 기억하는 공장은 어땠는지 궁금해요."

"그럼 제가 이야기 해볼까요?"

영주의 맞은편에 앉아있던 사람이 말을 시작했다.

"안녕하세요. 저는 윤지예요. 황윤지. 상고를 다니다가 공장에 갔어요. 우리 집이 부유하진 않지만 오 남매가 밥 챙겨 먹고 살만은 하다고 생각했어요. 근데 오빠들은 학교에 다니고 동생들은 너무 어려서 어느 정도 나이가 찬 제가 돈을 벌어야 했어요. 아버지 졸라 겨우 진학한 학교도 그만두고 공장에 가게 됐죠.

공장 일은 평생 해본 적도 없는 것들이었어요. 학교에서도 의자에 가만히 앉아있는 걸 좋아하는 편은 아니었지만, 거긴 친구들이 있잖아요. 홍실이, 미정이, 순복이. 내 친구들이랑 수업 듣고 숙제하고 도시락 까먹던 때가 얼마나 재밌었는데요. 또 학교에서는 배우는 산수도 재밌었고 선생님이 가끔 유명한 작가가 쓴 책도 빌려주셔서 마음껏 읽을 수 있었어요. 친구들, 도시락, 주판, 소설책 모두 학교를 그만두고부터는 보기도 힘들게 됐지만요."

영주가 연신 고개를 끄덕였다.

"공장에서 제 가장 친한 친구는 연숙언니예요. 언니도 돈을 벌려고 공장에 왔대요. 가족 생활비도 보태야 하고 어린 동생들도 있고 독립도 하고 싶고, 여러모로 돈이 많이 필요하댔어요. 언니는 공장에 들어와 일할 수 있어서 좋다고 했어요. 10년이나 넘게 일해서 업무도 척척하고 저처럼 새로 들어온 애들도 잘 챙겨줘요. 저는 공장에 새로 뽑힌 신입이라서 하얀색 두건을 써요. 두건은 6개월을 채우면 다른 언니들처럼 검은 띠가 있는 거로 바뀐대요. 연숙언니처럼 일을 오래 한 분들은 빨간 띠가 있는 걸 쓰고 있어요. 1년도 못 채우고 중간에 그만두는 사람도 많고 몇 년 일하다가 갑자기 결혼해서 나가는 분들도 많대요. 그래서 언니처럼 10년 넘게 일한 사람은 드물어요."

"도망을 가는 게 아니고 스스로 그만둘 수 있어요?"

영주가 눈을 동그랗게 뜨고 물었다.

"네……. 제가 일할 때는 그랬어요. 아까 친구들이 도망을 갔다 하셔서 놀랐어요."

"바뀌었다니 다행이네요. 계속 이야기 들려줘요."

"공장 와서 가장 좋은 점은 언니를 만난 거예요. 연숙언니는 작업장이랑 기숙사 방이 저랑 같아요. 제가 막냇동생 같다면서 많이 챙겨줬어요. 공장 처음 왔을 때 이래저래 적응 못 하고 많이 헤맸어요. 3교대로 일을 하는 게 너무 힘들었거든요. 밤새 일이라도 할 때면 몸이 말이 아니에요. 지금은 좀 적응이 돼서 기계 다루는 방법도 알고 특별하게 어려운 건 없는데 항상 체력이 못 버텨주는 게 문제였어요. 제 또래로 보이는 친구들이 공장에 올 때도 있는데 우르르 들어왔다가 절반은 못 버티고 나가더라고요. 저는 그래도 다른 애들보다는 잘 버티고 있는 편이래요.

저는 작업복 입는 거랑 기숙사에서 지내는 것도 좋았어요. 학교 그만두고 교복을 못 입으니까 괜히 서러웠거든요. 학교 가는 애들 보면 부럽기도 하고요. 같은 옷을 입고 있으니 제가 어딘가에 소속되어 있다는 기분이 들어서 이 옷이 좋았나 봐요."

윤지는 하얀색 두건을 쓰다듬으며 말했다.

"기숙사 생활도 꽤 할만했어요. 집 떠나 사는 게 쉬운 건 아니지만 원래 이맘때 애들은 집에 있는 게 더 싫을 때가 있잖아요. 그리고 친구들은 학교에 가는데 저는 집이랑 공장을 오가야 하니까 더 싫었던 것 같아요. 사실 기숙사는 숙식을 해결해주니까 들어오고 싶어하는 사람들이 꽤 많아요. 근데 또 다 들어올 수는 없어요. 마침 빈 자리가 났는데 일찍 그만두지 않고 6개월 이상 일하겠다는 조건으로 기숙사에 들어갈 수 있었어요.

여기는 6일 동안 일을 하면 하루는 쉴 수 있어요. 연숙언니랑은 쉬는 날에 같이 밖에 나가기도 하고 종일 기숙사에서 쉴 때도 많았어요. 처음 왔을 때는 언니랑도 어색했어요. 훨씬 어른인 데다가 공장에서도 오래 일했다고 하니까 괜히 어렵게 느껴졌거든요. 아침저녁으로 안녕히 주무셨어요, 안녕히 주무세요 하고 식사 자리에서 맛있게 드시라고 인사 드리는 거 말고는 대화도 거의 없었어요. 저 혼자 언니를 어려워했던 것도 있는 것 같아요. 근데 하루는 빨래를 널고 있는데 일은 힘들지 않냐고 저한테 물어보시더라고요. 그 주가 새로운 일 막 배울 때라 몸도 아프고 되게 힘들었거든요. 그날이 언니랑 가장 많이 말했던 날이에요.

저는 말하는 것보다 남 이야기 듣는 거 더 좋아하거든요. 그 말을 들은 언니는 언제부턴가 저한테 본인 이야기를 하나씩 들려줬어요. 처음 공장에 왔을 때 힘들었던 거부터 일할 때 있던 웃긴 이야기나 별의별 얘기를 다 들었어요. 어쩌다 실수라도 한 얘기를 들려주면 그게 그렇게 웃겼어요. 저한테 언니는 못하는 게 없는 사람인데 언니도 실수를 하는구나 되게 신기했어요. 그거 말고도 일할 때 알아야 할 내용이랑 다른 작업장에 있는 언니들 이야기나 이것저것 들려줬어요. 덕분에 공장 일에도 더 빨리 적응할 수 있었고 언니랑도 다른 직원들이랑도 금방 친해졌던 것 같아요. 그때 이야기를 하니 연숙언니가 보고 싶네요."

다들 그리운 사람이 떠오르는지 윤지의 말에 고개를 끄덕였다.

"시간이 지날수록 공장 생활도 익숙해지고 일도 몸에 익었어요. 적응이 좀 되니까 몸이 덜 힘들었는지 자꾸 잡생각이 많이 들더라고요. 자꾸 그만둔 학교 생각이 나고 괜히 집에도 가고 싶고 마음 한구석이 계속 곪아가는 것 같았어요. 공장에서 하는 일이 매일매일 똑같은 것도 싫었어요. 몇 시간 동안 돌아가는 기계를 지켜보면서 중간 중간 실을 끼우고 다시 기계를 돌리고 그래요. 기계가 말썽을 일으켜서 잠깐 멈추고 부품을 살피는 정도가 일어날 수 있는 가장 큰 일이에요. 이걸 지루하다는 말로는 다 설명할 수가 없어요. 학교 친구들은 학교에서 저보다 더 배우고 졸업까지 해서 여러 가지 일을 하겠죠. 그런데 나는 여기서 도대체 뭘 하는 건지, 언제까지 공장에서 일해야 하는지 앞이 깜깜했어요.

매일 한두 번씩 축 처지는 저랑은 다르게 연숙언니는 좀처럼 힘든 일이 없어 보였는데요. 하루는 고민이 많아 보이는 날이 있었어요. 물어보니까 다음 달부터 신입사원을 교육하는 부서로 옮기지 않겠냐고 제안을 받았대요. 처음에는 좋은 기회라고 생각해서 정말 기뻤대요. 우리 같은 생산직이 말이 좋아 사원이고 직원이지 공장에서 하는 대접은 꽝이거든요. 그런데 교육 직책을 맡으면 힘들지도 않고 대우도 훨씬 좋게 해주거든요.

언니는 항상 고민은 짧게 결정은 빨리라고 입버릇처럼 말하고 다녔어요. 하루 이틀 고민하더니 결국 교육부서로 가기로 했다고 알려주더라고요. 그런 언니를 보면서 공장에서도 자기 길을 찾아가는 것 같아서 부러웠나 봐요. 제 마음은 더 복잡해졌어요. 언니는 작업장에서도 여전히 자기가 맡은 일을 잘 끝냈고요. 쉬는 날에는 저랑도 놀아줬어요. 가끔 옷을 잘 차려입은 사람들이 언니를 찾아와서 뭔가를 묻기도 하고 같이 공장 곳곳을 둘러보기도 하더라고요.

그리고 언니가 기숙사를 옮기는 바로 전날이었어요. 마지막 날이라는 생각에 쉽게 잠이 오지 않았어요. 언니도 마찬가지였는지 계속 뒤척거렸어요. 조심스럽게 나도 언니처럼 될 수 있을까 물어봤죠. 언니는 자기처럼 될 필요가 없다고 했어요. 학교에 다시 가고 싶다고 하지 않았냐고. 자기는 잠시 쉬어가는 중이라고요. 지금은 돈을 벌어야 해서 공장에 왔지만, 다시 하고 싶은 일을 할 수 있다고 희망을 버리지 말라고 했어요. 연숙언니가 그렇게 말해주니까 정말 그럴 수 있을 것 같다는 생각이 막 들었어요. 그 뒤로 더 힘을 내서 열심히 일했는지도 몰라요. 그리고 일한 지 3년이 되던 날 공장을 그만뒀어요."

그 말에 다들 조금 놀란 눈치였다.

"그때쯤 오빠들이 학교를 졸업하고 일을 하기 시작했거든요. 저는 어찌저찌 학교는 졸업했지만 회사에는 못 들어갔어요. 지금은 기술학교에 들어가면 간호조무사 자격증을 딸 수 있다고 해서 다시 학교에 다녔어요.

하루하루 보내기도 바빠서 공장에서 일했던 시간들은 이제 점점 잊어가는 것 같아요. 그래도 연숙언니만큼은 꼭 기억하고 싶어요. 공장에 와서 잃은 게 많다고 생각했지만 언니를 만난게 큰 행운이었거든요. 언니랑은 공장을 나오고서는 자주 만나지 못하다가 몇 차례 이사를 하면서 연락이 끊겼어요. 지금도 언니는 저처럼 헤매는 신입들이 공장에 적응하게 도와주면서 잘 지냈을 거라 생각해요. 저도 잘 지내고 있다고 고마웠다고 말을 전할 날이 있겠지요."

무릎을 끌어안고 이야기를 듣던 영주가 입을 열었다.

"여기 들어와서 윤지씨 옷을 보고 나랑 비슷한 이야기를 가진 사람일 거라 생각했어요. 그런데 우린 참 비슷한 듯 다른 기억을 갖고 있네요.

윤지씨의 기억이 질투가 나면서도 위안이 되어요. 그곳이 영혼이 스러지는 곳만은 아니었다는 거잖아요. 이야기 들려줘서 고마워요."

옆 사람이 영주의 손을 잡았고 영주는 또 다른 사람의 손을 잡았다. 동그랗게 모여 앉은 사람들이 모두 손을 잡았다. 그러자 한복을 입은 소녀의 눈에 눈물이 가득 맺혔다.

"이번엔 제 이야기를 해도 될까요?"

그 소녀가 말하자 모두가 고개를 끄덕였다.

"제 이름은 숙희고 저도 광주 사람입니다. 그리고 1919년 3월의 참혹한 장면을 목격한 사람이기도 합니다. 그런 옛말이 있잖아요. 어린 시절에 받은 상처는 평생 동안 갚아야 한다는 말이요. 그해 이후로 3월이 오면 저는 늘 악몽을 꾼답니다. 어린 시절에는 꿈에서 어머니를 꼭 껴안으면서 도와달라고 꿈에서 힘껏 외쳤습니다. 꿈에서 깰 때마다 시간이 약이라고 위로하며 무서움과 슬픔을 달랬지만 뼈에 사무친 기억은 죽음까지 저와 함께 했습니다. 나이를 먹고 사리에 점점 밝아지면서 저는 악몽에서 다급하게 호소하는 대신에 조용히 눈물로 베개를 적시곤 했습니다.

매년 달력에 빨간색으로 표시된 3월 1일을 보면 제 마음속에는 은근히 거리감이 생겼습니다. 왜냐하면 그 사건이 우리 광주 사람에게는 1일이 아니라 10일에 일어났으니까요."

"3.1운동 말씀하시는 건가요?"

옆자리 사람이 묻자 숙희는 고개를 끄덕였다.

"훗날에 현대극장과 태평극장이 생긴 그 부근에 장이 열렸었습니다. 현대극장 앞에 큰 장이 3일, 8일에 섰고 태평극장 앞에 작은 장이 5일, 10일이 섰습니다. 그날은 바로 작은 장날이었습니다.

그때 우리 언니는 수피아여학교에 다니고 있었습니다. 아침 식사 때 언니는 평소답지 않게 아무 말도 하지 않았는데, 보아하니 근심이 가득한 것 같았습니다. 집을 나설 때쯤에서야 저한테 오늘 꼭 밖에 나가지 말라고 당부했습니다. 이유를 묻자 언니가 오늘 큰일이 있을 거라고만

하고 황급히 학교에 갔습니다. 작은 머리를 갸웃거리며 언니의 뒷모습이 모퉁이로 사라지는 것을 가만히 지켜보았습니다. 5살이었던 저는 언니의 말이 참 이상하게만 느껴졌지만, 언니의 말은 금방 까맣게 잊어버렸어요. 그래서 평소처럼 길가에 떡집을 차리는 어머니 곁에서 이것저것 물으면서 작은 일을 도왔습니다.

3월 10일은 작은 장날임에도 불구하고 오후 3시경 광주천변 큰 장터에서 사람들이 와글거리는 소리가 크게 들렸습니다. 큰 장이 서는 날이 아닌데도 사람이 많으니 사람들은 의아해하며 서로 쳐다보았죠.

그러던 중 멀리서 우렁차고 또렷한 "조선독립만세"라고 하는 한마디가 들려왔습니다. 말에 힘이 있다는 것을 아마도 그때 처음으로 알게 된 것 같습니다. 어린 저는 그 말이 무슨 뜻인지 잘 몰랐지만 왠지 귀에 또렷이 들렸고 머리에 깊이 새겨졌습니다. 시간이 흐른 뒤에도 저는 오랫동안 그 짧고 간결한 말을 되새겼는데, 그것은 마치 온 힘을 다해 쏟아낸 외침 같았습니다.

다시 한 번 "조선독립만세"가 들려왔습니다. 그러자 그 일대 장사하는 사람들이 모두 고개를 번쩍 쳐들고 너나없이 한마디씩 맞장구를 치기 시작했습니다. 우리 가게의 맞은편에 쌀을 파는 아저씨는 쌀됫박을 높이 들었고 옆집의 식육점 할아버지와 일용 잡화를 파는 이모는 각자 저울과 세숫대야를 들고 두드리며 만세를 외쳐댔습니다. 이런 모습을 보고 길가의 다른 가게 주인들도 기쁨에 넘쳐서 자발적으로 흥에 겨워 동참하였습니다. 그때 저는 그저 재미있어서 어머니 옆에 서서 사람들을 따라 "조선독립만세"를 외쳤죠. 시장의 분위기는 점점 고조되었습니다."

모두가 눈을 빛내며 숙희의 이야기에 집중했다.

"그때 마침 어머니가 잠시 근처에 일을 보러 가셨던 터라 저는 혼자 좌판을 지키고 있었습니다. 당황했지만 생전 처음 보는 광경에 흥분한 저도 사람들이 모여 있는 거리를 향해 첫발을 내디뎠습니다. 그때 문득 아침에 떠날 때 언니가 저에게 당부한 말이 떠올랐습니다. 항상 놀아주고 격려해주던 언니가 오늘따라 굳어진 표정으로 저에게 하지 말라는 것을 하니까 그때 제가 아무리 철없는 나이였어도 다시 생각해 볼 수밖에 없었죠. 어찌할지 몰라 좌판 옆에서 우왕좌왕하고 있을 때 이미 군중 속으로 들어간 이웃 친구가 저에게 손을 흔들며 오라고 손짓했습니다. 갈까 말까 고민하다가 친구의 신난 얼굴을 보자마자 저도 참지 못해 시위 행렬에 들어갔습니다. 사람들은 분분히 자리를 떠나 천변으로 모여들었습니다.

군중을 따라 천변의 큰 장터에 이르러 태극기를 흔들며 만세를 부르는 사람 300여 명을 만났습니다. 대부분은 언니와 같은 학생들인 것 같았습니다. 언니를 만날까 봐 가슴이 철렁 내려앉았죠. 그때 많은 사람들이 독립 만세기와 국기를 흔들었습니다. 그리고 국기를 손에 들지 않은 사람은 모자를 벗어 흔들기도 했고, 모자도 없었던 시민은 양손을 높직이 들면서 독립 만세를 외쳤습니다. 키가 작은 아이였던 저는 군중 속에 교묘히 은폐되어 있었습니다. 저는 모두의 격정에 감염되어 행렬을 따라 전진했죠.

시위 행렬은 동쪽으로 500미터쯤 떨어진 태평극장 앞의 작은 장터로 이동했습니다. 그날은 작은 장날이었기 때문에 작은 장은 이미 많은 사람들로 북적거리고 있었습니다. 그 사람들도 하나 둘씩 "조선독립만세"를 외치며 시위에 가담했습니다. 시위대가 점점 커지니 어느새 일본 순경이 총을 메고 주변에 따라다니더군요. 저는 너무 무서워서 친구의 손을 잡고 우리 옆에 있던 경찰을 슬며시 가리켰습니다.

우리는 그제서야 일의 심각성을 깨달았죠. 그런데 우리 같은 애송이가 어찌 감히 일본군에게 포위된 행렬을 뚫고 나갈 수 있었겠어요? 무서움에 입술을 깨물며 서문통을 따라 걸어갈 수밖에 없었습니다."

"많이 무서웠겠어요."

숙희가 고개를 끄덕이자 옆에 앉은 사람들이 등을 토닥였다.

"중앙로를 지나 일본인이 장사하는 일대에 다다랐습니다. 일본 상인들은 이상한 눈초리로 시위대를 쳐다보았습니다. 그러자 군중의 함성은 오히려 더 커졌습니다. 옆에서 조용히 따라다니는 일본 순경과 일본인 상인들에게 위세를 부리고 싶었는지도 모릅니다.

우리가 충장 우체국 앞에 이르렀을 때, 무장 기마헌병대가 출동하여 사람들을 체포하기 시작했습니다. 조금 전까지만 해도 기세등등한 시위대의 "대한독립만세"만이 들려오던 곳은 순식간에 아수라장이 되어버렸죠. 어떤 젊고 힘센 남자는 헌병을 향해 노발대발하며 반항했고 어떤 노인은 필사적으로 가냘픈 팔을 벌려 뒤에 있는 어린 학생들을 보호했습니다. 그리고 어떤 여자가 놀라서 연달아 비명을 지르기도 했습니다. 윽박지르는 소리, 반항하는 소리, 욕하는 소리, 우는 소리가 한데 뒤섞였습니다. 두려움에 휩싸인 저는 두 다리가 후들후들 주저앉았죠. 저는 그때 겨우 5살이었어요. 그러다가 누가 '우리가 자진해서 경찰소로 가자!'라고 외쳤고 사람들은 우체국 근처에 있는 광주경찰서 앞마당으로 몰려들면서 더욱 맹렬하게 조선독립만세를 부르짖었습니다.

정신을 차리고 보니 손을 잡고 있던 친구가 사라졌더라구요. 그 순간 마음속 깊은 곳에 생겨난 강렬한 욕망 때문에 시위 행렬을 따라가지 않았습니다. 그것은 의지할 만한 것을 무조건 찾아야 한다는 소박하고 절실한 욕망이었습니다. 몸을 떨면서 조심스럽게 옆에 있는 우체통을 향해 기어갔습니다. 3월의 찬바람 속에 녹슨 우편함이 무척 차갑고 거칠게 느껴졌지만 멀지 않은 곳에 일본 경찰과 헌병이 시민들에게 가하는 무분별한 구타와 폭행이 벌어지고 있었기에 약하고 무력한 저에게 그나마 괜찮은 피난처가 되어준 셈이었습니다."

숙희와 손을 잡고 있던 이들은 손을 더 꼭 쥐었다.

"슬쩍 고개를 돌려 보니 제복을 입은 일본 헌병이 무서운 기세로 휘두르는 칼이 빛에 반사돼 번쩍거렸습니다. 저절로 몸이 움츠려 들었죠. 칼이 떨어지는 순간 저는 눈을 질끈 감고 두 손으로 귀를 막고 무릎에 머리를 묻었습니다. 머리가 텅 비었습니다. 그것은 어린 나이에 상상할 수 있는 범위를 벗어난 것이었습니다. 나중에 학교에서 '끔직하다'라는 단어를 배웠을 때 보지 않았음에도 느껴지던 참혹한 장면이 떠올랐죠. 한참만에 용기를 내어 눈을 살짝 떴는데 눈물로 흐릿한 시선 속에 바닥의 새빨간 피가 보였습니다. 그것은 사방으로 튀어 떨어지는 새빨간 불꽃이고, 퍼져서 가는 물줄기가 되어버린 길고 붉은 선이었습니다.

저는 멍하니 두 눈을 동그랗게 뜨고 우편함의 기둥을 부둥켜안으면서 펑펑 울었습니다. 죽음이 무엇인지 그 나이의 아이에게는 아주 멀고 모호한 일이겠지만, 피는 죽음과 어떤 깊은 관계를 맺고 있다는 것을 저는 잘 알고 있었습니다. 작년 말 피를 너무 많이 흘려서 아버지가 영원히 잠들어버린 슬픈 기억이 떠오르기 때문이었습니다.

극도의 공포에 질려 저는 울부짖으며 어머니를 외치기 시작했습니다. 그러나 외치는 소리는 바다에 던져진 돌멩이처럼 혼란 속에서 아무런 대답도 받지 못했습니다. 우편함이 저를 망망대해에 실은 외딴 배와 같지만 밀려오는 파도가 저를 삼켜버릴 것만 같았습니다.

그때 절망과 무력감에 빠져 있던 저의 귓가에 언니의 목소리가 어렴풋이 들려왔습니다. 저는 주위를 두리번거렸죠. 양림동에서 합류하여 온 숭일, 수피아 학생들의 시위대였습니다. 바닥에 흐르는 피와 일본군이 휘두르는 칼을 보고 분노한 학생들은 땅에서 쓸 만한 물건을 주워 들고는 앞으로 돌진했습니다.

상황은 더욱 혼란스러워졌고 저는 언니와 어머니를 애타게 찾았습니다. 어떻게 어린 아이가 도망가지 않을 수 있었을까 궁금하시겠지요. 아마도 죽음보다 사랑하는 가족을 잃어버리는 것이 더 무서웠던 것 같습니다. 저는 두려웠지만 포기하지 않았어요. 아직 어렸으니까 독립이 무엇인지도 몰랐지만, 죽음의 위협 앞에서도 독립을 외치는 사람들에게 힘을 얻었습니다. 그들은 마치 자신의 생명보다 국가의 독립이 더 우선하는 것처럼 보였습니다. 그래서 저는 그들과 함께 절망과 희망의 가장자리에서 발버둥치며 살얼음판을 걷는 듯 앞으로 나아갔습니다."

청바지를 입은 사람이 숙희의 말에 연신 고개를 끄덕이며 눈물을 흘렸다. 그러자 옆자리의 사람이 한 손으로는 손을 잡고, 한 손으로는 어깨를 감싸고 함께 울었다. 숙희와 손을 잡고 있던 사람들도 눈물을 흘렸다. 울음 소리가 가득하였지만 그 소리가 마냥 슬프게만 들리지 않았다. 생전의 아픔을 털어내는 울음이었고 서로를 이해하는 울음이기도 했다. 무엇보다 그 소리에는 의연함이 자리하고 있었다.

대학원생은 그들의 이야기를 들으며 눈물을 훔쳤다. 저들은 꼭 지난날 읽은 소설 속 인물들 같기도 하고 아니기도 하였다. 모여 앉은 사람들은 다시 말하기 시작했다. 이번에는 또 다른 사람이 자신의 삶을 이야기했다. 대학원생은 혹 자신이 듣고 있다는 것이 들키면 그들의 말이 멈출까 두려워 근처 숲에 몸을 숨겼다. 어느새 동쪽에서 붉은 해가 떠오르고 있었다. 따가운 햇살을 피하려 자리에서 일어나다 꿈에서 깨었다. 정신을 차려보니 한바탕의 꿈이었다.

*본 소설은 「강도몽유록」을 모티브로 하여 창작되었으며, 등장인물은 광주의 역사적 사실을 바탕으로 만든 가상의 인물임을 밝힙니다.

| 저자소개 |

김동근
전남대학교 국어국문학과 명예 교수

이미란
전남대학교 국어국문학과 교수

백현미
전남대학교 국어국문학과 교수

한정훈
전남대학교 국어국문학과 교수

전성규
전남대학교 국어국문학과 BK21 학술연구교수

이경화
전남대학교 국어국문학과 BK21 박사후연구원

전두영
전남대학교 국어국문학과 박사과정

노상인
전남대학교 국어국문학과 박사과정

김미경
전남대학교 국어국문학과 박사과정

이영화
전남대학교 국어국문학과 석사과정

이자함
전남대학교 국어국문학과 석사과정

전은진
전남대학교 국어국문학과 석사과정